北京市金融年鉴

ALMANAC OF BEIJING FINANCE AND BANKING

2020

《北京市金融年鉴》编辑部

（总第34卷）

中国金融出版社

责任编辑：王慧荣　明淑娜
责任校对：孙　蕊
责任印制：程　颖

图书在版编目（CIP）数据

北京市金融年鉴．2020/《北京市金融年鉴》编辑部编．—北京：中国金融出版社，2020.12
ISBN 978 -7 -5220 -0963 -6

Ⅰ.①北…　Ⅱ.①北…　Ⅲ.①金融事业—北京—2020—年鉴　Ⅳ.①F832.71 -54

中国版本图书馆 CIP 数据核字（2020）第 262247 号

北京市金融年鉴 2020
BEIJINGSHI JINRONG NIANJIAN 2020
出版
发行　中国金融出版社
社址　北京市丰台区益泽路 2 号
市场开发部　(010)66024766，63805472，63439533（传真）
网上书店　http：//www.chinafph.com
(010)66024766，63372837（传真）
读者服务部　(010)66070833，62568380
邮编　100071
经销　新华书店
印刷　北京市松源印刷有限公司
尺寸　185 毫米×260 毫米
印张　43.5
插页　10
字数　846 千
版次　2021 年 1 月第 1 版
印次　2021 年 1 月第 1 次印刷
定价　125.00 元
ISBN 978 -7 -5220 -0963 -6
如出现印装错误本社负责调换　联系电话（010)63263947
（内部发行）

2019年5月28日，中国人民银行营业管理部联合多部门召开全面深化北京民营和小微企业金融服务推进会暨专题展。

2019年6月4日，交通银行北京市分行等13家银行与北京市退役军人事务局签署北京市拥军优抚合作协议，全面推进北京地区退役军人及重点优抚对象金融服务保障工作。

2019年3月29日，华夏银行与北京市9家重点企业以“服务首都经济　实现协同发展”为主题签署战略合作协议，各方将围绕综合融资、投资银行、供应链金融、贸易融资等多领域深化银企合作。

2019年12月5日，兴业银行北京分行与首都公路发展集团有限公司签署战略合作协议，双方将在基础设施建设、交通枢纽运营管理、静态交通建设、交通科技、道路设施经营、综合管廊建设等领域开展银企合作。

2019年5月8日，中国太平洋财产保险公司北京分公司与中国红十字会总会事业发展中心、北京中腾兴曜科技有限公司签署三方战略合作协议，以“曜阳护理员关爱基金+商业保险”的方式，募集社会资金，为养老护理员群体提供定制化的保险产品。

2019年4月29日，中国银行北京市分行等8家银行与北京亦庄投资控股有限公司签署银企战略合作协议，为其提供“融资+融智”的“一揽子”金融服务，助力开发区产城融合发展。

2019年6月12日，北京银行与延庆区人民政府签署全面战略合作协议，双方将围绕服务区域百姓、助力城市发展、提升普惠金融服务力度等内容密切合作，共同促进延庆地区经济社会发展。

2019年3月30日，中国工商银行北京市分行与朝阳区人民法院签订《破产与强制清算案件金融服务合作协议书》，先行先试推出破产清算案件金融服务。

2019年6月21日，中国建设银行北京市分行与中国康复研究中心举办战略合作协议暨“银医通”项目签约仪式。

2019年4月12日，广发银行北京分行、中国人寿保险公司北京市分公司、中国人寿财产保险公司北京市分公司与我爱我家控股集团签署战略合作协议。

2019年7月31日，平安银行北京分行与中国中药控股有限公司签订银企战略合作协议，双方将在授信、结算、资金增值、跨境投融资、综合金融等方面开展合作。

2019年11月28日，泰康人寿保险公司北京分公司与首都医科大学三博脑科医院举办“健保通”服务项目签约仪式。三博脑科医院成为北京地区首家采取系统整合模式实现与商保深度对接合作的股份制民营医院。

2019年12月30日，太平财产保险公司北京分公司与北京金隅集团股份有限公司旗下两家公司签署首张北京市环境污染责任保险保单，北京市环境污染责任险试点工作正式启动。

2019年8月20日，中国人民财产保险公司北京市分公司与北京市第一中级人民法院举办“立审执破管”全流程风险管控机制新闻发布会暨战略合作协议签署仪式。

2019年5月28日，中国平安财产保险公司北京分公司与北京市公安局公安交通管理局在房山区合作建成北京地区首个“两站两员”劝导站，助力“放管服”改革措施落实，提升首都交通管理服务品质。

上海银行北京分行竭诚服务棚户区改造客户，为北京市人民政府相关政策顺利实施和有序完成疏解腾退工作保驾护航，全年累计投放各类补偿款约29亿元。

2019年4月12日，北京银行发布“富民直通车”，助力实体经济服务体系，并正式启动“千院计划”，为首都金融惠民工程与乡村振兴战略协同发展注入金融活水。

2019年9月25日，北京农商银行独家信贷支持购买的“北京大兴号”在北京大兴国际机场首飞成功。

2019年10月，中国银行北京市分行圆满完成第十一届“大爱无国界”国际义卖活动现场金融服务工作。

中国进出口银行北京分行相关人员赴中芯国际集成电路制造(北京)有限公司调研。

中华联合财产保险公司北京分公司业务人员赴东兴证券股份有限公司开展补充医疗、医疗基金现场理赔工作。

广发银行北京分行与广发银行天津分行、石家庄分行召开京津冀一体化座谈会。

2019年6月10日，中国建设银行北京市分行与大兴区人民政府、建信金融科技有限责任公司签署“智慧政务”合作协议，三方将合作建设大兴区公共服务平台，提供兼具政务、便民、助企一体化的综合服务。

2019年8月27日，杭州银行北京分行参展北京市文化金融融合工作推进会。

2019年11月14日，中国农业银行北京市分行首家“高端制造业金融服务特色行”在北京经济技术开发区挂牌成立。

2019年10月24日，北京银行推出传统文化创意主题联名产品——“颐和园联名信用卡”。

中国平安财产保险公司北京分公司与北京市公安局公安交通管理局合作打造的家门口的交管服务站，可为市民办理申请承接车主补、换领机动车驾驶证、6年免检申领检验合格标志等14项车驾管业务。

2019年10月24日至27日，中国银行北京市分行参展第二十二届北京国际科技产业博览会。

中国工商银行北京丰台怡海花园支行设立金融消费者保护专区，为金融消费者保护工作构筑起坚固可靠的“滩头阵地”。

2019年7月11日，中国建设银行北京市分行举办“5G+智能银行”应用启动大会暨新闻发布会，首批3家“5G+智能银行”——中国建设银行北京清华园支行、北京兴融支行、北京建国支行精彩亮相。

中国邮政储蓄银行北京海淀支行志愿队参加“城市志愿　安全有我”主题日活动，为社会公众讲解打非防骗知识。

2019年5月28日，中国工商银行北京市分行启动“服务百姓　至臻至境”主题活动。

2019年11月15日，兴业银行北京分行承办兴业银行2019年度消费者权益保护恳谈会（北京站）。

华安财产保险公司北京分公司开展“3·15”消费者权益宣传教育活动。

中国银行北京市分行在全辖网点开展以“弘扬宪法精神，推进国家治理体系和治理能力现代化”为主题的国家宪法日及宪法宣传周活动。

大连银行北京分行举办户外反洗钱成果展。

天安财产保险公司北京分公司开展“金融知识普及月”宣传教育活动。

2019年9月25日，由中国人民银行营业管理部组织编排、辖内部分银行职工参演的全国首部金融消费权益保护主题话剧《春去春又来》在京首演。

江苏银行北京分行员工走进朝阳区建国门外街道光华里社区，开展普及金融知识大讲堂活动。

北京市地方金融监督管理局、中国银行保险监督管理委员会北京监管局和上海浦东发展银行北京分行共同开展“衣旧情深　用爱暖冬”活动，为河北省定州市贫困乡村捐赠3 045件过冬衣物。

中国银行北京市分行营业部举办“播种太阳、收获希望”慈善义卖活动，并将筹集的善款为北京太阳村的孩子购置生活用品。

太平人寿保险公司北京分公司组织客户与服务人员赴河北省丰宁县凤山中学开展爱心助学捐赠公益活动。

中国工商银行北京和平里支行开展“爱心助考”公益活动，为考生和家长提供暖心助考服务。

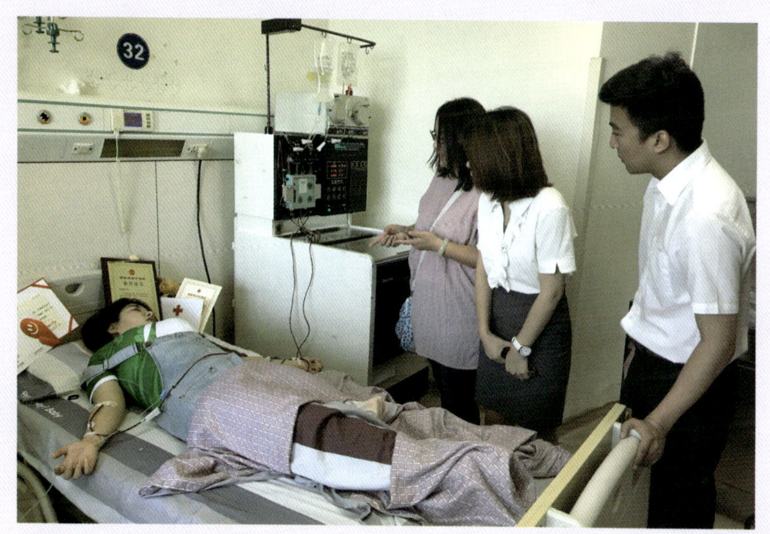

浙商银行北京朝阳支行员工为造血干细胞捐献者捐款。

民生人寿保险公司北京分公司组织员工开展无偿献血活动。

天津银行北京分行组织党员干部赴石景山区反腐倡廉警示教育基地开展警示教育参观活动。

中信银行北京金运大厦支行创新支部工作方法，形成可复制可推广的党建业务发展新模式，并入选中央和国家机关工委支部工作法优秀案例。

南京银行北京分行组织员工参观庆祝中华人民共和国成立70周年大型成就展。

北京农商银行参展“新中国的记忆”档案联展——“从小井村走出的现代商业银行”，为新中国成立70周年献礼。

中国邮政储蓄银行北京分行组织职工参观“热烈庆祝中国共产党成立98周年　华彩寻根·不忘初心”书画展览。

渤海银行北京分行组织党员干部参观“复兴之路·新时代部分——不忘初心　砥砺奋进　不断开创新时代中国特色社会主义事业新局面”主题展览。

中国平安人寿保险公司北京分公司开展“我和我的祖国”主题系列活动，为新中国70华诞献礼。

民生银行北京分行举办“五四百年·民生筑梦”主题春季彩绘跑活动。

杭州银行北京分行举办“不忘初心·载梦起‘杭’”庆祝建党98周年暨杭州银行北京分行成立十一周年才艺汇演。

《北京市金融年鉴》编辑委员会

主　　任：杨伟中

副 主 任：李明肖　贾文勤　霍学文　梅国辉

名誉编委：（以姓氏笔画为序）

于　赟　马　红　王　平　王　兵　王小兵

王海丽　田向红　付东升　齐小兵　刘　冰

刘红华　刘显峰　孙　煜　孙保收　关耀勇

杜春野　李　莅　李大营　李志军　汪　东

汪晓芳　陈正斌　陈海春　杨　毓　张　健

张　霆　张文亮　张东宁　武　博　周桂娟

周继东　周瑞明　胡　毅　胡新智　唐　莹

徐红霞　徐晓强　徐敏彬　郭少军　聂尚君

崔长青　谢　东　鞠维萍

编　　委：周军明　余　剑　贾淑梅　毛钢锤　周　丹

魏海滨　王　威　徐　彬　赵维久

主　　编：梅国辉

副 主 编：林晓东　赵　阳　蔡　豫　赵维久

《北京市金融年鉴》编辑部

编辑部主任：宋晓卿

责 任 编 辑：宋晓卿

金融管理部门组稿编辑：（以姓氏笔画为序）

云　璐　王　艳　王　超　代　莹　刘　雯
朱琳琳　吴　茜　杨兴安　李　媛　李志东
宋晓源　陈　静　陈永波　张建立　张素敏
周林燊　柏林林　段潇潇　盖　静　阙星文

各金融机构组稿编辑：（以姓氏笔画为序）

于　涵　马　赫　王　京　王　亮　王　菁
王雪瑾　王杜坤　王国文　王昕芳　尹茗媛
甘　露　宁臻颜　吕　莉　刘一璇　刘晓静
曲兵林　朱奕璇　李　莹　李苏轩　李灵毓
李首峰　李原野　何　冰　何华伟　陆　炜
杨　春　佟　瑶　陈　锐　陈思思　陈悦喆
汪宇平　肖　帅　肖楚璇　张　帆　张　晨
张尤佳　张译丹　张俊魁　孟宪斌　庞　靖
郝　静　施　巍　赵子郡　段文静　南全喜
夏　婧　袁　帅　袁　婕　曹　杨　崔　峰
黄品嘉　童文静　雷赛赛　蔡俊瑶　潘远发

文 件 资 料：程五阳

编辑说明

一、《北京市金融年鉴》是北京市金融行业年鉴，是全面反映北京市金融运行、发展情况的资料性工具书。由中国人民银行营业管理部、中国银行保险监督管理委员会北京监管局、中国证券监督管理委员会北京监管局、北京市地方金融监督管理局、120 多家金融机构以及 10 余家协会、商会、学会、工会共同参与编写，自 1987 年起连年出版，本卷为总第 34 卷。

二、本卷记录的是 2019 年北京市金融业运行与发展情况、重大事件、活动及各金融机构贯彻执行国家金融政策，依法合规经营，防范和化解金融风险，改善金融服务，助力首都经济社会发展等所做的工作和面临的问题。

三、本卷所有文稿、资料均经过各供稿单位相关领导审阅，保证了收录内容的权威性和准确性。

四、本卷收录的金融统计资料由中国人民银行营业管理部、中国银行保险监督管理委员会北京监管局、中国证券监督管理委员会北京监管局提供。请在使用中注意统计口径的差别和适用范围。

五、本卷文稿中“当年”“年内”“全年”“截至年末”均指 2019 年，“上年”指 2018 年；未作特别说明之处，币种均为人民币。

六、本卷对各金融机构的排列顺序名次无高低之分。

七、本卷在编辑过程中得到北京市各金融监管部门、金融机构、协会、商会、学会、工会的大力支持，在此深表谢意。由于编辑水平有限，书中难免有缺陷和疏漏之处，诚请广大读者批评指正。

《北京市金融年鉴》编辑部

2020 年 12 月

目　　录

一、形势综述

二、市场运行

三、发展与监管

四、服务与管理

五、机构业务综述

金融管理机构

金融机构

六、文件与规章

七、专题与调研

八、统计资料

（一）金融业务综合统计

（二）机构、人员统计

九、大事记

十、附　　录

(一) 北京市金融机构名录

(二) 机构简介

（三）协会、商会、学会、工会活动简介

（四）2019年度北京市金融系统先进集体、先进个人名录

一、形势综述

北京市金融运行报告

中国人民银行营业管理部　货币政策分析小组

一、金融运行情况

2019 年，北京市金融业保持平稳运行，社会融资结构持续优化，重点领域信贷增速保持较快增长，金融基础设施建设不断完善，金融生态环境持续优化。银行业、证券业发展整体稳健，保险市场逐步回归本源，社会服务功能进一步增强。

（一）银行业稳健发展，存贷款保持平稳增长

1. 银行业金融机构资产规模进一步扩大，利润有所下降

2019 年末，北京市银行业金融机构资产总额 26.3 万亿元，同比增长 8.6%；实现利润 2 589.2 亿元，同比减少 4.9%，较上年同期下降 9.9 个百分点；银行业金融机构数量有所增加，2019 年末机构网点总数减少 45 家；法人金融机构数量比上年增加 1 家；从业人数同比增长 5.1%（见表 1）。

表 1　2019 年北京市银行业金融机构情况

机构类别	营业网点			法人机构（家）
	机构数量（家）	从业人数（人）	资产总额（亿元）	
一、大型商业银行	1 797	53 089	98 005	0
二、国家开发银行和政策性银行	18	912	18 737	0
三、股份制商业银行	813	25 357	52 671	0
四、城市商业银行	425	11 951	30 584	1
五、城市信用社	—	—	—	—
六、小型农村金融机构	673	9 224	9 579	1
七、财务公司	75	5 264	37 316	73
八、信托公司	12	4 098	1 607	12
九、邮政储蓄银行	574	3 360	3 667	0
十、外资银行	115	4 306	3 783	9
十一、新型农村机构	40	818	278	11
十二、其他	18	4 347	6 271	14
合　计	4 560	122 726	262 498	121

注：营业网点机构数据不包括国家开发银行和政策性银行、大型商业银行、股份制银行金融机构总部；大型商业银行包括中国工商银行、中国农业银行、中国银行、中国建设银行和交通银行；小型农村金融机构指农村商业银行；新型农村金融机构包括村镇银行、贷款公司和农村资金互助社；“其他”包含金融租赁公司、汽车金融公司、货币经纪公司、消费金融公司等。

数据来源：中国人民银行营业管理部、中国银行保险监督管理委员会北京监管局、北京市地方金融监督管理局。

2. 人民币存款保持较高增速，外币存款有所减少

2019 年末，北京市金融机构人民币存款余额同比增长 9.3%，比全国高 0.6 个百分点，与上年同期持平，全年新增额为近四年最高（见图 1）。非金融企业和住户存款保持较快增长，是拉动人民币存款增长的主要因素。2019 年末，非金融企业存款余额同比增长 6.8%，较上年同期高 5.5 个百分点，同比多增 2 870.9 亿元；住户部

门存款余额同比增长 14.8%，较上年同期高2.6个百分点，同比多增1 222.3亿元。受中美贸易摩擦及汇率波动影响，外币存款有所减少。2019年以来，北京市金融机构外币存款余额同比增速转为负值，9月起外币存款余额逐月回升，降幅从8月的12.1%收窄至年末的0.9%。

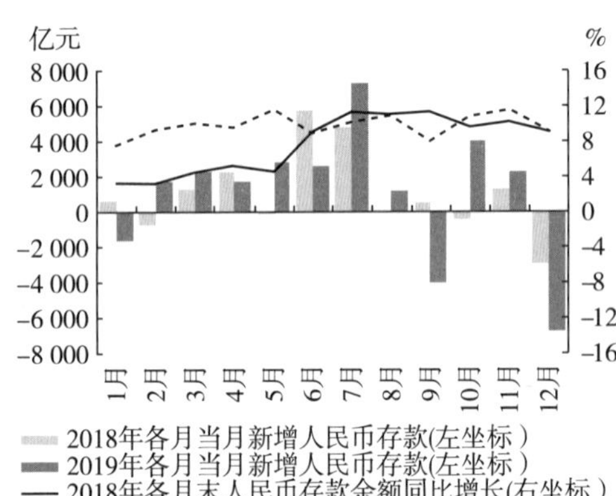

图1 2018—2019年北京市金融机构人民币存款增长变化

（数据来源：中国人民银行营业管理部）

3. 人民币贷款保持较快增长，重点领域信贷支持持续加强

2019年末，北京市金融机构人民币贷款余额同比增长10.2%，其中，非金融企业及机关团体贷款余额同比增长11.2%，住户贷款余额同比增长7%；外币贷款余额同比减少12.7%，降幅较上年同期扩大7个百分点（见图2和图3）。

重点领域贷款增长显著。2019年末，北京市中资银行高新技术产业人民币贷款余额同比增长19.2%；文化及相关产业人民币贷款余额同比增长23.4%。北京市金融机构全口径小微企业人民币贷款余额同比增长14.1%；普惠小微人民币贷款余额同比增长32.4%，增速比同期各项贷款高22.2个百分点，比全国高6个百分点。

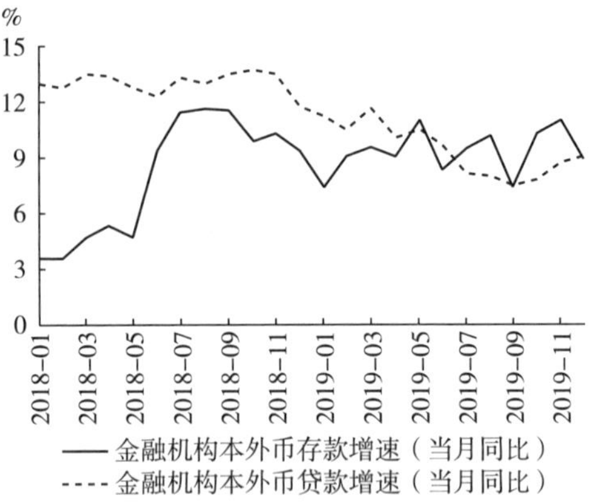

图2 2018—2019年北京市金融机构本外币存、贷款增速变化

（数据来源：中国人民银行营业管理部）

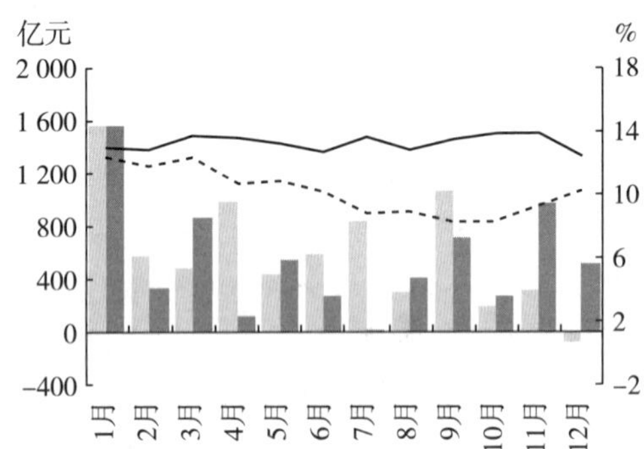

图3 2018—2019年北京市金融机构人民币贷款增长变化

（数据来源：中国人民银行营业管理部）

4. 表外业务增速略有回升，部分影子银行特征业务降幅明显

2019年末，北京地区银行业金融机构表外业务（剔除托管资产）余额同比增长7.7%，较上年同期高2.6个百分点，主要受承诺类业务较快增长影响，而委托贷款、委托投资，特别是金融机构委

托投资均有所下降。北京辖内银行理财产品规模有序压降，2019 年末，理财产品余额同比下降 1.2%。

5. 贷款市场报价利率（LPR）改革成效显著，人民币贷款利率显著下降

2019 年 1～11 月，北京地区金融机构一般贷款加权平均利率保持在 4.9%～5.2% 的低利率水平区间内平稳运行，12 月降至本年低点 4.5928%（见表 2）。2019 年小微企业贷款利率震荡下行、降幅明显，12 月普惠小微贷款加权平均利率为 5.8839%，同比下降 80 个基点。人民币活期存款利率走势平稳，定期存款利率稳中略升，美元存款利率稳中略降（见图 4）。北京地区深入推动 LPR 改革，执行 LPR 减点的贷款占比持续上升，有效打破贷款利率隐性下限，切实降低了企业综合融资成本。

表 2 2019 年北京市金融机构人民币贷款各利率区间占比

（1）LPR 改革前 单位：%

月份		1月	2月	3月	4月	5月	6月	7月
合计		100.0	100.0	100.0	100.0	100.0	100.0	100.0
下浮		49.3	52.3	47.1	49.1	51.7	52.8	54.6
基准		15.7	14.6	16.1	15.6	13.4	14.7	13.3
上浮	小计	35.0	33.0	36.9	35.3	34.9	32.5	32.0
	(1.0, 1.1]	8.1	8.3	7.5	7.4	8.0	7.5	5.8
	(1.1, 1.3]	10.2	8.1	11.7	10.3	9.7	10.1	9.6
	(1.3, 1.5]	3.9	3.2	4.2	3.3	4.2	4.2	3.7
	(1.5, 2.0]	9.0	9.2	9.8	10.2	9.0	7.4	9.4
	2.0 以上	3.8	4.2	3.7	4.0	4.0	3.3	3.7

（2）LPR 改革后 单位：%

续表

月份		8月	9月	10月	11月	12月
合计		100.0	100.0	100.0	100.0	100.0
LPR 减点		46.4	45.9	47.2	51.5	60.0
LPR		0.4	0.5	1.0	1.6	1.2
LPR 加点	小计	53.3	53.7	51.9	46.9	38.8
	(LPR, LPR+0.5%)	19.8	20.0	17.9	16.4	16.0
	[LPR+0.5%, LPR+1.5%)	15.5	16.6	15.5	12.9	10.9
	[LPR+1.5%, LPR+3%)	6.1	5.9	5.5	6.5	4.7
	[LPR+3%, LPR+5%)	7.1	6.7	8.0	6.6	4.6
	LPR+5% 及以上	4.7	4.6	5.1	4.5	2.7

数据来源：中国人民银行营业管理部。

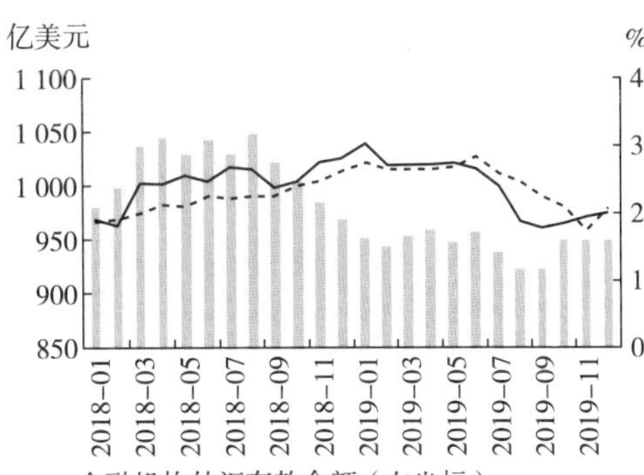

图 4 2018—2019 年北京市金融机构外币存款余额及外币存款利率

（数据来源：中国人民银行营业管理部）

6. 信贷资产质量有所下降，但不良贷款率仍处于较低水平

2019 年末，辖内银行业金融机构不良贷款余额为 564.0 亿元，同比增长 76.8%；不良贷款率为 0.55%，同比上升 0.21 个百分点，较全国低 1.26 个百分点。法人银行类金融机构拨备覆盖率为 252.8%，同比下降 16.0 个百分点。2019 年，辖内银行业金融机构累计实现利润

2 589.2亿元，同比下降4.8%，增速同比下降9.9个百分点。

7. 法人银行整体流动性较好，资本充足水平上升

2019年末，辖内法人银行流动性比例为65.09%，同比上升3.8个百分点；平均贷存比为78.1%，较年初上升2.5个百分点。辖内法人银行资本充足率为13.8%，同比上升0.3个百分点；杠杆率为7.0%，同比上升0.1个百分点。随着政策支持力度上升，优先股永续债等外源性资本补充渠道不断拓宽。

8. 人民币跨境使用稳步发展

2019年，北京地区跨境人民币结算金额为2.7万亿元，同比增长超两成，业务笔数为18.4万笔。自2010年6月23日试点启动至2019年末，北京地区跨境人民币收付涉及的国家和地区已达242个。2019年，北京地区经常项目人民币收付7 009.6亿元，资本与金融项目人民币收付19 807.6亿元。北京地区已有120家跨国企业集团开展跨境双向人民币资金池业务，累计归集跨境收入3 691.9亿元，跨境支出3 251.1亿元；北京地区银行已累计为境外93个国家和地区的参加行开立人民币同业往来账户917个，为非居民机构开立人民币结算账户1 142个。

专栏1　零信贷银企对接助力解决企业首贷难问题

2019年，为进一步贯彻党中央、国务院深化民营企业和小微企业金融服务的精神，落实中国人民银行相关工作要求，促进金融与实体经济良性互动发展，中国人民银行营业管理部（以下简称人民银行营业管理部）联合中国银行保险监督管理委员会北京监管局启动“访企业问需求——零信贷企业银企对接活动”。对接活动主要面对尚未获得银行贷款的民营企业和小微企业，运用信息化手段，引导辖内银行下沉服务重心、送金融服务上门，推动解决企业首贷难题。12月1日，“北京市银企对接系统”正式上线。

一、主要做法

一是部门联动，形成政策合力。通过金融管理部门会同地方政府部门梳理企业名录，为企业特别是首贷企业提供精准服务。金融管理部门组织银行机构走访企业，了解企业需求，宣讲金融政策，提供金融服务。银企对接活动已覆盖约5.6万家企业，包括3.5万家尚未获得银行贷款的高新技术企业、7 900家全部市级文创产业园的入驻企业，以及1.3万家经济技术开发区的无贷户企业。

二是科技赋能，实现无缝对接。为提高银行走访效率和精准度，人民银行营业管理部开发建设了“北京市银企对接系统”。依托对接系统导入企业名录和基本信息、促成银企线上“无缝对接”，实现了政府资源、银行资源与企业需求的有机对接。同时，通过对接系统分配银行基本任务量、限定企业走访时间、记录走访情况、统计走访效果，着力打通金融服务实体经济的“最后一公里”。上线“企业融资需求填报系统”（www.bjfindata.cn），以进一步提升银企对接质效。

三是督导激励，提升行动质效。金融管理部门运用信息化手段动态跟踪银企对接进程，定期开展窗口指导和通报考核，督导银行充分摸排名录内企业的融资意愿和需求，实现银企服务关系和服务渠道的“两个转变”：由企业上门寻求贷款变为银行主动提供服务，强化银行对企业的金融服务意识；由单独对接零散客户变为主动集中宣传金融政策，为企业营造良好的融资发展环境。

四是广泛宣传，营造良好氛围。人民银行营业管理部、北京市经济和信息化局、北京市地方金融监督管理局、北京市科学技术委员会、北京经济技术开发区管理委员会、中关村科技园区管理委员会等多部门宣传推广，提升企业对活动的认知度和认同感。充分发挥银行自身宣传渠道优势，指导银行运用宣传海报、宣传册、二维码、微信公众号等方式加强宣传。北京银行、北京农商银行等纷纷以服务首贷企业为着力点，开展了互联网、移动互联网、楼宇传媒等多种形式的宣传。

二、取得成效

一是有力推动辖内民营企业和小微企业信贷扩面增量。“北京市银企对接系统”上线以来，各银行累计走访企业 25 971 家，为 487 家企业提供融资支持，总金额达 40 亿元。银行金融服务呈现多样化特点，融资产品包括流动资金贷款、票据贴现、小企业主贷款、个人经营性贷款、保证贷款、委托贷款及融资性保函等多种形式。

二是进一步营造支持民营企业和小微企业融资的良好氛围。从实际效果看，企业获取金融服务的信心增强，一些企业得知自己在政府推荐的银企对接名录内感到“原来享受正规的金融服务并没有那么难”。还有一些企业虽暂无资金需求，但和银行建立了联系，为后期双方合作打下了基础。

三、下一步工作思路

一是积极对接北京市首贷服务中心建设工作。发挥平台优势，助力北京市首贷服务中心建设。首贷中心受理企业融资需求后，可以通过“北京市银企对接系统”向银行推送。金融管理部门通过系统对银企对接情况实时监测并开展回访抽查，督导银行提升服务质效。

二是进一步扩大银企对接范围。持续优化对接平台功能，不断扩大对接范围和领域，打造信贷、票据、债券业务多元化的投融资对接体系。加大与市文化主管部门及东城区对接，将更多文创类企业纳入企业名录库，进一步支持全国文化中心建设和国家文化金融合作示范区建设。同时，加强与其他各区政府部门的合作，梳理分区待访企业名单，按区扎实推进。

三是下沉宣传重心提升企业参与度。人民银行营业管理部将积极争取更多部门支持，下沉宣传重心、在市、区、园区、行业协会等多层面进行推广宣传，降低银行首次走访企业的难度，使企业广泛知晓、积极参与。

四是进一步发挥政策性融资担保的作用。联合市区相关部门引导政策性融资担保机构积极参与，优化业绩考核目标，简化担保手续，与银行尽职调查“合并同类项”，以进一步降低融资担保费率。

（二）证券期货业发展整体稳健，市场融资规模有所下降

1. 证券期货机构数量稳步增长，对外开放进程有序推进，外币服务能力显著提升

2019 年末，北京地区有法人证券公司 18 家，法人期货公司 19 家，法人基金管理公司 19 家，均与上年持平；证券营业部 544 家，期货分支机构 108 家，分别比上年增加 1 家和 4 家。证券从业人员 34 538 人（包括辖区证券公司在全国下设营业部的证券从业人员），较上年减少 1 248 人。2019 年，大和证券集团、瑞信方正证券有限责任公司、高盛高华证券有限责任公司等外资企业增持股权至 51% 或在京新设合资公司获中国证监会正式受理；迈凯希金融公司、韩国投资证券公司、日本日兴证券公司先后设立北京代表处，外资证券公司类代表处呈现放量增长态势；中国国际金融股份有限公司、中信建投证券股份有限公司结售汇业务资格申请获得中国证监会无异议函，地区本外币服务能力有效提高。

2. 证券公司营业收入明显上升，期货公司资本稳步提升

2019 年，北京地区 18 家证券公司营业收入为 499.4 亿元，同比增长 32.1%。2019 年末，北京地区 19 家期货公司总资产为 782 亿元，同比增长 11.7%；净资本为 153 亿元，同比增长 3.4%；客户保证金总额为 606 亿元，同比增长 14.8%，全国占比为 13%。截至 2019 年末，北京地区基金管理公司管理公募基金产品1 390只，同比增长 19.2%，基金资产净值合计 32 027.9 亿元，同比增长 8.5%。

3. “新三板”挂牌公司数量减少，股票融资总额下降

2019 年末，北京地区“新三板”挂牌公司共计 1 190 家，同比下降 17.4%；挂牌公司总市值 5 283.7 亿元，同比下降 12.9%；2019 年北京地区“新三板”挂牌公司共定向发行 79 家次，募集资金 40.99 亿元，同比下降 50.6%，次数和规模分别占全国市场的 12.4% 和 15.5%，居全国第二位。

表 3　2019 年北京市证券业基本情况

单位：家、亿元

项　　目	数量
总部设在辖内的证券公司数	18
总部设在辖内的基金公司数	19
总部设在辖内的期货公司数	19
年末国内上市公司数	334
当年国内股票（A 股）筹资额	3 861
当年发行 H 股筹资额	—
当年国内债券筹资额	6 974.7
其中：短期融资券筹资额	-72.1
中期票据筹资额	2 239.8

注：证券公司家数为法人机构数量，国内股票（A 股）筹资额包含金融企业 A 股筹资，债券筹资额为社会融资规模中企业债券融资额。

数据来源：中国人民银行营业管理部、中国证券监督管理委员会北京监管局。

（三）保险市场逐步回归本源，社会服务功能进一步增强

1. 保险行业稳步发展，机构经营总体稳健

2019 年末，北京地区共有保险总公司 45 家。其中，财产险公司 14 家，人身险公司 31 家；保险专业中介法人机构 392 家。保险深度为 5.9%，同比提高

0.45 个百分点；保险密度为 9 640.4 元/人，同比提高 16.3%。在监管趋严背景下，保险公司风险防范意识和能力增强，市场秩序好转。2019 年，北京地区财产险公司综合费用率为 35.6%，同比下降 4.7 个百分点；人身险公司退保率为 5.6%，同比下降 1.6 个百分点；除 2 家人身险公司外，北京地区法人保险公司偿付能力均满足监管要求（见表 4）。

2. 保费收入平稳较快增长，业务结构持续优化

2019 年，北京地区保险公司实现原保险保费收入 2 076.5 亿元，同比增长 15.8%；累计赔付支出 719 亿元，同比增长 14.2%。其中，财产险保费收入为 454.9 亿元，同比增长 7.6%；人身险公司实现保费收入 1 621.6 亿元，同比增长 18.3%。财产险公司非车险业务占比 47.7%，同比上升 6.9 个百分点。期交型、长期型等保障程度较高的人身险业务增长较快，同比上升 3 个百分点；长期健康险业务占比 17.4%，同比上升 0.3 个百分点（见表 4）。

3. 保险业社会服务范围扩大，保障功能进一步增强

2019 年，北京启动农业保险承保全流程电子化改革试点，累计提供风险保障 67.3 亿元。力推工程质量潜在缺陷保险、关税保证保险等险种，累计提供风险保障 118.3 亿元。在全国首推车险“互碰快赔”机制，减少事故车辆占路时长。启动保险业支持养老、家政、托幼等社区家庭服务试点，石景山区长期护理保险试点已覆盖 30 万人群，保险业参与老年人意外险、失独家庭保障等政府保险合作项目服务约 231 万人次。2019 年，北京地区保险机构以债权投资计划形式投资北京市重点项目 1 937.8 亿元。

表 4　2019 年北京市保险业基本情况

单位：家、亿元、元/人、%

项　　目	数量
总部设在辖内的保险公司数	45
其中：财产险经营主体	14
人身险经营主体	31
保险公司分支机构	112
其中：财产险公司分支机构	49
人身险公司分支机构	63
保费收入（中外资）	2 077
其中：财产险保费收入（中外资）	455
人身险保费收入（中外资）	1 622
各类赔款给付（中外资）	719
保险密度	9 640
保险深度	6

数据来源：中国银行保险监督管理委员会北京监管局。

（四）社会融资结构持续优化，金融创新步伐加快

1. 社会融资结构持续优化，直接融资占比上升

2019 年，北京地区社会融资规模增加 1.46 万亿元，其中，人民币贷款新增 6 489.4 亿元，占地区社会融资规模增量的 44.4%；企业债券净融资 6 974.7 亿元，占地区社会融资规模增量的 47.7%；非金融企业境内股票融资 485.5 亿元，企业直接融资占比 51%，较上年上升 9.4 个百分点；委托贷款、信托贷款和未贴现银行承兑汇票额共减少 4 314.6 亿元（见图 5）。

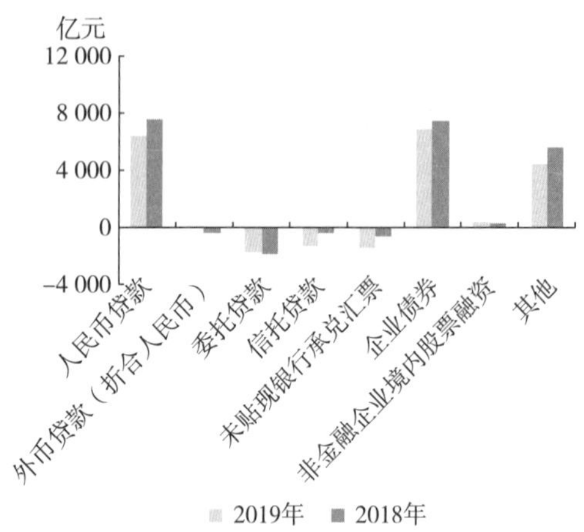

图5　2018—2019年北京地区社会融资规模增量分布结构

（数据来源：中国人民银行营业管理部）

2. 多个金融市场创新产品在京落地

一是民营企业债券融资支持工具推广使用，辖内银行、中债信用增进投资股份有限公司等机构创设5.8亿元信用风险缓释凭证（CRMW），支持北京地区4家民营企业在银行间市场发债融资22.9亿元，其中，国泰君安证券股份有限公司为19京东ABN001创设的信用风险缓释凭证为银行间首单成功落地的ABN＋CRMW模式。二是北京地区推广使用“双创”债务融资工具，北京未来科学城发展集团有限公司在银行间市场发行2笔总规模4.8亿元的私募双创债券，是京津冀地区首只私募双创债券。三是市属企业在银行间市场发展融资稳步推进，2019年，北京市65家市属企业在银行间市场发行债券212只，募集资金2 736.1亿元。

3. 票据市场运行总体平稳，贴现票据金额和贴现余额均大幅增长

2019年，北京市金融机构累计签发银行承兑汇票金额同比增长20.7%，累计贴现票据金额同比增长109.6%。2019年末，银行承兑汇票余额同比增长28.6%，票据贴现余额同比增长116.6%。北京地区票据贴现和转贴现利率下行趋势明显。

表5　2019年北京市金融机构票据业务量统计

单位：亿元

季度	银行承兑汇票承兑		贴现			
			银行承兑汇票		商业承兑汇票	
	余额	累计发生额	余额	累计发生额	余额	累计发生额
一	6 885	2 452	4 269	7 634	687	853
二	6 798	4 984	4 283	15 406	840	1 641
三	6 997	7 620	4 140	22 127	828	2 264
四	7 367	10 991	4 861	28 070	695	2 903

数据来源：中国人民银行营业管理部。

表6　2019年北京市金融机构票据贴现、转贴现利率　单位:%

季度	贴现		转贴现	
	银行承兑汇票	商业承兑汇票	票据买断	票据回购
一	3.5341	5.1695	3.5594	2.5266
二	3.5480	5.1047	3.6018	2.3335
三	3.0913	4.4848	3.1688	2.3887
四	3.0232	4.3816	2.9792	2.5053

数据来源：中国人民银行营业管理部。

4. 地方债发行规模增加，政府负债率保持稳定

2019年末，北京市地方政府债券余额为4 959.4亿元，其中，一般债务余额为2 113.5亿元，专项债务余额为2 845.9亿元。2019年，北京市地方政府负债率为14.0%，较2018年提高1.0个百分点。

2019年，北京市政府共发行债券1 401.5亿元，全部采用公开招标方式发行，较2018年增加756.6亿元。

（五）金融科技监管试点顺利开展，金融扩大开放稳步推进

2019年，人民银行营业管理部以“金融科技”为切入点，全面助力北京科创中心建设。在全国率先开展金融科技创新监管试点，有序推进金融科技应用试点，完善金融科技应用配套政策、制度和标准，“微捷贷”“快审快贷”等46个金融科技应用试点项目数量居10个试点城市之首。积极建设“数字外管”，在全国率先探索人工智能在外汇管理领域的应用，开展跨境金融区块链服务平台试点，切实提升防范与打击外汇违法违规行为效能。

围绕金融业服务业扩大开放，助推首都对外开放新格局加快形成。落实金融领域开放改革三年行动计划，推动标普信用评级（中国）有限公司、贝宝（PayPal）等外资金融企业在京发展，环球同业银行金融电讯协会（SWIFT）在京设立全资中国法人机构，北京成为外资金融机构入驻聚集地。推动货物贸易外汇收支便利化试点落地，优化拓展中关村国家自主创新示范区（以下简称中关村示范区）资本项目便利化政策，进一步提升首都贸易投资便利化水平。在全国率先实施对外承包工程境外外汇资金集中管理及跨境人民币结算便利化政策，创新驱动金融支持“一带一路”建设。积极推进人民币国际化，落地实施优质诚信企业跨境人民币结算便利化方案。

（六）金融便民程度不断提升，金融管理手段持续优化

2019年，人民银行营业管理部在全国率先创新开展多项工作，着力提升金融服务便民惠民水平，助力首都营商环境持续优化。在全国率先实现动产担保的统一登记查询，显著提升企业获得信贷的便利度。作为全国首批试点省市，取消企业银行账户许可，企业开户平均时间缩短至1天。向社保、公积金、税务等部门共享账户信息，全面推广电子营业执照在开户环节的应用，上线企业在线销户预约系统。在全国率先开创“线上+线下”企业征信服务新模式，覆盖辖区近五成企业。着力推动移动支付便民示范工程建设，北京3万余辆公交车实现联网通用移动支付全覆盖。充分发挥金融服务乡村振兴和脱贫攻坚的支撑作用，2017—2019年累计消除金融空白村1 917个，实现村级金融服务全覆盖。

2019年，人民银行营业管理部全面从严强化金融管理，坚定守住首都金融稳定防线。在全国率先建立省级金融监管协调机制，推动各金融监管部门形成合力。在全国率先开展企业工商登记涉金融字样前置管理，助力244家金融服务类企业落户北京。发起设立北京市金融纠纷人民调解委员会、北京市金融业公共法律服务中心，从源头上化解金融消费领域的社会矛盾，调解成功率达94.4%。充分发挥反洗钱职能优势，全面助推扫黑除恶专项斗争，实现全国首例房地产业反洗钱可疑交易报告。建立全国首个省级警银联合办公室，严厉打击地下钱庄和网络炒汇。强化货币管理，开出全国首张互联网上非法使用人民币图样罚单。在全国率先建立金融消保监管协调和金融广告治理协作机制，编排全国首部金融消费权益保护主题话剧，全面提升首都金融消费生态。

二、经济运行情况

2019年，面对错综复杂的内外部环境，北京市坚持稳中求进工作总基调，深入推进供给侧结构性改革，经济总体保持平稳运行，高质量发展扎实推进。2019年全市地区生产总值为35 371.3亿元，同比增长6.1%（见图6）。

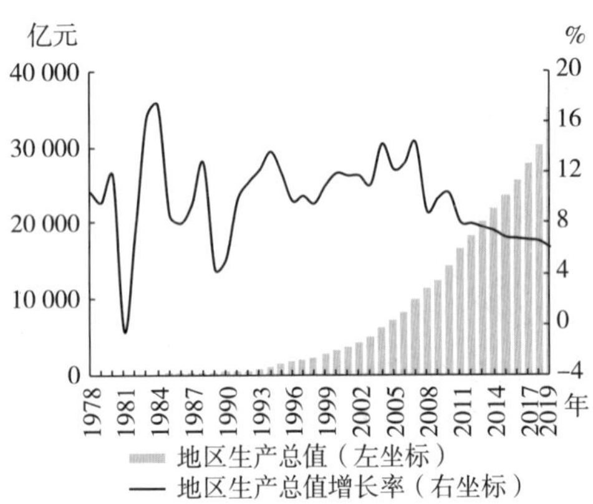

图6　1978—2019年北京市地区生产总值及其增长率

（数据来源：北京市统计局）

（一）三大需求协调发展，经济运行稳中向好

2019年，北京市坚定不移贯彻中央稳中求进工作总基调，实现经济平稳增长与质量提升互促共进。从三大需求看，投资有效性增强，服务性消费增势较好，外贸规模创历史新高。

1. 投资总量低位运行，结构进一步优化

2019年，北京市固定资产投资（不含农户）同比下降2.4%，其中，房地产开发投资下降0.9%。分产业看，三大产业投资增速分别为20.6%、－9.0%和－2.3%。符合首都发展方向的行业投资较快增长，投资结构进一步优化，重点行业、民生领域投资增势较好；租赁和商务服务业，文化、体育和娱乐业，卫生和社会工作，科学研究和技术服务业投资分别增长160%、77.0%、49.0%和27.0%（见图7）。

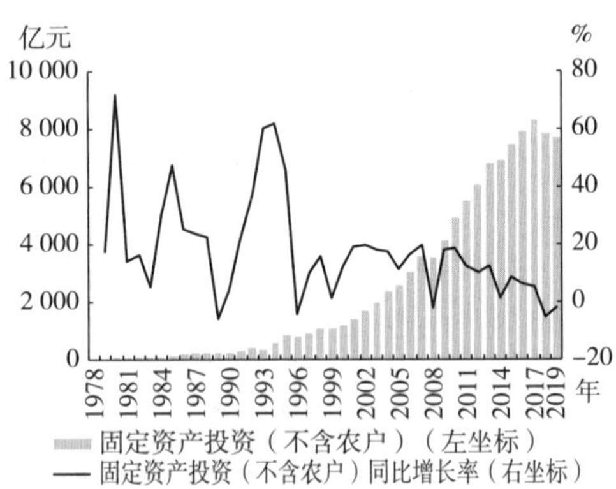

图7　1978—2019年北京市固定资产投资（不含农户）及其增长率

（数据来源：《中国经济景气月报》）

2. 居民收入稳步增加，服务性消费增势较好

2019年，全市城乡居民收入增长总体稳定，居民人均可支配收入实际增长6.3%，与经济增长基本同步。全年实现市场总消费额同比增长7.5%。服务性消费增势较好，全年服务性消费额增长10.2%，占市场总消费额的55.1%，对总消费增长的贡献率达到72.7%，成为带动消费增长的主要力量。商品性消费意愿增强，全年实现社会消费品零售总额增长4.4%，较上年同期提高1.9个百分点（见图8）。

3. 外贸规模创历史新高

2019年，北京地区进出口总值为28 669.4亿元，同比增长5.5%，高于全国进出口增速2个百分点。其中，出口同比增长6.0%；进口同比增长5.4%（见图9）。

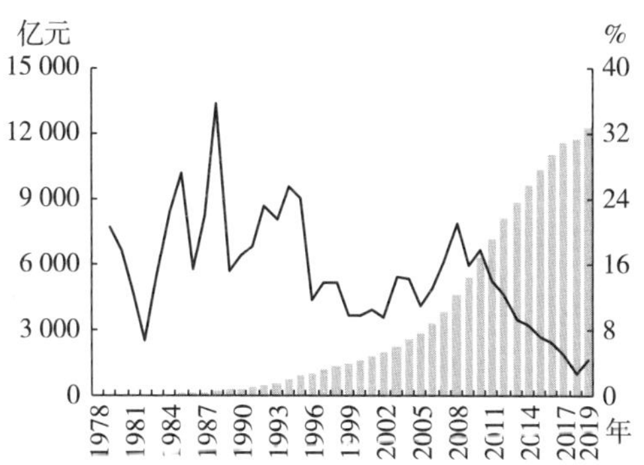

图 8　1978—2019 年北京市社会消费品零售总额及其增长率

（数据来源：北京市统计局）

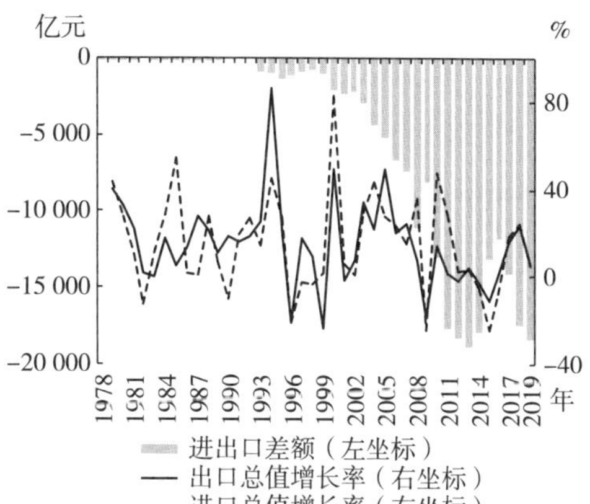

图 9　1978—2019 年北京市外贸进出口变动情况

（数据来源：北京市统计局）

图 10　1988—2019 年北京市实际利用外资额及其增长率

（数据来源：北京市统计局）

（二）产业转型升级持续推进，供给侧结构性改革成效显著

2019 年，北京市第一、第二、第三产业分别实现增加值 113.7 亿元、5 715.1亿元、29 542.5 亿元。三次产业构成比为 0.3∶16.2∶83.5，与上年的0.4∶18.6∶81.0 相比，第三产业比重进一步提高。

1. 传统种养业产量缩减，农业生态功能增强

2019 年，北京市农林牧渔业总产值为 281.7 亿元，同比下降 5.1%。其中，种植业总产值同比下降 10.8%；牧业总产值同比下降 31.5%，产品出栏量大幅下降，生猪出栏头数同比下降 83.3%；渔业总产值同比下降 14.1%；林业在新一轮百万亩造林工程拉动下同比增长 21.6%，延续大幅增长态势。设施农业中，高效益品种占比增加，盆栽观叶植物、园林水果、瓜果类和花卉苗木等高效益品种占设施农业产值的比重为 34.5%，比上年提高 6.4 个百分点。民俗旅游人均消费实现增长，民俗旅游接待实现收入 14.4 亿元，同比增长 5.4%；人均消费 75.1 元，同比增长 9.5%。

2. 工业生产增势稳定，提效降耗质量优化

2019 年，全市规模以上工业增加值按可比价格计算增长 3.1%（见图 11）。高精尖产业引领工业高质量发展，规模以

上工业高技术制造业增加值增长9.3%，高于平均水平6.2个百分点，对规模以上工业增长的贡献率为74.7%，发挥了重要的引领作用。重点行业中，医药制造业增长6.2%，计算机、通信和其他电子设备制造业增长9.9%，汽车制造业增长2.7%，通用设备制造业下降7.7%，专用设备制造业增长8.5%，电力、热力生产和供应业增长8.2%。工业生产效率和能源利用效率持续提高，1－11月，规模以上工业企业劳动生产率为48.9万元/人，同比提高4万元/人，单位增加值能耗下降2.8%。

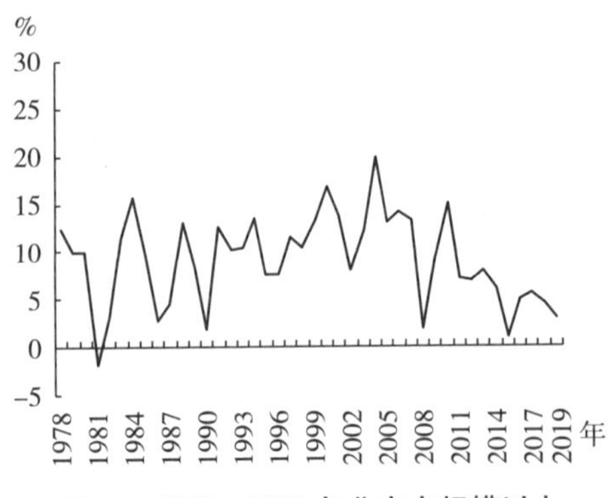

图11 1978—2019年北京市规模以上工业增加值实际增长率

（数据来源：北京市统计局）

3. 第三产业发挥压舱石作用，扩大开放稳步推进

2019年，全市第三产业增加值比上年增长6.4%，高于地区生产总值增速0.3个百分点，对经济增长的贡献率达到87.8%。金融、信息服务、科技服务等优势行业持续发挥带动作用。1－11月，规模以上金融业，信息传输、软件和信息技术服务业，科学研究和技术服务业法人单位收入占第三产业收入的比重合计为36.6%，同比提高3.6个百分点。高技术服务业和现代服务业快速增长。1－11月，规模以上现代服务业和高技术服务业法人单位收入分别增长8.2%和10.0%，较服务业平均水平分别高出2.9个和4.7个百分点。服务业扩大开放稳步推进。1－11月，服务业扩大开放七大领域规模以上法人单位实现收入5.4万亿元，同比增长9.7%，高于规模以上服务业法人单位收入增速4.4个百分点。

4. 供给侧改革不断深化，城市规划发展取得进展

科技创新中心建设全面加速，发布实施新时代深化科技体制改革30条政策措施。全面落实新一轮服务业扩大开放综合试点方案，统筹推进相关政策落地。落实北京城市副中心控制性详细规划实施方案，出台规划设计导则。疏解整治促提升专项行动深入推进，退出一般制造业企业399家，疏解提升市场和物流中心66个，拆除违法建设腾退土地5 706公顷，“留白增绿”完成绿化1 686公顷。

5. 生态保护持续加强，城乡环境持续美化

细颗粒物年均浓度继续大幅下降，市民蓝天幸福感进一步增强。深入实施美丽乡村建设三年行动计划，启动“百村示范、千村整治”工程，完成300个村污水治理、839座农村公厕改造任务，农村人居环境明显改善。完成新一轮百万亩造林绿化25.8万亩，全市森林覆盖率达到44%。有序开展垃圾分类，生活垃圾分类示范片区创建率达到60%，新增垃圾处理能力4 500吨/天。

（三）消费价格温和上涨，生产价格总体平稳

1. 居民消费价格稳中有升，涨幅温和可控

受非洲猪瘟影响，食品价格上涨较快，2019 年，全市居民消费价格总水平同比上涨2.3%，涨幅比上年下降0.2 个百分点。八大类商品和服务项目价格“六升二降”：食品烟酒类价格上涨5.2%，衣着类价格上涨 1.9%，居住类价格上涨1.3%，教育文化和娱乐类价格上涨1.0%，医疗保健类价格上涨8.4%，其他用品和服务类价格上涨3.2%；生活用品及服务类价格下降0.3%，交通和通信类价格下降2.8%（见图12）。

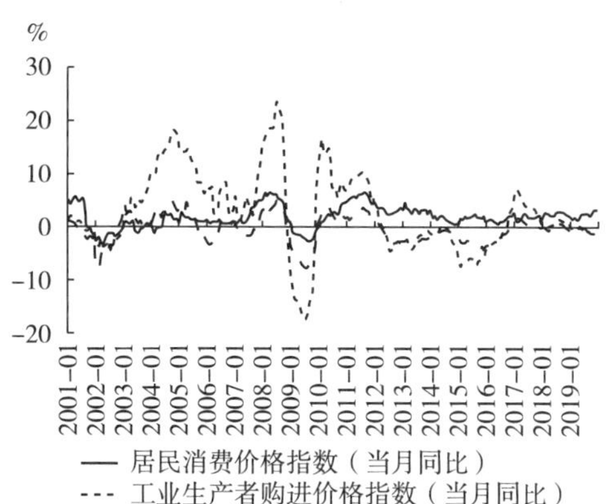

图12　2001—2019 年北京市居民消费价格指数和工业生产者价格指数变动趋势

（数据来源：北京市统计局）

2. 工业生产出厂价格和购进价格小幅下降

除2018 年外，工业生产价格持续了2015 年以来的下降趋势。2019 年，全市工业生产者出厂价格比上年下降0.4%，购进价格比上年下降0.4%（见图12）。

3. 劳动力成本增长平稳，社会保障水平进一步提高

2019 年，北京市居民人均工资性收入为41 214 元，同比增长9.4%。社会保障水平进一步提高，四项社会保险待遇标准联动调整：企业退休职工基本养老金平均水平从每月3 980 元提高至4 157元，涨幅为 4.4%；失业保险金每档增加 244 元；企业最低工资标准增长3.8%。

4. 资源性产品价格改革继续深化，利用价格杠杆促进资源节约

2019 年，北京市继续推进资源性产品价格改革，深入落实首都城市战略定位，充分发挥价格杠杆作用。一是为有效传递和落实国家降低一般工商业电价的措施，确保降价成果惠及终端用户，2019 年5 月1 日起，一般工商业用户电度电价每千瓦时下调0.93 分；2019 年7 月1 日起，再下调2.63 分。二是为促进优化营商环境，减轻企业负担，2019 年5 月1 日起，工商业用气销售价格下调0.1 元/立方米；发电用气销售价格下调0.08 元/立方米。

（四）财政收支平稳运行，财税改革取得成效

2019 年，北京市财政收支平稳运行。全市一般公共预算收入5 817 亿元，增长0.5%；其中，受信息服务业、金融业增长较好带动，增值税收入增长2.5%；受提高研发费用加计扣除比例、小微企业普惠性税收减免以及企业利润下降等因素影响，企业所得税收入下降5.5%；受个人所得税减税政策影响，个人所得税收入下降25.3%。全市一般公共预算支出为7 031.0 亿元，增长0.3%（见图13）。

围绕全面落实国家新出台的减税降费政策方针，加大减税降费力度，深化财税体制改革，取得了良好成效。实施增值税降率政策和个人所得税改革，并在地方权限范围内顶格实施小微企业普惠性税收减免政策，全年新增减税降费约 1 800 亿元，切实减轻了企业和居民负担。加强财政监督管理，积极防范化解财政金融风险，出台防范化解政府债务风险实施方案，实现财政的安全运行，保障首都各项重点工作的推进。

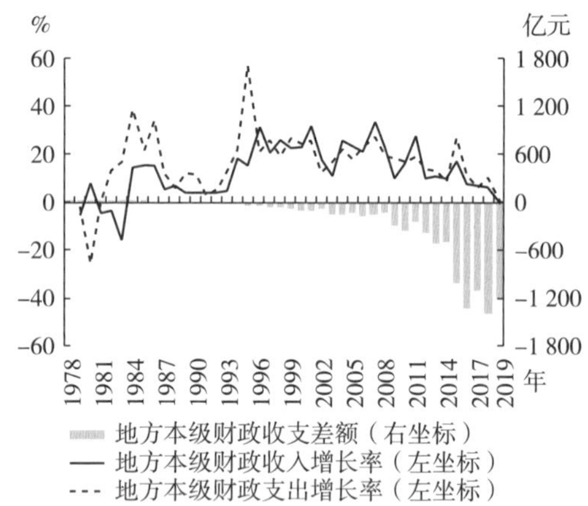

图 13　1978—2019 年北京市财政收支状况

（数据来源：北京市统计局）

专栏 2　北京市全国科技创新中心建设取得积极成效

2019 年，北京市将“全力推进全国科技创新中心建设，加快构建高精尖经济结构”作为重点工作全力推进，突破制约科技创新的制度藩篱，充分发挥中关村先行先试制度优势，为科技创新护航开路，取得了丰硕的成果。

一、服务国家创新战略，强化科技创新战略布局

建立基础研究长期稳定支持机制，增强高校科技创新能力，提升前沿学科交叉和融合创新水平。积极承接国家重大科技任务，加快培育量子信息、网络空间安全等领域国家实验室。深入对接国家“科技创新 2030”重大项目、重点研发计划和创新基地建设，聚焦 5G、人工智能、医药健康等关键领域，精心组织推进创新攻关，更好地服务国家创新战略需求。

二、建设“三城一区”主平台，区域联动取得新进展

坚持产城融合，完善管理体制和市场化服务机制，推动功能与科学、项目、产业等同步规划建设。中关村科学城系统布局基础前沿和关键核心技术，怀柔科学城综合性国家科学中心建设提速，未来科学城央企创新要素聚集效应逐步显现，北京经济技术开发区完成扩区，中关村示范区加大先行先试力度。

三、深化科技体制改革，提升科技创新治理体系和能力建设

立足全国科技创新中心城市战略定位和发展需求，发布《北京市促进科技成果转化条例》，调动各方主体科技成果转化的积极性，破解权属改革难题，进一步完善科技成果转化的法治环境。发布“科创 30 条”，聚焦科技创新战略布局、提升原始创新能力、构建高精尖经济结构以及实现首都高质量发展等重点领域和关键环节，强化科技创新中心功能、高精尖经济结构构建、前沿基础研究三个指向。

四、集聚培养顶尖人才，激发人才资源的积极性和创造性

一是优化人才培养机制。鼓励高等学校在人工智能、集成电路、云计算、转化医学与精准医学等领域设置新兴学科，加强高精尖产业高技能人才及专业管理人才培养。二是优化人才评价机制，推行代表作评价制度。三是优化因公出国（境）审批机制，优化科研人员因公出国审查、审批、备案等工作流程。四是优化外籍人才引进及服务机制，在工作居留许可办理、养老保险缴纳、子女入学等方面持续改进服务，在“三城一区”等区域建立外籍人才“一站式”综合服务平台。

五、加强高精尖产业发展顶层设计，构建高精尖经济结构

细化明确各区发展重点，强化市级统筹调度，奔驰新能源汽车、燕东集成电路生产线、小米未来工厂、国家网络安全产业园区等一批重点项目落地实施。加快应用场景建设，发布首批10项重大应用场景和20项央企应用场景项目。以新一代信息技术与医药健康为引领，塑造高精尖产业发展新动能。5G商用步伐加快，实施智能网联汽车创新发展行动方案，全产业链布局医药健康产业体系，重点培育“人工智能+健康”新兴产业，支持创新医疗器械应用推广。

六、聚焦中关村创新引领，加强金融支持力度

中关村示范区作为创新创业集聚地和战略产业策源地，是北京建设“科技创新中心”的主阵地。人民银行营业管理部以全国科技创新中心建设为金融服务重点，全面落实各项科技金融政策，促进金融和科技深层次融合。一是强化政策引领，推动形成科创型企业特色金融服务体系。二是强化创新引领，启动助推科技金融发展的“新引擎”。创新设立“中关村示范区再贴现窗口”，实现货币政策的精准滴灌，进一步疏通货币信贷政策传导机制。三是强化科技引领，以金融科技提升小微企业服务效率。

展望2020年，北京市将在承接国家重大科技任务、建设“三城一区”主平台、构建高精尖经济结构、深化科技体制改革、推动开放创新合作等方面持续发力，努力建设具有全球影响力的科技创新中心。

（五）房地产市场继续保持稳定，科技、文化及相关产业持续增长

1. 房地产市场延续平稳发展势态

2019年，北京市完成房地产开发投资3 838.4亿元，比上年下降0.9%；其中，住宅完成投资2 039.8亿元，同比增长0.7%。

北京土地出让市场继续降温。2019年北京土地出让58宗，成交金额1 672亿元，较上年下降6%，平均溢价率为9.2%，较上年下降4.5个百分点。全市房地产开发投资下降0.9%。商品房销售面积为938.9万平方米，增长34.9%，其中，保障性住房销售面积为350.1万平方米，增长58.0%。

商品房施工、新开工、竣工面积有所下降，销售面积回升。2019年，北京市商品房施工面积为12 515.0万平方米，同比下降3.5%；新开工面积为2 073.2万平方米，同比下降10.7%；竣工面积为1 343.3万平方米，同比下降13.8%。商品房销售面积为938.6万平方米，同比增长34.9%，其中，住宅销售面积为789.0万平方米，同比增长49.8%。

商品住房成交规模增长，全年成交20.2万套，同比增长4.9%。新建商品住房成交5.9万套，增长47.5%；二手住房成交14.3万套，减少6.0%。2019年，新建商品住房价格整体呈上升趋势，全年新建商品住房价格指数累计上涨4.8%；二手房住房价格全年同比下降0.5%。

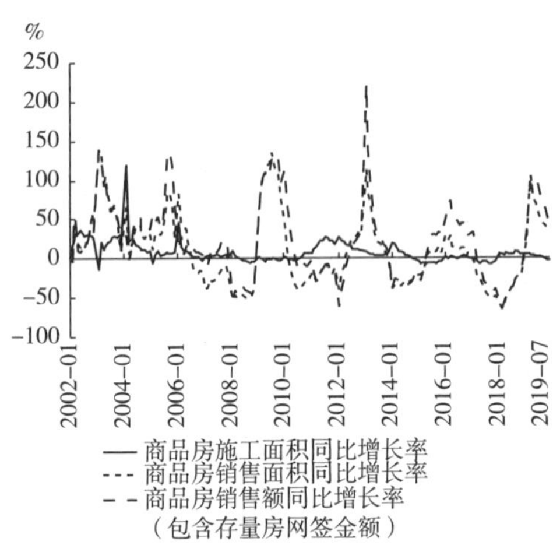

图14　2002—2019年北京市商品房施工和销售变动趋势

（数据来源：北京市统计局）

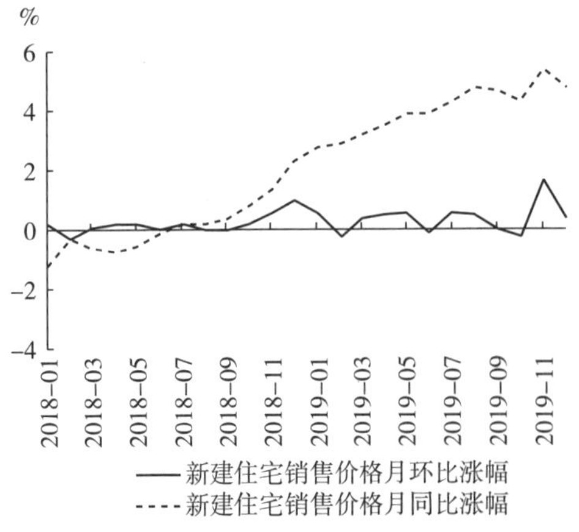

图15　2018—2019年北京市新建住宅销售价格变动趋势

（数据来源：北京市统计局）

有效保障政策性住房的供给。全市启动公租房配租1.45万套，累计推进共有产权住房项目68个，申购项目46个、4.5万套。确定集体土地租赁住房试点项目68个，累计开工29个项目、4.2万套。

保障性住房开发贷款增速高于房地产开发贷款，个人住房贷款增速回升，占各项贷款的比重提升。2019年末，本外币房地产开发贷款余额为6 221.4亿元，同比增长7.3%，其中，保障性住房开发贷款同比增长10.1%。个人住房贷款余额为10 417.4亿元，同比增长4.9%；比年初增加494.0亿元，占各项贷款新增额的比例为7.8%，较上年提高4.4个百分点。

2. 科技引领经济加快转型

第一，“双创”服务保障进一步增强。截至2019年末，全市拥有孵化机构500余家，服务“十大高精尖产业”的技术服务机构占比达95.6%。第二，中关村创新引领作用更加突出。从创新投入来看，1—11月中关村规模以上高新技术企业研究开发费用合计为2 162.3亿元，同比增长16.1%，增速高于总收入增速，在总收入中的占比为4%，比上年同期提高了0.1个百分点。从创新产出来看，1—11月中关村企业专利申请量为8.4万件，占全市企业专利申请量的57.5%，其中，发明专利申请量为5.1万件，占全市企业发明专利申请量的65.9%。从创新驱动效果来看，1—11月中关村企业实现总收入5.4万亿元，增长13.8%，同比提高了0.8个百分点。第三，新动能加快成长。科技创新培育了新兴动能。2019年全市新经济增加值为12 765.8亿元，同比增长7.5%，占全市地区生产总值的比重达到36.1%。

3. 文化及相关产业继续保持快速发展

2019年，规模以上文化产业法人单位

从业人员为59.4万人，实现收入1.28亿元，同比增长8.2%，逐渐成为助推首都经济高质量发展的重要引擎。

三、预测与展望

2020年是全面建成小康社会和“十三五”规划收官之年，既是决胜期，也是攻坚期。虽然面临的国内外形势复杂严峻，经济下行压力持续加大，但我国发展仍处于并将长期处于重要战略机遇期。新冠肺炎疫情对中国经济造成了一定影响，但总体可控，中国经济稳中向好、长期向好、高质量发展的基本面没有改变。预计北京经济持续平稳运行在合理区间，结构进一步优化。

从国际环境看，国际疫情持续蔓延，世界经济下行风险加剧，不稳定、不确定因素显著增多，发达经济体经济增速面临下跌，新兴市场经济体经济增速或将继续下跌，全球经济金融发展面临较大挑战。从国内环境看，在党中央的领导下，我国经济展现出巨大韧性，在常态化疫情防控中经济社会运行逐步趋于正常，复工复产正在逐步接近或达到正常水平，总供求基本平衡；财政政策更加积极有为，稳健的货币政策更加灵活适度，全社会流动性合理充裕，结构性货币政策积极有效，金融体系总体健康。

从自身发展看，2020年北京将更好履行首都职责，继续大力加强“四个中心”功能建设、提高“四个服务”水平，抓好“三件大事”，打好三大攻坚战，扎实推进高质量发展，统筹做好稳增长、促改革、调结构、惠民生、防风险、保稳定各项工作，实现既定的经济社会发展目标。首都治理体系不断完善，高质量推进新版城市总体规划实施，建设国际一流的和谐宜居之都；紧抓疏解北京非首都功能“牛鼻子”不放松，更好地实现京津冀协同发展。发挥科技创新引领作用，建设具有全球影响力的科技创新中心，聚焦服务国家重大科技任务的同时，“三城一区”主平台更好地发挥支撑引领作用，产业发展驱动力不断提升。在产业结构方面，发挥服务业扩大开放综合试点与自由贸易试验区政策叠加优势，聚焦高端专业服务业、数字贸易等重点领域，服务业发展水平和服务贸易竞争能力进一步提升；更大力度促进高精尖产业发展，实施制造业数字化、智能化、绿色化改造提升计划，符合首都功能定位的5G、人工智能、医药健康等产业在疫情后将迎来更大发展机遇。

从需求动力看，强化民生导向，加快交通、新型基础设施、基本公共服务等领域投资，加强城市更新和存量住房改造提升，推进老旧小区改造等建设，有助于增加有效投资。随着有序复工复产，在加快推进北京城市副中心行政办公区二期、北京城市副中心站综合交通枢纽建设，启动轨道交通大兴机场线北延工程、加快丽泽城市航站楼建设，完工2022年北京冬季奥林匹克运动会、冬季残疾人奥林匹克运动会竞赛场馆建设等系列重大项目带动下，预计2020年投资缓中趋稳。在消费方面，深化消费领域供给侧结构性改革，启动商务中心区等商圈改造、支持首店首发、扩大夜间经济等措施，并推动形成商业、文化、娱乐等多元业态行业融合发展的消费生态系统，消费对经济增长的基础作用将进一步提升。紧扣“七有”“五性”，在让人民群众有更多获得感、幸福感、安全感的同时，进一步释放消费潜力。旅游、住宿餐饮等线下消费受疫情影响较大，但预计随着系列政策的出台，消费作为对冲疫情影响的重要着力点之一，将在疫情后迎来转型升级和反弹。

从金融运行情况看，2020 年，北京金融业将以新发展理念更好地发挥对疫情防控工作和实体经济的支持作用。加大逆周期调节力度，把疫情防控作为当前最重要的工作来抓，加大货币信贷支持，有效缓解疫情对经济的影响，稳定市场预期；加强信贷政策结构性引导，持续加大对首都优势产业、重点领域及薄弱环节的支持力度。金融机构和相关部门形成合力，持续优化银企对接平台建设，创新发挥续贷受理中心功能，建成运营首贷服务中心，推进供应链融资，开展知识产权保险试点，切实提高金融服务民营企业和小微企业的能力。各监管部门协调配合，加强对高精尖重点产业的综合金融服务，推动“新三板”深化改革措施加快落地，做好企业赴科创板等境内外上市工作，提升直接融资比重。同时，加强国家金融管理中心建设，不断拓展金融业全方位对外开放格局，吸引更多国际金融机构在京落地；积极推进金融科技应用试点和金融科技创新监管试点；完善地方金融监管制度，坚决防范和打击非法集资，继续做好互联网金融风险专项整治，牢牢守住不发生系统性金融风险的底线。预计 2020 年，北京社会融资规模将适度增长，融资结构将进一步优化。

2020 年，人民银行营业管理部将坚持以习近平新时代中国特色社会主义思想为指导，全面贯彻党的十九大、十九届二中、三中、四中全会和中央经济工作会议精神，深入贯彻习近平总书记对北京重要讲话精神，增强“四个意识”、坚定“四个自信”、做到“两个维护”，紧扣全面建成小康社会目标任务和“十三五”规划收官，推进落实金融供给侧改革，落实好稳健的货币政策要更加灵活适度的要求，深化金融改革开放，做好金融管理和服务，着力推进首都经济金融持续高质量发展，坚决打赢防范化解重大风险攻坚战，维护首都金融安全稳定。

总　纂：杨伟中　贺同宝

统　稿：余　剑　王丝雨　周林燊

执　笔：童怡华　杨　燚　吕潇潇　周　凯　孙　昱　王昀润　康小宇　张　岩　赵伟欣　张素敏　李　媛　朱琳琳　杨小玄　高　菲　徐　珊　刘亚威　陈莉莉

提供材料的还有：周　丹　赵晓英　张　丹　张英男　单　方　张　煜　何鲁泽　李翰林　宁　可　王　芳　盖　静　李赫楠　陈百惠

北京市金融稳定报告（摘编）

中国人民银行营业管理部　金融稳定分析小组

2019年，北京市积极主动应对“稳中有变”的发展形势，坚持稳中求进工作总基调，经济高质量发展迈出坚实步伐，经济布局加速优化，产业发展更加聚焦，质量效益稳步提升。金融业继续保持稳健运行，银行业金融机构存贷款余额保持平稳较快增长，支持实体经济力度持续增强，信用风险整体可控；在京法人证券公司资本实力增强，基金公司管理基金资产净值提高；保险业保费收入稳步增长，业务结构持续改善，社会服务功能进一步增强。

一、北京市经济运行情况[①]

2019年，面对国内外风险挑战上升的复杂局面，北京市经济运行总体平稳，发展质量稳步提升。重点领域投资较快增长，市场消费增势良好，进出口规模继续扩大，房地产市场保持平稳，消费价格温和上涨，调查失业率低位运行。

（一）经济运行保持在合理区间，产业发展更加聚焦

2019年，北京市实现地区生产总值35 371.3亿元，按可比价格计算，比上年增长6.1%。分产业看，第一产业实现增加值113.7亿元，下降2.5%；第二产业实现增加值5715.1亿元，增长4.5%；第三产业实现增加值29 542.5亿元，增长6.4%。全年，北京市实现林业产值115.6亿元，增长21.6%，占农林渔业总产值的41.0%，农业生态功能进一步增强。规模以上工业中，高技术制造业、战略性新兴产业[②]增加值按可比价格计算，分别增长9.3%和5.5%，分别高于规模以上工业平均水平6.2个和2.4个百分点，发挥了重要引领作用。第三产业发挥“压舱石”作用，对经济增长的贡献率达到87.8%，其中，金融、信息服务、科技服务等优势行业持续发挥带动作用。

（二）全社会固定资产投资下降，重点领域投资较快增长

2019年，北京市固定资产投资（不含农户）比上年下降2.4%。分产业看，第一产业投资增长20.6%，第二产业投资下降9.0%，第三产业投资下降2.3%。其中，房地产开发投资比上年下降0.9%。2019年，反映实体工作量的建筑安装工程投资增长5.9%，投资有效性不断增强；重点行业、民生领域投资增势较好，租赁和商务服务业，文化、体育和娱乐业，卫生和社会工作，科学研究和技术服务业投资分别增长160%、77.0%、49.0%和27.0%。

（三）市场消费增势良好，网上零售表现活跃

2019年，北京市实现市场总消费额27 318.9亿元，比上年增长7.5%。从内部结构看，实现服务性消费额15 048.8

① 本部分数据来源为北京市统计局。

② 高技术制造业、战略性新兴产业有交叉。

亿元，增长10.2%，对总消费增长的贡献率达72.7%；实现社会消费品零售总额12 270.1亿元，增长4.4%（见图1）。其中，限额以上批发和零售业企业实现网上零售额3 366.3亿元，较上年增长23.6%；占零售总额的27.4%，比上年提高5个百分点。从商品类别看，限额以上批发和零售业企业实现的日用品类、家用电器和音像器材类、通信器材类商品零售额分别增长25.7%、21.5%和9.6%。

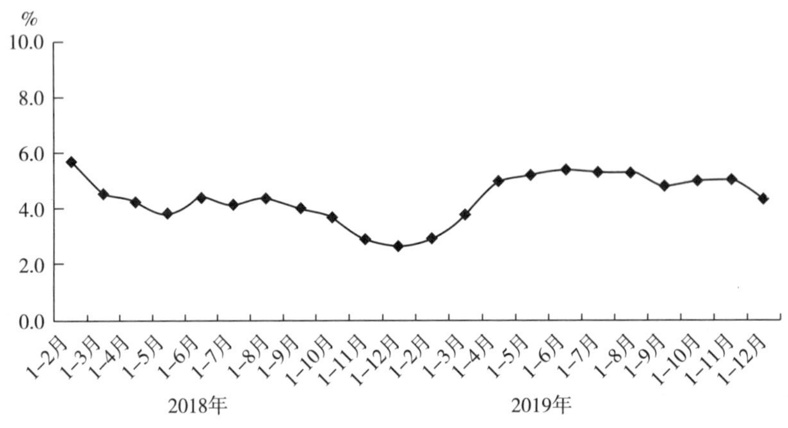

图1 北京市社会消费品零售总额累计增速

（四）进出口规模继续扩大，实际利用外资规模下降

2019年，北京地区进出口总值28 663.5亿元，比上年增长5.4%。其中，出口5 167.8亿元，增长6.1%；进口23 495.7亿元，增长5.3%。全年吸收合同外资259.7亿美元，比上年下降38.0%。实际利用外资142.1亿美元，下降17.9%，其中，信息传输、软件和信息技术服务业占37.6%，科学研究和技术服务业占25.9%，金融业占11.4%。

（五）新建商品住房和二手房价格符合预期，房地产市场保持平稳

2019年，北京市商品房销售面积938.9万平方米，同比增长34.9%。其中，住宅销售面积789万平方米，增长49.8%；办公楼和商业营业用房销售面积分别下降29.6%和6.3%。12月，北京市新建商品住宅销售价格同比上涨4.8%，二手住宅销售价格同比下降0.5%。全市房地产开发企业到位资金为5 672.5亿元，同比下降0.9%。其中，国内贷款为1 346.2亿元，下降18.8%；自筹资金为1 205亿元，下降21.5%；定金及预收款为2 516.7亿元，增长22.8%。

（六）消费价格温和上涨，工业生产价格总体平稳

2019年，北京市居民消费价格比上年上涨2.3%。其中，食品价格上涨6.2%，非食品价格上涨1.6%；消费品价格上涨2.2%，服务价格上涨2.5%。2019年，农产品生产者价格比上年上涨9.9%，工业生产者出厂价格下降0.4%，工业生产者购进价格下降0.4%。固定资产投资价格上涨2.1%。

（七）居民收入稳步增加，调查失业率低位运行

2019年，北京市居民人均可支配收入

为67 756元，比上年增长8.7%，扣除价格因素，实际增长6.3%。四项收入“三升一平”：工资性收入增长9.4%，转移净收入增长9.5%，财产净收入增长6.1%，经营净收入与上年持平。就业形势稳定，北京市城镇调查失业率保持在4.5%以内的较低水平，第四季度为4.0%。

二、北京市金融业运行状况

（一）银行业

2019年，北京辖内银行业金融机构整体平稳运行，金融支持实体经济的力度持续增强，各项存贷款稳步增长，信贷结构持续优化，不良贷款率低于全国水平，信用风险整体可控；法人银行总体经营稳健；非银行金融机构资产负债规模平稳增长。

1. 资产负债规模增速稳健，存贷款占比持续回升

截至2019年末，北京辖内银行业金融机构资产总额为26.3万亿元，同比增长8.6%；负债总额为25.0万亿元，同比增长8.7%。其中，各项存款占负债的比重为74.2%，占比连续4年回升，且为2011年以来同期最高值；各项贷款占资产的比重为39.3%，占比连续3年回升，且为2012年以来同期最高值。

2. 金融支持实体经济力度持续增强，信贷结构持续优化

截至2019年末，北京辖内银行业本外币各项贷款①余额为7.7万亿元，同比增长9.1%，增速比上年同期低2.6个百分点。其中，人民币贷款余额为7.4万亿元，同比增长10.2%；外币贷款余额为473亿美元，同比下降12.7%。从主体上看，非金融企业及机关团体贷款保持较高增速，2019年末贷款余额为5.5万亿元，同比增长11.0%，增加额占全部贷款增加额的88.6%，较上年同期高5.3个百分点。住户贷款增速平稳，贷款余额为1.9万亿元，同比增长6.2%，增速较上年同期下降2.2个百分点。

对重点领域和薄弱环节的信贷支持力度继续增强。截至2019年末，小微企业贷款余额同比增长13.6%，高于各项贷款平均增速4.3个百分点；高新技术产业贷款余额同比增长19.8%，战略性新兴产业贷款余额同比增长15.7%，文化创意产业贷款余额同比增长8.9%。房地产贷款增速继续回落。截至2019年末，北京辖内银行业（含外资）人民币房地产贷款余额为1.8万亿元，同比增长4.5%，增速同比下降1.5个百分点，低于各项贷款同期增速4.6个百分点。

3. 各项存款稳步增长，住户存款增速提升

截至2019年末，北京辖内银行业金融机构本外币各项存款余额为17.1万亿元，同比增长8.9%，增速同比下降0.4个百分点。其中，人民币各项存款余额16.4万亿元，同比增长9.3%，与上年同期基本持平；外币存款余额962.2亿美元，同比下降0.9%，上年同期为增长4.3%。

按主体划分，住户存款保持近五年同期最高增速，全年人民币住户存款余额增加4 762.8亿元，同比增长14.8%，比上年同期高2.6个百分点。此外，全年人民币非金融企业存款增速较上年同期大幅提

① 存款、贷款数据来源于中国人民银行营业管理部调查统计数据，其他数据均来源于中国银行保险监督管理委员会北京监管局。

升，余额同比增长6.8%；人民币非银行业金融机构存款保持较高增速，余额同比增长14.4%；人民币机关团体存款余额同比增长5.5%；人民币财政性存款同比下降，余额同比下降6.5%。

4. 表外业务增速略有回升，部分影子银行特征业务降幅明显

截至2019年末，北京辖内银行业金融机构剔除托管资产后的表外业务余额为10.6万亿元，同比增长7.7%，增速同比提高2.6个百分点。其中，承诺类业务增长较快，余额同比增长18.2%；而委托贷款（不含现金管理和公积金项下）、委托投资和金融机构委托投资余额分别同比下降12.2%、11.2%和25.1%。

5. 银行业金融机构不良贷款率上升，但仍处于较低水平

截至2019年末，北京辖内银行业金融机构不良贷款余额为564.0亿元，同比增长76.8%；不良贷款率为0.55%，较上年同期上升0.21个百分点，不良贷款率保持远低于全国的水平。不良贷款余额前五大行业分别是批发和零售业、制造业、租赁和商务服务业、房地产业和个人贷款。

6. 法人银行规模稳步增长，各项指标保持良好

截至2019年末，北京辖内法人银行资产负债余额分别为4.00万亿元和3.68万亿元，同比分别增长6.3%和6.2%。存款和贷款余额分别为2.39万亿元和1.86万亿元，同比分别增长9.0%和12.6%。全年实现利润307.07亿元，较上年增加10.57亿元。不良贷款余额同比增长19.3%，不良贷款率为1.3%，同比上升0.1个百分点。拨备覆盖率为252.81%，同比下降16.04个百分点。流动性比例为65.09%，同比上升3.84个百分点，整体流动性较好。

7. 非银机构平稳增长，不良率保持较低水平

截至2019年末，北京辖内非银行金融机构资产和负债余额分别为4.50万亿元和3.76万亿元，同比分别增长10.0%和9.8%；全年实现利润669.93亿元，较上年增长7.8%；不良贷款余额合计57.73亿元，同比增长23.4%，不良贷款率为0.25%，同比上升0.02个百分点。

（二）证券业

2019年，证券期货行业总体经营稳健。在京法人证券公司资本实力增强，基金管理公司管理基金资产净值提高，期货公司规模上升明显，“新三板”挂牌公司数量继续减少。

1. 法人证券公司资本实力增强，各项监管指标良好

截至2019年末，北京辖区18家法人证券公司资产总额为10 312.92亿元，同比增长3.1%。净资本为2 458.28亿元，同比增长7.1%。平均流动性覆盖率为323.43%，净稳定资金比率为145.12%，风险覆盖率为255.35%，资本杠杆率为21.30%。2019年累计实现净利润139.64亿元，较上年增长51.2%。

2. 基金管理公司管理基金净值略有下降，新发基金募集额增长

截至2019年末，总部设在北京辖区的基金管理公司共34家，较上年增加2家，其中，法人基金管理公司19家，与上年持平。法人基金管理公司共管理基金809只，同比增长13.6%，管理基金年末资产净值为1.96万亿元，同比下降1.1%。2019年，辖区法人基金管理公司新发基金144只，与上年持平；新发基金首次募集金额

为 1 667.77 亿元，较上年增长 21.9%。

3. 期货公司规模略有增长，期货代理交易额大幅上升

截至 2019 年末，北京共有法人期货公司 19 家，与上年同期持平；期货分支机构 112 家，同比增加 4 家。期货公司资产总额 782 亿元，同比增长 16.7%；净资产 153 亿元，同比增长 18.2%。全年期货代理交易额为 59.13 万亿元，较上年增长 32.8%；利润总额为 10.96 亿元，较上年增长 8.7%。

4. 上市公司数量增加，股权融资规模明显增长

截至 2019 年末，北京辖区共有上市公司 334 家，同比增加 18 家。其中，主板公司 173 家、中小板公司 54 家、创业板公司 107 家。上市公司总市值为 13.93 万亿元，同比增长 20.2%。2019 年，上市公司累计股权融资 3 860.70 亿元，较上年增长 42.9%。其中，28 家公司首次公开募股（IPO），共计募集资金 686.67 亿元；27 家公司定向增发融资，共计募集资金 924.03 亿元；4 家公司发行优先股上市融资，募集资金 2 250.00亿元。

5. "新三板"挂牌公司数量减少，融资量显著下降

截至 2019 年末，北京市共有"新三板"挂牌公司 1 190 家，同比下降 17.4%，占全国总数的 13.3%；总股本为 992.68 亿股，占全国"新三板"挂牌公司总数的 17.7%；总市值为 5 283.67 亿元，占全国的 18.0%；平均市盈率 22.91 倍，平均市净率 2.14 倍。创新层挂牌公司有 98 家，占全国的 14.7%。2019 年，北京辖区挂牌公司定向增发 79 次，募集资金 40.99 亿元，同比下降 50.6%。

（三）保险业

2019 年，北京地区保险业[1]实现原保险保费收入（以下简称保费收入）2 076.5 亿元，较上年增长 15.8%；累计赔付支出 718.95 亿元，较上年增长 14.2%；保险深度为 5.87%，较上年提高 0.45 个百分点；保险密度为 9 640.44 元/人，较上年提高 16.25%。截至 2019 年末，在京注册的法人人身险公司 31 家，法人财产险公司 14 家，保险分公司 112 家，保险销售从业人员[2] 17.96 万人。

1. 财产险公司保费收入稳步增长，承保利润由正转负

2019 年，北京地区财产险公司实现保费收入 512.4 亿元，较上年增长 11.7%。其中，车险业务实现保费收入 268.25 亿元，较上年减少 1.4%；非车险业务实现保费收入 244.16 亿元，较上年增长 30.7%。财产险公司累计赔款支出 289.06 亿元，较上年增长 11.5%。累计承保亏损 1.13 亿元，较上年减少 7.8 亿元。在主要监管指标方面，综合赔付率为 64.73%，同比上升 6.74 个百分点；综合费用率为 35.57%，同比下降 4.71 个百分点。

2. 人身险公司保费收入恢复稳步增长，业务结构持续改善

2019 年，北京地区人身险公司实现保

① 数据来源：中国银行保险监督管理委员会北京监管局。

② 根据自 2013 年 7 月 1 日起实施的《保险销售从业人员监管办法》规定，保险销售从业人员指为保险公司销售保险产品的人员，包括保险公司的保险销售人员和保险代理机构的保险销售人员。其中，原"保险营销员"对应现在的"人身险公司代理制保险销售从业人员"。

费收入1 564亿元，较上年增长17.2%；非保险合同业务本年新增交费[①]1 046.3亿元，较上年增长22.6%。人身险公司赔付支出429.89亿元，较上年增长16.1%。人身险新单期交率为50.8%，较上年提高3个百分点；长期健康险业务占比为17.4%，较上年提高0.3个百分点；退保率为5.55%，较上年下降1.61个百分点。

3. 保险业创新社会服务形式，保障支持功能进一步增强

2019年，北京启动农业保险承保全流程电子化改革试点，累计提供风险保障67.3亿元。力推工程质量潜在缺陷保险、关税保证保险等险种，累计提供风险保障118.3亿元。在全国首推车险“互碰快赔”机制，减少事故车辆占路时长，缓解首都交通拥堵压力。启动保险业支持养老、家政、托幼等社区家庭服务试点，石景山区长期护理保险试点已覆盖30万人群，保险业参与老年人意外险、失独家庭保障等政府保险合作项目服务约231万人次。2019年，北京地区保险机构以债权投资计划形式投资北京市重点项目1 937.8亿元。

4. 法人保险公司偿付能力充足，超半数机构高于200%

截至2019年末，辖内45家法人保险公司中，43家法人保险公司综合偿付能力充足率均满足100%的监管要求。其中，综合偿付能力充足率大于150%的保险公司有37家，占全部法人保险公司的82.22%；综合偿付能力充足率大于200%的保险公司有26家，占全部保险公司的57.78%。

（四）金融基础设施

1. 支付清算系统服务水平持续提高，市场乱象整治工作成效显著

2019年，完成取消企业银行账户许可工作，企业银行账户开立平均时间缩短至1天；全面推广电子营业执照在开户环节的应用，向社保、公积金、税务等部门共享新设企业账号信息；大力推进移动支付便民示范工程，3万余辆公交车实现联网通用移动支付全覆盖，累计消除金融空白村1 917个；成功上线中央银行会计核算系统（ACS）一键式灾备系统并完成首次应急演练，保障社会资金清算安全高效。开展支付机构违规行为整治行动取得阶段性成果。

2. 实现动产担保统一登记，征信服务便民水平进一步提升

率先在全国启动动产担保统一登记系统试点，为北京市在世界银行营商环境评估中排名大幅度提升作出重要贡献，并被收入《优化营商环境条例》中；组织辖内征信机构成立全国首个征信服务民营小微企业融资联盟，扩大征信有效供给，便利小微企业融资；率先开创企业征信查询服务新模式，实现对北京地区70万家企业的在线征信服务，并推广至全国。

3. 充分发挥反洗钱职能优势，深化重点风险领域调查分析

人民银行营业管理部与各金融监管部门签署《反洗钱监管合作备忘录》，上线运营非现场监管系统，提升反洗钱监管能力。试点开展房地产机构可疑交易报告工作，启动针对P2P等高风险领域的反洗钱分析调查机制，协助中共北京市纪律检

① 非保险合同新增交费指人身险公司保户投资款新增交费和投资连结保险独立账户新增交费。其中，人身险公司保户投资款包括寿险保户投资款、健康险保户投资款和意外险保户投资款。

查委员会、北京市监察委员会、北京市公安局等部门破获多起专案。

4. 消费者权益保护力度加大，金融知识普及力度增强

建立金融消保监管协调和金融广告治理协作机制，从源头上防范不合规金融活动向社会公众传播。成立北京市金融消费纠纷人民调解委员会、北京市金融业公共法律服务中心，“12363”金融消费权益保护咨询投诉电话运行平稳，妥善处理金融消费者投诉1 500余件。把金融知识纳入国民教育体系研讨会，组织辖内金融机构开展“金融消费者权益日”“普及金融知识、守住‘钱袋子’”“金融知识普及月”宣传活动，着力提升辖区内金融消费者金融素养。

（五）需要关注的问题

1. 银行业金融机构信贷资产质量有所劣化，盈利水平下降等值得关注

2019年受经济下行压力加大等因素影响，北京辖内银行业金融机构信贷资产质量下降，盈利水平不及往年。截至2019年末，辖内银行业金融机构不良贷款余额同比增长76.8%；不良贷款率同比上升0.21个百分点。2019年，银行业金融机构累计实现利润2 585.8亿元，同比下降4.9%，增速较上年下降10.0个百分点，近10年首次出现负增长。

2. 股票质押风险仍未根本缓解，债券违约风险需高度关注

截至2019年末，北京辖区共有42家上市公司第一大股东股票质押比例超过80%，质押股数共计175.84亿股，融资金额合计783.52亿元，股票质押风险依然需要持续关注。在疫情冲击叠加经济下行压力的背景下，部分企业资金链断裂、债券违约的风险可能进一步上升。

3. 寿险公司满期给付、低利率环境下资金配置问题值得关注，财产险公司内控管理仍存在薄弱环节

预计未来三年辖内寿险公司满期给付金仍将逐步攀升，由收益率较低引起的投诉问题、局部现金流风险需持续关注。随着寿险行业逐步回归本源，负债端现金流期限有拉长趋势，在利率下行环境下，寿险公司面临较大的利差损风险。部分财产险公司存在泄露客户信息、骗保、拖延赔付等问题；在车险销售过程中，财产险公司普遍存在不同形式的保费返还，变相突破报批费率标准的问题；产品同质化导致财产险行业承保利润为负。

4. 非正规金融机构、非法金融活动及互联网金融风险不容忽视

截至2019年末，北京市进入行政核查且在营P2P机构数量、业务规模、出借人数同比均大幅压降，但在营网贷机构业务量在全国的占比依然较大，大部分平台将陆续退出，部分平台清偿比例较低，退出过程中易引发投资者集体维权，面临较大的维稳压力。此外，非法集资案件形势依然严峻，涉及网贷平台的非法集资数量占比高，风险的传染性和隐蔽性较强，防范和化解风险的任务仍然较重。

5. 房地产稳预期目标尚需巩固，房地产金融风险需高度关注

2019年，北京市房地产市场整体稳定，但各地房地产调控政策变化对市场预期形成了一定影响。房地产市场金融风险需高度关注，北京市房地产贷款余额占全部贷款余额的23.6%，居各行业占比前列；部分房地产企业资金链紧张，市场融资压力加大，个别房地产企业在京银行贷款出现信用风险。

三、政策建议

（一）稳步推进经济结构调整，在高质量发展过程中防范和化解金融风险

加大对受疫情影响较大的行业及重点企业的政策支持力度，降低疫情对经济发展的冲击。以北京城市副中心建设、京津冀协同发展、冬季奥林匹克运动会、“一带一路”倡议等为契机，优化微观主体营商环境，提高金融服务便利度，推进服务业扩大开放，促进经济结构稳步调整和高质量发展，在推动高质量发展过程中防范和化解金融风险。

（二）强化风险监测、评估与应对，密切监测辖区重点领域风险

运用科技手段提高风险监测、预警能力，密切监测新冠肺炎疫情对实体经济、金融机构和区域金融稳定的影响。提高风险敏感度，根据风险形势对辖区主要风险进行总结梳理，持续密切监测相关风险动态。

（三）化解处置重点领域风险，打好防范和化解金融风险的决胜战

根据党中央及中国人民银行工作部署，对各类金融风险分类施策、精准拆弹。加大对非法金融机构、非法金融活动及互联网金融的清理整治力度，有序处置重点领域风险，为首都经济高质量发展创造良好的金融环境。把握好工作力度和节奏，避免形成处置风险的风险。

（四）探索构建金融风险防范长效机制，切实维护首都金融稳定

进一步健全金融委办公室地方协调机制，加强中央和地方在金融监管、风险处置、信息共享和消费者权益保护等方面的协作，更好地服务实体经济、防范金融风险、深化金融改革。

中国人民银行营业管理部
金融稳定分析小组

组　长：杨伟中
副组长：贺同宝
成　员：周军明　王远志　余　剑
周　丹　韩　芸　张涵宇
赵　清　秦　宇

《北京市金融稳定报告（2020）》
编写组

总　纂：贺同宝
统　稿：周军明　肖　炜　刘文权
执　笔：张　萍　张素敏　郑　珩
李艳丽　赵伟欣　张　岩
郑　齐
参与写作人员：盖　静　赵　睿
王　艳　王　京

二、市场运行

金融市场

2019 年，北京地区金融市场总体平稳，信用拆借交易量与净拆出资金增幅较缓，总体利率略有下降。债券回购交易量同比上升，净融出资金有所增加。现券交易活跃，到期收益率略有下降，债券发行量和净融资额稳定双增长；人民币汇率小幅下降，银行间外汇市场结售汇基本持平、外币对交易大幅增长；黄金价格持续上行，金融机构场外交易量显著增长。票据市场利率显著下降，业务规模总体增长。

一、货币市场交易量同比增长，交易利率稳中有降

（一）信用拆借成交量、净拆出量和净拆入量同比均上升，拆借利率略有下降

一是信用拆借成交量和拆入、拆出量略有上升。2019 年，北京地区金融机构[①]网上信用拆借累计成交 133.67 万亿元，同比上升 4.55%，占全国交易量的 88.15%，较 2018 年占比 91.79%下降 3.64 个百分点。从资金流向看，拆入、拆出均略有上升，其中，拆入 52.89 万亿元，拆出 80.78 万亿元，分别同比增长 5.65%、3.83%（见图 1）。

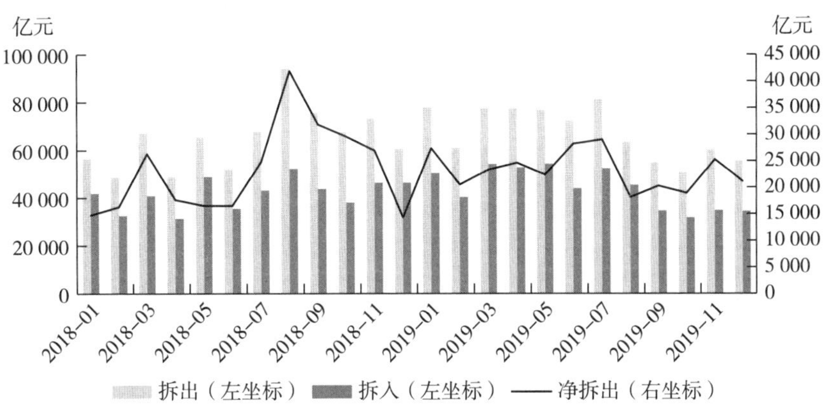

图 1　北京地区网上拆借变动趋势

二是拆借净融出资金上升，外资银行净融出资金较上年同比增长 1.23 倍，股份制商业银行较上年同比增长近 15%。分机构看，中资银行类金融机构净拆出资金总体上升，大型商业银行[②]净拆出 20.33 万亿元，较上年同期增加 1.79 万亿元，

① 指在北京地区的所有全国银行间同业拆借中心成员单位，包括各政策性银行、各国有商业银行在京总行、各股份制商业银行在京总行、北京银行、北京农商银行、中国邮政储蓄银行、村镇银行、各外资银行在京总行及营业机构，在京各证券公司、财务公司、基金管理公司、保险公司、信托投资公司、资产管理公司、汽车金融公司、金融租赁公司、消费金融公司，中债信用增进投资股份有限公司。

②大型商业银行指总部在北京的中国工商银行、中国建设银行、中国农业银行、中国银行、中国邮政储蓄银行。

增长9.65%；政策性银行净拆出11.09万亿元，较上年同期减少0.66万亿元，下降5.62%；股份制商业银行净拆出6.01万亿元，较上年同期增加0.78万亿元，增长14.91%。证券公司、信托投资公司净融入资金大幅增长，分别净融入4.43万亿元和1 260.31亿元，较上年分别增加1.13万亿元、350.86亿元，分别增长34.39%和38.58%。财务公司净融入资金略有上升，净融入3.74万亿元，较上年增加791.06亿元，增长2.16%（见图2）。

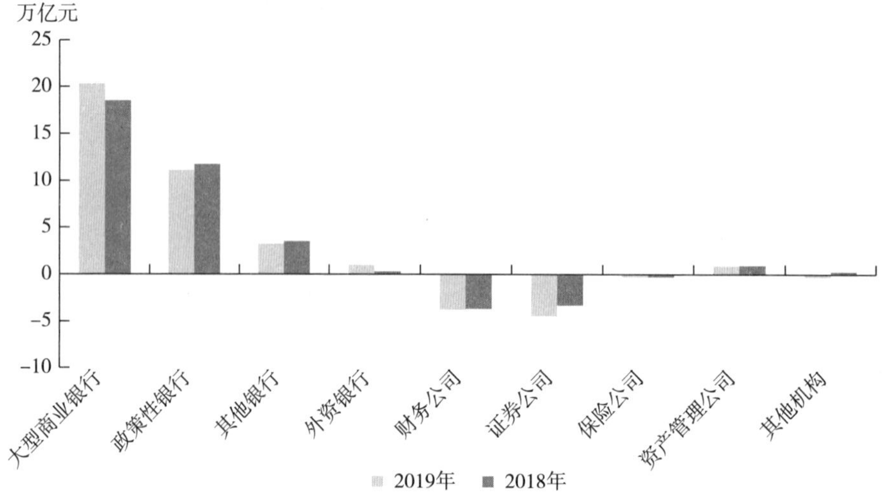

图2　北京地区网上拆借净融出资金分布

三是隔夜拆借占比超九成，21天及以上期拆借成交量下降明显。2019年，北京地区隔夜拆借成交123.35万亿元，同比增长6.38%，占全部交易量的92.2%，与上年相比增加1.6个百分点（见图3）。7天期、14天期、21天期、1个月期及以上拆借品种成交量分别比上年下降9.16%、7.49%、52.62%、31.94%。

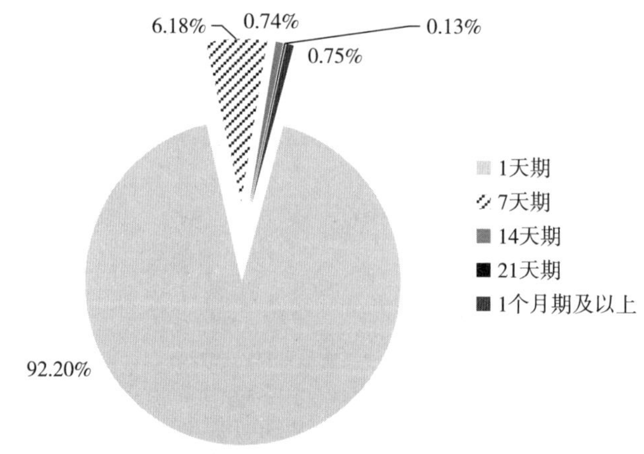

图3　北京地区网上拆借期限分布

四是拆借利率保持基本稳定，中长期限品种下行幅度较大。2019 年，银行间市场流动性保持充裕，货币市场各交易品种各期限成交利率保持稳定。2019 年北京地区信用拆借加权平均利率为 2.25%，同比下降 32 个基点。从期限看，中长期限品种交易利率下降幅度较大，1 个月期、2 个月期、3 个月期、4 个月期、6 个月期、9 个月期、1 年期拆借产品交易利率分别同比下降 64 个、59 个、65 个、47 个、68 个、49 个和 63 个基点（见图 4）。

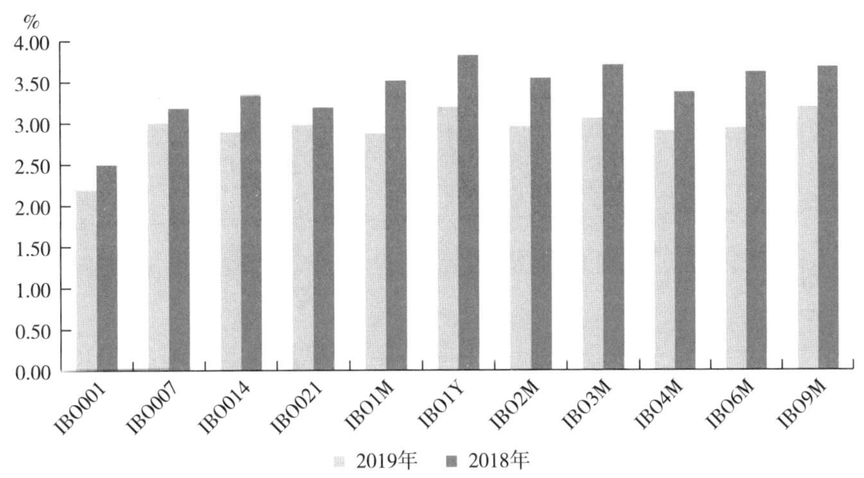

图 4　2019 年信用拆借各期限加权平均利率及变化

（二）债券回购成交及净融出资金增加，回购利率稳步下行

一是中资银行债券回购成交量稳步增长，买断式回购规模继续收缩。2019 年，北京地区金融机构①债券回购成交 527.74 万亿元，同比增长 13.09%（见图 5），占全国交易量的 32.19%，较 2018 年保持相对稳定。从回购类型看，质押式回购成交 524.91 万亿元，同比增长 13.57%；买断式回购成交 2.83 万亿元，同比大幅下降 36.87%。从交易方向看，北京地区依然延续逆回购为主态势，正回购、逆回购成交量分别为 182.23 万亿元、345.51 万亿元，同比分别增长 14.95%、12.13%。从机构类型看，债券回购交易主要集中在中资银行类机构、基金和

① 指在北京地区的所有银行间债券市场参与者，包括各类金融机构和非法人投资产品。金融机构包括各政策性银行、各国有商业银行在京总行、各股份制商业银行在京总行、北京银行、北京农商银行、中国邮政储蓄银行、各村镇银行、各外资银行在京总行及营业机构，在京各证券公司、财务公司、基金管理公司、保险公司、信托投资公司、资产管理公司、汽车金融公司、金融租赁公司、消费金融公司、期货公司等；非法人投资产品包括各类在中国外汇交易中心和全国银行间同业拆借中心进行准入备案并加入全国银行间债券交易系统进行债券交易的非法人投资产品。

其他机构[①]。其中，大型商业银行、股份制商业银行、政策性银行、城市商业银行、基金分别成交 169.48 万亿元、102.99 万亿元、97.88 万亿元、24.41 万亿元、27.07 万亿元，同比分别增长 8.96%、24.40%、8.54%、19.41%、4.49%，5 类机构合计成交占总成交量的 79.93%。

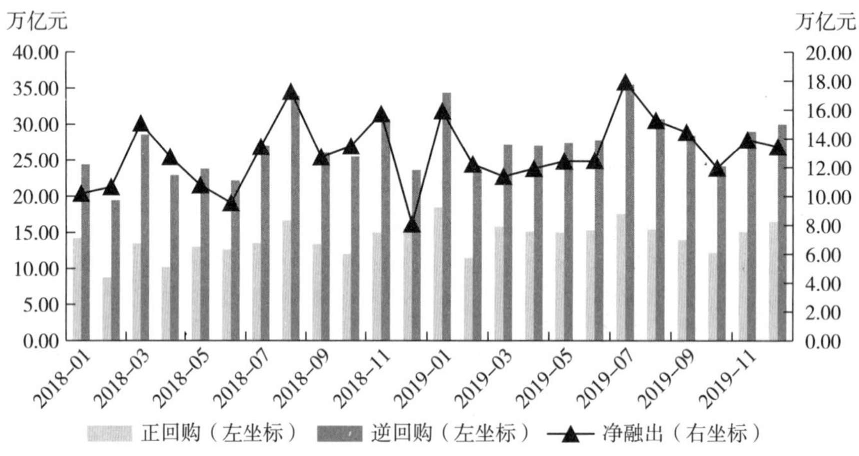

图 5 北京地区债券回购交易变动趋势

二是债券回购净融出资金有所增加，股份制商业银行净融出资金较上年下降超过六成。2019 年，北京地区金融机构债券回购净融出资金 163.27 万亿元，同比增长 9.14%。分机构看，大型商业银行、政策性银行、城市商业银行和股份制商业银行为主要融出机构，分别净融出 121.15 万亿元、97.30 万亿元、6.36 万亿元和 5.42 万亿元，大型商业银行、政策性银行净融出资金同比分别增长 17.77%、8.04%，股份制商业银行、城市商业银行净融出资金同比分别下降 60.69%、2.66%。基金、证券公司、基金管理公司的特定客户资产管理业务、理财产品、财务公司和社保基金为主要资金净融入机构，净融入资金分别为 14.74 万亿元、8.55 万亿元、8.35 万亿元、8.33 万亿元、5.29 万亿元和 5.27 万亿元，分别同比增长 4.64%、10.99%、49.92%、5.45%、95.74%和 26.88%（见图 6）。

① 指信托投资公司、资产管理公司、汽车金融公司、金融租赁公司、消费金融公司、期货公司等非银金融机构及各类在中国外汇交易中心和全国银行间同业拆借中心进行准入备案并加入全国银行间债券交易系统进行债券交易的非法人投资产品。

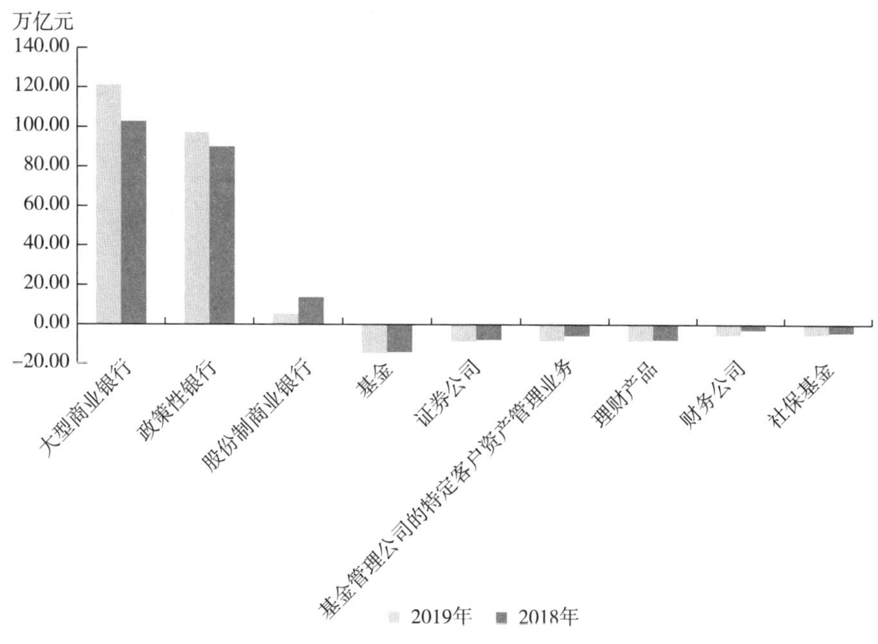

图6　北京地区债券回购净融出资金分布

三是隔夜回购交易金额和占比双增长。2019 年，隔夜回购成交 451.99 万亿元，同比增长 20.25%，占全部交易量的 85.64%，占比较2018 年上升 5.10 个百分点（见图 7）；7 天、14 天、21 天和 1 个月及以上期限分别成交 51.22 万亿元、15.10 万亿元、5.42 万亿元和 4.00 万亿元，同比分别降低 19.22%、13.06%、5.26%和 7.03%。

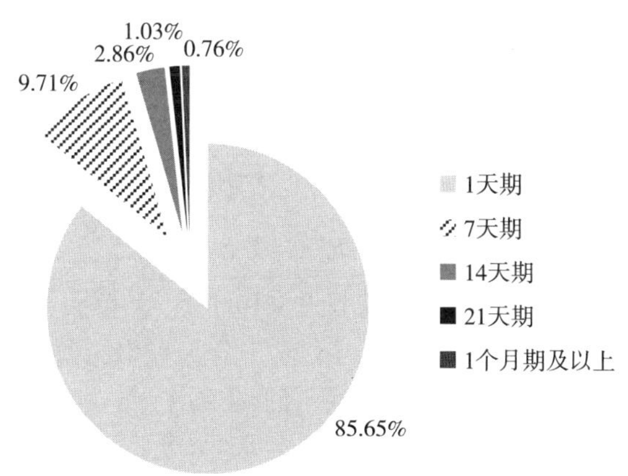

图7　北京地区债券回购期限结构分布

四是回购利率整体下降。2019 年，北京地区银行间市场质押式回购加权平均利率为 2.27%，同比下降 37 个基点，其中，隔夜质押式回购利率同比下降 29 个基点，

9个月期限质押式回购利率同比下降幅度最大，为185个基点。买断式回购加权平均利率为2.26%、同比下降57个基点，其中，隔夜买断式回购利率同比下降49个基点，2个月期限买断式回购利率同比下降幅度最大，为176个基点。

二、债券市场交易活跃，债券市场净融资额大幅增长

（一）现券交易大幅增长，到期收益率略有下降

一是现券交易量保持快速增长、非金融企业债成交同比增长。2019年，北京地区金融机构现券买卖成交74.69万亿元，同比增长36.30%（见图8），现券买卖成交量占全国交易量的17.47%。从机构类型看，证券公司、股份制商业银行、大型商业银行现券买卖交易量分别为23.17万亿元、13.37万亿元、13.34万亿元，同比分别增长34.81%、65.92%、25.48%，3类机构成交量占全市场成交量的66.79%。从交易品种看，政策性金融债、同业存单和国债成交量最大，分别成交26.61万亿元、20.51万亿元和11.35万亿元，政策性金融债、国债同比分别增长78.93%、92.74%，同业存单同比下降7.64%，3类品种合计成交占比达78.29%。非金融企业信用债成交9.67万亿元，成交占比为12.94%，同比增长13.07%。商业银行普通金融债、企业债分别成交4 389.56亿元、3 735.12亿元，同比分别下降29.18%、27.42%。

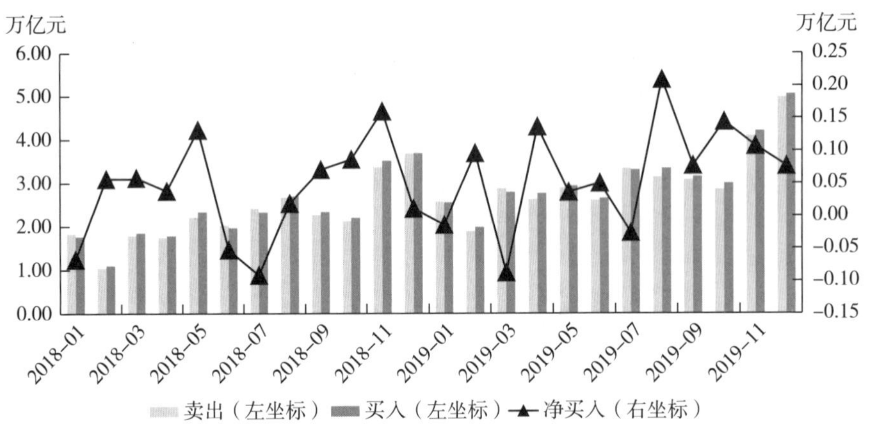

图8 北京地区现券交易变动趋势

二是债券投资大幅增加，理财产品投资显著增长，同业存单和政策性金融债为主要投资品种。2019年，北京地区现券净买入9 800.94亿元，同比增长1.33倍。从机构类型看，债券投资较为集中的理财产品、政策性银行、基金分别净买入8 334.13亿元、6 250.59亿元、4 164.00亿元，理财产品和基金净买入同比分别增长4.35倍和3.16倍，政策性银行净买入同比下降4.51%；股份制商业银行、证券公司、大型商业银行分别净卖出5 743.43亿元、3 611.46亿元、3 303.22亿元，股份制商业银行和证券公司净卖出同比分别增长22.23%和1.02倍、大型商业银行净卖出同比下降29.70%（见图9）。从债券品种看，同业存单、政策性金融债分别净买入

7 786.25亿元、3 286.57 亿元，同业存单净买入同比增长 11.61%，政策性金融债上年同期为净卖出 57.65 亿元；国债净卖出2 327.44亿元，同比下降43.10%。

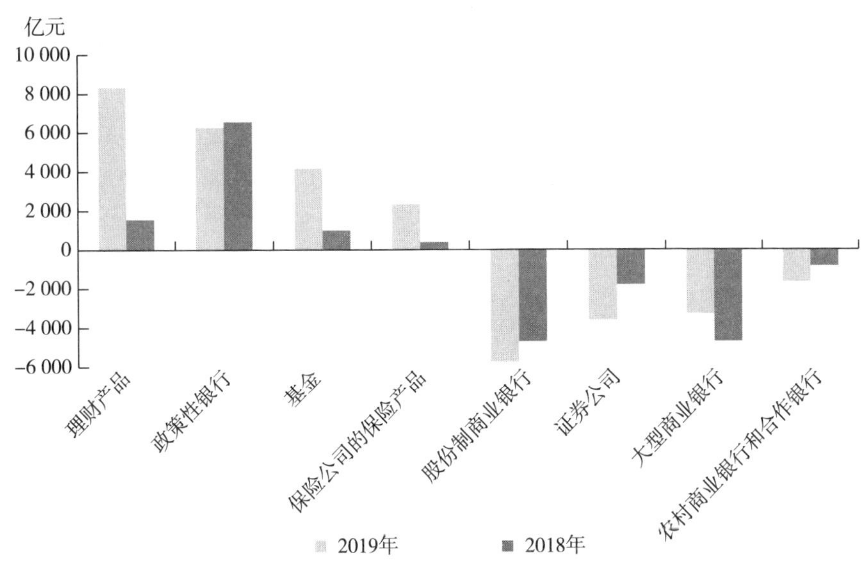

图9　北京地区各金融机构净买入债券分布

三是债券到期收益率略有下降。2019年，债券平均到期收益率为 3.27%，较上年同期下降 61 个基点。从债券品种看，成交量排名前三位的政策性金融债、同业存单、国债的到期收益率分别为 3.32%、2.97%、2.85%，同比下降 57 个、67 个、32 个基点。非金融企业债券交易占比较高的中期票据、超短期融资券到期收益率分别为 4.50%、3.30%，同比分别下降 83 个、87 个基点。

（二）债券发行量和净融资额稳定双增长

一是金融债发行量显著增长，中期票据发行量大幅增长。2019 年，北京地区各类债券（不含国债）累计发行 12.87 万亿元，较上年增长 7.87%。其中，金融债为最大发行品种，发行 4.85 万亿元，占比为 37.66%，同比增长 20.71%；同业存单发行 4.48 万亿元，占比为 34.84%，同比下降 7.95%。中期票据发行量大幅上升，发行 6 999.60 亿元，同比增长 54.16%。

二是净融资额有所增加，非金融企业发债净融资下降。2019 年，北京地区各类债券（不含国债）净融资 4.12 万亿元，同比增长 32.38%。其中，金融债净融资 2.14 万亿元，占全部净融资的 51.81%，非金融企业债净融资额为 1 655.72 亿元，较上年的 1 854.75 亿元下降 10.73%。从发行品种看，金融债、同业存单、资产支持证券、中期票据、公司债净融资量较大，分别为 2.14 万亿元、1.07 万亿元、3 415.57亿元、2 713.80 亿元、2 378.97 亿元。但企业债受发行量收缩、到期量较大的影响，企业债净融资额为 -895.98 亿元。

三是债券发行利率稳定下行。2019 年，3 年期国债发行利率为 3.13%，较上年下降 38 个基点，北京地区 AAA 级 3 年期中期票据发行利率为3.79%，较上年下降88个基点。利率债期限利差基本稳定，国债10年期和1年期利差为75个基点，比2018年上升9个基点。

三、人民币汇率小幅下降，银行间外汇市场结售汇基本持平、外币对交易大幅增长

2019年，境内和境外人民币兑美元的交易价分别小幅贬值1.4%和1.3%。汇率整体震荡下行，其间人民币兑美元汇率中间价最大值为7.0884，最小值为6.6850，波幅为6.03%。

（一）结售汇交易基本持平

2019年，外汇市场结售汇交易合计成交折合24.34万亿美元，与上年相比基本持平。其中，结汇累计成交折合12.41万亿美元，较上年相比增加0.11万亿元，也基本持平。按交易品种划分，外汇掉期交易占比为64.91%，占比最大，累计成交折合15.8万亿美元，与上年相比基本持平；外汇即期交易占比为33.28%，累计成交折合8.10万亿美元，同比增长2.5%。按机构划分，国有商业银行成交量居各类机构之首，累计成交折合12.41万亿美元，同比增长6.8%；中资其他银行（除国有商业银行、政策性银行外）累计成交折合7.28万亿美元，同比增长10.51%。

（二）外币对交易大幅增长

2019年，外币对累计成交折合4 124.67亿美元，同比增长155.11%。外币对交易相对集中的欧元/美元、美元/日元交易，分别同比增长278.07%、101.05%，美元/港元交易同比减少65.46%。从交易品种看，掉期交易累计成交折合3 104.82亿美元，同比增长262.39%；即期交易累计成交折合947.58亿美元，同比增长37.5%；远期交易累计成交折合71.43亿美元，同比增长0.98%。

四、黄金市场价升量降

（一）黄金价格大幅上升

2019年，上海黄金交易所现货主力合约品种AU99.99年初开盘价为283.98元/克，年末收于340.80元/克，上涨20%，同比上涨22.0%；AU99.99最高价为369.24元/克，最低价为277.50元/克，波幅为33.05%，波幅同比扩大23.75个百分点。

（二）黄金市场交易量下降

北京地区黄金交易量和实际提货量均同比下降。2019年，北京地区交易所会员黄金买卖成交量为1.60万吨，同比下降18.8%。其中，自营交易成交1.25万吨，同比下降29.4%；代理交易成交3 550.87吨，同比增长68.84%。实际提货量为462.09吨，同比下降17.04%。

（三）辖内金融机构场外交易显著增长

北京地区36家金融机构（包括3家地方法人银行）开展22项黄金业务。场外黄金交易主要集中在账户黄金、黄金租赁、实物黄金（包括自营和代理品牌金、黄金积存、定投）、黄金远期等业务。据不完全统计，2019年场外黄金交易量大幅增长，辖内金融机构开展境内场外黄金业务累计成交量和金额为1 864.14吨、2 290.08亿元，同比分别增长31.98%、95.56%。其中，账户黄金、实物黄金、黄金远期业务大幅增长，成交金额分别为715.52亿元、107.68亿元、86.15亿元，分别同比增长53.53%、74.49%、31.58%。黄金租赁业务下降，成交金额为515.36亿元，同比下降14.71%。

五、票据市场利率显著下降，业务规模总体增长

（一）票据利率显著下降

2019 年，辖内银行票据贴现月加权平均利率整体震荡下行（见图 10）。12 月，辖内银行票据贴现月加权平均利率为 2.95%，同比下降 80.0 个基点，其中，贴现、转贴现加权平均利率分别为 3.18%、2.84%，分别同比下降 80.8 个基点、75.0 个基点，比 6 个月（含）期以内加权平均利率分别低 142.7 个基点、176.4 个基点。

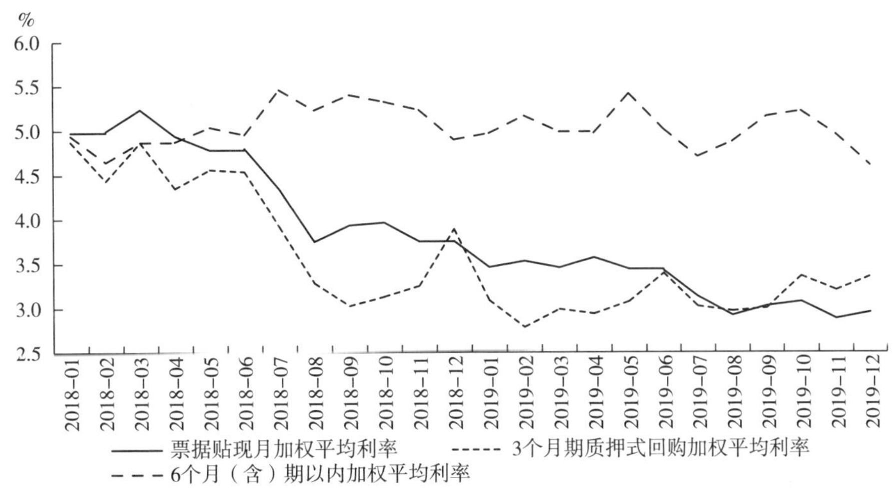

图 10　北京地区金融机构票据利率与贷款及质押式回购利率对比

（二）票据业务规模总体增长

辖内法人金融机构银行承兑汇票、贴现及买断式转贴现、回购式转贴现和再贴现业务规模均实现同比上升。全年，北京地区法人金融机构[①]票据承兑发生额为 6.01 万亿元，同比增长 10.18%，年末余额为 3.53 万亿元，同比增长 16.2%；贴现发生额为 4.97 万亿元，同比增长 37.2%，余额为 1.67 万亿元，同比增长 35.0%；买断式转贴现（转入）、买断式转贴现（转出）发生额分别为 5.42 万亿元、5.12 万亿元，分别同比增长 22.65%、15.7%；回购式转贴现发生额为 6.02 亿元，同比上升 103.2%；再贴现余额为 1 365.76亿元，同比增长 46.7%。

辖内各金融机构票据承兑、贴现和再贴现业务同比上升。2019 年 12 月，辖内银行分支机构票据承兑、贴现和再贴现余额分别为 7 366.57 亿元、5 555.87 亿元和 138.75 亿元，同比分别增长 7.14%、36.15% 和 39.49%；辖内银行分支机构票据承兑、贴现发生额分别为 1.10 万亿元、3.09 万亿元，再贴现净投放 44.69 亿元。

（康小宇）

① 包括国家开发银行、中国农业发展银行、中国进出口银行、中国工商银行、中国农业银行、中国银行、中国建设银行、中国邮政储蓄银行、中信银行、中国光大银行、中国民生银行、华夏银行、北京银行、北京农商银行、昆仑银行，各外资法人银行，各村镇银行，各财务公司。

证券市场

一、证券市场总体运行情况

2019 年末，上证指数收于 3 050.12 点，全年上涨 556.22 点，涨幅为 22.30%；深证指数收于 10 430.77 点，全年上涨 3 190.98 点，涨幅为 44.08%；沪深 300 指数收于 4 096.58 点，全年上涨 1 085.93 点，涨幅为 36.07%；创业板指数报收 1 798.12 点，上涨 547.59 点，涨幅为 43.79%。

2019 年末，证券行业总资产规模为 7.26 万亿元，较年初增长 15.97%；净资产规模为 2.02 万亿元，较年初增长 6.88%；净资本为 1.62 万亿元，客户交易结算资金余额为 1.16 万亿元，指定与托管证券市值为 43.30 万亿元，资产管理业务受托资金总额为 12.26 万亿元。

2019 年，133 家证券公司实现营业收入 3 604.83 亿元。其中，代理买卖证券业务净收入（含席位租赁）为 787.63 亿元，证券承销与保荐业务净收入为 377.44 亿元，财务顾问业务净收入为 105.21 亿元，投资咨询业务净收入为 37.84 亿元，资产管理业务净收入为 275.16 亿元，证券投资收益（含公允价值变动）为 1 416.70 亿元，利息净收入为 463.66 亿元。实现净利润 1 230.95 亿元，120 家公司实现盈利。

二、北京辖区证券市场总体情况

（一）北京辖区市场概况

2019 年，北京辖区证券市场继续保持稳健发展态势，实现安全平稳运行。截至年末，北京辖区有证券公司 18 家、分公司 96 家、营业部 544 家。

2019 年末，北京辖区 18 家证券公司资产总额为 10 312.92 亿元，净资产总额为 2 676.28 亿元，净资本总额为 2 458.28 亿元，累计净利润为 152.15 亿元。

2019 年，北京辖区营业部证券交易金额为 38.43 万亿元。其中，股票交易额为 14.05 万亿元，基金交易额为 1.31 万亿元。营业部资金账户开户数为 1 418.57 万户。

（二）证券业务具体情况

2019 年，北京辖区证券公司收入的来源主要是证券经纪业务、证券自营业务、投资银行业务、资产管理业务。18 家证券公司营业收入总额为 499.43 亿元。其中，代理买卖证券业务净收入为 87.29 亿元，投资收益为 144.39 亿元，证券承销、保荐及财务顾问业务净收入为 110.39 亿元，资产管理业务净收入为 30.49 亿元。

1. 证券经纪业务情况

2019 年，北京辖区证券公司 A 股证券交易金额累计为 20.44 万亿元，指定与托管证券市值为 7.68 万亿元，客户交易结算资金年末余额为 1 483.34 亿元。

2019 年末，北京辖区证券公司资金账户数为 2 459.77 万户。其中，个人账户为 2 453.24 万户，机构账户为 6.53 万户。

2. 投资银行业务情况

2019 年，北京辖区证券公司共完成 68 家公司首发上市，承销金额为 1 039.07 亿元；完成 45 家公司增发，承销金额为 531.26 亿元；完成公司债承销项目 891 个，承销金额为 7 748. 29 亿元。

3. 资产管理业务情况

2019 年末，北京辖区证券公司受托资金规模为 16 724. 87 亿元。其中，公募基金（含大集合）管理规模为 704. 31 亿元，集合计划产品管理规模为 1 519. 37 亿元，定向资产计划管理规模为 11 105. 79 亿元，专项资产计划管理规模为 3 395. 39 亿元。

4. 两融业务情况

2019 年末，北京辖区证券公司融资融券余额为 1 220. 41 亿元。其中，融资金额为 1 205. 23 亿元，融券金额（市值）为 15. 17 亿元。信用资金账户数量为 67. 90 万户，其中，机构客户数量为 0. 29 万户。

（董茜玮）

基金行业发展情况

一、基金行业总体发展情况

2019 年末，全国公募基金管理机构管理公募基金产品 6 544 只，管理规模为 147 672. 51亿元。基金管理公司管理的资产管理产品为 5 374 只，管理规模为 43 444. 46亿元。基金子公司管理的资产管理产品为 5 678 只，管理规模为 41 884. 70亿元。

2019 年末，全国已登记私募基金管理人为 24 471 家，已备案私募基金81 739 只，管理基金规模为 13. 74 万亿元。

二、北京辖区基金业发展情况

2019 年末，北京辖区基金管理公司管理公募基金产品 1 390 只，基金资产净值合计 32 027. 90 亿元，占全行业的 21. 69%；管理专户产品 1 811 只，规模为 17 114. 94 亿元，占全行业的 39. 39%。基金子公司管理产品 1 238 只，规模为 13 054. 05亿元，占全行业的 31. 17%。全年，北京辖区共新发基金 263 只，募集规模合计 3 532. 24 亿元。

2019 年末，北京辖区（注册地在北京）已登记私募基金管理人 4 367 家，占全行业的 17. 85%；已备案私募基金14 085 只，占全行业的 17. 23%；管理基金规模为3. 18 万亿元，占全行业的 23. 14%。其中，私募证券投资基金管理人有 1 375 家，管理基金 6 025 只，管理规模为 4 593 亿元；私募股权、创业投资基金管理人有 2 841家，管理基金 7 408 只，管理规模为 24 318 亿元；其他私募投资基金管理人有 150 家，管理基金 649 只，管理规模为 2 841亿元；私募资产配置类管理人有1 家，管理基金 3 只，管理规模为 2 亿元。

三、主要特点

（一）辖区经营机构数量稳步上升

2019 年，北京辖区新增基金管理公司 2 家，基金公司分公司 3 家，基金销售机构 2 家。截至年末，北京辖区共有基金管理公司 34 家，基金管理公司分公司 76 家，基金销售机构 101 家，各类基金经营机构呈现多样化发展态势。

（二）辖区公募基金规模逐步增加

2019 年，辖区公募基金产品数量为 1 390只，较上年末增长 12. 01%。基金资产净值为 32 027. 90 亿元，较上年末增长 5. 38%。

（纪雪宁　贾若）

期货市场

一、全国期货市场总体运行情况

2019 年，全国期货市场品种上市步伐明显加快，期货和期权新品种上市数量为 17 个，为我国期货市场发展以来的历年之最。两家期货公司成功登陆 A 股市场，“保险 + 期货” 试点的品种规模不断增加，期货市场规模稳步扩大。截至年末，全国期货市场客户保证金为 5 044.86 亿元，同比增长 30.03%。全年，期货市场成交 78.30 亿手，同比增长 30.18%；成交金额为 579 万亿元，同比增长 37.59%。

二、北京辖区期货市场总体情况

2019 年，辖区期货市场继续保持稳健发展态势，实现安全平稳运行。

（一）机构数量平稳增加，资本实力整体稳定

2019 年末，北京辖区共有 19 家期货公司、112 家分支机构，同比增加 4 家分支机构。19 家公司的资产总额为 782.17 亿元，同比增长 16.75%；净资本为 83.34 亿元，同比下降 11.32%；资本实力整体稳定。

（二）客户数量增长较快，保证金规模上升

2019 年末，北京辖区期货公司共代理客户 80.72 万户，同比增长 10.24%；吸收客户保证金 606.1 亿元，同比增长 21.69%，占全国的 12.01%。

（三）市场交易规模平稳上升，手续费收入微降

2019 年，北京辖区期货公司代理交易量 9.37 亿手，同比增长 28.71%；代理交易额为 59.88 万亿元，同比增长 34.41%；实现手续费收入 16.62 亿元，同比下降 1.8%。

（张晗）

保险市场

2019 年，北京保险业持续平稳向好发展，业务发展更加均衡，风险保障能力进一步提高。

一、保费收入同比增加

2019 年，北京地区累计实现原保险保费收入（以下简称保费收入）2 076.45 亿元，居全国第七位，同比增长 15.79%。其中，财产险业务保费收入为 454.83 亿元，同比增长 7.61%；寿险业务保费收入为 1 162.63 亿元，同比增长 17.41%；健康险业务保费收入为 400.65 亿元，同比增长 26.83%；意外险业务保费收入为 58.34 亿元，同比减少 9.55%。人身险公司保户投资款和投资连结保险独立账户新增交费 1 046.3 亿元，同比增长 22.63%。

二、行业实力稳步增强

2019 年末，行业总资产为 9 554.5 亿元，比年初增加 1 011.12 亿元；全行业共管理保户储金及投资款 2 653.7 亿元，比年初增加 521 亿元。2019 年，北京地区保险深度[①]为 5.87%，同比上升 0.45 个百分点，保险密度为 9 640.44 元/人，同比增加 1 347.34 元/人，发展水平全国领先。

三、业务结构趋于优化

2019 年，财产险公司非车险业务快速增长，实现保费收入 244.16 亿元，业务增速达 30.59%，是财产险公司业务整体增速的 2.71 倍，占比近五成，险种结构明显改善。各人身险公司积极探索转型，业务结构不断优化，新单期交率为 50.8%，同比上升 3.02 个百分点；长期健康险业务保持快速增长，业务占比为 17.36%，同比上升 0.31 个百分点。

四、风险保障能力进一步提高

2019 年，全行业累计赔付支出 718.95 亿元，同比增长 14.24%。其中，财产险业务赔付支出 269.31 亿元，同比增长 9.54%；寿险业务赔付支出 320.39 亿元，同比增长 17.17%；健康险业务赔付支出 114.55 亿元，同比增长 22.41%；意外险业务赔付支出 14.72 亿元，同比减少 10.73%。全年累计向全社会提供风险保障 351.18 万亿元，其中，企财险保险金额 17.01 万亿元，同比增长 28.72%；寿险和长期健康险累计提供风险保障 6.49 万亿元，同比增长 21.23%。寿险和长期健康险为人民群众未来的养老和健康积累准备金 6 468.64 亿元，同比增长 9.46%。

（王安琪）

要素市场

2019 年，北京市 31 家交易场所共实现交易额约 8.04 万亿元，比上年增长 24.32%。总体来看，北京市要素市场围绕首都战略定位，在服务国有资本和国有企业改革、贯彻绿色发展理念、助力科技创新建设等方面发挥着重要的作用。

2019 年，北京产权交易所实现成交金额 4 190.73 亿元，同比增长 52.8%；北京金融资产交易所非金融企业债务融资工具发行金额为 6.55 万亿元，同比增长 19%；北京电力交易中心共组织完成省间交易电量 10 619 亿千瓦时，同比增长 8.2%，其中，省间清洁能源交易电量完成 4 601 亿千瓦时，累计减少标煤燃烧 1.47 亿吨，减少二氧化碳排放 3.67 亿吨；北京环境交易所积极推进绿色资产交易平台系统建设，搭建全国统一绿色项目库，服务北京建设全球绿色金融和可持续金融中心。

（吴茜）

① 保险深度和保险密度均为根据北京市统计局初步核算数据计算，最终结果以其发布的统计公报数据所计算的结果为准。

三、发展与监管

银行业发展与监管

▲政策性银行

一、基本情况和重大变更事项

（一）基本情况

2019 年末，中国进出口银行北京分行、中国农业发展银行北京市分行、中国农业发展银行总行营业部（以下简称辖内政策性银行）资产总额为 3 499.48 亿元，负债总额为 3 463.70 亿元，营业收入为 38.26 亿元，净利润为 24.81 亿元，各项存款余额为 1 278.98 亿元，各项贷款余额为 3 518.42 亿元，所有者权益为 35.78 亿元。

（二）重大变更事项

1. 主要人事变更情况

2019 年 4 月，中国农业发展银行北京市分行原副行长张淑霄到龄退休。

2019 年 6 月，中国农业发展银行任命中国农业发展银行安徽省分行原行长周桂娟为中国农业发展银行北京市分行行长，免去张俊强中国农业发展银行北京市分行行长职务。

中国进出口银行免去蒋治娟中国进出口银行北京分行副行长职务。

刘日昕获核准任中国农业发展银行总行营业部副总经理，李楠获核准任中国农业发展银行北京市分行行长助理，罗瑞红获核准任中国农业发展银行北京市天坛支行行长，李亚军获核准任中国农业发展银行北京市门头沟区支行行长，朱莉获核准任中国农业发展银行北京市分行营业部总经理，李松获核准任中国农业发展银行北京市房山区支行副行长（主持工作），胡志刚获核准任中国农业发展银行北京市密云区支行行长。

2019 年 7 月，中国进出口银行任命中国进出口银行上海分行原行长李莅为中国进出口银行北京分行行长，免去龚俊中国进出口银行北京分行行长职务。

2019 年 11 月，陶红获核准任中国进出口银行北京分行副行长。

2. 新业务开办情况

经中国农业发展银行授权，中国农业发展银行北京市分行于 1 月正式开办网上银行业务。

经中国进出口银行授权，中国进出口银行北京分行于 5 月开办衍生产品业务。

二、金融产品创新和金融服务

中国农业发展银行北京市分行发挥政策性金融作用，服务国家和首都粮食安全，支持粮棉油全产业链发展，保障首都“菜篮子”“米袋子”供应，落实北京市粮食增储任务，全年发放粮棉油贷款 72.80 亿元。年末贷款余额为 137.02 亿元。助力农业现代化建设，推动农业第一、第二、第三产业融合发展，年末，农村流通体系建设贷款余额为 68.6 亿元，农村土地流转及规模经营贷款余额为 17.04 亿元，产业扶贫贷款余额为 4.25 亿元，产业化龙头企业贷款余额为 3.7 亿元，农业生产资料贷款余额为 2.01 亿元。围绕京津冀协同发展、北京市总体规划和服务“四个中心”功能定位建设，支持北京城乡一体化发展，年末，相关贷款余额为64.83亿元。服务农业企业“走出去”，支持农产品、农业技术和机械设备进出口。

中国农业发展银行总行营业部围绕政策性银行职能定位，贯彻落实国家宏观调控政策，支持国家粮、棉、油、糖、肉等收储计划的落实，全年累计发放贷款642.64亿元。开展粮、棉、糖“去库存”服务保障工作，全年累计收回贷款448.11亿元。

中国进出口银行北京分行积极发挥政策性金融作用，加大稳外贸、稳外资支持力度，助力企业“走出去”和“引进来”，年末支持外贸产业贷款余额为450.44亿元。支持首都制造业转型升级，年末支持制造业转型升级贷款余额为261.04亿元。贯彻落实京津冀协同发展战略，发放交通一体化贷款32.9亿元。提升小微企业金融服务质效，发放10亿元转贷款，专项用于支持北京地区小微企业发展。支持“一带一路”倡议，全年发放“一带一路”项目贷款45.94亿元。

三、存在的问题和风险

资产质量下行压力大，信贷业务管理存在薄弱环节，业务转型过程中的信用风险防控需关注，利润下滑，业务发展面临挑战。

四、监管工作情况

（一）督导辖内政策性银行强化信用风险管控

中国银行保险监督管理委员会北京监管局（以下简称北京银保监局）督导辖内政策性银行采取有效措施管控信用风险。针对已暴露风险的贷款，制定“一户一策”，综合运用多种措施提升处置效果。针对存量业务，开展风险排查，提高排查频率，根据宏观经济形势和微观企业经营情况，做好风险预判，对重点客户、重点行业主动跟踪监测。针对新增业务，把好准入关，严格落实贷款“三查”要求，高度重视第一还款来源的保障作用，细致落实风险缓释措施。主动优化信贷流程、人员配置，提升信贷业务管理水平。高度重视代理业务、转贷业务等风险环节，适时开展风险排查。密切关注高风险领域业务，关注项目进度，做好贷后、投后管理。

（二）督导辖内政策性银行加强风险合规管理

明确合规管理部门的功能和职责，确保其独立履行合规风险的识别、评估、监测和报告等职能。督导辖内政策性银行强化人才队伍建设，配备与履行合规管理职责相匹配的人员。细化部门职责分工，充分发挥风险管理、内控合规部门的作用，促进稳健运营。加强制度建设，细化业务流程管理，强化对信贷业务贷前调查、授信审批、贷后管理等各环节的合规管理，将风险防控工作前置。

（三）引导辖内政策性银行持续发挥政策性金融职能作用

坚守政策性金融职能定位，专注自身特色业务领域和经营范围，服务农业供给侧结构性改革，维护国家粮食安全，为“一带一路”、制造业转型升级等提供政策性金融服务。探索服务“三农”重点领域和薄弱环节的业务模式，关注业务转型过程中的风险状况，提升金融服务质量。有效破解业务发展困境，合理配置行内资源，更好地服务国家战略、重要领域和薄弱环节。

（苏赓　郭羽佳）

▲国家开发银行

一、基本情况和重大变更事项

（一）基本情况

2019年末，国家开发银行北京市分行、国家开发银行企业局（以下统称辖内开发银行）资产总额为15 237.22亿元，负债总额为15 048.56亿元，营业收入为179.67亿元，净利润为186.66亿元，各项存款余额为2 650.91亿元，各项贷款余额为11 177.18亿元，所有者权益为188.66亿元。

（二）重大变更事项

2019年7月，国家开发银行任命国家开发银行山西省分行原行长马红为国家开发银行北京市分行行长，免去徐明国家开发银行北京市分行行长职务。

二、金融产品创新和金融服务

国家开发银行北京市分行积极支持京津冀一体化和重点领域项目，全年发放棚户区改造贷款108.32亿元、交通一体化贷款95.13亿元。以能源类境外项目为重点，支持中资企业“走出去”和“一带一路”项目。通过民营企业流动性支持贷款和转贷款，切实支持民营企业和小微企业发展。截至年末，交通运输、仓储和邮政业贷款余额为1 294.88亿元；房地产业贷款余额为1 189.70亿元，其中，棚户区改造贷款余额为1 098.25亿元；境外贷款余额为1 036.46亿元；制造业贷款余额为511.93亿元。

国家开发银行企业局积极服务国家战略和央企转型发展，支持铁路、电力、水利、矿产能源等关系国计民生的重点领域的贷款需求，以及战略新兴产业发展和制造业转型升级、民营企业和小微企业发展。截至年末，交通运输、仓储和邮政业贷款余额为2 513.52亿元；境外贷款余额为1 735.56亿元，其中“一带一路”项目贷款余额为187.70亿美元；电力、热力、燃气及水生产和供应业贷款余额为873.41亿元；制造业贷款余额为666.28亿元；采矿业贷款余额为603.78亿元。

三、存在的问题和风险

信贷管理存在薄弱环节，中长期贷款规模及融资管理模式受相关宏观领域改革影响；信用风险防控形势严峻，信贷资产质量下行压力不容忽视，需密切关注境外贷款风险。

四、监管工作情况

（一）督导辖内开发银行打好防范化解金融风险攻坚战，稳妥有效化解重点领域、重点客户、重点项目的风险

高度重视风险防控化解，充分认识形势，加快适应外部环境，切实提升对风险的预判能力和反应速度；全面加强集团客户信贷管理；夯实管理制度、信息系统建设和数据管理基础；加强信贷精细化管理。强化境内异地贷款和境外贷款风险管控；严密防范地方政府债务风险。

（二）督导辖内开发银行压实主体责任，强化内部合规机制建设

巩固治乱象成果，促进合规建设；切实推动内控合规长效机制建设；加强数据治理，认真落实数据报送要求，夯实数据基础。

（三）引导辖内开发银行发挥开发性金融职能作用，提升服务实体经济质效

紧密围绕自身职能定位，专注主业；坚持开发性金融职能定位，扎实推进业务分类管理，依据依法确定的服务领域和经营范围开展业务；积极对接重点领域、重大项目金融服务需求，创新金融服务方

式，提升金融服务水平，防控金融风险，依法合规开展业务；做好宏观改革和政策调整期间的业务衔接，探索服务重点领域和薄弱环节的业务模式，在依规、合理收费的基础上适当减免收费，推动降低企业融资成本。

（徐菲）

▲商业银行（一）工、农、中、建、交、邮储6家银行

一、基本情况和重大变更事项

（一）基本情况

2019年末，中国工商银行北京市分行、中国农业银行北京市分行、中国银行北京市分行、中国建设银行北京市分行、交通银行北京市分行、中国邮政储蓄银行北京分行（以下简称6家银行）资产总额为101 671.99亿元，比上年增长7.71%，其中，各项贷款余额为32 821.75亿元，比上年增长11.96%；负债总额为100 651.31亿元，比上年增长7.74%，其中，各项存款余额为79 386.09亿元，比上年增长3.99%。所有者权益总额为1 020.69亿元，比上年增长4.66%。累计净利润为812.15亿元，同比下降20.10%。不良贷款余额比上年增长27.76%，不良贷款率比上年上升0.04个百分点。

2019年末，6家银行共有机构网点2 371家（含分行），比上年减少20家。其中，分行12家，比上年增加2家；支行1 883家，比上年减少21家；分理处16家，与上年持平；储蓄所25家，比上年减少1家；邮政代理网点435家，与上年持平。共有纳入监管范围的高级管理人员324人，比上年增加1人。

2019年末，6家银行共有在职员工58 813人。其中，中国工商银行北京市分行19 168人，中国农业银行北京市分行8 227人，中国银行北京市分行10 067人，中国建设银行北京市分行11 173人，交通银行北京市分行4 454人，中国邮政储蓄银行北京分行5 724人（自营及代理机构员工）。

（二）重大变更事项

王建红任中国工商银行北京市分行副行长，鲍晓晨任中国工商银行北京市分行行长助理。

胡新智任中国农业银行北京市分行行长，陈军不再任行长。张伟不再任中国农业银行北京中关村分行行长；刘和年任中国农业银行北京中关村分行副行长，不再任中国农业银行北京城市副中心分行行长助理；陈静任中国农业银行北京城市副中心分行行长，王荣熙不再任行长；季南任中国农业银行北京城市副中心分行副行长，不再任行长助理；王小芬不再任中国农业银行北京城市副中心分行副行长。

中国银行北京通州支行升格更名为中国银行北京通州分行，牛军任行长，吴戈、刘云、李进任副行长。

孙尚斌、李海霞任中国银行北京市分行副行长，许伟、黄黎阳不再任副行长。

郎理英、孙庆文不再任中国建设银行北京市分行副行长，段云龙任中国建设银行北京通州分行副行长。

交通银行北京通州支行升格更名为交通银行北京通州分行；肖霆任行长（兼任），张庚、姜岚（兼任）、周家明、马华任副行长，张军任行长助理。

王冠任交通银行北京市分行副行长，果志刚、叶宁不再任副行长。

杜春野任中国邮政储蓄银行北京分行行长（兼任），徐维进不再任行长，吴玲不再任副行长。

二、金融产品创新和金融服务

（一）深入推动国家重大战略实施

2019 年，6 家银行积极对接和服务京津冀协同发展、“一带一路”倡议、雄安新区建设等国家重大战略，为重大基础设施和重大项目建设提供金融服务。中国工商银行北京市分行全年累计投放京津冀交通一体化项目融资 146 亿元、非首都疏解贷款 299 亿元。中国农业银行北京市分行作为大兴国际机场项目和环球影城项目的银团贷款独家牵头行和代理行，为两个项目分别发放贷款 43.1 亿元、18.6 亿元。中国银行北京市分行成立 2022 年冬季奥林匹克运动会（以下简称冬奥会）办公室，在跨境资金结算、冰雪体育场景搭建、场馆建设等方面提供全方位金融服务。中国建设银行北京市分行与北京市商务局共建京企“走出去”服务系统，打造首都唯一涉外企业“全线上”“一站式”综合服务平台。中国邮政储蓄银行北京分行累计为“一带一路”沿线国家发放贷款 6.45 亿美元。推进北京城市副中心网点设立，中国银行北京市分行、交通银行北京市分行均经批准将通州支行升格，成立北京通州分行。

（二）积极支持北京市科技创新中心和文化中心建设

2019 年，6 家银行从机构设置、产品创新、品牌创建、队伍建设等方面大力支持首都文化创意产业和科技创新产业发展。截至年末，6 家银行文化创意产业贷款余额为 535.58 亿元，比上年增长 19.95%；科技企业贷款余额为 2 533.70亿元，比上年增长 3.03%。中国工商银行北京市分行根据中关村一区十六园、北京市 20 个文化功能区及 30 个文化产业集聚区分布，打造 11 家科技金融专营机构、2 家总行级新经济特色支行、10 家文化产业特色支行，带动科技、文化金融服务水平提升。中国银行北京市分行通过“中关村模式”支持科技型企业发展，并选定 10 家支行作为科技金融专营机构，重点服务周边科创企业；成立文创产业服务团队，确定重点发展地区及 6 家文创特色支行，服务文化创意产业发展。中国建设银行北京市分行推进农村集体土地入市工作，大兴集体建设用地项目贷款年末余额为 85 亿元，支持西红门、寿保庄科技产业园等项目。交通银行北京市分行以普惠金融事业部和科技、文化直营团队为抓手，通过针对轻资产企业的新版知识产权质押贷款“智融通”、针对科技文创小微企业的“科创快贷”等金融创新产品，支持科技、文化小微企业发展。

（三）大力发展普惠金融

2019 年，6 家银行均已在分行层面成立普惠金融专营业务部门，并针对小微、“三农”等普惠金融服务设立直营团队，创新线上线下普惠金融产品，提升专业化服务效率。其中，中国建设银行北京市分行下沉服务重心，在全部二级分支行成立普惠金融事业部，确定 62 家普惠金融特色网点，设置普惠金融业务专员。

2019 年，6 家银行全部超额完成普惠贷款任务。截至年末，6 家银行普惠企业贷款余额为 916.90 亿元，比上年增长 98.42%，高出 6 家银行各项贷款增速 86.46 个百分点；普惠贷款完成率为 166.05%。6 家银行以参加北京市企业续贷受理中心为契机，提升续贷业务效率，帮助困难企业纾解困难。中国银行北京市分行已通过该中心受理续贷业务 55 笔，申请续贷金额 3.75 亿元，受理业务量在6家银行中排名第一位。扎实做好基础金融服务，打通金融服务“最后一公里”。中国建设银行北京市分行年内建成“裕农通”便民服务点3 841家，较上年新增3 496家，率先覆盖北京市全部行政村，实现基础金融服务“村村通”。中国工商银行北京市分行、中国建设银行北京市分行作为北京银行业保险业支持养老、家政、托幼等社区家庭服务业发展试点机构，不断完善组织架构和平台建设，完善社区家庭服务业授信标准，创新特色信贷产品。截至年末，两家行社区家庭服务业贷款总额为45亿元，比上年增长29%。

（四）深化金融服务智能化转型

2019年，6家银行以金融科技为手段，推进传统营业网点智能化、数字化转型升级，推动新技术在社会民生金融服务领域的运用。中国工商银行北京市分行设立智慧银行旗舰店，引入大数据、人工智能、虚拟现实、生物识别、5G等前沿科技，探索网点智慧转型。中国农业银行北京市分行与北京市停车管理事务中心合作开发上线“人工智能+互联网”智慧停车项目，与国家税务总局北京市税务局合作搭建“税务局职业年金系统”，配合北京市公安局公安交通管理局（以下简称市公安局交管局）开发上线“交通罚没系统”。中国建设银行北京市分行建成3家“5G+智能银行”，实现网点智慧柜员机上线政务服务查询功能。

三、存在的问题和风险

经济下行阶段，辖内大型银行面临较大信用风险且债务风险化解难度较大。部分银行贷款“三查”不到位；小微企业服务收费管理不到位；员工行为管理存在薄弱环节，案件防控工作形势依然严峻，内控合规管理需进一步夯实；营业网点金融产品销售不规范行为仍然存在；高级管理人员履职管理规范性有待加强。

四、监管工作情况

（一）支持首都实体经济发展和民生福祉改善

指导辖内大型银行增强责任担当，加大信贷投放，支持首都供给侧结构性改革，服务京津冀协同发展、非首都功能疏解、2022年冬奥会筹备、大兴机场建设。服务首都“四个中心”功能建设，加大对“三城一区”主平台建设的支持力度。拓展网点金融服务广度和深度，提升金融服务水平。

（二）大力推进普惠金融发展

以走访、调研、通报等方式，指导辖内大型银行将普惠金融专营服务渠道下伸，夯实普惠金融服务基础。推进北京市首贷服务中心建设及运营，有效对接企业首贷、续贷融资需求。指导辖内大型银行增加民营和小微企业信贷投放，将信贷综合融资成本控制在合理水平。深入推动北京银行业和保险业支持养老、家政、托幼等社区家庭服务业发展试点工作开展。

（三）强化重点领域风险防控

严控信用风险，跟进重点企业风险处置，督导辖内大型银行做好资产质量控制和贷款投向管控。严管案件风险，开展案件防控工作现场检查，督导相关机构进行内部问责。巩固治乱象成果，通过下发通知、现场走访、监管会谈、电话提示等方式，督导辖内大型银行开展自查自纠。规范辖同业业务，全面了解辖内同业业务特点和存在的主要问题，提出同业业务十条要求规范。

（黄婕）

▲商业银行（二）其他商业银行

一、基本情况和重大变更事项

（一）基本情况

2019 年末，中信银行北京分行、中国民生银行北京分行、中国光大银行北京分行、华夏银行北京分行、招商银行北京分行、上海浦东发展银行北京分行、广发银行北京分行、兴业银行北京分行、平安银行北京分行、渤海银行北京分行、浙商银行北京分行、恒丰银行北京分行（以下简称 12 家银行）资产总额为 52 670.66 亿元，比上年增加 6 032.82 亿元，增长 12.94%，其中，贷款余额为 17 603.79 亿元，比上年增加 1 398.02 亿元，增长 8.63%。负债总额为 52 183.35 亿元，比上年增加 6 174.10 亿元，增长 13.42%，其中，存款余额为 42 819.36 亿元，比上年增加 6 340.08 亿元，增长 17.38%。累计实现净利润 438.70 亿元。

截至年末，12 家银行在京营业机构数共计 813 家，比上年减少 49 家；从业人员共计 25 357 人，其中，高管人员 185 名。

（二）重大变更事项

熊开任招商银行北京分行行长。

杨毓任中国民生银行北京分行行长。

二、金融产品创新和金融服务

（一）积极利用“互联网 +”发展信贷业务

一是传统业务“上线”，提升服务效率。基于大数据和云计算打造移动端消费贷款产品，通过多种渠道实现贷款全流程线上办理。

二是实现数据共享，优化信贷管理。通过与税控服务行业领头公司合作，获得企业增值税开票数据，筛选优质企业；通过与保险公司专线对接，搭建业务平台，银保双方获客，担保方式由传统的房产抵押担保，变为保险公司提供的“借款保证保险 + 房产抵押”。

三是借力互联网平台，挖掘信贷资源。通过与互联网平台开展线上消费联合贷款业务，利用平台供应链信息推出个人经营类贷款等。

（二）积极推进普惠金融发展，小微企业贷款较快增长

一是加强人员及制度保障，提高融资效率。完善组织建设，成立普惠金融事业部；单列普惠信贷计划及信贷评审、构建专业化的经营考核体系和客户经理队伍；建立绿色审批通道制度，提高小微企业项目审批效率。

二是推出特色产品，强化信贷支持。中国民生银行北京分行启动面向高成长科技创新型中小企业的“萤火计划”，为其提供包含股权融资财务顾问、债权融资、资金托管、公私联动等在内的综合服务业务。

三是积极推进续贷，对客户进行分类管理。招商银行北京分行对经营可持续、发展有前景、符合首都功能定位和北京城市副中心功能定位的正常小微客户，发放新贷款归还原贷款本金；对风险客户逐户核查，综合判断是否予以办理无还本续贷；主动联系贷款即将到期客户，为有续贷意愿的客户办理业务。

截至年末，12 家银行普惠型小微企业贷款余额为 1 959.15 亿元，比上年增长 15.13%，增速高出各项贷款增速 6.50 个百分点。普惠金融服务质效进一步提升，小微企业金融业务发展取得较好成效。

三、存在的问题和风险

资产质量存在下行压力，个别银行不

良贷款率高企，关注类贷款余额增幅较大；案件及操作风险形势严峻，与声誉风险等相互交织传染，外部风险向银行传导的压力持续增加，风险处置难度进一步加大；合规文化和管理存在欠缺。

四、监管工作情况

一是深入推进各项专项整治与检查工作，有效推动信用风险化解，积极处置案件及重大风险事件，严抓机构风险防控主体责任，稳妥办理信访投诉事项。

二是积极支持首都重大发展战略，推进普惠金融和消费金融发展。

三是深入开展调研，完善制度体系；搭建沟通平台，强化政策传导；落实简政放权，优化市场准入。

（袁野）

▲城市商业银行（一）北京银行

一、基本情况和重大变更事项

（一）基本情况

2019 年末，北京银行资产总额为26 919.00亿元，比上年增长 5.92%；负债总额为24 871.30 亿元，比上年增长5.85%；各项贷款余额为 13 999.66 亿元，比上年增长 14.56%；各项存款余额为15 259.27亿元，比上年增长 10.19%；实现利润 211.59 亿元，同比增长 7.24%。

（二）重大变更事项

1. 主要人事变更情况

2019 年，北京银行董事、行长助理马德汗离任，董事淦克兴离任，独立董事李晓慧离任；新选举产生董事柯文纳、彭吉海，独立董事王瑞华（淦克兴未取得监管任职资格批复，柯文纳、彭吉海、王瑞华尚未取得监管任职资格批复）。

2. 机构发展情况

2019 年末，北京银行设有一级分行 14 家，其中，北京地区 3 家，异地 11 家；二级分行 12 家；分行级专营机构 2 家；支行 647 家，其中，北京地区支行（含总行营业部）271 家；在中国香港和荷兰阿姆斯特丹设有代表处。从业人员 14 975 人（含劳务派遣人员），比上年增加 215 人。

二、金融产品创新和金融服务

一是制定进一步深化科技金融发展战略指导意见；加强产品研发，强化“前沿科技贷”推广，升级“智权贷”，推出“研发贷”；加强专营机构建设，持续打造“中关村小巨人创客中心”。截至年末，北京银行科技型企业贷款余额为 1 543.57亿元，比上年增长 6.18%。

二是加强政银合作，与北京市文化和旅游局签订战略合作协议，发布“文旅贷”金融服务行动计划；推出“创意设计贷”“影视贷”，支持影视作品制作发行；加强生态平台和专营机构建设，做优创客中心。截至年末，北京银行文化金融贷款余额为 746.77 亿元，比上年增长 5.40%。

三是强化资源倾斜，将民营小微贷款及户数增量等纳入考核指标；在北京地区成立分行级和支行级小微企业信贷工厂，提升审批效率。升级“京管 +”产品，协助民营小微企业提升管理效率。截至年末，北京银行普惠性小微企业贷款余额为 636.47 亿元，比上年增长 26.51%；私人控股企业贷款余额为 3 221.61 亿元，比上年增长 15.55%。

三、存在的问题和风险

公司治理仍需完善，风险治理隐患突

出，业务治理有待加强，数据治理仍需推进，规则治理有待健全等。

四、监管工作情况

2019 年，北京银保监局联动全国 13 家银保监局召开北京银行联动监管会议，督导北京银行严守风险底线，提升服务实体经济质效。

（一）公司治理方面

督导北京银行将落实基层党建主体责任与防控金融风险紧密结合，推动化解重大风险隐患，北京银行将加强党的领导相关内容纳入公司章程；扎实做好股权与关联交易专项整治，强化董事会对股权和关联交易管理的最终责任，推动存量问题股东整改；严格落实薪酬延期支付要求，确保延期支付的对象、期限和比例符合规定；完成“两会一层”换届，提升履职规范性；完成公司治理评估和村镇银行主发起行履职情况评估，提升并表管理能力。

（二）风险治理方面

督促北京银行加快对主要风险和问题的整改进程；压实董事会主体责任，严控贷款投向及大额授信，全面摸清风险底数，及时处置存量风险；做好日间管理和应急安排，严守流动性安全底线；严格落实轮岗要求，强化案件及声誉风险防控。

（三）业务治理方面

督导北京银行审慎开展业务合作，坚持内控先行，合理把控业务节奏，严格落实独立风控原则，防范外部风险传染；对同业、理财、房地产等重点业务抓好源头治理，从管理体系、内部控制、合规意识等方面查找原因、做好整改。

（四）数据治理方面

督导北京银行董事会履行数据治理最终承担主体责任，提升高级管理层数据治理的有效性；严格监管统计报表审核，通过数据比对、重点业务异动分析等核实监管报表数据准确性，推动提升数据质量；开展专项数据治理。深挖问题成因，下发专项监管意见书，督促提升数据治理能力。

（五）服务实体经济方面

督导北京银行围绕京津冀协同发展、北京城市副中心建设等国家战略，加大对重大项目工程的信贷支持；制订科技文化金融发展战略规划，推动科技文化金融可持续、均衡化、高质量发展；紧跟经济发展脉搏，通过“单设机构”“单列计划”“单独管理”和“单项考评”，优先支持民营企业及普惠小微信贷投放。

（费大羽）

▲城市商业银行（二）其他城市商业银行

一、基本经营情况

（一）基本情况

2019 年末，天津银行北京分行、大连银行北京分行、杭州银行北京分行、南京银行北京分行、盛京银行北京分行、上海银行北京分行、江苏银行北京分行、宁波银行北京分行、锦州银行北京分行、厦门国际银行北京分行（以下简称 10 家城商行北京分行）资产总额为 8 103.09 亿元，比上年增长 13.43%，其中，各项贷款余额为 3 817.25 亿元，比上年增长 4.72%。负债总额为 8 050.54 亿元，比上年增长 13.22%，其中，各项存款余额为 6 785.36 亿元，比上年增长 5.16%。实现利润 38.74 亿元，比上年同期增长 70.04%。

截至年末，10 家城商行北京分行共有支行网点 128 家（以取得北京银保监局开业批复为口径），从业人员 9 908 人（不含劳务派遣制员工）。

（二）重大变更事项

1. 机构发展情况

2019 年，10 家城商行北京分行共新设立 4 家支行（以开业批复为准），分别为南京银行北京丰体支行、宁波银行北京光彩支行、盛京银行北京通州支行、厦门国际银行北京西直门支行。

2. 主要人事变更情况

2019 年，北京银保监局共核准 10 家城商行北京分行高管任职资格 21 人。其中，分行行长 1 人，分行副行长 8 人，分行行长助理 5 人，分行营业部总经理 6 人，支行行长 1 人。

二、金融产品创新和金融服务

一是北京银保监局推进科技金融服务创新，加强科技金融“六项保障”机制建设。跟踪科创板拟上市企业金融服务需求，调查了解银行业金融机构与创投公司合作情况，落实服务业扩大开放有关工作要求，探索改进金融服务的方向和路径。

二是服务实体经济质效显著提升。截至年末，10 家城商行北京分行科技型企业贷款余额为 559.24 亿元，比上年增长 75.95%；普惠型小微企业贷款余额为 163.60 亿元，比上年增长 57.41%。设立科技、文创、小微等特色专营支行 12 家，占所有支行网点（含分行营业部）数量的 8.33%。

三、存在的问题和风险

信用风险持续积聚、业务转型进程缓慢、部分敏感领域业务发展不审慎、案件及声誉风险防控压力有增无减、整体信用受较大负面冲击、存款业务可持续性不足等。

四、监管工作情况

（一）深入做好风险治理，坚决守住风险底线

采取现场稽核、监管约谈和风险提示等措施，督导各行落实巩固治乱成果工作要求；制定“异地城商行风险监测和分类监管体系”，摸清真实风险底数，采取通报总行、监管约谈、下发监管提示、指定总行内审项目等差别化监管措施，推动存量风险处置化解；要求各行细化限额管理标准，强化大额授信审批及投贷后管理，落实联合授信监管要求，严格控制贷款投向及大额授信；督导各行严格落实轮岗要求，严控操作及案件风险；稳妥推进包商银行北京分行接管有关工作。

（二）紧盯部分重点业务，扎实做好业务治理

严格压降异地授信业务，对部分机构明确提出限额管控等控制性监管意见；开展现场调研，督促各行合规开展票据业务；推动各行严格落实结构性存款业务相关监管要求。

（三）创新监管方法，有效提升规则治理水平

完善城市商业银行非现场评价指标体系，推动对分支机构差异化监管的有效实施；积极丰富监管手段，提升监管深度和广度；增强监管措施的综合运用，针对潜在的风险隐患，及时通过监管提示、高管会谈、集中通报等方式，提前介入，推动辖内机构强化合规经营意识。

（王洁）

▲农村商业银行——北京农商银行

一、基本情况和重大变更事项

（一）基本情况

2019 年末，北京农商银行资产总额为

9 579.03 亿元，比上年增加 765.83 亿元，增长 8.69%，其中，各项贷款余额为 3 405.49亿元，比上年增加 248.60 亿元，增长 7.87%。负债总额为 8 976.59 亿元，比上年增加677.06 亿元，增长 8.16%，其中，各项存款余额为 6 503.69 亿元，比上年增加 380.74 亿元，增长 6.22%。所有者权益为 602.46 亿元，比上年增加 88.77 亿元，增长 17.28%。不良贷款余额为 32.28 亿元，不良贷款率为 0.95%。实现净利润 82.13 亿元，比上年增加 9.62 亿元，增长 13.27%。资产利润率为 0.89%，比上年增加 0.04 个百分点；资本利润率为 14.72%，比上年下降 0.34 个百分点，成本收入比为 34.52%，比上年增加 0.76 个百分点。

截至年末，北京农商银行共有分支机构 673 家，其中，总行 1 家，分行 1 家，支行 223 家（管辖支行 22 家），分理处 448 家。总行级高级管理人员 9 人，其中，党委书记、董事长 1 人，行长 1 人，监事长 1 人，纪委书记 1 人，副行长 3 人，行长助理 2 人；分行级高级管理人员 5 人；总行各部门主要负责人 34 人。

（二）重大变更事项

1. 主要人事变更情况

2019 年，北京农商银行按照公司章程等有关规定，开展董事会、监事会换届工作，选举产生第四届董事会、第四届监事会，原董事长、监事长连任。

2. 机构发展情况

2019 年 12 月，北京农商银行通州支行获批升格为北京农商银行通州分行，成为北京农商银行第一家分行。

二、金融产品创新和金融服务

（一）优化支付环境建设，助推乡村振兴战略

加强对金融空白村的服务覆盖，通过乡村便利店、乡村自助店及助农取款服务点（以下简称“两店一点”）形式延伸服务触角，满足居民基础金融服务不出村的需求。截至年末，“两店一点”总量达到 1 468家。加大涉农资金投放力度，全年投放涉农贷款 209.5 亿元，年末余额为 292.37 亿年，比上年增长 13.39%，高于各项贷款增速 5.51 个百分点；涉农债券投资为 4.6 亿元，增强金融支农助农力度。

（二）完善普惠服务体系，助力民营和小微企业发展

加强政策与资源支持，提高风险容忍度，完善评级体系，优化准入标准及工作流程等系统措施，完善民营和小微企业服务体系。截至年末，普惠型小微企业贷款余额为 25.14 亿元，比上年增加 9.36 亿元，增长 59.32%，高于各项贷款增速 51.45 个百分点；贷款户数为 1 359 户，比上年增加 449 户。主动减费让利，坚持保本微利原则，以更易得、更便宜的资金缓解民营小微企业融资难题。截至年末，小微企业贷款加权利率为 4.34%，比上年下降 0.82 个百分点。

（三）提升专业服务能力，服务首都经济建设

围绕京津冀协同发展战略，支持京津冀协同发展项目 96 个，授信余额为 787.9 亿元；发行京津冀农银通卡 195.7 万张，促进三地个人客户资金的跨区域无成本流通。立足首都“四个中心”建设，促进金融资源向高精尖产业集聚。年末，高新技术产业贷款余额为 485.2 亿元，比上年增长 6.1%；文创贷款为 105.2 亿元，比上年增长 43.5%。

（四）丰富民生金融产品，积极履行社会责任

将金融服务、金融创新与北京社会发

展相结合，以“北京通—养老助残卡”为载体，以政府各项养老民政优待与待遇的提升为契机，持续打造养老金融服务体系。累计发行“北京通—养老助残卡”445万张，惠及60岁以上老人；金融服务进驻养老服务驿站992家，促进养老服务的便利化。

三、存在的风险和问题

部分股权管理的关键环节仍有待进一步整改完善，存在个别信贷管理漏洞，贷款结构等原因导致潜在信用风险不容忽视。个别流动性风险监测指标年内波动较大，有待进一步提高内控管理、信息科技风险等领域的风险防控质效。

四、监管工作情况

（一）夯实公司治理

督导北京农商银行夯实股东股权管理基础，修订公司章程，稳妥推进董事会及监事会换届，充分发挥公司治理各主体作用，集中力量治理股权的重大风险隐患，持续瞄准农村商业银行战略定位。

（二）着力防范风险

优化北京农商银行分层监测预警监管指标体系，提升风险监测的前瞻性。督促北京农商银行加大信用风险防控力度，巩固逾期90天以上贷款全部纳入不良贷款成果，多渠道化解处置不良资产，密切盯防潜在风险隐患。保持案件防控高压态势，加强员工行为管理，防范操作风险。构建差异化流动性风险监测指标体系，做好对流动性风险的日常监测盯防。

（三）引领高质量发展

巩固治理乱象工作成果，促进北京农商银行将审慎合规的经营理念进一步融入日常经营活动的每一个环节，为更好地服务实体经济奠定基础。督导北京农商银行坚守农村商业银行定位，紧跟北京“三农”发展实际，提升金融服务的针对性，全力支持乡村振兴战略。支持北京农商银行加大民营企业和小微企业金融产品创新，公平对待各类所有制企业，强化服务民营企业和小微企业的资源保障。

▲村镇银行

一、基本情况和重大变更事项

（一）基本情况

2019年末，北京延庆村镇银行、北京密云汇丰村镇银行、北京怀柔融兴村镇银行、北京大兴九银村镇银行、北京昌平包商村镇银行、北京大兴华夏村镇银行、北京顺义银座村镇银行、北京通州中银富登村镇银行、北京门头沟珠江村镇银行、北京房山沪农商村镇银行和北京平谷新华村镇银行（以下简称11家村镇银行）资产总额为278.15亿元，负债总额为252.13亿元，所有者权益为26.02亿元，各项存款余额为236.38亿元，各项贷款余额为131.81亿元。实现营业收入合计13.54亿元，净利润2.53亿元。

（二）重大变更事项

1. 机构发展情况

2019年末，北京地区11家村镇银行共有40家营业网点。其中，支行数量较比上年增加2家；在册员工812人，比上年增加22人。

2. 主要人事变更情况

2019年2月，北京大兴华夏村镇银行新任董事长李大营任职资格获得核准。

2019年5月，北京平谷新华村镇银行新任董事长刘琦任职资格获得核准。

2019年11月，北京平谷新华村镇银行新任行长胡本顺任职资格获得核准。

此外，部分村镇银行的副行长、行长

助理和董事的任职资格也获得核准，正式开始履职。

3. 股权变动情况

2019 年 1 月，北京平谷新华村镇银行股权变更事项获得北京银保监局批复。

二、金融产品创新和金融服务

（一）回归本源，业务更趋小额分散

2019 年，11 家村镇银行业务结构持续优化，贷款客户更趋于小额分散，支农支小服务水平进一步提升。截至年末，户均贷款余额为 81.76 万元，比上年下降 16.09%；500 万元以下贷款占比达到 73.99%，比上年上升 7.18 个百分点。

（二）发挥优势，产品适配性向好发展

11 家村镇银行充分发挥“小法人”决策链条短、效率高的优势，加快金融产品和服务方式创新，切实提升金融服务能力。北京顺义银座村镇银行利用移动工作站上门现场为客户提供“一站式”服务；北京通州中银富登村镇银行推出“码上贷”，客户通过扫码即可实现小额信用贷款支持。

（三）下沉网点，深入村镇“最后一公里”

11 家村镇银行向居民集聚地区和金融薄弱地区下沉服务网点，为社区居民获取金融服务提供便利。北京通州中银富登村镇银行新开设潞城支行，北京房山沪农商村镇银行新开设城关支行。

（四）公益宣讲，增强农村地区居民金融意识

深入金融知识普及度相对较低、居民金融风险防范意识相对薄弱的农村地区，开展消费者权益保护、金融风险防范、金融知识进社区、“三农”服务产品推介等专题金融宣教活动，向农村居民普及贷款融资、投资理财等知识以及如何识别假货币、防范电信诈骗和非法集资等金融安全知识。

三、存在的问题和风险

传统发展优势受到挑战，缺乏高质量转型发展的技术资源；内控管理基础仍不牢固，风险管控精细化程度有待提升；公司治理基础尚待筑牢，适合小法人的运行机制有待探索。

四、监管工作情况

（一）强化政策引领，指导机构延伸服务广度和深度

组织辖内村镇银行开展服务收费稽核调查，就服务产品定价、服务价格对外公开、信贷合同收费条款等督导各行切实落实各项监管要求。对 2 家村镇银行服务民营企业情况开展监管排查，指导辖内村镇银行进一步优化绩效指挥棒，加大支农支小力度。督导辖内村镇银行牢固树立大局意识，全力做好“两会”、2019 北京世界园艺博览会、新中国成立 70 周年等关键时点的金融服务工作。

（二）做好重点领域风险防范化解，严把风险防控底线

指导辖内村镇银行制订 2019 年度不良贷款处置规划和实施方案，建立不良贷款和高风险贷款监测台账，并“一户一策”跟进处置进度。对流动性风险指标不达标、存款稳定性差、期限错配突出的个别村镇银行，采取审慎性监管工作措施。督导辖内村镇银行科学设定网上交易限额、完善压力测试标准、充实资金头寸。建立案防互助机制，组织开展案防培训交流，对辖内村镇银行案防工作开展评估，指导各行提高案防能力。

（三）强化股东股权监管，完善公司治理机制

加大监管排查力度，深入开展股东股

权专项治理。开展村镇银行主发起行履职评价，推动发起行牵头化解个别村镇银行股东股权不稳定及信用风险集中暴露等问题。督导辖内村镇银行完善公司治理流程，严格按照公司章程规定召开董事会，并将大额贷款等重大决策纳入董事会审批范围。

（四）加大监管调研和宣传力度，提升监管工作质效

建立“监管服务进乡村”长效机制，针对全国猪肉价格持续上涨问题，赴延庆区小泥河村生猪养殖基地开展调研。向《中国保险报》报送新闻稿《引金融活水，润乡村沃土》，宣传村镇银行成立十年来的发展历程和服务成果。开展“农村中小银行机构监管数据集市”系统的推广应用，提升监管分析和预警监测效率。

（刘娜　姜超）

▲民营银行——北京中关村银行

一、基本情况和重大变更事项

（一）基本情况

2019 年末，北京中关村银行总资产和总负债分别为 174.70 亿元和 133.28 亿元，比上年分别增长 32.75% 和 47.04%；各项贷款余额为 62.70 亿元，比上年增长 10.48%；各项存款余额为 106.03 亿元，比上年增长 71.93%；实现净利润 0.51 亿元，同比下降 43.07%。

（二）重大变更事项

1. 主要人事变更情况

2019 年，北京中关村银行副行长暴冰离任；新选任行长肖瑞彦、风险总监刘长征、财务负责人乔丽侠。

2. 机构发展情况

2017 年 6 月 6 日，北京中关村银行经原中国银行业监督管理委员会北京监管局批准开业，注册资本金 40 亿元，是辖内首家民营银行。2019 年末，从业人员共 187 人（含劳务派遣人员）。

二、金融产品创新和金融服务

2019 年，北京中关村银行结合自身战略定位及区域经济特色，加强金融创新，提供金融服务。截至年末，科技型企业贷款余额为 7.7 亿元，已累计向 25 家中关村高新技术企业发放贷款 17.58 亿元；民营企业贷款余额为 14.3 亿元，累计发放小微企业贷款 25.57 亿元；高新技术行业贷款余额为 15.52 亿元，比年初增长 21 倍，高新技术行业贷款占比升至 27.35%，比年初提升 19.18 个百分点；文化创意类贷款余额为 8.08 亿元，比年初增长 2.65 倍。

三、存在的问题和风险

公司治理有待持续完善，关联交易管理仍有待加强，内控管理水平仍有待提升，部分业务合规风险仍需重点关注，信用风险防控压力增大，科技金融特色仍待彰显，服务实体经济能力不足。

四、监管工作情况

（一）督导持续提升公司治理水平

支持北京中关村银行完善高管层组织架构，批复多名高级管理人员任职资格；督导北京中关村银行扎实做好股东履约评估有关工作，并高度关注、稳妥应对其部分股东资质问题；推动北京中关村银行完成公司章程修订和股权托管协议重新签订等工作。

（二）严守风险底线，扎实做好各项风险防控工作

就匿名客户大额风险管理、大额风险限额管理、资产分类真实性和监测机制等明确监管要求；督促北京中关村银行夯实

资产质量，将逾期 90 天以上贷款下调为不良贷款；认真做好民营银行流动性压力测试，约谈北京中关村银行财务负责人，及时通报压力测试中所存在的主要问题。做好案件防控工作，探索建立案防“三线监督”机制、强化基础业务治理、继续开展家访、落实轮岗要求、提升问责工作震慑力等明确监管意见。

（三）强化监管引领，督促提升服务实体经济能力

围绕“不忘初心、牢记使命”主题教育活动，赴北京中关村银行开展走访座谈，要求其平稳起步打牢发展基础，严把质量、提升风险治理能力，创新发展路径。高度关注北京中关村银行业务发展方向，通过监管约谈等方式督促其坚守定位，扎实提升服务实体经济能力。

（孙晓杰）

▲外资银行

一、基本情况和重大变更事项

（一）基本情况

1. 机构设置及人员情况

2019 年末，北京辖内共有外资银行营业性机构 115 家，比年初减少 1 家。其中，外资法人银行有 9 家；外资法人银行分行有 29 家；外国银行分行有 17 家；支行 60 家，比年初减少 1 家。外国银行代表处有 60 家，比年初减少 1 家。外资银行营业性机构从业人员为 5 532 人，外国银行代表处共有正式员工 170 人。

2. 行业发展概况及特点

（1）资产规模微幅增长，各项贷款有所回升，人民币贷款余额稳步增长。

2019 年末，北京辖内外资银行资产余额为 5 862.58 亿元，较年初增长 0.32%；各项贷款余额为 2 252.9 亿元，较年初增长 5.48%，其中，人民币贷款近三年持续增长，年末余额为 2 056.95 亿元，占各项贷款的比例由 2016 年末的 85.39% 上升至 95.3%。

（2）各项存款重回增长，仍以人民币存款和单位存款为主。

2019 年末，辖内外资银行各项存款余额为 4 002.61 亿元，同比增长 4.73%，由年初占负债总额的 75.67% 上升至 79.45%。存款主体仍以人民币存款和单位存款为主。截至年末，人民币存款余额为 3 302.93 亿元，占各项存款的比例为 82.52%；单位存款余额为 3 414.97 亿元，占各项存款的比例为 85.32%。

（3）各项表外业务保持增长，金融衍生品业务优势明显。

2019 年末，辖内外资银行表外业务总体规模为 3.08 万亿元，较年初增长 24.73%。金融衍生品业务余额为 2.31 万亿元，占表外业务总额的 75.1%，较年初增长 28.61%。托管资产余额为 1 063.25亿元，较年初增长 16.7%。承诺类和担保类业务余额分别为 2 288.48 亿元和 1 022.67 亿元，分别较年初增长 23.49% 和 22.35%。

（4）净利润同比有所减少。

2019 年，主要受贷款损失等资产减值损失计提增加影响，辖内外资银行实现净利润 40.45 亿元，较上年下降 38%。

（二）重大变更事项

1. 机构变更情况

2019 年，北京辖内外资法人银行支行新设 1 家，关闭 2 家；外国银行代表处新设 1 家，关闭 2 家。

2. 人事变更情况

2019 年，北京辖内外资银行经核准或初审转报中国银保监会高级管理人员任

职资格共 60 人。其中，总行级董事长、副董事长人 4 人，行长、副行长 7 人，董事 13 人，首席风险官 1 人，首席运营官 2 人，首席信息官 1 人，首席技术官 1 人，首席财务官 1 人；分行级行长、副行长 18 人；外国银行代表处首席代表 5 人；合规负责人 7 人。报告类高管任职资格共 5 人，其中，总行级首席信息官 1 人，分行级行长、副行长 4 人。

二、金融产品创新和金融服务

（一）持续通过科技手段创新金融服务

辖内部分外资银行加大信息科技经费投入，积极开拓科技金融产品。新韩银行（中国）有限公司上线微信公众平台，网银渠道增加代发工资申请模块，手机银行增加 APP 申请 ATM 无卡取款等功能。汇丰银行（中国）有限公司推出基于移动互联的无物理介质数字化版本信用卡、境外手机号码微信支付功能。花旗银行（中国）有限公司北京分行推出“异常付款侦测系统解决方案”，运用人工智能、机器学习等新科技，协助企业客户自动识别并拦截可疑交易，提升支付安全性。

（二）为“一带一路”建设、“走出去”企业提供全球化服务

辖内外资银行充分利用其网络优势，整合与布局“一带一路”沿线相关区域资源与合作。摩根大通银行（中国）有限公司配合境外团队开展跨境存托凭证项目发行和多笔境外债券发行。法国兴业银行（中国）有限公司推出嵌套担保结构的内保直贷和外保内贷产品，为客户进出口融资提供服务。

（三）发挥国际化优势，参与并助力中国金融领域对外开放

辖内外资银行发挥其国际化及全球网络经营优势，积极参与中国金融领域进一步对外开放。摩根大通银行（中国）有限公司开展“债券通”业务，推出全数字化货物贸易跨境付款服务。法国兴业银行（中国）有限公司针对中国和非洲国家间的贸易发展，为企业客户设计和提供了一整套国际结算和现金管理服务，实现了跨境一体化的现金管理。新韩银行（中国）有限公司推出“韩信保—短期出口保险（购买方信用）保单担保贷款”业务，向从韩国进口商品和服务的中国企业以韩国贸易保险公司保单担保方式发放贷款，用于货款支付。

（四）利用业务优势为企业和个人提供丰富的理财及风险管理产品

辖内外资银行利用其产品创新优势，为消费者提供更多的风险管理产品。花旗银行（中国）有限公司推出高端财富管理品牌——“花旗私享家”，服务高净值客户群体。汇丰银行（中国）有限公司推出基于应用程序编程接口（API）技术的全新贸易智能解决方案，通过将银行服务嵌入客户自有财务系统或移动终端，协助客户便捷地管理财资和电子商业汇票等贸易业务风险。多家银行开发了结构性存款、结构性票据、收益联结型理财产品、期权类衍生产品、开放式理财产品等。

（五）优化流程帮助小微企业解决融资难题

辖内多家外资银行创新和优化小微企业金融服务机制，帮助小微企业解决融资难题。多家韩资银行针对小微企业贷款，通过单列信贷计划、修订逾期贷款业务操作和尽职免责操作规程、完善考核指标体系，为小微企业解决资金需求难题。星展银行（中国）有限公司推出企业线上开户申请平台服务，中小微企业客户随时可

完成企业账户申请；推出“星展e链通”线上服务平台，方便中小企业客户一键签约，快速智能审批，实现快速供应链融资。

（六）创新消费贷款等产品满足居民金融需求

辖内外资银行创新普惠金融服务和产品供给，提升新消费领域金融服务水平。友利银行（中国）有限公司推出汽车租赁线上贷款，由银行对存在汽车长期租赁贷款需求的客户以100%保单担保的方式发放线上消费贷款。

三、存在的问题和风险

关注类贷款占比较年中有所提升，潜在信用风险需要继续关注；个别银行不良贷款处置缓慢，不良贷款率高企不下。部分银行存款稳定性较差，跨境资金依赖程度整体较高，个别机构较为突出。单位存款下降明显，支撑贷款增长的资金来源较为紧张，导致贷存比指标整体上升，存款稳定性需要关注。部分外资银行内控管理仍存在薄弱环节，人员管理有效性及制度执行不到位给分支机构管控带来挑战。此外，个别机构信息科技风险隐患依然存在。

四、监管工作情况

（一）加强统筹协作，推进对外开放工作取得新成效

积极落实北京市委市政府服务业扩大开放工作部署，主动向中国银保监会请示汇报，争取政策支持和区域试点，推进开放举措在辖内落地。及时跟进外资银行管理条例修订等对外开放政策对辖内机构的影响，有针对性地制订实施方案，提出工作建议。鼓励和支持多家外资机构新设需求，主动对接辅导7家机构在京拟设机构事项。

（二）强化监管引领，督导机构不断提升经营管理水平

督导外资法人银行提高公司治理水平，防范信用、流动性、信息科技等重点领域风险；稳步化解存量不良、严防新增不良，年末实现“双降”；落实理财新规及北京银保监局关于规范开展结构性存款业务的相关要求；优化小微企业的授信机制，合理确定小微企业融资需求，提高小微企业的贷款积极性。

（三）注重能力建设，着力提升外资监管工作质效

有的放矢、综合施策，横纵结合提升监管的专业性。选派骨干参加境外监管联动会，对比分析国（境）内外银行合规管理异同，持续编译国际经济金融最新动态和全球经济形势概览等，为监管工作提供有益参考。

（徐杰）

▲信托公司

一、基本情况

2019年末，辖内12家信托公司固有资产为1 606.79亿元，比上年增加177.35亿元，增长12.41%；固有负债为224.22亿元，比上年减少32.23亿元，下降12.57%；所有者权益为1 382.57亿元，比上年增加209.58亿元，增长17.87%；累计实现净利润126.84亿元，比上年减少0.7亿元，下降0.55%。

2019年末，辖内12家信托公司管理信托项目14 440个，比上年增加1 343个，涉及信托资产规模53 957.85亿元，比上年减少3 367.16亿元，下降5.87%。其中，集合资金信托规模为23 143.63亿元，同比增长15.27%；单一资金信托规模为17 861.26亿元，同比下降25.63%；

财产权信托规模为12 952.96亿元，同比下降2.1%。全年，12家信托公司共清算交付信托项目3 123个，累计支付信托本金23 541.56亿元，累计分配信托收益1 990.31亿元。

2019年末，辖内12家信托公司共有从业人员4 152名，同比增长7.82%；共有46名董事和高级管理人员获得任职资格批复。

二、金融产品创新和金融服务

（一）推动家族信托业务

2019年，北京国际信托有限公司（以下简称北京信托）、中国对外经济贸易信托有限公司（以下简称外贸信托）、建信信托有限责任公司（以下简称建信信托）等均将家族信托作为业务转型的方向之一，设立家族信托管理部门，为高净值或超高净值家族提供财富传承、资产管理、家族企业治理等综合性服务。外贸信托建立专门的家族信托业务运营管理系统，支持个性化分配计划，配合一定的人工控制，基本实现全流程的跟踪和控制。

（二）助力小微金融发展

2019年，建信信托投资设立供应链金融公司——建信融通有限责任公司，自主研发互联网供应链金融信息服务平台，将商业银行中小企业融资业务中的非核心环节外包进行专业集中服务，降低了基层信贷人员工作量，提升了中小企业融资质效。中信信托有限责任公司与联易融数字科技集团有限公司合作开发小微企业主经营贷款产品，推出“发票贷”“订单贷”，依托金融科技进行筛选客户、防范欺诈、数据分析、客户画像、贷后经营跟踪等风控工作，向小微企业主发放信用贷款；推出“信账宝”“商品通”保管服务信托，联合电商平台打造“工业版”淘宝，独立保管真实贸易项下的交易资金，为从事工业原材料等大宗商品贸易的企业客户提供贸易结算安全保障。截至年末，“商品通”产品累计开户数量为400家，累计服务贸易金额为144.86亿元，成交吨数为195万吨。

（三）推进慈善信托业务

2019年，建信信托与建融住房服务（重庆）有限责任公司合作设立“建融安居慈善信托”，规模20万元，全部用于为建档立卡贫困户及其他符合捐助条件的对象提供住房支持；与侨信控股（集团）有限公司合作设立“侨信彦博慈善信托”，规模100万元，全部用于开展扶贫、济困、救孤、助残等慈善活动，并促进教育、医疗、体育等事业发展。北京信托设立“2019首善惠文001号慈善信托”，年末存续规模为10万元，信托财产用于支持北京市文化类公益事业，包括但不限于支持中轴线保护与申遗的相关工作。外贸信托接受委托人委托，成立“外贸信托2017年度—中国银行—满堂红教育慈善信托”，奖励优秀教师员工、品学兼优的学生、改善教学条件和促进基础教育。

（四）拓展资产证券化业务

2019年，外贸信托与徐州粤海水务有限责任公司合作推出资产支持票据信托项目，是全国首单水务资产支持票据。华鑫国际信托有限公司将资产证券化业务作为重要发展战略，从考核激励、团队建设等方面加强业务引导，发掘集团成员企业的需求，作为发行载体，与其他服务机构共同提供资产证券化服务。

三、存在的问题和风险

部分公司存在股权管理问题、部分公司保信业务存在“假主动、真通道”的情形；部分公司使用固有资金进行兑付，导致固有信用风险敞口较大，但整体风险相对可控。

四、监管工作情况

（一）严格规范业务开展

逐家下发年度监管意见书，及时传达监管政策要求。按月监测通道、房地产业务开展情况，通过监管会谈等及时提示风险，对问题突出的公司采取监管措施。加强日常监管，督促各公司落实合规管理主体责任。组织开展房地产相关业务信用风险压力测试。对部分公司通道类、房地产业务开展现场检查。

（二）督促信托公司落实资管新规要求

按照资管新规明确的标准进一步排查资金池业务，并采取相应监管措施。督促相关公司制订整改计划，并按月监测其整改情况。督促各公司按要求制订过渡期风险防控预案。及时研判资管新规对信托业务的影响并提出意见建议。

（三）推动完善公司治理

严格规范股东股权管理，督促完善公司治理架构，支持各家公司增强资本实力，强化监管评级激励约束效果。

（四）提升信托公司流动性风险管理水平

督促各公司加强过渡期流动性风险防控，成立流动性风险评估工作小组对自身流动性状况进行分析研判；组织开展业务核查并采取监管措施；督促各公司采取措施防范化解信托项目流动性风险。

（五）严防死守风险底线

开展全面风险排查，深入分析各公司前期风险排查报告中存在的疑点和不足，逐家开展监管复查，并确立部分风险较大的公司，对其进行重点管控。督促各公司逐笔评估受托责任，提前制订处置预案；密切关注处置进展，防范声誉风险和法律风险，积极协调相关信托公司配合债务委员会工作。加强案件风险防控管理。

（六）提升信托业服务实体经济质效

赴各家公司实地调研，结合基层信托监管实践经验，为信托业转型发展建言献策；根据中国银保监会安排，推进服务信托试点。引导各公司加大服务实体经济力度，按季度收集、宣传信托公司服务实体经济的有益经验。支持信托公司获取新业务资格。

（刘雅涵）

▲财务公司

一、基本情况

2019 年末，辖内 73 家法人企业集团财务公司表内资产总额为 37 275.59 亿元，同比增加 3 862.04 亿元，增长 11.56%；负债总额为 32 226.05 亿元，同比增加 3 454.25亿元，增长 12.01%；所有者权益合计为 5 049.54 亿元，同比增加 407.79 亿元，增长 8.79%。全年累计实现净利润 440.20 亿元，比上年增加 28.91 亿元，增长 7.03%。

二、金融产品创新和金融服务

辖内财务公司积极开展延伸产业链金融服务试点业务，认真落实国家对中小微企业的扶持政策，扩大企业集团资金池运营渠道，支持集团主业发展，有效服务实体经济。全年，辖内已完成延伸产业链金融服务试点业务备案的财务公司共计 20 家。截至年末，“一头在外”的票据贴现业务余额为 163.33 亿元，“一头在外”的应收账款保理业务余额为 4.43 亿元。积极服务集团产业链上游客户，其中，中型企业有 626 家，业务余额为 56.06 亿元；小型企业有2 630家，业务余额为61.21亿元；微型企业有293家，业务余额为5.41亿元，资金主要流向中小微企业。

三、存在的问题和风险

公司治理机制及内控体系建设有待加强，部分财务公司信用风险和流动性风险日益突出，风险管理水平有待提高。信息科技风险值得关注，合规意识有待提升。个别财务公司受集团影响风险逐渐暴露，经营压力较大。

四、监管工作情况

积极支持新设财务公司，辅导多家机构筹建工作，批准中远海运集团财务有限责任公司北京分公司设立，支持辖内机构增加资本金、扩大业务范围，配合国有企业改革，做好财务公司重组整合工作。开展年度监管评级，及时向辖内机构董事会和高级管理层通报评级结果、主要风险和问题，提出整改要求，推动机构风险处置工作。引导辖内机构回归主业，提升服务实体经济质效。强化现场检查力度，对多家机构开展现场检查，并采取行政处罚及相应监管措施。

（黄雨）

▲汽车金融、金融租赁、消费金融、货币经纪、资产管理公司

一、基本情况

（一）汽车金融公司

2019年末，辖内7家汽车金融公司资产总额为3 553.4亿元，同比增加84.87亿元，增长2.44%；负债总额为2 886.37亿元，同比增加1亿元，增长0.03%；所有者权益合计为667.03亿元，同比增加83.88亿元，增长14.38%。全年累计实现净利润75.25亿元，比上年增加24.65亿元，增长48.71%。

（二）金融租赁公司

2019年末，辖内3家金融租赁公司资产总额为2 448.68亿元，同比减少118.19亿元，下降4.6%；负债总额为2 147.2亿元，同比减少142.56亿元，下降6.23%；所有者权益合计为301.49亿元，同比增加24.37亿元，增长8.8%。全年累计实现净利润27.1亿元，比上年增加4.27亿元，增长18.6%。

（三）消费金融公司

2019年末，辖内2家消费金融公司资产总额为91.12亿元，同比增加51.25亿元，增长128.54%；负债总额为80.55亿元，同比增加48.4元，增长150.54%；所有者权益合计为10.56亿元，同比增加2.84亿元，增长36.78%。全年累计实现净利润－0.22亿元，比上年减少0.55亿元，下降166.66%。

（四）货币经纪公司

2019年末，中诚宝捷思货币经纪有限公司资产总额为3.56亿元，比上年增长7.27%；负债总额为1.43亿元，同比减少0.22亿元，下降13.33%；所有者权益合计为2.12亿元，同比增加0.31亿元，增长17.12%。全年累计实现净利润0.91亿元，比上年减少0.03亿元，下降3.19%。

（五）资产管理公司

2019年末，辖内4家金融资产管理公司资产总额为1 284.14亿元，同比增加257.57亿元，增长25.09%。其中，收购类业务资产余额为951.08亿元，投资类业务资产余额为290.51亿元，占比分别为74.06%和22.62%。实现净利润24.9亿元，比上年减少10.24亿元，下降29.14%。

二、金融产品创新和金融服务

（一）积极支持实体经济发展，不断提升金融服务能力

2019 年，辖内金融租赁公司通过租赁服务支持京津冀协同发展，实现融资租赁业务投放 148.96 亿元，支持清洁能源、轨道交通、钢压延加工、金属制品等重大项目建设；战略性新兴产业和绿色租赁分别累计投放 31.06 亿元和 155.55 亿元，服务实体经济能力不断提升。

（二）加大对新能源汽车融资支持，助力汽车产业升级

辖内汽车金融公司积极对接国家产业政策导向及市场需求，加大对新能源车辆的融资支持力度，助力汽车产业结构升级及居民消费升级。截至年末，辖内 7 家汽车金融公司新能源汽车贷款余额为 44.64 亿元。

（三）多方式支持民营企业纾困，化解存量资产风险

辖内金融资产管理公司通过不良资产收购、重组、转让和不良资产追加投资等方式，缓解民营企业短期流动性困难，化解存量资产风险。某公司通过非金债权收购重组和远期市场化债转股方式，投放 22 亿元支持某汽车零部件制造企业厂房外迁和产业升级；某公司向某生态环境治理集团提供 37.61 亿元支持，以盘活低效煤炭资产、解决流动性困难。

三、存在的问题和风险

汽车金融公司面临的信用风险有所上升。金融租赁公司不良贷款余额与不良贷款率“双升”，信用风险管控压力增大。消费金融公司自主获客能力不足，客户来源以合作机构导流为主，自营业务优势发挥不充分。货币经纪公司舆情风险管理工作较为薄弱，监测、研判和应对等方面存在一定的滞后性，有效性不足。金融资产管理存量风险资产化解趋难，个别资产管理公司存在资产风险分类不准确、风险暴露不完全等情况。

四、监管工作情况

一是严防声誉风险，采取多重监管手段，督促辖内汽车金融公司规范经营行为，进一步做好消费者权益保护工作。

二是稳步推进非银行金融机构设立发展。年内，完成中信消费金融有限公司开业，下发开业批复；完成中国光大银行申请筹建消费金融公司的初审工作。

三是支持辖内非银行金融机构增加注册资本、完善公司治理机制、合理配备董事及高级管理人员。全年，共批准 2 家机构变更注册资本，6 家机构修改公司章程，1 家机构变更营业场所，核准 18 项董事及高级管理人员任职资格。

四是督导辖内非银行金融机构做好关联交易专项整治工作，不断完善治理结构，规范股权及关联交易管理。

（田丽星）

证券业发展与监管

▲证券公司

一、行业发展概况

2019年，北京辖区证券市场继续保持稳健发展态势，实现安全平稳运行。截至年末，北京辖区18家证券公司平均流动性覆盖率为323.43%，净稳定资金比率为145.12%，风险覆盖率为255.35%，资本杠杆率为21.30%，各证券公司主要监管指标均符合要求。

2019年，北京辖区18家证券公司累计营业收入为499.43亿元，比上年同期增加120.80亿元，增长31.90%；累计净利润为152.15亿元，比上年同期增加60.21亿元，增长65.49%。

2019年末，北京辖区正式开业的证券营业部有544家、分公司96家，从业人员有10 600人，资金账户开户数为1 418.57万户，累计收入87.00亿元，累计净利润为14.75亿元。

2019年，在中国证监会证券公司分类评价中，北京辖区有13家公司参评（另外5家公司同母公司合并评价）。其中，2家公司被评为A类AA级，5家公司被评为A类A级，3家公司被评为B类BBB级，2家公司被评为B类BB级，1家公司被评为C类CC级。

二、监管工作情况

2019年，中国证券监督管理委员会北京监管局（以下简称北京证监局）贯彻落实党中央的决策部署和中国证监会党委的各项要求，着力防范化解重大风险隐患，严防风险外溢，牢牢守住不发生系统性风险的底线。进一步完善行业机构内在制衡机制，促进形成主动合规、自我约束的行业生态。着力强化中介机构在培育发行主体、询价定价、维护交易、风险管理、投资者适当性管理等各个环节的责任，保障设立科创板并试点注册制改革顺利推出。深化金融供给侧结构性改革，加强政策引领，增强行业机构综合服务功能，支持行业机构差异化发展，全面提升行业服务资本市场改革发展和实体经济转型升级的能力。着力强化监管能力建设，进一步提高监管有效性。

（董茜玮）

▲基金管理公司

一、基本情况

2019年末，北京辖区共有基金管理公司34家（在北京注册的有19家），获批开展公募业务的资产管理机构4家，基金专户子公司18家，基金销售类子公司4家，基金管理公司分公司76家，理财中心11家，基金销售机构101家（商业银行29家、外资银行10家、证券公司14家、期货公司5家、保险机构5家、证券投资咨询机构3家、独立基金销售机构35家）。基金托管机构11家（商业银行6家、证券公司3家、其他机构2家），资产管理类外资代表处12家。

北京辖区基金管理公司中，有5家公司具有社保业务资格，4家公司具有企业年金业务资格，32家公司具有专户业务资格，7 家公司具有合格境内机构投资者业务资格。有 11 家合资基金管理公司（在北京注册的有 8 家），7 家公司在中国香港及境外设立 36 家子公司。截至年末，辖区基金管理公司从业人员共计 7 153 人。

2019 年末，北京辖区已登记私募基金管理人 4 367 家，已备案私募基金14 085只，管理基金规模 3.18 万亿元，与上年同期相比，分别增长 0.25%、3.86%、6.35%。

二、存在的问题与风险

（一）核心竞争力亟待提高

2019 年，资本市场内部供给侧结构性改革不断深化，对外开放步伐显著加快，新环境下的公募基金行业正面临格局重塑。随着外资和银行理财子公司的不断加入，基金管理公司将面临与境内外各类资管机构激烈竞争的局面，亟须提升自身核心竞争力，基于产品和服务实现与其他机构的差异化竞争，基于管理和投研优势谋求与其他机构的深度合作。

（二）信息技术水平有待提升

金融科技水平的不断提升对各金融机构信息技术能力提出了更高要求，个别基金管理公司在信息技术方面的人力、物力投入不足，对信息系统突发事件的应对能力不强，数据治理水平较弱。未来基金公司仍需加大信息技术投入力度，以科技提升管理效能。

（三）辖区私募基金行业形势不容乐观，风险事件呈现高发态势

以私募基金名义从事非法集资，违法犯罪风险突出；集团化运作导致业务交叉，利益冲突风险突出；从事短募长投、期限错配、分离定价的资金池业务，流动性风险突出；投资失败导致巨额亏损，高级管理人员失联跑路，兑付风险突出；高比例投资非标资产，信用风险突出；与 P2P 等互联网金融业务直接或间接关联，风险传导可能性突出。

三、监管工作情况

（一）创新手段，提升非现场监管质效

以问题和风险为导向，以风险台账为抓手，以季度为周期，对辖区基金管理公司进行定性和定量相结合的动态综合评价，实施差异化监管。强化产品风险监测分析，针对不同产品条线，以资管周报、资管月报、产品基本信息月度统计表为数据基础，分别建立监测台账，定期分析、筛选异常产品，通过及时反馈、逐家约谈、跟踪整改、现场检查等方式，查灭隐患，及时处置。运用科技手段，提高风险监测精度和效率，建立舆情监控预警机制，实现风险隐患的早期预警。

（二）精准打击，全面遏制违规行为

以非现场监管、舆情监测为抓手，聚焦行业风险多发、易发领域，对触碰底线的行为零容忍，保持对机构违法违规行为的监管高压态势。全年，对辖内公募机构累计开展 30 余个专题、71 家次的现场检查；对集团化经营、涉及 P2P 和其他风险隐患情形的 58 家私募机构开展专项检查，涉及私募基金 743 只，规模 1 150 亿元；协调推进与北京市市场监督管理局的跨部门联合执法工作，完成对 260 家私募机构的检查，对部分检查对象存在的异常经营情况进行分类处置。

（三）持续督促，推进新规落地实施

督促辖区基金机构落实《证券基金经营机构信息技术管理办法》，开展网络安全专项检查，协助推进互联网协议第六版（IPv6）规模部署工作，密切跟踪公司信息系统漏洞的修复整改情况。督促辖区

基金管理公司按照《公开募集证券投资基金信息披露管理办法》的相应要求做好公募基金的合同修订和信息披露工作。以资管新规及相应配套规则为标准，以整改台账为基础，全面摸排辖区私募资产管理业务规范整改情况。

（四）加强指导，提升机构服务能力

以调查问卷、调研走访等形式了解监管对象的诉求，推动问题解决。通过下发机构监管动态、召开合规负责人座谈会等方式向监管对象分享行业案例、解读监管政策。开展反洗钱工作专题调研，组织反洗钱专场培训，提升辖区机构反洗钱工作水平。支持符合条件的辖区机构取得基金投资顾问业务资格及基金外包业务资格，支持辖区基金管理公司开发养老金、战略配售、交易型开放式指数基金等产品，提升主动管理能力。

（五）多措并举，扎实推进投资者保护工作

积极参与“5·15全国投资者保护宣传日”相关活动，督促辖区公司以多种形式开展投资者保护活动。加强日常监管，持续关注辖区公司适当性义务履行情况，并在检查核查中重点关注。以信访投诉为突破口，针对薄弱环节和突出问题强化监管，并做好疑难复杂举报的应急预案。严格按照工作程序处理投资者投诉举报事项。

（六）落实创投基金财税优惠政策

组织开展辖区私募创业投资基金享受《财政部、税务总局关于创业投资企业和天使投资个人有关税收政策的通知》（财税〔2018〕55号）核查认定工作，对8只提交申请的创业投资基金出具了无异议意见，推动创投基金享受财税优惠政策工作有效落实。

（纪雪宁　贾若）

▲期货公司

一、基本情况

2019年末，北京辖区共有期货公司19家，期货分支机构112家；资产总额为782.17亿元，同比增长16.75%；净资本为83.34亿元，同比下降11.32%，资本实力整体稳定。

2019年，北京辖区期货公司共代理客户80.72万户，同比增长10.24%；吸收客户保证金606.1亿元，同比增长21.69%；代理交易量为9.37亿手，同比增长28.71%；代理交易额为59.88万亿元，同比增长34.41%。

2019年，北京辖区有18家期货公司具有投资咨询业务资格，18家期货公司具有资产管理业务资格，9家期货公司设立了10家风险管理子公司。在2019年中国证监会期货公司分类评价中，北京共有A类AA级公司3家，A类A级公司3家，B类公司11家，C类CC级公司2家。

二、存在问题

一是期货公司业务发展缓慢，模式有待优化。传统经纪业务面临激烈竞争，发展遭遇瓶颈。资产管理业务欠缺运作经验，在市场上处于追随地位。创新业务仍处于摸索阶段，风险管理子公司业务有待精深发展。

二是整体盈利能力不强，人才吸引力不足。随着行业发展和业务创新，行业内专业人才流动性较大，部分机构欠缺完整的人才储备体系，后备人才严重不足，行业发展缺少内生动力。

三、监管工作情况

（一）调研倾听诉求，积极传递监管声音

深入开展“期货＋保险”项目调研，加强创新业务引导，助力公司服务实体经济。指导北京期货商会举办第十二届中国期货高管年会，聚焦行业热点问题，展示期货行业不忘初心、回归本源的风采。召开辖区监管工作会议，传达中国证监会监管要求和决策部署。指导北京期货商会开展分支机构负责人培训，就经营问题及监管案例进行通报，指导公司合规展业。

（二）增强服务意识，扎实推进日常监管

严格落实备案审核工作，审查公司资质及高级管理人员变动，关注风险监管报表异常情况，核查异常变动数据。关注公司合规管理情况，查阅首席风险官工作底稿，关注公司重大事项报备。督导期货经营机构根据国家信息技术安全研究中心信息系统渗透测试，及时修补漏洞，确保新中国成立70周年大庆期间不发生风险事件。协调处置期货公司保证金账户冻结事件，联系中国期货市场监控中心有限责任公司、开户行等相关方，研究解决问题的长效机制。加强资产管理业务核查，推进整改工作，引导期货资产管理业务回归主业。关注风险管理子公司的业务发展，督导公司运用市场化、法治化手段稳妥处置创新业务风险。

（三）明确检查重点，有序开展现场检查

突出风险导向，结合监管台账综合评估，选取资产管理产品规模较大或存在潜在兑付风险、公司管理层发生较大变动、居间人管理混乱等问题较多的公司作为检查对象。重点核查公司财务数据和风险监管指标数据的真实性、完整性、准确性。重点关注期货公司股权质押和冻结、对外担保和融资，特别是为股东或实际控制人提供融资的情况。检查过程中及时反馈管理建议，正向引导公司合规经营。

（四）完善投保机制，落实投资者保护

督导辖区机构完善内控管理，建章立制扎实推进投资者保护工作。坚持有举报必核查、有问题必惩处的工作原则，以举报处理、线索核查为契机，约束和引导市场主体，切实保护投资者利益。现场检查以落实投资者保护工作情况为重点，强化市场主体保护投资者的意识。督导辖区机构开展各项投资者保护宣传活动。

（张晗）

▲证券投资咨询机构

一、基本情况

2019年末，北京辖区共有17家证券投资咨询机构，总资产为33.14亿元，净资产为14.43亿元，营业收入为18.96亿元，合计盈利0.26亿元[①]。

二、主要问题与风险

一是机构人员广泛使用即时通信软件、APP等互联网工具进行营销宣传，信息发布渠道多元、隐蔽，在一定程度上脱离了监控视野。

二是业务模式和人员结构以营销为绝对主导，合规风控机制不健全，咨询机构对营销行为约束不足，违规惩处力度较弱。

三是客户投诉数量居高不下，群体事

---

① 数据来源：机构监管综合信息（CISP）系统。

件风险突出，维权形式组织化，煽动性维权事件频发。

三、监管工作情况

（一）贯彻集中整治，强化现场检查

突出问题与风险导向，紧紧抓住投资咨询行业不当营销、违规经营、投诉举报数量畸高等突出问题，开展重点机构核查。全面审视辖区机构展业总体情况，实现检查对象全覆盖，着力以现场检查作为打击咨询行业乱象的主要抓手。

（二）巩固检查成果，打击违规乱象

加大追责力度，压缩机构违规获利空间，倒逼机构业务模式转变，强化责任担当。全年，共对2家投资咨询机构作出行政处罚，对12家机构采取行政监管措施。

（三）持续检查督导，提升合规意识

强化全员从业要求，促使机构重视人员资质管理。督促机构加强培训，建立销售客服人员优胜劣汰机制。引导机构加大技术投入，促进机构展业留痕管理工作的规范化。

（四）优化内部流程，推进投资者保护工作

重视咨询机构投诉举报办理工作，完善内部处理规程，强化沟通机制，提升办结效率。通过对举报投诉事项的核查、督促，引导和约束证券投资咨询机构强化主体责任，提升机构投资者保护意识，有效化解客户纠纷，遏制风险苗头。

（张晗）

保险业发展与监管

▲财产保险公司

一、基本情况

2019年末，在京经营业务的财产保险分公司有48家，在京直接经营业务的财产保险总公司有4家；共有员工11 463人，其中，财产险营销员8 019人。保险公司资产总额为637.74亿元，比年初增长14.22%；所有者权益总额为137.69亿元，比年初下降1.28%。全年实现原保险保费收入512.41亿元，同比增长11.66%；赔款支出289.07亿元，同比增长11.52%；综合赔付率为64.62%，同比提高6.79个百分点；承保亏损6 776.18万元，承保利润率为-0.17%。

（一）车险业务小幅下降，商业车险保障作用增强

2019年，车险业务保费收入为268.25亿元，同比下降1.36%，其中，商业车险保费收入为219.81亿元，同比下降2.57%。商业车险平均折扣率为54.11%，同比下降2.95个百分点，单均保费为3 623.7元，同比下降4.85%，单均保额为103.45万元，同比提高12.34%；商业车险第三者责任险保额在100万元及100万元以上的保单数量分别同比增长28.23%和94.01%，单均保额为78.56万元，同比增长15.2%，商业车险对消费者的风险保障更加充足。

（二）非车险业务快速增长，业务占比显著提高

2019年，非车险业务保费收入为244.16亿元，同比增长30.59%，占财产险总保费的47.65%，同比提高6.91个百分点。责任险和企财险保费收入居非车险业务前两位，同比分别增长19.11%和8.45%，合计保费收入为96.25亿元，占

非车险保费收入的39.42%；意外伤害保险保费收入为25.54亿元，同比增长12.08%；工程保险保费收入为11.36亿元，同比增长30.23%；家庭财产保险保费收入为7.28亿元，同比增长19.34%。

（三）行业总体盈利状况低迷，非车险业务成为盈利增长点

2019年，财产险行业总体承保亏损6 776.18万元，承保利润同比下降109.21%，33家保险公司经营亏损，占经营主体数量的68.75%。其中，车险业务承保亏损3.09亿元，承保利润同比增亏2.77亿元，仅10家保险公司实现盈利；非车险业务承保利润为2.41亿元，其中，企财险承保利润为4.89亿元，同比增长246.62%，责任险承保利润为3.17亿元，同比增长51.88%，成为非车险业务的主要盈利增长点。

二、金融产品及服务创新

（一）实施交通事故“互碰快赔”试点

北京银保监局联合市公安局交管局于2019年12月18日在全国首先推出交通事故“互碰快赔”机制。北京地区发生的一方全责、一方无责，且符合快速处理条件的双车事故，当事人在拍摄现场照片或视频后即可挪车，双方路边协商责任，分别办理定损理赔，保险公司在线授权赔付。

（二）推动农业保险产品及服务创新

顺应北京都市型现代农业发展趋势，推动农业保险产品创新，提升保障水平。全年，生鲜牛乳目标价格、密植果园、中药材等创新险种为210户次农户提供风险保障20.9亿元，支付赔款4 443.8万元。在全国首推农业保险承保全流程电子化改革试点。截至年末，试点覆盖全市13个涉农区和北京首都农业集团有限公司等龙头企业，累计生成电子保单3 815份，为4.6万户次农户提供风险保障67.3亿元。

（三）强化责任保险产品及服务创新

北京银保监局与北京市住房和城乡建设委员会联合实施工程质量潜在缺陷保险试点，截至年末，承保工程项目39个，提供风险保障73.74亿元。与北京市生态环境局联合推动环境污染责任保险试点在京落地实施，2019年12月30日，签发环境污染责任保险首张保单，为北京市2家环保技术公司提供风险保障800万元。联合北京市应急管理局在全市范围内推行安全生产责任保险电子保单，北京市成为全国首个推出安全生产责任保险电子保单的城市。全年，安全生产责任保险为6.45万家次企业提供风险保障3 484.89亿元，支付赔款2 535.83万元。

三、存在的问题和风险

车险市场存在高费用、高成本竞争、经营数据不真实等问题。内控管理较为薄弱，存在未严格履行说明义务问题、不及时立案、定损理赔超时效等问题。

四、监管工作情况

（一）深化车险领域改革

推动交通事故“互碰快赔”机制建设，优化事故处理及保险定损理赔流程，实现事故双方理赔“不相约、不同时、不同地”。推进交通事故责任信息共享，配合市公安局交管局将电子道路交通事故认定书试点范围由海淀区中关村大队、清河大队管界扩大至整个海淀区。推动“警保联动”交通事故快处工作机制提质扩面，统一保险专职查勘人员服装和车辆标识，联动范围扩展至全市，保险公司专职查勘人员接受122接警平台统一调度，开展事故处置、道路引导、问路咨询等服务。

（二）服务首都经济社会发展

提升农业保险服务“三农”能力，在全国首推农业保险承保全流程电子化改革试点；积极应对非洲猪瘟疫情，支持北京市生猪产业优化升级；建立保险服务低收入农户统计制度，做好服务低收入农户工作。发挥保险辅助社会管理功能，推动工程质量潜在缺陷保险试点、环境污染责任保险试点在京落地实施；深化海关关税保证保险试点，扩大参与试点保险公司范围，创新产品和服务方式；推动开展“冠军企业”和中小企业的知识产权保险试点，持续完善中关村知识产权质押融资保险试点机制。

（苗伟）

▲人身保险公司

一、基本情况

2019 年末，在京经营业务的人身险分公司有 63 家、总公司有 5 家，因京津冀政策在京备案直接经营业务的支公司 1 家；其中，外资总公司有 2 家，外资分公司有 22 家。保险公司资产总额为 6 893. 4 亿元，同比增长 10. 8%；所有者权益合计为 –1 577. 3 亿元，同比下降 19. 1%；实现承保利润 9. 3 亿元，同比下降 2. 2%，承保利润率为 8. 9%。全年，实现人身险业务原保险保费收入（以下简称保费收入）1 564亿元，居全国第 6 位，同比增长 17. 2%，增速居全国第 7 位。非保险合同业务年内新增交费1 046. 3亿元，同比增长 22. 6%，其中，保户投资款新增交费 967. 4 亿元，同比增长 39. 3%，投资连结保险独立账户新增交费 78. 9 亿元，同比下降 50. 3%。原保险合同赔付支出 429. 9 亿元，同比增长 16. 1%；退保金为 407. 4 亿元，同比下降 16. 7%，退保率为 5. 6%。非保险合同年内新增退费 694. 6 亿元，同比下降 11. 6%。其中，保户投资款退保 553. 6 亿元，同比下降 9. 6%；投资连结保险独立账户退保 140. 9 亿元，同比下降 18. 8%。

二、金融产品及服务创新

（一）推进保险业服务社会养老体系建设

2019 年，北京市老年人意外伤害保险项目累计实现保费收入 1 198. 2 万元，累计承保 38 万人次，覆盖率为 11. 54%；理赔 2 071 人次，金额为 768. 5 万元。积极推进长期护理保险试点工作。截至年末，该项目在石景山区已覆盖 21 万人，为符合护理条件的 265 名重度失能人员提供服务，其中，机构护理 78 人、居家护理和机构上门护理 187 人。老年人住房反向抵押养老保险试点运行平稳。截至年末，该项目已累计承保 36 个家庭的 53 位老人，占全国的 26. 3%；已发放养老金 1 372. 9万元，抵押房产总值 1. 32 亿元。

（二）保险机构与医疗机构信息对接实现赔付便利化

12 家保险公司通过签订线下直付协议、APP 直连等方式实现与医疗机构的对接，覆盖北京市内近 350 余家公立、私立医院，以及齿科、妇产等专业私立诊所，其中，涵盖约 20 家三甲医院、53 个国际医疗部和特需门诊。高端商业医疗保险产品均可实现直赔，患者无需支付商业保险报销部分；部分普通门急诊、住院患者在向保险公司提出理赔申请后可实现最快不超过 20 秒的商业保险结算支付。

三、存在的问题和风险

仍需持续关注产品收益低引发的满期给付与非正常退保和结构调整期的局部现金流风险，以及非保险金融产品风险的跨行业传递问题。

四、监管工作情况

（一）突出治理重心

组织人身险公司全面开展自查自纠，对超过 30% 的重点公司开展跟踪指导，对超过 15% 的公司开展现场检查或信访调查，督促市场整改提升。加大现场检查和行政处罚力度，全年处罚机构 6 家次，人员 16 人，责令 1 家机构暂停新业务、撤销 1 名高级管理人员的任职资格。

（二）防控重点风险

防范化解满期给付和非正常退保风险，连续 7 年开展风险预警排查，对 22 家重点公司进行窗口指导和非现场监测，现场督导风险应急演练工作。防治违规销售非保险金融产品风险，通过抓主体责任、抓重点机构、抓风险提示、抓监管协调，防范外部风险向业内传递。

（三）服务民生

联合北京市民政局、北京市卫生健康委员会等部门制定金融支持养老服务业发展、加快商业养老保险发展的政策措施。推进石景山区长期护理保险试点工作，覆盖 21 万人群，推动养老服务行业发展和评价标准建立。推进老年人意外伤害保险、失独家庭综合保障、“两低”群体小额意外伤害保险等政府保险合作项目，已服务 1 053.8 万人次。加强北京健康险平台数据治理和应用，提升健康险服务评价指标，完善行业与基本社保、医疗机构的对接基础。

（孙妍）

▲保险中介机构

一、基本情况

（一）保险专业中介市场情况

2019 年，保险专业代理机构实现代理保费收入 474.71 亿元，同比增长 9.37%，实现代理手续费收入 101.96 亿元，同比增长 8.88%；保险经纪机构实现保费收入 750.95 亿元，同比增长 8.88%，实现经纪业务收入 143.79 亿元，同比增长 5.00%；公估机构实现业务收入 4.37 亿元，同比增长 1.66%。

2019 年末，北京地区保险专业中介法人机构有 392 家，比上年减少 12 家。其中，保险专业代理机构 169 家（全国性代理机构 65 家），保险经纪机构 176 家，保险公估机构 47 家（已备案机构 42 家）。在京各类保险专业中介分支机构 563 家，比上年增加 20 家。保险专业代理机构、保险经纪机构、保险公估机构在保险中介监管系统中执业登记于北京地区的从业人员分别为 30 152 人、23 577 人和 1 429 人。

（二）保险兼业代理市场情况

2019 年，北京地区实现保费收入共计 2 090.84 亿元，其中，通过保险兼业代理机构实现保费收入 727.6 亿元，同比增长 10.1%，渠道保费占比为 34.8%。财产险公司通过保险兼业代理机构实现保费收入 179.72 亿元，同比下降 5.96%，占财产险公司保费收入的 34.12%；人身险公司通过银邮兼业代理机构实现保费收入 528.91 亿元，同比增长 16.76%，占人身险公司保费收入的 33.82%；其他兼业代理机构实现保费收入 18.97 亿元，同比增长 14.02%，占人身险公司保费收入的 1.21%。截至年末，北京地区共有保险兼业代理机构 2 583 家，保险兼业代理营业网点 4 338 家。

（三）保险销售从业人员情况

2019 年，北京地区人身险公司个人代理渠道实现保费收入 685.69 亿元，同比增长 16.12%，占人身险公司保费收入的 43.84%。个人代理渠道对人身险公司的健康险业务贡献度较大，渠道占比为55.26%。截至年末，北京地区保险公司销售从业人员共计179 675人，同比增加531人。

二、存在的主要问题和风险

跨领域跨行业风险隐患较大，涉及股权变更的机构发展延续性较差，经营状况起伏较大、从业人员队伍不稳定、业务收入波动明显。部分专业中介机构合规能力不足；部分专业中介机构在信息系统、内控制度建设等方面较为滞后，经营模式和经营理念异化。一些机构公司治理结构不健全，经营活动独立性不强，股东滥用权利通过公司开展违法违规活动；一些机构没有建立与业务规模相匹配的合规管理制度，风险防控能力较弱。

三、监管工作情况

（一）不断加强风险防范

发挥保险中介大数据风险监测平台的作用，加强非现场监管分析，紧盯股东异常、经营异化、机构人员异动类机构的风险，及时处置各项风险事件，对多家机构采取风险质询、现场检查、停业整改、行业通报提示等措施，打早打小，严守不发生系统性、区域性金融风险底线。

（二）深入推进乱象整治

组织部署保险公司和专兼业中介机构深入开展保险中介市场乱象整治和自查自纠，加大现场检查和行政处罚力度。有序推进从业人员执业登记数据清核，提升基础数据质量。加强保险专业中介机构准入退出管理，强化准入风险评估，有效控制机构增量，加强许可证有效期延续审查，不断优化存量。

（三）加快补齐制度短板

针对市场突出问题，按照管理责任明确、产寿中一致、线上线下统一的思路，制定出台保险专业中介机构合规管理、保险销售和经纪从业人员管理、互联网保险等规范性文件，引导机构建立责权明确、运转有效的公司治理体系，强化对从业人员的管理责任，规范开展互联网保险等新兴业务。

（刘天中）

其他机构发展与监管

▲小额贷款公司

一、基本情况

2019年末，北京市有小额贷款公司131家，实现全市16个区全覆盖，其中，试点通过互联网开展业务的有4家。小额贷款公司注册资本金总额为173.34亿元，从业人员有1 400余人。

2019年，北京市小额贷款公司累计发放贷款235.46亿元，贷款加权平均利率为16.38%；实现营业收入15.60亿元，上缴税款3.00亿元；银行融资年末余额为5.29亿元。

二、金融产品创新和金融服务

2019年，北京市小额贷款公司贷款主要面向北京市区域内的“三农”、小微企业、个体工商户和个人消费者。截至年末，北京市小额贷款公司累计发放贷款235.46亿元，贷款加权平均利率为16.38%。累计向农户及农村企业、组织贷款45.59亿元，累计向小微企业客户贷款 48.71 亿元，向个体工商户、个人贷款 155.97 亿元。

三、存在的问题和风险

一是流动性风险。小额贷款公司逾期及不良贷款居高不下（逾期贷款已超过 20%），部分公司逾期率甚至为 100%。

二是部分公司存在操作风险、合规风险，贷款典当化、熟人化，忽视资金用途、还款来源，业务没有实现产品化、标准化，没有实现流程化管理。

三是一些小额贷款公司没有法律顾问，业务合同的制定与签订存在风险隐患。

四、监管工作情况

一是加强制度建设。北京市地方金融监督管理局（以下简称市地方金融监管局）出台《北京市小额贷款公司监督管理指引（试行）》。

二是强化监管。提升小贷监管系统功能，推动数据实时监测，按月撰写小额贷款公司报告，加强房地产金融风险防范，排查小额贷款公司关联 P2P 行业风险情况。制作现场检查工作手册，召开现场检查培训会，实现小额贷款公司现场检查全覆盖；加强问题整改，切实做好风险防范化解，全年约谈小额贷款公司 7 家次。

（吴茜）

▲融资担保机构

一、基本情况

2019 年末，北京市共有融资担保公司 62 家，比上年减少 5 家；注册资本总额为 594.93 亿元。担保余额为 3 841.72 亿元，比上年增加 105.55 亿元，其中，融资担保余额为 3 380.39 亿元，非融资担保余额为 461.33 亿元。净资产收益率为 3.16%，总资产利润率为 2.2%，资产负债率为 30.41%。

二、金融产品创新和金融服务

2019 年，北京市融资担保机构积极落实产业政策，加大对符合北京城市功能定位企业的支持力度，小微、"三农"、高科技及文创企业的在保余额和在保户数在融资担保余额中的占比不断增加。截至年末，北京市融资担保公司民营和小微企业融资性担保在保金额为 746.45 亿元，在保户数为 219 062 户。其中，小微企业担保余额为 521.05 亿元，在保户数为 127 360 户；涉农担保余额为 60.52 亿元，在保户数为 4 152 户；文创担保余额为 121.51 亿元，在保户数为 1 343 户；科技担保余额为 353.77 亿元，在保户数为 3 720户；银行参与了 677 户担保贷款的分险，分险担保贷款金额为 10.23 亿元。

三、存在的问题和风险

一是部分政策性担保机构绩效考核机制错位，政策性功能发挥不足。部分担保机构在股东设立较高的盈利指标要求下，简单地将市场化运作与追求公司利润最大化画等号，导致其追求大项目担保、追求高收益的问题比较突出，服务小微企业的动力不足，政策性作用发挥不足。部分政策性担保机构，特别是远郊区县担保机构，由于体制机制问题，经营过于行政化问题比较突出。

二是关键环节未加强，体系建设放缓。

三是民营融资担保机构未来发展具有不确定性。由于民营资本的趋利目标与融资担保业务的政策属性有较大冲突，加之银行业金融机构对民营担保机构风险管控能力的信任度不足，民营融资担保业务比重逐年下降。

四是行业信息化程度不高，影响行业的运行效率。

四、监管工作情况

一是修订《北京市融资担保公司监督管理办法》，按照优化营商环境和服务效率、简化流程和环节的要求，重新梳理审核流程和标准，简化审批备案材料清单。

二是制定《2019年度融资担保机构现场检查工作手册》，统一检查方式和检查内容，并对各区监管员及中介机构进行培训，提示现场检查工作要点和检查方向，提升检查效率和效果，形成央地联动、市级部门联动、市区两级联动、非现场监管与现场检查联动、舆情信访与审批监管联动五大联动体系。

（吴茜）

▲交易机构

一、基本情况

2019年，北京市31家交易场所共实现交易额约8.04万亿元，比上年增长24.32%。北京产权交易所实现成交金额4 190.73亿元，同比增长52.8%；北京金融资产交易所非金融企业债务融资工具发行金额为6.55万亿元，同比增长19%；北京电力交易中心共组织完成省间交易电量10 619亿千瓦时，同比增长8.2%，其中，省间清洁能源交易电量完成4 601亿千瓦时，累计减少标煤燃烧1.47亿吨，减少二氧化碳排放3.67亿吨；北京环境交易所积极推进绿色资产交易平台系统建设，搭建全国统一绿色项目库，服务北京建设全球绿色金融和可持续金融中心。

二、监管工作情况

一是统筹协调，深入开展各类交易场所清理整顿工作。组织相关单位成立现场检查工作组，开展现场检查；针对检查中发现的问题下发整改通知，要求各相关交易场所强化责任主体意识，积极整改并提交整改工作报告。开展信访、举报投诉和政府信息公开办理工作，全年交易场所相关投诉举报数量明显下降。稳妥推进违规交易场所存量化解工作，制订并印发交易场所清理整顿攻坚战工作实施方案，按照清理整顿各类交易场所部际联席会议办公室相关要求进行整改。截至年末，9家处于整顿阶段的邮币卡类交易平台经纪会员剩余1 574名，化解率为77.2%；资金存量剩余4.7亿元，化解率为52.62%；持仓人剩余60.18万人，化解率为20.1%。

二是夯实基础，进一步健全交易场所长效监管机制。正式印发《北京市交易场所管理办法》（京政发〔2019〕4号）。加强北京市交易场所统一登记结算平台和交易场所信息监管系统建设，逐步实现对交易场所的统一信息登记、信息管理、统计监测、风险预警、资金结算等功能。发挥首都要素市场协会在自律、服务、风险提示、纠纷调解等方面的作用，建立健全交易纠纷调解机制，防范首都要素市场行业风险，促进行业规范发展。组织会员签署《首都要素市场行业自律公约》，督促和约束会员单位行为，引导会员依法合规经营。

（吴茜）

▲典当行

一、基本情况

2019年末，北京市依法设立典当法人企业共有377家，分支机构125家（含外省分支机构8家）。全国典当行业监督管理信息系统的数据显示（26家未填报），典当企业资产总额为146.85亿元，同比下降2.1%；典当总额为483.05亿元，同比下降15.9%，其中，动产业务占比为29.29%，房地产业务占比为66.33%，财产权利业务占比为4.38%；贷款余额为111.73亿元，同比下降0.9%；净利润为2.35亿元，同比下降26.3%；从业人员有3 665人，同比下降12.8%。绝对发生额为29.96亿元，同比增长177.9%；逾期贷款金额为16.63亿元，同比增长60.1%。

二、存在的问题和风险

北京市典当企业整体发展处于下行状态，行业资产规模、放贷总额、利润及从业人员在逐步收缩；业务结构未发生改变，依旧以房地产抵押典当为主，占比超过50%；企业经营状况、经营风险加大，逾期率大幅提高。

三、监管工作情况

一是全面筑牢风险底线，确保不发生重大金融风险事件。全年共约谈典当企业50余次，并针对企业违规行为，提出整改意见。

二是有序开展年审工作，分级分类监管成效初现。精心组织年审工作，提高审核标准，采取分批通过方式对全市385家典当企业按照其违规情形、违规程度、经营情况进行分类。对依法合规经营企业，鼓励其重点开展民品典当业务；对业务不规范的企业，责令其整改；对严重违规及无实质经营的企业，重点监控并持续跟踪。

三是开展全覆盖现场检查，以查促改，提升行业发展质量。联合各区主管部门，组织第三方中介机构，对全市典当企业进行现场检查（市地方金融监管局抽查104家，剩余企业由各区进行检查）。检查范围涵盖企业近二年的财务、业务、管理、风控等方面的情况，针对检查中发现的问题，下发整改通知书，要求企业提交整改报告。

四是加强制度建设，弥补制度短板。起草《北京市典当行监督管理指引（试行）》（报审稿），从准入变更、经营规则、公司治理、监管制度等方面制订详细的规范。梳理典当行变更审批事项要素清单及工作指引，细化和明确变更工作原则、审查要件和标准，为下一步启动该项工作打好基础。制定工作纪律、现场检查工作纪律等制度规范，提高监管工作的可操行和执行力。

五是优化营商环境，减轻企业负担。按照国家减税降费的要求，取消北京典当企业当票领用费用，优化本市营商环境。

（吴茜）

四、服务与管理

货币金银管理

2019年，中国人民银行营业管理部（以下简称人民银行营业管理部）科学调拨发行基金，有效保障北京市现金供应；强化货币管理工作，积极推进现金服务示范区建设；加大反假货币工作力度，“精准反假币”取得实效；结合北京重点库运行特点，推动货币金银业务转型。

一、有效保障北京市现金供应

（一）科学调拨发行基金

依据现金“需求管理”理念，对影响投放回笼的因素进行分析，科学进行发行基金投放和回笼，确保社会公众的兑换需求。全年，发行基金投放同比减少11.51%，回笼同比减少11.82%，净投放发行基金292.77亿元，同比下降9.93%。

（二）做好普通纪念币、纪念钞预约及兑换工作

2019年，普通纪念币、纪念钞兑换采取网络预约方式进行。发行前，组织辖内涉及普通纪念币、纪念钞发行的商业银行召开会议，部署发行工作；按要求发布兑换进度，对现场兑换情况进行检查，及时处理有关举报和投诉，逐日公布预约、兑换进度；发行完成后，组织商业银行将已预约未兑换的纪念币、纪念钞上缴入库，对空箱进行妥善处理。

（三）落实完成新版人民币发行工作

新版人民币发行前夕，组织辖内商业银行完成2万余台机具的升级工作，并引导商户对7 900余台现金机具进行升级。通过向社会公众发放宣传手册、在人流密集区域摆放公益广告、主流媒体现场报道发行情况等方式，提高社会公众对新版人民币的认知度。加强舆情处置，成立专班紧盯时点，实施24小时不间断监测。新版人民币发行期间，北京地区未出现任何负面舆情、泄密以及违规兑换事件。

二、加强人民币收付业务管理

（一）建立拒收现金整治长效机制，维护人民币合法地位

将整治拒收现金宣传纳入常规宣传体系，增强收款单位法律意识，提高用现公众维权意识。与北京市发展和改革委员会（以下简称市发展改革委）、北京市市场监督管理局（以下简称市市场监督管理局）、北京市公安局公安交通管理局、北京市文化和旅游局等部门建立联合整治机制，每半年开展一次联合检查行动。制定整治拒收现金处理流程，畅通举报渠道，确保对拒收现金行为发现一起、处罚一起。

（二）加强现金服务示范区建设，提高流通中人民币整洁度

采用“线上+线下”相结合的方式，对现金服务示范区内所有现金业务主管及柜员262人进行业务培训；规范硬件设施，银行网点实现“六统一”；与北京市地方金融监督管理局（以下简称市地方金融监管局）、市市场监督管理局联合发文，提升现金服务管理水平，净化人民币流通环境。在中国人民银行现金服务示范区评定中，北京市金融街、延庆现金服务示范区的10家网点总评为优秀。

（三）查处非法使用人民币图样行为，维护人民币的国家名片形象

联合市市场监督管理局查处新发地批发市场中出售人民币图样糯米纸的商户，从源头切断进货渠道；清明节之际，通过中国移动北京分公司发送52万条宣传短信，提示社会公众不要购买和使用印有人民币图样的祭祀用品；对北京全景视觉网络科技有限公司非法使用人民币图样进行行政处罚，维护人民币形象。

三、落实反假货币各项措施

（一）收缴假币，净化货币流通环境

2019年，北京市共计收缴、没收假人民币9.74万余张、806.84万余元，同比分别下降26.56%和18.32%。其中，来自银行系统的假人民币收缴量为7.58万余张、598.52万余元，同比分别下降30.96%、30.74%；来自公安系统的假人民币没收量为2.16万余张、208.32万余元，同比分别增长5.15%、70.07%。

（二）开展反假货币宣传月活动，提高公众识别防范假币能力

制定并下发北京市反假货币宣传月工作方案和工作要求，设计、印制并分发宣传折页、海报等资料60余万份；联合北京市公安局（以下简称市公安局）、北京海关、银行业金融机构开展2019年新版人民币防伪知识、反假货币警示教育、《北京市举报假币犯罪奖励办法》、虚拟代币风险防范等宣传活动；联合中国人民银行石家庄中心支行在延庆区共同主办“助力冬奥　京冀联合反假货币宣传”活动，推动两地在数据信息共享、打击假币犯罪、联合开展反假宣传等方面的深度合作，共同净化货币流通环境。

（三）开展假币整治工作，加大对制售假币行为的打击力度

制定《北京市假币危害整治工作方案》，发出《假币危害风险提示函》，将朝阳区作为假币整治重点地区。配合北京市公安局经济犯罪侦查总队、北京市公安局东城分局破获一起特大假币贩卖案件，抓获犯罪嫌疑人7名，起获假币206万余元。

四、推进货币金银业务转型发展

（一）开发发行基金业务订单系统，提升发行工作效率

建立电子数据传输通道，取代传统柜台提交会计凭证方式，实现在线凭证编制和打印，系统运行当日，商业银行通过订单系统传递发行基金出入库业务信息52笔，金额11.71亿元；实现发行基金出入库业务数据的在线实时核对功能，系统运行当日，实现发行基金出入库业务实时核对凭证69张，金额23.16亿元，未发生任何差错。优化业务操作流程，取消发行基金业务会计凭证在各参与单位之间的实物传递76张，提升了服务质量。

（二）探索硬币自循环市场化改革，有效激活流通中沉淀硬币

高度重视硬币自循环监测工作，建立硬币数据采集制度，按季度汇总商业银行硬币投放、回笼、库存情况和重点客户需求，及时掌握硬币流通状况。积极探索硬币兑换机运维集中，指导中信银行北京分行承接辖内各银行硬币兑换机的清机业务。全年，北京地区共布放纸硬币兑换机230台，达到“主城区一平方公里布放一台硬币兑换机”的目标。针对北京市轨道交通硬币需求量大的情况，搭建北京公交与北京地铁横向调剂通道。截至年末，

北京公交与北京地铁开展横向调剂 13 次，累计金额达到 2 180 万元。

（三）开发“央行北京·现金服务”微信小程序，提升现金服务和反假货币工作水平

实时跟踪商业银行网点收缴假币数据，找出假币出现集中的地区和领域，假币误收较多的企事业单位、银行网点和个人，精准指导银行开展反假币工作。强化假币信息在银警间快速传递、动态共享与分析工作，帮助一线民警提高反假币能力，解决在案件侦破工作中的货币真伪鉴别和侦破后的鉴定难题。实现假币防治“重心前移”，直接服务社会公众办理现金业务。截至年末，通过小程序已完成社会商户小面额货币预约兑换 693 笔。

五、钞票处理业务

（一）钞票处理业务开展情况

2019 年，清分人民币 95 722 万张，清分联机销毁残损人民币 58 805. 196 万张；复点残损人民币 33 574 万张；大型机械销毁残损人民币 29 221. 3 万张。清分设备运行总时间 13 880. 8 小时，清分单台设备日均清分时间 3. 73 小时，设备故障次数 121 次，平均停机故障率为 4. 30 分钟/百万张钞票，同比下降 22%；大型机械销毁设备运行时间 187. 07 小时，大型机械销毁重量 276. 27 吨，同比下降 41. 2%，销毁设备单位时间处理能力为 1. 48 吨/小时，与上年持平。

（二）加强创新引领，推动钞票处理转型

上线钞票处理中心人员人脸识别出入管理系统、非钞处人员出入管理登记系统、新一代清分场地呼叫系统、复点封签签章自动化系统。成立青年课题研究小组，紧盯行业热点，开展课题研究，撰写《现金清分社会化过程中的竞争与效率初探——以北京地区为例》《钞票处理设备维保工作发展路径研究》报告，为钞票处理业务转型提供参考。

（三）完成中国人民银行交办的各项工作

配合深圳捷佳德现金自动化处理设备公司做好 BPS 1040S 和 BPS M7 钞票处理系统新版人民币发行前机具测试及升级工作，参加中国人民银行关于钞票处理设备集中采购论证会，以及对山东潍坊和临沂钞票处理中心业务安全管理情况的检查，完成 BPS M7 钞票处理系统协同处理器软件漏洞升级测试工作，与深圳捷佳德现金自动化处理设备公司驻场工程师就《协同处理器软件漏洞解决方案》进行讨论，研究制订升级测试方案，并分两个阶段对 BPS M7 钞票处理系统协同处理器软件进行升级。

（四）实施精细化管理，确保业务安全

加强制度建设，梳理、汇编钞票处理业务制度；实行业务骨干跟班作业制度，实现清分、复点、销毁现场的废弃物清理过程均有管理人员在场监督；建立现场、非现场监督检查制度，落实岗位日常工作清单管理，按季度开展业务安全检查；以 2019 年新版人民币反假知识培训和钞票处理规章制度、操作规程、人员岗位职责、清分机操作技能、廉政风险防控为主题，联合外包公司开展培训 43 次；建立管理层沟通交流制度，协调解决外包业务开展过程中发现的问题和风险隐患。建立员工思想动态联络网，及时掌握人员思想意识动态，消除隐患，保证业务安全平稳运行。

（王超　杨兴安）

国家金库业务

2019年，国家金库北京市分库夯实核算基础，严守“两条底线”，圆满完成政府收支执行任务；加快信息化建设，实现全辖代理支库退更免业务无纸化、第二代国库信息处理系统（TIPS）联网银行三方协议网签业务全覆盖，上线网银和手机银行等多元化缴税服务；开发上线北京国库数据分析监测系统，为国库研究提供技术支持；加强代理支库管理，制定出台《北京市代理支库业务标准化指引（试行）》；稳步开展地方国库现金管理操作，做好储蓄国债发行组织管理，相关业务涉及金额均居全国首位。

一、夯实核算基础，严守资金安全底线

一是及时准确做好国库收支会计核算，配合财税部门完成政府收支执行任务。全年，共办理各级预算收入16 978.01亿元（不含转移性及债务收入），同比增长7.2%。其中，中央级收入8 491.91亿元，同比增长6.4%；地方级收入8 486.1亿元，同比增长8.0%。省级支出10 025.32亿元。

二是配合财税部门完成社保费划转征收入库工作。全年，社保费入库金额377.7亿元，计付社保利息收入145.7万元。

二、加速信息化建设，不断提高服务能力

一是实现全辖代理支库退更免业务无纸化。借助机器人流程自动化技术替代人工，实现退库业务自动审核，单笔处理时间由5分钟缩至4.8秒，有效保障了纳税人尤其是民营小微企业尽早享受政府减税降费政策红利。

二是代理支库上线国家金库会计核算系统（TBS）虚拟服务器，解决物理服务器老旧、运行不稳定、软硬件更新困难、运维支持难度大等问题。

三是与国库集中支付代理银行实现清算额度电子对账，解决纸质对账模式下耗时长、不及时、对账工作流于形式影响资金清算等问题。

四是优化营商环境，实现辖内TIPS联网银行三方协议网签业务全覆盖，全部国有及股份制商业银行（除中国农业银行北京市分行）上线网银和手机银行多元化缴税服务，为纳税人提供更加便捷高效的缴款服务。

三、创新开发统计分析系统，国库研究工作取得新进展

一是挖掘整合国库海量分散数据资源，开发上线北京国库数据分析监测系统，实现北京市国库数据大集中，为开展分析研究工作提供技术支持。

二是积极撰写调研报告和分析信息。全年，撰写国库信息调研30余篇，上报中国人民银行信息调研和分析15篇，完成国际财税编译专刊5篇、动态编译20余篇。向北京市委市政府报送月度《国库简报》（含简析），完善北京市国库资金运行分析报告。

四、现场检查与非现场监管并重，着力提升国库监督效能

一是加强代理支库管理，制定出台

《北京市代理支库业务标准化指引（试行）》。

二是开展现场检查和非现场监管。参加对盛京银行北京分行、厦门国际银行北京分行的综合执法检查；运用国库监督综合报告机制、国库非现场监管系统、国库集中收付代理银行自评估报告机制等开展非现场监管，按月下发监督明细，按季度下发国库非现场监管通报，国库非现场监管问题数量同比下降40%以上。

三是加强国库业务培训。9月，举办国库业务培训，辖内31家商业银行及18家代理支库的100名业务人员参加了培训。

五、稳步开展国库现金管理操作，做好储蓄国债发行管理

2019年，开展北京市国库现金管理定期存款操作10期，累计投放3 100亿元；累计收回11期，金额3 350亿元；实现利息收入13.9亿元。加强对国库现金管理参与银行的监督管理，规范完善工作流程，全年共组织参与银行开展5次实地调研。

2019年，北京市共销售8期凭证式储蓄国债、14期电子式储蓄国债，销售金额分别为290.8亿元、475亿元。对125个销售网点开展现场巡查，对1 350个销售网点实施“神秘人”暗访，按月下发暗访调查报告；联合中国人民银行国库局开展国债宣传，组织国债知识进社区、进商圈活动，做好国债发行宣传和预热。

六、紧扣中国人民银行重点工作部署，做好服务配合

一是参加《国库会计管理基本规定》修订工作研讨会，全力服务中国人民银行制度修订重点工作。

二是参加中国人民银行对中国建设银行及国家金库青海省分库、厦门市分库、海南省分库的现场检查，圆满完成各项检查任务。

三是参与中国人民银行季度国债发行情况报告和地方债柜台销售调查情况报告的撰写工作，形成《2019年北京市储蓄国债投资者调查报告》。

四是参与全国国库资金运行分析报告的撰写工作，以及全国国库会计分析系统升级上线、会计分析框架搭建。

（陈永波）

支付结算清算管理

2019年，人民银行营业管理部坚持“从严监管”的工作主基调，努力践行“支付为民”的初心使命，持续推动首都支付行业高质量发展。开展支付机构违规行为专项整治，加强账户风险监测管理，化解支付领域风险；开展北京市营商环境建设，提前取消企业银行账户许可，启动远程开立单位银行结算账户试点研究，提升支付服务实体经济和支持民营小微企业发展水平；推进移动支付便民示范工程，实现北京公交领域移动支付应用全覆盖，助推首都普惠金融发展；牢牢守住金融市场基础设施安全运行底线，切实保障社会资金清算安全高效。

一、推进支付清算基础设施建设

（一）加强支付清算系统应急管理

按照中国人民银行统一部署，“五一”期间成功切换上线中央银行会计核算系统（ACS）一键式灾备系统，实现了同城灾备30分钟内一键自动切换。全面修订《北京市支付清算系统危机处置预案》和《北京市ACS应急处置预案实施细则》，组织开展实战应急演练，提高应急处置水平。成功实现会计综合业务系统（AIIS）和存款保险信息系统（DIIS）与ACS的系统直连，正式启用定向中期借贷便利券款对付（DVP）结算和央行票据互换联网结算业务功能，为中国人民银行会计核算、货币政策及金融稳定工作提供系统保障。大力推广ACS综合前置子系统，全年，共审核32家金融机构的综合前置接入申请材料，其中，11家已完成预批复和技术验收；向4家村镇银行推广综合前置自助转账功能，解决农村金融机构汇路狭窄难点，提升农村金融服务水平。

（二）平稳有序完成同城清算系统迁移

2019年11月末，北京同城清算系统的12种普通类业务全部成功迁移至支付系统办理，涉及银行机构网点3 300多个，业务切换量达到99.7%。

二、强化支付服务市场监管

（一）全国率先开展支付机构违规行为专项整治行动

综合运用约谈劝诫、监管走访、现场检查、行政处罚等监管“组合拳”，开展支付机构违规行为专项整治行动。全年，共计对11家风险较高的支付机构采取暂停新增特约商户的监管措施，对支付机构和高级管理人员实行“双罚”，共处罚支付机构11家、高级管理人员7人次，现场检查、核查支付机构80余次，约谈机构负责人百余次。强化源头治理，面向金融消费者开展反欺诈宣传教育，多次发布风险提示和风险商户名单，督促支付机构关停可疑、异常交易商户万余户。

（二）严厉打击无证经营支付业务违规行为

对5家无证从事支付业务的机构作出监管认定，配合公安机关联合打击。开展非法平台商户清理整治，组织辖内130余家银行、支付机构依照4批非法平台线索名单开展排查。

（三）加强银行结算账户风险管理

中国人民银行中关村中心支行建设工商登记注册信息应用平台，与市市场监督管理局专线联通，实现企业工商登记注册信息落地存储。梳理辖内账户开户风险案例，发至商业银行，进行风险提示。对企业银行账户进行100%事后核查，逐户进行信息比对。严格落实账户实名制，连续下发文件，指导辖内银行排查防范个人Ⅱ类、Ⅲ类账户风险，健全风险监测和处置机制。

（四）有序开展支付结算业务现场督查

组织辖内银行和支付机构对取消企业账户许可、防范电信网络新型违法犯罪、“断直连”三个方面开展自查自纠，对65.3%的法人支付机构开展现场督查，对银行机构的现场督查覆盖率超过50%，针对督查中发现的问题，要求相关银行和支付机构立即整改。

（五）防范打击电信网络新型违法犯罪

强化防范打击电信网络诈骗新型违

法犯罪工作，压实银行和支付机构对异常业务和可疑交易的监测责任。设专人负责收集、整理异常账户业务处理和可疑交易监测情况数据，总结特色经验做法。制订《北京市反电信网络诈骗犯罪“全民反诈　首都无诈”系列宣传活动总体方案》，组织协调辖内银行和支付机构，开展各种形式的线上及线下宣传活动，提升全民反欺诈意识。

（六）稳妥做好“三票一卡”传统支付工具管理

加强支票违规行为处罚力度。全年，对31笔交易下发空头支票行政处罚告知书，对39笔交易下发空头支票行政处罚决定书；将41笔交易信息上报企业金融信息信用基础数据库。关注辖内票据业务风险，妥善解决多起票据纠纷，重点关注海航集团财务有限公司、亿利集团财务有限公司电子票据业务风险。指导辖内银行正确应对银行卡双免盗刷舆情风险事件。

三、提升金融为民服务水平

（一）移动支付便民示范工程在北京公交领域全面突破

2019年12月15日，北京市区全部公交线路正式上线，全面满足联网通用移动支付产品受理要求，支持手机PAY及银行闪付应用。截至年末，“云闪付”APP新增注册用户158.13万户。北京地区累计完成50个移动支付示范商圈、28.98万家小微商户、72家标准化菜市场的移动支付建设。完成对43家校园、70家医院、214个连锁品牌、57家企业食堂、1 847个停车场、3.59万台自助售货机的移动支付改造。城六区及通州区、延庆区道路两侧停车场均支持银联二维码在线缴费。

（二）实现北京金融空白村全面消除总目标

充分发挥金融服务乡村振兴和脱贫攻坚战的支撑作用，弥补农村地区金融服务短板，引导优势资源向农村地区优化配置，全年共完成两批补贴资金发放工作，消除金融空白村113个，实现金融空白村全面消除的总目标，北京农村支付“最后一公里”全面打通。

（三）落实冬季奥林匹克运动会支付环境建设保障工作

支持中国银行北京市分行设立北京冬奥支行，推动在延庆赛区商户广泛布设具有境外银行卡受理功能的POS机。推动成立北京市冬奥支付环境建设实施领导小组，联合中国人民银行天津分行、石家庄中心支行成立京津冀冬奥会支付环境建设机制，会同市地方金融监管局研讨境外人员移动支付便利化解决方案。

四、强化非现金支付工具的规范应用

（一）银行卡的支付工具功能优势显著

2019年，银行卡转账和消费业务量之和达到银行卡资金业务量的96.56%，同比增长0.83个百分点，超过存取现业务总量93.13个百分点；银行卡转账金额和消费业务金额之和达到银行卡业务金额的93.13%，同比增长0.73个百分点，超过存现和取现业务量之和86.26个百分点。

（二）新型电子支付业务增长势头强劲

2019年，北京市银行口径统计的网上支付业务量为48.2亿笔，同比增长25.1%，金额为354.55万亿元，同比增长1.8%；移动支付业务量为32.23亿笔，同比增长24.97%，金额为15.11万亿元，同比下降49.39%。

五、创新监管手段，推动首都支付行业健康发展

（一）率先启动远程开立单位银行结算账户试点研究

坚持安全与效率统筹协调，积极推动辖区内试点银行远程开立单位银行结算账户项目研究，通过组织专家论证、部门座谈、企业研讨等形式对远程开户的必要性、可行性和风险防控措施进行充分评估，初步形成试点工作方案。

（二）开展支付结算非现场检查体系建设

探索以大数据处理为基础，以网络传输为依托，采用模块化、分层化方式，建成集数据分析、技术检查、统计决策、风险控制为一体的非现场检查系统，实现检查工作的科学化、系统化、规范化。

（三）积极引进境外支付机构培育行业新优势

协助中国人民银行完成贝宝公司（Paypal）收购国付宝信息科技有限公司工作，贝宝公司成为全国首例通过控股中国境内支付机构获得支付牌照的外资企业，推动境内支付机构通过收购方式引入境外创新力量，培育支付行业新业态，引导境内支付机构转变发展动能。

（盖静）

征信系统建设与征信管理

2019年，人民银行营业管理部以党建引领为核心，坚守征信为民初心，牢记服务实体使命，开拓创新，锐意进取，在全国率先完成外资信用评级机构备案，实施征信前置管理，成立征信支持民营和小微企业融资联盟，实现动产担保统一登记和统一查询，创新企业征信查询服务模式，将公租房违规信息纳入征信系统，制订线上征信授权有效性解决方案，助力普惠金融发展。

一、创新监管，推进辖内征信评级市场高质量发展

（一）加强对辖内征信机构和征信市场的规范管理，扩大征信有效供给

一是成立征信支持民营和小微企业融资联盟。指导北京地区征信机构成立全国首个征信支持民营和小微企业融资联盟，加强行业服务规范，推动征信产品创新，在技术标准、数据共享、市场应用等方面形成合力，共同签署《北京地区征信支持民营和小微企业融资联盟公约》，为金融机构提供贷前筛查、精准获客、贷中信用评价、贷后风险监控的全流程服务，助力缓解民营和小微企业融资难、融资贵问题。

二是审慎引导机构备案，积极培育企业征信市场。审慎引导有非负债替代数据应用场景和征信技术的机构进入市场。完成3家征信机构备案，受理1家征信机构的备案申请。指导北京地区征信机构总经理联席会完成新一届主席单位和副主席单位的换届选举，并根据监管情况，动态调整联席会的成员单位，发挥征信行业自律组织在维护市场秩序、促进行业发展中的积极作用。

三是实施征信前置管理，提升征信监

管水平。联合市场监管部门，对北京地区企业工商信息中名称包含“征信”字样、经营范围包含“企业征信服务”“企业信用征信服务”字样的1 713家机构进行摸底排查。前移准入监管关口，对工商信息中名称或者注册范围带有“征信”字样的新增征信机构，要求其工商注册前须经人民银行营业管理部预先核准，避免无稳定数据、无技术优势的机构进入。

四是加强对辖内征信机构和征信市场的规范管理。制定《2019年北京地区企业征信机构现场检查方案》，对1家信用管理有限公司进行现场执法检查；针对某信用管理有限公司涉嫌代理商模式开展征信业务的相关线索开展现场调查，督促其彻底整改。将P2P关联的企业征信机构、应用代理商模式开展征信业务的机构、涉及虚假宣传信用修复的机构纳入重点监管，持续跟踪调查，严格监测舆情，妥善处置1家信用管理公司风险，启动注销程序。对3家机构业务开展、信息安全等情况进行现场调查。

（二）有序推进信用评级市场对外开放和规范发展，优化监管机制

一是完成标普信用评级机构备案工作。完成标普信用评级（中国）有限公司备案工作，指导其展业，推动经营理念、技术模型、业务模式本土化；指导2家外资公司填写备案材料，做好相关备案准备工作。

二是严格备案管理，建立“有进有出”的动态管理机制。督促大公国际资信评估有限公司认真开展整改工作，指导其完成战略投资者引进及相关重新备案工作；促进评级市场资源整合，配合中国人民银行推动中诚信国际信用评级有限责任公司、中诚信证券评估有限公司整合工作；指导联合信用管理有限公司将全部信贷市场评级业务迁至北京，完成联合信用评价有限公司备案工作，发挥信用评级在改善民营企业和小微企业融资环境、加大金融服务实体经济力度等方面的作用。

三是按照属地化管理原则，加大信用评级市场监管力度。召开辖内征信评级机构工作会，传达贯彻中国人民银行关于评级市场管理工作精神；利用各项事中与事后监测工作机制、征信管理监测系统、违约率系统等工具，对辖区内信用评级机构和信用评级市场进行监测；对辖内全部15家评级机构开展巡查，重点关注评级机构利益冲突防范机制建设及落实情况；配合中国人民银行组织召开并参加债券评级机构外部评级风控委员会会议，指导辖内信用评级机构总经理联席会不定期组织会议及交流活动；做好两类机构信用评级工作。

四是配合做好信用评级管理制度建设工作。配合中国人民银行推进《信用评级业管理暂行办法》出台和开展评级事项调研工作，撰写《扩大金融业对外开放视角下我国信用评级行业发展问题研究》等多篇研究报告；做好国内外信用评级行业动态监测工作，十余篇动态监测信息被全球信用评级动态监测月报采用。

五是稳妥推进央行内部（企业）评级工作向纵深发展。建立健全相关工作机制，定期按时向中国人民银行报送相关报表，通过信贷资产质押的方式，做好信贷政策支持再贷款发放工作，增强北京民营银行服务实体经济的能力。

二、防控风险，牢牢守住征信信息安全底线

（一）升级征信查询前置系统，从源头上杜绝查询风险

2019年，在人民银行营业管理部服

务大厅全面升级二代征信前置系统，实现了用户分层管理、查询双人复核、业务操作留痕、收费自动核对、数据集中分析等功能，“技防”把控每个操作节点。

（二）在存量和增量上下工夫，提升征信信息安全管理水平

深挖存量，借助征信二代系统升级契机，加强对已接入机构的管理，重点推动41家机构上线签名验签服务器，完善系统及业务流程，提升已接入机构征信信息安全管理整体水平；严管增量，为5家满足信息安全条件的机构开通征信系统查询权限，确保新接入机构全面达标。

（三）夯实全流程、全方位征信信息安全管理体系

一是落实例会制度，积极开展征信在线培训。召开2019年北京地区征信工作会，传达中国人民银行征信工作会议精神，要求各机构严格落实，狠抓安全。全年共分16批次、组织113家机构召开专项座谈会，就征信信息安全与合规管理中的重点、热点问题进行磋商，并逐家分析督导；加强征信基础研究，并推动落地形成实效，及时报送企业征信服务创新等多篇研究报告；推动129家接入机构开展征信合规在线培训，强化从业人员的信息安全意识。

二是强化非现场监管，优化征信信息安全风险防控体系。建立接入机构的征信信息安全月度报告制度和随机报告制度，逐月、按季度报告辖内征信信息风险情况，完善征信信息安全事件应急处置机制；组织辖内28家机构开展排查，及时发现并指导机构解决由于网络波动、系统设置等出现的问题，切实消除安全隐患；对辖内159家接入机构进行年度考核评级，配合中国人民银行对21家全国性银行在京分支机构进行考核，并向机构反馈具体分数和考核等级；紧抓征信系统用户备案工作，督导接入机构做好基础性管理工作，从源头上筑牢征信信息安全防线，全年未发生征信机构信息泄露事件。

三是从严监管，规范执法，提高违规行为的惩戒震慑力。成立现场检查领导小组，制订2019年度对辖内接入机构的现场检查工作方案。配合中国人民银行征信管理局完成对A银行的专项检查，发现该银行存在大量个人贷款业务未履行不良信息告知义务，并完成相关事实取证工作；首次根据征信投诉中发现的线索，对B银行北京分行违规查询个人信息情况开展现场调查，并予以处罚。主动派员对C银行征信合规管理、征信信息安全等工作进行梳理，就相关政策法规进行解读，对具体工作提出可行性建议，帮助其提高征信合规管理水平。

全年，完成对4家银行北京分行的执法检查，依法依规对4家银行违规问题分别罚款3万元、10万元、5万元、5万元，对3名责任人分别罚款2万元、1万元、1万元。

三、增信促融，营造社会信用体系建设良好生态

（一）全国率先实现动产担保统一登记、统一查询

联合市地方金融监管局和市市场监督管理局在全国启动动产担保统一登记系统试点工作。截至年末，北京地区企业通过该系统达成动产融资357亿元，其中，小微企业融资占比达89%。

（二）盘活企业应收账款，着力推动供应链融资服务

印发《2019年北京应收账款融资服务平台推广应用工作方案》，推动金融机

构、供应链核心企业接入应收账款融资服务平台；召开供应链核心企业系统接入推进会，推动金融机构、供应链核心企业开展全流程在线动产融资业务，鼓励金融机构开展政府采购项下应收账款融资业务。截至年末，服务平台累计促成应收账款融资 901 亿元，年内促成应收账款融资 106 亿元，同比增长 141%。

（三）全国率先设立征信观察点，优化农村信用环境

加强与市市场监督管理局和北京市农业农村局等相关部门的协作，推进和完善农户信息归集，营造“用征信、助融资、促发展”的良好信用环境，促进涉农与小微企业融资发展。指导辖内商业银行设立农村征信观察点，开展农村地区征信宣传和信息调查统计，优化农村信用环境。

（四）推动非金融数据采集，将公租房违规信息纳入征信系统

2019 年 10 月 23 日，与北京市住房和城乡建设委员会签署合作备忘录，在全国率先将公租房违规信息纳入征信系统，建立常态化工作机制。积极推动将各类非金融信息纳入征信系统，优化“守信受益，失信惩戒”的良好环境。全年，共报送人民银行营业管理部行政许可信息 18 万条、行政处罚信息 84 条，采集企业环境违法处罚信息 2 584 条，按月采集北京地区个人公积金缴存信息 970 万条，比上年月均增加 101 万条。稳妥推进各类机构接入征信系统，5 家机构企业征信报数程序、11 家机构个人征信报数程序通过上线验收，2 家融资性担保公司持续稳定向征信系统报送数据，1 家大型国有融资担保公司报送程序提交中国人民银行验收，13 家融资租赁公司正式报送数据；指导某财务租赁公司上线全国首个基于互联网环境的征信查询前置管理系统，并申请开通征信查询权限。

（五）加强协调合作，提升中小微企业信用体系建设水平

联合制定《2019 年北京市社会信用体系建设重点任务》，召开北京市社会信用体系建设联席会议，构建北京市金融服务实体经济指标体系，引导金融机构加大金融服务实体经济工作力度；以中关村国家自主创新示范区小微企业信用体系试验区建设和海淀区社会信用体系示范城区创建为重点，推进北京市中小微企业信用体系建设；联合北京市经济和信息化局、中关村企业信用促进会等部门，开展 2019 年北京市企业创新信用领跑行动；完善中小企业信用体系统计工作制度；联合举办京津冀 2019 年“6·14 信用记录关爱日”暨“征信服务小微与民营企业融资发展”宣传活动，推进“用征信、助融资、促发展”，打通“金融活水”流向民营企业和小微企业的“最后一公里”。

四、征信为民，提升民众征信服务获得感

（一）全国率先开创企业征信查询服务新模式

启动北京地区企业征信服务创新试点，在全国率先推出企业征信网银查询和自助机查询模式，实现全天候、全程电子化的企业征信查询。自 7 月试点开始至年末，网银渠道提供查询服务 6 348 家次，自助渠道提供查询服务 4 629 家次，约为同期企业查询服务总量的 30%。梳理总结企业征信服务创新工作经验，借助跨区域交流，共享创新成果，截至年末，网银查询服务模式已推广至全国 18 个省市地区，可为 400 万家企业提供在线企业征信查询服务。

（二）优化自助功能，完善个人征信查询服务

由80个查询网点、92台自助查询机组成的“北京个人信用报告查询服务网络”开通收费查询功能，提升查询服务能力。推出微信程序“信用小帮手”“信用北京查”、百度地图实时搜索查询网点等服务方式，实现个人信用报告就近查、便捷查、高效查。截至年末，个人信用报告查询量为108万人次，个人自助查询量占比为99.1%。

（三）率先成立系统内第一家业务咨询呼叫中心

2019年1月，成立系统内第一家业务咨询呼叫中心，整合对外咨询电话，强化管理监督，实现集中接听和统一管理。完善征信知识库，开展客服培训，着力提升征信咨询满意度。截至年末，呼叫中心接听来电58 680次，其中，征信业务咨询笔数25 295笔，占比为43%，群众满意率为99.99%。

（四）创新投诉异议处理机制，加强征信维权服务

建立“四个一”征信投诉处理机制，即一名处级干部带班、接到投诉一小时内完成情况调查、一日内与涉诉机构协调沟通到位、一次彻底有效解决投诉，高效解决群众征信“疑难杂症”。截至年末，妥善处理投诉事件47笔。建立“四步工作法”，即每日监测、超期警示、督促落实、重点约谈，全力提升异议处理效率，截至年末，北京辖内发生异议3 899笔，比上年同期增长17%，但辖内超期异议量占比由2017年的17%降至2019年的3%。

（五）全国率先制订线上征信授权有效性解决方案

针对线上征信授权缺乏统一标准导致的金融机构不敢开展有关业务及业务不规范等突出问题，紧扣电子数据举证难的业务痛点和难点，组织辖内金融机构和电子认证服务机构，创新制订解决方案，从根本上解决普惠金融发展的效率和安全难以兼顾问题。截至年末，友利银行（中国）有限公司正式线上征信授权，北京中关村银行等8家金融机构正在对接实施中。

（六）全面推广征信系统新功能、新产品

做好增值产品的宣传推广及应用指导，发放企业及个人重要信息提示、个人信用评分等增值产品推介材料，组织5家新接入机构参加增值产品应用培训，指定专人负责解答辖内机构应用征信产品过程中遇到的问题，并报送16个方面产品优化建议。建立征信产品应用情况定期报送机制，111家企业征信系统查询机构按季度报送应用成效。

五、全力以赴，支持征信二代系统建设

（一）全力配合征信二代系统建设，督导辖内相关机构完成升级准备

组织辖内206家机构开展对接征信二代系统的准备工作，梳理机构信息，创建查询用户，充分试用征信二代系统功能模块，及时报送试用情况。分3批组织60家重点机构座谈，督促辖内各机构加快征信查询前置管理系统和数据报送程序的开发，优化征信信息安全及数据质量管理措施。配合中国人民银行征信中心召开北京地区重点机构征信一代、征信二代系统切换准备工作座谈会，了解9家查询量较大的机构的切换准备工作开展情况，有针对地开展业务指导。组织两次切换演练，对网络连接及报告查询等情况全面测试，参

与演练的 11 家金融机构和 80 个查询网点、92 台自助查询机在 2 个小时内全部通过测试。完善应急预案，密切监测并妥善处理各类舆情。

（二）加强自助查询业务合规管理

建立“双保险”管理制度，人民银行和金融机构分级管理，明确职责，规范自助查询业务管理；建立检查制度，对自助查询网络环境和信息安全进行全量检查，实时监测查询网点运行情况，保障自助查询业务的安全性、有序性、稳定性。

六、善作善成，大力提升征信宣传覆盖面

（一）创新宣传媒介，构建征信宣传网络

开展“创新 + 长效”征信宣传活动，联合中国交通广播（FM99.6）《一呼百应帮帮忙》《速度晚高峰》两个栏目，播出综合金融知识宣传情景剧 30 期，累计收听 1 070 万人次；联合开展“金融知识进万家”宣传教育活动，制作线上征信宣传短片，在“996 欢乐 show”平台和中国交通广播官方微博播放，宣传普及征信知识。

（二）推动开展征信知识教育进校园工作

联合共青团北京市委员会开展“诚信点亮中国”活动，走进中国农业大学、北京联合大学，普及征信知识、宣扬诚信理念；辖区内各接入机构走进华北电力大学等高校，以案例警示“校园贷”风险，引导学生树立正确的金融消费观，恪守信用行为。中国人民大学推出“公效信用学院”微信号，致力于课程教学；北京宜信致诚信用管理有限公司组织开展“信青年”“火种计划”宣传活动，截至年末，该活动共辐射全国多地区上百所院校，参与学生约 5 000 人，累计惠及 10 万余名学生。

（三）开展“千企万户”纾困行活动，为小微与民营企业注入活力

组织征信系统接入机构，联合在京政府部门、学校、媒体，开展系列征信宣传活动，共计有 174 家政府部门、144 所学校、75 家媒体、3 790 家已接入征信系统的机构网点举办活动 3 001 场，惠及 70 005家小微与民营企业、1 164 万人（含农户和个体工商户）。

（张建立）

金融信息化建设

2019 年，北京市金融信息化建设工作以科技保障为基础，守住不发生系统性金融风险的底线，发挥技术创新对金融创新的助推作用，推动金融科技和大数据技术的应用，落地金融科技创新监管试点，推进金融标准化创新建设，完善金融监管体系，提高信息系统建设运维水平，提升首都金融信息化服务普惠水平。

一、推进人民银行营业管理部信息化建设工作

（一）全力以赴做好系统和网络建设工作

一是完善办公自动化及查询系统，提高人民银行营业管理部内部协同办公水

平，提升办公自动化（OA）文件查询系统的审批效率；完成中国人民银行中关村中心支行账户辅助管理系统（EIAS）和工商应用平台上线工作；完成人民银行营业管理部资产管理数据报送系统的需求分析、开发、试运行、上线工作；开展各类业务系统升级变更及设备更新建设工作，更新业务网生产区、隔离区虚拟化平台硬件设备。

二是完成国家外汇管理局北京外汇管理部业务网接入交换机、汇聚交换机、防火墙的更新工作；完成人民银行营业管理部数据中心更新改造工作，部署新机房监控系统，改善机房基础设施环境，提升网络及机房基础设施应对风险能力，提高网络系统及整个机房基础设施的稳定性；完成人民银行营业管理部数据中心主机及存储设备命名规范的拟定。

（二）夯实运维，保障网络、系统安全稳定运行

落实运维岗位职责，加强外包管理，定期开展互联网系统全面巡检，通过多套应用和网络监控系统、值班人员定时巡检和主动预防等措施，构建多层次体系化监控手段，实现了故障事件的及时发现与处置，确保网络通信畅通和系统安全稳定运行。做好人民银行营业管理部办公楼修缮期间系统应急准备，设专人负责技术保障工作，确保搬迁时间段内各系统稳定运行；按照“人到电话、网络及技术支持到”的原则，做到搬迁期间业务网络及电话无缝切换，最大限度地降低搬迁对正常工作的影响。

二、高度重视，全面推进信息安全保障建设

高度重视信息安全管理工作，圆满完成“两会”、中非合作论坛等重要时期的网络安全保障工作；顺利完成业务网入侵检测系统升级；部署业务网、互联网保密检查自查系统；开展系统漏洞扫描工作和安全基线自查；配合网信、公安部门开展网络安全执法检查，督导辖区各商业银行和法人非银行支付机构做好网络安全管理和风险隐患排查工作；开展网络安全交叉现场检查，进行相关应急演练，修订应急预案，全面保障人民银行营业管理部生产安全。

三、探索创新，认真做好大数据、金融科技应用试点工作

（一）稳步推进大数据建设

建立大数据工作协同机制，成立大数据建设领导小组；完善大数据制度体系建设，起草年度重点工作计划，开展数据摸底和应用专项访谈，推动数据治理工作；规范建设大数据平台，上线运行数据接入平台、数据仓库、数据服务平台、数据开发平台、元数据管理平台；整合人民银行营业管理部数据资源，完成金融统计、信贷、风险监测、外汇、国库、工商等数据的接入；深化大数据创新应用，分步上线金融稳定风险监督管理系统、银企对接服务平台、国库数据分析平台、反洗钱非现场监管系统；举办“三里河大讲堂”及处室骨干大数据应用培训，强化大数据意识，普及大数据知识。

（二）有序开展金融科技试点工作

贯彻落实《金融科技（FinTech）发展规划（2019—2021 年）》，组织召开政策宣讲和解读会，与市地方金融监管局研究制定落实指导意见和实施细则；组织推动北京市金融科技应用试点工作，拓展金融科技应用场景，完善配套政策、制度和标准，推动金融科技底层技术创新和应用，试点方案获得中国人民银行等六部委

批准，共有46个试点项目，数量居于全国首位；制订“一个组织框架、两条基本原则、三个支撑手段、四项工作机制”的北京试点方案，稳步推进试点工作开展；协助中国人民银行组织召开成方金融科技论坛，协调市地方金融监管局和北京市民政局（以下简称市民政局）推动北京金融科技产业联盟正式成立。

四、做好行业技术监管，充分发挥行业管理职能

（一）推进辖内系统安全可控工作，有效防控支付安全风险

积极推进辖区内银行业系统安全可控工作；完成辖内18家商业银行和49家非银行支付机构的支付安全风险专项排查，建立清单管控机制，定期进行督导，加强支付安全管理；完成3家支付机构的续展技术审核及48家支付机构的2018年度分类评级工作，及时发布风险提示，开展支付机构违规专项整治工作。

（二）加大金融标准实施力度，探索金融标准化创新

监督辖内商业银行重点金融标准应用实施情况，参与金融国际标准化研究，开展全球法人机构识别编码（LEI）国际进展的跟踪；组织辖内商业银行、机具厂商等34家单位开展“领跑者”活动，推动金融企业产品和服务标准的自我声明公开制度，北京辖内荣获“领跑者”称号的单位共计17家，覆盖网点服务、网上银行服务、POS机终端及ATM终端四个重点领域；组织辖内商业银行参与2019年“金融标准　为民利企”质量月主题活动，开展“金融标准知识竞赛”“金融标准挑战赛”“一图读懂　金融标准”系列专栏、动画宣传视频等活动；探索金融标准化创新建设试点，与市地方金融监管局、市发展改革委等部门沟通协调，成立专项工作组，探索在高等院校设置金融标准化网络课程，建立金融标准化人才培养机制。

（三）规范管理，高效实施，服务人民银行营业管理部业务创新

完成账户系统取消企业行政审批许可改造、中央银行会计核算数据集中系统（ACS）一键切换、巡检区块链项目上线、第二代货币发行管理系统上线实施等工作；配合完成“互联网+”监管、企业开办前置审批系统建设、企业撤销审批流程优化3项工作；完成北京市数据中心节能指标、北京市金融行业数据中心、人民银行省级数据中心同城异地备份、人民银行外联线路清理整合、网络现状摸底等调研工作，推进北京地区金融行业贯彻IPv6规模部署行动计划。

（陈静）

金融法制建设

▲中国人民银行营业管理部法制建设

2019年，人民银行营业管理部坚持重点工作深推进、常规工作抓亮点、难点工作登高峰，为防范金融风险、深化金融改革、发展普惠金融等各项工作，提供了坚强的法治保障。

一、强监管，彰显法治力度

一是强处罚力度，整肃市场违法乱象。全年召开行政处罚案审会11次，共对39家机构和29名个人作出处罚决定，连续两年实现处罚金额增速的两位数增长，案件的复杂性、金融新业态案例以及行政处罚案件数量均居全国首位。法治央行建设工作被中国人民银行评为优秀。

二是抓典型案件，提升警示震慑效果。对北京全景视觉网络科技股份有限公司开出人民银行系统首笔非法使用人民币图样罚单，有力维护人民币权威。全年，妥善办理复议诉讼案件35起，办结22起，已办结案件无一败诉。

三是推“查处分离”，确保执法公正公平。制订《执法检查与行政处罚体制改革试点工作方案》，经中国人民银行批准后，及时落地实施。自2019年4月启动“查处分离”改革至年末，共接收执法部门移送案件22起。

四是严治理标准，优化金融消费环境。首创北京市金融广告监管协调工作机制和北京市支付行业金融广告自律机制，联动发力提升首都金融广告治理工作成效。全年，北京地区各银行及支付机构共新增金融广告投放约4 700条，未出现违法违规现象；共处置中国人民银行金融消费权益保护局移送的疑似违法违规金融广告900条；收到市市场监督管理局通报的投资理财类金融广告146条，未发现违法违规从事金融业务的企业名单和产品名单。

二、勇担当，彰显法治深度

一是破难解之题，深度规范执法检查标准。针对普遍存在的执法裁量权过大过宽、部门间执法差异大的难题，编制《营业管理部执法检查标准化工作指南》，制作配套视频课程，为规范执法、精准取证提供具体化、可操作的指引。

二是担研究之责，深度参与金融法治调研。参与起草《地方金融监督管理条例》，就《非法金融机构和非法金融业务活动取缔办法》《中华人民共和国行政处罚法（修正草案）》《中国人民银行执法证据收集与使用规范（试行）》等立法工作向中国人民银行研提意见。高质量完成中国人民银行条法司、金融消费权益保护局调研课题8项，在《金融法治动态与参考》《政务公开动态》等刊物发表信息调研报告3篇。

三是行联合之策，深度构建警银协同机制。联合市公安局成立全国首个省级“警银联合办公室”，强化打击经济领域犯罪的“行”“刑”衔接。通过专项对接、积极协查和协同会商等方式，破获中国澳门地区特大跨境钱庄案、跨省地下钱庄案，涉案金额高达千亿元。

四是举科技之力，深度支撑执法高效履职。扎实做好行政执法“双随机”系统和合同管理系统升级工程，推进合法性审查嵌入业务网办公系统，切实做到法律监督透明化、责任可追溯。创新辖内机构消费者保护评估工作方法，深挖系统数据，优化评估流程，推动消费者保护评估工作高效开展。

三、惠民生，彰显法治温度

一是用群众易听懂的语言让普法宣传“活起来”。牵头中国工商银行北京市分行、中国银行北京市分行编排金融消费者保护主题话剧《春去春又来》，全年共巡演4次，人民网、新华网等主流媒体予以报道。组织辖内机构开展“金融消费者权益日”“普及金融知识、守住‘钱袋子’”“金融知识普及月”等宣传活动，共计近2万次，发放宣传材料（宣传折页和书籍）总计 900 万份，网络推文累计阅读量达 700 万次，媒体报道量 1 000 余次，覆盖人群近 1 500 万人。

二是用群众易接受的方式让纠纷解决“落下去”。探索创建金融消费纠纷调解的“北京模式”，成立北京市金融消费纠纷人民调解委员会，与北京市高级人民法院共同发文，明确建立诉调对接机制。畅通“12363”咨询投诉渠道，推动投诉统计分类应用实施工作，并在全国推广实施工作经验。

三是用群众易获得的渠道让法治宣传“在身边”。搭建金融法律服务新平台，成立全国首家省级金融业公共法律服务中心，提供普惠均等和便捷高效的金融法律服务，充分调动包括在京各类法律服务资源，承担北京市金融法律知识普及宣传与公众教育工作，真正实现“法治宣传育民、法律服务利民、金融调解为民”。联合北京市教育委员会在北京市第十一中学举办金融知识纳入国民教育体系研讨会，推动金融知识纳入国民教育体系工作取得实质性进展。

四是用群众易掌握的标准让普惠金融“看得见”。联合印发《北京市地方金融监督管理局 中国人民银行营业管理部 中国银行保险监督管理委员会北京监管局关于印发积极推进北京市普惠金融发展实施意见的通知》，推动北京市普惠金融发展。积极应对首都人口老龄化的形势，联合市民政局、市地方金融监管局、中国银行保险监督管理委员会北京监管局、中国证券监督管理委员会北京监管局印发《关于金融支持养老服务业发展的实施意见》，促进社会养老服务体系建设，构建“都市型普惠金融”新着力点。

（代莹）

▲银行业保险业监管法制建设

2019 年，中国银行保险监督管理委员会北京监管局（以下简称北京银保监局）认真贯彻落实党中央、国务院、中国银保监会对首都银行保险工作的要求和部署，积极推进监管法制建设，着力加强风险防范，不断提高银行保险服务实体经济发展质效，为维护首都金融安全稳定提供有力的保障。

一、持续提升监管执法的威慑力

一是紧盯金融风险重点领域，持续保持行政处罚高压态势。2019 年，北京银保监局全面贯彻落实党中央、国务院关于打好防范化解金融风险攻坚战的决策部署，深入整治金融市场乱象，持续保持监管执法高压态势，扎实推进“巩固治乱象成果促进合规建设”工作。全年，经审议通过，对 77 家银行保险机构和 49 名责任人的行政处罚，累计罚款7 653万元。

二是优化监管执法制度流程，切实提升行政处罚质效。推动整合银行业保险业行政处罚制度流程，制定行政处罚委员会工作规则，并统合行政处罚文书式样。建立一般简单案件和重大复杂案件的分类处置制度，优化处罚决策执行流程。建立内部行政处罚案件信息台账持续公示制度，改进行政处罚信息公开流程，提高案件查处的协同性、规范性。

二、着力防范化解法律风险和行政风险

一是积极妥善化解复议诉讼风险。规范答辩模板和要点，结合司法审查标准，确立职责、程序、实体及法律适用四维审查标准。采取多方会商、模拟法庭等形式，强化工作人员应诉能力；加强对涉诉案件的分析总结，关注司法审判案例，撰

写涉商业秘密类政府信息公开风险应对、败诉案件启示等研究信息。对信访投诉举报、依申请政府信息公开、行政许可、监管强制措施等对相对人影响较大的事项严把法律审查关，将风险化解在前端，年内完成各类法律审查 777 件。全年，共办理复议诉讼案件 53 件，拟写答辩意见等相关法律文书 90 余份，已办结案件均获中国银保监会支持或取得胜诉。

二是持续做好法律保障服务。编制常用银行业保险业法律法规汇编电子书，收录法规 1 200 余件；整理汇编银行业和保险业现行行政处罚制度、银行业和保险业监管法规工作现行法律制度等。完善规则治理，做好规范性文件审查备案及政策措施公平竞争审查工作，确保规范性文件在依法合规前提下充分发挥监管治理效果；组织开展中国银保监会排除限制竞争专项清理，对现行规范性文件及政策措施逐一审核，对 44 件规范性文件进行废止。针对《民法典（草案）》《中华人民共和国企业破产法》等国家立法，中国银保监会监管制度立项、信访工作办法、互联网保险监管办法等，及《公平竞争审查制度实施细则》等地方性规范，通过参加座谈会或以书面形式反馈意见。加强与北京市司法局（以下简称市司法局）协调沟通，推动公职律师年检及申报工作。

三、积极开展监管执法研究及普法工作

一是扎实开展行政执法及业务监管调研。通过梳理行政处罚、法律审核、业务治理等工作中的经验和问题，撰写关于行政处罚、信息公开、行政诉讼、监管强制措施及房屋抵押贷款、理财业务等各类法治研究和调研报告 16 篇。

二是有序推进银行业保险业法制建设。组织开展 2019 年全民国家安全教育日、“12·4”宪法宣传日等活动；组织辖内机构参与 2019 年北京市法治动漫微视频作品征集活动；推荐北京秉正银行业消费者权益保护促进中心申报北京市第一批“法治宣传教育示范基地”；向中共北京市委政法委员会推荐报送政法优秀新闻作品，向市司法局报送普法优秀调研报告。

（焦璐璐）

▲证券业监管法制建设

2019 年，中国证券监督管理委员会北京监管局（以下简称北京证监局）深入学习贯彻落实党的十九大精神，深化服务、严格执法、防范风险、全面普法，积极应对依法行政压力，着力提升和改进监管能力，有力地推动了辖区资本市场法治化建设。

一、立足大局意识和细节意识，行政处罚工作成效显著

坚持以“事实清晰、证据确凿、程序严谨、适用准确、处罚公平”的执法标准开展行政处罚工作，依法从严打击辖区各类违法违规行为。全年，审结案件 7 起，作出行政处罚决定书 7 份，对 11 名当事人进行行政处罚（其中包含 3 家机构和 8 名自然人），罚没款金额共计 2 228 万元，新收案件 10 起，在审案件 19 起，召开听证会 8 次。

二、加强证券法律业务监管工作，提升行业规范化水平

一是对科创板业务开展全面现场检查。按照中国证监会要求，对辖区科创板首次公开发行股票并上市交易的证券法律业务开展现场检查、核查工作，共涉及 6 家律师事务所共 8 个项目。对 2 家律师事务所的并购重组项目进行现场检查。

二是深化律师事务所监管协作机制。加强与市司法局就证券法律业务监管和现场检查工作的协调和沟通，并联合开展现场检查，强化监管权威。

三是完成律师事务所内控调研工作。向辖区86家律师事务所下发内控调研表并完成统计报告，摸清辖区律师事务所基本情况、业务情况和内控状况，形成《关于辖区律师事务所从事证券期货法律业务情况的报告》，为律师事务所监管提供科学决策依据。

三、积极发挥法制把关作用，严守合规底线

一是聚焦法律风险防范。全年，法律会签超过280件，比上年增长近25%，举报投诉事项会签数量增长明显，涉及复杂疑难事项占比提高，会签事项引发的复议诉讼，均获维持、胜诉。

二是利用年度法制培训深入揭示重点风险。召开年度法制专项培训班、兼职审理人员/法律小组专题培训班等，通报信访举报、行政监管措施、依申请信息公开和司法接待等工作中发现的问题及风险，并邀请中国证监会、人民法院的专家就行政不作为诉讼、案件调查和行政处罚等业务进行讲解，提升监管人员依法行政水平。

四、切实做好复议诉讼工作，有效应对法律风险

2019年，北京证监局新发生14起复议、7起诉讼，年末尚有5起复议、3起诉讼未结。已结案件均胜诉和驳回当事人请求，其中，有2起诉讼系因行政处罚而引起，是北京证监局首批该类型案件。

一是扎实推进复议应诉工作。认真梳理案件证据，研究论证相关焦点问题，按时处理答复。

二是加强与相关业务部门的沟通协作。积极走访市各级人民法院，建立沟通交流机制。加强与中国证监会法律部的联系，寻求指导。

三是寓教于践。全年，组织庭审旁听3次，40余人次参与，以鲜活的身边案例提升监管人员依法行政意识、增强答复应诉能力。

五、深化诚信机制建设，发挥诚信约束机制功能

一是强化资本市场诚信系统应用工作。全年，共录入诚信信息193条，其中，行政许可信息68条、监督管理措施信息112条、行政处罚立案信息13条；接收外部诚信查询215单，查询征信报告16份。认真做好特定严重失信人信息录入工作。

二是积极参与北京市社会信用体系建设工作。参加北京市社会信用体系建设联席会议，配合完成各项建设任务，自2019年5月起，按月报送北京证监局城市信用监测指标；对北京市相关信用建设制度研提意见，助力首都诚信体系制度建设。

三是完善信用专栏，公示诚信信息。完善北京证监局官网“信用专栏”，持续发布联合惩戒、诚信建设相关政策规定等，引导市场主体诚信守法、营造良好的诚信建设氛围。

六、其他法律事务

一是对《中华人民共和国行政处罚法（修正草案）》《中华人民共和国证券法（修订草案）》《期货法（立法草案）》《中华人民共和国企业破产法》《证券期货市场监督管理措施实施办法（草案）》等法律法规反馈征求意见50余次。

二是全年共接待全国各地司法机关来访72次，涵盖业务咨询、业务资格认定、行为性质认定、查阅复制资料等，积极协助打击非法证券期货违法活动。

（蔡绿洲）

反洗钱工作

2019年，人民银行营业管理部深入贯彻落实全国金融系统反洗钱工作会议精神，立足北京市反洗钱工作实际和特点，以全面提升反洗钱工作水平为目标，加强反洗钱协调机制建设、加大辖内义务机构监管力度、深入推进调查监测分析、大力开展主题宣传活动，各项工作取得显著成效。

一、开展全方位多维监管，反洗钱监管力度和效能显著增强

一是建立健全反洗钱监管合作机制，多角度推进监管合作。与北京银保监局、北京证监局共同签署《反洗钱监管合作备忘录》，建立反洗钱金融监管联席会议制度；分别会同北京银保监局、北京证监局对中国进出口银行北京分行、信达证券股份有限公司开展联合执法检查。

二是运用数据技术提升执法检查水平，检查质量、处罚力度实现质的飞跃。充分运用数据技术的运算存储能力，提高数据筛查的广度和数据挖掘的深度，实现客户信息全息化、交易线索全跟踪；加大对违法违规行为的处罚力度，全年完成行政处罚1 922.25万元，其中，对8家机构合计处罚1 800万元、对15名个人合计处罚122.25万元。

三是开发建设非现场监管系统，全面提升监管能力。实现监管资料的无纸化和电子化处理，有效解决日常监管工作中存在的数据分散、处理难度大的问题，及时准确掌握金融机构风险情况，为实施精准监管提供技术保障。

四是全面推进风险评估、完善分类评级，提升分类监管的针对性和有效性。完成对辖内292家法人机构的分类评级和95家银行的综合评价工作，实现了法人机构分类评级全覆盖；全面推进风险评估工作，完善固有风险指标权重，以评估结果为切入点，探索建立风险监测机制，搭建风险数据库，以风险为本原则实施分类监管。

五是以数据报送试点为契机，深入推进房地产行业反洗钱工作。作为全国首家房地产行业数据报送试点单位，指导辖内14家房地产试点机构完成可疑交易报告的试报送工作，指导北京链家房地产经纪有限公司向中国反洗钱监测分析中心报送全国首例房地产业可疑交易正式报告；拟定《北京地区房地产行业反洗钱和反恐怖融资工作暂行办法》；加强政策辅导，联合北京市住房和城乡建设委员会多次与房地产机构开展调研座谈、组织反洗钱业务培训。

二、深化反洗钱调查分析工作，为防范金融风险和支持社会治理提供情报支持

一是发挥职能优势，助力扫黑除恶专项斗争。开展涉黑恶线索的摸排和移送工作，对公安部督办的某专案启动反洗钱调查，合计摸排涉案主体 323 名、账户1 973个，获得中央扫黑除恶第 11 督导组的高度评价。

二是加强重点领域反洗钱调查分析，助力金融风险防控。针对市政府关注的 7 家互联网金融平台和中国人民银行关注的 1 家高风险机构，及时启动反洗钱分析调查机制，分析范围从辖内金融风险事件向其他跨地区重大案件拓展。全年开展专项分析 10 次，分析账户 5 765 个、交易记录 1 440 万余条，涉及交易额累计约 4. 6 万亿元。通过调查分析协助破获“易通贷”非法集资案、“信和大金融”非法集资案、“海润系”非法集资案、“中安民生”非法集资案等重大案件。

三是加强部门联动，各项专项行动成果显著。全年协助市公安局、北京市国家安全局、北京市监察委员会、国家税务总局北京市税务局（以下简称市税务局）开展调查 20 余起，其中，协助市公安局成功破获“8 · 16”特大跨境地下钱庄案，涉案金额 1 300 亿元；与市税务局、市公安局、北京海关共同签署《预防和打击虚开增值税发票和骗取出口退税犯罪合作机制》，协助税务部门破获“8 · 27”百亿元团伙虚开发票案，获得四部委组成的打击虚开骗税领导小组办公室的表彰。全年向市公安局、北京市国家安全局等部门移送案件线索 45 起，向中国反洗钱监测分析中心上报研判涉嫌职务犯罪、虚开增值税发票、地下钱庄和诈骗体彩资金线索 4 起。

四是加强洗钱类型研究，指导义务机构提高可疑交易监测分析质量。结合辖内支付机构面临的主要洗钱威胁、风险分布、可疑交易活动特征，创新开展支付机构洗钱类型分析试点，形成《北京地区支付机构洗钱类型分析报告》，为支付机构完善可疑交易监测标准、优化洗钱风险防控体系提供科学指导；完成北京地区 2018 年洗钱类型分析工作，并根据分析结果将洗钱风险情况及时通报全辖，为金融机构准确识别风险、有效防范风险提供指引。

三、多媒体开展宣传活动，取得良好的社会反响

一是在新华网刊登《不断提升反洗钱水平 为首都稳定发展提供保障》一文，向社会公众阐述近两年北京地区反洗钱工作为维护首都经济、金融秩序和社会稳定发挥的重要作用。

二是联合司法部门和行业主管部门举办北京市反洗钱工作成果发布暨研讨会，北京电视台等 16 家媒体进行了报道。利用微信公众号——“央行北京青联”，对反洗钱工作成效进行宣传，发表《践行使命，反洗钱调查为首都平安保驾护航》《警行合作，“反洗钱 +”提升禁毒战斗力》等多篇宣传材料，引导社会公众了解反洗钱工作的意义和作用。

三是举办北京市金融系统反洗钱知识竞赛，辖内 300 余家机构的 600 多名选手参加了比赛，机构类别涵盖银行、证券、保险、信托和支付机构。

（王艳）

跨境人民币业务

2019 年，北京地区跨境人民币业务稳步发展，业务亮点频现。

一、顺应市场主体需求，稳步扩大人民币跨境使用

2019 年，北京地区跨境人民币结算 2.68 万亿元，同比增长超过 20%，业务笔数 18.35 万笔。境外地域更加广泛，自 2010 年 6 月 23 日试点启动至 2019 年末，北京地区跨境人民币收付涉及的国家和地区已达 242 个。积极支持贸易和投资便利化，帮助企业通过跨境人民币结算规避汇率风险。全年，北京地区经常项目人民币收付 7 009.58 亿元。其中，货物贸易人民币收付 4 592.23 亿元，服务贸易人民币收付 1 415.90 亿元。金融市场开放程度进一步加深，人民币投融资渠道进一步优化。全年，北京地区资本与金融项目人民币收付 19 807.61 亿元，同比增加5 098.30亿元。其中，直接投资人民币收付 3 891.08 亿元；证券投资人民币收付 14 862.85 亿元，同比增长超过 70%。与境外国家和地区银行的合作日益加深。截至年末，北京地区银行已经为境外 93 个国家和地区的参加行开立人民币同业往来账户 917 个，为非居民机构开立人民币结算账户 1 142 个。

二、多措并举，积极支持实体经济发展

（一）深入挖掘市场潜力，支持人民币在“一带一路”沿线国家的使用

2019 年，人民币成为“一带一路”沿线国家贸易和投融资的新选择。北京与沿线 109 个国家和地区开展跨境人民币业务，实现跨境结算 7 701.97 亿元，比上年增长 11.75%，占北京全部跨境收支的 28.72%。

（二）促进北京市金融业服务业扩大开放

开展优质诚信企业跨境人民币结算便利化试点，实现全国首个对外承包工程业务便利化试点落地。积极拓展跨境电商人民币结算业务，支持对外贸易新业态发展。截至年末，辖内已有 9 家支付机构完成备案并开展跨境电子商务人民币结算业务，全年结算额达 69.03 亿元。

（三）稳步发展跨境双向人民币资金池业务，支持辖内企业发展

截至年末，累计为 120 家跨国企业集团办理了业务备案，累计调配资金合计 6 943.01亿元，有效帮助企业拓宽融资渠道、节省汇兑成本。

（四）创新宣传引导形式，树立市场正面导向

以人民币跨境使用十周年为契机，借助参与 2019 年中国国际服务贸易交易会、制作宣传展板、开展知识普及竞答活动、编发业务指南、组织辖内银行召开专题推介会等宣传形式，多角度、多渠道提升市场主体使用人民币结算的积极性。

（朱琳琳）

五、机构业务综述

中国人民银行营业管理部

2019年，中国人民银行营业管理部（以下简称人民银行营业管理部）全面落实党的十九大、十九届二中、三中、四中全会及中央经济工作会议精神，坚持新发展理念，贯彻落实稳健的货币政策，持续深化金融供给侧结构性改革，坚决打好防范化解重大金融风险攻坚战，深化金融改革开放，助力首都营商环境优化，不断加强金融管理和服务，以改革创新为突破口，推动央行履职水平进一步提升，有力地促进了首都经济高质量发展。

一、货币信贷合理充裕，金融服务经济高质量发展的能力进一步增强

一是加大逆周期调节力度。在经济下行压力加大的形势下，人民银行营业管理部通过完善宏观审慎评估、加大货币政策工具运用、加强金融市场督导和管理、出台相关政策等手段，主动应对、精准施策，为首都经济发展提供强有力的资金支持。2019年，北京地区社会融资规模增加1.46万亿元，债券、股票等直接融资占比为51%，较全国高37个百分点；年末，人民币各项存贷款余额同比增长9.5%，为经济增长提供了有力支撑。

二是用好用足货币政策工具。下调金融机构存款准备金率1.5个百分点，实施普惠金融定向降准，持续向北京地区金融机构释放流动性。通过再贴现工具投放资金494亿元，同比增长74%，投放量创历史新高，超九成用于支持民营、小微和科创企业。着力推动贷款市场报价利率（LPR）形成机制改革，引导社会融资成本逐步下降。2019年12月，企业贷款加权平均利率为4.31%，较2018年高点下降62个基点。

二、持续优化信贷结构，对民营、小微企业等薄弱环节和高精尖产业结构的支持力度继续增强

一是多措并举推动民营和小微企业贷款量增、面扩、价降。联合出台深化民营小微企业金融服务行动方案和支持清理拖欠民营企业、中小企业账款行动方案，举办推进会、专题展，启动“访企业问需求——零信贷企业银企对接活动”，首月促成融资突破20亿元，创设“京创通”专项再贴现产品，专项再贴现额度增长五成至120亿元，成立全国首个征信支持民营和小微企业融资联盟，推动应收账款融资和民营企业债券融资支持工具落地，多措并举推动民营和小微企业融资环境持续改善。在全国率先构建金融服务实体经济指标体系，多维度评估深化民营和小微企业金融服务政策实施效果。2019年末，北京市普惠小微贷款余额同比增长32.4%，较各项贷款余额增速高出22.2个百分点，利率同比下降80个基点；民营经济贷款余额同比增长8.5%。

二是聚焦聚力服务北京高精尖产业结构和重点领域发展。与北京经济技术开发区管理委员会签署“1+1+N”合作方案，出台《金融支持北京市制造业高质量发展的指导意见》，聚焦金融支持制造业高质量发展。强化对科技金融专营组织的评估督导，支持科创型企业多渠道融资。发挥京津冀协同发展人民银行三地协调机制作用，推动加大对交通、生态环保、产业转移升级三大领域的金融支持。着力引导信贷向高技术产业、文化产业、现代制造业聚集；2019年末，高新技术产业、文化及相关产业、现代制造业贷款余额分别同比增长19.2%、23.4%、11.6%，较各项贷款余额增速高出9个、13.2个、1.4个百分点。

三、不断强化金融监管和风险防控，防范化解重大金融风险攻坚战取得关键进展

一是创新探索金融监管长效机制建设。认真落实全国金融工作会议精神，在全国率先建立省级金融监管协调机制，力促辖区各金融监管部门在金融监管、风险处置、信息共享、消费者权益保护等重大问题上共振发力。在全国率先开展企业工商登记涉金融字样前置管理，源头把牢市场准入关，助力合格金融服务类企业落户北京，有效遏制增量金融风险。高效完成对95家银行业金融机构的综合评价，深入推进综合执法检查，力促金融机构合规经营。

二是防范化解重大金融风险。配合北京市人民政府（以下简称市政府）完善防范化解重大金融风险攻坚战实施方案，实现挂图作战、精准拆弹。稳妥处置包商银行风险事件及衍生风险。有效抑制高风险机构风险外溢。构建中美经贸监测机制，跨部门、本外币协同持续监测中美经贸形势演变及其影响。持续深化互联网金融风险专项整治，有效治理互联网资管、虚拟货币等领域风险，积极配合北京市防范化解P2P领域风险。在全国率先开展支付机构违规行为专项整治行动，全面整肃支付市场乱象。以高度的政治责任感，确保新中国成立70周年首都金融安全稳定。

四、践行“金融为民”理念，助力首都营商环境优化

一是创新助力首都营商环境持续优化。在全国率先实现动产担保的统一登记、统一查询，显著提升企业获得信贷的便利度，为北京市在世界银行营商环境评估中排名大幅跃升作出积极贡献，并被收入《优化营商环境条例》。全国首批取消企业银行账户许可，有效降低企业脚底成本，企业账户开立平均时间缩短至1天。全面推广电子营业执照在开户环节的应用，上线注销企业在线销户预约系统，提升账户服务质效。在全国率先开创企业征信服务新模式，网银查询、自助机查询覆盖辖区近五成企业，并已在全国推广应用。在全国率先实施对外承包工程跨境人民币结算便利化政策，4家银行与8家企业在政策落地当日签约，以企业“走出去”带动人民币“走出去”。

二是金融服务便民惠民水平显著提升。率先上线人民银行系统内首家业务咨询呼叫中心，确保咨询电话有人接、有人答，群众满意率高达99.6%。攻克特大型城市公交领域运营主体多、协调难度大等问题，北京3万余辆公交车实现联网通用移动支付全覆盖。上线手机号码支付业务，绑定用户80万户。充分发挥金融服务乡村振兴和脱贫攻坚的支撑作用，引导优势资源向农村地区配置，三年累计消除金融空白村1 917个，村级金融服务实现全覆盖。实现退库业务全流程无纸化，保障小微企业速享减税降费政策红利。三方协议网上签署实现全覆盖，有效提升纳税体验。推进现金服务示范区建设，做好新版人民币发行工作。

五、强化履职能力建设，全面提升金融管理能力

一是金融科技助推北京科创中心建设。在全国率先开展金融科技创新监管试点，引导持牌金融机构开展金融科技创新应用，中国版“监管沙箱”落地北京。有序推进金融科技应用试点，完善金融科技应用配套政策、制度和标准，46 个试点项目数量居试点城市之首。

二是全面从严加强金融管理。与北京市公安局经济犯罪侦查总队共建全国首个省级警银联合办公室，严厉打击地下钱庄和网络炒汇，助推扫黑除恶专项工作。加强反洗钱监管，对 10 家机构开展执法检查，协助公安部门破获 10 起大案要案。实现全国首例房地产业反洗钱可疑交易报告。运用非现场手段深入挖掘地下钱庄成因、资金流动链条，严厉打击地下钱庄。强化货币管理，开出全国首张互联网上非法使用人民币图样罚单，对 5 家拒收现金企业作出行政处罚。推动成立北京市金融消费纠纷人民调解委员会、北京市金融业公共法律服务中心，在全国率先建立金融广告治理协作机制，全面提升首都金融消费生态。

六、高质高效服务决策，金融统计工作取得新成效

金融业综合统计工作走在全国前列，落地实施资产管理产品统计，率先启动金控统计试点数据报送，顺利完成北京市全国第四次经济普查货币金融服务业统计工作，不断拓展形势分析深度与广度。聚焦金融供给侧结构性改革、人口老龄化等开展课题攻关，助力绿色金融国际中心建设，政策研究水平切实提升。聚焦深化民营小微企业金融服务、建设金融监管协调机制、应对中美经贸摩擦影响等问题，积极为首都经济社会高质量发展建言献策，首都经济高参的作用进一步发挥。

（李媛）

国家外汇管理局北京外汇管理部

2019 年，国家外汇管理局北京外汇管理部（以下简称北京外汇管理部）强化外汇市场风险防控，切实打好防范化解金融风险攻坚战。统筹平衡“促便利”和“防风险”，推动多项改革举措落地生根，提升外汇管理效能。全年，北京地区外汇市场总体运行平稳，北京外汇管理部各项工作再上新台阶。

一、深化改革，构筑首都金融业扩大开放新格局

（一）加强工作统筹，全面推进服务业扩大开放试点

2019 年，国务院批复北京市新一轮服务业扩大开放综合试点工作方案，北京外汇管理部将深化服务业扩大开放工作纳入党委和部重点推动工作，组建本外币联

合工作专班，制定金融领域开放改革三年行动计划，探索资本项目跨境汇兑负面清单管理模式，开展“金融服务百日行”政策宣讲活动。

（二）以金融市场开放为重点，有序推进资本项目改革试点

在国家外汇管理局支持下，开展合格境内有限合伙人境外投资（QDLP）试点，与北京市地方金融监督管理局共同制订试点方案及实施细则并落地实施，进一步提升北京金融市场开放程度。积极推进银行不良资产跨境转让试点工作，研究试点工作方案，向国家外汇管理局提出试点申请。推进非银行金融机构开展即期结售汇业务，推动证券公司开展结售汇业务试点。全年，北京地区共有38家财务公司开展即期结售汇业务，2家证券公司向国家外汇管理局提出结售汇业务试点申请。

二、服务实体，优化首都开放型经济营商环境

（一）落地多项贸易便利化举措，便利企业外汇收支

开展货物贸易外汇收支便利化试点，推动优质企业享受便利政策。充分调研论证辖区情况，研究银企试点条件，拟订符合国家外汇管理局要求和北京实际的试点方案，指导优质银企有序开展试点。发挥试点政策的激励作用，促进更多企业诚信合规经营。全年，共有3家银行、7家企业参与试点，累计办理货物贸易项下收付汇业务602笔，金额37.6亿美元。在全国率先落地承包工程企业境外资金集中管理试点，为企业在“一带一路”沿线国家和地区开展业务保驾护航。首家试点企业已在境外开立资金集中管理账户，集中管理当地8个承包工程项目资金，预计每年可减少10%的境内资金汇出，节省约15%的资金成本。

（二）优化中关村国家自主创示范区资本项目便利化政策，助力科创中心建设

积极协调推动政策升级，通过参展北京国际金融博览会展示、与电视台合作录制宣传视频、举办银企沟通座谈会等方式，大力宣传政策内容和实施效果，及时总结评估，解决企业业务办理中的难点、痛点问题。全年，累计办理资本项目收入支付便利化业务9 592笔，金额47.02亿美元，银行审核效率提高60%；累计为42家中关村高新技术企业办理53笔外债便利化业务，新增签约金额44.67亿美元。

（三）积极落实跨国公司新政，推进总部经济发展

稳步推进现存跨境资金池的重新备案与清理工作，通过加强银企沟通和分类辅导、优化审批操作，银政企三方合力提升备案效率，解决企业反映的材料收集工作量大、框架性协议签订耗时长、历史数据核对难度高等难题。全年，北京地区60家现存跨境资金池全部完成重新备案，并新设6家企业集团跨境资金池；66家跨境资金池共吸收2 847家成员企业。

（四）大力支持中国（河北）自由贸易试验区大兴机场片区建设

实地调研广州市、深圳市、海南省等地自由贸易试验区创新政策，对标国际、深化协作，积极向国家外汇管理局争取并获批大兴机场片区外汇管理改革试点，支持片区内企业享受更便利的外汇管理政策。

三、强化风险防控，进一步提升监测预警研判能力

（一）充分发挥监测机制合力，持续监测中美经贸摩擦演变及其影响

建立本外币联动中美经贸摩擦监测工

作专班，通过实地走访、问卷调查、量化分析等方式，多维度跟踪分析中美经贸摩擦演变对我国进出口、跨境投资及市场预期的影响，并积极落实应对举措。

（二）完善对重点企业和业务常态化监测机制，加强事中事后监管

建立健全货物贸易常态化监测核查体系，持续跟踪内保外贷履约风险情况。关注异常资金流动情况，引导企业大额资金合理有序汇出。依托现有外汇业务系统和已建立的重点企业监测库，及时排查业务数据异常波动，对趋势性、苗头性问题做到提早预警。

（三）深入开展前瞻性研究，提升对复杂形势的研判能力

围绕外汇管理中心工作，发挥区位优势，注重选题的全局性、前瞻性和方向性，深度挖掘反映经济主体的真实需求、抓住监管难点背后的深层次原因，聚焦热点、快速反馈，提升研究水平。

四、加大违规惩处，维护首都外汇市场良性秩序

（一）以银行和支付机构为切入点，专项检查成效显著

精准发力，紧扣交易真实性，严厉查处实质性违规行为。完成国家外汇管理局部署检查、自主开展检查共12项，对银行未尽真实性审核职责、支付机构逃汇等违规行为进行查处，实现支付机构查处新突破。

（二）破获2起地下钱庄案，警汇合作再上新台阶

破获“徐某某”等2起地下钱庄案，涉案金额分别高达300亿元、1 300亿元。与公安部门加强联合执法，精准锁定涉案目标，从重处罚资金涉赌等非法买卖外汇行为。全年，共查处73起地下钱庄非法买卖外汇案件，罚款797.04万元，有效遏制了地下钱庄的滋生和发展。

（三）圆满完成互联网外汇交易平台清理整治工作

积极构建北京地区监管沟通协调机制，综合运用约谈整改、签署承诺书、现场执法、移送通信管理部门等措施，打好清理整治“组合拳”，顺利清理整治74家网络炒汇平台、16家跨境炒房炒股平台。

五、以现代化手段提升外汇管理效能

（一）配合推进“互联网+政务服务”建设，优化外汇管理服务

梳理北京辖区可承办的112项行政许可事项，采集行政许可事项实施清单相关要素，完成角色分配、权限开通等工作，密切监测系统运行状况。全年，通过政务服务网上办理系统受理行政许可业务3 675笔。

（二）开展跨境金融区块链服务平台试点，便利中小企业融资

成立工作领导小组，拟订试点方案，指导银企“上链”开展业务，并及时跟踪运行情况，稳步推进试点扩容。全年，共有25家银行参与试点，通过平台共办理出口应收账款融资业务55笔，其中，美元业务1 466万美元，人民币业务2.05亿元。

（三）率先探索人工智能在外汇管理领域的应用

在国家外汇管理局指导下，与业界领先的人工智能企业合作开展“国家外汇管理局机器学习价值探索项目”。选取地下钱庄和虚假贸易两个应用场景，依托机器学习技术孵化出地下钱庄企业使用者、地下钱庄个人经营者和虚假贸易三个模型。模型自身评估指标优异，经

业务部门核验效果良好，虚假贸易模型输出的北京地区45家可疑企业的数据异常率达73%，其中，可判定为初步线索的企业占比46%。

（云璐）

中国银行保险监督管理委员会北京监管局

2019年，中国银行保险监督管理委员会北京监管局（以下简称北京银保监局），全面贯彻党的十九大和十九届二中、三中、四中全会精神以及中央经济工作会议精神、全国银行业保险业监管工作会议部署，稳妥完成机构改革相关工作，加强全面深度融合，围绕“去杠杆、治乱象、回本源、强服务、防风险、促开放”的监管路线图，深入推进“六大治理”，坚决打好防范化解金融风险攻坚战，大力支持首都实体经济发展，有效维护首都金融秩序稳定安全。

一、深入推进“六大治理”，切实打好防范化解金融风险攻坚战

（一）积极开展业务治理，全面巩固治乱象成果

加大现场检查和行政处罚力度，银行业保险业合规生态持续修复。坚持“房住不炒”定位，积极配合市政府做好房地产调控和租房市场规范，高度关注住房“二抵贷”和房企过度融资情况并及时提示风险，全年房地产贷款增速低于各项贷款平均增速4.71个百分点。着力规范具有影子银行特征类业务，坚决遏制信托通道业务规模无序扩张。深入开展保险中介市场乱象整治，积极处置保险公司与网贷平台合作信用保证保险业务风险。

（二）扎实推进风险治理，守住不发生系统性、区域性风险的底线

稳妥做好个别高风险银行、财务公司和信托公司等重点机构风险处置化解。推动成立个别集团债权人委员会。扎实开展大额信用风险排查，摸清风险底数。持续加大不良资产处置力度。召开案件风险警示教育会议，创新提出案防“三线”合一监督工作机制，切实提升案防工作质效。扎实做好流动性指标监测、达标测试和横贯式压力测试，开展保险领域满期给付和非正常退保风险预警排查。持续做好信息科技监管评级、现场检查和巡查，积极预防网络安全突发事件。

（三）创新丰富规则治理，补齐制度短板

全年陆续出台针对续贷、票据、结构性存款、银行同业、与金融科技公司合作、银行卡、保险中介机构和保险销售等业务领域共18项规范性文件和政策措施，不断丰富监管工具箱，为中国银保监会提供有效的基层实践经验和政策建议。

（四）着力夯实数据治理，有效提升监管质效

着力提升数据真实性、完整性和及时性，充分挖掘数据潜在价值。持续完善大数据技术在“三隐贷款”统计、风险识别等方面的应用，监管质效显著提升。

（五）稳步完善公司治理，筑牢机构高质量发展基础

进一步推动将党的领导有机融入公司治理各环节，开展股权与关联交易专项整治，大力推动相关银行存量问题股东清理规范，强化北京中关村银行科技银行定位和股东持续监管，督促解决个别机构董事长长期缺位问题。

（六）有序推动社会治理，着力防范社会金融风险

推动多家网贷机构良性退出，辖内网贷行业机构数量、借贷余额和涉及人数大幅下降。针对相关领域乱象，出台专项通知，规范商业银行私募基金托管业务，大力整治非保险金融产品风险跨行业传递，推动非法集资防范宣传教育和监测预警以及“护航 2019”反保险欺诈专项行动取得实效。与西城区、海淀区人民政府签订合作备忘录，在打击非法金融活动等方面实现深度合作。

二、深入落实“八大举措”，持续提升金融服务实体经济质效

（一）创新机制缓解小微企业融资难、融资贵问题

成立全国首家企业续贷受理中心并推广至全市 16 区，完成续贷金额 22.3 亿元，累计帮助企业节约利息支出 6 000 余万元，有效缓解小微企业融资难、融资贵、融资慢难题。出台续贷业务专项指导意见和系列通知，严格规范小微企业贷款服务，开展专项排查，严厉查处小微企业贷款违规问题。多次开展民营企业走访帮扶调研，主动上门送出“金融服务包”。

（二）强化社会服务领域金融支持力度

启动银行业保险业支持养老、家政、托幼等社区家庭服务业发展试点，石景山区长期护理保险试点已覆盖 30 万人群，全市老年人意外伤害险、失独家庭保障等政府保险合作项目服务 231 万人次。在全国首推交通事故“互碰快赔”机制，有效缓解首都交通拥堵压力。人身险新单电子化回访试点全面推开，经验做法被中国银保监会采用并向全国推广。

（二）着力优化营商环境，持续推进普惠金融发展

“金融专网”正式贯通，成为全国率先在省级层面搭建银行与政府部门“总对总”连接的信息平台，实现不动产抵押登记“一站式”办理，有效提升金融服务质效。联合人民银行营业管理部、北京市地方金融监督管理局制定推进北京市普惠金融发展实施意见，形成普惠金融“几家抬”的良好局面。提前完成“基础金融服务不出村，综合金融服务不出镇”的工作目标，持续增加涉农金融有效供给，保障生猪养殖贷款发放。

（四）加大对国家重大战略实施、北京市重点工程和重点领域的支持力度

引导机构主动对接京津冀协同发展、北京城市副中心建设、大兴国际机场、2022 年冬季奥林匹克运动会（以下简称冬奥会）等重点工程项目，支持保险机构以债权投资计划形式投资北京市重点项目。积极服务首都环境治理，全国首张绿色建筑性能责任保险保单在京落地，北京首单环境污染责任保险保单正式签发。联合印发《金融支持北京市制造业高质量发展的指导意见》，助力北京构建“高精尖”经济结构。

（五）强化保险保障功能

在全国率先启动农业保险承保全流程电子化改革试点。

（六）稳步推进银行业和保险业改革发展

批复中信消费金融有限公司开业，完成北京阳光消费金融股份有限公司筹建初审。推动辖内信托公司创新开展服务信托和财富管理类信托等业务，支持财务公司推动延伸产业链业务和多家保险公司在津冀地区展业。

（七）着力提升银行业保险业对外开放水平

完成巴基斯坦哈比银行有限责任公司北京分行筹建初审，批准设立卢森堡国际银行北京代表处。着力推动落实北京市服务业扩大开放综合试点、金融领域改革开放三年行动计划等重点工作任务。

（八）持续推进金融消费者权益保护

优先保障“12378”热线北京分中心升级改造，推进金融宣传教育体系化建设。在西城区人民法院设立纠纷调解室，联合东城区人民法院在北京银保监局内建立诉调对接工作站，实现行业调解“走出去”与流动法庭“请进来”。

（胡同杰）

中国证券监督管理委员会北京监管局

2019年，中国证券监督管理委员会北京监管局（以下简称北京证监局）把握稳中求进工作总基调，坚持“四个敬畏、一个合力”的理念，围绕全国监管工作会、全面深化资本市场改革工作座谈会提出的重点任务，推进首都资本市场体系建设与改革，打好防范化解辖区市场重大风险攻坚战，紧扣金融供给侧结构改革，切实提升监管工作成效。

一、深化资本市场改革，加快首都多层次资本市场体系建设

（一）推进科创板并试点注册制改革在辖区成功落地和稳健运行

一是科学研判，平稳高效开展辅导。成立专班，制订《推进落实科创板工作方案》，启动科创板辅导规则制定和调研工作，在全国率先制定科创板辅导备案工作规则。

二是加强调度，全力配合审核问询。协调北京市各委办局，明确25家重点突破对象，分类督导，实时跟进申报障碍解决情况。在首批科创板上市的25家公司中，北京上市企业数量与上海市并列全国第一位，募集资金总额排名全国第一位。形成与地方政府、中介机构、企业的多轨对接机制，有效挖掘培育上市资源，持续向科创板输送优质企业。

三是妥善应对，全面做好交易准备。建立督导工作机制，全面排查技术风险，督促证券公司认真对待并参与上海证券交易所组织的科创板性能容量全网测试。

（二）服务北京“四个中心”建设和京津冀协同发展

一是推动辖区市场落实深化改革政策措施，支持各类主体把握改革机遇，利用资本市场做大做强。鼓励企业登陆科创板，支持证券机构创新发展，推进央企、市属国有企业、优质民营企业在交易所市场发行债券，加强区域性股权交易市场建设，指导四板市场明确市场定位、市场机制和服务对象。辖区证券经营和服务类机构迅速壮大，形成较完整的资本市场服务产业链。

二是精准把握需求，大力支持北京科创中心、文化中心建设。坚持监管与服务并重的工作理念，联合开展文化、科创企业上市培训，支持辖区机构推出契合科技类、创投类企业需求的金融产品和服务模式，助力科技创新、文化产业高质量发展。

三是聚焦重点领域，支持民营经济、中小创企业和京津冀协同发展。开展民营企业流动性困境专题研究，参与设计金融服务实体经济指标体系建设和持续统计报送工作。加大对民营企业、中小创企业等重点领域和薄弱环节支持力度，推动制定支付中小企业款项管理办法，协同开展清理拖欠账款专项行动，多方化解民营企业融资难题。

（三）推动北京服务业扩大开放与优化营商环境实现突破

一是进一步推动证券行业对外开放政策落地取得重要进展。按照国家金融业新一轮对外开放和北京市服务业对外开放试点工作要求，总结分析辖区金融业对外开放现状、特点、发展趋势及问题，积极参与、配合运行北京市专班工作机制，争取对外开放政策在京落地取得阶段性成果。

二是助力北京优化营商环境再次取得重大进展。主动参加北京市与世界银行的营商环境评估磋商会，承担优化改善“保护中小投资者”指标的任务，为改善北京市营商环境作出贡献。

二、紧扣金融供给侧结构改革，切实提升监管工作成效

（一）发挥资本市场枢纽功能，高质量服务实体经济发展

一是推动中国证监会和北京市委市政府出台支持辖区多层次资本市场发展政策措施，支持市场主体充分利用首次公开募股（IPO）、再融资、公司债、资产证券化等渠道融资，实现快速发展。

二是紧抓设立科创板并试点注册制重大改革成功落地契机，完善内部制度规则体系，规范辅导备案工作规程，加大上市辅导力度，挖掘培育上市后备资源，推动中国证监会与北京市相关部门建立优化IPO工作联系沟通机制。

（二）统筹强化投资者权益保护，彰显资本市场监管人民性

一是拓宽投教宣传“新渠道”。综合运用多种手段，从理念培育、体系构建、机制优化、平台建设等方面，探索宣传教育渠道和形式。通过北京证监局官网公示行政处罚和行政监管措施信息，提示广大投资者警惕风险。组织开展“走近科创，你我同行”“明规则、识风险、理性投资乙亥年之走近科创板”“5·15全国投资者保护宣传日”专项活动4场。

二是完善投诉处理“好机制”。深化多元化纠纷调解机制，指导辖区资本市场协会、商会调解处理投诉举报。针对市场风险频发、群访事件激增、围攻办公场所的突出问题，设立独立信访接待室，加强接待培训，增加应急设备。完善信访接访机制，局领导牵头接访化解矛盾纠纷，充分倾听投资者诉求。

三是推进投资者教育基地“严管理”。规范审核流程，严把准入关口。制订实施3家国家级、6家省级投资者教育基地考核方案，制订实施申报命名方案，2家主体获得投资者教育基地资格。

三、坚守风险底线，打好防范化解辖区市场重大风险攻坚战

一是创新手段、全面监测，风险防控

水平和应对能力明显提升。完善分类、分层、分业态、分行业的风险导向型监管模式，拓展现场检查广度和深度，关注市场热点焦点问题及投资者动向，紧盯上市公司业绩波动、会计处理、流动性风险等方面问题400多项，归集证券、基金、期货经营机构的公司财务、股票质押、债券交易、资产管理业务、“结构化发行”产品等内控合规方面风险点99个，摸排回购规模大、杠杆倍数高的机构3家，聚焦变相公开、夸大宣传、非法集资等风险点的私募机构387家，强化各类证券业务中介机构违规业务现场检查，为处置风险提供情况底数。拓展辖区上市公司智能监管系统应用范畴，辅助审核年报51份。借助第三方机构的监测系统，加大舆情监控范围和频次。充分运用信息技术手段，紧盯大数据采集、研判分析的情况，为业务条线现场执法、非现场执法、稽查执法、信访举报、预警监测等提供科技保障。推动北京市建立中美贸易摩擦应对专班，强化系统内部风险通报和政策协调，从市场层面、行业层面、技术层面研判把握风险，从政治高度和维稳大局角度考虑和推进风险应对及化解工作。

二是精准施策、精准拆弹，防范化解重大金融风险攻坚战取得阶段性成效。深化市区两级政府建立民营上市公司流动性救助机制，组织召开民营企业纾困推进会、银企融资对接会，助力企业通过转让股权、引入纾困基金等方式获得资金支持。采取通报市政府、主管部门、约谈实际控制人和大股东、对接纾困机构、协调收回应收账款、协调持有人等方式，推动缓释风险。多措并举推动对私募基金的监管，加强风险监测与防范，加大现场检查、违法违规行为处罚和失信警示力度，处置多业态交织的金融集团、资金池业务、大型互联网金融平台业务等复杂监管问题，督导稳步化解存量风险。配合市政府制定出台交易场所管理办法，摸排金融机构异地经营情况，推动解决地方交易场所、金融机构异地经营等区域性金融风险问题。

四、践行“四个敬畏、一个合力”理念，有效维护辖区市场秩序

一是敬畏市场，敬畏法治，以明晰的监管原则推进依法履职。落实国务院和中国证监会“放管服”改革要求，推进简政放权，编制行政许可事项申报须知和服务指南8项，推进“一网通办”流程，及时更新并在外网公示，做好行政许可取消和下放后的各项政策衔接工作。严格根据法律法规规定和中国证监会授权，规范监管行为，减少自由裁量。保持监管高压态势，严惩辖区资本市场违法违规行为。针对投资者和舆论反映强烈的财务造假问题，重点立案查办“新三板”挂牌公司、债券发行人、上市公司的财务造假和信息披露违法违规案共13起。

二是敬畏专业，敬畏风险，以优化的监管方式提升监管效能。探索推进监管流程再造，综合运用专项检查、“双随机”检查等方式，有效整合监管资源，保证上市公司、中介机构现场检查的覆盖面、针对性和深度，强化现场监管的核心职能。充分利用证券机构日常备案材料审核、定期报告汇总分析、大数据分析等监管手段，探索更加主动灵活的非现场监管，强化非现场监管发现问题的能力。

三是内外联动，沟通合作，以高效协同的监管体系增强合力。与中国证监会、交易所、中国证监会管辖机构、行业协会等保持监管联动，签署监管合作备忘录，优化分工协作机制。密切与国务院国有资产监督管理委员会、中国注册会计师协会、司法机关的沟通协作，深化央企上市公司、会计评估事务所、律师事务所和私募行业监管的信息共享与工作配合。

（段潇潇）

北京市地方金融监督管理局

2019 年，北京市金融业实现增加值 6 544.8亿元，同比增长 9.5%，高出地区生产总值增速 3.4 个百分点，占地区生产总值的比重为 18.5%，对经济增长贡献率达 28.8%。实现地方级一般公共预算收入 1 027.5 亿元，占全市的 17.7%；实现税收 5 217 亿元，占全市的 39.8%。

一、国家金融管理中心功能进一步强化

积极履行对国家金融管理部门的服务保障职能，完善对重点金融机构“服务管家”和“服务包”工作机制，支持国内外金融机构在京聚集发展。落地国家金融基础数据库、存款保险基金管理有限责任公司等国家级金融基础设施。中国工商银行、中国银行、中国农业银行、中国邮政储蓄银行的理财子公司在京设立，中国民生银行理财子公司明确在京设立意向。侨商、文创等民营银行加快筹备。完善北京金融街合作发展理事会、北京金融街服务局、北京金融街服务中心有限公司、金融街论坛“四位一体”的服务体系，加快北京丽泽金融商务区，北京城市副中心等金融承载新空间建设，形成“一心一线”空间新格局。

二、金融改革开放成果率先落地

新一轮服务业扩大开放试点获得国务院批复，金融领域试点任务占比超过四分之一。QDLP 试点正式启动，人民币国际投贷基金加快筹建。全面落实国家新一轮金融开放政策措施，积极承接外资金融机构落地，标普信用评级（中国）有限公司获得银行间债券市场信用业务资格，环球同业银行金融电信协会（SWIFT）在京设立中国区法人机构，维萨（VISA）国际组织在京设立创新中心，贝宝（PayPal）公司在京设立第三方支付机构，大和证券、丰田金融、安顾保险集团、高盛集团、东方汇理银行、贝恩资本在京深化布局，首都金融国际影响力进一步彰显。全年，落地外资金融机构 23 家，2018 年以来累计已有 33 家外资金融机构落地北京。

三、金融科技引领作用日益凸显

支持成立北京金融科技研究院，中国人民银行主导的中国金融科技产业联盟落地北京。率先启动金融科技“监管沙箱”试点。金融科技应用示范项目数量 46 个，居全国首位。金融科技与专业服务创新示范区建设全面推进，建立理事会协调机制，全年累计 70 余家金融科技企业入驻，注册资本超过 700 亿元。在 2019 年 9 月公布的第 26 期全球金融中心指数中排名中，北京列全球金融科技指数第 1 位。

四、加快培育绿色金融、财富管理等金融新动能

在北京城市副中心培育绿色金融、财富管理等金融新业态，与伦敦金融城签署

合作备忘录，设立北京—伦敦绿色科技创新与投资中心。支持举办“‘一带一路’绿色投资原则”国际会议，推动“碳银行”在京落地。北京国际财富管理中心聚集区加快推进，北京国际财富管理研究院正式设立，成功举办第二届全球财富管理论坛。

五、金融服务实体经济能力显著增强

聚焦服务科创、民营、小微企业，构建“1+8”金融服务体系。举办“畅融工程”对接活动50场，累计形成授信1 300亿元。建设北京小微企业金融综合服务平台，注册企业1 200余家。出台《深化金融供给侧改革　持续优化金融信贷营商环境的意见》，率先在全国建立动产抵押统一登记系统，做法写入国务院《优化营商环境条例》并在全国推广。建立小微企业续贷中心和首贷中心，降低小微企业实际融资成本。作为样本城市助力中国在世界营商环境排名中上升了15位，北京分值单独排名全球第28位，超过东京。

六、多层次资本市场服务功能进一步加强

积极推动企业上市，建设北京企业上市综合服务平台，推动新增A股上市公司29家。建立支持企业科创板上市战时工作专班，及时协调解决企业上市过程中遇到的各类问题，全年科创板成功挂牌12家。推动“新三板”改革落地，向功能更完备的证券交易场所迈进。积极支持天使基金、创投基金和母基金发展，持续培育耐心资本。

七、地方金融监管体系不断完善

加快推进地方金融立法，《北京市地方金融监督管理条例》经北京市人民代表大会常务委员会主任会议审议通过，列入2020年立法计划审议项目。制定完善“7+4”地方金融组织监管制度规则，对7类机构开展行业现场检查。优化地方金融监管行政审批流程，实现“一网通办”和企业“零跑动”，申报材料精简50%，办理时限压缩55%。

八、有效化解重大金融风险

完善“及早发现、打早打小、存量整治、应急处置、刑事打击”的“五位一体”金融风险防范和应急处置工作框架，健全地方金融监管和地方金融风险处置两个协调机制。制定《防范化解重大金融风险攻坚战实施方案》。扎实推进互联网金融风险专项整治，完成P2P网络借贷机构自查、自律检查和行政核查，实现P2P网络借贷平台数量、金额、涉及人数“三降”。加大对非法集资等违法违规金融活动打击力度，做好防范非法集资宣传教育，开展集中宣传活动3 000余次。组织开展首都金融领域扫黑除恶专项斗争，将扫黑除恶与清险治乱有机结合，整肃首都金融秩序。稳妥推进违规交易场所存量风险化解工作，加强对上市公司股权质押、私募基金、债券违约风险的监测和及时处置，有效管控外地金融风险向首都传导。

（吴茜）

中国人民银行中关村国家自主创新示范区中心支行

(国家外汇管理局中关村国家自主创新示范区中心支局)

2019年，中国人民银行中关村国家自主创新示范区中心支行（国家外汇管理局中关村国家自主创新示范区中心支局）深入学习贯彻党的十九届四中全会和中央经济工作会议精神；探索外汇管理先行先试政策优化升级，充分发挥中关村国家自主创新示范区（以下简称中关村示范区）再贴现窗口作用，畅通货币政策传导，助力民营小微企业发展；践行金融为民理念，推动账户监管方式创新；推进小微企业信用体系建设，提升金融服务水平；加强指导宣传，优化辖区金融生态环境；完善“宏观审慎+微观监管”的跨境资本流动风险管理机制，助推中关村示范区经济高质量发展。

一、坚持服务实体经济本源，助力民营小微企业发展

（一）推动外汇管理先行先试政策优化升级，积极开展业务“回头看”，助推科创企业发展

通过多种方式开展政策培训，扩大政策受众，定期向中关村科技园区管理委员会（简称中关村管委会）等相关政府部门通报政策进展情况。坚持便利与审慎并重，严格审核把关，做好业务风险防控；总结和评估试点政策实施情况，定期与重点企业进行政策调研座谈。全年，共接待电话和柜台咨询8 198人次，办理经常、资本项下行政许可业务880笔，未出现业务差错和客户投诉。截至年末，共为42家中关村高新技术企业办理53笔外债便利化业务，新增签约金额合计44.7亿美元，预计1年可为企业节约财务成本约10.5亿元。47亿美元通过便利化政策支付使用，银行审核效率提高60%。

（二）树牢科技金融品牌，完成再贴现窗口升级

贯彻落实各项货币信贷政策，深入开展“访企业问需求——零信贷企业银企对接活动”，扩大高新技术企业信贷覆盖面、首贷覆盖面，普惠金融政策效果显现。2019年末，中关村示范区内9 436家高新技术企业已获得贷款，较上年同期增长11.4%。加速货币政策工具直达科技型企业聚集区，完成对中关村示范区再贴现窗口的升级，实现独立开展再贴现业务。全年，共发放再贴现17.4亿元，其中，科创民营小微企业票据占比超过95%。

（三）优化科技金融专营组织机构监测评估，推动金融支持科技创新

组织修订《中国人民银行中关村国家自主创新示范区中心支行科技金融专营组织机构年度评估工作方案》，广泛听取相关政府部门、银行以及科技企业的意见，于12月正式发布。截至年末，66家专营组织机构中关村高新技术企业贷款余额为1 078.9亿元。全年共拓展无信贷高新技术企业635户。

二、践行“金融为民”理念，持续优化综合金融服务

（一）以金融科技为支撑，不断提升金融服务质效

配合人民银行营业管理部开展大数据

融合分析，探索“央行大数据”服务小微企业融资试点。组织开发账户辅助管理系统，上线试运行工商登记注册信息应用平台，实现企业账户自动化审核。推进小微企业信用体系建设。配合人民银行营业管理部推动应收账款融资服务平台推广，合作开展“信用领跑”行动，缓解金融机构与企业间信息不对称的难题。

（二）加强业务指导，提升辖区内银行机构的金融服务水平

针对账户疑难业务问题，采取专项指导方式，解决银行实际问题；配合人民银行营业管理部开展企业账户业务核查与Ⅱ类、Ⅲ类账户核查等工作；积极参与单位银行账户远程开户、境外央行类机构开户等新兴账户业务调研。全年，共办理人民币银行结算账户核准业务 4.1 万笔，行政许可公示 3.9 万笔；核查企业账户 5.4 万笔；其他各类业务 4 600 余笔。

（三）完善征信体系建设，优化征信业务服务

配合人民银行营业管理部做好二代征信系统切换，督导部分银行自助查询设备切换工作；梳理征信查询业务常见问题，配合对业务咨询呼叫中心进行书面培训，提升征信咨询服务质量；配合了解金融机构接入征信系统情况及需求，并梳理完成相关汇报材料。全年，共办理信用报告查询业务 12.7 万笔，与上年同期持平。其中，个人业务 10.6 万笔，下降 5.9%；企业查询 2.1 万笔，增长 40.5%。

（四）丰富宣传内容和形式，持续开展综合金融知识宣传

发挥新媒体优势，通过视频推广、校园演讲比赛等方式，开展宣传活动；举办“6·14 信用记录关爱日”活动，着力推广动产担保统一登记系统和应收账款融资服务平台；开展综合金融知识宣传志愿服务及“3·15”金融消费者权益保护宣传，全年宣传受众超千万人次；加强辖区内银企外汇业务指导，举办培训、宣传等活动 10 余场，累计参与千人次。

三、完善“宏观审慎 + 微观监管”的跨境资本流动风险管理，优化辖区金融生态环境

（一）防范跨境资金流动风险，完善“宏观审慎 + 微观监管”的跨境资本流动风险管理

保持对宏观外汇收支形势变化的敏感性，“抓重点项目”“防重点风险”。构建中关村示范区宏观审慎管理框架下的跨境资金流动风险预警体系。利用 VaR 模型从宏观、中观、微观三个层面锁定异常流动渠道，对跨境资金流动风险进行预判。全面梳理中关村示范区对美贸易投资情况，持续关注、反馈中美贸易摩擦对辖区内重点行业、企业的影响，按季度对 70 家企业开展问卷调查。

（二）统筹开展微观主体监管，提高监管工作的针对性和严肃性

建立重点银企联系机制，全年开展 3 次联动核查，向银行下发企业可疑信息，涉及 59 家企业的 194 条交易；优化核查前约谈工作机制，召开 4 次核查座谈会，对 40 家现场核查企业进行政策提示。全年，共对 1 819 家经常项目重点监测企业实施非现场和现场核查，对 11 家企业实施降级及分类综合评估；对 258 家资本项目触发异常性指标企业实施重点监测，进一步完善外汇市场微观监管。

（阙星文）

金融机构

国家开发银行北京市分行

2019年末，国家开发银行北京市分行（以下简称国开行北京市分行）资产总额为4 780.61亿元，同比减少13.53%。表内贷款余额为4 376.50亿元，同比减少7.62%。其中，表内人民币贷款余额为3 198.22亿元，同比增长7.18%；表内外币贷款余额为168.90亿美元，同比减少33.90%。日均存款586亿元，同比增长17.4%。实现中间业务收入2.12亿元，同比减少10.86%；拨备前利润56.33亿元，同比减少10.14%。

截至年末，国开行北京市分行内设22个处室，正式在职人员有228人。

支持首都经济高质量发展 聚焦京津冀一体化建设，助力大兴国际机场、京张铁路正式运营，支持地铁六号线、十七号线等轨道交通项目，共发放贷款95亿元。支持奥运场馆和配套设施建设，发放贷款19.5亿元。以西砖胡同项目作为破局城市更新领域支点，探索建立“菜西模式”，实现北京市首例实施直管公房申请式退租和首个城市更新项目落地。助力生态优先战略，发放永定河流域综合治理项目等绿色贷款119亿元。支持市属重点企业发展，向北京汽车集团有限公司、北京金隅集团股份有限公司、北京能源集团有限责任公司等重点企业及子公司发放贷款170亿元。响应“一带一路”倡议，发放万宝矿产有限公司“一带一路”流动资金贷款项目贷款1.4亿美元。

着力服务民生保障 支持民营和小微企业发展，发放民营企业流动资金贷款101亿元，向北京同仁堂科技发展有限公司等25家客户提供专项流动性支持，涉及帮扶近700家民营企业；与北京银行开展转贷款业务合作，发放转贷款20亿元，向300余家小微企业提供资金支持。助力东西部扶贫协作，发放扶贫贷款40.31亿元，实现消费扶贫55.45万元；引导资金投向瓶颈领域，向美菜网项目发放贷款8.8亿元，形成东部龙头企业以“互联网+农业”大额订单采购形式拉动西部农业发展的模式。推动“租购并举”模式，向东坝和庙城共有产权房项目发放贷款5.8亿元；发放棚户区改造项目贷款106亿元，确保重点民生工程资金支持“不断档”。

支持全国科技创新中心建设 推动“三城一区”开发建设，为怀柔科学城、亦庄开发区设计融资方案，发放西三旗科技园区项目贷款7.25亿元。推动集成电路及配套产业发展，向京东方科技集团股份有限公司、中芯国际集成电路制造有限公司等龙头企业发放集成电路项目贷款122亿元。推广投贷联动模式应用，向北京东方国信科技股份有限公司等7个投贷联动项目发放配套贷款3.3亿元。加强中关村科技园区银行、政府、担保机构合作，批量支持科技型中小企业。

风险管理与合规经营 完善全面风险管理体系，开展风险防范案例培训，提升全员风险防控意识和能力。大力推进风险出清，通过核销、批转和升优回收化解 7 个不良项目共 9.07 亿元。完善合规管理机制，开展责任认定，提升全员合规意识。完善反洗钱及制裁合规制度体系，将反洗钱嵌入业务全流程。加强规划研究，全年完成北京市战略新兴产业融资规划等 3 项规划课题。强化经营意识，合理调控贷款投放节奏，保障重点项目发放，灵活匹配期限，完善定价机制。深化综合金融服务，持续推进表外业务及同业业务，持续丰富客户服务品种，发行理财 72 期，金额 495 亿元。

（刘宇）

中国进出口银行北京分行

2019 年末，中国进出口银行北京分行（以下简称进出口银行北京分行）有余额的贷款客户有 73 家，项目 156 个，累计批准贷款 558 亿元，累计放款 423.43 亿元，累计收回 322.12 亿元。本外币贷款余额为 598.72 亿元，比年初增加 102.2 亿元，增长 20.58%。其中，人民币贷款余额为 553.12 亿元，比年初增加 110.5 亿元；外币贷款余额为 6.54 亿美元，比年初减少 1.32 亿美元。

截至年末，进出口银行北京分行内设处室 9 个，在职正式员工有 69 人。

助力企业“走出去”和“引进来” 注重“政策性 +”发展，大力开拓政策性贷款项下的贸易金融业务，结售汇业务量同比增长 76.73%；首次办理欧元对英镑的代客外汇买卖、自贸区进口信用证，自主上线国际收支智能核验系统和发票批量核验系统。为中芯国际集成电路制造（北京）有限公司发放 6.4 亿元出口卖方信贷，支持企业扩大传统和新兴市场出口；为首钢集团有限公司发放 23.5 亿元进口流动资金贷款，支持其进口铁矿石等资源类商品；为京东方科技集团股份有限公司新增 20 亿元进口信贷流动资金贷款，为联想控股股份有限公司发放 7.9 亿元进口信贷，促进其产品技术优化升级。截至年末，支持“外贸产业贷款”余额为 450.44 亿元，业务余额占比为 75.23%，比年初增长 7.83%。

支持首都制造业转型升级 牵头组建银团贷款，为北京紫光资本管理有限公司收购法国罗里埃公司 100% 股权项目发放境外投资银团贷款 25 亿元，助力其布局集成电路细分领域市场；为北京北方华创微电子装备有限公司提供 5.2 亿元流动资金贷款，支持其引进国外先进技术；全年向京东方科技集团股份有限公司投放信贷 54 亿元，助力其做大做强。截至年末，支持制造业转型升级贷款余额为 261.04 亿元。

落实京津冀协同发展战略 聚焦辖区外向型经济发展战略，为首都机场集团公司发放 17 亿元流动资金贷款，支持其参与新机场建设；为北京地铁十二号线投资有限公司发放 14 亿元项目贷款；开展行内合作，为京唐城际铁路有限公司发放 1.9 亿元贷款；为北京能源投资（集团）有限公司涿州热电厂项目发放 8 亿元贷款，有效缓解华北地区冬季天然气供应压力。

提升小微企业金融服务质效 为北京银行、上海银行分别发放7亿元、3亿元小微企业银行转贷款，专项用于支持北京地区小微企业发展。

推进“一带一路”建设 以北京市推进“一带一路”建设工作领导小组为依托，积极跟踪企业相关项目融资需求，开拓挖掘新增项目，着力推进项目落地实施。全年，签约“一带一路”贷款项目8个，金额51.04亿元，放款45.94亿元。

促进农业产业化发展 助力首都农业产业化龙头企业进一步做大做强，为北京首都农业集团有限公司发放贷款25亿元，为北京顺鑫农业股份有限公司发放贷款10亿元；为北京二商集团有限责任公司新增贷款发放4亿元。

积极化解项目风险 全力化解贷款违约风险，成立由行长任组长的5个风险化解领导小组；按照“一类一方、一户一策”的原则，有效推进风险化解工作；对中国华阳经贸集团有限公司不良贷款，向法院提起诉讼并采取保全措施，积极开展追偿；全面排摸潜在风险项目，针对潜在风险客户制订授信压缩方案并纳入风险监测台账管理；准确研判，果断采取措施成功收回信贷和贸易融资潜在风险项目融资，降低风险敞口。

提高经营管理精细化水平 将2019年定为“基础管理提升年”，印发具体实施方案；以配合内外部检查为契机，对全行风险与内控管理各环节进行排查摸底，对检查发现的问题立行立改，对相关责任人进行问责，全年共接受内外部检查8次；完善制度体系、规范并优化工作流程，全年共新增、修订制度30项；加大对外宣传力度，在首都机场和北京火车南站投放宣传广告，联合北京电视台拍摄两期业务微视频。

（赵子郡）

中国农业发展银行北京市分行

2019年末，中国农业发展银行北京市分行（以下简称农发行北京市分行）总资产为486.95亿元，比年初减少60.80亿元。各项贷款余额为300.76亿元，比年初增加28.17亿元，增长10.34%；负债总额为486.31亿元，比年初减少60.36亿元，其中，各项存款余额为140.52亿元，比年初减少2.68亿元。实现营业收入4.55亿元，同比减少1.32亿元。实现账面利润0.64亿元，同比减少0.44亿元。

截至年末，农发行北京市分行共有13个支行（部），在岗员工428人。

政策性粮油信贷业务 全力做好中央和地方粮油政策性信贷资金供应工作，全年累计发放贷款72.80亿元，确保国家粮食战略目标的实施和首都粮食市场的稳定和安全。积极拓展粮食市场化信贷业务，全年累计发放信贷资金26.51亿元，支持企业开展粮油购销业务。加大对棉纺企业的支持力度，全年累计发放产业化龙头企业贷款7.6亿元，支持企业棉花采购资金需求。圆满完成北京市粮食库存检查工作，粮食信贷资金占用合理且运行安全。组织开展粮棉油信贷制度执行情况专项检查，规范操作，有效防范风险。截至年末，粮棉油贷款余额为 137.02 亿元，占全行贷款余额的 45.7%。

化肥、农药等储备贷款业务 全年累计发放国家储备化肥贷款 14.99 亿元和农业生产资料贷款 2.46 亿元，支持企业开展国家储备化肥信贷业务和农药等农业生产资料购销业务。

政策性中长期信贷业务 全力服务区域发展战略，围绕京津冀协同发展、北京市总体规划和服务“四个中心”功能定位建设，支持北京城乡一体化发展。聚焦棚户区改造、水利、生态等薄弱环节，合规提供金融服务。累计发放中长期贷款 5.87 亿元，支持首都涉农棚户区改造和污水处理。截至年末，中长期贷款余额为 64.83 亿元，较年初增加 4.72 亿元。

投资业务 全力满足企业多元化融资需求，提供全方位的金融服务。截至年末，农发重点建设基金累计投放 236.93 亿元，累计收回 34.97 亿元，本年度收回 12.7 亿元，年末余额为 201.96 亿元，实现投资收益 2.5 亿元。

票据业务 全年累计办理票据交易 384.17 亿元，年末转贴现资产余额为 175.37 亿元，占总资产的 36.1%。

国际结算业务 全力服务农业企业“走出去”战略，重点支持农产品进出口贸易，支持农业技术和机械设备进出口，鼓励企业向精深加工化、特色化、品牌化方向发展。全年共办理国际结算业务 746 笔，金额 52 938.47 万美元，同比增长 92.65%；共办理贸易融资业务 12 笔，金额 4 423.86 万美元，其中，减免保证金开证 3 780.48 万美元，进口押汇 643.38 万美元。

扶贫贷款业务 以东西部扶贫协作、“万企帮万村”为平台，全力服务脱贫攻坚，全年累计发放扶贫贷款 7.85 亿元，年末扶贫贷款余额为 13.5 亿元。帮助客户企业在对口扶贫地区——贵州省锦屏县落地 2 个帮扶项目，引导客户企业向锦屏县捐赠资金 35.2 万元。全行员工购买扶贫产品 3.85 万元，捐赠资金 5.16 万元。

创新业务 服务乡村振兴，促进林业、种植业、养殖业和农村流通体系建设，支持农业科技创新和涉农小微企业发展，全年累计发放贷款 64.65 亿元。截至年末，农村流通体系建设贷款余额为 68.6 亿元，农村土地流转及规模经营贷款余额为 17.04 亿元，产业化龙头企业贷款余额为 3.7 亿元，农业生产资料贷款余额为 2.01 亿元，农业科技贷款余额为 1.75 亿元，林业资源开发与保护贷款余额为 0.52 亿元，农业小企业贷款余额为 0.22 亿元。

（李灵毓）

中国工商银行股份有限公司北京市分行

2019 年末，中国工商银行股份有限公司北京市分行（以下简称工商银行北京市分行）本外币资产总额为 4.70 万亿元，同比增长 9.34%。实现本外币拨备前利润 700.98 亿元、净利润 510.86 亿元，同比分别增加 86.93 亿元、45.08 亿元，分别增长 14.16%、9.68%。

截至年末，工商银行北京市分行下设

37 家二级分行（含分行营业部），561 家营业网点，569 家自助银行；共有员工 19 168人。

存款业务 落实“重日均、稳时点、求实效”发展要求，抓实抓细客户拓展、营销服务、定价管理等重点工作，进一步巩固“量价协调”发展势头。截至年末，本外币存款余额和人民币全部存款余额分别为4.57 万亿元、4.41 万亿元，分别比上年增加 4 098 亿元和 3 900 亿元，分别增长 9.84% 和 9.71%。人民币储蓄存款、对公存款、同业存款分别比上年增加 724 亿元、501 亿元和 2 672 亿元；外币全部存款余额为 242.64 亿美元。

融资业务 坚持“不唯所有制、不唯大小、不唯行业、只唯优劣”的信贷原则，着力推动投融资经营能力提升和“大小新优”策略精准落地，有效管控信贷风险，强化服务实体经济质效。截至年末，本外币各项贷款余额和人民币各项贷款余额分别为 9 652 亿元（含本外币信用卡透支 159 亿元）、9 226 亿元（含人民币信用卡透支 155 亿元），分别比上年增加 1 037 亿元、1 001 亿元，分别增长 12.03%、12.17%。人民币法人贷款和个人贷款余额分别为 6 633 亿元、2 170 亿元，分别比上年增加 688 亿元、160 亿元。中国银保监会和中国人民银行统计口径的普惠贷款余额分别为 219.8 亿元、214.5 亿元，分别比上年净增 93.6 亿元、94.4 亿元，均完成全年任务的 111%。外币贷款余额为 61 亿美元，比上年增加 4.4 亿美元，资产质量保持稳定。

经营转型 坚持固本强基与转型升级相结合，着力推动增长模式和发展方式转变，进一步增强可持续发展新动能。截至年末，实现中间业务收入 128 亿元，同比增加 2.98 亿元。个人金融资产总规模为 1.56 万亿元，比上年净增 1 089 亿元，；信用卡消费额为 1 976 亿元，比上年增加 207 亿元；“融 e 借”余额为 37.6 亿元，比上年净增 13.4 亿元，增长 55.6%；私人银行管理资产规模为 1 691.6 亿元，比上年净增 149.4 亿元；账户交易量为 862 亿元，同比增长 52%。理财产品余额为 3 772亿元，其中，新规理财产品占比为 24%；承销非金融企业债 2 788 亿元；代客资金交易业务量为 1 456 亿美元，其中，结售汇衍生业务量为 205 亿美元；并购贷款余额为 188 亿元；资产托管规模为 4.8 万亿元，比上年增加超过 5 000 亿元；受托业务规模为 216 亿元，同比增长 113%。国际结算量为 2 932 亿美元，跨境人民币结算量为 8 794 亿元，个人结售汇业务量为 57 亿美元。

客户服务 服务社会民生需求，推动渠道转型升级，提升客户服务体验，夯实高质量客户发展基础。截至年末，个人客户总量为 3 157.39 万户，比上年净增 143.66 万户；对公客户总量为 32 万户，比上年净增 3.7 万户；对公结算账户总量为 41.7 万户，比上年净增 4 万户；ETC 有效客户总量为 128 万户，年内新增 99.3 万户。抓好客户服务和渠道转型，推动“五大工程”落实落地，优化网点布局，全年迁建、改建、新建、撤并网点 33 家；抢滩北京城市副中心、大兴机场等发展前沿阵地，投产金融街智慧银行旗舰店。网点外部竞争力达标率同比提升 10 个百分点，服务评价满意度达到 99.36%，超时等候客户同比压降 1.02 个百分点。通州新华分理处、CBD 支行营业室获得中国银行业文明规范服务百佳示范单位创建第一名、第二名，30

家网点获评中国银行业文明规范服务星级网点、中国工商银行“五星级”网点资格。圆满完成新中国成立 70 周年阅兵金融保障服务。

（毛彦宁）

中国农业银行股份有限公司北京市分行

2019 年末，中国农业银行股份有限公司北京市分行（以下简称农业银行北京市分行）本外币总资产为 11 336 亿元，比上年增加 1 015 亿元，增长 9.83%。本外币各项存款余额为 8 201 亿元，比上年增加 191 亿元，增长 2.38%；本外币各项贷款余额为 4 166 亿元，比上年增加 226 亿元，增长 5.74%。实现中间业务收入 31.92 亿元，同比增加 1.82 亿元，增长 6.05%。实现净利润 106.6 亿元，同比增加 0.41 亿元，增长 0.39%。

截至年末，农业银行北京市分行共有营业网点 325 家，在岗员工有 8 253 人。

公司金融 坚持服务实体经济，紧抓重点区域、重点客户、重大项目，助力首都经济发展，全年累计向实体经济领域投放贷款 2 053 亿元。跟进京津冀协同发展、“三城四区”建设、2022 年冬奥会场馆筹建、非首都功能疏解等战略，提供全方位的金融服务支持。年内，累计投放基础设施类贷款 752 亿元，新增城市轨道交通项目投放近 50 亿元，为京沈高铁、京张高铁、京雄高铁、兴延高速等轨道交通项目投放 16.4 亿元，成为京安城际铁路项目银团贷款牵头行和最大份额行；落地首个置换政府隐性债务项目——新机场临空经济区榆垡工业区项目；完成环球影城主题酒店项目贷款审批 14.8 亿元，已实现投放 3.5 亿元；支持 2022 年冬奥会延庆赛区政府和社会资本合作（PPP）项目，成为银团贷款最大份额行。对接优质民营企业需求，与新经济、新动能企业开展合作，先进制造业、文化产业类贷款分别比年初增加 35.4 亿元、21.8 亿元，增速分别为 144%、65.46%。加强银政合作，优化账户服务，中标市级财政核心合作银行，承销地方债份额保持同业首位。服务市属重点企业，全年累计为市区两级国资委直属企业及中央企业房地产企业提供信贷支持 402 亿元。加强机构类客户服务，与百余家学校、医院、部队建立合作关系，支持多家重点院校的核心项目建设。

零售金融 强化以客户为中心的资产配置理念，提升数据获取与应用能力，统筹做好理财、基金、保险产品的精准推介，引导客户优化财富管理结构。截至年末，个人存款日均余额比上年增加 205 亿元，增长 8.03%。优化个人贷款业务结构，重点推广“网捷贷”、信用卡分期等产品，推动消费金融业务良性增长。截至年末，“网捷贷”余额比年初增加 20.34 亿元，增长 229%；信用卡分期交易额为 44.48 亿元，同比增长 38.3%。创新个人经营贷等专项信贷产品，着力解决首都小微企业主和个体工商户的融资难题，个人经营贷款年末余额比年初增加 10.29 亿元，增长 66.07%。强化科技赋能，探索消费信贷产品创新，落地“烟商 e 贷”“订单贷”“智慧乡村农户贷”“诚意金”四大数字化转型项目，累计投放贷款 1.32 亿元。推进零售业务与网点转型，优化网点布局与配置，加强精细化管理，提升网点效能。年内撤销低效网点 12 个，增设超级柜台 300 余台，设备综合运用率达 98.8%。优化劳动组合，释放 373 人次柜面人员转岗至客户经理、大堂经理岗位，提升网点综合服务能力和现代化服务水平。

普惠金融 加大普惠金融支持力度。截至年末，中国人民银行、中国银保监会统计口径的法人贷款余额分别比年初增加 30.37 亿元、29.10 亿元，小微企业信贷支持规模较 2018 年初增长 2 倍以上。深化小微融资产品创新，推动“链捷贷”系列供应链融资产品发展，落地“保理 e 融”项目 13 个，累计合作额度为 159.5 亿元；加强小额网贷产品研发推广力度，年内“抵押 e 贷”“税银 e 贷”产品累计投放 8.5 亿元。服务美丽乡村建设，支持乡村振兴工程，推动农村产业融合发展。向多个集体土地入市项目提供资金支持，累计投放贷款 57 亿元，年末涉农贷款余额比年初增加 7.7 亿元。认真做好脱贫攻坚工作，推动紫光集团有限公司向河北省武强县捐赠帮扶资金 250 万元和价值 500 万元的党建云平台系统；推动北京市华都峪口禽业有限责任公司肉鸡产业扶贫项目落户新疆和田地区，投放 990 万元贷款支持北京企业赴和田地区开展扶贫采购；组织职工参与消费扶贫直接采购，推动 52 家中央单位和企业入驻农业银行北京市分行线上扶贫商城专区，全年实现直采金额 133 万元，助销贫困产品 398 万元。

数字化转型 全面推进数字化转型，确定“十大工程”30 个具体项目，在产品创新、科技支撑、资源保障等方面予以支持，成效显著。年内，落地“e 窗通”预约开户业务，成为首家在“北京通”移动端上线便民金融服务的银行；开发并上线北京市公安局交通管理局（以下简称市公安局交管局）交通罚没、社保费税银系统、职业年金代收系统；为北京 23 家人民法院上线“智慧法院”系统，成为线上收缴法院诉讼费的独家银行；上线“智慧食堂”18 户、校园缴费 126 户，与 10 余家全国性物业公司签署“智慧物业”战略协议；自主研发高净值客户存款流失预警系统项目，全年累计落地科技支持项目 101 个；在北京大兴国际机场建立系统内首家 5G 智慧网点。

风险管理 坚持控新降旧同步发力，扎实推进“净表计划”，不良贷款实现双降，年末不良贷款余额、占比分别比年初减少 0.24 亿元、降低 0.03 个百分点。落实限额管理要求，坚持扶优限劣、以压定用原则，持续优化信贷结构。强化系统应用与预警核查处置，建立系统预警信息定期通报机制，提升问题线索反映数量和核查处置质量。做好案件风险排查与员工行为排查，针对案防重点领域进行全面摸排。加大内审监督力度，年内完成业务外包、信用卡后续审计等 4 项检查，强化问题整改与落实。扎实开展市场乱象治理，进一步巩固治理成果。加强反洗钱监测分析人员队伍建设，提升监测分析、制裁合规工作质量。强化操作风险管控，对辖内网点开展专项检查与突击检查，加强 IT 风险和业务连续性管理，做好“三化三铁”创建等常态化管控机制建设，为全行平稳运行提供坚实保障。

（魏晋）

中国银行股份有限公司北京市分行

2019年末，中国银行股份有限公司北京市分行（以下简称中国银行北京市分行）本外币总资产为11 912.02亿元；本外币各项存款余额为7 679.29亿元，比上年减少392.07亿元，下降4.86%，其中，人民币各项存款余额为6 898.94亿元，比上年减少359.71亿元，下降4.96%；本外币各项贷款余额为5 109.27亿元，比上年增加451.61亿元，增长9.70%，其中，人民币贷款余额为4 863.08亿元，比上年增加416.18亿元，增长9.36%。实现净利润136.49亿元，同比减少13.12亿元，下降8.77%。

截至年末，中国银行北京市分行共有营业机构278家，其中，分行2家、管辖/直管支行30家、经营性支行245家、分理处1家；在职正式员工有9 968人。

公司金融业务 紧抓京津冀协同发展、大兴新机场、2022年冬奥会建设机遇，主动服务重点客户，支持首都交通设施建设、北京城市副中心建设、棚户区改造、“三农”及绿色信贷等领域发展。截至年末，累计支持京津冀项目152个，投放资金超过千亿元；基础设施领域已批授信额度合计2 113亿元；累计为64个北京城市副中心项目提供授信支持716亿元；为21个棚户区改项目核定授信495.6亿元；涉农贷款余额较年初增加19.54亿元，增长30.58%；绿色信贷余额为1 049.09亿元，较年初增加114.28亿元，增长12.22%。紧跟国家政策，为“一带一路”沿线重点项目提供贸易结算、跨境融资、增信担保等一揽子金融服务。完善以客户为中心的营销服务体系，发挥总分支一体化、海内外联动效应，参与重点客户海内外发债、上市承销、海外并购等业务活动，打通海内外融资渠道，助力我国企业“走出去”。全年，债券承销总额为3 722.76亿元；全口径分销业务量为775亿元，同比增长75%。发挥跨境业务优势，全年实现国际贸易结算量1 590亿美元，同比增长8.3%；跨境人民币结算量6 960亿元，同比增长20%。深化与军队、财政、教育、社保等总部级单位和重点客户合作，存款规模保持稳定增长。依托多样化的全球现金管理平台产品功能，为重点客户提供银企直连、SWIFT直连、银银直连等资金管理服务，境内本外币现金池、跨境本外币现金池、跨境信息查询等多产品组合服务，并利用“全球视通”、跨境资金调拨等产品，帮助“走出去”的跨国企业集团建设海外资金中心，提供综合金融服务，截至年末，现金管理平台日均存款比上年增长16.33%。落实国家支持普惠金融发展政策，完善服务体系建设，在北京地区辖内支行全部建立普惠金融服务中心基础上，设立31家中小企业战略业务单位（SBU），增设十余家普惠金融与小微企业特色网点；通过“中银信贷工厂”累计支持小微企业12 420户，发放授信逾630亿元；借助“中关村模式”，累计服务科技型企业2 594户，提供授信支持超过320亿元；加强产品创新，推动供应链业务、“中银通宝”系列、线上贷款产品的落地与推广，为企业提供全方位的金融支持；落实市政府以及监管机构关于开展小微企业续贷业务的工作精神，利用好“无还本续贷”产品，帮助小微企业做到“应续尽续”，解决“过桥”“倒贷”问题，降低融资成本。截至年末，人民币公司存款余额为4 495.63亿元，人民币公司贷款余额为3 815.43亿元。

个人金融业务 全面落实数字化战略，通过高融合、高渗透及高质量发展，优化客户体验，实现全量金融资产、全量客户、全量收入较快增长。注重私人银行客户全产品线配置，推进净值型产品转型，创新业务发展模式，扩大私人银行服务的影响力。严格执行差别化住房信贷政策，优先保证首次购房家庭的贷款需求，大力支持共有产权房等政策性住房项目，优化面签、审批流程，简化放款环节，满足个人购房贷款客户的资金需求；扩大“中银E贷—个人网络消费贷款”产品适用客群范围，推广个人普惠类贷款业务，为个体工商户及小企业主解决融资难等问题。截至年末，个人贷款余额为892.00亿元，比上年增加89.99亿元。借记卡业务通过第三方平台开展场景化营销，直达需求客户。全年借记卡发卡112万张，实现消费额2 275亿元。信用卡业务顺应消费市场变化，夯实拓宽优质客群基础，加速收单及支付市场布局，开展便民支付环境建设，提升用户体验。全年新增信用卡客户29.29万户，实现消费额713.36亿元。

中间业务收入 全年实现中间业务收入56.87亿元，同比增加3.36亿元，其中，个人数字金融、银行卡、交易银行条线分别实现中间业务收入11.57亿元、11.35亿元、11.32亿元。充分发挥托管中心职能，拓展托管业务，实现托管费收入5.16亿元（税后），同比增长4.12%；加大金融市场产品推广力度，提升产品覆盖率，全年金融市场业务交易量为23 807亿元，实现中间业务收入5.38亿元，同比增长30%。强化营销机制建设，主动挖掘客户需求，保障债券承分销市场占有率，实现债券承分销手续费3.5亿元。调整客户结构，拓展理财业务规模，实现对公表外理财销售规模526.45亿元，实现中间业务收入6.95亿元。资产证券化业务增速迅猛，累计发行326.68亿元，实现中间业务收入3 513万元。顺应市场需求，优化消费分期产品体系及渠道建设，持续提升消费金融专业化水平，推动高质量发展。

渠道建设 紧跟首都发展态势，调整网点结构，拓宽网点特色业务发展方向，提高网点专业服务水平。截至年末，建成个人贷款、跨境金融等13类特色网点150余家。充分发挥智能柜台效能，完善网点人员配置结构，探索网点场景化转型。截至年末，投产智能柜台（厅堂版）850台、智能柜台（移动版）113台，实现符合投产条件的网点全覆盖。践行科技引领的发展战略，建设完成中国银行业首家“5G智能+生活馆”。落地国内首创场景化试点项目“微尺伴客·中银会员店”，通过生活化和会员制的业态重构，探索金融服务无感化。优化网点功能布局，将销售服务型网点升级为综合型网点或特色型网点，撤并城区低产低效网点，加强郊区新兴区域、空白区域网点建设。完善手机银行功能，打造云缴费平台，拓展代缴费合作商户、代缴费项目种类，上线智能电表、热力缴费、党费、团费、工会费、物业费、学费、会员费、出租车管理费、房租、租赁费、餐费等10余种缴费项目。以供应链金融平台为依托，为核心企业供应链条上中小微型企业供应商提供资金支持，为中小企业融资难、融资贵问题提供解决方案。

风险管理 推动落实精进风控体系，通过实施风险管理有效性评估，验证风险内控体系运作效果。严守风险底线，全力化解压降高风险客户，稳定资产质量。严把准入关，及时增信压退，有效应对外部风险事件；对客户进行分层管理，明确风险化解方案；完善监控预警机制，落实大户信贷经营管理责任制，加大不良资产清收和处置力度。创新工作模式，推行尽责审查区域化管理。优化审批流程，强化队伍专业化建设。全年，化解不良资产11.14亿元，其中，现金清收1.6亿元，呆账核销8.68亿元，不良贷款上迁0.69亿元。不良贷款率为0.58%。

互联网金融 坚持“移动优先”理念，聚焦手机银行、场景拓展，利用互联网模式推动产品创新、发展场景金融、深化数据应用、拓展跨行业合作、加强市场宣传、提升风控能力，加快网络金融业务发展。全年，手机银行月活客户为73.24万户，同比增长52.56%；手机银行交易金额为1.27万亿元，同比增长64.63%。企业网银以转账汇款、理财、税费缴纳、跨境汇款、代发薪功能拓展等产品为引导，做好线下客户向线上迁移工作。全年，企业网银交易客户超过6.3万户，个人网上银行注册客户为584.71万户，手机银行注册客户为507.26万户。推进移动支付便民示范工程建设，做好银联近场支付商户活动及受理环境建设。开展超市、商圈、旅游等二维码支付优惠活动。截至年末，手机银行二维码月均交易客户为16万户，移动支付交易量为30.73亿元。大力推广中国银行B2C网关和快捷支付产品，全年实现线上交易1 454.83亿元。持续推广报关即时通、B类支付、跨境电商等业务，全年报关即时通交易额为990.8亿元，B2B商户交易额达555.87亿元；与网银在线（北京）科技有限公司成功上线跨境电商支付合作，实现该业务领域零的突破，全年累计交易量突破60亿元。深入分析互联网产业经营及盈利模式，研究差异化授信方案及专业估值方法，提升新增互联网客户质量。全年新增互联网企业客户50余家，其中，新增授信客户38家；核定授信总量共计226亿元，同比增加67亿元。

（陈锐）

中国建设银行股份有限公司北京市分行

2019年末，中国建设银行股份有限公司北京市分行（以下简称建设银行北京市分行）本外币总资产为19 476.23亿元，比上年增加1 002.23亿元，增长5.43%。本外币全口径存款余额为18 489.01亿元，比上年增加656.59亿元，增长3.68%，其中，人民币全口径存款余额为17 588.75亿元，比上年增加454.84亿元，增长2.65%。本外币贷款余额为8 645.80亿元，比上年增加1 233.41亿元，增长16.64%，其中，人民币贷款余额为 8 300.90 亿元，比上年增加1 150.35亿元，增长 16.09%。实现账面利润 189.05 亿元。

截至年末，建设银行北京市分行共有营业机构 452 家，其中，一级分行 1 家，二级分行 2 家，支行 441 家（综合型支行 22 家，单点型支行 15 家，网点型支行 404 家），储蓄所 8 家；在职员工有 11 469 人。

公司金融业务 服务实体经济，支持重点领域发展，强化京津冀协同，助力北京城市副中心建设，为北京环球影城、北京城市副中心交通枢纽等 13 个项目提供融资支持，“非首都城市功能疏解贷款”快速投放，创新推出“鑫猪供门”生猪养殖产业链服务方案，满足乡村振兴领域企业的资金需求。共建科创孵化基地，研发推出“双创云贷”“科创随心选”等产品。实现中国建设银行系统及北京地区首笔碳金融质押贷款投放，金额为 70 万元。“民工惠”全年办理 38 亿元，累计受益人数超 40 万人。网络供应链平台贷款比上年新增 95 亿元，客户新增 3 946 户。实现境内保函业务收入 4.11 亿元。开展对外赋能培训，人数累计 400 余人。夯实客户基础，强化协同联动，深化转型创新，在重大战略推进、客户营销服务、产品研发推广等方面成效显著。全年，中央企业、市属企业、全球客户新开户共计 189 户；服务 101 家“走出去”客户海外重大项目合计 180 个，其中，新增签约海外重大项目 18 笔，签约金额为 47.1 亿美元。着力促进本外币一体化、境内外一体化、线上线下一体化，助力“三大战略”纵深推进，实现国际业务健康发展。截至年末，外汇全口径存款余额为 130.21 亿美元，外汇贷款余额为 50.37 亿美元，累计实现国际业务中间业务收入 10.1 亿元，实现外汇账面利润 0.99 亿美元。

截至年末，本外币企业存款时点余额为 9 205 亿元，比上年增加 560 亿元，日均余额为 8 710 亿元，比上年增加 755 亿元；对公贷款余额为 6 686 亿元，比上年增加 1 056 亿元，其中，人民币对公非贴贷款余额为 5 533 亿元，比上年增加 472 亿元；公司机构加权有效客户为 58.97 万户，比上年增加 6.50 万户，同比多增 1.95 万户；累计实现中间业务净收入 7.11 亿元，同比增加 1.15 亿元。

个人金融业务 助推首都智慧城市建设，成立清华园支行、兴融支行、建国支行 3 家“5G + 智能银行”。助力乡村振兴战略，年内新增“裕农通”服务点 3 496 家，累计达到 3 841 家，累计覆盖人民银行营业管理部金融服务空白村名单中的 139 个。开放共享网点服务资源，打造“劳动者港湾”品牌，正式挂牌 410 个，对外开放卫生间 121 个，线下累计服务超过 650 万人次，线上 APP 注册用户超过 23 万户，被中华全国总工会授予“户外劳动者服务站点”共建品牌。推进经营转型，加强统筹发展，打造全量客户、全量资产、全渠道经营模式，提升物理网点综合竞争力。截至年末，本外币个人存款时点余额为 4 827.51 亿元，比上年增加 742.40 亿元；日均余额为 4 352.20 亿元，比上年增加 528.23 亿元。开展消费者权益保护专项服务竞赛，进行排队等候时间专项治理，组织完成 7 次金融宣传教育活动。东四支行营业部等 5 家网点获评中国银行业文明规范服务五星级网点，长安支行营业部获评中国银行业文明规范服务百佳示范单位。开展私人银行专项营销竞赛，以产品销售和全面资产配置大力拓展市场，以创新服务和高层拜访增强客户黏性，以“培训+科技”提升队伍专业能力，实现精准营销。截至年末，管理资产600万元以上私人银行客户9 834户，金融资产达1 033亿元。

授信审批业务 严格执行统一的信贷政策和底线标准，落实“一票否决制”要求，优化专业审批小组，建立多元化沟通机制和风险客户化解会商决策机制，统一风险偏好，严守授信审批关口。全年，审批对公客户信贷业务40 960笔，金额为31 847.45亿元，同比下降13.25%；审批个贷业务7 634笔，金额为134.3亿元，笔数同比增长28.61%。深入推进“三授信”，年末，综合授信客户有216户，综合授信覆盖率达到100%；全球授信客户有75户，比上年增加1户；集团授信客户有42户，比上年增加18户。规范客户评级管理，全年共审定客户评级2 349笔，比上年增长4.8%，评级推翻率为4.58%，同比下降49.50%。强化项目评估传统优势，推进重点项目库建设，创新评估流程，全年完成各类项目评估129个，涉及项目投资总额共计7 543.89亿元，涉及建设银行北京市分行贷款总额共计2 157.8亿元。全年正式发布各类研究成果34篇，应用《存房业务授信审批指引》《抵押快贷审批指引》支持“蓝海战略”、普惠业务落地。

信用卡业务 全年，新增信用卡客户51.6万户，同比增长119%；信用卡分期交易额为140亿元，同比增长25%；新增分期贷款32亿元，年末余额为124亿元，同比增长34.8%；新增信用卡POS商户7 927户，累计实现线下POS机收单交易额812亿元，全年计划完成率为109%。信用卡贷款年末余额由年初的169亿元升至205.9亿元，增加36.9亿元；实现中间业务净收入9.69亿元，增长率7.3%。“北京消费扶贫爱心卡”发卡62.47万张，“智慧扶贫生态圈”产品被中国建设银行评选为年度重点推荐产品。“慧诊脉”“智捕手”大数据产品被中国建设银行其他省市分行分别移植31次、23次。“慧诊脉”荣获中国建设银行信用卡大数据劳动竞赛一等奖。

网络金融业务 依托金融科技强化网络金融各类产品应用，推动经营模式变革，通过精细化管理，提升线上获客、活客、留客能力，推动网络金融业务高速发展。手机银行客户突破1 000万户，企业网上银行客户存量和新增客户规模保持北京地区第一位。中间业务收入再创历史新高，各项业务盈利能力进一步增强，全年实现电子银行中间业务净收入16.98亿元。

投资银行业务 全年，承销各类债券1 524亿元，同比增长66%。其中，非金融企业债务融资工具1 012亿元，同比增长49%；承销金融债258亿元；地方政府债130亿元；铁道债125亿元。实现中间业务收入3.5亿元。其中，债券承销收入2.4亿元，财务顾问收入1.1亿元。客户拓展成效显著，年内债券承销新签约项目49个，其中，拓展空白客户25户；累计签约财务顾问客户195户，同比增加110户，增长129.41%。加大业务创新力度，成功承销“飞驰－结构优化”企业应收账款、五矿地产保理供应链、清华控股信托收益权、马上金融消费信贷等证券化项目，总发行规模为45亿元，其中，建设银行北京市分行承销份额为25亿元。服务实体经济发展，支持市场化债转股项目10个，其中，落地项目6个，累计投放金额近50亿元。

现金中心 年内，完成6个品种7个批次普通纪念币预约、兑付及2019年新版人民币发行任务，并做好舆情监测及处置工作。零差错完成发行基金回笼、投放、调入、调出工作，合计831.16亿元；完成中国建设银行16家省市分行代理外币出运、回运、调剂，折合4.04亿美元。科学管控现金备付指标，年末，人民币现金日均库存为20.89亿元，同比下降12.9%，外币现金日均库存为0.51亿美元，同比下降25%。完成金库集中保管、集中清分供钞任务，满足重点客户零辅币需求；完成424个营业网点的现金、重要空白凭证、贵金属集中配送，及746台离行式自助设备集中维护、395个上门收款点的集中服务。上收全部远城区支行现金调拨业务，由西三旗金库、西客站金库为全部远城区支行网点直接提供现金、贵金属、重要空白凭证、成品卡、凭证包等的集中配送及现金清分、假币收缴服务。完成4家现金服务示范区建设。开展人民币“焕新行动”，举办反假货币大型宣传，完成12台硬币兑换机的集采和布放，冠字号码全记录上线。开展本外币防伪知识、反假货币及人民币收付业务等培训，促进营业机构合规操作。人民币管理工作考核优秀，蝉联“北京市金融机构人民币管理工作先进单位”荣誉称号；天宁寺建行代理发行库顺利通过人民银行营业管理部检查，荣获2018年度优秀代发库称号；西客站金库代理上海黄金交易所业务，荣膺2018年度“优质服务仓库”“操作无差错仓库”殊荣。

资产托管与养老金业务 创新业务模式，增强服务实体经济能力。为中国人民保险集团股份有限公司、中国人民财产保险有限公司、中国人民健康保险有限公司、中国人民人寿保险有限公司办理委外投资托管业务，为中国诚通控股集团有限公司、中国国新控股有限责任公司提供托管服务。中标中国有色矿业集团有限公司、中国邮政集团有限公司、国家能源投资集团有限公司、中国国家铁路集团有限公司、中国融通集团有限公司企业年金托管行。截至年末，实现托管与养老金中间业务收入10.9亿元，托管业务规模为3.97万亿元，比上年增加4 339万元。

营运管理 组建“5G+智能银行”远程营运支持团队，完成支持中心选址、物理环境建设及设备联通测试，6月20日，上线“5G+智能银行”远程营运系统。推进智能运营体系建设，完成私人银行签约及申卡产品上线和智能运营管控平台试点上线，在分行内征集客户旅程和智能采集服务应用场景需求18个，涉及产品交易101只。上线可视化运营管控平台，通过渠道规模等维度数据信息，展示业务发展状况。新增网点地图和营业状态展示功能，实现对网点分布和营业情况的实时监控。推广云生产模式应用，实现远程集中授权业务在“三省两中心”相互联通，完成上收71只云授权交易的交叉作业，日均业务量为5 500笔。

内控管理 加大反洗钱工作力度，全年，组织召开领导小组会议3次，完成新产品洗钱风险评估267项，对公、对私客户信息完整率分别达到96%和92%，上报可疑交易报告3 189份，重点可疑交易10份。狠抓案件防控，构建“1+3”工作体系，制定“1+7”员工行为管理实施细则，筑牢案件防控制度基础。加强合规管理，清理5年以上规章160项，完成合规性审查279项；构建内控评价工作体系；开展合规警示教育宣讲511次，教育培训5 986次，参加员工达11.7万人次；提升整改实效，全年整改完成率为95.21%。做好法律服务，全年审查法律性文件12 405份，制定格式合同文本94个，参与创新产品29项。围绕“平安建行”创建工作主线，开展全员安全教育，确保全年不发生安全责任事故及外部案件。

（何冰）

交通银行股份有限公司北京市分行

2019年末，交通银行股份有限公司北京市分行（以下简称交通银行北京市分行）本外币资产总规模为8 037.04亿元，比上年增加400.28亿元，增长5.24%；本外币各项存款余额为7 040.05亿元，比上年增加679.34亿元，增长10.68%；本外币各项贷款余额为3 504.08亿元，比上年增加277.37亿元，增长8.60亿元；实现利润94.32亿元（2019年，同业非结算业务上划总行，按照中国银保监会统计口径的利润数据受到影响）。

截至年末，交通银行北京市分行机构网点总量为139家（含21家临时停业网点，1家即将开业网点），其中，二级分行1家，分行营业部1家，一级支行39家，二级支行80家，普惠支行18家。共有员工数量4 459人；其中，正式员工4 454人，派遣制员工5人，平均年龄36岁。

公司金融业务 以“稳规模、控成本、调结构”为目标，主动负债对接到期资金，积极营销和维护社保、托管、央企、独角兽企业及保险公司在内的负债战略客户和重点客群，以次高成本负债置换到期高成本负债，逐步降低负债成本。加大项目储备力度，科学设计考核工具，简化审批流程，全力推进资产业务发展，在建筑、电力和制造业等实体经济领域，贷款增长显著。截至年末，人民币对公实质性贷款时点余额比年初增加326亿元，增长14%；本外币制造业贷款余额比年初增长31%。制订2019年公司客户行动计划，以基础客户拓展为基础，聚焦重点客户营销，在教育、医疗、保险等重点领域成果初现。截至年末，对公客户达58 932户，其中，新开户11 063户，同比增长39%。对接云链、航信等各类电子供应链平台，创新线上服务新模式，拓宽链金融业务渠道；开展“一行增一链”专项拓展活动，推动重点项目落地。上线国家知识产权平台的知识产权在线质押融资功能，完成航信平台清分系统支付结算一期项目，推广交银智慧金服平台。加强对公企业网银和手机银行的推广，提高客户整体活跃度。突出定制优势和激励驱动，开展“京品—赢贺新春”“京品小当家”等专项营销行动，发行交通银行首款私募封闭式对公净值型理财产品——“京品尊享001”。争揽综合收益高的非金融企业发债项目及市场化发行的金融债项目，并积极储备市属及央企子公司项目。推出线下标准化抵押产品——抵押绿通，针对符合准入标准和风险要求的法人小企业开辟授信审批“绿色通道”，进行标准化线下授信调查与审批。

个人金融业务 将大额存单作为提升规模、优化结构的首要产品重点营销，提高计价奖励。以手机银行等产品为抓手促新客户、新账户、新活户，通过基础客群的扩大与激活实现结算资金存留。以追求综合收益为出发点，发行资产提升类、新资金专享等专属产品，制作年终奖配置方案，吸引源头资金。截至年末，储蓄存款平均余额比上年增加 154.8 亿元，增长 10.26%。借助市场相对宽松契机，主动压降高成本负债 154 亿元，为储蓄结构优化和利息收入增长奠定基础。深化客户分层管理，以财富管理为核心抓手，利用各类营销活动和资源，持续搭建大型场景式获客平台，做深做透中高端客户；发挥直营团队作用，加强个金和营运条线的融合，结合“企业行”等外拓活动、ETC 推广等重点活动，以及外呼、短信、手机银行消息盒子等线上渠道，做大做强基础客户；抓好各类私人银行产品销售，扎实推进集团外信托试点授权，结合重点客群名单逐户跟进做好资金留存及到期对接，提高私人银行客户综合贡献度。全年，个人有效活跃客户净增 36.18 万户，沃德客户净增 2.85 万户，私人银行客户净增 917 户。独家发行“亿通行”联名信用卡，推出“一分钱坐地铁”活动，截至年末，“亿通行”信用卡在册卡量达28 047 张。调整营销策略和消费贷款业务重心，加强与消费场景的结合，创新线上消费贷产品；针对代发工资客群、房贷客群、社保客群、优质借记卡客群，重点推进惠民贷业务，全年累计发放惠民贷 22.83 亿元。

同业业务 坚持提升同业存单在组合营销中的占比，降低付息成本，同业存单日均余额占比及收益率均较年初明显提升。梳理同业活期存款支柱型重点客户名单，开展“一户一策”营销，以活期存款波动率监控为抓手，细化重点客户资金流向监测，同业低成本负债较年初增加 70.94 亿元。加大主经纪商（PB）业务推广力度，实现北京地区券商合作全覆盖，年内新增 PB 账户 1 500 户。与重点客户在代销、同业授信、托管、同业负债等方面开展合作，带动综合贡献提升。优化资产配置结构，加大同业借款投放力度，积极促成客户提款、做大业务规模，部分抵消外部利率下降的不利影响。聚焦代客交易型业务的拓展，增加自营交易品种，重点推介利率债分销、代客利率互换、衍生品交易等业务。以公募基金、职业年金、保险资金、大型产业基金、合格境内机构投资者（QDII）等产品托管为拓展重点，推动利润贡献型产品落地，全年托管规模净增 1 907.91 亿元。

国际业务 精准梳理客户，逐户解决业务合作中的政策、授信、价格和业务模式等问题，逐步提升业务规模，实现了包括 5 家大型油企在内的多家央企业务的恢复性增长；抓住央企混合所有制改革机遇，实现 4.78 亿美元境内员工跨境股权激励计划。结合北京科创中心特色，拓展新兴行业客户，挣揽互联网企业境内、境外机构境内外汇账户和离岸账户外币存款。加强对基金、保险、券商及财务公司等同业机构类客户的营销，为 18 家机构客户叙做资本项目下结售汇业务 12.85 亿美元。拟定 24 项重点国际业务产品，对传统产品精准匹配目标客户，创新产品从政策、系统、规程、客户等多方面推进落地。挖掘“油企链”融资项目机会，做大国内证融资，落地区块链国内信用证、买方代理交单等新业务模式，提升基础结算和贸易融资规模。抓住北京地区企业“走出去”和装备制造业国际合作机会，拓展出口买方信贷、境外中长期项目融资，截至年末，境外融资项目储备10余个，并获批3个“一带一路”重点项目。聚焦资本项目业务，积极营销优质大型央企、国有企业及市属企业，特别是符合“一带一路”“中国制造2025”、国际产能等国家战略，拓展基础设施、互联互通、能源资源、高端装备制造等类型客户；与海外机构和离岸中心密切联动，推动境外双边贷款、境外银团贷款、境外发债、跨境担保项目落地。

风险管理 完善风险决策体系建设，将“1+2+4”风险管理委员会体系调整为“1（全面风险管理委员会）+2［信用风险管理委员会、合规（反洗钱）风险管理委员会］+3（贷款与投资评审委员会、零售信贷业务审查委员会、风险资产审查委员会）”，增设全面风险管理委员会常务会议。设立风险监测中心，根据对公、小企业授信客户人数，成立由风险经理构成的风险监测团队。将监测系统嵌入开户、贷前调查、授信审查、放款、存续期管理、资产保全业务全流程。针对信贷业务大客户占比高、存量不良贷款相对较少的特点，将风险防控重点放在新增逾期防控上。建立集团客户风险年度普查机制，对潜在风险情况逐户排查，按客户风险程度由低到高划分为一至三星，制定差异化管控措施，实施精准管控。建立临期风险预警管控机制，按月滚动预测和摸排未来3个月存在逾期风险的客户。建立目标客户主动介入机制，将排查管控中发现的重点潜在风险项目列入重点管控客户清单，要求风险经理建立管户档案，第一时间主动介入，直接参与客户谈判并牵头协调相关单位研究制订后续解决方案。建立共性风险预警提示机制，对日常管理中发现的共性、潜在性风险问题进行提示。全年，资产质量保持较优局面，不良率和逾期率持续实现“双降”，分别较年初下降0.04个和0.03个百分点。

机构调整 推进管理部门体制改革。在普惠金融事业部下增设普惠金融审批中心，将零售信贷管理部贷后管理、授信政策及系统管理职责调整至普惠金融事业部；将案防工作职责调整至风险部，风险部下设风险监测中心、资产保全中心，调整授信管理部相关职责；实施纪检监察组织架构调整，将监察室更名为纪委办公室；在法律合规部下设反洗钱中心，将业务处理中心及支行承担的反洗钱工作调整至该中心；成立党建工作部（党委宣传部）并调整党建板块部门工作职责。推动机构网点调整、优化经营单位布局，将通州支行升格为通州分行（二级分行）；在业务规模较大的支行设置国际业务二级部，承担支行国际业务的客户营销拓展、日常业务处理及内控合规管理等职能。

党建工作 深入开展“不忘初心、牢记使命”主题教育活动，开展“深入基层，提升效率；深入客户，提升体验；深入员工，提升关爱”的“三深入、三提升”活动，召开对照党章党规找差距专题会议和民主生活会，明确6个方面共47项整改任务，截至年末，立行立改部分已全部完成，21项中长期整改部分已完成11项，并形成10余项规章制度。加强基层党建与经营管理深度融合的考核力度，上线“智慧党建”信息系统，将全行180个基层党支部的“三会一课”、主题党日等组织生活纳入系统管理，指导基层党组织用好全国党员信息管理系统、党费管家系统。规范基层组织设置，完成100余个党支部换届工作，组织党员群众对党总支、党支部及党员整改任务落实情况进行满意度测评。落实“党建助脱贫攻坚”部署，深入河北省阳原县开展扶贫调研考察，验收援建项目并调研待建工程。

（何华伟）

招商银行股份有限公司北京分行

2019年末，招商银行股份有限公司北京分行（以下简称招商银行北京分行）表内总资产为8 114亿元，比上年增加1 043亿元，增长14.8%；全折自营存款余额为7 049亿元，比上年增加823亿元，增长13.2%；全折自营贷款余额为3 188亿元，比上年增加407亿元，增长14.6%。实现利润总额128亿元，比上年增加3亿元，增长2.5%。资产质量持续保持优质，不良贷款率为0.15%。

截至年末，招商银行北京分行共有营业机构95家，员工总人数4 744人。

公司金融业务 批发业务持续深化公司金融体制改革，开放融合主线，实施客户分层、分类经营管理，推进公司金融数字化转型。对公负债业务稳健增长，人民币对公自营存款年日均余额为4 423亿元，比上年增加637亿元；资产投放快速增长，人民币对公信贷规模为2 041亿元，比上年增加128亿元。交易银行业务在2019年度执行外汇管理情况考核中获得A类评级。财政和机构业务首次中标北京市级财政现金管理和地方债承销资格。夯实客户基础，全年新开对公客户接近2013年的5倍，年末客户总量同比增长98.4%。

零售金融业务 着力打造零售3.0模式，构建线上用户获取与经营新模式，推进零售数字化转型。调整中台架构，强化体系能力建设，深入推动“轻型银行”下的“轻管理”，打造财富管理新模式。全年，实现零售营业净收入116.3亿元，其中，非息净收入44.2亿元；管理总资产1.3万亿元；人民币储蓄存款年末余额突破2 500亿元。通过线上线下协同、分层经营，夯实客群基础。零售非零客群突破810万户，资产5万元以上的客群达到126.7万户。年末零售信贷资产余额为1 323.2亿元，比上年增加191亿元。普惠型小微贷款余额为444.2亿元，比上年增加99.4亿元。

投行资管业务 着力补足投资金融业务短板，打造发展新优势。全年，实现非息收入15.37亿元，作为牵头行落地中国人寿—上海世纪汇并购银团贷款项目，组织银团贷款130亿元；年末托管资产规模22 786亿元，比上年增加2 048亿元，增长8.98%，实现托管总收入10.85亿元；市场交易业务实现投放规模115.62亿元；实现对公理财销售中间业务收入1.28亿元，公司理财产品日均余额776亿元，对公财富管理客户数（合并口径）8 298户；对公代销中间业务收入1.13亿元；入围北京市职业年金的托管资格。

（肖楚璇）

上海浦东发展银行股份有限公司北京分行

2019年末，上海浦东发展银行股份有限公司北京分行（以下简称浦发银行北京分行）资产总额为4 052.03亿元。按照中国人民银行统计口径，本外币一般性存款余额为3 529.00亿元，其中，非银行金融机构存款余额为230.00亿元。本外币各项贷款余额为1 506.00亿元。实现经济增加值（EVA）45.90亿元。

截至年末，浦发银行北京分行共设有营业机构72家，其中，综合性支行40家（含营业部），零售型专业支行10家，小微支行及社区支行22家；正式员工1 806人，派遣制员工24人。

公司银行业务 通过与行业信息化服务商合作，进行批量获客；围绕“互联网+政务”场景，加大对机构类客户上下游的拓展；通过大数据分析，梳理高潜力客户清单，进行分类营销；在重要时间节点，推出系列客户营销活动。搭建战略客户经营体系，出台《北京分行战略客户（公司）名单管理细则》。建立重点工作督导机制，定期召开资产、负债等重点业务督导工作会。加强支付结算、存款产品及综合服务统筹运用，开展行业专业化经营，定制专属产品，强化聚益存款等产品加载，提升户均结算产品，吸收增量资金。优化信贷结构，加大对传统产业优势企业、新兴产业成熟企业的信贷支持力度，推进首都制造业高质量发展；执行国家房地产调控政策，保持房地产贷款合理投放与精准管理；加强与国家融资担保基金、北京中关村科技担保有限公司、北京市文化科技融资担保有限公司的对接合作，在创新风险分担模式基础上，加大对首都区域内科创、文创企业的资产投放力度，支持首都“双创企业”发展。

截至年末，按照中国银保监会统计口径，本外币一般对公存款余额为2 729.00亿元，比上年增加435.90亿元；人民币对公贷款余额为942.00亿元，比上年增加106.60亿元；实现净营业收入50.35亿元，净中间业务收入7.9亿元。

投资银行业务 创新推动投资银行业务，提高交易撮合能力，在合规前提下满足客户表内外融资需求。丰富非信贷融资体系，全年非信贷融资业务落地规模1 468.82亿元。其中，债券承销业务807.2亿元，资产证券化业务239.8亿元，代理承销业务342.6亿元。抓住资产价格下行、交易活跃机会，拓展并购业务。全年共落地并购业务8笔，均为新一代信息、高端制造、生物医疗、文化传媒等新兴行业。把握央行降准、支持流动性合理充裕的市场窗口，通过企业债券融资、地方债承销，服务国有企业改革与发展。围绕企业盘活存量资产、降低负债率等诉求，推动开展银行间市场资产支持票据（ABN）业务，全年承销规模60亿元。牵头筹组银团贷款，完成北京汽车集团有限公司收购戴姆勒股份公司股份、北京首都创业集团有限公司十八里店租赁住房等银团贷款项目。根据重大项目公司资本金需求，探索通过发行重点项目收益债券的方式，解决资本金阶段性不足的问题，并以投贷联动、债贷结合的方式提供配套的金融支持。通过代理承销业务为客户提供融资支持，包括中国大唐集团有限公司30亿元永续类保险债权计划项目、清华控股有限公司20亿元集合资金信托计划。通过撮合租赁公司等同业金融机构，向北京神州汽车租赁有限公司、中农发河南农化有限公司、凯盛科技股份有限公司等企业提供综合融资服务。全年共投资市政府地方债券51.91亿元，主要用于北京城市副中心、大兴国际机场、未来科学城、棚户区改造及土地储备等项目的建设。

零售银行业务 以生活场景需求为核心，重构财富、融资、支付等流程，升级中高端客户服务体系，推进融合获客、通道获客、流量获客，强化资金留存。深挖信用卡、个贷客户潜力，聚焦关联还款等场景，拓展新增资金。强化队伍建设、线上经营、公私联动等，推动代发业务开展。推进大额存单等产品销售，加大房抵快贷等优势产品市场投放力度。结合总行智慧信贷系统等项目建设，实施作业模式与产品流程再造。精细化发展信用卡分期业务，通过优化定价、额度等，深挖交易分期潜力，通过小额分散、场景营销，提升现金分期收益。深耕汽车等信用卡消费金融产品体系，挖掘刷卡回佣等轻型收入。深化客户经营，提升财富业务销售产能，拓展三方代理业务。强化客户联动获取和分层经营，推动私人银行业务成为新的增长极。拓展互联网支付快捷绑卡客群，加强网购市场营销，保持收入较快增长。开展季度竞赛，以销量带规模，以流量促增量，实现净值理财保有量423亿元，比上年增加141亿元，在专项理财余额中占比为65%。

截至年末，本外币个人金融资产余额为1 331.60亿元，比上年增加198.00亿元；本外币储蓄存款余额为570.41亿元，比上年增加167.31亿元；个人贷款余额（不含信用卡）为560.91亿元；零售营业净收入为31.40亿元；零售中间业务净收入为15.00亿元。

金融市场业务 调整资金业务负债结构，根据活期产品特性，引导营销机构以基金管理公司、要素市场、银行、财务公司为重点营销客群。加强对低用信率客户的营销，提前储备同业资产，锁定年内收益。梳理客户结构及融资需求，分支行联动营销，推进重点非标准化资产管理业务。围绕分级组合投资、分级单票投资、并购基金、股票质押、纾困基金、可交换债、可转换债七大资产方向，开展资本市场业务。利用小微企业在线贴现系统，推动票据直贴业务发展，设立直贴专员，跟踪重点客户，并逐户给出解决方案；加快票据流转，逐步实现从配置型票据业务向交易型票据业务转变。丰富代客业务产品种类，以即期结售汇业务为突破口，推动外汇套期保值业务，提升外汇衍生品交易、贵金属与大宗商品衍生交易规模。为各类机构指定围绕托管业务的综合服务方案，形成标准化、个性化兼具的北京地区产品推介手册和托管业务标书。深化与目标客户的合作关系，借助与百度合作的渠道优势，重点推介适合互联网销售的公募基金产品，并兼顾固定收益及权益类产品。通过与保险行业重点客户的资源互换营销，拓展纯托管产品及全资金托管业务。加强与信托机构的合作，挖掘估值类信托与现金管理类信托的业务合作机会。

截至年末，本外币同业存款余额为1 897.00亿元；实现净营业收入24.60亿元，净中间业务收入11.05亿元；资产托管规模为1.67万亿元，实现托管费收入2.65亿元。

合规与风险管理 强化合规内控管理，完善检查与整改工作机制，建立健全问责体系。落实“风险政策精准指导业务转型发展方向”的要求，推进实施信贷投向“一行一策”，助推资产业务发展。聚焦重点行业和重点客群，构建与风险收益相匹配的可持续发展客户体系。制定重点行业及客群“白名单”，明确授信客户准入标准。依托“天眼”系统，加强全流程信贷管理，逐步建立非现场监测与现场检查的有效联动机制。加强信用风险管控，对所有融资客户进行全覆盖检查，有效识别风险客户，建立风险客户台账，定期召开风险个案处置会，根据客户不同风险分类施策，严控资产质量下迁。有序开展对重点业务品种的专项检查，针对发现的问题建立管理问题台账，定期召开管理问题通报会，明确整改要求，并持续推进落实；对于检查中发现的风险隐患，加大处置化解力度。严格执行风险考核管理办法，推动风险管理人员主动履职，提高风险管理工作实效。

（王国文）

广发银行股份有限公司北京分行

2019年末，广发银行股份有限公司北京分行（以下简称广发北京分行）总资产为3 180亿元，比上年增加183.18亿元，增长6.11%；本外币存款余额为3 058.16亿元，比上年增加398.08亿元，增长14.96%，其中，人民币存款余额为2 972.66亿元；实现报表营业收入30.30亿元，净利润10.56亿元。

2019年，广发银行北京分行的1家支行获评中国银行业文明规范服务五星级网点，4家支行分别获评中国银行业文明规范服务四星级网点和三星级网点。

截至年末，广发北京分行社设有营业网点54家，其中，支行53家，社区支行1家；在岗人数1 616人，其中，正式在编1 606人。

零售业务 全年实现营业收入26.33亿元，同比增长12.9%；创造净利润9.01亿元，同比增长22.2%。加强人员管理、产品管理，年末个人金融资产月均为224.66亿元，比上年新增59.68亿元；有效控制到期结构性理财、非保本理财向储蓄的转化，年末非保本理财净转化率为52%，比上年增长32%。个贷业务通过分层管理重点合作机构、保银客户资源共享、公私联动等方式，实现获客渠道多元化、合作布局全国化。全年，实现营业收入3.65亿元，同比增长40.9%；创造净利润1亿元，实现扭亏为盈。

金融市场业务 全年，实现营业收入21.6亿元，同比增长16.4%；创造净利润13.27亿元，同比增长10%，其中，投行业务创造利润1.79亿元，同比增长181.9%，同业借款业务创造利润1.25亿元，同比增长57%。

服务国家发展战略 配合总行完善《京津冀协同发展综合金融服务行动方案》《黄河流域生态保护和高质量发展综合金融服务行动方案》，协助总行召开深化京津冀协同发展暨黄河流域生态保护和高质量发展工作预备会会议和工作会议。牵头召开京津冀分行协同发展座谈会，与广发银行天津分行、广发银行石家庄分行就协同发展达成初步共识。与北京电视台文艺频道合作，以情景剧的形式宣传普惠金融知识；成立"广发包袱铺"，在微信上以"金融相声"的形式传播普惠金融知识。绿色金融贷款年末余额为19.83亿元，比上年增加14.06亿元，增长243%。全年，信贷业务累计批复科技类企业180户，批复金额411亿元；批复文化类企业24户，批复金额61亿元。

综合金融助力实体经济 与中国人寿保险（集团）公司及其成员单位开展保银协同工作，提升融资能力，丰富融资渠道，年内累计落地保银投融资协同重点项目10笔，重点项目落地总规模401亿元。

（陈悦喆）

兴业银行股份有限公司北京分行

2019年末，兴业银行股份有限公司北京分行（以下简称兴业银行北京分行）总资产为5 832.41亿元，比上年增加280.60亿元，增长5.05%；总负债为5 783.44亿元，比上年增加273.94亿元，增长4.97%；实现营业收入75.14亿元，比上年增加4.46亿元，增长6.31%；实现利润50.77亿元，比上年增加8.34亿元，增长19.66%；本外币存款余额为3 717.86亿元，比上年增加498.34亿元，增长15.48%；本外币贷款余额为1 779.91亿元，比上年减少24.31亿元，下降1.35%。

截至年末，兴业银行北京分行共有营业网点79家，其中，综合性支行64家、分行营业部1家、社区支行14家；共有正式员工2 177人，编外员工71人。

企业金融业务 开展"阵地战"营销，推进结构调整与转型发展，连续三年获得兴业银行条线考评第一名。结算性存款大幅攀升；标准化资产快速构建，企业金融债券、资产支持证券（ABS）产品、ABN投放同比增长172.74%；推进财富业务转型，试点代销类财富产品。推进客户中心与"混承经营"改革，加速金融科技、资管投行和新经济三大转型，优化完善相应组织架构、考评体系和保障机制。搭建教育、交通生态圈，现金管理中枢客户跃居兴业银行首位。推进投资与债券承销一体化经营，与独角兽、科创板等新经济企业形成特色合作模式。截至年末，本外币存款余额为3 306.74亿元，比上年增加411.49亿元，增长14.21%；对公贷款余额为1 167.47亿元，比上年增加42.55亿元，增长3.78%。

零售业务 优化网点布局，提高服务覆盖率及品质，5家网点被中国银行业协会分别评为五星级、四星级、三星级网点。开展消费者权益保护工作，全年举办各类线下宣传活动346场，受众15万余人。推动普惠金融发展，解决小微企业主、个体工商户融资难题。深化条线融合，拓展获客渠道，强化专业服务团队建设。丰富产品体系，落地净值化产品转型工作，提升客户资产配置服务能力。围绕业务发展需要，推动专业化管理、流程化运作体系建设。截至年末，零售贷款总额为612.44亿元；储蓄存款总额为411.12亿元，比上年增加86.84亿元，增长26.78%；财富类金融资产日均为987.59亿元，比上年增加188.06亿元，增长23.52%。

金融市场业务 落实各项监管要求，优化调整资产负债结构；以客户为中心，提升客户服务水平。截至年末，同业负债余额为1 988.12亿元，同比下降10.53%；资产托管业务规模为14 996.07亿元，同比增长9.07%。

绿色金融 依托兴业银行绿色金融集团化推进战略，投放近20亿元资金支持在京企业参与内蒙古自治区赤峰市和安徽省安庆市母亲河水系治理等重大生态治理项目。助力首都绿色金融建设，携手北京市地方金融监督管理局举办以“绿色金融”为主题的“畅融工程”专题活动，搭建银政企对接交流平台。依托绿色金融政策开展业务创新，集中为一批中小绿色企业提供了近3亿元的绿色票据再贴现，扶持中小企业发展。截至年末，为超过700家绿色企业累计提供千亿元融资支持，各类绿色金融产品余额超过600亿元。

（张晨）

平安银行股份有限公司北京分行

2019年末，平安银行股份有限公司北京分行（以下简称平安银行北京分行）资产总额为2 834.49亿元，负债总额为2 824.36亿元。本外币一般性存款余额为2 307.61亿元。其中，公司存款余额为1 969.98亿元；零售存款余额为337.64亿元。本外币存款日均为2 240.94亿元。其中，公司存款日均为1 942.88亿元；零售存款日均为298.06亿元。贷款余额（含贴现）为975.87亿元。其中，公司贷款余额为476.11亿元；零售贷款余额为484.98亿元；贴现余额为14.79亿元。实现账面利润96 379.41万元。不良贷款余额为90 667.43万元，不良率为0.93%。

截至年末，平安银行北京分行共有机构网点51家；员工人数2 546人，其中，正式员工1 864人，劳务派遣员工78人，外包人员604人。

公司业务 资产业务借助平安集团整体资金优势，解决战略客户资金需求，助力首都经济发展。借力离岸经营牌照，服务境内居民企业和银行同业，拓宽企业融资渠、降低融资成本，全年离岸跨境融资发放额突破10亿美元，同比增长138%。助力小微金融，通过信用、抵押、担保等模式，累计为2 042户普惠客户提供贷款48.69亿元。

零售业务 加快零售业务转型，寻求新的发展模式，各项经营业务取得成效。全年，零售资产管理规模增加846.1亿元，零售存款日均增加115.7亿元，“宅易通”发放161.8亿元，私人财富层级（50万元以上）客户比上年增加1.9万户。

风险防控与案防合规 授信准入实施主动型、前置型风险管控，创新公司授信业务模式，提升风险管理质效，在地产并购、政府隐性债务置换、担保额度项下分离式保函、保理业务等取得成效。全年，地产并购累计批复4户，金额合计40.2亿元；政府隐性债务置换累计批复3户，金额合计44.88亿元；分离式保函累计批复4户，金额合计60亿元；保理业务累计批复8户，金额合计106.4亿元。对有问题的授信客户，指定专人持续跟踪清收化解进展，全年累计收回问题授信46亿元，不良贷款率由年内最高3.17%降至0.93%。开展“案防合规风暴”“雷霆行动”“正风肃纪”活动，深化乱象治理和自查自纠工作，全年开展70个自查项目。修订《从业人员合规行为管理细则》《反洗钱工作管理办法（1.0版，2019年）》等10余项制度；印发《反洗钱法律法规使用手册》《员工家属合规应知手册》、员工行为“十禁”“二十禁”等学习手册；研究起草《北京分行案防合规“五无”达标单位考核评选办法》，将争创“五无”由鼓励逐步向“要求”转变，明确奖惩细则，以考核评优推动案防合规管理落实落细。

（杨春）

中信银行股份有限公司北京分行

（原中信银行股份有限公司总行营业部，2019年5月16日更名）

2019年末，中信银行股份有限公司北京分行（以下简称中信银行北京分行）本外币资产总额为8 856.00亿元，比上年增加1 656.09亿元，增长23.0%。本外币存款余额（含金融机构存款）为8 434.42亿元，比上年增加1 733.78亿元，增长25.88%。本外币贷款余额（含贴现）为2 043.94亿元。不良贷款余额为5.90亿元，不良率为0.29%。实现净利润67.32亿元。

截至年末，中信银行北京分行共有机构网点77家，员工2 972人。

公司银行业务 负债业务。依托投资银行、交易银行等重点业务，借助对公负债组合产品，巩固战略客户、机构客户等传统领域优势，全力推动客户一体化经营，对公负债业务实现稳步发展。截至年末，本外币公司一般性存款时点余额为5 384.93亿元。

资产业务。助力首都实体经济发展和重点工程建设，加大对“三大三高三新”领域的信贷投放，支持《中国制造2025》，以战略客户为核心，拓展产业链上下游客户，完善小微企业金融服务体系。截至年末，人民币公司一般性贷款余额为1 004.54亿元。

投资银行业务。全年发行债券134只，实现债券融资规模1 627.47亿元，债券代投业务新增69.70亿元，创新绿色中期票据、军民融合专项债等多项产品。表内外资产业务稳步推进，结构化融资新增17.24亿元，并购贷款新增23.95亿元，股权融资业务实现中信银行首单市场化退出。

交易银行业务。截至年末，供应链金融项下商业承兑汇票贴现总额为47.6亿元。供应链金融上下游产品皆保持稳定，供应链金融业务实现中间业务收入超过2 500万元。

普惠金融业务。成立普惠金融一级部，建立“集中审查、集中审批、集中放款、集中贷后管理”的运营体系，实施普惠标准化产品、配置专项信贷规模、实施专门授权审批流程、减费让利等措施，加强对小微企业的服务力度。截至年末，普惠型小微企业法人贷款余额为5.16亿元，比年初增长4.94亿元；贷款户数为110户，比年初增加102户。

零售银行业务 存款业务。截至年末，个人存款时点余额为1 131.26亿元，比上年增加225.95亿元。

管理资产。截至年末，管理资产余额为3 274.74亿元，比上年增加541.63亿元。

零售资产。积极开拓市场，发展个人住房抵押贷款业务；努力扩大客群范围，推进信贷产品优化升级；大力支持实体经济发展，提高普惠金融服务覆盖率。截至年末，个贷资产规模为981亿元。

客户经营。截至年末，资产管理规模在1万元以上的有效客户数为53.49万户，比上年增加6.09万户；资产管理规模在5万~50万元的零售客户数为25.10万户，比上年增加1.17万户；资产管理规模在50万~600万元的零售客户数为12.73万户，比上年增加2.38万户；资产管理规模在600万元以上的零售客户数为7 368户，比上年增加1 484户。

代理销售。截至年末，零售条线理财销量为5 102.03亿元。其中，净值型理财销量为1 234.61亿元；保险销量为44.99亿元，比上年增长100%；非货币基金销量为79.83亿元，比上年增长166%；贵金属销量为1.09亿元。

手机银行。全年，移动银行登录客户数为152.52万户，净增客户62.15万户，实现交易1 886.77万笔；移动银行月均登录客户数为74.29万户，月均交易客户数为34.91万户。

移动支付。截至年末，快捷支付签约客户数为272.19万户，年交易客户数为118.63万户，实现交易1.54亿笔，金额836.29亿元。

电子商务。全年，电子商务产品交易量为664.74亿元，其中，跨境电子支付业务交易量为150.85亿元

党费通。贯彻落实“互联网+党建”的战略部署，以创新型产品——“党费通”为部分中央和国家机关工委、全国社会基金保障理事会等60余家单位的党组织共计12 000余名党员提供党费交纳服务。

服务品质。2019年，中信银行北京分行被北京银保监局评为2018年度消费者权益保护一级行、“金融知识进万家”宣传服务月活动表现突出单位，荣获“3·15”北京银行业和保险业消费者权益保护宣传周表现突出单位等称号。富华大厦支行、交大支行和首体南路支行获评中国银行业文明规范服务五星级网点，东大桥支行、房山支行、大兴支行获评中国银行业文明规范服务四星级网点；上地支行获评中国银行业文明规范服务三星级网点。

金融市场业务 同业业务。保持资产业务传统优势，加大同业借款投放；扩展

投资品种，积极参与二级市场资产证券化投资；调整理财销售结构，引导客户购买净值型理财产品；发挥科技赋能票据业务优势，为企业客户提供更加便利的融资服务；推广“中信同业 +”平台，打通同业业务线上电子化交易渠道。截至年末，同业存款时点余额为 2 680. 25 亿元，同业资产时点余额为 1 531. 01 亿元。

国际业务。拓展资本及服务贸易项下客群，利用市场、政策双红利发展国内证业务；推动符合国家“一带一路”倡议的出口信贷业务，利用新政契机开拓跨境资金池，推动保函业务创新，优化国际业务结构。截至年末，收付汇量为 642 亿美元。

托管业务。上线投资连结保险账户托管业务，中标政府引导基金并与多家信托客户签订合作协议；调整营运架构，上线托管业务综合管理系统、“深证通”电子指令，为客户开通托管查询权限。截至年末，托管规模为 2. 39 万亿元，实现税后托管收入 12. 29 亿元。

风险控制 信贷管理。严格防控重点领域风险，实施信息化风险监测，夯实授信后管理，开展系统数据治理，坚持效益与质量并重，增强放款审核效率和质量，资产业务稳健发展。截至年末，不良贷款余额为 5. 90 亿元，不良贷款率为 0. 29%。

会计运营。通过创建现金服务示范区、上线全行集中运营项目、开展每周调研一家支行、每月消灭一类差错、会计经理“一帮一”互助及定制管理能力课程培训等活动，开展运营保障风险的全面防范和管理工作。

风险管理。推进风险管理模板化，提高全面风险管理的可操作性；开展形式多样的风险文化建设，扎实推进操作风险管理；开展重要业务演练，提高突发事件的风险应对能力；开展多项外包业务检查，提高合同条款的齐备性和信息安全性；推进风险报告体系建设，全面提升风险报告质量。

合规管理。以“杜绝案件和重大风险事件”为核心，建立合规经营管理长效机制；紧抓中高级管理人员管理，夯实合规案防管理职责；加强员工行为管理，创新排查手段，实施积分管理；优化内部合规检查机制，严格违规问责，全面提升洗钱风险防控水平，深入开展风险合规文化季活动。

（佟瑶）

中国光大银行股份有限公司北京分行

2019 年末，中国光大银行股份有限公司北京分行（以下简称光大银行北京分行）资产总额为 5 378 亿元，比上年增加 873 亿元，增长 19%，同比多增 939 亿元；一般存款时点余额为 4 449 亿元，比上年增加 855 亿元，增长 24%，同比多增 470 亿元，其中，核心存款时点余额为 3 058 亿元，比上年增加 443 亿元，增长 17%，同比多增 209 亿元。一般存款日均余额为 4 435 亿元，比上年增加 715 亿元，增长 19%，同比多增 295 亿元，其中，核心存款日均余额为 2 963 亿元，比上年增加 437 亿元，增长 17%，同比多增 216 亿元。实现营业收入 107.07 亿元，同比增加 10.7 亿元，增长 11%，预算完成率为 103%。风险调整后利润为 61.86 亿元，同比增加 8.95 亿元，增长 17%，预算完成率为 123%。风险调整后资本收益率为 45.42%，比年初提升 7.1 个百分点。

截至年末，光大银行北京分行设有营业网点 92 家，共有员工 2 754 人。

公司金融业务 着力做大做强公司金融业务，研究制定《公司业务区域营销指引暨 FPA（Financial Product Aggregate）市场开发计划》《信贷投向政策》等业务指引。截至年末，公司一般存款时点余额为 3 537 亿元，比上年增加 694 亿元，增长 24%，其中，公司核心存款时点余额为 2 441 亿元，比上年增加 277 亿元，增长 13%。公司一般存款日均余额为 3 579 亿元，比上年增加 539 亿元，增长 18%，其中，公司核心存款日均余额为 2 408 亿元，比上年增加 283 亿元，增长 13%。公司 FPA 余额为 3 533 亿元，比上年增加 403 亿元，增长 13%。其中，债券承销 811 亿元，比上年增加 267 亿元，增长 49%；自营对公贷款 757 亿元，比上年增加 59 亿元，增长 8.5%；同业投资 244 亿元，比上年增加 149 亿元，增长 157%，资产证券化业务余额为 176 亿元；银行承兑汇票余额为 184 亿元，比上年增加 82 亿元，增长 80%；贴现余额为 36 亿元，比上年增加 28 亿元，增长 350%。保险债券计划余额为 34.3 亿元。保理融资近百亿元，国内信用证融资超过百亿元，保函业务增长幅度较大。

零售金融业务 截至年末，零售一般存款时点余额为 912 亿元，比上年增加 161 亿元，增长 22%，其中，零售核心存款时点余额为 616 亿元，比上年增加 166 亿元，增长 37%。零售一般存款日均余额为 856 亿元，比上年增加 176 亿元，增长 26%，其中，零售核心存款日均余额为 555 亿元，比上年增加 153 亿元，增长 38%；核心存款日均占比为 64.8%，同比提升 4.8 个百分点。财富管理产品为 1 465亿元，比上年增加 233 亿元；理财基金规模为 1 081 亿元，比上年增加 206 亿元。零售信贷定价提升 10 个基点。零售营业收入在总营业收入中占比为 36.9%，同比提升 0.6 个百分点；零售 EVA 指标占比为 30.2%，同比提升 6.5 个百分点。零售九项资产规模为2 388亿元，比上年新增 401 亿元，增长 20.18%，指标完成率为 134%。零售客户规模为 838 万户，比上年新增 62 万户，增长 8%。其中，财富管理客户 5.9 万户，比上年新增 8 983 户，全年指标完成率为 94.6%；私人银行客户 5 126户，比上年新增 815 户，全年指标完成率为 147%。

创新金融科技 高度重视金融科技创新，聚焦“科技投入倍增计划”，金融科技研发创新投入 2 162 万元，开发业务系统 435 项。成立金融科技委员会，组建总分行联合研发创新中心。全年“云缴费”交易 3 亿笔，金额 1 356 亿元，同比增长 183%。上线“云缴费”售票，创新银联代付基金垫资模式，推进住房维修资金线上收款，上线蚂蚁花呗分期，开启“阳光 e 网贷”、国家电网供应商线上秒贷。布局 5G 智慧网点，打造 VIP 客户人脸识别系统，实现“光大家”APP 移动办公，提升 EAST 数据质量，丰富客户画像标签。举办首届“Fintech 大赛”和金融科技名品展示活动。

集团协同联动 响应光大集团倡导的“光大一家”发展理念，打造光大财富“E－SBU”生态圈。全年，为集团企业授信160多亿元，代销集团企业基金、信托、保险等产品近70亿元，托管集团企业产品435只、金额2 314亿元。与光大证券股份有限公司联合承销企业债券20亿元，推荐项目20余个，落地37亿元；与光大证券资产管理有限公司开展信贷持有到期业务20亿元，为光大金融租赁股份有限公司推荐项目20个、金额24亿元，向光银国际投资有限公司推荐国有企业境外发债5.7亿美元，为嘉事堂药业股份有限公司授信15亿元，为中青旅控股股份有限公司授信22亿元。中青旅联名信用卡进件111万张，激活首刷92万张。支持中国光大银行境外分行服务100多个央企境外分支机构。

风控与合规管理 坚持“从严治贷、依法治贷、铁腕治贷”，搭建“防火墙”，完善风险管理体系，加强统一授信管理。全年，处置不良资产2亿元，其中，现金清收1.5亿元，核销4 658万元；清收潜在不良资产3 780万元。截至年末，不良贷款余额为2.73亿元，比上年减少3 300万元，不良贷款率为0.23%，比上年下降0.05个百分点；关注贷款余额19.14亿元，比上年减少1.03亿元，关注率为1.62%，比上年下降0.22个百分点。拨备覆盖率为885%，比上年提高197个百分点。组织制度巡检453次，构建授权体系，制定《十大禁令》；开展飞行检查64次，排查员工异常交易行为；对违规违纪人员处分5人次，问责156人次。全年未发生重大案件、重大差错和事故。

阳光服务 开展“行长当大堂经理”活动，全辖各支行行长在69家网点大堂接待服务客户。编制《北京分行服务兄弟分行项目手册》。开展“名店”建设，海淀、天宁寺、学院路三家支行被评为中国银行业文明规范服务五星级网点，五棵松、惠新西街两家支行被评为中国银行业文明规范服务四星级网点。打造“拥军银行”，举行“雷锋岗”授牌仪式，在全辖69家支行网点设置“雷锋岗”窗口，公示拥军优抚服务措施。开展“普及金融知识 防范金融风险 共建小康社会”等主题宣传活动，编制《“3·15金融消费者权益日”系列宣传活动信息资料集锦》。举办13场进校园金融知识宣传活动，覆盖北京地区重点大中小学。在北京银保监局消费者权益保护评级中连续四年被评为一级行。

企业管理与队伍建设 出台新的《绩效管理办法》和《薪酬管理办法》，重新评估岗位价值，人人拥有平衡计分卡和任务指标，按月考核兑现。构建集中分层专业化经营的公司金融和零售金融营销管理体系，条线垂直化的运营管理体系，全面的风险管理体系，制度化、敏捷化、数字化的综合服务保障体系。推行干部竞争上岗，员工双向选择，组织9次行内公开竞聘，选拔干部231人，外部招聘72人。打造“7、8、9”青年人才工程，选拔89名优秀青年干部。落实监管要求，对37家支行行长进行了强制轮岗交流。

（潘远发）

中国民生银行股份有限公司北京分行

2019年末，中国民生银行股份有限公司北京分行（以下简称民生银行北京分行）本外币总资产余额为8 360.31亿元，比上年增长19.9%。各项存款余额为7 136.93亿元，比上年增长17.1%，其中，人民币存款余额为6 696.17亿元，比上年增长19.8%。各项贷款余额为2 963.68亿元，比上年增长17.4%。实现营业收入127.29亿元，营业支出54.26亿元，实现营业利润73.03亿元。

截至年末，民生银行北京分行下设二级分行1家、分行营业部1家、支行89家、便利型网点76家（社区支行71家、小微支行5家），正式员工3 404人。

公司业务 支持北京区域结构调整建设，加强与海淀区、朝阳区、通州区、顺义区、大兴区等地方人民政府合作，重点支持非首都核心功能疏解、产业转移、基础设施建设等领域，与通州区人民政府、海淀区人民政府签署战略合作协议。全年，给予京津冀协同发展项目融资支持155亿元，其中，表内贷款投放93亿元，重点支持北京城市副中心、大兴临空经济区、三城一区等重点项目建设。践行“民营企业的银行”战略，为战略民营企业、上市公司民营企业、中小民营企业配置不同的团队和产品包，通过信贷规模倾斜、产品创新支持等提升民营企业金融服务质量。截至年末，民营企业贷款占全部贷款余额的60%，民营企业贷款客户数占全部贷款客户数的68%。综合运用表外融资、直接融资等金融工具，帮助企业解决多元化的融资需求，降低融资成本，全年债券承销规模突破1 000亿元，企业资产证券化产品投放214亿元。推出“中小民生工程”服务包，针对信息技术、生物医药、节能环保等科技企业开展投贷联动服务，作为“京创通”首批六家试点金融机构之一，配合人民银行营业管理部做好精准扶持科创型民营企业相关工作。整合账户管理、支付结算、贸易融资和投资理财等产品，打造多级账户体系、聚合支付应用、线上供应链金融、在线财富管理等功能，实现金融产品服务与企业经济活动场景的深度融合，年末结算与现金管理客户数为2 712户，新增536户。

零售业务 启动零售改革，导入标准化营销作业模式，强化团队建设与管理，加大对零售业务的资源支持力度。截至年末，零售金融资产余额为2 629.3亿元，比上年增长10.8%；储蓄存款余额为1 038.1亿元，比上年增长23.8%。有效客户43.8万户，比上年增加2.6万户；贵宾客户33.3万户，比上年增加2.4万户；私人银行达标客户数为3 734户，比上年增加385户。网络金融业务健康发展，手机银行客户总量为316.91万户，比上年增长12%；直销银行客户总量为76.25万户，比上年增长11%。大力扶持小微企业发展，推广小微3.0金融服务生态模式，实现从融资服务向账户管理、财富管理等综合化金融服务的转变，并依托移动客户端、大数据及人工智能等技术，推出“云快贷”“网乐贷”“增值贷”等线上贷款申请产品，及“自助转期”线上自助续贷服务，小微贷款余额年末为423.4亿元，比上年增加26.6亿元。积极发展消费贷款业务，重点推广“民易贷”小额信用贷款，满足居民消费金融需求，年末消费贷款余额为346亿元。

金融市场业务 深化同业客群分层经营，大力投放同业借款，稳步提高风险资本使用率，加速资产流转，年末，同业资产业务余额为1 777亿元，同业负债业务余额为3 687亿元。重点发展资产托管业务，年末存量托管规模为1.89万亿元，全年新增1 724亿元，其中，公募基金托管规模增长52%。票据直贴累计发生额为380亿元，方便中小企业的线上自助贴现业务，累计签约客户数突破1 400户，累计获批人民银行营业管理部再贴现50亿元。

风险管理 强化客户预警管理，推行试点“好银行”“坏银行”模式，积极消除风险和保全资产。优化风险管理模式，借助中心支行改革实现风控下沉，提升基层网点风险管理水平。推出监督检查、跟踪整改、问责处罚的闭环管理机制，组织飞行检查11次，加大问责处罚力度；强化高风险产品洗钱风险识别，建立洗钱风险监测数据模型；制定客户投诉快速处理规则，完善经营机构、业务部门、消费者权益保护部门联动机制；组织开展“合规文化年”十大专项活动，提升全员合规意识。

党建工作 坚持党建引领、从严治行，开展中心组学习22次，其中，开展“不忘初心、牢记使命”专题学习10次；开展152次特色主题党日活动，约3 000人次参加活动；组织“先优典型”代表146人赴遵义开展集中学习活动。以实际行动助力脱贫攻坚，分别于4月、7月对河南省滑县、云南省大理白族自治州宾川县进行消费扶贫活动，于12月对贵州省毕节市织金县马场乡及龙场镇开展帮扶活动。积极发挥工会和团组织作用，在中国民生银行组织的“民生杯”系列劳动技能竞赛中，包揽运营、合规、客户服务、职工提案四项大赛的团体冠军。

（刘晓静）

华夏银行股份有限公司北京分行

2019年末，华夏银行股份有限公司北京分行（以下简称华夏银行北京分行）资产总额为2 951.98亿元；一般性存款余额为2 457.16亿元，比上年增加309.67亿元，增长14.42%；一般性存款日均为2 322.66亿元，比上年增加335.81亿元，增长16.90%；各项贷款余额为1 695.42亿元，比上年增加138.31亿元，增长8.88%；实现拨备前利润（考核口径）62.08亿元，同比增加9.62亿元，增长18.33%；实现中间业务净收入12.98亿元（考核口径），同比增加1.2亿元，增长10.19%。

截至年末，华夏银行北京分行共设有综合性支行64家，正式在册员工2 158人。

公司金融业务 通过名单制管理实施

分层营销，组建总分支行营销团队。截至年末，新增总行级战略客户下属成员单位22户，新增总对总签约、总分签约客户25户。加大对京津冀一体化协同发展项目的资金投放，为38户客户累计投放316.55亿元，为产业升级项目投放42亿元，为城镇化项目投放21.97亿元。以信贷支持大兴区等重点区域发展，涉及一级开发、集体土地建设、城镇化贷款、棚户区改造和开发贷款等业务。与北京新航城控股有限公司等区重点平台企业开展业务合作。成立供应链工作领导小组，将供应链金融提升至公司业务转型的战略高度，创新供应链产品，实现中企云链供应链金融再保理业务投放。上线“福金龙惠贷”项目，借助区块链、大数据等多项技术，将优质核心客户的低效用信转化为对其上游客户的融资服务。增加汽车供应链金融业务审批权限，解决经销商授信敞口受限的问题，制订汽车供应链线上方案。

个人金融业务 实施运营改革，支行运营行长全面负责个人业务，考核评价与个人业务指标挂钩。厅堂员工全面实施交叉持证上岗，助推零售业务转型发展。截至年末，非保本理财产品余额为713.85亿元，比年初增加202.97亿元，个人金融资产总量突破1 000亿元。开展“不忘初心 献礼华夏”速通卡营销活动，ETC签约客户累计72.6万户，存款余额为64.12亿元，比年初增加17亿元。

普惠金融业务 截至年末，小微企业贷款余额为378.94亿元，比年初增加73.94亿元；普惠客户贷款余额为107亿元，比年初增加23亿元；小微企业贷款不良率为0.46%，低于北京地区同业平均水平。通过“年审制”“房贷通”“无还本续贷”等产品，缓解小微企业转贷难问题；11月，入驻北京市小微企业续贷中心，在入驻的17家银行中受理续贷业务量排名第7位；小微业务续贷率为48%；在人民银行营业管理部关于北京地区中资银行重点领域贷款情况的通报中，小微贷款增速连续3个季度排名前5位。

科技金融业务 辖内北京中关村管理部着力推动科技金融业务发展。截至年末，科技用信户有292户，用信户占比为57%，高于中关村区域专营机构38.5%的平均水平；科技企业用信余额为64.23亿元，占比为37.32%，高于中关村区域专营机构23.50%的平均水平。着力推动产品创新，加快“创业易贷”“高新易贷”“知识产权质押贷款”“跟随贷”等特色产品的运用，服务近百家高新技术企业。创新服务模式，与外部机构合作开展“房贷通业务阶段性履约保险”，与互联网科技公司搭建房抵贷助贷平台，基本形成从企业初创期至成熟期、“线下+线上”的信贷服务模式。

文创金融业务 辖内北京文创产业管理部着力推动文化金融业务发展。截至年末，文创类贷款余额为29.24亿元，比年初增加4.54亿元，增长18.36%；文创用信客户有105户，比年初增加44户，增长72.13%。作为北京市“投贷奖”政策专项资金支持合作银行，为213户的266笔业务申请贴息补助，涉及补贴贷款金额16亿元。投资租赁类知识产权ABS产品。助力《我不是药神》《流浪地球》等影片出品，共计为464家文化企业提供各类融资支持127.58亿元。开展系列“老字号行动计划”，为老字号企业注入金融活水。

风险防控工作 推动全面风险管理体系建设，制定《华夏银行北京分行2019

年风险管理工作方案》、全面风险管理体制改革方案，完善全面风险报告管理体系，定期发布风险提示。制定和推动落实分行信贷政策，提高内评系统的及时性和准确性，开展授信业务尽职调查，定期监测线上贷款业务，做好集中度风险监测和涉外业务信用风险管控。做好操作风险关键指标监测，识别和报送操作风险事件，开展操作风险与控制自评估和重点事项检查，深入分析检查中发现的问题。加强应急预案管理，开展应急演练，严格落实业务连续性自评估。深化外包风险管理，制定外包风险管理实施细则。

（李原野）

渤海银行股份有限公司北京分行

2019 年末，渤海银行股份有限公司北京分行（以下简称渤海银行北京分行）本外币总资产为 777.29 亿元；本外币各项存款余额为 534.11 亿元；本外币各项贷款（含贴现）余额为 681.69 亿元，比上年增加 129.43 亿元，增长 23.44%；实现营业收入 23.33 亿元，中间业务收入 3.54 亿元，考核利润 12.84 亿元，经济增加值 5.73 亿元；不良资产余额为 32 462.83 万元，不良贷款率为 0.47%，资产质量保持优良。渤海银行北京航天桥支行荣获中国银行业文明规范服务五星级网点荣誉称号。

截至年末，渤海银行北京分行共设有营业机构（含分行营业部）27 家，其中，支行（含分行营业部）19 家，社区支行 8 家；共有员工 764 人，其中，合同制员工 754 人，派遣制员工 10 人。

公司金融业务　负债业务。截至年末，批发存款余额为 503.88 亿元。取得中央国库、北京市国库和中央财政专户的资质，全年参与投标 5 期中央国库现金管理定期存款，合计中标金额 556 亿元。

资产业务。全年，批发银行表内外累计投放 499.44 亿元，其中，表内贷款投放 266.87 亿元；金融市场资产业务投放 232.57 亿元。年内新增金融市场资产业务规模为 115.58 亿元。

投资银行业务。全年承销发行债务融资工具 9 笔，金额 77.16 亿元，实现中间业务收入 9 208 万元。落地 3 笔资产证券化业务，成功发行反向供应链资产证券化产品、以房地产尾款为基础资产的资产证券化项目、以租赁债权为基础资产的资产证券化产品。

托管业务。截至年末，托管规模为 2 799亿元。其中，行外托管规模为 1 665 亿元，年内新增 350 亿元；行内托管规模为 1 134 亿元，加权完成率为 124.29%。

普惠金融业务。截至年末，普惠型小微企业贷款余额为 2.59 亿元，比上年增加 1.86 亿元；普惠型小微企业贷款户数 61 户，比上年增加 42 户。

零售业务　布局生态银行，线上与线下、自建生态与共建生态相结合，打造零售生态体系。截至年末，“生态客户”数新增 19 922 户，完成全年指标的 153%，渠道“生态客户”业务量替代率完成全年指标的 130%；“云闪付”开通率提前并超额完成全年指标；金融科技转型收益为752万元，完成全年指标的104%；平台生态客户业务量新增8 124万元，完成全年指标的203%。年内，落地各类金融科技转型项目10个，新增信用卡专项分期应收收入3 262.6万元。以“结算宝”“资金宝”“云账本平台”为抓手，开展线上线下营销，推进金融科技业务发展。截至年末，财富资产余额为225.8亿元，其中，储蓄余额为39.7亿元，余额新增10亿元，日均新增11.9亿元，完成全年指标的444%；实现理财销售807亿元；信托销售2.3亿元，引入新资金1.4亿元；代理销售保险，累计保额4 887万元；零售业务有效客户有12.5万户，其中，中高端客户2.55万户，私人银行客户327户。

消费金融业务 推进消费金融业务转型，以创新和创收为核心，推动线上营销，根据业务增长点与创收模式的不同点，探索双轨并重，实现零售收入增长；消费金融业务投放结构，从按揭投放占比74%调整至普惠投放占比达80%，带动整体收益水平的提高。截至年末，个人贷款规模为195.13亿元，实现营业收入约2.3亿元，占分行全部营业收入10%以上；累计发放“线上拎包贷”463笔，贷款金额1.05亿元，无逾期和不良贷款；建立“线上白名单”，全年获渤海银行准入“白名单”企业333余家，实现投放53笔、共计1 172万元。

（张俊魁）

浙商银行股份有限公司北京分行

2019年末，浙商银行股份有限公司北京分行（以下简称浙商银行北京分行）总资产余额为1 811亿元，比上年增加100亿元，增长6%。全口径存款余额为1 511亿元，比上年增加299亿元；存款年日均余额为1 242亿元，比上年增加240亿元，增长24%；考核类基础存款日均增加200亿元。本外币各项贷款余额为790亿元，比上年增加13亿元，增长2%。实现营业增加值33.47亿元，比上年增加3.44亿元；实现非息净收入6.72亿元，比上年增加1.86亿元，增长38%。

浙商银行北京朝阳支行被中国银行业协会评定为2019年文明规范服务五星级网点，浙商银行北京十里河支行、浙商银行北京大兴支行被评定为2019年文明规范服务三星级网点。

截至年末，浙商银行北京分行设有营业机构17家（含分行营业部），员工总数852人。

公司业务 依托浙商银行“平台化”服务战略体系，大力培育推广“科技+金融+行业+客户”的综合服务平台，融资、融物、融服务。以“平台化服务”为核心，形成多类型的产品体系，将融资与服务嵌入企业的经营管理和商业模式中，通过供应链综合金融服务工具协助央企、国有企业提升企业流动性管理，解决供应链上下游企业融资难、融资贵的问题。落地国家粮食和物资储备局粮食交易协调中心“1+N”模式下的“仓单通”

业务——“惠农通”产品。全年，供应链融资投放规模近 360 亿元。

发债投行业务 截至年末，投行产品创设金额为 1 533.18 亿元。其中，高信用等级和公募品种债券创设金额为1 265.8亿元；各类资产证券化产品创设（不含基础资产为区块链应收款）金额为 114.88 亿元；基于区块链应收款的投行产品创设金额为 104 亿元；债券加载信用风险缓释凭证 1.7 亿元；其他交易所产品创设合计 17.1 亿元；境外融资业务 1.8 亿美元；银贷款团创设 29.7 亿元。非金融企业债券及金融债承销发行 55 笔，总发行规模为 306.91 亿元。其中，境外债 2 笔，承销金额 1.8 亿美元；金融债 4 笔，承销金额 40.2 亿元；债权融资计划 3 笔，承销金额 17.1 亿元；资产支持票据业务 9 笔，承销金额 18.89 亿元；传统发债业务 37 笔，承销金额 218.6 亿元。全年发债投行业务营业增加值为 3.16 亿元，累计实现收入约 1.98 亿元。

资产托管业务 截至年末，资产托管规模余额为 2 306.61 亿元，其中，行外资源托管量超过 70%。实现托管费收入 5 526万元，其他监管收入 155.97 万元，日均沉淀资金 21.7 亿元。

国际业务 助力“一带一路”项目建设，将多种产品灵活组合运用到实际业务中，提供差异化信贷支持。与巴基斯坦塔尔煤田 ThaNova 1 ×330 兆瓦（MW）燃煤电站项目达成合作，向中国成套工程有限公司乌克兰项目分批投放贷款。截至年末，国际结算量为 137 亿美元，计划完成率为 137%，同比增长 32%；国际业务基础客户有 365 户，计划完成率为 159%，同比增长 76%；实现中间业务收入 9 340 元，计划完成率为 104%，同比增长 24%；实现营业增加值 1.55 亿元，同比增长 22%；国际业务带动本外币存款余额 138 亿元，带动存款年日均 95 亿元，同比增长 5%。

金融机构业务 截至年末，同业资产余额为 118.66 亿元，日均规模为 154.56 亿元；同业负债余额为 233.78 亿元，日均规模为 244.51 亿元。全年完成营业增加值 1.689 亿元，超额完成年初拟定的增加值指标 1.1 亿元，完成率为 153.55%。

零售银行业务 截至年末，个人存款余额为 109 亿元，比上年增加 52.4 亿元，增长 93%。零售条线营业增加值为 1.3 亿元，同比增长 40%，基本完成任务目标。

小企业业务 截至年末，小企业贷款（浙商银行标准）余额为 118.25 亿元，比上年增加 31.05 亿元，完成全年增量任务的 115%，营业增加值余额为 2.33 亿元，完成全年任务的 106%。

（陆炜）

北京银行股份有限公司

2019 年末，北京银行股份有限公司（以下简称北京银行）表内外总资产为 3.44 万亿元，其中，表内资产为 2.74 万亿元，比年初增长 6.38%；实现归属于母公司股东的净利润 214.41 亿元，同比增长 7.19%；人均创利超过 140 万元，经营绩效保持上市银行优秀水平；不良贷款率为1.40%，拨备覆盖率为224.69%，拨贷比为3.15%。宁波分行、南通分行获批开业，区域布局持续完善。品牌价值为549亿元，居中国银行业第6位；在2019年英国《银行家》杂志发布的全球千家大银行排名中，按照一级资本排名第61位，连续六年跻身全球百强银行。与荷兰国际集团（ING）签署合资银行合同，有序推进各项筹备工作，成为双方战略合作的新起点、里程碑。

截至年末，北京银行设有分支机构670家，其中，北京地区机构有273家。

公司业务　高质量完成2019北京世界园艺博览会金融服务保障工作，发行银行间市场首单世园债。推出账户平移服务，协助北京市属机关单位顺利迁至北京城市副中心。中标人力资源和社会保障部中央社保卡发行服务合作银行资格。协助北京市财政局完成北京市首次地方政府债券柜台发行任务。与北京市教育委员会签署全面战略合作协议，共同设立“北京银行乡村教师奖励基金”。与北京市总工会签署全面战略合作协议。协助北京市医院管理中心全面完成北京市2019年医耗综合联动改革工作。截至年末，累计发放“京医通”卡近2 327万张。发布“京信链”供应链金融创新产品，推出“京管+”企业手机银行2.0版，推出“银联代付”新型结算业务，携手中国银联股份有限公司推出“小微企业卡”。获得“2019年度公司业务数字化创新银行”“十佳供应链金融创新奖”等多项荣誉。发行北京市首单扶贫票据、银行间市场首单支持北京城市副中心建设、北京夜间经济商业物业抵押贷款资产支持票据（CMBN）及新疆地区首单支持“三农”的产业扶贫债券。在国内金融机构首家推出“并购+”品牌。荣获《证券时报》“2019年度全能银行投行业务天玑奖”，连续五年荣获“2019年度债券承销银行天玑奖”。

小微业务　截至年末，单户授信1 000万元及以下小微企业公司贷款余额为351.8亿元，同比增加86.9亿元，增长32.8%。文化、科技金融贷款余额分别为640亿元、1 544亿元。上线“京管+”小微线上融资申请功能，完成小微预审批模型升级；出台续贷业务管理规定，首批入驻北京市企业续贷受理中心；北京银行文化创客中心会员500余家，被北京市广播电视局授牌“北京市广播电视网络视听金融服务中心”；北京银行中关村小巨人创客中心会员超1.9万家，获授“国家知识产权局专利局专利审查协作北京中心知识产权孵化基地”。与北京市文化和旅游局签订战略合作协议，发布“文旅贷”金融服务行动计划、“创意设计贷”及影视全产业链专属产品“影视贷”，支持《破冰行动》《中国机长》等优秀影视剧制作发行。发布科创板金融服务方案，支持科创板申请企业48家，累计授信85亿元；独家支持“2019中关村论坛”；升级知识产权质押贷款产品——“智权贷”，推出“研发贷”；荣获人民银行营业管理部2018年度小微企业、文化金融、科技金融信贷政策导向效果评估一等第一名，荣获《21世纪经济报道》亚洲金融竞争力评选“2019年度亚洲卓越科技文化特色金融服务银行”。

零售业务　“一体两翼”战略转型发展取得显著成效，规模效益持续提升，业务结构不断优化，监管指标全面达标；年末，零售客户突破2 150万户，资金量规模达7 000亿元，银行卡发卡量超过2 700万张，零售存款、贷款均实现市场份额与行内占比的双提升，不良贷款率较年初进一步降低；发布《移动银行业务发展目标暨实施路径》，手机银行快速迭代，功能不断完善，APP用户同比增长32%；发挥“富民直通车”品牌优势，“千院计划”支持超过1 000家特色民宿小院建设，扶植数百个民宿品牌；个人经营性贷款规模突破1 000亿元，有效解决小企业主融资难题；为2019北京世界园艺博览会打造线上线下专属金融服务，独家发行主题银行卡；落地北京首笔“金融专网”不动产线上抵押，首家在北京城市副中心设立公积金合署办公网点；发行北京银行颐和园联名卡等多款特色信用卡；蝉联“中国最佳城市商业零售银行”。

金融市场业务 优化业务结构，公募ABS投资、证券投资基金投资规模同比分别增长21%、61%，标准型、流转型资产占比持续提升；黄金租借、公募基金托管规模较年初分别增长80%、44%，融出利率债1 170.33亿元，同比增长12.1%；国际单证、结售汇、国内证及福费廷等轻资本业务加快发展，中间业务收入同比增长13%。坚持产品转型创新，开展再贴现、转贷款业务68余亿元，累计服务小微企业1 260户。上线“国际在线”多个子项目，全面提升移动金融外汇业务服务能力。搭建“托管家”业务运营系统，实现托管业务系统全行共享。加强品牌建设，获得十余项市场交易类奖项，获得人民银行营业管理部首批6家“京创通”再贴现新产品试点银行业务资质，当选中国银行业协会托管业务专业委员会第五届常委单位，成为目前唯一一家入选常委会的城市商业银行。

风险管理 坚持党建引领，升级一体化全面风险管理体系；严格业务准入管理，加大排查预警力度，强化过程管理控制，资产质量保持平稳可控；坚持稳健审慎的风险偏好，明确“控大额、控限额、控累加、控占比”的管理要求，从策略、制度、系统、流程等方面持续加强大额风险暴露管理；全力推动数字化转型战略实施，完成风险控制指挥中心三期建设，上线智慧风控APP，提升风险管理的便捷性、高效性、专业性。

（王昕芳）

大连银行股份有限公司北京分行

2019年末，大连银行股份有限公司北京分行（以下简称大连银行北京分行）资产总额为655.03亿元，比上年增加52.27亿元，增长8.67%。各项存款余额为504.67亿元，比上年增加109.52亿元，增长27.72%。各项贷款余额为220.29亿元，比上年减少45.4亿元，下降17.09%。

截至年末，大连银行北京分行共设有营业机构（含分行营业部）6家，共有员工277人。

公司银行业务 利用总部经济特点，在严控风险的前提下，扩展与优质大中型民营企业的合作；传统公司业务和投资银行业务相结合，深挖中关村科技园区、北京经济开发区、总部基地以及周边地区上市公司和拟上市公司客群；以京津冀协同发展为契机，重点支持基础设施、城市轨道交通建设，及绿色环保、清洁能源、污水及固体废弃物处理、互联网、大数据、人工智能等领域产业发展，推动产业金融与实体经济深度融合，提升市场占有率；依托中国东方资产管理公司平台，实现优势互补、协作共赢，提升金融服务能力，助推完成战略转型。

投行资管业务 年内，发行大连银行首个应收账款债权融资计划——“大连银行—京东邦汇2019年度第一期应收账款债权融资计划”，完成大连银行首单应收账款债权融资计划，协助办理大连银行首单信贷资产证券化业务，总规模为11.633亿元。

零售银行业务 根据客群特点，设计多款分行专属、私人定制理财产品，推动理财保有量快速增长；开展“3·15消费者权益保护”“金融知识进万家”“守住钱袋子”“金融标准 利国利民”等宣传活动；在人民银行营业管理部组织的“赢在标准”线上金融标准挑战赛中荣获个人二等奖，通过“星大堂、心服务”优质服务明星网点评比、消费者权益保护情景剧比赛等活动，深化金融标准，提高消费者权益保护工作意识。

金融市场业务 稳步开展资金业务营销，拓展新的客户群体；加速推进利率市场化，响应央行货币政策导向，加强同业流动性管理；及时跟踪市场交易情况，分析市场利率走势；强化传统票据业务优势，发挥票据中心对直贴价格和转贴价格的指导，通过直贴业务开展将资金引导至实体企业；积极服务中小企业融资，以客户需求为导向，探索票据业务模式创新。

（于涵）

天津银行股份有限公司北京分行

2019年末，天津银行股份有限公司北京分行（以下简称天津银行北京分行）资产总额为613亿元，其中，各项贷款余额为247亿元，渠道投资业务（含入池资产）263亿元；负债总额为601亿元，其中，各项存款余额为272亿元。实现账面利润11.28亿元，比上年增加1.09亿元。

截至年末，天津银行北京分行设有营业机构（含分行营业部）17家，共有员工406人，其中，派遣制员工9人。

公司金融业务 抓住区域协同发展、乡村振兴等国家战略实施机遇，把握供给侧改革，增强对实体经济的金融服务。明确重点客户选择方向，重点支持符合产业转型升级方向、产能先进的优质企业，推动业务转型。大力发展绿色金融，抓存款规模稳定，拉动负债业务增长。加强债券承销、并购投资、资产证券化等业务培训，提升员工金融服务专业化水平。

个人金融业务 根据总行零售战略方针制订营销计划，实时调整发展重心，深度开发核心业务，积极推进互联网金融项目，大力推动线上消费金融业务发展，优化业务结构及资源配置。开展“开门红旺季营销”“零售价值客户提升营销竞赛”等活动，举办零售贵宾、钻石客户答谢会等，深入社区、学校、企业进行宣传，增加客户黏性，助推零售业务发展。

国际业务 结合总行掉期产品，在保证收益前提下，提高美元存款规模，保证存量大户续存工作，重点关注境外机构境内外汇账户（NRA）账户存款，拓展存款渠道。利用银行承兑汇票、信用证、代付、保函等传统业务，扩大交易银行资产规模，增加中间业务收入，拉动保证金存款综合带动低成本存款规模。抓住市场先机，落地两笔大金额国内信用证及福费廷业务，金额合计7.32亿元，拉动保证金存款7 300万元，实现中间业务收入261万元。

内控合规 通过开展“网点负责人履职行为”专项执法检查，建立内控专项检查问题通报与考核制度；健全反洗钱工作机制，向人民银行营业管理部报送重点可疑交易报告1份，堵截柜面可疑交易2笔；开展员工行为排查，落实员工家访制度，扎实推进“扫黑除恶”专项斗争；持续开展制度重检，梳理业务流程，强化操作管理。完善律师考核长效机制，调整律师团成员，助力不良贷款清收工作。

消费者权益保护 建立消费者权益保护季度联席会议制度，多部门协同完成客户需求收集与分析，改善解决消除客户不满点。优化服务及投诉处理流程，通过增设服务投诉电话、与网络舆情监控平台联运，快速解决纠纷。开展员工服务礼仪技巧培训、最美柜员社会投票评选、星级服务网点创建、制定《柜面服务标准话术及行为规范》、建设标准化服务流程等活动，提升服务和客户体验。举办“金融标准　为民利企”、防范电信网络新型违法犯罪、新版人民币防伪等宣传教育活动，开办“金融知识进校本课程”，是北京地区首家与学校合作将金融知识引入中学课程的金融机构。

（王京）

杭州银行股份有限公司北京分行

2019年末，杭州银行股份有限公司北京分行（以下简称杭州银行北京分行）资产总额为697.30亿元。各项存款余额为674.43亿元，比上年增加158.04亿元，增长30.39%；各项贷款余额为343.86亿元，比上年增加53.43亿元，增长18.40%。累计实现账面利润5.76亿元。

截至年末，杭州银行北京分行设有16家经营机构（含分行营业部）；共有员工590人，其中，正式员工553人，派遣制员工37人。

业务发展 公司业务紧盯大额负债营销线索，强化信贷客户结算资金归行；灵活运用存贷款互促策略，加强交易银行产品运用，引导提升产能和绩效。零售业务以零售信用贷款“公鸡贷”为战略重点，批量营销与白名单营销取得成效；大力发展财富业务，代销信托、同业理财产品成为新的增长点。小微业务以现金管理为抓手，提升综合金融服务水平；以“云抵贷”为重点，做强小微抵押贷款。文化金融业务以北京建设文化中心、科创中心为契机，组建“2 个业务部门 +3 家专营机构”的架构，助力 4 家企业成功登陆资本市场，支持多部优质影视剧拍摄发行。推动“园区一站通”服务，与北京地区重点文化园区建立合作。开展教育行业调研，协助完成行业分析报告。开展投贷联动业务，完成 7 笔创新业务。正式加入北京市文创金融服务网络平台，签约成为高精尖基金金融服务伙伴，参与筹办舞剧《遇见大运河》，拉开京杭运河文化联动序幕。

（蔡俊瑶）

南京银行股份有限公司北京分行

2019 年末，南京银行股份有限公司北京分行（以下简称南京银行北京分行）资产总额为 673. 29 亿元，比上年增加 110. 90 亿元，增长 19. 72%。各项存款余额为 576. 72 亿元，比上年增加 71. 72 亿元，增长 14. 20%；各项贷款余额为 344. 98 亿元，比上年增加 91. 72 亿元，增长 36. 22%。

截至年末，南京银行北京分行下设营业网点（含分行营业部）15 家，在岗正式员工共计 540 人。

投行业务 将实体经济客户作为业务本源，全方位运用投资银行产品，深耕服务北京市场。大力拓展实体企业客户，截至年末，支持了北京地区 45 家实体企业客户融资需求。扩大直接融资业务，为市属多家企业集团提供债券承销服务。丰富投行资产投资配置，截至年末，通过债券投资、债权融资计划、结构化融资业务，支持北京区域企业融资规模逾 92 亿元。

（雷赛赛）

盛京银行股份有限公司北京分行

2019 年末，盛京银行股份有限公司北京分行（以下简称盛京银行北京分行）资产总额为 786. 00 亿元，其中，各项贷款余额为 173. 09 亿元；负债总额为 772. 97 亿元，其中，各项存款余额为 755. 73 亿元，比年初增加 403. 13 亿元，增长 114. 33%；实现利润 13. 03 亿元，同比增加 5. 35 亿元，增长 69. 66%。

截至年末，盛京银行北京分行设有营业网点（含分行营业部）9 家，共有正式员工 309 人，劳务派遣 2 人。

公司银行业务 调整优化业务结构，落实差异化信贷政策，加大对小微企业等经济社会重点领域和薄弱环节的信贷资金投放，加大对战略新兴、科技创新等产业升级领域，现代服务、文化创意等消费升级领域，以及节能环保、低碳排放等绿色环保领域的营销及信贷投放力度。

零售银行业务 规范与强化服务，提升服务水平和能力，五棵松支行被中国银行业协会评选为文明规范服务五星级网点。转变经营理念，务实网点转型，派专员至辖内9家网点进行督导，协助设定营销目标、确定电访客户、了解金融动态、模拟营销案例，并对一天的工作情况进行复盘，寻找不足与差距，提升网点转型效能。

贸易金融业务 践行回归金融本源，做大客户结算规模、增加日常结算、扩大结算资金沉淀，为存量客户定制“结算+融资”的综合产品方案，全年实现结算量108亿元；以风险资本成本和经济利润考核为抓手，拓展“轻资产、轻资本”产品，降低传统信贷依赖，降低风险资本占用，全年节约资本达36亿元。

内控合规管理 围绕“合规立行”的经营理念，坚持内控先行、合规发展，建设合规文化、严守合规底线，组织合规知识竞赛、“一把手”合规讲堂，开展合规文化建设晨训，提升员工“人人合规、主动合规”的意识；完善制度体系，全年梳理现行制度218项；开展以“维护金融秩序，遏制洗钱犯罪”为主题的宣传月活动，提高社会公众自我保护能力；开展“金融知识万里行”等金融知识宣教工作，累计举办宣传活动165次，累计参与员工937人次，活动受众约2.8万人。

（刘一璇）

上海银行股份有限公司北京分行

2019年末，上海银行股份有限公司北京分行（以下简称上海银行北京分行）本外币各项贷款余额为893.59亿元，比上年增加71.48亿元，增长8.69%；本外币各项存款余额为1 115.33亿元，比上年增加108.56亿元，增长10.78%。

截至年末，上海银行北京分行设有营业网点8家；共有员工707人，其中，正式员工539人。

公司金融业务 积极服务首都经济发展，推动上海银行与西城区人民政府、北京经济技术开发区管理委员会签署全面战略合作协议，与朝阳区、大兴区、丰台区等区人民政府加强各项合作，为城区疏解整治、功能提升提供金融服务，截至年末，累计投放政府合作项目近300亿元。设立北京科创金融中心，探索建设科创金融四项机制，加大科技金融创新服务力度，解决科创企业金融服务需求，科技类贷款年末余额近90亿元。深化综合金融服务，为优质央企、国有企业改革注入发展新动能。响应国家普惠金融政策，探索构建特色普惠专营体系，加快普惠金融与供应链金融发展，落地上海银行首单“上行e链”涉农全线上供应链融资业务。

投资银行业务 结合商业银行传统优势与资本市场特点，加快投资银行业务全面转型，业务领域涵盖债券承销、股权及并购、非标准化债权投资、ABS、财务顾问等全品类业务。承销银行间市场首单知识产权融资租赁资产支持票据、首单AA评级汽车金融债。截至年末，债券承销规模为846.2亿元。

个人金融业务 推进零售业务转型发展，加快队伍建设，零售队伍（不含派遣制员工）从年初的51人增至97人，增长88%；打造精品网点，分行营业部、中关村支行分别荣获2019年中国银行业文明规范服务四星级网点、中国银行业文明规范服务三星级网点荣誉称号；利用疏解补偿款项发放的契机营销疏解客户零售业务，实现行外优质客户批量引入，网点产能显著提升；全年开展各类消费者权益保护宣传教育活动118场，累计覆盖115.3万余人。截至年末，个人贷款余额为156.40亿元，比上年增加17.71亿元，增长12.77%；个人存款余额为33.22亿元，比上年增加19.39亿元，增长160.76%。

金融同业业务 借助北京区域优势，搭建同业合作平台，与多家大中型金融机构签订战略合作协议；精准营销优质同业资产，探索业务合作新模式；开拓同业负债客户，增加同业低成本负债来源；提升金融市场各类交易的判断决策能力和实际操作能力，满足客户避险对冲、合规套利、快速交易等业务需求。截至年末，同业资产为875.95亿元，比上年增加49.92亿元；同业负债为950.55亿元，比上年增加19.39亿元。

跨境业务 积极响应“一带一路”倡议，通过组合运用跨境银团贷款、买方信贷、代客衍生品等产品，为相关企业提供跨境结算、融资、信用支持和风险防范等一揽子服务方案；深化与上海银行各分行的协同联动，利用中国（上海）自由贸易试验区（以下简称上海自贸区）政策优势，聚焦“独角兽”或有“独角兽”潜质的目标企业，联合为客户搭建上海自贸区版人民币跨境资金池，提高资金使用效率。截至年末，外汇存款余额和日均存款双双突破40亿美元。

互联网金融业务 聚焦互联网场景下存款、贷款、结售汇业务发展，与互联网企业共建融合生态，提供场景化的线上金融服务，建成支付结算、财富管理、互联网贷款、新型业务、跨境金融等在线金融产品及服务体系，并通过“上行快线”APP、“上行普惠”APP等直销银行渠道，以开放银行形式向C端和B端用户提供银行在线服务。截至年末，互联网客户为863.33万户，比上年增加425.18万户，增长97.04%；互联网存款余额为10.98亿元，比上年增加6.60亿元，增长150.68%。

（张尤佳）

江苏银行股份有限公司北京分行

2019年末，江苏银行股份有限公司北京分行（以下简称江苏银行北京分行）资产总额为667.25亿元，其中，各项贷款余额为665.65亿元，比年初减少9.97亿元，下降1.48%。表外资产余额为156.12亿元，比年初减少7.02亿元，下降4.3%。负债总额为657.01亿元，其中，各项存款余额为762.59亿元，比年初增加41.1亿元，增长5.7%。实现净利润18.78亿元。

截至年末，江苏银行北京分行设有营业网点（含分行营业部）22家，正式员工共计649人。

公司业务 优化资产投向，利用供应链产品创新，解决民营企业融资贵、融资难问题，民营企业贷款年末余额为353.94亿元，占各项贷款余额的66%。加大先进制造业贷款投放，先进制造业贷款年末余额为32.7亿元。发展绿色金融业务，落地“光伏贷”“低排贷”“固废贷”“绿票通”绿色金融产品，金额共计1.90亿元。落地江苏银行首单“土壤修复”类业务。

国际业务 加大对“一带一路”项目的金融支持，全年办理“一带一路”项目工程保函4笔，共计374.6万美元；参与投资海外债7笔，金额共计1.52亿美元。截至年末，外汇存款余额为35.01亿美元，比年初增长318%，国际业务结算量连续4年突破百亿美元。

投资银行业务 全年，投资银行业务投放规模为539亿元，实现中间业务收入12.72亿元。完成资管新规推出后江苏银行首单永续结构化、消费金融类、高评级信用类非标准化业务投放。截至年末，债权融资计划投放突破100亿元，债务融资工具承销突破200亿元。落地江苏银行首单AAA级央企超短期融资券。

零售业务 开展社区化营销，全年举办“党员进社区”活动470场，参与人数共计19 298人次，有效带动分行储蓄存款及个人客户增长。截至年末，储蓄存款余额为53.26亿元，比年初增加15.16亿元；财富管理客户比年初增加240户，私人银行客户比年初增加45户。加强信用卡业务风险管理，全年大额消费分期累计投放14.1亿元，实现业务收入2.36亿元。

小微业务 推动小微业务转型，制定江苏银行北京分行小微业务发展三年战略规划，提升“回归本源、回归服务小微”效能效率。加快普惠金融发展，年末普惠口径贷款余额为21.35亿元。对接优质渠道，批量获取客源，以产品创新服务科创类小微企业，落地江苏银行北京分行首笔“高企贷”业务。推动“税E融”业务开展，被北京市税务局列入首批试点上线“税E融”信贷产品的银行。

文创金融业务 积极开展银政、银企互动，依托“专业化经营+特色化产品”模式，打造文创金融特色品牌。冠名“江苏银行北京分行杯·2019中国文创新品牌榜发布暨2019北京文创大赛”，与优秀参赛企业签订战略合作协议，支持文创企业发展。截至年末，文创类企业授信余额为42亿元。

（夏婧）

宁波银行股份有限公司北京分行

2019年末，宁波银行股份有限公司北京分行（以下简称宁波银行北京分行）资产总额为746.48亿元，负债总额为738.93亿元，各项一般性存款余额为722.75亿元，各项贷款余额（含贴现）为221.16亿元。

截至年末，宁波银行北京分行设有12家支行（含分行营业部），员工总数为972人。

国际业务 依托“外汇金管家”品牌优势，开展业务转型与突破。对客户结构划分进行“网格化”梳理，着重落地传统贸易战略客户，提出战略、重点及大众客户分层管理策略，有针对性地制订客户服务方案。借助海关等部门数据信息，尝试“大数据”分析与整合，提出业务营销思路与方案，合规开展国际业务。全年，累计完成国际结算量263.76亿美元，实现国际业务收益2.48亿元。

资产托管业务 加强与各类机构的联动，共同探讨新形势下托管人的角色定位与增值服务。依托“易托管”品牌，为各类资产托管客户提供流程化、自动化、移动化的托管服务。在各类新业务上线初期，与客户共同设计整体业务框架，将托管人服务嵌入业务流程，帮助管理人提速增效。截至年末，托管规模为4 279.98亿元。

金融市场业务 立足区域客群、深耕衍生品，为企业提供全面、精准的代客衍生避险服务，产品涉及汇率、利率和贵金属三大领域，合计50余款产品。发挥“外汇金管家”的便捷优势，搭建全流程线上化服务体系，全年累计为近500家企业提供定制化的避险服务，并创新提出“报表管理”锁汇方案。截至年末，累计实现代客交易总量67.40亿美元，实现总利润1.20亿元，同比分别增长99%和38%。

零售公司业务 积极探索小微业务差异化发展道路,，推出“十年贷”“税务贷”等贷款产品，切实解决中小企业资金周转困难的问题。截至年末，存款余额为107.01亿元，比上年增加53.03亿元；小微贷客户有2 308户，比上年新增1 487户，投放贷款36.9亿元，比上年增加17.9亿元。

个人银行业务 立足社区客群，提供优质金融体验和全面的财富管理服务。截至年末，个人储蓄存款余额为37.6亿元，同比增长54.73%；各类理财保有量合计58亿元，同比增长63.9%；基础客户增长16.31%，价值客户增长35.43%。

（王杜坤）

包商银行股份有限公司北京分行

2019年末，包商银行股份有限公司北京分行（以下简称包商银行北京分行）资产为13 526 939.12万元，比年初增加8 218 823.81万元；负债为13 496 739.66万元，比年初增加8 213 571.41万元；营业收入为40 247.1万元，比上年增加2 381.14万元；利润为18 059.46万元，比上年增加5 257.4万元；所有者权益为30 119.46万元，比年初增加5 172.4万元；本外币贷款余额为1 025 147.32万元，比年初减少560 960.53万元，存款余额为12 978 804.11万元，比年初增加8 220 335.12万元；不良贷款为197 579.6万元，比年初增加176 336.6万元，不良贷款率为19.27%，比年初增长17.93%。

截至年末，包商银行北京分行共设有营业机构16家，其中，综合性营业机构8家（含营业部），社区支行7家，小微支行1家；共有员工271人。

小微普惠金融业务 根据北京地区小微企业融资特点和实际用款需求，创新金融服务方式，组合业务产品，制订金融服务解决方案，实施集中营销授信。截至年末，小微贷款类业务有4 127笔，其中，个人房抵业务669笔，个人信用消费贷业务356笔。

个人金融业务 借“包商特惠星期三理财”品牌效应，自主理财产品规模较零售改革前显著增长，年日均为29.88亿元，其中，保本型理财产品为0.26亿元，非保本型理财为29.62亿元。年末，个人结构性存款余额为37 221万元，代销基金余额为3 661万元。

风险与合规管理 对4家支行进行合规操作风险检查，针对发现的问题严格落实上追责两级的问责措施；对理财经理及客户经理进行3场专项培训。加强对逾期客户的分类管理，对有潜在逾期风险的客户进行重点排查、重点跟进、重点监测、有效预警。全年，自查工作覆盖面为100%。加大逾期回检自查自纠工作，先后自查3次，通过“回头看”发现、纠正问题，提升信贷人员风险意识，支行政策宣导10次，下发信贷业务风险提示8份。清收不良业务99户，本息合计4 594.20万元，其中，本金4 062.33万元。

（张译丹）

北京农村商业银行股份有限公司

2019年末，北京农村商业银行股份有限公司（以下简称北京农商银行）资产总额为9 585.90亿元，同比增加772.68亿元，增长8.76%；资本充足率为15.87%；实现净利润82.29亿元，同比增长13.47%。在2019年英国《银行家》杂志发布的全球千家银行排名中，北京农商银行按照一级资本排名第187位。

截至年末，北京农商银行共有分行1家，管辖支行22家，机构网点673家；从业人员有9 550人。

负债业务 截至年末，各项存款余额为6 492.89亿元，比上年增加499.36亿元、增长8.33%，其中，储蓄存款余额为3 184.62亿元，比上年增加286.09亿元、增长9.87%。

贷款业务 截至年末，各项贷款余额为3 405.49亿元，比上年增加248.6亿元、增长7.87%。

普惠金融业务 围绕美丽乡村建设、农村土地改革、农村新产业新业态等领域，加大产品研发创新和金融支持力度，优化农村地区金融供给，着力解决农村地区服务不对称、资源不对称、信息不对称问题。在京郊地区设立包含物理网点、乡村便利店、乡村自助点和助农取款服务点在内的服务渠道近2 000家。服务民营和小微企业，有针对性地提高风险容忍度，优化准入标准和工作流程，强化续贷业务支持，坚持“保本微利”，主动减费让利，优化营商环境，金融服务入驻区域政务中心，实现账务业务全渠道办理，借助“E窗通”，为新注册企业提供从办理营业执照、涉税事项到开立银行账户的全流程“一站式”服务。截至年末，小微企业贷款余额为25.14亿元，比上年增长59.29%，小微企业贷款户数为1 359户，比上年增加449户；普惠金融领域贷款余额为22.81亿元，比上年增加9.33亿元。

养老金融业务 健全养老金融服务体

系，在原有“北京通—养老助残卡”服务65周岁以上老人的基础上，推动惠及至60～64周岁老年人。截至年末，累计发放养老助残卡445万张。金融服务进驻养老服务驿站992家，养老助残特约商户1.18万户。

绿色金融业务 健全绿色信贷体系，积极支持“首都清洁空气计划”，大力发展能效贷款、碳排放抵押贷款等绿色信贷业务，为垃圾综合处理、再生水及污水管线等重点项目提供资金保障，全力推动生态保护、绿色产业及循环经济发展。截至年末，节能环保贷款余额为131.24亿元，比上年增长28.7%。

（庞婧）

北京密云汇丰村镇银行有限责任公司

2019年末，北京密云汇丰村镇银行有限责任公司（以下简称北京密云汇丰村镇银行）各项存款余额为9 804.82万元，较上年减少538.19万元，下降5.20%；各项贷款余额为13 092.73万元，比上年增加496.62万元，增长3.94%；核心一级资本充足率和一级资本充足率为30.93%，资本充足率为32.04%，均高于监管要求；不良贷款率为0.06%，资产质量优良。

截至年末，北京密云汇丰村镇银行内设业务部、营运部、风控部、合规部、财务部，员工总数为38人。

2019年，北京密云汇丰村镇银行巩固传统中小微和涉农业务，通过市场调研和行业细分，将贷款投向密云地区的农副产品采购、建材家居、民俗旅游、烟酒批发零售等行业，支持密云地区的经济发展。丰富微信银行的使用功能，个人业务实现了存贷款查询、办理定期存款、汇出汇款等服务的全覆盖；公司业务完善存贷款查询和银企对账功能，实现了对网上银行的有效补充。高度重视风险管理，严格内部控制和案件防范，深入贯彻各项监管要求，筑牢“三道防线”，实现了无案件发生、无营运损失、无重大差错事故发生。开展“送贷下乡”“金融知识进万家”“维护消费者权益宣传”等活动，深入村镇和社区普及金融知识。连续六年与密云区新农村中学和首都师范大学附属密云中学联合开展“学生成长计划”活动，累计为24名学生提供奖学金14.4万元；举办“财商嘉年华”、金融知识讲座，为密云当地学生普及金融理财知识，切实履行社会责任。

（南全喜）

北京延庆村镇银行股份有限公司

2019年末，北京延庆村镇银行股份有限公司（以下简称延庆村镇银行）资产总额为103 630.77万元，比上年增加13 672.08万元，增长15.20%；负债总额为91 926.50万元，比上年增加12 361.53万元，增长15.54%；实现营业收入4 917.02万元，比上年减少125.95万元，下降2.50%；实现利润总额2 125.17万元，比上年增加84.14万元，增长4.12%；所有者权益为11 704.27万元，比上年增加1 310.55万元，增长12.61%；贷款余额为55 030.98万元，比上年减少3 904.17万元，下降6.62%，不良贷款率为0.43%。

截至年末，延庆村镇银行共有员工34人。

资产业务 全年累计发放贷款811笔、金额52 425.29万元，收回贷款1 075笔、金额56 329.46万元，贷款利息收回率为97.52%；年末存量贷款共计884笔、金额55 030.98万元，其中，小微企业贷款28笔、金额2 577万元，个人贷款856笔、金额52 453.98万元。截至年末，现金及存放中央银行款项为9 159.63万元，比上年增加252.26万元，增长2.83%。存放同业款项为40 048.47万元，比上年增加17 321.34万元，增长7.62%。

负债业务 截至年末，存款余额为87 568.05万元，比上年增加11 300.71万元，增长14.82%。

（张帆）

中国邮政储蓄银行股份有限公司北京分行

2019年末，中国邮政储蓄银行股份有限公司北京分行（以下简称邮储银行北京分行）资产规模为3 667.30亿元；各项存款余额为2 492.35亿元，比上年增加31.56亿元，增长1.28%；各项贷款余额为1 744.69亿元，比上年增加162.38亿元，增长10.26%；实现收入82.39亿元，比上年增加3.02亿元，增长3.81%；实现利润总额40.38亿元，比上年增加0.9亿元，增长2.3%。

截至年末，邮储银行北京分行下辖一级支行19家，营业网点573家，其中，自营网点138家、邮政代理网点435家；在岗员工3 610人，其中，合同工3 358人、劳务派遣252人，平均年龄35岁。

零售业务 围绕金晖“邮”礼、金晖“邮”乐、金晖“邮”学、金晖“邮”惠、金晖“邮”医和金晖“邮”利六大主题，开展金晖俱乐部活动，设计关键时点、节日主题营销方案，增强养老金客群贡献度，推动客群资产提升。截至年末，储蓄存款余额为694.32亿元，比上年增加89.13亿元。“0”卡平台作用进一步凸显，全年新增发卡40.7万张，总量245万张；以拓客、增储营销拓展腾讯联名卡客户，年内发卡7.97万张。推出“战略优享贷”产品，消费信贷额比上年增加49.92亿元，增长23.6%。发行北京志愿者主题信用卡，协同打造“ETC＋车主卡”，实现渠道获客、批量获客。推出“9元观影、商超满减、加油一箱满减”权益活动，针对不同客群匹配专属权益，全年新增信用卡发卡20.28万张，比上年增长11%。重视信用卡消费及分期业务，全年，累计消费金额43.56亿元，比上年增长47.76%，累计分期金额3.02亿元，比上年增长76.6%。将营销目标客群细分为代发工资、养老金、贷款、快捷绑卡、信用卡、主题卡、“谋面”等，有针对性地开展营销。年内，手机银行激活客户净增加66.8万户，手机银行活跃客户59万户，“邮储食堂”新增会员20.6万户。

普惠金融业务 深化“三农”金融服务，推动“美丽乡村贷”等产品落地，年末涉农贷款余额为72.27亿元，比上年增加24.39亿元，增长50.9%，其中，普惠型涉农贷款余额为15.41亿元，比上年增加8.69亿元。按照“扩量降本”思路，提高小微企业、民营企业信贷占比，落地普惠型小微企业工作方案；下调贷款利率，下放审核权限，破解小微、民营企业融资难题。截至年末，普惠型小微企业客户有3 883户，余额83亿元。

公司业务 围绕京津冀一体化国家战略，以2022年北京冬奥会、北京城市副中心建设、新机场建设、非首都功能疏解、北京“四个中心”功能定位为重点，做好项目营销和落地，公司贷款年内新增101.11亿元，年末余额为1 016.82亿元，比上年增长11.04%。开展“拓客户、增网点”活动，加大客户拓展力度，机构类账户新增82户。加强平台建设，开放式缴费平台业务试点上线，实现批量获客，新增客户65家。加强同业合作，为“一带一路”沿线国家和企业“走出去”提供融资支持，向某在中国香港上市的民营制药公司发放2 200万美元外币银团流动资金贷款，年末跨境融资余额为11.55亿美元。扩大供应链业务规模，为优质企业提供上下游产业链服务，截至年末，供应链余额为50.55亿元。大力拓展保函业务，服务国家战略项目，国内保函年末余额为86.07亿元。

资金资管业务 完善同业营销体系，优化流程，新增中信消费金融有限公司、梅赛德斯—奔驰汽车金融有限公司和东风标致雪铁龙汽车金融有限公司等同业客户授信，实现同业融资业务持续发展，全年交易量为901.9亿元，年末余额为957.7亿元。拓宽与既有客户的交易广度，总分支联动，全年债券投资业务量为65.65亿元，年末余额为85.65亿元，全年债券承销规模为548.09亿元。整合行内资源，共同挖掘托管业务，加大客户走访力度，总分支联动对重点客户开展营销，年末托管运营规模为12 193.16亿元。

产品创新 围绕北京“四个中心”定位和产业结构，适应不同客群的差异化需求，持续研发新产品、子产品，打造“拳头产品”。办理中国邮政储蓄银行首笔“进车贷”业务。针对中小企业的不同需求，围绕北京经济特点和产业重心，研发“知识产权贷”“大王贷”，发放小企业供热贷款。组建互联网专业团队，深化平台合作营销模式，突出线上产品营销力度，拓展线上服务新模式，线上贷款项目陆续落地，“邮信贷”余额为5.93亿元，“粮抵贷”余额为2亿元。

党建工作 落实“两个责任”“一岗双责”，开展“不忘初心、牢记使命”主题教育活动，统筹推进“大学习大讨论大落实”“一月一事消灭最差”“挂行蹲点”“双走双拜访”“双提双解决”等活动，组织各类学习107次，开展各项调研399次。强化政治监督，将金融扶贫、绿色银行建设、防范化解风险、重大决策部署落实等纳入巡察、全面从严治党专项检查，对4家分支机构开展常规巡察，对2家分支机构开展全面从严治党专项检查。

落实中央八项规定精神，持续整治“四风”，集中整治不作为、慢作为。开展“以廉固心、以廉固行、以廉固风”活动，在重大节日、关键节点，通过会议传达、发送廉政微信等方式，打好“预防针”，形成风清气正的良好生态。

（郝静）

中国华融资产管理股份有限公司北京市分公司

2019 年末，中国华融资产管理股份有限公司北京市分公司（以下简称中国华融北京市分公司）总资产为 343.26 亿元，同比增加 30.77 亿元，增长 9.85%。其中，商业化项目资产为 337.31 亿元，政策性债转股资产为 5.95 亿元。实现考核营业收入 318 388 万元，同比增加 17 056万元，增长 6%。

截至年末，中国华融北京市分公司有正式员工 80 人。

回归主业 优先主业板块配置资源，主动做强问题企业重组、金融债收购、资产包收购等业务。围绕京津冀地区央企和行业龙头企业，开发高质量客户，新投放项目中支持北京地区企业发展的项目共 30 个，实施金额 121.53 亿元。

风险防化 探索建立涵盖业务风险、操作风险、道德风险等方面的全面风险管理机制。从项目和客户两个维度开展风险预警监控，落实风险报告责任，加大对两率指标、风险化解指标的考核力度。开展项目后期管理专项检查，对 25 个重点项目进行现场检查。规范现场监管中介机构聘用程序，加强对律师事务所的定期考核及备选库动态管理，调整优化评估机构备案库。创新风险化解手段和模式，充分调动自身经营力量，利用外部专业律师团队、优质集团客户、交易所等资源，推进风险化解工作。

（吕莉）

中国长城资产管理股份有限公司北京市分公司

2019 年末，中国长城资产管理股份有限公司北京市分公司（以下简称长城资产北京市分公司）资产余额为 176.44 亿元，同比下降 2.58%；实现考核利润 6.37 亿元，同比增长 13.35%。

截至年末，长城资产北京市分公司员工总数 60 人。

远大中心处置项目 高度重视存量特殊资产处置工作，将远大中心物权资产处置列为重点项目，在继续租赁经营的同时，积极营销，准备处置方案，在合理评估和定价的基础上，6 月，以公开竞价方式将物权资产整体转让处置，实现收入 4.03 亿元。

（李首锋）

中国东方资产管理股份有限公司北京市分公司

2019年末，中国东方资产管理股份有限公司北京市分公司（以下简称东方资产北京市分公司）管理资产总规模为348.39亿元，同比增长33.09%；实现预算口径利润11.12亿元，同比增长44.41%。

截至年末，东方资产北京市分公司有在职正式员工42人。

服务实体经济 发挥金融资产管理公司不良资产业务经营优势，聚焦主责主业、服务实体经济，防范化解金融风险，支持供给侧结构性改革，推动经济结构转型升级。截至年末，商业化项目资产余额为348.39亿元，其中，实体经济项目（含金融不良资产包）余额为318.75亿元，占比为91.49%。

（段文静）

中国信达资产管理股份有限公司北京市分公司

2019年，中国信达资产管理股份有限公司北京市分公司（以下简称信达资产北京市分公司）实现税前考核利润12.9亿元，年末经营性资产余额为466亿元。

截至年末，信达资产北京市分公司共有正式员工88人。

业务经营 贯彻回归主业和服务实体经济要求，以不良资产经营为核心，持续盘活存量资产，实现高质量有效投放。盘活存量资产，东直门项目正式复工。以化解金融风险和服务实体经济为重点，加大高质量有效投放，全年收购上海银行北京分行等金融机构不良资产约90亿元。支持国有企业主辅剥离和民营企业纾困，加强与市国有资产管理部门和市属国有企业沟通，以实质性重组方式投放债权15亿元，帮助北京市供销合作总社处置不良资产，有效化解债务违约风险；对亿利资源集团投放债权40亿元，帮助其解决流动性问题。

内部管理 加强内部精细化管理，夯实基础保障。成立北京城市副中心业务部，主要对接北京城市副中心政府机关和企业，并负责区域内不良资产收购和市场化业务开拓工作。加强制度建设，制定《督促检查工作办法》《业务后续管理督办暂行办法》《项目后续管理有关审批事项补充规定》《客户拓展细则》和《规范业务审核流程办法》等制度，成立项目预研预审小组，加强项目前期预判，建立项目定期分享培训机制。

（李苏轩）

北京国际信托有限公司

2019年，北京国际信托有限公司（以下简称北京信托）实现营业收入17.20亿元，同比增长13.9%，完成年度计划的107.5%。其中，信托业务收入11.25亿元，占比65.4%；固有业务收入5.95亿元，占比34.6%。实现利润总额11.61亿元，同比增长7.5%，完成年度计划的101%；净利润8.74亿元，同比增长6.6%，完成年度计划的101.6%。年末资产总额为135.36亿元，净资产总额为92.62亿元，净资产收益率为9.7%，股本收益率为22.6%。

截至年末，北京信托共有部门35个，员工290名；下设二级公司2家，其中，全资子公司1家，控股公司1家。

主要业务 截至年末，北京信托受托管理的实收信托总规模为1 955.28亿元，比年初下降12.18%。其中，集合信托1 322.46亿元，占比为67.64%；单一信托545.11亿元，占比为27.88%；财产权信托87.71亿元，占比为4.49%。从管理方式上看，主动管理类规模为1 299.52亿元，占比为66.46%，被动管理类规模为655.76亿元，占比为33.54%。按照功能分类，融资类项目资产余额为728.28亿元，占比为36.45%；投资类项目资产余额为600.08亿元，占比为30.04%，事务管理类项目资产余额为669.49亿元，占比为33.51%。从信托资金主要投向看，房地产类项目存续实收信托规模为776.11亿元，占比为39.69%；金融资产规模为307.75亿元，占比为15.74%；工商企业类规模为299.84亿元、占比为15.33%，基础产业类规模为297.9亿元、占比为15.24%，证券投资类规模为259.99亿元、占比为13.30%，其他类规模为13.69亿元、占比为0.70%。信托财产投向主要集中于京津冀、长三角、中原城市带，分别为913.73亿元、283.39亿元、146.86亿元，总计1 343.98亿元，占公司实收信托规模的68.74%，其中，投向京津冀地区占比合计达46.73%。全年累计向受益人分配信托收益约169.59亿元。

业务特色 聚焦京津冀，服务北京“四个中心”建设。全年新增投向京津冀地区信托规模172.76亿元。服务北京城市副中心建设，通州区核心地段的“惠通中心”和“成大广场”项目落地。探索以“文化+金融”模式支持首都文化产业发展，落地影视剧《北京以南》项目。农村集体资产管理——“富民”系列产品覆盖北京3个镇、58个自然村，全年新增产品规模10.8亿元，存续规模超过22.32亿元，同比增长51.1%。加强与市属国有企业的合作，落地合作项目14个，规模96.50亿元。主动调整房地产业务结构、控制规模，围绕城市更新、股权投资、特殊资产等方向寻求突破，严格区域准入，遴选优质项目。围绕京津冀、长三角、粤港澳大湾区等重要城市群，探索推进新型政信合作业务。积极布局证券业务，家族信托风险控制体系基本成型，上线信息系统，围绕文化产业、能源领域，探索推进基金业务等。

（汪宇平）

中国银联股份有限公司北京分公司

2019年，中国银联股份有限公司北京分公司（以下简称北京银联）以党建引领业务发展，巩固和扩大银联在转接清算市场的份额，持续推动移动支付便民工程建设，积极推广“云闪付”、二维码等银联重点产品，持续加强业务风险管理，做好受理市场秩序规范工作，生产系统安全平稳运行，各项工作积极有序推进。

2019年，北京地区累计实现跨行成功交易363 956.17万笔、清算交易300 188.95万笔、清算金额133 036.99亿元，同比分别增长20.15%、27.37%、33.19%。

2019年，北京地区累计完成手机闪付、二维码及“云闪付”APP交易等移动交易5.26亿笔，实现贷记业务交易66 084.8万笔、交易金额85 005.08亿元，同比分别增长66.36%、36.05%。

2019年，北京地区联网活动商户（每月≥1笔交易，下同）月均75.05万户，比上年增加21.89万户，增长41.18%；活动POS机具月均119.31万台，比上年增加39.46万台，增长49.42%。其中，银联二维码活动商户月均5.76万户，比上年增加1.24万户，增长27.43%。

2019年，北京地区银标信用卡月均活卡量为1 205.5万张，比上年增加268万张；银标信用卡月均活卡占比72.62%，比上年增长3.72%；银标信用卡连续三月活卡量月均653.8万张，比上年增加168.6万张。

截至年末，北京银联下设市场拓展部、创新推广部、机构服务部、业务部、运营部和综合管理部6个部门，在岗职工有70名。

一、提升银联信用卡发卡规模和市场份额，推进移动支付便民工程建设

坚持传统发卡和移动支付用户迁移两手抓。针对各家银行银联信用卡和借记卡的活卡量的移动支付用户转化，与银行开展“云闪付”APP引流及移动支付交易促动活动；建设并优化银联高端信用卡权益体系，联合银行加强宣传推广。联合产业各方，整合资源，推进银行和第三方非金融机构完成各项基础场景和便民场景拓展工作；联合银行和第三方非金融机构，并整合服务商等各方资源，围绕连锁品牌、小微商户、商圈建设等基础场景，以及交通、教育、医疗及农村市场等便民场景，拓展银联移动支付的受理范围。

二、加强重点商户合作，开展有地域特色的主题及爆点营销

加强产品及业务的营销宣传，建设银联移动支付软环境。联合商场、超市、餐饮等重点连锁品牌商户或商圈开展“62”营销、“手机闪付周”、超市节、“双十二”营销、餐饮节等主题性和事件性营销活动。结合已建设场景，持续开展铺底营销，向商户、收银员和用户宣贯银联移动支付产品和受理。借助“政府促消费”主题，与北京市商务局、北京市丰台区商联会共同结合区域性重点企业或商户开展战略性合作及宣传。提升“银联北京”自媒体传播力，开展电视广播、报纸、新媒体和户外等宣传。

三、打造小微商户平台，持续推动创新业务发展

扩大小微商户平台合作的收单机构范围，增加小微商户接入数量，提升小微商户平台的交易量。借力小微商户平台，推动银联二维码和增值服务落地，推广普及“云闪付”APP，取得进展。2019年3月19日，小微商户平台上线银联标准码功能，小微商户平台服务商陆续开通“云闪付”功能；4月17日，小微商户平台接入银联行业码等其他产品，并对接中国银联“云闪付”合作伙伴平台。全年小微商户平台日均“云闪付”交易6万笔，日均交易金额50万元。

四、落实反洗钱各项要求，持续加强业务风险管理

做好反洗钱疑似案件协查，全年共向辖内成员机构发送反洗钱风险提示1 179份。举办针对北京地区开展线上业务合作的主要非金融收单机构的反洗钱业务培训，对辖内6家银行进行客户身份重新识别。修订开展司法协查工作的管理办法，优化协查工作流程，全年，协助公检法机关进行司法查询899起。其中，借助风险管理系统（JEES）为司法机关查询案件536起，提交中国银联统一用户平台（UOSP）查询363起；查询银行卡交易信息3 859张、成员机构商户信息或商户交易信息612户、银行订单号927个。做好银行卡日常风险事件的协查通报，全年向辖内成员机构发送银行卡风险提示函224份，协查案例2 126个。

五、持续做好受理市场秩序规范工作

全年，累计处理规范核查商户49 267户。其中，涉及特殊价格商户8 200户，确认违规1 339户；涉及名称不规范商户11 512户，确认违规4 813户；涉及32域商户29 290户，确认违规1 898户；处理中国银联业务管理委员会晒单投诉279户，确认违规7户。截至年末，所有违规商户均完成整改工作，核查率、整改率均为100%；按要求开展后续约束工作，为净化和巩固北京地区银行卡受理市场环境起到了积极作用。

（张会芳）

北京高华证券有限责任公司

2019年末，北京高华证券有限责任公司（以下简称高华证券）总资产为31.03亿元，比上年增长16%；总负债为5.23亿元，比上年增长156%；所有者权益为25.80亿元，比上年增长4%；实现净利润1.44亿元，比上年增长167%。在中国证监会组织的2019年证券公司分类评价中获得A类评级。

截至年末，高华证券设有3家证券营业部、3家子公司，共有员工178人。

东兴证券股份有限公司

2019年末，东兴证券股份有限公司（以下简称东兴证券）总资产为775.44亿元，比上年增加25.26亿元，增长3.37%；总负债为572.15亿元，比上年增加18.74亿元，增长3.39%；净资产为203.29亿元，比上年增加6.52亿元，增长3.31%。全年实现营业收入39.73亿元，比上年增加6.59亿元，增长19.88%；营业支出25.73亿元，比上年增加4.50亿元，增长21.17%；实现净利润12.21亿元，比上年增加2.13亿元，增长21.13%。在中国证监会组织的2019年证券公司分类评价中获得A类A级评级。

截至年末，东兴证券设有17家分公司、70家证券营业部、4家子公司；共有正式员工2 927人，其中，母公司2 632人，子公司295人；劳务派遣人员62人。

经纪业务 全年，股票基金代理买卖累计成交金额为2.21万亿元，累计实现证券经纪业务净收入（含席位租赁）6.48亿元。推动经纪业务向财富管理转型，落实财富条线准事业部制管理模式，成立财富管理委员会，完成5家分支机构新设。推进东兴198综合APP功能拓展，交易比上年增长48.13%。“95309”客服中心实现7×24×365的全渠道服务模式，全年电话及线上咨询量近13万人次。

自营业务 全年自营业务实现营业收入6.99亿元，占公司营业收入的17.59%。权益类投资业务运用多种投资手段进行资产配置，利用股指期货进行套期保值，有效控制投资组合风险。固定收益类投资业务扩大利率债和中高等级信用债的投资，结合固定收益类衍生品开展灵活多样的量化策略交易，加强客户开拓，布局固定收益、外汇和大宗商品（FICC）业务，筹备做市业务，银行间现券交易量比上年大幅增长。

投资银行业务 全年投资银行业务实现营业收入7.86亿元，占公司营业收入的19.79%。根据Wind统计，按上市日统计口径，全年共完成发行IPO项目9个、股权再融资项目14个，其中，可转债项目8个；成功保荐承销2个科创板IPO项目；承做并购重组财务顾问项目3个；主承销公司债3只、企业债2只、金融债15只；督导“新三板”挂牌公司105家，完成“新三板”公司股份发行4次，累计融资金额为1.87亿元。

资产管理业务 全年资产管理业务实现营业收入7.89亿元，占公司营业收入的19.87%。推进品牌财富管理型、投资投行型资产管理业务发展，支持高科技民营企业的纾困基金，实现了社会效益和投资效益的“双赢”。全年实现净收入4.35亿元，年末资产管理受托规模为994.13亿元，其中，资产证券化业务管理规模为282.11亿元，同比增长22.52%，集合资产管理业务规模为270.60亿元，同比增长26.07%。公募基金业务全年实现管理收入0.28亿元，日均管理规模超过83亿元，年末管理资产规模为105.86亿元。

信用业务 全年实现信用业务收入11.77亿元。截至年末，融资融券本金余额为 124.50 亿元，实现利息收入 7.36 亿元；自有资金股票质押业务余额为 53.73 亿元，实现利息收入 4.41 亿元；融资融券业务和股票质押式业务（自营）的整体维持担保比例分别为 249.63% 和 259.27%。

其他业务 东兴证券的其他业务主要包括期货业务、另类投资业务、私募基金管理业务和海外业务。全年合计实现营业收入 1.77 亿元，占公司营业收入的 4.46%。东兴期货有限责任公司全年实现净利润 514.82 万元。东兴证券投资有限公司全年实现净利润 1 136.66 万元；年末共有 13 个股权投资项目，累计投资规模为 9.25 亿元。东兴资本投资管理有限公司已取得私募基金管理人资格，全年共投资 8 个项目，实现净利润 1 019.29 万元。东兴证券（香港）金融控股有限公司全年发行 4 亿美元债，完成 2 个主板及 1 个香港创业板市场独家保荐上市项目，经纪业务收入比上年增长 22%。

（马萍）

第一创业证券承销保荐有限责任公司

2019 年末，第一创业证券承销保荐有限责任公司（以下简称一创投行）资产总额为 5.07 亿元，净资产为 4.55 亿元，实现营业收入 2.36 亿元，实现净利润 3 214.99 万元。

截至年末，一创投行共有正式员工 132 人。

投资银行业务 全年，完成 IPO 项目 2 个、定向增发项目 3 个、可转债项目 2 个，股权业务总承销金额为 598 656 万元；完成公司债项目 11 个、企业债项目 1 个、资产证券化项目 1 个，债券承销总金额为 886 959 万元；完成并购重组财务顾问项目 5 个。

（郑闯）

方正证券承销保荐有限责任公司

2019 年 11 月，中国民族证券有限责任公司作为方正证券股份有限公司的专业投行子公司，正式更名为方正证券承销保荐有限责任公司（以下简称方正承销保荐）。截至年末，方正承销保荐资产总额为 32.51 亿元，净资产为 30.48 亿元。全年实现营业收入 51 806 万元，营业支出 48 796 万元，实现利润总额 3 101 万元。在中国证监会组织的 2019 年证券公司分类评价中同母公司合并获得 A 类 A 级评级。

截至年末，方正承销保荐无证券营业部和子公司，共有员工 410 人。

投资银行业务 全年，累计完成公司债、企业债、非政策性金融债、地方政府债等各类债券承销项目 80 个，其中，企业债承销规模为104亿元；累计完成股票保荐（主承销）项目发行2个，股票承销规模为5.82亿元，其中，科创板IPO项目1个。完成方正证券股份有限公司“新三板”业务迁入工作，38家在做推荐挂牌项目批量转移立项审批手续，177家挂牌公司顺利完成迁入，内控制度严格衔接落实，无合规风险事项发生。

（刘振疆）

国都证券股份有限公司

2019年末，国都证券股份有限公司（以下简称国都证券）资产总额为292.08亿元，同比增长60.94%；负债总额为200.10亿元，同比增长113.25%；归属于母公司的所有者权益为90.37亿元，同比增长4.87%。全年实现营业收入14.97亿元，同比增长168.75%；归属于母公司净利润为5.33亿元，比上年增加6.81亿元。

截至年末，国都证券设有56家证券营业部、3家分公司、4家子公司；共有正式员工934人。

2019年，国都证券证券经纪业务实现手续费及佣金净收入同比增长40.40%，其中，证券经纪业务净收入同比增长19.32%，代理买卖证券业务净收入（含席位租赁）同比增长21.51%。积极推动股票质押业务，实现利息收入同比增长67.67%，业务规模同比增长33.73%。整合投资银行业务，提高行业竞争能力，业务量同比增长514.41%。抓住创业板设立的市场机会，设计并成功发售“创享2号”和“创享5号”两个集合资产管理计划。抢抓市场机遇，所管理的公募基金平均收益率达30%，证券投资收益同比增长1 148.19%。引进固定收益业务团队，补足业务短板，该业务自运作以来，投资组合年化收益率达13.54%。加大信息技术投入力度，完成中心机房及灾备中心的建设及搬迁工作。加强分支机构建设，年内设立郑州分公司（工商变更尚在办理中）。履行精准扶贫社会责任，对河北省张家口市围场县进行定点扶贫，累计投入扶贫资金446万元，助力该县在年内完成贫困县脱贫退出。

（李岩）

国开证券股份有限公司

2019年末，国开证券股份有限公司（以下简称国开证券）总资产为375.83亿元，比上年减少32.07亿元，下降7.86%；总负债为215.22亿元，比上年减少28.58亿元，下降11.72%；所有者权益为160.61亿元，比上年减少3.49亿元，下降2.13%。全年实现营业收入16.44亿元，比上年减少2.55亿元，下降13.44%。在中国证监会组织的2019年证券公司分类评价中获得A类A级评级。

截至年末，国开证券设有23家分公司、10家证券营业部，控股国开泰富基金管理有限责任公司；共有员工735人。

投资银行业务 全年，完成中广核IPO、耐威科技定增联席主承销等股权类投行项目，累计承销规模为47亿元；积极探索特色投资银行业务，顺利完成地方政府融资平台转型课题，相关财务顾问项目取得成果。

债券承销业务 巩固优质企业债市场地位，全年累计通过核准金额2 250亿元。优化业务结构，成功发行交通银行金融债等项目；中标地方债56.80亿元，同比增长463%。强化存续期管理，完成204只债券付息兑付以及13只债券回售登记、资金兑付。全年，累计承销各类债券1 249亿元。

资产证券化业务 积极拓展与大型银行的信贷资产证券化业务合作，参与中国建设银行、中国工商银行的住房抵押贷款证券化产品发行，承销规模64.12亿元。引领社会资金支持保障改善民生，助力盘活国有企业存量资产，成功发行全国首单公租房ABS、首单金融租赁行业绿色ABS、云南省首单保障房ABS等。全年，资产支持证券承销总规模166.97亿元。

自营及投资交易业务 积极应对债券违约频发、市场高位震荡的严峻挑战，在稳定配置的基础上，利用多种投资策略，准确把握市场波动性机会，增加业绩贡献，投资组合年回报率在同类型产品中排名前列，全年实现现券交易量1.09万亿元。股票自营业务加强形势研判，努力在控制风险的同时把握市场机会。

资产管理业务 截至年末，资产管理业务管理规模为1 075亿元，其中，债券主动资产管理业务规模比上年增长2.3倍。成功开拓多家全国性、地方性银行销售渠道，发行国开证券首只代销资产管理产品。

证券经纪及信用交易业务 把握市场机遇，全年证券经纪业务收入同比增长27.90%。上线科创板经纪业务，全年交易量为9.93亿元。稳妥推进信用业务，年末信用交易业务余额为51.61亿元，其中，股票质押业务余额为45.78亿元，融资融券业务余额为5.83亿元。

基金业务 2019年末，国开泰富基金管理有限责任公司管理资产总额为73.09亿元。其中，公募基金管理资产规模为3.12亿元，专户管理资产规模为18.02亿元，北京国开泰富资产管理有限公司管理资产规模为51.95亿元。

精准扶贫 对口帮扶贵州省务川县、湖北省蕲春县等4个贫困县，打好精准扶贫“组合拳”。全年，累计为贫困地区企业融资70.30亿元，直接捐赠金额近200万元，举办捐资助学支教活动2次，消费扶贫金额超过30万元。

（王晓礼）

高盛高华证券有限责任公司

2019年末，高盛高华证券有限责任公司（以下简称高盛高华证券）总资产为17.62亿元，比上年增长4.78%；总负债为2.35亿元，比上年增长6.81%；所有者权益为15.27亿元，比上年增长4.47%。全年实现营业收入5.18亿元，比上年增长13.56%；营业支出4.31亿元，比上年增长19.12%；实现净利润0.65亿元，比上年下降4.88%。在中国证监会组织的2019年证券公司分类评价中与母公司合并获得A类评级。

截至年末，高盛高华证券未设立证券营业部或子公司，共有员工95人。

投资银行业务 全年完成8个股票与债券承销项目，承销总金额为92.91亿元，承销项目类型包括科创板首次公开发行、公司债券、可转换债券和金融债券等。

华融证券股份有限公司

2019年末，华融证券股份有限公司（以下简称华融证券）总资产为657.74亿元，比上年下降17.39%；总负债为536.92亿元，比上年下降20.73%；所有者权益为120.82亿元，比上年增长1.66%；资产负债率为80.21%，比上年降低4.05个百分点。客户资产总规模为2 435亿元，比上年下降5%；股票基金市场交易额为5 668亿元，同比增长21%；客户数量为115.26万户，同比增长5%。全年实现营业收入32.64亿元，比上年增长103.48%；实现净利润0.47亿元，同比增加9.36亿元，增长105.29%。在手续费及佣金净收入中，经纪业务手续费净收入为2.24亿元，比上年增长12.73%；投资银行业务手续费净收入为2.31亿元，比上年下降26.27%；投资咨询业务净收入为0.07亿元，比上年下降49.20%；资产管理业务手续费净收入为0.55亿元，比上年下降37.10%。投资收益及公允价值变动损益合计14.99亿元，比上年增长227.99%。在中国证监会组织的2019年证券公司分类评价中获得B类BBB级评级。

截至年末，华融证券设有16家分公司、65家证券营业部、3家子公司；共有员工1 714人，其中，母公司1 585人（含客户经理21人），华融期货有限责任公司75人，华融瑞泽投资管理有限公司17人，华融基金管理有限公司37人。

证券经纪业务 加强渠道建设，提升批量获客能力，升级改造手机开户系统和营销服务一体化平台，优化开户业务流程，提升客户服务效率和质量。推进经纪服务向财富管理转型，丰富产品类型和数量。加强机构客户服务，报盘前置优化、算法交易和量化交易普及推广取得好成绩。截至年末，实现代理买卖证券业务净收入2.03亿元。

自营业务 研究债券市场运行环境，科学运用杠杆策略、久期策略，捕捉波段机会；密切关注行业信用状况变化，优化账户持仓结构，提高高等级优质债券占比；加强融资成本管控和渠道扩展，实现了稳健的投资回报。截至年末，固定收益投资业务实现营业收入7.82亿元，账户年化收益率为10.89%。证券投资结合宏观和市场情况，灵活控制仓位，调整投资结构，重点关注5G、消费电子、新能源车等科技成长型高景气行业；参与科创板打新业务，取得了较好的投资收益。

投资银行业务 将可转债、并购重组等业务作为重点发展方向，加大对业务模式及产品的创新力度，全年共完成股票及债券承销项目 32 个。债权融资完成了首只“债券通”产品、首只债权融资计划产品、首单以“共有产权房”购房尾款作为基础资产而发行的资产支持证券业务、首单绿色资产证券化业务、首单基础设施收益权类资产证券化业务。股权融资完成 1 个 IPO 项目和 1 个非公开发行项目上会稿申报工作，发行 5 个可转债项目；中国嘉陵并购重组项目完成资产交割；作为独立财务顾问的中国动力重大资产重组项目获得批准，该项目为市场上首例在发行证券购买资产和配套融资环节同时采用定向可转债的并购重组交易。

资产管理业务 以优质资产和投研能力为驱动，强化大类资产配置理念，打造特色化、精品化资产管理业务运作模式。开展存续产品压降改造工作，推进产品净值化转型。深耕资本市场，以股票权益投资和债券投资为重点，提升主动管理能力。截至年末，资产管理总规模为 1 384 亿元，其中，债券类产品规模 570 亿元；产品总数 215 只，其中，单一资产管理产品 79 只，集合资管产品 136 只。年内，新增产品 5 只，开放期持续营销产品 111 只。

固定收益委外业务 加强投资研究能力建设，完善可转债、利率债、信用债、资产支持证券等品种的多元化投资体系，提升产品收益和客户服务能力。截至年末，管理资产本金规模为 603. 40 亿元。根据中小银行资金管控要求及其对产品收益和期限、流动性管理、风险水平、策略风格等要素的需求，提供资产配置策略建议，满足委托人的个性化投资理财需求。截至年末，共开发 4 只投资顾问业务产品，规模合计 36. 16 亿份。

“新三板”业务 以中小企业为主要服务对象，全面提升综合化金融服务能力。推动精选层项目的筛选工作，为 5 家创新层企业申请精选层挂牌，支持实体经济发展。截至年末，累计挂牌“新三板”企业 90 家，为 6 家企业完成股票非公开发行融资 7 次。

融资融券业务 上线融资融券科创板业务，优化融资融券业务利费率管理，实现利费率调整分级管理，着力开发和挖掘高净值客户。截至年末，融资融券业务实现利息收入 1. 85 亿元。

投资顾问业务 打造“策略—行业—个股”自上而下的总部投研体系，实现投资顾问观点的连贯性和一致性，增强对客户的指导作用，投资顾问服务产品订阅数明显提高。截至年末，投资顾问服务产品线上订阅客户数突破 1. 87 万名，比上年增长超 4 倍。

期货中间介绍业务 全年，共有 8 家营业部开展期货中间介绍业务（IB 业务），上线中海达股票期权激励自主行权业务，稳步运营未出现违规情况，年内无新增客户。

（郭清权）

民生证券股份有限公司

2019年末，民生证券股份有限公司（以下简称民生证券）总资产为444.58亿元，归属于母公司净资产为113.06亿元，每股净资产1.175元，每股收益0.055元，净资产收益率为4.82%。全年实现营业收入26.88亿元，同比增长84.28%，归属于母公司净利润为5.32亿元，同比增长461.08%。

截至年末，民生证券设有38家分公司、46家证券营业部、3家子公司，共有员工2 250人。

经纪业务 全年，代理股票基金交易量9 027.59亿元，同比增长39.22%。组织开展“春季攻势”“秋季攻势”营销竞赛，构建以创收为核心的考核体系；推动财富管理转型，创新业务，丰富产品，实现全品类金融产品的覆盖。

投资银行业务 以保荐、并购业务为基础，优化业务结构，抢抓科创板及IPO审核加快带来的机遇，加大IPO业务开拓力度。加强上市公司客户维护与服务工作，增加客户黏性，提高存量上市公司客户的再融资及并购项目转化率；筛选符合精选层条件的“新三板”项目作为重点项目，打造项目储备资源库。全年，共完成IPO项目7个，其中，科创板3个；完成再融资项目8个，其中，可转债项目5个，非公开项目3个。

固定收益业务 以销售为基础，以销售交易和做市交易为驱动，打造销售投资交易一体化的固定收益业务模式。全年，银行间现券交易量为51 160.81亿元，质押式回购14 963.04亿元，买断式回购819.78亿元，债券借贷608.89亿元。2月，正式加入“2019年国家开发银行金融债承销团成员”；截至年末，已成功加入24个省份地方政府债承销团。

研究业务 加强研究队伍建设，优化研究方向，研究覆盖宏观政策、债券、投资策略等23个行业。加强对非公募机构客户的研究服务，积极开拓保险、信托、私募、券商客户，保险机构分仓佣金明显提升，非公募机构客户收入占比有所增长。全年，共对外发布研究报告近3 200篇，为机构客户提供路演服务2 300余次，组织上市公司交流会、上市公司反路演、专家路演、电话会议等活动百余次。

资产管理业务 积极落实资管新规，主动收缩通道业务，持续整改不符合资管新规要求的产品，年末受托管理规模为262.37亿元。加强主动管理类业务开发，积极布局并完善权益类产品线，重点开发固定收益投资顾问业务，年末主动管理规模为160.80亿元，同比增长3%，其中，固定收益投资顾问业务规模为44.11亿元，同比增长逾5倍。

债权融资业务 2019年8月，成立债权融资事业部，负责统筹组织各类债权融资业务的承揽、承做、销售、质量控制等工作，业务范围涉及公司债、企业债、资产证券化等债权融资类项目。全年，共完成债权类项目10个，承销金额总计近80亿元。

履行社会责任 坚持企业发展与社会

责任并重的理念，积极开展消费扶贫、教育扶贫、智力扶贫等工作。与江西省赣州市南康区城市建设发展有限责任公司签订主承销协议，发行该公司双创孵化专项债券，第三期发行规模为2.4亿元；在江西省赣州市南康区开展爱心认购赣南脐橙活动，认购费用为22.41万元；在河南省淅川县开展爱心认购农产品活动，认购费用为22万元；与河北省蔚县签署公益帮扶协议，捐助21万元，用于蔚县吉家庄镇八里庄村的公共文化设施建设；向河南省淅川县第一高级中学出资20万元，资助贫困家庭学生100名，帮扶期限为2018—2020年，三年共捐助资金60万元；资助安徽省金寨县贫困户10万元，用于改善日常生活，资助时间为2018—2020年，三年共捐助资金30万元；向云南省昭通市永善县青胜社区捐赠10万元，用于危房改造；向河南省兰考县捐赠资金20万元，用于部分乡村村室建设及维修项目；认购安徽省金寨县香菇、木耳、百合、茶树菇共计34.95万元。

（李向东）

瑞信方正证券有限责任公司

2019年末，瑞信方正证券有限责任公司（以下简称瑞信方正证券）总资产为101 133.42万元，比上年增加8 275.78万元，增长8.91%；负债总额为19 944.98万元，比上年增加12 458.85万元，增长166.43%；所有者权益总额为81 188.43万元，比上年减少4 183.07万元，下降4.90%。全年实现营业收入15 337.25万元，比上年减少2 734.10万元，下降15.13%；营业亏损5 125.70万元。在中国证监会组织的2019年证券公司分类评价中获得A类A级评级。

2019年，瑞信方正证券股票基金债券交易量约为1 765亿元，实现代理买卖证券业务净收入6 345.40万元；投资银行业务共完成16个主承销项目，总承销金额为103.74亿元。

截至年末，瑞信方正证券设有1家证券营业部，共有员工154人。

（季丽丹）

瑞银证券有限责任公司

2019年末，瑞银证券有限责任公司（以下简称瑞银证券）总资产为3 592 075 428元，比上年增长7.5%；总负债为1 652 075 969元，比上年增长17.7%；所有者权益为1 939 999 459元，比上年增长0.1%。全年实现营业收入812 862 310元，比上年增长0.1%；营业支出807 402 428元，比上年下降1.1%；实现利润总额14 927 499元，比上年增长 21.7%；实现净利润8 715 447元，比上年增长 11.5%[①]。在中国证监会组织的 2019 年证券公司分类评价中获得 B 类 BBB 级评级。

截至年末，瑞银证券设有 4 家证券营业部、3 家分公司、1 家子公司；共有正式员工 394 人，其中，子公司正式员工 23 人。

投资银行业务 全年，股权资本市场业务完成上海昊海生物科技股份有限公司创业板 IPO 项目，成为首家保荐科创板 IPO 的外资证券公司；积极推进中国邮政储蓄银行 IPO 项目，成为该项目的财务顾问、联席主承销商。债券资本市场业务，全年共完成 21 个债券类项目，其中，瑞银证券及瑞士银行香港分行作为卖方独家财务顾问，帮助 EQT Partners 公司通过总价值 8 亿美元的交易出售老百姓大药房股份，该项目成为 2019 年规模最大的 A 股上市公司股权并购交易之一。

证券业务 积极拓展新客户，推广和优化算法交易，推进融资融券业务发展，筹备“转融通”业务。针对合格境外机构投资者（QFII）/人民币合格境外机构投资者（RQFII）制度改革，积极部署，提升服务质量。上线科创板经纪业务，积极筹备并参与“沪伦通”西向业务，协助瑞银集团获得全球存托凭证（GDR）转换资格并成为其本地券商，成功参与首批 GDR 转换业务。

期货业务 2019 年，瑞银期货有限责任公司开户数量持续增加，金融期货及商品期货经纪业务同步推进，积极开拓新的国际化商品期货品种，协助向海外客户推广中国期货的国际化业务。年内，完成 1 亿元增资，注册资本增至 2.2 亿元。

固定收益业务 2019 年 4 月，瑞银证券获得银行间市场尝试做市业务资格；7 月，获得“债券通”北向通报价机构资格。抢抓市场波动的时间窗口，灵活调整久期敞口，严控持仓品种的信用风险，加强流动性管理，创造稳定的交易收入。根据境内外客户的交易需求，提供具有竞争力的报价，年内与境外机构客户的债券交易量大幅增长。“债券通”做市业务进展顺利，已与全球投资者建立了广泛的交易联系。完成债权资本市场项目的销售工作。推动境外机构客户参与国内信用债的一级市场认购，积极推进跨境结构性产品业务。

财富管理业务 完善产品平台、丰富产品种类，满足高净值客户对资产配置日趋精细化的需求；推出多只包含市场中性、股票多空在内的不同策略主题的对冲基金产品以及为超高净值客户量身定制的专户产品，与瑞银资产管理（上海）有限公司合作推出境内首只基金中的基金（FOF）产品、首只资产配置主题私募基金。

（肖方洁）

① 财务数据为母公司口径。

首创证券有限责任公司

2019年末，首创证券有限责任公司（以下简称首创证券）总资产为202.43亿元，比上年增加13.91亿元，增长7.38%；总负债为157.56亿元，比上年增加9.99亿元，增长6.76%；所有者权益为44.87亿元，比上年增加3.92亿元，增长9.57%。全年实现营业收入13.53亿元，比上年增加5.36亿元，增长65.61%；营业支出7.64亿元，比上年增加1.64亿元，增长27.33%；实现净利润4.24亿元，比上年增加2.38亿元，增长127.96%。在中国证监会组织的2019年证券公司分类评价中获得B类BB级评级。

截至年末，首创证券设有12家分公司、53家证券营业部；共有员工1 707人，其中，经纪人569人。

资产管理业务 明确发展定位，聚焦主动管理，丰富产品结构，完善营销体系，强化风险控制和信用评级研究、投资交易等体系建设，提升资产管理综合能力。准确把握股票市场行情机遇，发行多个系列的“固定收益+股票指数看涨期权”产品。截至年末，资产管理规模约为480亿元，其中，主动管理规模约为440亿元，占资产管理总规模的91.66%。

“新三板”做市业务 深化与挂牌企业的合作，优化做市股票组合结构，形成了以信息技术、节能环保、高端制造等行业为重点的做市库存股组合，提高做市交易能力。截至年末，累计为83家挂牌企业提供做市报价服务。

投资银行业务 股权融资业务。积极推进科创板相关业务，努力拓展IPO、再融资及重大资产重组项目资源。保荐的八亿时空科创板IPO项目通过上海证券交易所审核和中国证监会注册，并成功发行；作为财务顾问协助朝阳区国有资产监督管理委员会收购北京东方园林环境股份有限公司，助其获得A股环保上市公司平台；协助浙江华铁应急设备科技股份有限公司实施重大资产重组，助其实现主营业务回归。巩固全国中小企业股份转让系统股份挂牌推荐、定向发行、持续督导、并购重组等相关业务，积极培育精选层企业。截至年末，累计推荐挂牌项目113个，持续督导挂牌公司136家。

债券承销业务。协助北京首都创业集团有限公司等企业发行、分销债券约300亿元。其中，作为主承销商发行的山东黄金矿业股份有限公司2019年公开发行绿色公司债券，为全国首只绿色矿山债券；作为主承销商发行的阳泉煤业（集团）有限责任公司2019年非公开发行扶贫专项公司债券，为全国首只AAA级国有企业产业扶贫公司债券；作为主承销商发行的北京首都创业集团有限公司2019年公开发行公司债券，为首只获第三方机构可持续发展认证的公司债券；作为主承销商发行的马鞍山郑蒲港新区综合保税区投资有限公司2019年非公开发行项目收益专项公司债券（第一期），为安徽省内首只上海证券交易所项目收益专项公司债券。

证券经纪业务 加强互联网平台建设，启动“番茄财富重塑计划”，打造

"一站式"金融服务平台。拓展新媒体合作渠道，开展线上线下联动营销活动，搭建体系化、精细化培训体系，推动分支机构能力建设。加强金融产品线搭建工作，提升产品销售能力，产品销售规模约198亿元。以投资者适当性管理为工作重心，加强制度体系建设，深化业务流程标准化，对多个业务系统进行升级改造。全年，各营业部共完成股票基金交易额5 339亿元，比上年增长31.5%；实现代理买卖手续费收入1.47亿元，比上年增长16%；年内新开户新增托管资产121亿元，比上年增长20.7%。

投资顾问业务 修订投资顾问管理办法，通过制定更具激励效果的考核制度、产品考核与退出机制、风险控制措施等，引导分支机构营销团队战略升级；加强合规管理，持续开展业务风险自查，缩小业务风险敞口，确保业务健康有序开展。截至年末，投资顾问签约客户资产规模为2.34亿元，比上年增长208.4%；投资咨询资格持证人数有174人，比上年增加37%。

信用业务 截至年末，信用业务日均规模约为41.20亿元，同比下降3.87%，其中，融资融券日均余额为25.08亿元，同比增长40.58%。严格控制股票质押业务规模，坚持审慎投资，严控投资风险，全年共新增5单股票质押业务，新增质押金额3.05亿元。年末，自有资金股票质押规模为15.63亿元，日均质押规模为16.11亿元。

（卢慧洋）

信达证券股份有限公司

2019年末，信达证券股份有限公司（以下简称信达证券）总资产为454.07亿元，比上年增加69.11亿元，增长17.95%；总负债为357.83亿元，比上年增加71.75亿元，增长25.08%；所有者权益为96.24亿元，比上年减少2.64亿元，下降2.67%。全年实现营业收入22.23亿元，比上年增加5.64亿元，增长34.01%；营业支出19.02亿元，比上年增加3.02亿元，增长18.85%；实现归属于母公司净利润2.10亿元，比上年增加1.40亿元，增长200.28%；净资产收益率为2.71%，比上年上升2.27个百分点。在中国证监会组织的2019年证券公司分类评价中获得A类A级评级。

2019年，信达证券股票基金成交金额为16 800.84亿元，比上年增加5 243.50亿元，增长45.37%。年末，客户总数有174.02万户，比上年增加10.70万户，增长6.55%；客户托管证券市值为1 738.03亿元，比上年增加459.01亿元，增长35.89%；客户保证金为112.34亿元，比上年增加33.67亿元，增长42.80%。

截至年末，信达证券设有94家营业部、9家分公司、5家子公司；共有签订劳动合同的员工2 532人，其中，母公司2 083人，子公司449人。

经纪业务及信用交易业务 全年，证券经纪业务实现营业收入13.37亿元，实现营业利润6.61亿元。融资融券日均余额为 64.39 亿元，年末余额为 68.57 亿元。股票质押年末余额为 18.87 亿元，其中，自有资金出资余额为 16.82 亿元，资产管理计划出资 2.05 亿元。

投资银行业务 全年实现营业收入 2.30 亿元。和顺石油项目通过中国证监会审核，奥特维项目成功申报；债权业务发力扶贫债、绿色债等新券种，取得良好效果。

资产管理业务 以固定收益产品为主，产品设计、主动管理和投研能力得到市场认可，管理规模明显提升，在可转债及分级 A 投资领域获得良好业绩，全年实现营业利润 0.41 亿元，

证券投资业务 全年自营业务实现投资收益 4.06 亿元。年内，完成收益互换、场外期权业务资格的申请，并有针对性地推出了股票寄卖业务和场外期权产品定制服务，丰富了公司产品线。

业务创新 大力发展创新业务。发行的百色百矿扶贫债是广西壮族自治区首只扶贫债，带动了德保和田林两县的电解铝产业转移，解决了 1 059 人的脱贫问题。积极参与百色百矿集团有限公司混合所有制改革方案设计，成功引入吉利集团入股，实现中国信达资产管理股份有限公司与信达证券“投资 + 投放 + 混改”联动。帮助新疆维吾尔自治区喀什市、叶城县、伽师县、莎车县申请数十亿元地方政府专项债，支持贫困地区棚户区改造和基础设施建设。创新类企业债——遂宁河东绿色债和台州黄岩绿色债取得中国证监会发行批文。

（赵雅君）

新时代证券股份有限公司

2019 年末，新时代证券股份有限公司（以下简称新时代证券）总资产为 21 832 071 396.56 元，比上年减少 3 747 936 119.08 元，下降 14.65%；总负债为 12 266 600 503.17 元，比上年减少 3 545 137 378.66 元，下降 22.42%；所有者权益为 9 565 470 893.39 元，比上年减少 202 798 740.42 元，下降 2.08%。全年实现营业收入 1 058 283 684.71 元，比上年减少 103 203 135.23 元，下降 8.89%；营业支出 662 923 393.52 元，比上年减少43 575 850.08元，下降 6.17%；实现利润总额 381 355 766.61 元，比上年减少40 073 714.99元，下降 9.51%；实现净利润 293 961 164.76 元，比上年减少 33 718 857.86元，下降 10.29%。在中国证监会组织的 2019 年证券公司分类评价中获得 C 类 CC 级评级。

截至年末，新时代证券设有 63 家证券营业部、2 家控股子公司、5 家分公司，共有员工 1 412 人。

证券经纪业务 全年，实现营业收入 66 881.85 万元，比上年下降 4.72%；业务成本 33 765.90 万元，比上年增长 0.77%；实现营业利润 33 115.96 万元，比上年下降 9.74%。各营业部实现股票基金交易量 7 397.70 亿元，比上年增加1 187.43亿元，增长 19.12%；累计新开户 205 606 户。期末，客户结存 1 009 699 户，比上年增长 25.04%；客户托管资产为 714.51 亿元，

比上年增长7.94%。

融资融券业务 全年，信用账户交易成交额约为1 943.80亿元，比上年增长6.87%；信用账户新开户2 246户。截至年末，融资融券余额为34.30亿元，负债总额为35.57亿元，合格信用账户结存24 463户。强化和完善风险管理工作，梳理市场及个股风险点、监管要点，严格担保及标的证券管理，做好前端控制，全年共计调整债券折算率13 557只，调整股票折算率286只，调整标的证券范围88次。提高风险预警能力，加强盯市预警风险提示。截至年末，融资融券业务整体维持担保比例为249.08%，全年未发生重大风险事件。

投资银行业务 全年，完成2只公募债券、5只私募公司债券的发行，融资总规模为46.75亿元；如期兑付6只债券；处置5只债券的违约情况，切实履行受托管理义务。累计实现"新三板"挂牌项目161家；新增定向发行业务6笔，在审定增项目3家，累计完成定向发行业务93笔，持续督导非上市公司86家。定期进行市场调研，积极调整做市业务策略，年内新增清仓退出做市项目4个，累计退出做市股票40只。全年，投资银行业务实现营业收入-2 088.98万元，比上年下降171.16%；业务成本为5 765.28万元，比上年下降20.56%；实现营业利润-7 854.27万元，比上年下降81.73%。

IB业务 截至年末，新时代证券参与IB业务的营业部共29家，具有期货从业资格的人员数量为130人，参与IB业务的投资者共241户。全年，实现IB业务佣金收入48.77万元，成交金额为1 219.91亿元。

资产管理业务 全年，资产管理业务实现营业收入6 380.90万元，比上年增长302.50%；业务成本为2 985.52万元，比上年增长28.60%；实现营业利润3 395.37万元，比上年增长561.21%。截至年末，资产管理业务存续规模为1 088.66亿元，比上年下降0.75%。其中，集合资产管理存续规模为8.41亿元；单一资产管理存续规模为1 080.25亿元，比上年增长0.25%。

自营投资业务 全年，实现营业收入45 050.44万元，比上年增长1 376.84%；业务成本为8 049.28万元，比上年增长362.95%；实现营业利润37 001.17万元，比上年增长802.51%。

投顾签约 截至年末，共有投资顾问岗位人员90人，比上年减少8人；签约客户数量326户，比上年减少333户；签约客户资产2.05亿元，比上年减少0.28亿元，下降12.01%。全年，投资顾问人员综合创收合计1 020.30万元，其创收金额占营业部净手续费收入的4.54%。

研究机构业务 全年，研究业务范围覆盖17个行业、213家A股和港股（"陆港通"标的）上市公司，出具1 511篇研究报告，通过全方位的研究服务为公募基金管理公司、保险公司、私募基金、财务公司、信托公司等机构投资者提供专业研究咨询。完成"十四五"暨到2035年中长期规划研究、世界经济周期性变化及中长期发展趋势研判、全球股票市场发展规律与借鉴共三个研究课题。

中德证券有限责任公司

2019年末，中德证券有限责任公司（以下简称中德证券）总资产为1 342 067 096元，总负债为162 752 038元，所有者权益为1 179 315 058元。全年实现营业收入384 066 296元，营业支出342 511 817元，实现净利润27 272 480元。在中国证监会组织的2019年证券公司分类评价中获得B类BBB级评级。

截至年末，中德证券共有正式员工251人。

投资银行业务 全年共完成投资银行项目35个。其中，IPO项目3个，再融资项目3个，并购重组项目2个，债券项目25个。股权产品业务收入、债券产品业务收入及承销金额大幅提升。全年，实现股权产品业务收入1.97亿元，同比增长88%；债券产品业务收入9 709万元，同比增长93%；公司债及企业债承销金额为178亿元，同比增长98%。加大债券业务创新品种开发力度，完成2只绿色企业债、3只绿色公司债、1只纾困专项债、3只储架债的发行工作。积极参与资本市场改革，年内A股市场半导体板块3大并购项目中，有2个项目由中德证券执行。抢抓科创板设立机遇，完成2家公司科创板IPO项目的申报和发行，其中，担任北京热景生物技术股份有限公司科创板IPO项目独家保荐机构及主承销商，该公司是首家体外诊断（IVD）科创板上市企业。

（刘思邈）

中国国际金融股份有限公司

2019年末，中国国际金融股份有限公司（以下简称中金公司）总资产为1 725.14亿元，比上年增长10.19%；总负债为1 316.28亿元，比上年增长10.34%；净资产为408.86亿元，比上年增长9.71%；实现营业收入81.14亿元，比上年增长23.46%；营业支出57.55亿元，比上年增长27.47%；实现利润20.41亿元，比上年增长10.05%；客户保证金规模为151.93亿元，比上年增长35.61%。在中国证监会组织的2019年证券公司分类评价中获得A类AA级评级。

截至年末，中金公司在境内设有多家子公司，在上海市、深圳市、厦门市、成都市等地设有分公司，在国内28个省份拥有200多个营业网点，在中国香港、美国纽约、英国伦敦、新加坡、美国旧金山和德国法兰克福设有分支机构；中金集团拥有员工8 101人，其中，境内员工7 443人。

投资银行业务 股权融资。全年，作为保荐人完成A股IPO项目15个，主承销金额650.16亿元；作为主承销商完成A股IPO项目18个，主承销金额402.62亿元；作为主承销商完成A股再融资项目6个，主承销金额78.30亿元。完成阿里巴巴港交所二次上市、百威亚太香港IPO等交易。保荐港股IPO项目16个，承销金额80.73亿美元；作为全球协调人主承销港股IPO项目23个，承销金额59.11亿美元；作为账簿管理人主承销港股IPO项目30个，承销金额42.01亿美元；作为账簿管理人完成港股再融资及减持项目10个，主承销金额13.73亿美元。作为账簿管理人主承销中资企业赴美IPO项目10个，主承销金额4.22亿美元；作为账簿管理人主承销中资企业美股再融资项目1个，主承销金额3.16亿美元。

债务及结构化融资。全年共完成540个项目，同比增长逾61%，合计承销金额约6 659.73亿元。其中，境内项目437个，承销规模约6 120.94亿元；境外发行项目103个，承销规模约77.38亿美元。加快产品创新，完成中国银行首只永续债、民生银行首只股份制银行永续债和台州银行首只城商行永续债项目；完成中建三局十堰PPP资产支援票据、金光纸业商业房地产抵押贷款支持证券（CMBS）、温氏股份信用违约掉期（CDS）项目；完成中金—中国金茂夹层专案融资项目；完成中建国际5亿美元债项目，为首只央企及央企子公司澳门证券交易所挂牌债券等。

财务顾问服务。根据Dealogic公布的并购事务数据，全年中金公司已公告并购交易60宗，涉及交易总金额1 030.10亿美元。其中，境内并购交易47宗，总金额约为591.75亿美元；跨境并购交易13宗，总金额为438.35亿美元。

固定收益及自营业务　全年自营债券交易40 073亿元。积极拓展境内外做市业务。全年，自营银行间双边做市成交160.6亿元，请求做市成交12 950.93亿元，匿名点击成交2 392.1亿元；“债券通”做市成交323.64亿元，共803笔。深度参与信用风险缓释工具业务，首批获得上海证券交易所信用保护凭证创设机构备案，作为投资人购买信用保护合约2只、信用风险缓释凭证3只，助力民营企业融资。

IB业务　全年，中金公司为全资控股的中金期货有限公司提供IB业务的证券营业部共18家，客户数量391户，客户权益规模为38.91亿元，交易金额为4 995.83亿元。

财富管理业务　聚焦私人财富管理业务布局，加大资源投入，完成中国中金财富证券有限公司的品牌统一和业务管理的深度融合，并在网点和支持体系上进一步整合，实现财富管理各项业务的稳步发展，资产配置业务增长超过预期。截至年末，财富管理客户数量为3 271 317户，比上年增长8.6%（按可比口径，下同）；客户账户资产总值为18 391.00亿元，比上年增长42.5%。其中，高净值个人客户数量为19 395户，比上年增长33.5%；高净值个人客户账户资产为4 602.83亿元，比上年增长34.6%。

资产管理业务　加强投研团队建设，完善投资决策流程与管理体系；结合市场环境、客户需求与投研配置，推出新的产品策略和解决方案；养老金业务取得突破性进展，职业年金全面启动，在已完成投资管理机构招标的各省市职业年金项目中100%中标；紧密跟进银行理财子公司的转型及保险等机构的委外需求，提供有针对性的净值化产品策略及服务；稳步提升跨境主动管理能力，形成较完备的跨境产品线。截至年末，资产管理业务规模为2 450.90亿元，比上年增长51.5%。其中，集合资产管理计划规模为 193.07 亿元，单一资产管理计划（含社保、企业年金、职业年金及养老金）规模为 2 257.83 亿元。管理产品数量 381 只，绝大部分是主动管理产品。

公募基金业务 2019 年，中金基金管理有限公司新发行公募基金 8 只，其中，股票型基金 3 只、债券型基金 3 只、混合型基金 2 只；年末，共管理公募基金 28 只，规模为 237.84 亿元，比上年增长 54.96%。新发行私募资产管理计划 5 只，其中，单一资产管理计划 2 只、集合资产管理计划 3 只，以固定收益类为主；年末，共有 19 只私募资产管理计划，规模为 40.85 亿元，比上年下降 12.49%。

私募投资基金业务 2019 年，中金资本运营有限公司在管基金类型主要包括政府引导基金、人民币股权投资基金、美元股权投资基金、并购基金、基础设施基金等，投资行业覆盖新一代信息技术、生物医疗、文化消费、高端装备制造等。截至年末，境内外业务管理资产规模2 792.96 亿元，比上年增加 299.77 亿元①。

研究业务 年内，中金公司研究团队关注全球市场，对宏观经济、市场策略、资产配置、股票、大宗商品及衍生品进行研究和投资分析，为国内及国际客户提供研究服务。全年发布中英文研究报告超过 13 000 篇。

创新业务 2019 年，中金公司获得中国证监会结售汇业务资格、商品期权做市业务资格，获得深圳证券交易所上市公司股权激励行权融资业务试点资格、中国证券投资基金业协会私募基金服务资格（包括份额登记业务服务资格、估值核算业务服务资格）、上海证券交易所上市基金主做市商业务资格，以及中国证券金融股份有限公司科创板转融券业务资格，成为深圳证券交易所信用保护合约核心交易商以及中国银行业协会会员。中国国际金融（英国）有限公司作为首家“沪伦通”GDR 转换机构，顺利完成首单 GDR 跨境转换，首日参与率占市场的 60%。

（胡月）

中国银河证券股份有限公司

2019 年末，中国银河证券股份有限公司（以下简称银河证券）合并资产总额为 3 156.66 亿元，比上年增加 643.03 亿元，增长 25.58%；合并负债总额为2 437.44亿元，比上年增加 587.19 亿元，增长 31.74%；合并所有者权益总额为 719.22 亿元，比上年增加 55.84 亿元，增长 8.42%。全年实现合并营业收入 170.41 亿元，同比增长 71.70%；实现合并净利润 52.50 亿元，同比增长 79.06%。

2019 年，银河证券股票基金交易量（不含租赁席位）为 10.82 万亿元，比上年增加 3.31 万亿元，增长 44.06%。截至年末，托管客户证券资产约 2.84 万亿元，比上年增加 0.43 万亿元，增长 17.84%；客户资金余额为 575.97 亿元，比上年增加

① 仅包括中金资本运营有限公司相关基金，不包括其他部门或子公司管理的相关基金。

146.09 亿元，增长33.98%。

截至年末，银河证券设有493 家证券营业部、5 家子公司，共有员工9 821 人(含销售类客户经理)。

经纪业务 通过创新财富管理业务服务模式、盈利模式、组织模式与协同模式，加速推进财富管理转型，巩固经纪业务行业地位。全年实现证券经纪业务净收入45.51 亿元，同比增长31.40%。

投资银行业务 通过深层次重构体制机制，完善人才梯队建设，提升专业能力与品牌影响力。全年，实现投资银行业务净收入4.80 亿元，同比下降9.57%。股权融资业务累计完成股票主承销项目4 个，主承销金额33.44 亿元，同比增长79.97%。债券融资业务累计完成债券主承销项目80 个，主承销金额631.43 亿元，同比下降25.17%。

资产管理业务 加强资产管理能力建设、渠道能力建设以及产品创设能力建设，提升自主管理能力。全年实现资产管理业务净收入6.34 亿元，同比下降15.12%。截至年末，管理产品291 只，受托规模2 136.66亿元，比上年下降16.39%。

证券投资业务 持续推进体制、机制和业务的系统性改革，分散化投资态势明显，品种不断丰富，敞口大幅降低，收益渐趋稳定，抵御风险能力不断增强，全年实现投资收益（含公允价值变动）49.08 亿元，同比增长420.30%。

信用业务 重点推进业务结构、客户结构、资券结构的全面优化，多措并举控制风险，及时清除隐患。全年实现融资业务利息收入58.00 亿元，同比下降5.76%。

国际业务 2019 年，银河证券与银河—联昌证券国际私人有限公司实现并表并平稳运行，实现并表收入3.26 亿元，净利润0.24 亿元。完成对银河—联昌证券控股私人有限公司的第二次注资和股份交割。境外业务收入在集团占比达到6.07%，比上年提高2.35 个百分点。

业务创新 积极创新信用衍生品业务，开展信用保护合约核心交易商备案；获得中国金融期货交易所国债期货业务首批做市商等业务资格，并强化金融产品销售；银河创新资本管理有限公司积极推进私募股权基金、并购基金的筹建设立工作等。

电子化建设 年内，银河证券组织完成科创板上市前各项技术准备及开市期间服务保障工作；紧跟公司新五年发展规划，制订“智能银河”战略规划；自主开发、升级“中国银河证券”APP 4.0，推进业务线上化、移动化实践。

（田旻）

中信建投证券股份有限公司

2019 年末，中信建投证券股份有限公司（以下简称中信建投证券）集团资产总额为2 856.70 亿元，比上年增长46.44%；负债总额为2 287.75 亿元，比上年增长55.40%；归属于本公司股东的权益为565.82 亿元，比上年增长18.93%。全年实现总收入及其他收入136.93 亿元，比上年增长25.54%；归属于本公司股东的净利润为55.02亿元，比上年增长78.19%；每股收益为0.67元，比上年增长76.32%；加权平均净资产收益率为11.51%，比上年增加4.72个百分点。在中国证监会组织的2019年证券公司分类评价中连续第10年获得A类AA级评级。

截至年末，中信建投证券设有302家证券营业部、5家子公司、23家一级分支机构；共有正式员工10 231人，其中，母公司员工9 344人。

投资银行业务 全年完成1 515个股票及债券主承销项目，主承销金额为9 797.92亿元。

资产管理业务 主动调整业务结构，全年新增主动管理规模368亿元；权益类产品严格控制仓位和个股风险，加权平均收益率超过行业同类产品平均水平。

托管业务 截至年末，资产托管及运营服务总规模为3 000.10亿元，比上年增长46.55%。其中，资产托管产品1 811只，运营服务产品1 657只，分别比上年增长18.29%和21.66%。

研究业务 加强高端研究人才引进，以新经济为主线，结合上海证券交易所科创板启动契机，加强研究策划和跨行业互动，把握市场行情及市场热点。截至年末，研究及销售团队共163人，完成研究报告4 866篇，研究业务涵盖35个领域。全年，为机构客户提供各类路演13 260次，调研978次；成功组织“科创板论坛”“成都上市公司交流会”“秋季资本市场峰会”等大型会议及其他各类专业活动。

期货业务 2019年，中信建投期货有限公司（以下简称中信建投期货）实现代理交易额7.86万亿元，同比增长33.51%；新增客户16 506户，同比增长23.54%；年末客户权益规模为68.73亿元，比上年增长61.24%。截至年末，中信建投期货共设有25家分支机构，在上海设有风险管理子公司——上海方顿投资管理有限公司。

私募股权投资业务 2019年，中信建投资本管理有限公司完成深圳战略新兴产业基金、厦门金圆纾困基金、武汉网安央企混合所有制改革基金等项目的设立，投资项目中完成“中信出版”等主板上市项目4个、“铂力特”等科创板上市项目2个、“居然之家”等并购重组项目3个。截至年末，共管理基金52只，其中，综合基金21只、行业基金3只、母基金2只、专项基金16只、不动产基金10只，基金管理规模为461.62亿元，比上年增加8.04亿元。全年共完成131个项目的投资。其中，被投企业主板上市6家，中小板上市2家，创业板上市6家，科创板上市2家；“新三板”挂牌28家；完成并购重组项目6个，包括跨境并购项目1个；退出项目27个，平均投资收益率达107%。

境外业务 2019年，中信建投（国际）金融控股有限公司累计代理股票交易金额为248.54亿港元，同比下降8.38%；新增客户1 600户，年末累计客户21 628户，客户托管股份总市值为189亿港元。获批中国香港保险业监管局保险经纪业务牌照。新增孖展账户1 238户，同比下降58.88%；孖展业务年末余额为6 600万港元，比上年下降91.24%。完成10个港股IPO项目销售工作。

基金管理业务 2019年末，中信建投基金管理有限公司资产管理规模为801.96亿元。其中，公募基金产品20只，管理规模为171.99亿元，同比增长

20.57%；专户产品管理规模为621.97亿元，同比下降36.68%。专户产品管理规模中，主动管理规模为343.41亿元，同比增长15.62%；通道业务规模为278.56亿元，同比下降44.75%。ABS产品管理规模为8.00亿元。

另类投资业务 2019年，中信建投投资有限公司完成投资70笔，投资金额15.33亿元；完成9个科创板IPO项目的战略配售跟投。

（何书琦）

中国银河证券股份有限公司北京分公司

2019年，中国银河证券股份有限公司北京分公司（以下简称银河证券北京分公司）所辖营业部实现营业收入5.89亿元，实现税前利润3.43亿元。

截至年末，银河证券北京分公司下辖37家营业部，共有员工550人。

证券经纪业务 截至年末，辖区营业部客户数量为99.2万户，年内新开客户数12.4万户，比上年增长69.78%；客户总资产18 441.3亿元。

IB业务 辖区内共有4家营业部获得IB业务资格，IB客户总数4 481户，期末客户权益4.74亿元，实现IB业务收入248万元。

PB业务 截至年末，存续PB业务产品151只，产品总规模为141.2亿元。全年实现收入4 200万元。

融资融券业务 积极组织辖区内营业部开展融资融券开户业务，年内新开户1 837户，融资融券期末余额为73.65亿元。

金融产品 全年，辖区营业部累计销售金融产品153.2亿元，实现销售收入1.383亿元。其中，公募产品占比为27%，私募产品占比为11.5%，固定收益类产品占比为8.9%，现金类产品占比为45.6%。

（李莹）

北信瑞丰基金管理有限公司

2019年末，北信瑞丰基金管理有限公司（以下简称北信瑞丰）总资产为20 482万元，比上年增长13.06%；总负债为2 896万元，比上年增长18.07%；所有者权益为17 586万元，比上年增长12.28%。全年实现收入10 154万元，比上年增长14.98%，其中，管理费收入7 557万元；支出8 835万元，比上年下降0.95%；实现净利润1 375万，比上年增长318.80%。

2019年，北信瑞丰公募基金完成股票交易76.41亿元，比上年减少19.51亿元，下降20.34%；交易所回购交易514.89亿元，比上年增加176.98亿元，增长

52.37%；银行间回购交易 1 460.5 亿元，比上年增加 529.20 亿元，增长 56.82%；交易所债券交易 6.68 亿元，比上年减少 15.15 亿元，下降 69.4%；银行间债券交易 202.81 亿元，比上年减少 1.89 亿元，下降 0.9%。专户产品完成股票交易 111.59 亿元，比上年增加 8.55 亿元，增长 8.30%；交易所回购交易 157.78 亿元，比上年减少 622.87 亿元，下降 79.79%；银行间回购交易 153.08 亿元，比上年增加 130.48 亿元，增长 577%；交易所债券交易 2.77 亿元，比上年减少 36.69 亿元，下降 92.48%；银行间债券交易 30.77 亿元，比上年增加 22.31 亿元，增长 264%。

截至年末，北信瑞丰设共有 1 家子公司；共有员工 118 人，其中，北信瑞丰 100 人（含 1 名派遣人员），子公司 18 人。

公募基金业务　全年，公募基金业务共计实现管理费收入 4 365 万元；新发行 2 只开放式混合型公募基金，募集资金 2.34 亿元，比上年下降 45.45%。截至年末，存续公募基金 17 只，管理规模为 103.51 亿元。

特定客户资产管理业务　全年，特定客户资产管理计划共计实现管理费收入 3 193万元；新增特定客户资产管理计划 29 只，规模为 15.11 亿元。截至年末，存续资产管理计划 97 只，规模为 190.57 亿元，其中，“一对一”专户产品 89 只，受托规模为 181.56 亿元；“一对多”产品 8 只，受托规模为 9.01 亿元，（其中结构化产品 2 只，受托规模为 2.62 亿元）。专户产品主要投向定向增发股票、A 股流通股票、银行间及交易所债券等。

（邱慧饶）

长盛基金管理有限公司

2019 年末，长盛基金管理有限公司（以下简称长盛基金）资产总额为 12.68 亿元，净资产为 11.26 亿元。全年实现营业收入 3.50 亿元，实现净利润 0.54 亿元。

截至年末，长盛基金设有 2 家子公司、4 家分支机构，共有员工 176 人（含子公司）。

东方基金管理有限责任公司

2019 年末，东方基金管理有限责任公司（以下简称东方基金）总资产为 8.37 亿元，比上年增长 5.04%；总负债为 1.56 亿元，比上年增长 18.15%；所有者权益为 6.81 亿元，比上年增长 2.42%；归属于母公司股东权益为 4.97 亿元，比上年增长 2.21%；实现营业收入 2.96 亿元，比上年增长 16.03%；营业支出 2.65 亿元，比上年增长 1.09%；实现净利润 0.25 亿元，比上年增长 269.26%；资产管理规模为

283.60 亿元。

截至年末，东方基金设有4家分公司、1家专户子公司，共有正式员工145人。

公募基金业务 全年新发成立公募基金4只。其中，混合型基金2只，债券型基金2只。截至年末，共管理公募产品43只，其中，混合型基金29只，债券型基金11只，货币市场基金3只；公募基金管理规模为221.14亿元。创新推出采取“摊余成本法”估值的定期开放债券基金——东方卓行18个月定期开放债券型证券投资基金。

特定客户资产管理业务 全年，新成立特定客户资产管理计划22只，募集总规模为15.89亿元；终止产品10只。截至年末，存续专户产品23只，规模为62.46亿元。

方正富邦基金管理有限公司

2019年末，方正富邦基金管理有限公司（以下简称方正富邦）总资产为501 031 523.43元，总负债为40 194 801.21元，所有者权益为460 836 722.22元。全年实现营业收入88 586 036.03元，比上年减少15 246 681.85元，下降14.68%；营业支出119 291 075.91元，比上年增加5 446 988.81元，增长4.78%；亏损30 181 194.52元，比上年增加13 045 742.20元，增长76.13%。

2019年，方正富邦基金股票交易量为6 806 296 806.71元，比上年增加3 419 811 671.77元，增长100.98%；交易所市场债券交易量为346 600 166.36元，比上年增加112 418 461.85元，增长48.00%；银行间市场债券交易量为50 510 883 757.87元，比上年减少15 396 211 337.93元，下降23.36%；年末客户数量为4 860 823户，比上年增加250 321户，增长5.43%。

截至年末，方正富邦设有1家子公司；共有员工102人，其中，正式职工97人、外聘人员5人。

公募基金业务 截至年末，方正富邦已成立基金21只，资产管理规模合计为203.08亿元。其中，货币基金规模为138.87亿元；非货币基金规模为64.21亿元。年内，新增非货币基金10只，新增规模26.80亿元。坚定被动指数型产品的发展战略，充实指数基金产品线，截至年末，开发了中证保险指数分级上市型开放式基金等多只指数型产品，资产管理规模合计为20.08亿元。其中，与方正证券合作推广的深100交易所交易基金（ETF）联接基金定投业务累计定投户数为52 964户，累计定投金额3.55亿元。抢抓科创板推出的历史机遇，大力发展权益型基金，不断开拓渠道，年末有权益型基金5只，产品规模合计7.40亿元。积极探索机构业务，年末有债券型基金5只，产品规模合计36.73亿元。

特定客户资产管理业务 截至年末，方正富邦专户存续产品13只，规模28.83亿元，其中，年内新增产品9只，新增规模22.35亿元。资产配置以债券投资为主导，截至年末，共有固定收益类产品5只，其中，“一对多”产品2只，“一对一”产品3只；规模合计21.81亿元，占专户产品总规模的75.54%。以债券投资为主导，积极探索多种产品线，年内，新增混合类产品2只，商品及金融衍生品类产品1只。截至年末，权益类产品共5只，规模合计7.00亿元。

专项资产管理业务 2019年末，北京方正富邦创融资产管理有限公司管理专项资产管理计划19只，比上年减少17只；规模合计为103.94亿元，比上年减少119.54亿元。年内无新增专项资产管理计划。

（侯健）

格林基金管理有限公司

2019年末，格林基金管理有限公司（以下简称格林基金）总资产为5 107.42万元，总负债为501.10万元，所有者权益为4 606.32万元，实现营业收入1 721.45万元，比上年增长128%。

截至年末，格林基金设有3家分公司，共有员工64人。

公募基金业务 年内，成功发行格林创新成长混合型证券投资基金，募集规模2.88亿元；发行格林泓泰三个月定期开放债券型证券投资基金，募集规模2.00亿元。格林泓瑞增强一年定期开放债券型证券投资基金的募集注册申请已获得批复，正待发行。向中国证监会申报2只不同封闭期限的摊余成本法债券型基金，其中，格林泓裕一年定期开放债券型证券投资基金已完成募集。截至年末，共有公募基金产品6只，其中，货币基金1只，债券基金2只，混合型基金3只；总资产规模为17.01亿元，比上年增加2.27亿元，增长15.40%。

私募资产管理业务 积极拓展合作机构，加强与银行、信托公司、证券公司、私募基金管理人等专业投资者的合作，在兴业银行、渤海证券股份有限公司完成了3只私募资产管理计划的销售。丰富产品类型，完成固定收益类、固定收益增强类、混合类、权益类、商品及金融衍生品类全产品线的布局。截至年末，共运作管理19只私募资产管理计划，管理规模合计62.69亿元，其中，17只私募资产管理计划实现正收益。

（王春晖）

国金基金管理有限公司

2019年末，国金基金管理有限公司（以下简称国金基金）资产总额为2.92亿元，比上年减少0.29亿元；负债总额为0.50亿元，比上年减少0.30亿元；所有者权益为2.42亿元，比上年增加0.01亿元，增长0.41%；实现营业收入1.70亿元，比上年增加0.01亿元，增长0.59%；实现净利润136.42万元，比上年增加

7 104.37万元，增长 101.96%；公募基金及私募资产管理计划规模合计 397.26 亿份，管理资产净值401.10 亿元。

截至年末，国金基金设有 2 家子公司，共有正式员工 117 人。

公募基金业务 截至年末，国金基金共有公募基金 16 只，其中，货币型基金 3 只、债券型基金 4 只、混合型基金 5 只、指数型基金 3 只、股票型基金 1 只；管理规模约 387.54 亿元。

特定客户资产管理业务 截至年末，由国金基金担任管理人的私募资产管理计划总计 31 只，管理规模合计 13.56 亿元。

核心业务战略 依托全面风险管理体系和市场化机制，将量化投资、固定收益投资和权益投资作为核心业务，致力于成为以绝对回报著称的顶尖资产管理机构。截至年末，由国金基金管理或担任投资顾问的量化私募产品累计 33 只，累计管理规模超过 14.49 亿元；管理固收类公募基金 8 只、固收类私募资产管理计划 6 只，管理规模约 381.18 亿元；管理权益类公募基金 1 只、权益类私募资产管理计划 5 只，管理规模约 8.74 亿元。

（马正一）

国开泰富基金管理有限责任公司

2019 年末，国开泰富基金管理有限公司（以下简称国开泰富）总资产为 336 942 456.48元，比上年增加1 792 975.31 元，增长 0.53%；总负债为 45 178 846.36 元，比上年增加17 560 154.69 元，增长 63.58%；所有者权益为 291 763 610.12 元，比上年减少15 767 179.38 元，下降 5.12%。全年实现营业收入 32 251 998.64 元，比上年减少4 416 808.68 元，下降 12.05%；营业支出 45 601 064.55 元，比上年减少7 541 372.52元，下降 14.19%；亏损15 767 179.38元，比上年减少13 154 874.04 元，亏损减少 45.48%。

截至年末，国开泰富设有 1 家子公司，共有员工 47 人。

公募基金业务 截至年末，国开泰富共管理公募基金 4 只，管理规模 3.12 亿元，其中，非货币基规模 2.05 亿元。年内，无清盘基金、新发基金、申报新基金。

私募资产管理业务 截至年末，国开泰富管理资产管理计划 7 只，管理规模 18.01 亿元。年内，清盘资产管理计划 2 只，无新发行产品。

国融基金管理有限公司

2019 年末，国融基金管理有限公司（以下简称国融基金）总资产为 7 204.12 万元，总负债为 775.43 万元，所有者权益为 6 428.69 万元。全年实现营业收入

2 372.20万元，营业支出 4 048.94 万元，营业亏损 1 676.74 万元。

截至年末，国融基金在册员工共44 人。

基金发起成立 年内，国融基金设立了国融融泰灵活配置混合型证券投资基金、国融稳融债券型证券投资基金、国融融盛龙头严选混合型证券投资基金、国融融信消费严选混合型证券投资基金、国融融兴灵活配置混合型证券投资基金，成立规模分别为 7.67 亿元、2.31 亿元、2.09 亿元、3.36 亿元、2.60 亿元。截至年末，共管理 7 只公募基金，管理规模为 8.13 亿元，实现管理费收入 7 498 049.26 元。

基金销售 全年，国融基金共认购 18.99 亿元、申购 41.24 亿元、赎回 55.79 亿元。其中，公募基金认购 18.02 亿元、申购 2.82 万元、赎回 16.14 亿元，专户认购 0.97 亿元、申购 38.42 亿元、赎回 39.65 亿元。

投资咨询服务 截至年末，国融基金投资顾问产品规模合计 4 783.37 万元，实现投资咨询服务费收入 319 002.11 元。

固有资金投资 截至年末，国融基金固有资金投资规模为 58 970 143.56 元，主要投资于资产管理计划及银行理财产品，取得收益 1 781 389.10 元。

特定专户理财业务 截至年末，国融基金累计发售募集并管理特定客户资产管理计划 18 只，资产净值为2 795 162 458.20元，实现管理费收入8 289 154.01元。年内新发行6 只专户产品。

国寿安保基金管理有限公司

2019 年末，国寿安保基金管理有限公司（以下简称国寿安保）总资产为 21.12 亿元，比上年增加 1.30 亿元，增长 6.55%；总负债为 3.89 亿元，比上年减少 0.21 亿元，下降 5.08%；所有者权益为 17.23 亿元，比上年增加 1.51 亿元，增长 9.58%。全年实现营业收入 7.34 亿元，比上年增加 0.8 亿元，增长 12.22%；营业支出 5.45 亿元，比上年增加 0.22 亿元，增长 4.14%；实现净利润 1.51 亿元，比上年增加 0.45 亿元，增长 41.96%。

截至年末，国寿安保设有 2 家分公司、1 家子公司，共有正式员工 253 人。

资产管理业务 截至年末，国寿安保资产管理总规模为 2 388.51 亿元，比上年增长 18.39%。其中，公募基金产品 53 只，资产规模为 1 775.76 亿元，比上年增长 13.09%（其中非货币基金管理规模为 1 074.13亿元，比上年增长 121.4%）；专户产品 52 只，资产规模为 612.76 亿元，比上年增长 36.98%。

投资顾问业务 2019 年末，国寿财富管理有限公司负责的投资顾问项目共 8 只，规模为 198.38 亿元。

工银瑞信基金管理有限公司

2019 年末，工银瑞信基金管理有限公司（以下简称工银瑞信）管理 143 只公募基金，以及专户、年金社保、专项等各类非公募组合共 531 个，资产管理总规模为 12 882 亿元；服务客户数量逾 3 455 万户，比上年增长 55%。全年实现净利润 15.36 亿元，比上年增长 2.7%；年末总资产为 110.14 亿元，净资产为 93.37 亿元。

截至年末，工银瑞信设有 3 家分公司、2 家子公司，共有员工 674 人。

公募基金业务 全年共发行新基金产品 17 只，合计募集规模为 447 亿元，产品体系已涵盖股票型、混合型、债券型、货币型、QDII 型等。加快非货币基金业务发展，推进创新产品和布局完善，服务客户多元化的投资需求。截至年末，管理公募基金规模 5 399 亿元，其中，非货币基金规模 2 006 亿元，比上年增加 677 亿元，增长 51%。非货币基金中的被动型基金快速发展，年末规模为 477 亿元，比上年增加 300 亿元，增长 170%。

养老金业务 积极服务于国家养老金体系改革，持续推进国内三支柱养老金投资管理业务发展。截至年末，各类养老金资产管理规模合计 3 658 亿元，比上年增加 1 027 亿元，增长 39%。加强社保基金投资管理服务，管理的社保境内外组合和基本养老保险基金组合规模合计 1 519 亿元，比上年增加 250 亿元，增长 20%。管理的企业年金规模合计 1 255 亿元，比上年增加 322 亿元，增长 34.5%；服务职业年金改革，已完成 30 个地区的投资管理业务投标，年末已受托管理的资产规模为 287 亿元。服务于个人补充养老投资需求，基本完成覆盖主要年龄段投资者的养老目标日期基金布局。

特定资产管理业务 持续做好存量专户组合管理，稳步推动不符合大资管新规要求的组合改造或退出，研究推进与银行理财、保险等机构开展新的委外合作；严格按照监管导向要求，推动存量非标通道业务的到期退出，重点加强 ABS 业务、主动管理的股权投资和债权投资业务的发展，推进专项业务主动管理转型。全年新增主动管理专项业务 150 亿元。

投资管理业务 加强研究分析、精选资产，抓机会和防风险并举，继续保持良好的投资业绩，管理的企业年金资产整体收益率为 0.17%，主动管理股票基金平均收益率为 49.03%，债券基金产品平均收益率为 6.20%。全年，工银瑞信旗下基金产品和非公募组合累计为客户创造投资回报超 600 亿元，是上年的 3 倍。

汇安基金管理有限责任公司

2019年末，汇安基金管理有限责任公司（以下简称汇安基金）总资产为103 578 812.92元，比上年增加34 191 205.07元，增长49.28%；总负债为45 379 645.44元，比上年增加22 912 311.83元，增长101.98%；所有者权益为58 199 167.48元，比上年增加11 278 893.24元，增长24.04%。全年实现营业收入129 608 807.41元，比上年增加43 222 574.27元，增长50.03%；营业支出120 406 854.39元，比上年增加29 042 127.81元，增长31.79%；实现利润11 535 447.07元。

2019年末，汇安基金管理的公募基金份额总额为16 108 865 952.54份，比上年增加6 930 823 476.33份，增长75.52%；基金净值总额为16 946 331 977.76元，比上年增加7 522 027 815.71元，增长79.82%。资产管理计划份额总额为26 367 403 383.38份，比上年减少678 803 310.75份，下降2.51%；资产净值总额为29 028 308 225.98元，比上年增加3 078 284 269.20元，增长11.86%。

截至年末，汇安基金设有2家分公司；共有员工94人，其中，正式职工89人，外聘人员5人。

公募基金业务 加大对ETF产品的研究和运营、管理投入，密切关注各类标的投资机会及市场投资需求，积极布局相关产品。汇安上证证券交易型开放式指数证券投资基金已获批准；A50 ETF投资、运营等各环节平稳运行，未发生重大风险事件，年末资产净值为158 975 173.81元，基金份额为119 073 350.00份。针对地方主题类债券的投资需求，定制了中债—广西壮族自治区公司信用类债券指数，并成功发行了以此指数为业绩比较基准和投资跟踪指数的公募基金——汇安中债—广西壮族自治区公司信用类债券指数证券投资基金；截至年末，该基金的资产净值为999 118 419.04元，基金份额为999 022 109.48份。

（赵庆玲 刘思宇）

泓德基金管理有限公司

2019年末，泓德基金管理有限公司（以下简称泓德基金）总资产为4.48亿元，总负债为1.22亿元，所有者权益为3.26亿元。全年实现营业收入3.06亿元，同比增加1.24亿元，增长67.78%；营业支出2.05亿元，同比增加0.62亿元，增长43.42%；实现税后净利润8 630.75万元，比上年增加5 182.97万元，增长150.33%。

2019年末，泓德基金总资产管理规模为625.37亿元，总份额为411.56亿份，比上年增加257.11亿元，增长69.82%；

客户总数204 280户，比上年增加80 998户，增长65.70%。

2019年，泓德基金公募基金和特定客户资产管理产品的股票交易量为431.40亿元，比上年增加89.98亿元，增长26.74%；债券交易量为83.26亿元，比上年增加33.27亿元，增长66.55%；基金交易量为38.43亿元，比上年增加12.73亿元，增长61.98%。期货交易量为10 532手，比上年增加3 643手，增长52.88%；期货交易额为108.52亿元，比上年增加38.26亿元，增长54.45%。

截至年末，泓德基金设有1家分公司；共有员工102人，其中，正式职工99人，外聘3人。

公募基金业务 截至年末，泓德基金共管理公募基金25只。其中，股票型基金1只，混合型基金14只（偏股混合型基金13只，股债平衡型基金1只），债券型基金8只，货币基金2只。公募基金管理规模约为379.21亿元，比上年增加171.55亿元，增长82.61%；总份额为315.85亿份。

特定客户资产管理业务 年内，泓德基金完成了2只渠道集合资产管理计划的开放和持续营销，新募集成立3只渠道集合资产管理计划，并接受特定客户委托成立了4只单一资产管理计划。截至年末，管理规模约为246.16亿元，比上年增加85.56亿元，增长53.28%；份额为95.71亿份。

（马凯悦）

华商基金管理有限公司

2019年末，华商基金管理有限公司（以下简称华商基金）资产总额为12.55亿元，比上年减少0.47亿元，下降3.61%；负债总额为1.24亿元，比上年减少0.44亿元，下降26.19%；所有者权益为11.31亿元，比上年减少0.03亿元，下降0.26%。全年实现营业收入4.13亿元，比上年增加0.75亿元，增长22.19%；营业支出3.44亿元，比上年增加0.22亿元，增长6.83%；实现净利润5 156.45万元，比上年增加4 107.96万元，增长391.80%。管理资产总份额232.37亿份，比上年增加18.62亿份，增长8.71%，总资产净值为265.29亿元，比上年增加79.16亿元，增长42.53%。

截至年末，华商基金设有2家分公司；共有员工172人，其中，正式员工158人，派遣员工14人。

公募基金业务 截至年末，华商基金公募基金数量共计49只，比上年增加4只。其中，混合型基金31只，股票型基金7只，债券型基金10只，货币市场基金1只。年内，华商基金旗下基金分红共计3次，金额13.81亿元，历年累计分红192.48亿元。

特定客户资产管理业务 截至年末，华商基金特定客户资产管理计划共计24只，管理资产规模94.64亿元。

（闫峰　孙畅）

华夏基金管理有限公司

2019 年末，华夏基金管理有限公司（以下简称华夏基金）合并总资产为 116.45 亿元，合并负债总额为 27.01 亿元，合并所有者权益总额为 89.44 亿元。全年实现合并营业收入 39.77 亿元，营业支出 24.37 亿元，实现净利润 12.01 亿元。

2019 年末，华夏基金资产管理规模为 11 842.93 亿元（含联接基金、子公司）。其中，本部资产管理规模为10 321.12亿元，比上年增长 17.33%；华夏基金（香港）有限公司管理规模为 517.33 亿元；华夏资本管理有限公司管理规模为 1 004.48 亿元。

2019 年，华夏基金新发 36 只公募基金。截至年末，公募基金规模为 5 386.55 亿元，比上年增长 19.54%，其中，非货币非理财基金规模为 3 415.49 亿元（偏股型基金规模 2 568.83 亿元，比上年增长 25.13%）。全国社保基金管理规模为 732.59 亿元。企业年金运作规模为1 047.06亿元；职业年金在已经完成招标的中央单位及 28 个省份全部中标，中标组合 57 个，启动运作组合 39 个，管理规模为 203.24 亿元。基本养老业务规模为 314.95 亿元；专户理财规模为 2 208.65 亿元。

截至年末，华夏基金设有 8 家分公司、3 家子公司，共有员工 1 028 人（含子公司）。

业务创新 年内，华夏基金完善养老基金产品线布局，成立 4 只养老基金，成为业内首家完成养老目标日期基金产品布局的基金公司；与富达国际投资集团合作，推进目标日期基金在中国的发展；落地华夏中证四川国企改革 ETF 及其联接基金，将国有企业股权与资本市场对接，提高资源配资效率，放大国有资本功能；上海华夏财富投资管理有限公司获得基金投资顾问试点资格，并开发升级基金投资顾问系统，探索人工智能技术和金融领域的融合。

金融科技 年内，华夏基金完成 IT 战略规划、客户关系管理系统（CRM）存量机构客户整合、恒生 O45 系统开发、彭博 AIM 系统谈判等重点项目，满足投资、营销、运作、合规、子公司等各类系统需求。扩大智能服务覆盖范围，优化客户体验；在微信理财通平台上线首发华夏经济蓝筹指数基金，与腾讯公司和蚂蚁金服公司合作尝试基金专户业务，并首期发售成功。

（常悦）

九泰基金管理有限公司

2019 年末，九泰基金管理有限公司（以下简称九泰基金）资产总计239 046 777.24元，比上年增加18 115 522.74元，增长 8.20%；负债合计 56 746 211.66 元，比上年减少 72 577 084.34元，下降 56.12%；所有者权益合计 182 300 565.58 元，比上年增加 90 692 607.08元，增长 99.00%。全年实现营业总收入120 469 382.98元，比上年减少 31 675 275.54元，下降 20.82%；营业总支出 137 382 679.23元，比上年减少44 082 935.61元，下降24.29%；净亏损9 307 392.92元，比上年减少31 119 559.60元，下降76.98%。

2019 年，九泰基金证券交易金额（股票、基金、债券等）为36 927 218 635.19元，期货交易金额为1 286 818 596.00元。年末，按客户名称、证件类型和证件号码合并统计的存续客户为729 634户，比上年增加63 742户，增长 9.57%，其中，保有份额的客户为218 003户，比上年减少 19 942个，下降 8.38%。

截至年末，九泰基金设有 3 家分公司、1 家子公司，合计员工人数为 180 人。

公募基金业务　年内，九泰基金取得准予注册批复的公募基金产品 11 只；上报并获得受理的公募基金产品 9 只，其中，股票型产品 2 只、灵活配置混合型产品 5 只、普通混合型产品 1 只、债券型产品 1 只；未募集成立公募基金产品。截至年末，存续的公募基金共 15 只；基金份额为 6 089 211 518.77 份，比上年减少 1 220 524 251.01 份，下降 16.70%；基金资产净值为 6 453 072 374.10 元，比上年增加 477 058 388.12 元，增长 7.98%。

特定客户资产管理业务　截至年末，九泰基金存续基金专户产品 68 只，其中，20 只未开始运作；专户份额为10 622 265 706.95份，比上年减少5 165 322 947.56份，下降 32.72%；资产规模为9 705 238 260.74元，比上年减少4 185 002 098.00元，下降 30.13%。年内，共计成立 6 只基金专户产品，年末资产规模为872 595 598.40元。

嘉实基金管理有限公司

2019 年末，嘉实基金管理有限公司（以下简称嘉实基金）总资产为 86.9 亿元。全年实现营业收入 39.6 亿元，实现净利润 11.2 亿元（未经审计）。（集团）总资产管理规模为 9 600 亿元。

2019 年末，嘉实基金共管理 176 只开放式证券投资基金，管理规模为5 352.45 亿元，比上年增加 1 046.64 亿元；非公募资产规模超过 4 267.83 亿元，比上年增加 640.79 亿元。

截至年末，嘉实基金在北京市、深圳市、成都市、杭州市、青岛市、南京市、福州市、广州市、武汉市设有分公司，旗下有嘉实资本管理有限公司、嘉实财富管理有限公司、嘉实国际资产管理有限公司、嘉实远见科技（北京）有限公司等持牌与非持牌业务公司；共有员工 767 人。

建信基金管理有限责任公司

2019年末，建信基金管理有限责任公司（以下简称建信基金）总资产为69.96亿元，比上年增长13.37%。全年实现营业收入29.66亿元，实现净利润12.38亿元。

2019年末，建信基金资产管理总规模为1.62万亿元。其中，公募基金产品119只，管理规模为5 295.05亿元；专户业务规模为5 345.54亿元；建信资本管理有限责任公司管理规模为5 534.27亿元。客户总量突破3 708万户，比上年增长37%。年内，14只公募产品收益率超过50%；为投资者盈利约236亿元，累计为持有人分红近780亿元；专户业务逆势增长706亿元。

截至年末，建信基金设有分公司、营销中心共10家，子公司1家；员工总数568人。

海外业务拓展 2019年，建信基金不断拓展海外业务，担任投资顾问的中国机遇基金（CDOF）管理规模突破9亿元；获得马来西亚信安资管“信安粤港澳大湾区基金”投资顾问资格；申请富时100指数产品获批，实现QDII基金转型，为客户搭建起欧洲市场配置的桥梁；积极筹建中国香港子公司。

江信基金管理有限公司

2019年末，江信基金管理有限公司（以下简称江信基金）总资产为21 498.53万元，比上年增加2 023.55万元，增长10.39%；总负债为720.24万元，比上年增加89.14万元，增长14.12%；所有者权益为20 778.29万元，比上年增加1 934.41万元，增长10.27%。全年实现营业收入7 647.81万元，比上年增加3 768.29万元，增长97.13%；营业支出7 579.69万元，比上年增加2 099.86万元，增长38.32%；实现净利润105.03万元，比上年增加1 311.67万元。

截至年末，江信基金共有员工65人。

公募基金业务 截至年末，江信基金共有公募基金产品9只，其中，混合型基金2只，债券型基金6只，货币市场基金1只；管理规模为22.12亿元，比上年增长15.72%。

南华基金管理有限公司

2019年末，南华基金管理有限公司（以下简称南华基金）总资产为10 363.17万元，同比减少355.31万元，下降3.31%；总负债为500.99万元，同比增加56.86万元，增长12.80%；所有者权益为9 862.18万元，同比减少412.17万元，下降4.01%。全年实现营业收入4 296.02万元，同比增加2 225.56万元，增长107.49%；营业支出4 708.18万元，同比增加413.01万元，增长9.62%；亏损412.17万元，比上年减少1 812.54万元，下降81.47%。

截至年末，南华基金设有2家分公司，共有正式员工54人。

公募基金业务 截至年末，南华基金共有8只公募产品稳健运营，总规模约47.64亿元。

特定客户资产管理业务 年内，南华基金共成立2只专户产品，分别为南华鑫华2号资产管理计划、南华鑫远1号集合资产管理计划，初始委托规模分别为0.18亿元、2亿元。截至年末，共有4只专户产品，管理规模合计37.84亿元；客户数量共计9户（含机构投资者及自然人）。

鹏扬基金管理有限公司

2019年末，鹏扬基金管理有限公司（以下简称鹏扬基金）总资产为271 008 208.91元，比上年增加129 571 057.55元，增长91.61%；总负债为123 583 744.17元，比上年增加104 855 790.26元，增长559.89%；所有者权益为147 424 464.74元，比上年增加24 715 267.29元，增长20.14%。全年实现营业收入290 475 906.34元，比上年增加165 041 306.43元，增长131.58%；营业支出258 767 548.23元，比上年增加135 976 635.33元，增长110.74%；实现净利润22 599 391.40元，比上年增加21 008 511.37元，增长13 20.56%。

截至年末，鹏扬基金设有3家分公司，共有正式员工122人。

公募基金业务 年内，鹏扬基金获得12只公募基金的注册许可，共有9只产品成立发行，其中，债券型基金6只、混合型基金1只、股票型基金2只，合计首发募集资金38亿元。截至年末，共成立公募基金22只；基金份额合计41 363 211 825.85份，比上年增加13 788 505 063.53份，增长50%；基金净值合计43 354 586 545.29元，比上年增加15 421 315 265.64元，增长55.21%。

特定客户资产管理业务 年内，鹏扬基金共成立24只私募资产管理产品，首发规模为55.90亿元。其中，与多家银行的私人银行部门、第三方销售机构等专业机构合作，向合格投资者销售并成立了17只纯债型、类二级债基型集合专户产品；与多家银行及银行理财子公司等专业机构投资者合作成立了7只单一及集合专户产品。有序压缩不符合资管新规的存量产品规模，全年共有12只产品到期或提前终止清算，清盘规模约21.8亿元。截至年末，专户资产管理规模为29 761 715 562.37元，比上年增加16 172 227 124.82元，增长119.01%。其中，单一专户规模为12 048 940 695.86元，集合专户规模为17 712 774 866.51元。专户产品的存量机构客户数量为65户。获得保险资金受托管理资格，为下一步拓展保险受托管理业务奠定了基础。

（吉瑞）

泰达宏利基金管理有限公司

2019年末，泰达宏利基金管理有限公司（以下简称泰达宏利）资产总额为8.30亿元，比上年增加0.36亿元，增长4.5%；负债总额为0.79亿元，比上年增加0.12亿元，增长17.9%；所有者权益总额为7.51亿元，比上年增加0.24亿元，增长3.3%；客户总数841 291人，比上年增加208 707人，增长32.99%。全年实现营业收入2.64亿元，比上年减少0.31亿元，下降10%；营业支出2.18亿元，比上年减少0.25亿元，下降11%；利润总额为0.47亿元，比上年减少0.05亿元，下降8%。

截至年末，泰达宏利基金设有3家分公司；共有正式员工147人、外聘员工12人。

公募基金业务 年内，泰达宏利共募集发行公墓基金产品5只，募集规模合计26.5亿元。截至年末，共管理53只公募基金，资产管理规模为405亿元，其中，非货币基金规模为207亿元。

特定客户资产管理业务 年内，泰达宏利新设立资产管理计划8只，到期清算资产管理计划34只。截至年末，存续资产管理计划52只，其中，单一资产管理计划39只，集合资产管理计划13只；资产规模总计140.67亿元。

电子化建设 年内，泰达宏利与腾安基金销售（深圳）有限公司合作，通过微信理财通平台开展基金销售业务；建设运维自动化监控平台（一期、二期），实现了对所有信息系统基础架构（服务器、存储、网络、操作系统等）的自动化监控全覆盖；与外部开发商共同合作建立核心业务系统用户权限稽核系统，实现了权限稽核流程的自动化，并与自动化办公系统流程审批进行了系统对接，提高了权限稽核工作效率。

先锋基金管理有限公司

2019年末，先锋基金管理有限公司（以下简称先锋基金）资产总额为9 622

万元，负债总额为1 759万元，所有者权益为7 863万元，同比减少1 994万元。全年实现营业收入6 801万元，同比减少1 247万元，下降15%，其中，公募基金和专户产品实现管理费等收入6 478万元，同比增长39%；营业支出8 714万元，同比减少331万元，下降4%。

2019年11月，先锋基金成立山东分公司。

截至年末，先锋基金共有正式员工71人。

公募基金业务 截至年末，先锋基金公募基金规模为8.74亿元。其中，货币基金规模为1.22亿元；非货币基金规模为7.53亿元，比上年增加3.77亿元。

专户业务 年内，先锋基金共立项专户产品16只；成立专户产品8只，其中，权益类产品5只，固收类产品3只。截至年末，专户规模为44.39亿元，比上年减少20.08亿元；专户平均杠杆水平为1.13，其中，“一对多”专户杠杆水平为1.18，“一对一”专户杠杆水平为1.08。

互联网渠道 全年，先锋基金上线互联网渠道16家；互联网渠道累计申购8.56亿元，日均申购434.39万元。截至年末，互联网渠道产品规模为5.92亿元，新增规模4.61亿元。其中，先锋汇盈自2019年10月至年末，通过天天基金、蚂蚁金服累计申购5.69亿元，净值规模5.05亿元，单日内最高申购突破3 000万元。

新沃基金管理有限公司

2019年末，新沃基金管理有限公司（以下简称新沃基金）总资产为6 061.15万元，比上年减少2 676.92万元，下降30.64%；总负债为1 788.86万元，比上年减少2 599.89万元，下降59.24%；所有者权益为4 272.29万元，比上年减少77.03万元，下降1.77%。全年实现营业收入1 813.2万元，同比减少170.05万元，下降8.57%；营业支出3 575.18万元，同比减少654.5万元，下降15.47%；实现净利润－1 761.98万元，亏损额同比减少479.79万元，下降21.4%。

2019年末，新沃基金存续的公募基金产品3只。其中，新沃通宝货币市场基金净值为2 159 097 810.34元，新沃通盈灵活配置混合型证券投资基金净值为3 062 374.4元，新沃通利纯债债券型证券投资基金净值为27 893 329.4元。

截至年末，新沃基金设有分公司1家；共有正式职工39人，其中，北京分公司5人。

英大基金管理有限公司

2019 年末，英大基金管理有限公司（以下简称英大基金）资产总额为 3.08 亿元，同比增长 41.8%；资产负债率为 4.16%，同比下降 4 个百分点；净资产收益率为 0.83%，同比上升 19 个百分点。全年实现营业收入 7 221 万元，同比增长 74.4%。实现利润总额 197 万元，同比增加 3 085 万元。其中，母公司实现利润 102 万元，同比增加 2 903 万元；子公司实现利润 95 万元，同比增加 182 万元。

2019 年，英大基金实现管理资产规模 194.74 亿元。其中，公募基金规模为 100.52 亿元，母公司专户规模为 31.75 亿元，子公司专户规模为 62.48 亿元。

截至年末，英大基金设有 1 家子公司，共有员工 66 人。

公募基金业务 年内，英大基金提升投研实力、加快产品创新、丰富产品线，推动规模增长和业务拓展。英大通盈纯债基金获批并成功发行，募集资金 10 亿元；英大安惠纯债基金产品已向中国证监会申报并获受理。对标市场同类产品，将英大纯债管理费率和托管费率分别由 0.7% 和 0.2% 降至 0.3% 和 0.1%；妥善处理低等级信用债持仓，调整资产组合久期；英大纯债规模由年初的 4.4 亿元升至年末的 44.3 亿元。加大机构和线上推广力度，货币基金规模由年初的 8.8 亿元升至年末的 40.7 亿元。紧抓科创板新股配售机会，英大睿鑫、英大睿盛基金的年化收益率均超过 40%。

机构业务 重点开发华夏银行、广发银行等股东相关单位，华夏银行投资于英大基金产品的规模达 68 亿元。创设“电费宝”业务，已在冀北电力有限公司上线试点。对接客户投资需求，加大产品开发力度，丰富专户产品。新发固定收益类委外产品——华盈 1 号，募集资金 30 亿元。

特定客户资产管理业务 以固定收益类业务为重点，以机构客户为突破口，实现特定资产管理规模由上年的 1.75 亿元增至 31.74 亿元，增长 17.13 倍。其中，权益类业务规模为 1.14 亿元，固定收益类业务规模为 30.60 亿元。

银华基金管理股份有限公司

2019 年末，银华基金管理股份有限公司（以下简称银华基金）总资产比上年增加 46 983.66 万元，增长 14.48%；总负债比上年增加 17 640.02 万元，增长 19.56%；所有者权益比上年增加29 343.64万元，增长 12.52%；营业收入比上年增加 42 661.00 万元，增长 26.18%；营业支出比上年增加 27 198.95万元，增长 25.10%；利润总额比上年增加14 811.14万元，增长27.44%。资产管理总规模超过6 200亿元（含子公司）。

截至年末，银华基金设有3家分公司、2家子公司，共有正式员工476人。

公募基金业务 年内，银华基金成立新基金20只，其中，银华MSCI中国A股ETF基金、银华美元债精选债券型基金、银华科创主题3年封闭运作灵活配置混合型证券投资基金为创新产品。截至年末，共管理公募基金124只，比上年增加13只；管理基金份额2 332.88亿份，比上年增长15.36%；管理基金资产净值为3 006.62亿元，比上年增长20.01%。

益民基金管理有限公司

2019年末，益民基金管理有限公司（以下简称益民基金）资产合计38 231.88万元，比上年增加2 247.08万元，增长6.24%；负债合计8 346.97万元，比上年增加583.92万元，增长7.52%；所有者权益合计29 884.91万元，比上年增加1 663.16万元，增长5.89%。全年实现营业收入6 846.28万元，比上年增加721.89万元，增长11.79%；营业支出5 448.31万元，比上年增加224.26万元，增长4.29%；实现营业利润1 397.97万元，比上年增加497.63万元，增长55.27%。

截至年末，益民基金设有3家分公司、1家子公司；母公司员工总计52人，子公司员工总计13人。

公募基金业务 截至年末，益民基金旗下公募基金产品9只，其中，指数型股票基金1只、偏股混合型基金2只、灵活配置混合型基金4只、定开债券型基金1只、货币基金1只；管理资产规模合计15.62亿元。全年实现管理费收入1 945.75万元。

私募资产管理业务 截至年末，益民基金私募资产管理产品规模合计14.05亿元，存续的私募资产管理计划8只，均为单一私募资产管理计划。全年实现管理费收入62.81万元。

中航基金管理有限公司

2019年末，中航基金管理有限公司（以下简称中航基金）资产总额为16 205.30万元，比上年增加7 232.34万元，增长80.60%；负债总额为7 302.78万元，比上年增加6 674.68万元，增长1 062.68%；净资产为8 902.52万元，比上年增加557.66万元，增长6.68%。全年实现营业收入3 075.47万元，比上年增加1 476.17万元，增长92.30%；营业支出2 391.63万元，比上年减少99.48万元，下降3.99%；实现利润总额680.49万元，比上年增加1 572.31万元。

截至年末，中航基金未设立分支机构，共有员工49人。

公募基金业务 年内，中航基金共取得2只公募基金产品核准注册文件，分别是中航晋金启一年定期开放债券型基金、中航瑞明纯债债券型证券投资基金。截至年末，公募基金管理规模为10.30亿元，比上年增长50.81%。

特定客户资产管理业务 年内，中航基金共成立14只私募资产管理计划，其中，集合类私募资产管理计划2只，单一类私募资产管理计划12只。年末新增管理规模24.90亿元，其中，混合类私募产品规模为0.10亿元，固定收益类私募产品规模为23.42亿元，权益类私募产品规模为1.36亿元。

投资顾问业务 截至年末，中航基金投资顾问服务规模为2亿元。

（于代佳）

中加基金管理有限公司

2019年末，中加基金管理有限公司（以下简称中加基金）资产总计13.34亿元，比上年增加1.81亿元，增长15.70%；负债总计4.17亿元，比上年增加0.91亿元，增长27.91%；所有者权益总计9.17亿元，比上年增加0.90亿元，增长10.88%。全年实现营业收入3.78亿元，比上年增加0.32亿元，增长9.25%；实现净利润11 263.93万元，比上年增加637.88万元，增长6%（财务数据尚未经审计）。

截至年末，中加基金共有正式员工120人。

公募基金业务 年内中加基金共发行公募产品10只。年末，在管公募基金产品38只；管理总规模921.32亿元，其中，非货币公募基金总规模为808.48亿元。

特定客户资产管理业务 年内中加基金发行2只专户产品。年末，存量私募资产管理计划28只，管理总规模为295.09亿元。

中金基金管理有限公司

2019年末，中金基金管理有限公司（以下简称中金基金）总资产为4.09亿元，比上年增加0.59亿元，增长17%；总负债为0.99亿元，比上年增加0.37亿元，增长60%；所有者权益为3.10亿元，比上年增加0.21亿元，增长7%。全年实现营业收入1.14亿元，比上年增加0.31亿元，增长37%；营业支出1.52亿元，比上年增加0.35亿元，增长30%；营业利润-0.29亿元，比上年增加0.05亿元，增长24%。

2019年，中金基金新发公募基金8只。其中，股票型基金3只，债券型基金3只，混合型基金2只。年末，运作中的公募基金共28只，规模为237.84亿元，比上年增长54.96%。

2019年，中金基金新发行私募资产管理计划5只。其中，单一资产管理计划2只，集合资产管理计划3只。年末，共有私募资产管理计划19只，规模为40.85亿元，比上年下降12.49%。

截至年末，中金基金共有正式员工79人。

中融基金管理有限公司

2019年末，中融基金管理有限公司（以下简称中融基金）总资产为139 152.15万元，同比增加3 331.5万元，增长2.45%；股东权益为136 767.80万元，同比增加4 150.94万元，增长3.13%；实现营业收入30 302.25万元，同比增加2 077.87万元，增长7.36%；实现利润总额4 347.55万元，同比增加1 163.43万元，增长36.54%；资产负债率为1.71%，比上年减少0.65个百分点。

截至年末，中融基金设有1家分公司、1家子公司；共有员工170人，其中，正式职工人数170人。

公募基金业务 截至年末，中融基金共管理11只股票型证券投资基金，22只债券型证券投资基金，3只货币型证券投资基金，16只混合型证券投资基金，1只FOF基金；总规模为864.59亿元，同比增加257.24亿元，增长42.36%，其中，货币基金管理规模为405.22亿元，非货币基金管理规模为459.38亿元，比上年增加261.23亿元，增长131.84%。

特定客户资产管理业务 截至年末，中融基金专户产品28只，总规模为122.56亿元。其中，主动管理类专户产品23只，规模为104.02亿元，占比为84.87%；被动管理类专户产品5只，规模为18.54亿元，占比为15.13%。

（戴思雯）

中信建投基金管理有限公司

2019年末，中信建投基金管理有限公司（以下简称中信建投基金）总资产为62 639.44万元，比上年增加7 415.06万元，增长13.43%；净资产为54 540.12万元，比上年增加5 199.71万元，增长10.54%；总负债为8 099.32万元，比上年增加2215.35万元，增长37.65%。全年实现营业收入23 848.28万元，比上年增加4 582.7万元，增长23.79%；实现净利润5 199.71万元，比上年增加2 611.35万元，增长100.89%。

截至年末，中信建投基金设有1家子公司；共有员工147名，其中，正式员工

140 名、外聘员工 7 名。

公募基金业务 年内，中信建投基金新成立公募基金 5 只，其中，混合型 3 只，债券型 2 只。截至年末，共管理公募基金 20 只，管理规模 171.99 亿元，同比增长 20.57%。年内，中信建投稳裕、中信建投稳祥和中信建投山西国企债向投资人分配收益 1.22 亿元，中信建投货币、中信建投凤凰货币、中信建投添鑫宝向投资人分配收益 3.03 亿元。各公募基金全年共实现净利润 4.85 亿元。

特定客户资产管理业务 截至年末，中信建投基金共管理专户产品 189 只，管理规模 630.23 亿元，同比下降 21.34%。其中，母公司产品 13 只，管理规模 505.35 亿元，同比下降 23.68%；子公司产品 50 只，管理规模 124.88 亿元，同比下降 10.20%。

中邮创业基金管理股份有限公司

2019 年末，中邮创业基金管理股份有限公司（以下简称中邮基金）资产规模为 235 374 万元，同比减少 15 474 万元；负债规模为 12 702 万元，比上年减少 19 319 万元。全年实现营业收入60 940万元，比上年减少 12 318 万元，下降 16.81 %；营业支出 40 599 万元，比上年减少 6 804 万元，下降 14.35%；年度归属于母公司营业净利润为 12 169 万元，同比增长 12.56%。

截至年末，中邮基金设有 2 家子公司，1 家分公司；共有正式员共 189 人。

公募基金业务 截至年末，公募基金管理规模约为 340.34 亿元。其中，权益类公募基金管理规模为 202.42 亿元，同比增加 36.27 亿元，增长 21.83 %；固定收益类公募基金管理规模为 137.92 亿元，比上年减少 0.81 亿元。

特定客户资产管理业务 截至年末，特定客户资产管理业务规模约为 656.7 亿元，比上年减少 164.77 亿元，下降 20.06%。年内成立特定资产管理计划产品 11 只。

北京首创期货有限责任公司

2019 年末，北京首创期货有限责任公司（以下简称首创期货）总资产为 3 212 020 508.96元，总负债为2 933 291 876.58 元。全年实现营业收入28 092 480.88元，营业支出 15 051 090.29 元，实现利润 13 041 390.59元。在中国证监会组织的 2019 年期货公司分类评价中获得 B 类 BBB 级评级。

截至年末，首创期货设有 18 家期货营业部，共有员工 230 人。

期货经纪业务 截至年末，期货交易量 3 558 659 手，实现经纪业务收入65 012 345.52 元，比上年下降 12.70%；客户数量 32 550 个，比上年增长 10.93%；客户保证金 28.80

亿元，比上年增长37.01%。

资产管理业务 截至年末，资产管理业务在运行产品3只，存续规模约为57 460 235.72元，其中，“首创期货明微8号资产管理计划”累计净值为1.4802元。

IB业务 加强与股东单位国融证券股份有限公司的深度合作，截至年末，期货交易额19 757 284 105.00元，客户数量总计298户，资金总额为4 975 429.17元。

第一创业期货有限责任公司

2019年末，第一创业期货有限责任公司（以下简称第一创业期货）总资产为57 303.18万元，比上年增加3 709.451万元，增长6.92%；总负债为42 262.33万元，比上年增加3 680.77万元，增长9.54%；所有者权益为15 040.85万元，比上年增加29.25万元，增长0.19%。全年实现营业收入2 278.97万元，比上年减少1 008.38万元，下降30.67%；营业支出2 204.74万元，比上年减少336.21万元，下降13.23%；实现净利润29.25万元，比上年减少476.36万元，下降94.21%。在中国证监会组织的2019年期货公司分类评价中获得B类B级评级。

2019年，第一创业期货的期货交易量为2 340 394手，比上年减少899 413手，下降27.76%；代理成交金额为3 692.03亿元，比上年减少672.38亿元，下降15.41%；日均客户权益为4.29亿元，比上年减少1.67亿元，下降28.02%。年末，客户数量为8 314户，比上年增加567户，增长7.32%；客户权益为4.13亿元。其中，IB业务客户数量为6 991户，客户权益为1.41亿元，代理成交金额1 535.81亿元，交易量为1 922 859手。

截至年末，第一创业期货未设立营业部、子公司，共有员工43人。

方正中期期货有限公司

2019年末，方正中期期货有限公司（以下简称方正中期期货）资产合计1 058 281.57万元，比上年增加61 597.93万元，增长6.18%；负债合计912 868.71万元，比上年增加81 575.69万元，增长9.81%；所有者权益合计145 412.87万元，比上年减少19 977.76万元，下降12.08%。全年实现营业收入53 675.38万元，比上年减少1 039.65万元，下降1.90%；营业支出40 743.69万元，比上年增加2 683.74万元，增长7.05%；实现净利润10 022.24万元，比上年减少2 639.90万元，下降20.85%。在中国证监会组织的2019年期货公司分类评价中获得A类AA级评级。

2019年，方正期货期货代理成交量为

20 814.51 万手，比上年增加 6 449.44 万手，增长 44.90%；成交额为1 371 758 239.27万元，比上年增加456 659 314.38万元，增长 49.90%。年末，总客户数为164 998户，新增客户15 574户，同比增加 364 户，增长 2.39%；客户保证金为861 222.47万元，比上年增加50 518.87万元，增长 6.23%。

截至年末，方正中期期货设有 36 家分支机构、1 家风险管理子公司；共有员工 682 人。

期货经纪业务 全年，期货经纪业务实现手续费收入 32 391.16 万元，比上年增加 1 384.43 万元，增长 4.46%；客户日均权益为 88.63 亿元，同比增长 4.12%。

IB 业务 全年，IB 业务日均权益为 8.87 亿元，成交量为 2 328.63 万手，留存手续费为 4 846.80 万元，累计客户数量为 48 941 户，比上年增加 7 386 户，增长 17.77%。

资产管理业务 产品线日益丰富，自主投研和财富管理业务颇见成效，产品的运维管理水平显著提升，全年实现收入 450.60 万元。截至年末，累计发行资产管理产品 156 只，受托资产规模为 16.90 亿元。

股票期权业务 全年，股票期权累计开户 212 户，同比增长 64.34%；成交量为 622.20 万张，同比增长 66.93%；日均客户权益为 2.19 亿元，同比增长 266.26%。

（马丹莉　张道颖）

格林大华期货有限公司

2019 年末，格林大华期货有限公司（以下简称格林大华期货）总资产为 46.60 亿元，比上年增加 1.26 亿元，增长 2.79%；总负债为 37.50 亿元，比上年增加 1.39 亿元，增长 3.86%；所有者权益为 9.10 亿元，比上年减少 0.13 亿元，下降 1.42%。全年实现营业收入19 187.74万元，比上年减少 9 802.45万元，下降 33.81%；营业支出 14 374.27万元，比上年减少 4 257.37 万元，下降22.85%；实现营业利润4 813.46 万元，比上年减少5 545.08 万元，下降 53.53%；实现净利润 3 702.78 万元，比上年减少 5 290.73万元，下降 58.83%。在中国证监会组织的 2019 年期货公司分类评价中获得 A 类 A 级评级。

2019 年，格林大华期的货期货交易量为 0.37 亿手，比上年增加 0.06 亿手，增长 17.63%；成交金额为 28 164.72 亿元，比上年增加 4 461.48 亿元，增长 18.82%。年末，客户权益为 35.75 亿元，比上年增加 1.05 亿元，增长 3.03%；客户数量为 48 494 个，比上年增加 2 018 个，增长 4.34%。

截至年末，格林大华期货设有 25 家经营单位，共有员工 324 人。

资产管理业务 全年，格林大华期货共管理 3 只资产管理产品，合计管理规模 2 650 万元，共对 43 家私募基金管理人进行了尽职调查。联合资管网在深圳市、成都市、上海市举办投资者教育活动，吸引 105 家机构客户及超过 100 名的高净值客户参与。

服务实体经济业务 深化“期货 + 保险”模式，助农增收。在海南省白沙县开展了天然橡胶“期货 + 保险”项目、在甘肃省秦安县开展了苹果“期货+保险”项目、在山西省娄烦县开展了鸡蛋“期货+保险”项目、在新疆维吾尔自治区第一师阿拉尔市开展了兵团首单红枣“期货+保险”项目等，促进当地支柱产业的健康发展。

分支机构调整 年内，格林大华期货撤销广州营业部、长沙营业部、南昌营业部，新设福建分公司。

（任强）

冠通期货股份有限公司

2019年末，冠通期货股份有限公司（以下简称冠通期货）总资产为131 917.43万元，总负债为105 006.17万元，所有者权益为26 911.26万元。全年实现营业收入7 195.57元，营业支出5 337.43万元，实现利润总额1 845.22万元，实现净利润1 375.82万元。在中国证监会组织的2019年期货公司分类评价中获得B类BB级评级。

截至年末，冠通期货设有15家分支机构，正式员工132人。

期货经纪业务 全年，累计代理成交量6 369.93万手，比上年增加112.4万手，增长1.8%；累计代理成交金额32 496.42亿元，比上年增加2 109.31万元，增长10.2%。年末，客户数量为1.82万户，比上年增加0.11万户，增长6.43%；客户保证金为101 052.31万元。

资产管理业务 全年，新发行资产管理计划5只，共募集资金51 980万元。其中，3只正常运作，2只由于实际运作原因提前清算。

（高雪健）

国都期货有限公司

2019年末，国都期货有限公司（以下简称国都期货）总资产为60 529.06万元，比上年增加1587.72万元，增长2.69%；负债总额为40 348.75万元，比上年增加1 377.07万元，增长3.53%；所有者权益为20 180.31万元，比上年增加210.64万元，增长1.05%；净资本为11 871.89万元，比上年减少2 556.68万元，下降17.72%。全年实现营业收入4 368.71万元，同比减少154.51万元，下降3.42%；营业支出4 120.36万元，同比减少170.54万元，下降3.97%；实现净利润210.64万元，同比增加36.31万元，增长20.83%。

截至年末，国都期货设有2家营业部，共有员工95人。

经纪业务 全年，实现经纪业务手续费收入1 230万元，同比下降19.34%；成交量607万手，同比下降23.67%；交易额4 129亿元，同比下降14.35%。年末客户权益为38 238.39万元，比上年增长2.69%。法人客户日均持仓8 526手，同比下降48.98%；法人客户日均权益为

1.55 亿元，同比下降 34.04%。

IB 业务 全年，IB 客户日均权益为 11 003.98 万元，同比增长 58.73%；新增客户数 211 户，同比增长 15.30%；净留存手续费收入为 186.74 万元，同比下降 0.11%。

国元期货有限公司

2019 年末，国元期货有限公司（以下简称国元期货）资产总额为 314 337.32 万元，比上年增长 47.14%；日均客户权益为 18.59 亿元，比上年增长 110.9%；客户权益为 23.23 亿元，同比增长 67.48%。全年实现营业收入 1.76 亿元，同比增长 29%；实现净利润 2 688 万元，同比增长 20%。

截至年末，国元期货设有 5 家分公司、8 家营业部，正式员工有 250 人。

期货经纪业务 全年，期货成交金额同比增长 87.47%，成交手数同比增长 61.11%；新增开户 11 049 户，同比增长 152%。年末，客户数量为 36 081 户，比上年增长 44.8%；法人客户权益为 13.01 亿元，占总权益的 56%。

资产管理业务 全年，共发行 3 只资产管理产品，发行规模 6 500 万元；终止产品 4 只，规模 2 800 万元。年末续存产品 7 只，续存规模 1.2 亿元，同比增长 23.7%。巩固资产管理业务“主动管理和聘用投顾”的双模式，发行首只 FOF 产品。

风险子公司业务 2019 年，国元投资管理（上海）有限公司场外衍生品业务共计开展 16 个项目，名义本金合计 2.34 亿元。其中，场外期权项目 6 个，“保险 + 期货”项目 10 个。基差业务规模为 3 535 万元；仓单业务以苹果和棉花品种为重点；设立做市业务部，获得大连商品交易所铁矿石期权做市业务资格。

宏源期货有限公司

2019 年，宏源期货有限公司（以下简称宏源期货）实现营业收入 72.77 亿元，同比增长 168%；实现利润总额9 439 万元；客户日均保证金为 57.02 亿元，同比增长 19%，保证金峰值为 66.29 亿元；营业收入市占率为 1.08%；创新业务收入增长 37.53%。在中国证监会组织的 2019 年期货公司分类评级中获评 A 类 A 级。

截至年末，宏源期货设有 18 家营业部、7 家分公司、1 家子公司，在职员工 456 人。

期货经纪业务 年内，宏源期货新设北京分公司、沈阳分公司，完成大连营业部、济南营业部升级为分公司的翻牌工作。围绕商品、金融、期权、程序化主题开展近30场营销活动，深化与证券公司业务合作，完成11家证券分公司IB业务驻点服务。

风险管理子公司业务 年内，宏源期货对全资风险管理子公司——宏源恒利（上海）实业有限公司（以下简称宏源恒利）增资至5亿元。截至年末，宏源恒利基差贸易使用资金规模为12亿元，涉及品种40余个。全年实现营业收入70亿元，利润总额4 000万元；做市业务品种逐步扩展至动力煤、白银、棉纱期货；期权业务实现名义本金8.53亿元，同比增长227.85%。

（刘思维）

金鹏期货经纪有限公司

2019年末，金鹏期货经纪有限公司（以下简称金鹏期货）资产总额为95 776.92万元，负债为60 987.99万元，所有者权益为34 788.93万元，客户数量为9 112户，客户保证金为58 503.87万元。全年实现营业收入8 532.75万元，实现利润6 460.97万元；期货交易量为5 779 197手，交易额为40 903 710.73万元。

截至年末，金鹏期货设有8家分支机构，共有员工69人。

（史琳）

九州期货有限公司

2019年末，九州期货有限公司（以下简称九州期货）总资产为72 380.40万元，比上年减少6 083.88万元，下降7.75%；总负债为27 154.43万元，比上年减少4 249.70万元，下降13.53%；所有者权益为45 225.97万元，比上年减少1 834.18万元，下降3.90%。全年实现营业收入12 911.30万元，营业支出12 713.41万元，实现净利润195.10万元。在中国证监会组织的2019年期货公司分类评价中获得B类B级评级。

截至年末，九州期货设有2家分公司，共有员工40人。

期货经纪业务 全年，代理期货交易共成交946.48万手，比上年增加354.01万手，增长59.75%；成交金额为40 420 584.15万元，比上年增加8 823 049.48万元，增长27.92%。年末，有效客户数量为14 890个，比上年增加6 619个，增长80%；客户权益为24 921.42万元，比上年减少2 824.19万元，下降10.18%。

资产管理业务 截至年末，存续产品共计9只，年内新增4只；存续产品受托资金规模共计25.65亿元，比上年增长355.60%。全年累计实现业务收入514.33万元，比上年增长81.45%。

民生期货有限公司

2019 年末，民生期货有限公司（以下简称民生期货）总资产为1 119 751 109. 04 元，总负债为 617 901 600. 33 元，所有者权益为 501 849 508. 71 元。全年实现营业收入 203 612 836. 71 元，营业支出 212 251 968. 66元，亏损 8 639 131. 95 元。

截至年末，民生期货共有 11 家营业部、7 家分公司、1 家子公司，共有员工 136 人。

期货经纪业务 全年，期货总成交量为 8 178 524 手，总成交额为564 861 758 237. 50 元，实现经纪业务收入8 928 417. 37元，客户日均权益为460 650 666. 29元，期末权益为596 438 594. 48元。年末，客户总数16 008 户，其中，机构客户数 182 户，客户权益为 216 069 457. 63元，占总权益的 36. 23%。

IB 业务 全年，IB 业务成交量为 1 294 502手，成交金额为98 985 856 282. 50 元，实现业务收入2 085 500. 36元，年末权益为53 882 725. 24元。

首创京都期货有限公司

2019 年末，首创京都期货有限公司（以下简称首创京都期货）资产总额为 58 253万元，比上年增加 5 048 万元，增长 9%；负债总额为 38 226 万元，比上年增加 4 277 万元，增长 13%；所有者权益为 20 027 万元，比上年增加 770 万元，增长 4%。全年实现营业收入 3 365 万元，利润总额 1 056 万元，净利润 829 万元。在中国证监会组织的 2019 年期货公司分类评价中获得 C 类 CC 级评级。

截至年末，首创京都期货有正式员工 51 人，无分支机构。

期货经纪业务 全年，期货交易量为 456. 85 万手，同比增长 2. 25%；交易金额为 3 643. 22 亿元，同比增长 12. 8%；实现手续费及佣金净收入 912 万元，同比下降 17%。截至年末，客户数量为 4 901 户，同比增加 277 户，增长 5. 9%；客户权益为 3. 04 亿元，同比增加 0. 41 亿元，增长 15. 9%。

资产管理业务 全年，备案产品 2 只；清算产品 4 只，产品规模 10. 7 亿元；正常存续运作产品 7 只，其中，集合产品 3 只，单一产品 4 只；月均资产管理规模 19. 37 亿元，实现管理费收入 1 401 万元。

IB 业务 截至年末，首创京都期货完成 IB 业务资格备案的证券营业网点共 44 家，IB 客户数量为 3 067 户，账户资产总值 0. 9 亿元。

银河期货有限公司

2019年末，银河期货有限公司（以下简称银河期货）实现营业收入34.81亿元，同比增加19.49亿元，增长127.17%，其中，银河德睿资本管理有限公司开展仓单服务销售贸易业务实现收入26.97亿元，同比增加20.01亿元，增长287.55%。在中国证监会组织的2019年期货公司分类评价中获得A类AA级评级。

截至年末，银河期货设有1家子公司、8家分公司、39家营业部。

期货经纪业务 全年，期货累计交易量0.91亿手（单边），累计交易额6.95万亿元（单边），同比分别增长45.02%和63.78%。日均客户权益为170.76亿元，同比增加14.05亿元，增长8.97%。

资产管理业务 截至年末，资产管理业务管理资产总规模为32.42亿元，管理产品35只。

IB业务 全年，IB业务成交1 915.85万手，同比增长20.07%；成交额超过1.66万亿元，同比增长41.88%。

投资咨询业务 全年，共开展投资咨询业务11项，其中，年内新增4项；实现营业收入485 520元。年末尚存5项业务。其中，金融企业客户4家，实体企业客户4家。

创新业务 年内，银河期货在甘肃等9省份的11个市县开展“保险+期货”项目11个，涉及苹果、天然橡胶、玉米、大豆、棉花、鸡蛋6大类农作物和1个生猪饲料成本指数，覆盖现货规模48.1万吨，比上年增长606%；已了结项目总保额为9.46亿元，比上年增长336%。

风险管理子公司业务 2019年，银河德睿资本管理有限公司完成3次增资，注册资本金从5亿元增至10亿元，并向银河证券申请集团内部资金拆借2次，共计8亿元；取得新上市品种的做市商资格，成为获得包括10个商品和沪深300股指数在内的全部期货期权做市资格的风险管理子公司；新设辽宁分公司，并获董事会批准拟设立深圳分公司。

（徐丽）

英大期货有限公司

2019年末，英大期货有限公司（以下简称英大期货）资产总计202 147.73万元，比上年减少16 282.04万元，下降7.45%；所有者权益为74 162.19万元，比上年增加895.22万元，增长1.22%。全年实现营业收入11 629.19万元，比上年减少1 814.58万元，下降13.50%；营业支出10 169.70万元，比上年减少2 073.21万元，下降16.93%；实现利润1 070.10万元，比上年增加239.58万元，增长28.85%。在中国证监会组织的 2019 年期货公司分类评价中获得 B 类 BBB 级评级。

2019 年，英大期货的期货成交量为 2 245万手，比上年下降 6.69%；成交金额为 13 798 亿元，比上年下降 6.94%。年末，客户权益为 12.26 亿元，比上年下降 13%；共有商品期货客户 32 638 户，金融期货客户 2 245 户，其中，年内新增商品户 1 269 户、金融户 156 户。

截至年末，英大期货实际运营的分支机构有 9 家，共有员工 162 人。

资产管理业务 截至年末，资产管理业务运作产品 7 只，客户委托资金规模 75 556 万元。客户委托资产 75 386 万元，实现管理费收入 134.88 万元，累计盈亏为 170 万元。

固定收益业务 截至年末，固定收益业务对外金融产品投资余额为 5.04 亿元，累计实现投资收益 3 454.68 万元，同比增加 530.49 万元，增长 18.14%。年化投资收益率为 6.28%，完成年度预算的 105.74%，同比增加 530.49 万元，增长 18.14%。

（张微微）

中钢期货有限公司

2019 年末，中钢期货有限公司（以下简称中钢期货）总资产为 153 454 万元，比上年增加 7 190 万元，增长 4.92%；总负债为 102 972 万元，比上年增加 5 591 万元，增长 5.74%；所有者权益为 50 482 万元，比上年增加 1 598 万元，增长 3.27%。全年实现营业收入6 729万元，比上年增加 3 621 万元，增长 116.50%；营业支出 4 786万元，比上年减少 1 105 万元，下降 18.76%；实现营业利润 1 943 万元，比上年增加 4 726 万元，增长 169.81%；实现净利润 1 758 万元，比上年增加 3 961 万元，增长 179.75%。在中国证监会组织的 2019 年期货公司分类评价中获得 B 类 BBB 级评级。

截至年末，中钢期货设有 8 家期货营业部、1 家分公司，共有正式员工 110 人。

期货经纪业务 全年，期货交易量为 1 276 万手，比上年增加 172 万手，增长 13.49%；交易额为 9 090 亿元，比上年增加 2 160 亿元，增长 31%。年末，客户数量为 7 299 户，比上年增加 372 户，增长 5.37%；客户保证金为 99 883 万元，比上年增加 5 895 万元，增长 6.27%。完成各交易所商品期货交割 21 次，累计交割金额为 2.79 亿元。

资产管理业务 截至年末，正在运行的资产管理计划共有 2 只，存续产品规模（按期末资产净值）为 2 673.59 万元，产品投资标的涉及股票、基金、券商集合资产管理计划等。

（季新华）

中国国际期货股份有限公司

2019年末，中国国际期货股份有限公司（以下简称国际期货）总资产为55.50亿元，比上年增加2.99亿元，增长5.69%；总负债为42.19亿元，比上年增加3.43亿元，增长8.85%；所有者权益为13.31亿元，比上年减少0.43亿元，下降3.13%。全年实现营业收入2.22亿元，营业支出1.41亿元，实现利润0.81亿元。在中国证监会组织的2019年期货公司分类评价中获得A类A级评级。

截至年末，国际期货设有24家分支机构、2家子公司，共有正式员工320人。

期货经纪业务 2019年，国际期货在国内四大期货交易所代理交易量0.51亿手，比上年减少0.02亿手；代理交易额为3.44万亿元；实现手续费收入0.68亿元，比上年减少0.04亿元，下降5.76%。截至年末，共有客户6.60万户，比上年增加0.14万户，增长2.24%；客户保证金规模为40.36亿元，比上年增加3.52亿元，增长9.55%。

资产管理业务 截至年末，国际期货共有4款资产管理产品，管理资产总额3 304.50万元，比上年下降52.54%。

其他业务 全年，股票期权业务新开户75户，成交量为2 159 015张，成交额为68 214.12万元；商品期权业务新开户893户，成交量为554 843手，成交额为32 766.87万元；原油期货业务新开户877户，成交量为310 320手，成交额为13 776 016.16万元。

（郭一帆）

中粮期货有限公司

2019年末，中粮期货有限公司（以下简称中粮期货）总资产为1 267 067万元，比上年增加369 933万元，增长41%；总负债为979 145万元，比上年增加354 489万元，增长57%；所有者权益为287 922万元，比上年增加15 444万元，增长6%。全年实现营业收入79 254万元，比上年增加14 936万元，增长23%；营业支出58 789万元，比上年增加8 470万元，增长17%；实现净利润15 262万元，同比增长54%。

2019年，中粮期货的期货成交量为6 520.73万手，比上年增加1 354.54万手，增长26.22%；交易额为33 652.59亿元，比上年增加6 426.74亿元，增长23.61%。年末客户数量43 627个，比上年增加7 251个，增长19.93%。日均权益规模为82.22亿元，比上年减少9.94亿元，下降10.78%。

截至年末，中粮期货设有12家营业

部、3家分公司、3家子公司，共有员工360人。

期货经纪业务 全年实现经纪业务收入28 721万元，同比增长4%。中粮期货（国际）有限公司正式运营，当年实现盈亏平衡。

风险管理子公司业务 2019年，中粮祈德丰（北京）商贸有限公司实现收入30 391万元，净利润586万元。开展场外衍生品交易1 733笔，实现名义本金104亿元，权利金收支26 609万元，同比增长108%。期现业务完成团队重组，实现收入29 564亿元，业务涉及主要品种为玉米、PTA、玉米淀粉、豆粕。承办“保险+期货”项目，分别为上海期货交易所的云南耿马2000吨天然橡胶项目、郑州商品交易所的新疆麦盖提县2 600吨红枣项目垫付保险费约298万元。积极开拓商业化“保险+期货”项目，成交8笔交易。

中粮祈德丰投资服务有限公司年内新增10个做市商资格，做市品种总计15个；全年实现收入3 552万元，净利润1 601万元。

期货投资咨询业务 全年开展投资咨询业务66笔，实现收入114.9万元，比上年下降62.9%。

资产管理业务 全年实现资产管理业务收入365万元，同比下降42%。成立主动管理样本产品“安鑫”和“銮和”，引入第三方代销渠道。

扶贫工作 年内，中粮期货与西藏自治区洛扎县、广西壮族自治区隆安县、四川省松潘县和壤塘县结成帮扶对象，与安徽省太湖县、陕西省延长县、江西省赣县和修水县、河北省蔚县签署扶贫产品订单或协议，在云南省耿马县和新疆维吾尔自治区麦盖提县启动实施“保险+期货”金融项目。截至年末，提供扶贫资金共计145.2万元，帮助建档立卡贫困户537户1 673人；采购贫困地区产品18.07万元；“保险+期货”实现赔付40万元，涉及建档立卡317户。

（刘明）

中天期货有限责任公司

2019年末，中天期货有限责任公司（以下简称中天期货）总资产为69 610.34万元，比上年增加776.73万元，增长1.13%；总负债为49 766.74万元，比上年减少33.44万元，下降0.07%；所有者权益为19 843.60万元，比上年增加810.18万元，增长4.26%；总客户数为14 683户，比上年增加1 060户，增长7.78%；全年实现营业收入5 199.41万元，比上年增加318.92万元，增长6.53%；营业支出4 174.80万元，比上年减少897.27万元，下降17.69%；实现利润810.18万元，比上年增加1 021.35万元，增长483.64%。在中国证监会组织的2019年期货公司分类评价中获得B类B级评级。

截至年末，中天期货设有5家期货营业部、3家分公司，共有员工103人。

期货经纪业务 全年，中天期货经纪业务净开户数为1 158户，比上年下降46.04%；累计交易量为1 264.60万手，比上年增长 19.15%；交易额为 7 278.53 亿元，比上年增长 14.03%。年末客户权益为4.47 亿元，比上年增长 3.05%。

期货投资咨询业务　2019 年 10 月，中天期货取得期货投资咨询资格。

中衍期货有限公司

2019 年末，中衍期货有限公司（以下简称中衍期货）资产总额为144 036.80 万元，比上年增长 28.71%，扣除客户保证金后的资产为 56 377.67 万元，比上年增长 33.64%。其中，货币形态的资金和交易性金融资产合计占公司自有资产的59.88%，长期股权投资及会员资格投资占自有资产的 5.53%，固定资产、无形资产及其他资产占自有资产的 2.07%。全年实现营业收入 22 883.27 万元，比上年增长 70.84%；营业支出 8 911.63 万元，比上年增长 13.24%；实现税前利润总额 14 007.63 万元。在中国证监会组织的 2019 年期货公司分类评价中获得 C 类 CC 级评级。

截至年末，中衍期货设有 2 家分支机构、1 家风险子公司，共有员工 116 人。

期货经纪业务　全年，期货经纪业务成交金额比上年增长 6%，客户成交量为 2 568 万手，比上年增长 11%；日均权益为 8.28 亿元，比上年增长 3.7%；开户数量为 3 904 户，比上年增长 19%；客户交易亏损约 1 200 万元。

资产管理业务　2019 年 4 月，中衍期货将“中衍期货有限公司—长安 1 号资产管理计划”提前清盘。截至年末，正常运作的资产管理产品为“中衍期货有限公司—进取 1 号资产管理计划”，共有 3 名委托人，均为一般机构客户；基金资产净值为 383 676 779.96 元，基金单位净值 2.20 元。全年私募资产管理业务实现管理费收入 1 071 887.57 元，其中，通道业务管理费收入为 34 904.11 元，主动管理业务管理费收入为 1 036 983.46 元。

基金销售业务　年内，公募基金代销业务新增代销前海开源基金管理有限公司基金产品 5 只、广发基金管理有限公司基金产品 8 只。全年代销公募基金产品 232 只，比上年增长 5.94%；新增开户数量 140 户，比上年下降 91.27%。年末，共有 3 342 户客户开立基金交易账号，其中，个人客户 3 340 户，机构客户 2 户。全年认购、申购金额合计 333 592.14 元，比上年下降 85.57%；总赎回金额为1 056 137.45 元，比上年下降 42.95%；净申购金额为 –722 545.31 元，比上年下降 257.08%。实现手续费收入合计1 988.49元，比上年下降 37.44%。代销北京泛融金资产管理有限公司的 3 只私募基金产品，全年实现管理费收入共4 973.60元，比上年下降65.59%。

中国人民财产保险股份有限公司北京市分公司

2019年，中国人民财产保险股份有限公司北京市分公司（以下简称人保财险北京市分公司）累计实现保费收入165.8亿元，同比增长6.24%，市场占有率为32.36%。

截至年末，人保财险北京市分公司设有分支机构73家，从业人员有3 603人。

车险 落实“去中介、降成本、优体验、强黏性”方针，加快经营模式升级，实现发展、盈利和服务的全面领先。加强直办业务、直控业务发展，推动总部电话销售团队、地面续保团队发展，提升核心竞争力；加大车险考核力度，落实费用差异化管理，加强车险业务精细化、过程化管理，推进车险业务转型。

财产险 加强应急保险、光伏电站运营期保险等产品创新，推动文物保险、艺术品保险等产品的试点工作。大力开展农房保险、综合治理保险等惠民险种，创新服务型家庭财产险发展模式，推动中小工程险发展，宣导综治保险的项目制商业化运作模式，推进市级巨灾保险制度建立，助力首都城市建设发展。建立全生命流程的风控管理体系，落实重大灾因集中排查，探索客户风险精细化管理，推出“全景式风控服务平台”。

船货/特险 推进货运险业务结构、销售模式和产品内涵的转型升级，实现货运险产品在电商平台、物流平台等互联网平台在线销售与服务；以客户为中心，加大产品创新和服务升级；服务国家贸易航运产业，保障原油、矿石、粮油、贵金属等商品的运输安全；引入车联网等新技术，为客户提供更具科技支撑的风险管控保障；加大拓展特殊风险业务力度，服务国航机队项目、高分系列卫星项目、体育运动航空类项目、国际航空航天业务、海外能源业务。

责任信用险 围绕服务社会治理、服务国家战略、服务新经济三条主线，参与并主导区域民生保险、医疗责任保险、安全生产责任保险、养老机构责任保险、承运人责任保险、旅行社责任保险、法律保险、建筑保险、绿色保险、专利保险等政府项目及行业型业务；加快互联网业务发展，线上线下双轮驱动，实现业务创新、模式创新、服务创新；细化过程管理，提升服务业务发展能力和管控能力；强化重点领域专业团队建设，以新的经营方略和管理方法，推动责任信用保险业务转型发展。

普惠金融 响应国家普惠金融发展战略，通过融资类信用保证产品创新，发挥保险的风险保障和增信功能，助推金融供给侧结构改革。开展小微企业贷款保证保险业务，全年支持近600家中小微企业获得25亿元银行贷款；开展个人贷款保证保险业务，2018—2019年支持约100万人满足近400亿元的融资需求；开展险资直投支农融资业务，2016—2019年为11家涉农机构提供近7亿元融资放款，通过“保险+融资”服务“三农”经济发展。

意外健康险 创新产品供给，探索商业保险作为政策补充的发展模式，为志愿者、残疾人等民生类特殊群体提供风险保障；抢抓“一带一路”倡议发展机遇，为中国承包商在各国基础建设项目人员提供安全保障产品；以客户为中心优化产品供给，通过满足客户保障需求为客户创造价值；丰富文化产业保险产品供给，为影视演艺人员提供专业风险保障；升级个人健康保险产品，细化服务保障领域，以手术意外保险为基础，在齿科种植牙、试管婴儿以及唇腭裂整形诊疗等领域进行创新；作为2022年冬奥会和冬残奥会官方合作伙伴，履行落地服务工作，发展专业体育类意外健康保险。

农业保险 把握“三农”需求，强化产品开发，稳定政策性农业保险运行基础，深化商业性农业保险发展，截至年末，政策性及商业性农业保险产品127个；优化承保理赔系统，提升农业保险承保电子化水平；强化科技赋能，利用卫星遥感技术、远程电子查勘设备等信息化手段，为农业保险服务提供技术支撑；拓展农村保险业务覆盖区域、多元化渠道，多层次产品，开辟农村业务发展新路径。

（王亮）

中国平安财产保险股份有限公司北京分公司

2019年，中国平安财产保险股份有限公司京分公司（以下简称平安产险北京分公司）总保费收入为113.8亿元，同比增长8.2%。其中，车险业务保费收入为68.6亿元，同比增长0.3%；非车险业务保费收入为45.2亿元，同比增长23.0%。财产险处理案件逾10万笔，赔付金额10.99亿元；车险受理案件逾42万笔，赔付金额40.64亿元，其中，汛期共受理各类灾害事故3 915笔，赔付金额0.47亿元。

截至年末，平安产险北京分公司下设16家支公司；员工总数1 776人，其中，正式编制员工1 696人。

车险 加强车险线上化平台建设，通过研究开发大数据和人工智能，创新服务技术，为客户提供个性化的车险服务方案。通过“平安好车主”APP为个人车主客户提供涵盖保单查询、极速理赔、违章处理、年检代办、道路救援、一键挪车等在内的70余种服务。截至年末，北京地区已服务注册客户数超200万人。推出信任赔、AI智能闪赔、“一站式”视频理赔服务；配合市公安局交管局开展道路安全教育，举办线上安全驾驶活动，对无违章、无事故车主设定奖励；开展警保联动，打造家门口的车管服务站，车主可在平安产险北京分公司门店办理驾照更换等业务。截至年末，个人客户数逾150万人，同比增长11.1%。

非车险 注重行业深耕、渠道定制、客户分群，丰富产品体系，推动影片完片保险等新产品发展，非车险业务全年实现保费收入45.2亿元，同比增长23.0%。财产险专注法人客户的统保合作、“一带一路”海外项目保险介入、国家首台套保险及新材料业务支持，深耕互联网板块业务并重点发展小微客户保险市场，积极拓展集团客户群和平台客户，全年实现保费收入38.8亿元，同比增长23.8%。

意外健康险 着重推进业务结构优化和互联网线上化，重视政府民生板块、文化体育场景保险业务发展，积极拓展渠道业务，提升保险广度和深度，全年实现保费收入6.5亿元，同比增长18.1%。

重大承保与理赔 独家中标国家电网“2019年张北—雄安特高压工程保险”项目，保额32亿元；以首席承保人身份中标北京轨道交通11号线西段工程保险项目，中标保额37.78亿元。与贵州省晴隆县天然气管线爆炸客户达成2 550万元的赔付意向并及时支付赔款，为客户提供强有力的救助保障。

（王雪瑾）

华泰财产保险有限公司北京分公司

2019年，华泰财产保险有限公司北京分公司（以下简称华泰财险北京分公司）实现保费收入67 708.39万元。其中，车险保费收入26 606.52万元，非车险保费收入41 101.87万元。

截至年末，华泰财险北京分公司共有5家支公司、1家营业部，在编员工229人。

理赔服务 以成本管控为核心，加强理赔过程管理，重新梳理非专修工时标准及非专修配件询价流程，开展配件修复减损、品牌件减损、推定全损减损、人伤陪同评残、人伤自主评残等各项减损工作。强化风险排查，严格把关高风险渠道、时段、存疑案件。利用反欺诈平台进行信息筛查，设置反欺诈专职调查人员，及时介入存疑案件，打击各项保险欺诈行为。优化理赔流程，加强对门店参与理赔的管理，推动“查定核一体化”“在线赔”工作开展，梳理和优化赔案派工规则、派工流程、案件在线处理流程，提升线上处理案件数量，缩短案件处理时长。对专属代理（EA）门店查勘权限实施动态化管理，合理配置服务资源；扩大和完善理赔网络覆盖，加强行业资源使用，实现线上实时调用，线下快速服务。

重大理赔 2019年6月13日，绍兴华彬石化有限公司空压机系统的膨胀节及齿轮箱损坏，9月结案，华泰财险北京分公司赔付金额总计210.25万元。6月22日，贵州省广播电视信息网络股份有限公司线路设备因洪水受损，12月结案，华泰财险北京分公司赔付金额总计175.76万元。

（童文静）

中国太平洋财产保险股份有限公司北京分公司

2019年，中国太平洋财产保险股份有限公司北京分公司（以下简称太平洋财险北京分公司）实现原保费收入68.11亿元。其中，车险保费收入45.43亿元，非车险保费收入 22.68 亿元。

截至年末，太平洋财险北京分公司下辖 19 家分支机构，其中，支公司 12 家、营业部 1 家、营销服务部 6 家；共有员工 1 435 人。

产品与服务创新 推出“球迷保”“百万医疗”“个信保 + 借款人意外险”“车商 + 任我行”等产品，与中国建设工程造价管理协会合作开发国内首款工程造价咨询机构职业责任保险。升级“太好赔”、优化“专享赔”，实现自助报案、单证上传、服务申请等在线服务；建设“警保联动”交管服务站，为市民提供机动车驾驶证换证和补证、6 年内车辆免检标志核发等 14 项车驾管业务便捷服务；建立以太平洋财险北京分公司官微为依托的增值服务管理平台，为客户提供优质全面的权益保障。

（孟宪斌）

太平财产保险有限公司北京分公司

2019 年，太平财产保险有限公司北京分公司（以下简称太平财险北京分公司）实现保费收入 11.45 亿元，比上年增加 4.65 亿元，增长 68.40%，其中，车险保费收入 3.67 亿元，非车险保费收入 7.78 亿元。赔付支出 3.34 亿元，比上年增加 1.20 亿元，增长 55.78%；综合赔付率为 49.01%。

截至年末，太平财险北京分公司设有分支机构 5 家，员工数量有 295 人。

重大承保与理赔 承保国家电力投资集团有限公司、中国大唐集团公司、中国海洋石油集团有限公司和国家能源投资集团有限责任公司等统保项目，保费共计 8 400余万元。完成中国卫通集团股份有限公司 18 号卫星案、印度尼西亚棉兰燃煤电厂项目工程货物损坏案、华电金沙江上游水电开发有限公司因洪水导致建筑物遭受损失案赔付，共计 1 800 余万元。

（马赫）

中华联合财产保险股份有限公司北京分公司

2019 年，中华联合财产保险股份有限公司北京分公司（以下简称中华财险北京分公司）累计实现保费收入 9.53 亿元，同比增长 14.93%。其中，车险保费收入 5.67 亿元，同比增长 6.92%；非车险保费收入 3.86 亿元，同比增长 28.67%。综合赔款累计 6.63 亿元，同比增长 14.28%。

截至年末，中华财险北京分公司设有分支机构 14 家；共有员工 525 人，其中，在编员工 522 人。

优化险种结构 车险持续关注新车、稳定续保、严控高赔付业务，大力发展政府采购采业务，年内中标“中央国家机关 2019—2020 年车辆定点保险采购项目”和

“2019—2021 年度北京市市级行政事业单位公务用车定点保险政府采购项目”。责任险保费同比增长 47.99%，中标北京市住宅工程质量潜在缺陷保险项目（2019—2024 年）并获得主承保出单资格，是中华财险北京分公司成立以来，除农业保险以外在非车险领域首次中标的政策性保险类项目。政策性健康险在通州、平谷等区积极推进；商业性健康险利用网上销售，探索与微保、水滴筹等第三方平台合作模式，全年实现保费规模同比增长 6.39 倍。

服务首都“三农”发展 拓宽农业保险保障深度和广度，推进保险供给侧结构改革。落地“鸡蛋价格指数保险 + 期货”创新产品；与北京科技农业产业诚信联盟共同承办农业农村部“农产品质量安全保险制度调查与探索”课题，为保险创新与服务工作发挥专业作用；与永安期货股份有限公司北京分公司携手启动奶牛、猪饲料成本指数保险两款产品的创新研发工作，推动构建“政策性 + 商业性”复合型农业保险服务新模式，满足新型经营主体的保险发展需求。

重大理赔 2019 年 5 月 17 日，通州区、平谷区遭遇冰雹大风侵袭，中华财险北京分公司承保的桃、樱桃、苹果、梨等多个种植业险种严重受损，累计支付赔款 3 048 万元。8 月 19 日，中星 –18 号卫星搭载长征三号乙运载火箭发射失败，中华财险北京分公司按照参与承保额赔付 875 万元。

（袁婕）

华安财产保险股份有限公司北京分公司

2019 年，华安财产保险股份有限公司北京分公司（以下简称华安保险北京分公司）实现保费收入 25 564.41 万元，比上年下降 2.68%。其中，车险保费收入 14 077.11 万元，占总保费收入的 55.07%；财产险保费收入 9 623.00 万元，占总保费收入的 37.64%；人身险保费收入 1 864.30 万元，占总保费收入的 7.29%。赔款支出 11 060.42 万元，比上年下降 23.34%，综合赔付率为 57.13%。

截至年末，华安保险北京分公司下设 5 家支公司；在职员工 101 人，其中，劳务派遣人员 4 人。

重大承保与理赔 年内，作为从共方承保某航空公司机队飞机保险，实现保费收入 5 007.86 万元。该项目因“风切变”事故发生重大赔付，各共保方根据飞机维修进度，采用分段支付的方式向被保险人支付赔款。截至年末，该被保险人累计已收到赔款 3 次，共计 615.47 万美元，其中，华安保险北京分公司分摊赔款 196.95 万美元，已支付至被保险人账户。

（朱奕璇）

天安财产保险股份有限公司北京分公司

2019 年，天安财产保险股份有限公司北京分公司（以下简称天安财险北京分公司）实现保费收入 25 934.50 万元，比上年增加 3 615.35 万元，增长 16.20%。其中，车险保费收入 2 478.89 万元，比上年增加 715.69 万元，增长 40.59%；非车险保费收入 23 455.61 万元，比上年增加 2 899.66万元，增长 14.11%。赔款支出 9 313.93万元，比上年增加1 708.23万元，增长 22.46 个百分点；综合赔付率为 69.05%，同比上升 9.00 个百分点。

截至年末，天安财险北京分公司下设 1 家支公司、5 家营销服务部，共有正式员工 132 人。

重大承保与理赔 2019 年，承保某电商退货运费损失保险，累计实现保费收入 1.18 亿元。11 月，赔付某船舶工程有限公司一名员工因工作过程中身故，支付赔款 115 万元，是天安财险北京分公司当年最高赔付案。

（陈思思）

中国大地财产保险股份有限公司北京分公司

2019 年，中国大地财产保险股份有限公司北京分公司（以下简称大地保险北京分公司）实现保费收入 8.35 亿元，比上年增长 4.12%。其中，车险保费收入 2.21 亿元，比上年下降 0.92%；非车险保费收入 6.14 亿元，比上年增长 6.06%，其中，意外伤害险、健康险业务收入 3.13 亿元，比上年增长 8.15%。

截至年末，中国大地保险北京分公司下设 7 家支公司，1 家营销服务部；其中，在编员工 256 人。

典型承保与理赔 年内，推出政治暴力保险，为“走出去”企业构建全面可靠的风险保障，共承保 2 单，保额为 1.8 亿美元，实现保费收入 83.25 万美元。赔付中铝集团西北铝有限公司因设备起火造成的损失 20 万元。

（肖帅）

中国人寿保险股份有限公司北京市分公司

中国人寿保险股份有限公司北京市分公司（以下简称中国人寿北京市分公司）实现总保费收入 92.88 亿元，同比增长 6.5%。其中，新单保费收入 26.95 亿元，同比下降5.1%；首年期交保费收入18.47亿元，同比增长28.0%；10年期及以上首年期交保费收入7.78亿元，同比增长28.3%；短期险保费收入7.97亿元，同比下降40.3%。全年处理各类赔付、给付金额共计24.91亿元。

截至年末，中国人寿北京市分公司内设17个部门，下辖各分支机构73家，共有员工1 200余人，保险销售人员超过11 000人。

石景山区老年人意外伤害保险项目 6月23日，与石景山区民政局续签“老年人意外伤害保险”合同，为石景山区7.4万名户籍65周岁及以上老年人提供为期一年的免费意外伤害保险理赔服务。该保险延续了最高获得6万元意外伤害经济赔偿的保障内容，被保险人因意外伤害在门诊、急诊或住院过程中所产生的医疗费用，最高理赔额从8 000元提高至10 000元，受保障范围区域也从原来的北京市及河北省迁安市行政区域内扩大为全国范围内（不含港澳台地区）。

门头沟现役义务兵父母健康险项目 与门头沟区人民政府合作，为252名从门头沟区参军的现役义务兵的父母提供保险。此投保项目为补充医疗保险及意外伤害保险，两项保费合计每人每年3 020元，投保资金全部由门头沟区财政列支。此项政策实施后，义务兵父母生病医疗报销比例在城镇医疗保险、新农村合作医疗保险报销的基础上，可累计达到95%。

CBA球员合同保障险赔付 4月27日，中国人寿与中篮联（北京）体育有限公司举办中国男子篮球职业联赛（CBA）球员合同保障险签约发布会，现场发布了国内首款职业体育失能收入保险——CBA球员合同保障险。自2019—2020赛季CBA联赛开始，签订了CBA标准合同的球员，在训练或CBA比赛过程中，因意外或疾病导致无法上场参赛且满足免责期等条件的，中国人寿将按照球员标准合同工资按月给予约定金额赔付。全年，中国人寿北京市分公司对球员的赔付款超过42万元。

幼儿重疾险赔付 自2015年起，L女士陆续为其子购买重大疾病保险、防癌保险等5份保单。2019年5月，孩子被确诊身患癌症，中国人寿北京市分公司给付重大疾病保险金133万元。

（施巍）

中国平安人寿保险股份有限公司北京分公司

2019年，中国平安人寿保险股份有限公司北京分公司（以下简称平安人寿北京分公司）实现规模保费收入254.27亿元，同比增长9.94%。其中，个险保费收入241.70亿元，同比增长9.66%；银保保费收入12.46亿元，同比增长15.99%；团险保费收入0.11亿元。年末客户数量已超过593万人，累计为北京市民提供人身保障24 376亿元，有效保单516 1524件，累计办理个人理赔87 961件，赔款、死伤医疗给付累计12.91亿元，年金及满期给付28.34亿元。

截至年末，平安人寿北京分公司设有17个职能部门，34个营销服务部；在职员工 1 100 人，返聘 1 人，保险代理人 31 717 人。

个人营销业务 正式上线 7×24 小时全能助手——ASKBOB，服务于保险代理人的专业技能储备、自我学习能力和疑难问题处理能力的提升。以“金管家”APP 为中心，实现在线高频互动生态系统，搭建保险代理人与客户在售前、售中、售后的全闭环模型。加强营销工作，从绩优推动、主顾积累、产品推动三方面促进产能提升。将绩优人群培训、优才新人培训作为重点项目，以外勤导师培训为平台，通过专业化培训，提高保险代理人团队业务能力。

银行代理业务 优化产品结构，加大对长期型期交产品及保障型保险产品的推动，深化与各大银行合作关系。截至年末，年度首年期交规模保费达成 36 172 万元，同比增长 23.2%；银保客户经理从 64 人升至 100 人，新增“三三制”小组营业主任 11 人。深化渠道经营，梳理、检视渠道业务推动和客户服务中存在的问题，加强对银保业务品质的管控。全年外部渠道首年期交保费达成 13 313 万元，同比增长 103.6%。

重大承保与理赔 全年，个人理赔案件 87 961 件，赔付金额 12.91 亿元。提升“闪赔”服务，共 2.9 万件案件在 30 分钟内完成赔付，合计金额 4 903 万元，最快用时 2.13 分钟。客户 L 先生意外溺水身故，获赔身故理赔金 600 万元，为平安人寿北京分公司当年理赔金额最高的案件。客户 W 先生投保两单人身险，年度累计承保保额 4 000 万元，成为平安人寿北京分公司当年最高保额承保新契约。

客户服务 全年，北京地区空中客服累计为 10 余万客户提供线上服务，客户可以“足不出户”指尖办理业务。完善智慧客服智能服务体系，上线 AI 视频智能回访业务，采用多模态合成机器人回访模式，实现拟人语音播报、拟人实时对话、7×24 小时在线自助和保单信息即时调阅。升级平安“金管家”健康管理服务，为公众提供线上健康和医疗服务，形成健康咨询、线上问诊、送药上门及线下就医等闭环生态服务圈。全年共有 362.1 万人次客户使用健康管理服务，31.8 万客户绑定免费的家庭医生。举办“平安行动”等近百场精品线上、线下活动，累计参与客户 69.5 万人，互动频次 192.5 万次。与中国红十字会合作推出“平安行动守护计划”，近 500 名保险代理人参与 16 课时培训并通过考核，获得中国红十字会急救员证书，面向 360 个社区和单位普及急救知识。

社会公益 举办“中国平安 X 安踏顽运会”，与“e 起公益”“幕天捐书”公益活动相结合，号召参与活动的 1 800 组家庭为山区儿童捐赠书籍，号召各界人士通过“e 起公益”平台参与社会公益活动。启动“AI 不孤读”智慧小学支教活动，举办“AI 不孤读——青少年科技素养提升计划”，邀请航天员吴杰为房山区蒲洼乡平安希望小学的孩子们带来主题为“不忘初心，筑梦太空”的航天科技启蒙课，全国 121 所平安智慧小学的孩子们通过“三村晖”平台观看了直播；招募 18 位优秀的平安支教志愿者，赴蒲洼乡平安希望小学开展支教活动。在北京地区 10 余所高校推广“中国平安励志计划”，为在校生提供奖学金。

（王菁）

中国太平洋人寿保险股份有限公司北京分公司

2019年，中国太平洋人寿保险股份有限公司北京分公司（以下简称太平洋寿险北京分公司）实现保费收入58.38亿元，同比增长2.65%。其中，个人业务实现保费收入55.39亿元，同比增长5.63%；团体业务实现保费收入2.99亿元，同比下降32.53%。全年共处理各种赔付、给付53.63万件，共计金额25.31亿元。

截至年末，太平洋保寿险北京分公司下辖12个支公司、4个营销服务部；在职员工567名，其中，内勤员工481名，外勤员工86名；个人营销员10 118名。

个人业务 以“百万经理人”项目为重点，夯实团队架构，提升主管自主经营能力，实施差异化队伍管理，为业务健康增长打下坚实基础。提出“产品+服务”理念，推出“太保蓝本”服务，举办“健康态—惠生活”为主题的客户服务节，结合保险公众宣传日、中国女排系列品牌宣传等活动，提升客户服务水平、增强客户黏性。个人业务13个月累计保费继续率为90.35%，个人业务25个月累计保费继续率为89.55%。

团体业务 优化渠道业务结构，聚焦重点市场，开拓创新路径，实现“优生优育进万家赠险活动”“与北京燃气公司合作项目”的突破，通过微店、法人行销支持系统（员福2.0系统），深化科技赋能，推动业务发展。健康养老业务以专业能力建设为根本，以承保利润达成为导向，加强核保管控，实践BBE业务模式，落地集团生态圈建设，加大重客拜访，推进法人客户积累。团险业务13个月累计保费继续率为85.89%，团险业务25个月累计保费继续率为83.06%。

重大承保与理赔 为国内外参加2019中国国际福祉博览会暨中国国际康复博览会的代表、观众、参展商、组委会会务人员、记者及志愿者等赠送保险服务，承保人数5万人，保险费共计10万元。客户尹先生因病身故，其保险受益人获得赔偿金10 665 818.43元，为太平洋寿险北京分公司年度单笔最高赔付。

中介机构管理 认真履行签约中介机构资质审核职责，对新签机构拜访调研，对已签机构定期评估；规范代理协议的签订、单证管理，严控保费结算流程，规范与代理公司的沟通机制，完善自身内控制度，确保合作的中介机构符合行业合规要求。全年，合作的中介机构共计55家。其中，专业保险代理公司23家，兼业保险代理公司9家，保险经纪公司23家。

科技赋能 配合总公司完成寿险IT从集团公司到子公司的前置工作，实现从单纯的信息技术支持到科技赋能的职能转变。落地业务员人工智能问答“嗨问”系统和客户保单服务检视“保单AI管家”系统，助力销售技术支持；协同总部推进灵犀系列智能机器人在全辖的落地建设，在智能双录、电话坐席等业务场景引入人工智能、大数据、5G等新技术，推进客户体验和业务运维效能的提升。

（黄品嘉）

泰康人寿保险有限责任公司北京分公司

2019 年，泰康人寿保险有限责任公司北京分公司（以下简称泰康人寿北京分公司）实现原保险保费收入 72.84 亿元，同比增长 9.78%。其中，个人代理渠道原保险保费收入 50.23 亿元，同比增长 11.94%；银邮代理渠道原保险保费收入 12.73 亿元，同比增长 5.53%；公司直销渠道原保险保费收入 7.09 亿元，同比增长 6.89%；其他渠道原保险保费收入 2.79 亿元，同比增长 0.40%。各项赔款和给付共计 23.19 亿元，同比增长 22.04%。其中，退保金支出 9.64 亿元，占比为 41.59%；赔款支出 0.34 亿元，占比为 1.46%；死伤医疗给付 1.89 亿元，占比为 8.14%；满期给付 4.24 亿元，占比为 18.30%；年金给付 7.08 亿元，占比为 30.51%。

截至年末，泰康人寿北京分公司设有职能部门 19 个，分支机构 21 家；在职员工 519 人，返聘人员 3 人。

个人营销业务 以“幸福有约终身养老计划”产品为主线，提升基盘人力和健康险占比，全年分红险贡献标准保费占比为 69%，非分红险占比为 31%；年末个险规模人力达成 11 634 人。

银行保险业务 加强队伍建设，制定基础管理办法。合作渠道扩展至 14 条，成立业务二部，聚焦国有商业银行。打造专属银保特色客户服务节，以服务带动销售，探索精准化高端客户营销模式。

健保通项目 积极拓展北京健保通医疗市场，与北京华信医院、首都医科大学三博脑科医院完成直赔系统连接，截至年末，健保通直赔合作医院已达 8 家。通过首信医联商保结算平台数据联结，与北京协和医院、北京同仁医院、北京友谊医院等 65 家医院，实现健保通快速理赔。

优化理赔服务 推出“泰行销”“泰生活”理赔服务，客户及代理人可以线上操作理赔报案及理赔申请。对接“医养康宁 + 保险”战略，延长理赔服务链，推出赔后慢病管理，为慢病理赔客户提供健康管理卡，甄选医疗专家为有资格的客户提供长期健康管理服务。

风险管控 成立反欺诈工作组，加强行业风险数据分析及案件筛查，加强公司间的风险信息沟通交流，全年累计拒付件数为 1 009 件，上报反保险欺诈优秀案例，完成全国典型案例分享第二期编写。调查人员前往河北省、天津市参加反欺诈专项调查审计，成功追讨 30 万元理赔款。

（宁臻颜）

新华人寿保险股份有限公司北京分公司

2019年，新华人寿保险股份有限公司北京分公司（以下简称新华人寿北京分公司）实现规模保费收入112.38亿元，同比增长11.70%。其中，新契约保费收入29.89亿元，同比增长43.84%；续期保费收入82.49亿元，同比增长3.33%。团体规模保费收入同比增长65.20%，团体短险保费收入同比增长10.40%。

截至年末，新华人寿北京分公司下辖机构26家，共有员工共计13 067人，其中，内勤660人，员工制外勤904人，代理制外勤11 503人。

（袁帅）

太平人寿保险有限公司北京分公司

2019年，太平人寿保险有限公司北京分公司（以下简称太平人寿北京分公司）总保费收入为65.80亿元，同比增长9.01%；处理个险、银险理赔共计9 869件，赔款及死伤医疗给付累计1.75亿元，满期给付及年金给付累计7.93亿元。

截至年末，太平人寿北京分公司下辖7家支公司、2个营销服务部；在职内勤员工398人，合作银行网点1 683个，续期服务专员32人，个人代理6 710人。

个人营销业务 截至年末，个险业务新契约保费为9.39亿元，同比增长0.54%；续期保费为34.03亿元，同比增长12.75%；个险业务13个月累计保费继续率为97.2%，个险业务25个月累计保费继续率为97.0%。

银行保险业务 截至年末，银保业务新契约期交保费为3.92亿元；续期保费为18.15亿元，同比增长10.33%；银保业务13个月累计保费继续率为98.3%，银保业务25个月累计保费继续率为98.8%。

重大承保与理赔 年内，个险渠道承保某客户“太平耀世金生终身寿险”，保额1 000万元，实现保费收入58万元；银行保险渠道承保某客户“太平臻爱金生终身寿险”，保额309万，实现保费收入350万元。客户孙女士确诊身患癌症获得赔付600余万元。

社会公益 响应国家精准扶贫号召，与昌平区十三陵镇上口村建立定点扶贫联系点，助力乡村振兴。举办“为爱，让星火燎原”公益活动（第二季），组织客户赴全国重点贫困县——河北省丰宁县凤山中学，送去米面油、图书、学习用品等物资。全年参与活动的爱心团队有29支、爱心客户近万人、捐赠图书6 000册。

（尹茗媛）

民生人寿保险股份有限公司北京分公司

2019 年，民生人寿保险股份有限公司（以下简称民生保险北京分公司）实现原保险保费收入 21 600.77 万元，其中，个险新单保费收入 2 078.51 万元，同比增长 19.98%；个险 13 个月累计保费继续率为 94%，同比增长 6.9%；共赔付理赔案件 739 件，金额 1 288 万元。

截至年末，民生保险北京分公司设有 10 家四级机构；共有内勤员工 66 人，营销员 132 人，收展员 40 人。

提升业务能力 成立高净值客户服务部，依托总公司的绿通服务和第三方平台合作，形成体验服务和沙龙活动相结合的运营模式，为中高净值人群提供以“风险管理”为核心的专业化、个性化服务，建立专属承保、理赔、保全和投诉通道，提升用户服务体验。创新员工培训形式，增加情景演练及辩论环节；举办“三创杯”职业技能比赛，分享工作内容和职业感悟；开展“反洗钱宣传月”“金融知识普及月”活动，宣传普及金融知识，增强员工、客户金融风险防范意识。

（甘露）

六、文件与规章

北京市人民政府关于印发《北京市交易场所管理办法》的通知

京政发〔2019〕4号

各区人民政府，市政府各委、办、局，各市属机构：

现将《北京市交易场所管理办法》印发给你们，自发布之日起施行，《北京市交易场所管理办法（试行）》（京政发〔2012〕36号）同时废止。市政府有关部门要做好相关政策的衔接工作，施行中的具体问题由市金融监管局负责解释。

二〇一九年三月二十二日

北京市交易场所管理办法

第一章　总　则

第一条　为规范本市交易场所行为，促进其健康发展，切实防范金融风险，根据《中华人民共和国公司法》、《商品现货市场交易特别规定（试行）》（商务部令〔2013〕3号）、《国务院关于清理整顿各类交易场所切实防范金融风险的决定》（国发〔2011〕38号）和《国务院办公厅关于清理整顿各类交易场所的实施意见》（国办发〔2012〕37号）等有关规定，制定本办法。

第二条　本办法所称交易场所，是指在本市行政区域内依法设立的，名称中含“交易所”“交易中心”或经营范围中含“交易”经营项目，从事商品类交易或者权益类交易的场所，但不包括仅从事车辆、房地产等实物交易的交易场所，也不包括由国务院金融管理部门履行日常监管职责的从事金融产品交易的交易场所。外地交易场所在本市设立分支机构的管理，适用本办法。国有产权、文化产权、公共资源等领域交易场所的管理，国家另有规定的，从其规定。

第三条　交易场所应当符合首都产业规划，服务实体经济；应当依法依规开展业务，承担市场经营和风险缓释的主体责任，维护市场秩序，保护市场参与者合法权益，严禁欺诈、内幕交易、操纵市场等违法违规行为。

第四条　市金融监管部门作为本市交易场所的统筹管理部门，会同证监、商务、市场监督管理、科技、文化管理、国有资产监督管理等相关部门，共同做好交易场所的设立审批、开业审批、变更审批（备案）、现场检查、资金安全监管、政策支持指导、统计监测、发展规划编制、违规处理、风险防控和处置、重大事项协调等工作。区金融工作部门负责本区交易场所的日常监管，包括设立及变更事项初审、信息报送、风险预警和处置等，并做好与市金融监管部门的衔接与配合工作。

第二章　设　立

第五条　按照“总量控制、合理布局、审慎审批”的原则，本市统筹规划各类交易场所的数量和区域分布，制定交易场所品种结构规划和审查标准，审慎批准设立交易场所。

第六条　交易场所应当采取公司制组织形式。设立交易场所，除符合《中华人民共和国公司法》规定外，还应当符合以下条件：

（一）交易场所注册资本应当采用货币出资且不低于人民币 1 亿元。交易场所在申请开业前，注册资本应当实缴到位；

（二）交易场所应当具有控股股东或实际控制人；

（三）董事、监事、高级管理人员近 3 年内无不良信用信息记录，并具备超过 5 年的相关业务领域从业经验；

（四）法律、法规、规章规定的其他条件。

第七条　交易场所控股股东或实际控制人应当为法人机构，并符合以下条件：

（一）最近 3 个会计年度连续盈利；

（二）净资产不低于人民币 1 亿元；

（三）出资结构清晰，入股资金来源真实合法，不得以借贷资金入股，不得以他人委托资金入股，不得以代持、理财资金、投资基金或其他金融产品等形式入股；

（四）申请的交易范围应当与其现有主营业务相符，且在该业务领域处于领军地位；

（五）近 3 年内无不良信用信息记录；

（六）法律、法规、规章规定的其他条件。

交易场所其他股东应符合的条件由本办法实施细则规定。

第八条　发起人应当向拟设立交易场所所在区金融工作部门提交设立申请材料。申请材料由区金融工作部门初审、市金融监管部门复审，复审通过的，由市金融监管部门征求相关行业主管部门意见后报市政府批准。设立申请获得市政府批准的，由市金融监管部门向申请人出具批复文件；设立申请未获批准的，由市金融监管部门向申请人出具书面答复。

第九条　申请人应当自批准之日起 90 日内到市场监督管理部门办理设立登记手续。逾期未办理的，批复文件作废。

第十条　本市交易场所不得在本市设立分支机构；在外地设立分支机构的，应当由区金融工作部门初审、市金融监管部门复审，经市政府和拟设立分支机构所在地省级人民政府批准，并按照属地原则进行监管。外地交易场所在本市设立分支机构的，由所在地省级人民政府批准后，依照本市有关规定设立。

第三章　开　业

第十一条　交易场所设立后应当尽快进行各项开业筹备工作，原则上于 6 个月内满足开业条件并向区金融工作部门提交开业申请材料。申请材料由区金融工作部门初审、市金融监管部门复审，复审通过的，由市金融监管部门组织现场验收。验收合格的，由市金融监管部门出具开业批复；验收不合格的，可给予一次整改验收机会，整改时间最长不超过 3 个月。

第十二条　交易场所设立后未能按期满足开业条件的，可向区金融工作部门申请延期，由区金融工作部门初审并报市金融监管部门同意后可延期开业。交易场所延期开业不得超过一次，最长不超过6个月。

第四章　变更及终止

第十三条　交易场所有下列事项的，应当向区金融工作部门提交变更申请材料。申请材料由区金融工作部门初审、市金融监管部门复审，复审通过的，由市金融监管部门征求相关行业主管部门意见后报市政府批准。变更申请获得市政府批准的，由市金融监管部门向申请人出具批复文件。

（一）新设交易方式；

（二）变更控股股东或实际控制人；

（三）分立或合并；

（四）申请取消交易场所资格或解散；

（五）其他应当经市政府批准的重大事项。

第十四条　交易场所有下列事项的，应当向区金融工作部门提交变更申请材料。申请材料由区金融工作部门初审、市金融监管部门复审，复审通过的，由市金融监管部门根据实际需要征求相关行业主管部门意见后批准。变更申请获得批准的，由市金融监管部门向申请人出具批复文件。

（一）调整经营范围；

（二）除本办法第十三条（一）项规定外，变更其他交易规则或新设、变更交易品种；

（三）控股股东或实际控制人以外的股东发生变化；

（四）变更法定代表人；

（五）变更名称；

（六）减少注册资本；

（七）本市内跨区变更住所；

（八）其他应当经市金融监管部门批准的重要事项。

第十五条　交易场所有下列事项的，应当向区金融工作部门提交变更申请材料。申请材料由区金融工作部门初审、市金融监管部门复审，具备备案条件的，由市金融监管部门向交易场所出具备案通知。

（一）变更董事、监事、高级管理人员；

（二）增加注册资本；

（三）本市内同区变更住所；

（四）修改章程；

（五）对外投资；

（六）其他应当经市金融监管部门备案的事项。

第十六条　交易场所终止特定或全部交易业务的，应当及时通知交易商、第三方服务机构等利益相关方，结清相关交易业务，妥善处理交易商结算资金或其他资产。其中交易场所终止全部交易业务的，应当根据本办法第十三条规定履行申请取消交易场所资格审批程序。

第五章　经营管理

第十七条　交易场所在经营中不得违反下列规定：

（一）不得将任何权益拆分为均等份额公开发行；

（二）不得采取集合竞价、连续竞价、电子撮合、匿名交易、做市商等集中交易方式，但协议转让、依法进行的拍卖不在此列；

（三）不得将权益按照标准化交易单位持续挂牌交易，任何交易商买入后卖出或者卖出后买入同一交易品种的时间间隔不得少于5个交易日；

（四）除法律法规规章另有规定外，权益持有人累计不得超过200人；

（五）不得以集中交易方式进行标准化合约交易。

第十八条 交易场所应当专业专营，不得对外提供担保、股权质押，不得将注册资本金直接或间接提供给交易场所股东、实际控制人或其他关联方，不得将注册资本金用于高风险理财项目，不得为交易商提供金融杠杆。

第十九条 交易场所应当建立信息报送制度，定期向市金融监管部门、区金融工作部门报送半年工作报告、年度工作报告、年度自查报告和经外部审计的年度财务报告，并抄送各自行业主管部门。交易场所法定代表人、风险控制和财务主要负责人应当对年度自查报告签署确认意见，并保证自查报告真实、准确、完整。对于自查报告中涉及的违反本办法的情形，交易场所应当于提交自查报告之日起30日内完成整改，并将整改报告经区金融工作部门初审后报送市金融监管部门。根据监管工作需要，市金融监管部门、区金融工作部门可以要求交易场所报送专项报告。市金融监管部门每半年向各相关部门通报本市交易场所监管情况。

第二十条 交易场所应当建立全面的风险管理体系，包括可行的风险管理制度、可量化的风险指标体系、完善的内部控制制度、健全的组织架构、专业的人员配备。交易场所应当根据其风险管理制度，进行市场风险信息提示。交易场所应当制定突发事件处置预案，由所在区金融工作部门报市金融监管部门备案，并抄送行业主管部门和相关区人民政府。

第二十一条 交易场所应当建立交易商适当性管理制度，确保交易商应当具备与其参与的交易活动相适应的专业知识和风险承受能力。交易场所应当定期开展交易商教育，保障交易商合法权益。

第二十二条 交易场所应当建立信息披露制度，对交易行情、重大事项进行公开披露，并确保披露的信息真实、准确、完整、及时、公平。除依照信息披露制度应披露的信息外，交易场所应当为交易商的交易信息保密，不得利用交易商提供的信息从事任何与交易无关或有损交易商利益的活动。

第二十三条 交易场所应当建立健全交易商投诉处理制度，承担投诉处理的首要责任，明确此项职责的部门和岗位，公示投诉受理的方式和渠道，妥善处理交易商的投诉与纠纷。

第二十四条 交易场所应当在其官方网站公示交易规则、管理制度、交易品种、第三方服务机构等内容。

第二十五条 交易场所应当对其交易信息系统采取完备的数据备份和安全保护措施，并按要求将交易信息系统接入市金融监管部门监管系统。

第二十六条 交易场所应当按照本市关于登记结算的监管要求建立第三方存管或托管制度，在全市统一的登记结算平台开设独立的结算账户，用于交易资金存托管。

第二十七条 交易场所所有交易业务数据及其业务系统应当接入全市统一的登记结算平台，对交易信息实现全面登记，满足交易全过程在线监管及资金统一结算的要求。登记结算平台的建设及运营机构接受市金融监管部门的监督管理。

第二十八条 本市交易场所的行业自律组织应当在规范制定、行业服务、信息沟通、风险提示、纠纷调解等方面充分发挥作用，保护交易各方合法权益，并接受市金融监管部门的指导和监督。本市依法设立的各类交易场所自愿加入行业自律组织，接受行业自律管理，遵守行业自律组织制定的监督、指导、惩戒等行业规范。

第六章 风险防控和违规处理

第二十九条 市金融监管部门、区金融工作部门和相关行业主管部门可根据监管工作需要，依法依规对交易场所进行检查，交易场所应当予以配合。

第三十条 开业验收两次不合格的交易场所、未获开业批复擅自开业的交易场所、获批开业后自行停业连续6个月以上的交易场所，由市金融监管部门报请市政府批准取消交易场所资格，取消企业名称中“交易所”“交易中心”字样，核减企业经营范围中的交易业务，不再纳入本市交易场所管理范围，不得再从事交易场所交易业务；市政府批准后由市金融监管部门出具退出批复，交易场所收到批复后，应当在30日内到市场监督管理部门办理企业名称和经营范围变更事宜。

第三十一条 交易场所在经营过程中存在违法违规或违反本办法行为的，市金融监管部门可采取约谈、风险提示、责令整改、要求限期停止违规交易行为、取消违规交易品种等方式依法进行处置；情节严重的，可协调国家相关金融监管部门停止其支付结算或报请市政府批准取消其交易场所资格；涉嫌犯罪的，依法移送司法机关处理。

第三十二条 对于未经批准擅自开展交易场所交易业务的机构，依法予以取缔。

第三十三条 各区人民政府按照属地原则负责本行政区域内交易场所的风险防控与处置工作。交易场所发生重大投诉、系统中断等风险事件的，相关区人民政府应当及时进行应急处置，并在2小时内向市金融监管等部门报告。

第三十四条 市金融监管部门可以依据本办法，根据职责制定交易场所管理相关的操作流程和实施细则。

中国人民银行营业管理部
中国银行保险监督管理委员会北京监管局
中国证券监督管理委员会北京监管局
北京市地方金融监督管理局

中国人民银行营业管理部 中国银行保险监督管理委员会北京监管局 中国证券监督管理委员会北京监管局 北京市地方金融监督管理局关于印发《全面深化北京民营和小微企业金融服务行动方案（2019—2020年）》的通知

银管发〔2019〕132号

辖区内各银行、各保险公司、各证券期货经营机构、各融资担保公司，各区金融办：

为执行好六部门《关于进一步深化北京民营和小微企业金融服务的实施意见》（银管发〔2018〕313号），从金融供给侧加大对民营和小微企业健康发展的支持力度，服务首都经济高质量发展，人行营业管理部、北京银保监局、北京证监局、市金融监管局联合制定了《全面深化北京民营和小微企业金融服务行动方案（2019—2020年）》（见附件），现印发给你们，请贯彻落实。

附件：全面深化北京民营和小微企业金融服务行动方案（2019—2020年）

二〇一九年五月二十四日

全面深化北京民营和小微企业金融服务行动方案（2019—2020年）

为全面贯彻落实中办、国办《关于加强金融服务民营企业的若干意见》《关于促进中小企业健康发展的指导意见》等有关文件精神，根据中国人民银行等五部委《关于进一步深化小微企业金融服务的意见》（银发〔2018〕162号）相关要求，充分发挥"几家抬"政策合力，推进金融供给侧结构性改革，增强辖内金融机构服务民营、小微企业的能力，持续改善北京地区民营和小微企业融资环境，按照《关于进一步深化北京民营和小微企业金融服务的实施意见》（银管发

〔2018〕313号），中国人民银行营业管理部、中国银行保险监督管理委员会北京监管局、中国证券监督管理委员会北京监管局、北京市地方金融监督管理局（以下分别简称人行营业管理部、北京银保监局、北京证监局、市金融监管局）共同制定本行动方案。

一、工作目标

辖内金融机构服务民营、小微企业的能力和水平不断提升，更多资金流向民营和小微企业，民营和小微企业融资环境不断改善。力争实现以下目标：2019—2020年北京市普惠小微企业贷款年均增长30%；2019年小微企业综合融资成本较2018年下降0.9个百分点，2020年小微企业综合融资成本稳中有降；2019—2020年累计办理民营和小微企业票据再贴现不少500亿元。

二、主要任务

（一）加强政策引导，增强信贷投放能力。

1. 强化货币政策工具引导作用。落实好人民银行定向降准政策，引导资金流向民营和小微企业。优化宏观审慎评估（MPA）考核机制，用好信贷结构性引导指标，提高对民营和小微企业贷款投放的引导力度。完善再贴现审批流程，实行电子化审批。将民营和小微企业专项再贴现额度提升至100亿元。推出“北京科创型民营和小微企业专项再贴现支持工具（京创通）”等再贴现专项产品，在期限、金额、利率和流程等方面进行政策试点，便利符合政策导向的优质民营和小微企业票据融资。充分发挥人民银行中关村中心支行再贴现窗口作用。督促引导辖内符合条件的法人金融机构积极借用再贷款。（责任单位：人行营业管理部）

2. 拓宽金融机构资金来源渠道。积极支持银行业金融机构发行小微贷款资产支持证券、小微金融债、绿色金融债和三农金融债，并适当放宽发行条件，为发放民营和小微企业信贷提供长期、稳定的资金来源。推动地方法人银行发行永续债、二级资本债等资本补充工具，提高信贷投放能力，将主体评级不低于AA级的银行永续债纳入合格担保品范围。发挥地方资产管理公司作用，提升民营和小微企业不良资产处置效率，盘活存量资源。（责任单位：北京银保监局、人行营业管理部、市金融监管局）

（二）加大直接融资，拓宽企业融资渠道。

3. 强化债券融资支持。积极培育企业债券融资有效需求，通过印发债券发行指南、产品汇编、专题培训会等多种方式，对具备发债资质的民营企业开展重点辅导。推动更多民营企业利用民企债券融资支持工具和交易所信用保护工具发债融资。积极推进中关村发展集团发行“双创债务融资工具”，精准支持中关村园区“双创”科技型企业发展。加强跨部门债券信息共享，建立债券风险监测预警和违约处置联动机制，有效防范和化解债市风险。（责任单位：人行营业管理部、北京证监局、市金融监管局）

4. 发挥股权融资作用。加强对民营、小微企业的股权融资辅导和培训，为符合条件的企业在境内外资本市场挂牌上市积极提供便利条件。推动更多科技创新型企业申报科创板，提升资本市场对北京建设全国科技创新中心的支撑作用。支持和推动北京企业在“新三板”与港交所双向挂牌。充分发挥金融机构民企纾困专项产品作用，推动实施民营企业股权融资支持

工具。（责任单位：市金融监管局、北京证监局、人行营业管理部）

5. 通过多种方式盘活应收账款。指导金融机构加大商业汇票承兑和贴现力度，引导企业通过商业汇票解决账款拖欠问题，提高资金周转效率。在不增加地方政府隐性债务规模前提下，引导辖内银行按照市场化原则，通过发放短期流动性资金贷款等方式向地方平台公司提供融资支持，推进清理拖欠民营和中小企业账款工作。有效利用中征应收账款融资服务平台，积极开展应收账款融资政策宣传推广活动，推动金融机构、供应链核心企业接入平台，积极开展全流程在线融资业务。鼓励金融机构开展政府采购项下应收账款融资业务，不断丰富供应链融资产品和服务模式。力争 2020 年底实现应收账款融资规模较 2018 年底翻一番。（责任单位：人行营业管理部、北京银保监局）

（三）深化金融创新，提升金融服务效率和水平。

6. 推动创业担保贷款增量扩面。利用北京市创业担保贷款政策，重点向符合一定条件且未获得过贷款的个体工商户、小微企业、小微企业主提供“首贷”服务。进一步完善创业担保贷款工作制度，优化业务办理流程，推动更多商业银行开办创业担保贷款业务，并按规定对工作成效突出的经办银行进行奖励。力争 2020 年底实现创业担保贷款规模较 2018 年底翻一番。（责任单位：人行营业管理部）

7. 提升跨境贸易投资便利化水平。支持符合条件的企业开展跨境资金集中运营管理，进一步简政放权，调整优化账户功能，取消合作银行数量限制，开展资本项目收入结汇支付便利化试点。支持商业银行搭建“一带一路”跨境金融服务平台，为在京企业“走出去”提供综合金融服务。研究推进北京地区跨境人民币结算便利化措施，支持银行为真实合规的跨境人民币结算提供优质服务。深入推进中关村资本项目便利化政策试点，争取进一步扩大便利化政策试点范围。（责任单位：人行营业管理部）

8. 推动制造业提质增效。在深入调研基础上，研究出台金融支持首都制造业高质量发展的相关文件，重点围绕电子信息、汽车、高端装备制造、生物医药等产业集群，加强金融政策与产业政策、财政政策的协同配合，引导金融机构进一步创新金融产品和服务方式，加大对重点产业领域民营企业的支持力度。（责任单位：人行营业管理部、北京银保监局、北京证监局、市金融监管局）

9. 推进国家文化金融合作示范区建设。全面推进东城区创建国家文化和金融合作示范区，加快文化企业信用体系建设，培育文化金融特色支行，加快文化金融服务和产品创新，搭建文化金融综合服务平台，推动符合条件的文化企业通过资本市场融资。（责任单位：人行营业管理部、北京银保监局、北京证监局、市金融监管局）

10. 加大金融服务和产品创新力度。鼓励银行业金融机构加强对大数据、云计算等技术手段的运用，改进信贷流程和信用评价模型，推动实现全流程线上操作，提高信贷审批时效。针对企业不同发展阶段，以股权、贷款、发债等多种融资方式组合为企业提供全生命周期的资金支持。持续推进“银税合作”，逐步实现线上银税互动平台对接，缓解银企信息不对称。发挥保险增信分险功能，稳步推进小微企业信用保证保险、科技保险、中关村知识

产权质押贷款保证保险等业务发展。（责任单位：北京银保监局、人行营业管理部）

（四）完善配套措施，优化企业融资环境。

11. 健全政策性融资担保体系。以成立市融资担保投资集团为契机，发挥市融资担保基金作用，增强融资担保机构担保能力。建立健全政策性融资担保体系，完善政银担风险分担机制。力争实现政策性融资担保机构小微企业融资担保余额增速高于同期普惠小微企业贷款增速。（责任单位：市金融监管局）

12. 完善信用信息服务体系。整合市级各部门和社会机构掌握的涉企信息资源，建立健全小微企业金融综合服务平台，畅通小微企业信息的获取渠道。继续推动在京金融机构有序接入人民银行征信系统，着力推进北京市小微企业信用体系建设，进一步深化小微企业信用示范区创建工作。依法依规查处弄虚作假、骗补骗贷等违法违规行为，建立严重失信企业"黑名单"制度，对列入"黑名单"企业及其法定代表人和相关负责人实施失信联合惩戒，加大失信成本，推动优化社会整体商业信用环境。（责任单位：人行营业管理部、市金融监管局）

13. 进一步加强续贷业务管理。鼓励银行业金融机构合理设定小微企业贷款期限，避免由于贷款期限与生产经营周期不匹配增加企业资金压力；加强续贷产品开发，科学运用循环贷款、年审制贷款等业务品种，合理采取分期偿还贷款本金等更为灵活的还款方式，减轻企业还款压力。对贷款到期后仍有融资需求的小微企业，经其主动申请，银行业金融机构可以提前按新发放贷款的要求开展贷款调查和评审。引导银行业金融机构改进续贷业务激励及考核机制，落实续贷业务尽职免责，提高基层员工从事续贷业务积极性。推动融资担保机构建立与商业银行续贷业务相配套的工作流程和机制，力争实现"见贷即保"。建立并完善续贷业务监管考核机制，将续贷业务考核结果作为重要因素纳入监管评级和评价范围。（责任单位：北京银保监局，市金融监管局）

14. 降低企业综合融资成本。督促银行业金融机构严格执行"七不准""四公开"和"两禁两限"要求，鼓励常规服务收费"能减尽减"。鼓励融资担保机构适度下调担保费率。（责任单位：北京银保监局、市金融监管局、人行营业管理部）

15. 优化企业账户服务。做好北京地区取消企业银行账户开户许可后的账户管理工作，加强事中事后监管，指导商业银行完善风险管控措施，支持开展账户业务创新，在控制风险的基础上，最大程度提高企业银行账户服务效率，持续优化民营和小微企业营商环境。（责任单位：人行营业管理部、北京银保监局）

16. 扩大动产担保统一登记系统试点。进一步深化北京地区动产担保统一登记系统试点相关工作，推动完善统一动产担保登记制度，逐步健全现代动产担保体系，鼓励金融机构积极开展动产融资业务创新，提高民营和小微企业获得融资的便利度。（责任单位：人行营业管理部、市金融监管局）

（五）加强银企对接，畅通政策传导渠道。

17. 组织开展银企对接活动。持续推进北京市"畅融工程"，搭建银政企常态化对接机制，按照"每季度服务十大高精尖产业、每月度覆盖各区重点产业和重点工程、每周聚焦重点企业”的原则组织开展融资对接活动，通过政策解读、项目发布、金融产品和服务推介、企业交流融资诉求等形式，运用信贷、发债、股权、基金、信托等多种融资手段，提高融资对接效率。（责任单位：市金融监管局、人行营业管理部、北京银保监局、北京证监局）

18. 强化金融政策宣传。面向民营和小微企业，定期开展银行信贷产品、外汇及跨境人民币、汇率避险、债券市场融资产品的宣讲、培训活动。通过报纸、杂志、互联网等媒体，借助博览会、对接会等途径宣传支持民营小微企业的金融政策、金融产品和服务，大力宣传先进经验和积极成效，增强示范带动作用。（责任单位：人行营业管理部、北京银保监局、北京证监局、市金融监管局）

（六）持续督导考核，增强激励约束。

19. 健全差异化考核激励机制。持续跟进银行业金融机构在授信尽职免责细则制定、绩效考核倾斜、信贷资源配置、专项费用支持、内部资金转移价格优惠等方面落实情况，对进展缓慢的机构采取通报、约谈等措施，督促商业银行尽快建立“敢贷、愿贷、能贷”长效机制。（责任单位：北京银保监局、人行营业管理部）

20. 建立金融服务实体经济的监测指标体系。建立并完善北京市金融服务实体经济指标体系，从总量、价格、结构等维度反映金融服务民营和小微企业的进展成效，加强对相关指标的监测分析，及时发现经济运行中的问题，为经济金融决策提供数据信息支持。（责任单位：人行营业管理部、市金融监管局、北京银保监局、北京证监局）

21. 加强考核评估。健全小微企业信贷工作“季度通报、半年预评估、年度评估”制度，持续做好“两增两控”考核，督促五大国有银行北京市分行完成2019年普惠小微贷款增长30%的目标。发挥北京市金融监管协调机制作用，跨部门定期沟通会商政策落地情况。通过专题调研、座谈、实地走访等形式深入了解政策落实中存在的困难和问题，不断调整完善相关政策及配套措施，建立银政企良性互动长效机制。（责任单位：人行营业管理部、北京银保监局、北京证监局、市金融监管局）

中国人民银行营业管理部
中国银行保险监督管理委员会北京监管局
中国证券监督管理委员会北京监管局
北京市财政局
北京市经济和信息化局
北京市人民政府国有资产监督管理委员会
北京市商务局
北京市地方金融监督管理局

中国人民银行营业管理部 中国银行保险监督管理委员北京监管局 中国证券监督管理委员会北京监管局 北京市财政局　北京市经济和信息化局 北京市人民政府国有资产监督管理委员会 北京市商务局　北京市地方金融监督管理局 关于印发《北京市金融支持清理拖欠民营企业中小企业账款行动方案（2019—2020年）》的通知

银管发〔2019〕206号

为进一步加强和提高民营企业中小企业金融服务水平，推动金融机构和供应链核心企业支持民营企业中小企业供应商开展供应链全链条融资，切实做好金融支持清欠工作，现将《北京市金融支持清理拖欠民营企业中小企业账款行动方案（2019—2020年）》印发给你们。请根据方案要求，加强协调配合，落实工作职责，扎实推进各项工作，确保各项任务落到实处。

附件：北京市金融支持清理拖欠民营企业中小企业账款行动方案（2019—2020年）

二〇一九年九月十二日

北京市金融支持清理拖欠民营企业中小企业账款行动方案（2019—2020 年）

为全面贯彻落实国务院清理拖欠民营企业中小企业账款工作部署，根据《中国人民银行办公厅关于做好金融支持清理拖欠民营企业中小企业账款工作的通知》（银办发〔2019〕88 号）和《北京市人民政府办公厅关于印发〈北京市清理拖欠民营企业中小企业账款工作方案〉的通知》（京政办字〔2018〕46 号）的相关要求，切实做好金融支持清欠工作，推动供应链全链条融资，进一步提升金融服务民营企业中小企业的效率和水平，现制定本行动方案。

一、总体要求

（一）指导思想。

以习近平新时代中国特色社会主义思想为指导，深入贯彻落实党中央、国务院关于改进小微企业金融服务、支持民营经济发展的重要决策部署，根据《国务院办公厅关于转发国务院减轻企业负担部际联席会议清理拖欠民营企业中小企业账款工作方案的通知》（国办发明电〔2018〕14 号）的相关要求，以金融支持清理拖欠民营企业中小企业账款作为深化民营企业中小企业金融服务的重要抓手，充分发挥商业汇票及应收账款融资、订单融资、存货融资等动产融资服务对民营企业中小企业融资的支持作用。按照问题导向、重点突破、多方联动、风险可控的原则，有效扩大北京市动产融资规模，积极构建供应链上下游企业互信互惠、协同发展的生态环境，促进金融与实体经济良性互动发展，为北京市高水平全面建成小康社会作出积极贡献。

（二）工作目标。

1. 应收账款融资参与主体数量快速增加。参与应收账款融资的银行业金融机构、商业保理公司、小额贷款公司等资金提供方和服务的民营企业、中小微企业数量快速增加。国有大型企业（集团）及成员企业、大型民营企业等参与中小微企业应收账款确权的供应链核心企业的范围不断扩大。

2. 应收账款融资规模稳步增长。民营企业中小企业主动发起的应收账款融资、供应链核心企业反向保理以及政府采购部门参与的应收账款融资、订单融资、存货融资等典型融资模式加快发展。力争 2020 年底实现应收账款融资规模较 2018 年底翻一番。

3. 企业商业信用环境不断优化，商业信用信息采集渠道不断拓宽，手段不断完善，初步建成应收账款债务人及时还款约束机制，恶意拖欠账款行为明显减少。

二、重点任务

（一）加强政策引导，为清欠工作提供资金保障。

1. 加大信贷支持力度。鼓励商业银行等金融机构在不新增地方政府隐性债务的前提下，按照市场化原则通过发放短期流动资金贷款等方式向本市国有企业提供融资支持，依法合规解决拖欠问题。针对上下游企业“三角债”等拖欠问题，银行业金融机构要按照市场化原则，为清欠工作提供良好的融资环境。对于申请临时周转用于清偿民营企业中小企业账款的合理融资需求，银行业金融机构要依法合规

给予支持，帮助推进清欠工作。（责任单位：北京银保监局、人行营业管理部、市财政局）

2. 拓宽资金来源渠道。积极鼓励地方平台公司在政策允许范围内，在公开市场发行债券，利用市场化手段，依法合规解决融资需求，进而解决拖欠问题。银行业金融机构要依法合规参与地方政府债券发行工作，优化债券承销服务，合理投资地方政府债券，为清欠工作提供长期、稳定的资金来源。（责任单位：人行营业管理部、北京银保监局、市财政局）

（二）支持票据融资，增强企业流动性。

3. 强化再贴现工具的引导作用。充分发挥再贴现的定向调控、精准滴灌功能，开辟中小微企业商业承兑汇票再贴现绿色通道，探索推出北京地区商业承兑汇票再贴现专项产品，在期限、额度、利率等方面予以优惠，引导银行业金融机构加大商业汇票承兑和贴现力度。探索建立商业承兑汇票再贴现“白名单”制度，对于资信状况良好的大型民营企业、中小企业中的行业龙头企业票据再贴现，不设单笔、总额的限制。（责任单位：人行营业管理部）

4. 建立支持中小微企业票据业务发展机制。在涉及民营企业中小企业的贸易结算中，鼓励金融机构和企业签发、承兑商业汇票，便利民营企业中小企业票据融资。支持金融机构设立中小微企业票据贴现中心，配置专项资金额度，专门为中小微企业办理票据贴现业务。根据中小微企业票据融资特点和需求，探索建立规范化的票据经纪、增信、评级等多元化票据服务机构体系，创造良好的票据市场环境。引导企业利用商业汇票解决账款拖欠、资金流转等问题。（责任单位：人行营业管理部、北京银保监局）

5. 推动供应链应收账款票据化。鼓励商业银行创新票据融资模式，推动商业银行与上海票据交易所的系统对接，提升商票流转与融资效率。鼓励商业银行积极对接供应链核心企业内部系统（ERP），跟踪获取物流、税务信息，交叉验证，发挥商业银行信用风险识别与经营优势，为商票的流转提供流动性保障。（责任单位：人行营业管理部、北京银保监局）

（三）推进应收账款融资，盘活企业优质资产。

6. 发挥供应链核心企业引领作用。探索建立并实施应收账款融资核心企业名单库管理工作机制，重点将产业带动作用强、处于供应链核心、资信实力较强、应付民营企业中小企业账款较多的企业纳入名单管理，及时向金融机构、商业保理公司、小额贷款公司等资金提供方推荐。积极组织动员市属国有大型企业、大型民营企业、大型零售企业和上市公司等供应链核心企业加入中征应收账款融资服务平台（以下简称服务平台），通过确认账款等提高上游企业融资能力。督促供应链核心企业按时履约，及时支付拖欠民营上市公司、中小企业的款项，带头营造守法诚信社会氛围。支持供应链核心企业在不损害民营企业中小企业供应商合法权益、严格遵守融资性贸易风险防范要求的前提下，与各类资金提供方探索开展双方共赢的合作模式，增强应收账款融资业务发展的可持续性。（责任单位：人行营业管理部、市国资委、市商务局、北京证监局、市经济和信息化局）

7. 发挥政府采购订单融资的示范作用。积极探索政府采购平台与服务平台系统对接，开展基于政府采购的订单融资。

完善政府采购流程，探索将政府采购订单融资业务嵌入政府采购流程，督促政府采购部门依法公开政府采购合同等信息支持政府采购供应商在平台发布订单融资需求。鼓励中小企业在签署政府采购合同时明确融资需求，注明收款账号等融资信息。金融机构开展融资服务时，要及时通过政府采购网核对合同信息，确认合同的真实性，原则上不得要求供应商提供担保。督导政府采购部门配合提供融资的金融机构锁定还款来源，将财政采购款项支付到金融机构指定的供应商对公账户。政府采购部门要与参与应收账款融资的金融机构及时共享政府采购款项支付进度信息，便于金融机构控制融资风险。（责任单位：市财政局、人行营业管理部、北京银保监局）

8. 支持开展应收账款质押融资。推动核心企业、金融机构与服务平台进行系统对接，在利用服务平台做好贸易真实性调查、锁定回款路径的基础上，改进民营企业中小企业信贷风险评估机制，积极开展全流程在线融资业务。鼓励商业银行完善应收账款质押融资产品制度，创新产品与服务，优化业务流程，提高应收账款质押融资比例，帮助更多民营企业中小企业获得应收账款质押融资。（责任单位：人行营业管理部、北京银保监局）

9. 支持开展应收账款转让融资。发挥商业保理机构的积极作用，引导商业保理机构积极开展应收账款转让融资，优化业务流程，降低融资成本，提高民营企业中小企业应收账款流动性，缓解因拖欠而造成的资金紧张情况。推动规范金融机构应收账款保理业务，加强对保理行业资金来源、流向等监督管理，降低企业实际利率，促进公平竞争。鼓励有条件的供应链核心企业结合自身经营情况，与服务平台进行系统对接，开展反向保理融资业务，以点带链、以链带面，形成示范效应，惠及更多民营企业中小企业。（责任单位：市地方金融监管局、北京银保监局）

10. 推进完善应收账款质押和转让登记。健全应收账款登记公示制度，优化面向金融机构、商业保理公司、小额贷款公司等应收账款融资主体的登记和查询服务。支持应收账款融资主体开展金融产品和服务创新，在人民银行征信中心动产融资统一登记公示系统办理保理项下小微企业应收账款转让登记、资产证券化项下小微企业应收账款类基础资产转让登记、资产转让交易项下小微企业应收账款类资产转让登记，避免权利冲突，防范交易风险。鼓励引导保理融资业务在人民银行征信中心动产融资统一登记公示系统登记，增强融资交易透明度、规范性和安全性，降低保理融资风险与交易成本。（责任单位：人行营业管理部、北京银保监局、市地方金融监管局）

（四）创新动产融资模式，促进供应链全链条发展。

11. 加大金融服务和产品创新力度。积极鼓励金融机构、民营企业发行应收账款资产证券化产品。引导银行业金融机构深入开展供应链融资产品创新，推进订单融资、存货融资等其他动产融资服务，为民营企业中小企业提供有针对性的融资服务，促进核心企业的供应链上下游企业共同发展。鼓励银行业金融机构加强对大数据、云计算等技术手段的运用，改进供应链融资流程和信用评价模型，减少贷款审批环节，适当延长贷款期限，合理提高应收账款质押率。（责任单位：北京银保监局、北京证监局、人行营业管理部）

12. 完善动产融资担保体系。加强对融资担保公司的业务指导，引导其开发动产融资专项产品；发挥融资担保机构特别是政策性融资担保机构作用，发展动产融资专项担保业务，推动动产融资业务增量扩面。进一步深化北京地区动产担保统一登记系统试点相关工作，推动完善统一动产担保登记制度，逐步健全现代动产担保体系，鼓励金融机构积极开展动产融资业务创新，提高民营企业和中小企业获得融资的便利度。（责任单位：市地方金融监管局、市财政局、人行营业管理部）

（五）完善信用体系建设，优化企业融资环境。

13. 完善信用信息服务体系。整合市级各部门和社会机构掌握的涉企信息资源，建立健全小微企业金融综合服务平台，畅通小微企业信息的获取渠道。继续推动在京金融机构有序接入人民银行征信系统，着力推进北京市小微企业信用体系建设，进一步深化小微企业信用示范区创建工作。探索建立“黑名单”制度，将伪造虚假贸易背景、产生实质性违约的商票承兑方，以及虚假确认账款、不按约定及时支付应付账款的供应链核心企业，纳入“黑名单”管理，定期向社会公布，同时在政府采购、财政资金扶持和银行授信方面予以适当限制。（责任单位：人行营业管理部、市地方金融监管局、市经济和信息化局）

14. 持续优化企业商业信用环境。加强企业信用体系建设，引导企业通过平台每月报送债务人的付款信息，丰富企业信用档案，建立应收账款债务人及时还款的约束机制，规范应收账款履约行为，推动优化商业信用环境。积极推进信用担保、信用保险机构参与应收账款融资业务，协助确认应收账款真实性，合理控制应收账款的风险。（责任单位：人行营业管理部、市地方金融监管局、北京银保监局、市经济和信息化局）

三、保障措施

（一）建立工作协调机制。

人行营业管理部、北京银保监局、北京证监局、市经济和信息化局、市财政局、市国资委、市商务局、市地方金融监管局等部门建立金融支持清理拖欠民营企业中小企业账款工作专项行动推进机制，加强信息共享、协调磋商、政策联动和联合督导，发挥部门合力推动应收账款融资业务发展。

（二）加大政策扶持力度。

人行营业管理部要加强宏观信贷政策指导，对于积极参加应收账款融资的银行业金融机构，在宏观审慎评估、信贷政策导向评估、再贷款、再贴现和外汇管理政策方面给予适当倾斜。北京银保监局要通过差异化监管手段督促金融机构积极开展和创新应收账款融资产品和服务。市国资委要动员市属大型国有企业参与应收账款融资，市经济和信息化局通过产业政策推动相关企业参与应收账款融资，对积极参与应收账款融资的核心企业，符合相关专项资金申报条件的，市财政局、市发展改革委、市国资委、市经济和信息化局及相关部门应优先给予支持。

（三）加强宣传引导和定期监测。

人行营业管理部会同相关部门定期组织开展应收账款融资政策和服务宣传，及时梳理、总结工作中的典型经验和成功案例，加强宣传推介和经验交流。建立应收账款等动产融资统计监测制度，动态跟踪相关工作进展情况，及时开展业务指导和工作督导。

中国人民银行营业管理部
中国银行保险监督管理委员会北京监管局
中国证券监督管理委员会北京监管局
北京市地方金融监督管理局
北京经济技术开发区管理委员会

中国人民银行营业管理部 中国银行保险监督管理委员会北京监管局 中国证券监督管理委员会北京监管局 北京市地方金融监督管理局 北京经济技术开发区管理委员会关于印发《金融支持北京市制造业高质量发展的指导意见》的通知

银管发〔2019〕227号

辖区内各金融机构：

为加强和改进对制造业的金融支持和服务，加快推进首都制造业高质量发展，培育经济增长新动能，中国人民银行营业管理部、中国银行保险监督管理委员会北京监管局、中国证券监督管理委员会北京监管局、北京市地方金融监督管理局、北京经济技术开发区管理委员会联合制定了《金融支持北京市制造业高质量发展的指导意见》。现印发给你们，请认真领会文件精神并遵照执行。

附件：金融支持北京市制造业高质量发展的指导意见

二〇一九年十月十八日

金融支持北京市制造业高质量发展的指导意见

为深入推进金融供给侧结构性改革，进一步建立健全多元化金融服务体系，大力推动金融产品和服务创新，引导金融机构加强和改进对制造业的金融支持和服务，加快推动首都制造业高质量发展，培育经济增长新动能，现提出如下意见：

一、高度重视金融支持制造业高质量发展工作

（一）认真领会金融支持制造业高质量发展的重要意义。制造业是经济社会的基础，是实体经济的主体，是科技创新的主战场，是供给侧结构性改革的主攻领

域。中央经济工作会议和中央政治局会议指出，要推动制造业高质量发展，坚定不移建设制造强国；要把制造业高质量发展作为稳增长的重要依托，引导传统产业加快转型升级，做强做大新兴产业。目前，以现代制造业和高新技术产业为主的先进制造业已成为北京市工业经济的主导力量，也是现代农业、现代服务业快速发展的关键支撑力量，是实现经济高质量发展的重要着力点。

（二）严格落实金融支持制造业高质量发展的相关政策。金融机构要认真贯彻落实《关于金融支持制造强国建设的指导意见》（银发〔2017〕58 号）、《全面深化北京民营和小微企业金融服务行动方案（2019—2020 年）》等政策要求，紧紧围绕《〈中国制造 2025〉北京行动纲要》、《加快科技创新发展高精尖产业》等系列政策，以构建产业生态为基础，以提高发展质量和效益为中心，以推动“在北京制造”向“由北京创造”为主线，聚焦集成电路、医药健康、智能装备、节能环保、新能源智能汽车、新材料、人工智能等重点制造业领域的研发和生产，着力加强对核心基础零部件等“四基”企业、关键技术研发企业的融资支持，支持制造业两化融合发展和智能化升级。大力发展绿色金融业务，促进制造业绿色发展。积极运用信贷、租赁、保险等多种金融手段，支持高端装备领域突破发展和扩大应用。

（三）围绕制造业未来发展方向做好金融服务。近年来，北京市通过减房地产、增实体经济，减高耗能产业、增生产性服务业，减传统制造业、增先进制造业，推动低质低效产业和业态不断退出。虽然制造业整体保持平稳增长态势，但同时面临着疏解、转型、外部冲击等多方面的问题和挑战。金融机构应立足首都功能定位和京津冀协同发展战略，聚焦高精尖重要产业，围绕北京经济技术开发区、中关村国家自主创新示范区等重点区域，着力解决制造业发展中的难点痛点，坚持区别对待、有扶有控原则，不断优化金融支持实体经济的方向和结构，着力加强对制造业科技创新和技术改造升级的中长期金融支持，积极拓宽技术密集型和中小型制造业企业的多元化融资渠道。

二、有效发挥货币政策对金融机构支持制造业高质量发展的引导作用

（四）认真落实稳健货币政策，加强信贷结构引导。继续落实稳健的货币政策，保持货币信贷总量合理稳定增长，为制造业企业高质量发展提供良好的货币金融环境。充分发挥宏观审慎评估（MPA）引导作用，增加制造业信用贷款和中长期贷款指标权重，引导地方法人金融机构加大制造业信用贷款和中长期贷款投放。进一步发挥信贷政策导向效果评估的激励作用，通过增设制造业信贷投放指标、有效运用评估结果等方式，鼓励辖内各银行加大制造业信贷投放。

（五）积极运用货币政策工具，加大制造业融资支持力度。充分发挥再贷款、再贴现、抵押补充贷款等货币政策工具的正向激励作用，对有效帮助制造业企业解决融资问题的金融机构优先予以支持。设置先进制造业企业票据再贴现绿色通道，与北京经济技术开发区等制造业聚集区域合作，设立支持先进制造业企业融资的专项再贴现产品，逐步扩大制造业企业再贴现业务单张票据票面金额上限。推动政策性银行运用抵押补充贷款资金支持制造业的升级改造项目。

（六）引导金融机构加快提升自主定价能力，切实降低制造业融资成本。金融机构应落实改革完善贷款市场报价利率（LPR）形成机制工作要求，推动贷款市场报价利率运用，进一步提高利率传导效率，坚决打破贷款利率隐性下限，切实降低实体经济融资成本。金融机构要加强对其分支机构的督导考核，通过内部资金价格引导，提升业务条线和分支机构发放制造业中长期贷款和信用贷款的积极性，将更多信贷资源向先进制造业、科技创新企业等重点领域配置。

三、积极推进与制造业高质量发展相适宜的组织体系建设

（七）进一步完善银行机构组织架构体系建设。鼓励有条件的银行探索建立先进制造业融资事业部制，加强对高端汽车和新能源汽车、生物医药和大健康等北京重点行业提供专业化支持。鼓励符合条件的银行在北京经济技术开发区等制造业聚集区域设立特色支行，积极发挥科技金融专营组织机构作用，在客户准入、信贷审批、风险偏好、业绩考核、团队建设等方面实施差异化管理。积极推动小微企业特色支行建设，围绕制造业中量大面广的小微企业、民营企业，提供批量化、规模化、标准化的金融服务。

（八）支持制造业企业集团财务公司发挥更大作用。充分发挥北京地区总部集团财务公司金融服务功能，稳步推进财务公司开展延伸产业链金融服务试点工作，促进降低产业链整体融资成本，更好的支持集团主业发展。对于有效支持集团转型升级或技术研发的财务公司，在财务公司监管评级、宏观审慎评估等考核中给予更大倾斜，以鼓励财务公司不断优化信贷投放结构。

（九）加快制造业领域金融租赁和融资租赁业务发展。支持符合条件的金融机构通过控股、参股等方式发起设立金融租赁公司，支持符合条件的金融租赁公司和融资租赁公司在北京经济技术开发区等制造业聚集区域设立项目子公司，加大对高端装备制造业的融资支持，进一步推动高端装备制造业扩大市场应用和提高国际竞争力。

四、创新发展符合制造业高质量发展的信贷机制和产品体系

（十）优化信贷审批机制。推动银行优化信贷审批机制，鼓励银行围绕制造业新型产业链和创新链，积极改进授信评价机制，合理考量制造业企业技术、人才、市场前景等“软信息”，将相关因素纳入银行客户信用评级体系，挖掘企业潜在价值。引导银行完善信贷准入标准，不断扩大抵质押品范围，提高技术改造类项目中长期贷款比重，对企业制造装备升级类项目和智能化提升类项目，凡符合信贷条件和风控要求的，原则上要做到应贷尽贷，有效提高申贷获得率。充分发挥北京市企业续贷受理中心作用，为小微制造业企业提供续贷服务。探索引导国有资本、社会资本共同建立转贷基金，重点支持制造业企业“过桥”转贷，有效缓解企业融资难融资贵问题。

（十一）改进考核激励机制。建立能够有效引导分支机构支持制造业高质量发展的差异化考核激励机制。银行业金融机构要在考核中结合实际充分考虑制造业金融服务情况，深化落实授信尽职免责办法，降低相关从业人员利润指标考核权重，对政策执行较好的分支行，要通过优化资源配置、安排专项激励费用、绩效考核倾斜、利润损失补偿等方式予以奖励。

（十二）大力发展产业链金融。充分发挥人民银行应收账款融资服务平台的公共服务功能，降低银企对接成本。鼓励制造业核心企业、金融机构与人民银行应收账款融资服务平台进行对接，开发全流程、高效率的线上应收账款融资模式。鼓励银行创新票据融资模式，推动银行与上海票据交易所的系统对接，提升商票流转与融资效率。鼓励银行积极对接产业链核心企业内部系统（ERP），跟踪获取物流、税务信息，交叉验证，发挥银行信用风险识别与经营优势，为商票的流转提供流动性保障，研究推动制造业核心企业在银行间市场注册发行产业链融资票据。鼓励金融机构依托制造业产业链核心企业，积极开展仓单质押贷款等各种形式的产业链金融业务，有效满足上下游企业的融资需求。

（十三）推动投贷联动模式发展。支持北京经济技术开发区等制造业聚集区域通过给予相应的风险补贴、房租补贴、个税返还等优惠政策，支持地方法人城市商业银行、农村商业银行，通过投贷联动金融服务、建立投贷合作联盟、开发类信贷产品等多种方式，对科技型创新创业企业开展股权投资和信贷支持。鼓励银行业金融机构与外部投资公司、各类基金开展合作，积极整合各自的资金、信息和管理优势，探索多样化的投贷联动业务，促进银企信息交流共享，实现合作共赢。

五、大力发展推动制造业高质量发展的直接融资体系

（十四）充分发挥股权融资作用。支持北京经济技术开发区等制造业聚集区域通过给予上市辅导费用补贴、开展相关政策培训、提供专项上市解决方案等方式，加快推进高技术制造业企业、先进制造业企业在主板、中小企业板、创业板、科创板、全国中小企业股份转让系统和区域性股权交易市场上市或挂牌融资。支持北京经济技术开发区等制造业聚集区域定期汇总整理上市融资企业储备库，对创新能力强、成长性好的制造业企业重点扶持，引导证券公司等中介机构履职尽责，进一步规范企业上市培育流程。

（十五）支持制造业企业发行债券融资。认真落实《中国人民银行办公厅中国银行保险监督管理委员会办公厅关于支持商业银行发行创新创业金融债券的意见》（银办发〔2019〕161号文），加大政策宣传和培育引导，鼓励辖内银行发行双创金融债券，支持创新创业型企业发展。加强银企协对接，积极支持辖内先进制造业企业在银行间市场发行债务融资工具直接融资。支持辖内产业园区运营机构发行双创专项债务融资工具，用于建设和改造园区基础设施，以及为入园入区制造业企业提供信用增信等服务。支持符合条件的优质制造业企业在注册发行分层分类管理体系下统一注册、自主发行多品种债务融资工具，提升储架发行便利。

（十六）促进创业投资持续健康发展。进一步完善扶持创业投资发展的政策体系，促进创业投资发展，有效弥补创新型、成长型制造业企业的融资缺口。鼓励种子基金等各类创业投资基金、天使投资人等创业投资主体加大对种子期、初创期创新型制造业企业的支持力度，通过提供企业管理、商业咨询、财务顾问等多元化服务，支持技术创新完成从科技研发到商业推广的成长历程。鼓励创业投资基金、产业投资基金投向“四基”领域重点项目。发挥先进制造业产业投资基金等各类基金作用，鼓励建立按市场化方式运作的各类高端装备创新发展基金。

（十七）支持制造业领域资产证券化。鼓励金融机构将符合国家产业政策、兼顾收益性和导向性的制造业领域信贷资产作为证券化基础资产，发行信贷资产证券化产品。鼓励制造业企业通过交易所市场开展企业资产证券化，改善企业流动性状况。大力推进高端技术装备、智能制造装备、节能及新能源装备等制造业融资租赁债权资产证券化，拓宽制造业融资租赁机构资金来源，更好服务企业技术升级改造。在依法合规、风险可控的前提下，鼓励符合条件的银行业金融机构稳妥开展不良资产证券化试点，主动化解制造业过剩产能领域信贷风险。

六、进一步发挥保险市场对制造业转型升级的促进作用

（十八）积极开发促进制造业发展的保险产品。进一步鼓励保险公司发展企业财产保险、科技保险、知识产权保险、安全生产责任保险、贷款保证保险以及产品质量责任保险等保险业务，为制造业提供多方面的风险保障，重点支持轻资产科创型高技术企业发展壮大，提高北京制造品牌信任度。地方政府应结合本地实际，建立符合本地制造业发展导向的保费补贴和风险补偿机制。

（十九）扩大保险资金对制造业领域投资。积极发挥保险长期资金优势，在符合保险资金运用安全性和收益性的前提下，通过债权、股权、基金、资产支持计划等多种形式，为制造业转型升级提供低成本稳定资金来源。支持保险机构投资制造业企业发行的优先股、并购债券等新型金融工具。鼓励保险机构与银行业金融机构共享信息、优势互补，合作开展制造业领域股债结合、投贷联动等业务。鼓励有条件的保险机构投资设立制造业保险资产管理机构。

七、积极促进制造业企业跨境贸易投资便利化

（二十）拓宽企业“走出去”的融资渠道。鼓励银行运用银团贷款、并购贷款、项目融资、出口信贷等多种方式，为制造业企业在境外开展业务活动提供多元化和个性化的金融服务。支持“走出去”企业以境外资产和股权等权益为抵押获得贷款，提高企业融资能力。支持制造业企业开展外汇资金池、跨境双向人民币资金池业务，支持制造业企业在全口径跨境融资宏观审慎管理政策框架下进行跨境融资。

（二十一）完善相关政策促进资金“用出去”。支持制造业企业积极参与资本项目收入支付便利化试点。针对先进制造业、技术研发企业中外资占比较高的客观情况，根据企业外资引入的特点和模式，在企业投资行为具有真实合法的交易前提下，支持先进制造业企业、技术研发企业在兼并重组、收购股权等行为中使用资本金。支持优质研发企业外汇资本金结汇用于开立银行保函的保证金。取消境内资产变现账户资金结汇使用限制，放宽外国投资者保证金使用和结汇限制。

（二十二）积极推动货物贸易外汇收支便利化试点。支持符合条件的银行和诚信合规的制造业企业积极参与货物贸易外汇收支便利化试点，实施优化单证审核、货物贸易外汇收入免入待核查账户、取消特殊退汇业务登记、简化进口付汇核验等便利化措施。

八、加强政策协调和组织保障

（二十三）深入推动产业和金融合作。建立和完善相关政府部门信息共享和工作联动机制。继续深化中国人民银行营业管理部与北京经济技术开发区管委会、中关村国家自主创新示范区管委会的战略合作，支持北京经济技术开发区等制造业聚集区域先行先试政策落地，鼓励金融机构围绕制造业高质量发展推动组织、机制、产品创新，优先享受本指导意见中各项优惠政策。充分发挥“北京市畅融工程”平台作用，推动政银企有效对接，促进产业政策信息、企业生产经营信息、金融产品信息交流共享，整合资源配置，进一步完善投融资环境。

（二十四）充分运用金融创新技术手段。以金融科技为引擎，充分利用云计算、大数据、人工智能等创新技术，推动改革传统金融机构的服务方式和商业模式，拓展金融大数据的应用场景。支持北京经济技术开发区等制造业聚集区域利用大数据创新技术，探索建立制造业优质企业“白名单”，为金融机构支持制造业高质量发展提供参考依据，为扶持有潜力的企业上市奠定良好基础。

（二十五）加强监督引导和统计监测。建立金融支持制造业高质量发展的协调机制，加强信息沟通和监督引导，及时根据制造业发展中遇到的金融服务问题进行磋商解决。中国人民银行营业管理部、中国银行保险监督管理委员会北京监管局、中国证券监督管理委员会北京监管局、北京市地方金融监督管理局加强对金融机构的指导。依托行业主管部门支持，研究建立北京经济技术开发区专项统计监测，在北京经济技术开发区选择具有代表性的制造业企业，定期监测企业经营情况和融资情况，进一步加强对高技术制造业、先进制造业等重点领域融资情况的统计监测分析。

中国人民银行营业管理部

中国人民银行营业管理部关于做好北京地区取消企业银行账户许可工作的通知

银管发〔2019〕89号

辖区内各开展人民币业务的银行机构：

为贯彻落实党中央、国务院“放管服”改革和人民银行分批取消企业银行账户许可工作的要求，我营业管理部决定于2019年4月28日（即T日）在北京地区全面取消企业银行账户许可。现将有关事项通知如下：

一、总体要求

深入贯彻落实党的十九大精神、中央经济工作会议、第五次全国金融工作会议部署和“放管服”改革要求，按照国务院常务会议决定和人民银行工作要求，在北京地区取消企业开户许可，优化企业银行账户服务，强化银行账户管理职责，全面加强事中事后监管，切实做到“两个不减、两个加强”，即“企业开户便利度不减、风险防控力度不减；优化企业账户服务要加强、账户管理要加强”，全面提升服务实体经济水平，支持企业特别是民营企业、小微企业高质量发展。

二、工作安排

T－1 日，实施人民币银行结算账户管理系统（以下简称 AMS 系统）和人民币银行结算账户电子化审批系统（以下简称 EAS 系统）新旧环境切换上线工程。T－1 日，完成全国统一版本 AMS 系统部署和新版 EAS 系统上线工程实施。T 日 9：00 前，完成相关系统生产环境的业务验证工作。T 日起，新版 AMS 和 EAS 系统正式上线试运行，北京地区全面取消企业银行账户许可。各银行全面独立承担账户全生命周期合法合规主体责任，人民银行对账户管理工作将由事前许可转为强化事中事后监管。

三、工作内容

北京地区取消企业账户许可分为业务准备、技术准备、工程实施阶段、取消许可阶段，共计 4 个阶段。各银行应按照《银行机构工作流程控制表》（见附件 1，以下简称《流程控制表》）要求，完成各阶段工作任务。

（一）业务准备阶段。

各银行机构应按照《流程控制表》要求，按时完成业务准备工作。

1. 调整业务流程。根据北京取消企业账户许可工作方案，完成业务流程调整、岗位职责设计、人员配置，做好流程和管理对接，实现取消企业账户许可后，业务流程清晰顺畅，岗位职责明确，人员调配到位。

2. 修订完善制度。按照《中国人民银行关于取消企业账户许可的通知》（银发〔2019〕41 号）要求，遵循《企业银行结算账户管理办法》《人民币银行结算账户管理办法》等规定，结合本机构系统改造、流程调整、风控管理等实际情况，完成相关企业账户管理、内控合规、业务考核、应急处置、责任追究等制度以及企业银行账户管理协议修订工作。

3. 开展业务培训。组织对本行柜员、账户管理人员、客户经理、客服人员等相关人员进行培训和考核。重点培训政策精神、规章制度、业务流程、内控管理、风险处置、考核评价、责任追究、全国统一版本 AMS 系统和北京新版 EAS 系统操作、企业开户材料核验、人民银行事中事后监督重点等内容，确保各层级、各网点人员准确把握政策精神、熟悉业务操作，明确管理要求，有效防范账户管理风险。

4. 强化风控管理。加强内控管理，及时改进完善风控模型，强化风控管理，加强对企业银行账户开立、变更、撤销等异常监测分析，切实发挥风控管理在风险识别、预警、处置方面的作用，实现企业账户全生命周期风险监测，保障北京全面取消企业账户许可工作安全顺利进行。

5. 做好对外公告。自 2019 年 4 月 23 日起，各银行机构应在每个对公网点按照人民银行文件要求张贴《关于取消企业银行账户许可的公告》（银发〔2019〕41 号文印发）。

6. 公布咨询与投诉电话。各银行机构应在网点营业大厅及官方网站醒目位置公布取消企业银行账户许可业务 24 小时咨询与投诉电话。

7. 开展宣传工作。各银行应按要求

制定本机构宣传方案，并在2019年4月23日起，按照相关口径，综合运用解读文章、海报、动漫等各种宣传方式，利用电视、广播、报纸、微博、微信、微视频等各种宣传渠道，向政府部门、企业、社会公众开展取消企业账户许可宣传。

8. 做好应急工作。各银行要按照《企业银行结算账户业务应急预案》和《北京市企业银行账户业务应急预案》（见附件2），细化完善本机构业务、技术应急预案，配置资源，做好应急准备，确保突发事件时的业务连续性。

（二）技术准备阶段。

1. 系统改造工作。

2019年4月4日前，根据北京地区取消企业银行账户许可工作方案，各银行机构应完成相关系统改造，实现企业银行账户业务管理功能。

2. 测试工作。

2019年4月4日—2019年4月21日，完成本机构相关行内系统测试，配合完成全国统一版本AMS系统和新版EAS系统联调测试、压力测试、系统优化等工作。2019年4月24前完成相关程序定版工作，做好试运行相关准备工作。

（三）工程实施阶段（T-1日至T日）。

营业管理部T-1日18:00前，完成人民银行端新版AMS系统和新版EAS系统上线工程实施工作。各银行机构务必于T-1日18:00至T日9:00，按照《人民币银行结算账户管理系统和人民币银行结算账户电子化系统审批系统上线试运行方案》（见附件3），完成相关行内系统升级，配合做好新版AMS系统、EAS系统上线工程实施、业务验证等试运行工作。

（四）取消许可阶段（T日以后）。

T日起，北京全面取消企业银行账户许可工作。各银行机构应根据《企业银行结算账户管理办法》，按照“两个不减、两个加强”要求，重点做好以下几方面等工作，全面独立承担账户全生命周期合法合规主体责任。

1. 规范业务办理。切实转变账户管理理念，强化内部控制，全面、独立承担账户管理职责。严格审核企业开户证明文件的真实性、完整性和合规性，开户申请人与身份证明文件所属人的一致性，以及企业开户意愿的真实性，规范办理企业银行账户业务，准确备案银行账户信息，及时报送银行账户资料。

2. 优化账户服务。结合取消企业银行账户许可工作，进一步优化企业银行账户开立、变更和撤销的流程，在控制风险的基础上尽量简化手续。充分利用电子渠道为企业提供账户预约服务，实现线上线下联动，减少企业填表和等候时间，在落实账户实名制和受益所有人识别要求的前提下，最大程度提高企业银行账户服务效率。

3. 强化账户监管。各银行机构应建立企业银行账户监督检查制度，建立与企业账务核对机制，对账频率应不低于每季度一次，定期对分支网点企业银行账户内控制度、业务办理、风险管理等情况开展监督检查。建立银行账户管理自律机制，维护账户管理工作秩序。营业管理部将加强对各银行机构企业银行账户管理的事后核查。按照“双随机、全覆盖”要求，开展现场检查和非现场监测，强化事中事后监管，尤其是中小银行企业银行账户的事中事后监管。

4. 履行反洗钱义务。加强反洗钱培

训、审计和监督考核力度，提高反洗钱专业知识和技能，严格执行各项反洗钱法律法规制度，落实客户身份识别要求，做好可疑交易监测工作，防范利用企业银行账户从事洗钱和恐怖融资活动风险。

5. 加强应急管理。加强账户风险事件监测，根据风险事件情况划分事件等级，根据账户开立、账户变更、账户撤销等不同业务种类确定处置方法，按要求进行决策、指挥、处置及报告。

四、工作要求

（一）高度重视，精心组织。

各银行机构应切实提高政治站位，强化使命担当，成立分管行领导任组长的工作领导小组，加强组织领导，明确工作责任，层层落实责任，制定总体方案，明确工作内容，细化工作措施，科学分解任务，列出任务清单、责任清单，倒排时间，挂图作战，严格按照《流程控制表》要求，按时完成各项工作任务。建立监督问责机制，明确任务交付时间、交付要求和责任人，对未按要求完成任务的，追究责任人责任。

同时，取消许可工程实施工作适逢特殊敏感时期。各银行机构应高度重视，加强统筹组织，强化协调部署，做好人员调配和资源保障，强化舆情监测与应急处置，在充分做好各种准备基础上，发扬不怕困难，连续作战的斗争精神，积极克服时间紧、任务重，要求高的困难，按时安全高效完成工程实施，做好本行取消企业银行账户许可工作。

（二）强化风控管理，消除风险隐患。

各银行机构应加强工程实施组织部署，采用有效措施，降低技术风险。持续深化对网点人员培训，减少操作风险。同时强化业务指导，规范业务管理，加强对企业银行账户实施全生命周期管理，采用多种形式和手段，加强企业银行账户开立、变更、撤销异常监测分析，防止和纠正企业多头开户和账户数量异常增加，减少存量账户风险，遏制新增账户风险。同时，持续优化制度流程和强化风险处置，争取第一时间识别发现风险、第一时间进行管控处置，第一时间完善制度流程和内控管理，第一时间明确责任追究，尽全力防范和化解风险隐患，将“两个不减、两个加强”要求，体现在制度流程中，体现在风控管理与账户服务工作中，实现制度完善与业务操作流程相契合，风控管理要求与优化账户服务相匹配，提高工作针对性、有效性，为全面独立承担账户全生命周期的合法合规主体责任奠定坚实基础。

（三）加强应急管理，强化应急保障。

各银行要结合实际，制定应急预案，完善应急领导机制和联动处置机制，组织开展应急场景预演，预判风险，建立健全企业账户业务应急预案，明确各类突发事件防范措施和处置程序，责任到岗到人，确保突发事件快速响应、及时上报、有效应对。组织开展本机构应急演练，提高应急预案的可行性和有效性，切实提升应急处置能力。

（四）加强事后监督核查，严肃问责追究。

根据人民银行部署，我营业管理部将适时组织开展北京地区各银行存量企业银行账户清理、核查工作，对违规开立、使用的存量企业银行账户及时纠正、处理。同时，分期分批全面审核银行报备业务制度、业务流程、风控管理、应急预案、舆情处置等相关规章制度。100% 开展账户业务事后核查，对于核查中发现问题及时通报，并组织整改。同时，建立健全通报和问责机制，针对网点差错率大幅增加、账户数量异常变化的机构，我营业管理部将组织现场调查。对企业银行账户服务较差、造成恶劣影响，或者出现大面积账户风险事件的银行，我营业管理部将组织依法查处、严厉处罚。对应急保障不力并造成严重后果的单位和个人依据有关规定问责。

（五）积极开展宣传培训，营造良好氛围。

各银行要高度重视宣传工作，根据《北京地区取消企业银行账户许可宣传工作方案》（见附件4），结合实际，采取多种方式、多种渠道，启动开展本机构宣传工作，积极营造良好氛围。持续加强和改进培训工作，确保各网点相关工作人员了解取消许可工作背景、意义，准确掌握业务操作和政策规定，以及对有关问题的解答口径，提升员工技能，降低操作风险。

（六）加强舆论引导，做好舆情处置。

各银行应建立舆情监测处置机制，加强舆情收集，密切关注取消企业银行账户许可前后舆情信息，收集各营业网点、各方面声音，及时发现化解潜在的舆情风险。针对突发事件，要快速响应，快速处置，做好舆论引导工作，尽力消除误解。对于需要企业配合事项，如配合业务验证、没有开户许可证等，要耐心做好沟通和政策解释工作。如有负面舆情，应立即向我营业管理部报告。

（七）按要求报送相关材料。

一是及时报送工作情况。实施许可第一周，各银行要于每日17:00前将《企业银行账户情况统计表》（《中国人民银行关于取消企业银行账户许可的通知》（银发〔2019〕41号）文印发）报我营业管理部，此后，应于次月5个工作日内，将上月有关情况和《企业银行账户情况统计表》报我营业管理部，直至2019年底。遇重大问题和情况，各银行机构应立即报告我营业管理部；二是按照《中国人民银行营业管理部支付结算处转发中国人民银行支付结算司关于加强企业银行账户风险监测分析文件的通知》（银管支付〔2019〕31号）的要求，按时报送相关风险监测报表。三是各银行应确定牵头部门，并将部门负责人及联系人名单、联系方式及时上报我营业管理部。四是各银行指定专人负责T－1日至T日新版AMS系统、EAS系统上线工程实施中的相关工作，并将负责人名单及时上报营业管理部，确保沟通顺畅。五是各银行要在2019年5月底和12月底前全面总结本单位取消企业银行账户许可情况，分期报告我营业管理部。

地址：西城区月坛北街26号恒华国际商务中心A座9073室，邮编：100045。

电子邮箱：bjzhanghu@bj.pbc.gov.cn

联系人：郭强、韩学红、徐晶晶、鲁楠

联系电话：68559065、68559677、68559576、68559382

附件：1. 银行机构工作流程控制表
2. 北京市企业银行账户业务应急预案
3. 人民币银行结算账户管理系统和人民币银行结算账户电子化系统审批系统上线试运行方案
4. 北京地区取消企业银行账户许可宣传工作方案

二〇一九年四月二十三日

附件：

1. 银行机构工作流程控制表（略）

2. 北京市企业银行账户业务应急预案（略）

3. 人民币银行结算账户管理系统和人民币银行结算账户电子化系统审批系统上线试运行方案（略）

4. 北京地区取消企业银行账户许可宣传工作方案（略）

中国银行保险监督管理委员会北京监管局

关于进一步做好小微企业续贷业务支持民营企业发展的指导意见

京银保监发〔2019〕12号

各政策性银行北京市分行及总行营业部、各国有商业银行北京市分行、辖内各股份制商业银行、北京银行、北京中关村银行、北京农商银行、辖内各村镇银行、各城市商业银行北京分行、中国邮政储蓄银行北京分行、辖内各外资银行：

为深入贯彻党中央、国务院和中国银保监会关于做好小微企业融资服务工作部署要求，切实缓解小微企业融资难融资贵问题，提升小微企业金融服务质效，现就辖内银行业金融机构进一步做好小微企业续贷业务、支持民营企业发展提出以下监管指导意见。

一、开展续贷业务的总体要求

（一）坚持服务首都功能定位和服务实体经济原则

银行业金融机构应主动服务首都“四个中心”和城市副中心功能定位，服务实体经济需要，紧扣城市发展规划主题主线，继续深入治理小微企业和民营企业金融服务乱象，特别是小微企业融资服务中的“通道”、“过桥”环节乱象，在满足内部控制和风险管理要求下积极开展小微企业续贷业务，降低融资总成本，提高小微企业贷款规模占比，提升服务实体经济质效。

（二）明确续贷业务的开展范围

小微企业续贷业务是指按照中国银保监会积极创新小微企业流动资金贷款服务模式的要求，对流动资金周转贷款到期后仍有融资需求，又临时存在资金困难的小微企业，经其主动申请，提前按新发放贷款要求开展贷款调查和评审，在原贷款到期前签订新的借款合同，以新发放贷款结清原贷款的业务。

银行业金融机构应聚焦企业原有贷款质量形态和有效信贷需求，对于原贷款质量形态正常，出现临时性资金周转困难，但经营可持续、发展有前景、符合首都功能定位和城市副中心功能定位的小微企业和民营企业，应深入企业调查，逐一分析研判，不简单断贷、抽贷和压贷，应通过积极开展续贷业务等手段帮助企业纾解困难。

银行业金融机构对于应加快疏解的非首都功能行业领域的企业，应审慎开展续贷业务。对于确已无力还款，或债权债务关系复杂、资不抵债且不能通过兼并重组盘活资产的企业，以及具有“僵尸企业”特征的企业，严禁以续贷为名义掩盖或缓释风险暴露。对于不从事生产经营的（资本）投资管理型企业集团和房地产开发企业，不适用续贷业务政策。

二、开展续贷业务的基本条件

（三）借款人申请续贷应符合以下条件要求

1. 依法合规经营，生产经营状况正常，具备可持续经营能力和市场前景；

2. 信用状况良好，还本付息积极、主动、按时，未有恶意欠息欠贷行为和不良记录；

3. 原贷款资金用途符合贷款合同约定，未发生挪用行为；

4. 贷款投向、用途符合国家产业政策、环保政策和信贷政策，符合首都功能定位、城市副中心功能定位和产业结构调整方向；

5. 申请续贷的期限、金额应不超过原贷款合同约定。

（四）银行业金融机构开展续贷应符合以下监管要求

1. 具备良好的资产质量分类管理能力和完善的资产质量分类管理制度；

2. 积极支持原信贷资产质量分类属于正常类的贷款办理续贷业务，但对质量存在明显下迁趋势的正常类贷款，应审慎办理续贷业务；

3. 严格禁止为原信贷资产质量分类为关注类和不良类贷款办理续贷；

4. 续贷评审（贷审）未能全票通过的应审慎办理，但对评审（贷审）人员持续行使否决和弃权的表决行为，其本人需提供公平公正的书面说明，并报告上级行；

5. 辖内法人银行京外分支机构开展续贷业务的，还应遵守当地监管部门的政策要求。

三、完善续贷业务制度及管理体系

（五）建立健全续贷管理制度及流程

银行业金融机构应落实中国银保监会续贷政策及相关要求，根据小微企业客户特点，结合本机构实际情况，建立健全续贷业务管理体系，制定和完善相关制度办法，细化续贷业务办理条件，明确续贷业务工作所涉及的各相关部门及其职责，持续优化续贷业务流程，形成前、中、后台既相互支持又相互制衡的工作机制。

（六）强化信息系统对续贷业务支持

银行业金融机构应根据续贷业务开展需求，对会计核算系统、财务管理系统、信贷管理系统、风险管理系统等进行升级完善，对开展续贷业务企业进行标识，并具备电子台账管理能力。

（七）提升续贷办理效率并合理定价

在风险可控的前提下，银行业金融机构，应为续贷业务建立绿色审批通道，缩短审批时间，做到应续尽续。支持通过系统全面收集分析企业数据提前预判企业续贷资质，并进行分层管理，以提高续贷效率。在利率政策未调整前提下，银行业金融机构续贷利率应不高于续贷前贷款利率水平，严禁借续贷业务搭车收费，变相抬高企业融资成本。

四、加强续贷业务风险管理

（八）严格落实贷前调查

银行业金融机构开展续贷业务应当多渠道掌握企业经营与财务状况、对外融资和担保情况、关联关系以及企业主个人资信等信息，做好续贷客户贷前调查，客观准确判断和识别续贷风险状况。

（九）完善风险缓释措施

银行业金融机构同意企业续贷申请的，应在原贷款到期前签订新的借款合同。同时，续贷贷款的风险缓释措施应不弱于原有贷款，并视情况落实抵押、质押、保证等风险缓释措施。鼓励银行业金融机构与保险机构开展业务合作，提高企业增信水平和续贷率。支持银行业金融机构积极探索新模式新方法解决续贷抵押操作中的程序性问题，切实保证新旧担保的无缝衔接，防止担保悬空。

（十）合理确定风险分类

银行业金融机构开展的续贷贷款存续期间，如未新发生导致贷款风险分类下调的实质性风险因素，续贷贷款风险分类应与原贷款保持一致。续贷业务本身不作为下调风险分类的因素。续贷后的贷款分类，应当划为正常类。

（十一）强化续贷贷后管理

银行业金融机构完成续贷相关流程之后，应进一步加大贷后管理力度，对续贷企业监测频度和实地调查回访频度应不低于原有贷款，确保及时掌握企业经营和财务状况，做好风险评估和预警，必要时采取措施防范和控制风险。

（十二）防范人员道德风险

银行业金融机构开展续贷业务，应将具备还款能力但企图搭政策便车逃废银行债务的企业排除在外，防范企业道德风险。同时，强化员工日常行为监测和管理，严格禁止员工利用搭桥融资等“倒贷”行为为本人和他人牟取不正当利益。

五、改进续贷业务激励考核机制

（十三）优化考核指标及权重

银行业金融机构应修订完善内部考核指标，确保员工从事续贷业务所付出的精力、所承担的责任与所享受的考核激励相匹配，充分调动其积极性、能动性。应适当提高小微企业授信尤其是续贷业务的考核权重，其中，应降低从业人员的利润考核权重，增加贷款户数的考核权重。应为基层机构和业务人员开展续贷业务提供必要且充分的营销费用及其他资源支持。在对各分支行行长和领导班子的考核中，应结合实际充分考虑续贷业务开展情况。

（十四）落实尽职免责机制

银行业金融机构应加快制定续贷业务尽职免责的配套措施，修订原有不合理制度，设定风险容忍度，对正常范围内的风险损失实行尽职免责，激发服务小微企业的内生动力。原则上，与原有贷款相比，风险敞口未扩大、担保强度未降低的续贷业务发生问题，应纳入尽职免责范围。

六、建立续贷业务监管考核机制

（十五）完善监管考核体系

北京银保监局将充分利用监管大数据平台，构建并不断完善小微续贷业务监管考核体系，通过续贷金额、续贷客户数量、正常类贷款到期续贷率等指标，对银行业金融机构续贷业务进行监测、分析和考核，并将考核结果作为重要因素纳入监管评级和评价范围。

（十六）开展续贷业务监管督导

北京银保监局将通过非现场监管、现场检查、实地督导等措施，加强对辖内银行业金融机构续贷政策落实情况进行持续监管。对银行业金融机构开展续贷业务情况在全辖范围内定期进行通报。对于落实政策不力的银行业金融机构，将视情况依法采取监管措施。

（十七）建立续贷业务报送制度

银行业金融机构落实续贷政策的工作方案应于2019年3月31日前正式报送北京银保监局，相关配套制度作为附件一并上报。此后制度如有更新应及时上报。每季度结束后10个工作日内应向我局报送续贷业务开展情况报告和《北京银行业金融机构小微企业续贷业务监测表》（通过1104系统区域特色模块报送，报表模板以区域特色模块下载模板为准）。报告内容包括但不限于续贷业务开展情况、遇到的困难和问题、相关建议等内容。首次报告及报表应于2019年4月15日前报送，内容为2019年一季度情况。

附件：北京银行业金融机构续贷业务监测表

二〇一九年二月十三日

附件：

北京银行业金融机构续贷业务监测表（略）

北京银保监局关于加强银行卡风险防控的监管意见

京银保监发〔2019〕274号

辖内各国有控股大型商业银行、辖内各股份制商业银行、北京银行、北京农商银行、北京中关村银行、辖内各村镇银行、各城市商业银行北京分行、辖内各外资银行、辖内各卡中心：

为加强银行卡业务管理，有效防范洗钱、电信网络新型违法犯罪等银行卡业务风险，切实保障银行和客户合法权益，根据监管法律法规有关规定，现提出以下监管意见。

一、银行卡风险防控总体要求

（一）发挥智能风控引领作用，构建银行与客户共同防控机制

辖内商业银行应积极引入个人征信、通信运营商、社保、公积金、纳税证明、交通运输部ETC数据等外部可信数据，不断优化风险评价模型和交易监控模型，利用“大数据+模型”技术手段不断完善银行卡风险管理体系，同时积极引导客户主动采取账户安全措施，全面构建“银行专业防控+客户自主防范”的风险防控机制。积极维护良好、公平的市场竞争机制，严禁银行卡及相关绑定业务通过攀比赠送、竞相折扣、加码优惠等促销手段开展恶性竞争。

二、加强防范银行卡账户开立风险

（二）加强账户实名制管理，切实做到“了解你的客户”

辖内商业银行应严格执行《个人存款账户实名制规定》（国务院令第285号）以及中国银保监会的相关规定，同一客户在同一商业银行只能开立一个I类户，开立借记卡原则上不超过4张；同一代理人在同一商业银行代理开卡原则上不超过3张。在具备监管部门提供的账户查询条件下，辖内商业银行经客户授权应在新开立账户和银行卡前，对其名下已开立的银行账户和银行卡数量、

类型、状态等进行查询，严格控制同一客户银行卡累计开卡数量，严格审慎为已有账户被有权部门冻结的客户办理新开卡业务。辖内商业银行在银行卡开卡、激活过程中，应通过“公安联网核查”、“二代身份证鉴别仪”等方法有效识别客户身份，鼓励银行采用人脸识别、指纹、声纹等辅助识别技术。

（三）引导客户自主设置个性化账户安全措施

辖内商业银行应积极规避银行卡业务管理系统中默认设置而可能导致的客户风险，应主动劝导客户根据实际需要，通过柜面、网上银行、手机银行等多种渠道，设置银行卡“账户安全锁”，包括锁定交易地点、交易时间、交易类型、交易限额等参数。对于新开立银行卡，辖内商业银行应经客户本人同意方可开通或者关闭境外交易权限；对于存量银行卡，辖内商业银行应主动向客户发送账户安全提示信息，告知客户在无境外交易需求情况下及时关闭境外交易权限。

（四）加强网络开户系统安全管理

辖内商业银行应着重加强系统网络安全管理，在选择网络技术方案时将系统安全性放在首位，不断强化网上银行、手机银行、微信银行等各类开户系统和接口的安全管理，完善网络开立Ⅱ、Ⅲ类账户的业务流程和风险管控机制，确保开户流程控制逻辑完备，身份核验功能全面有效，鉴权验证结果真实可靠。

三、严格信用卡授信管理

（五）加强授信审批审慎管理

辖内商业银行应严格执行统一授信管理，对客户名下的多个信用卡账户授信额度、分期付款授信额度、现金提取授信额度等合并管理，不得突破设定总授信额度上限，并将客户名下他行信用卡授信额度纳入本行授信额度合并管理。辖内商业银行应重视审查第一还款来源，建立合理的收入偿债比例控制机制；对于信用卡专项分期业务，不得因合作机构的风险补偿措施而放松审批条件。

（六）加强授信额度动态管理

辖内商业银行应至少每年一次对客户授信额度进行重检，对于风险程度较高的客户应加大重检频次。同时合理设定临时额度的调升频率、有效期和时间间隔，单次临时调升额度不得超过一个账单周期，且不得无审批循环使用。

（七）审慎制定信用卡分期业务风险资产分类标准

辖内商业银行应建立审慎的信用卡分期业务风险资产分类标准，不得对单笔交易拆分风险资产分类，出现逾期时，应以最长逾期天数确认该笔交易的风险资产分类结果。辖内商业银行不得对已办理分期的透支余额再次办理分期，有个性化分期还款协议的除外；签订个性化分期还款协议后尚未偿还的透支余额应直接划分为次级或可疑类资产。

四、加强银行卡交易监控

（八）建立完善异常交易监控机制

辖内商业银行应建立银行卡异常交易监控系统，根据交易逻辑是否合理、交易记录是否异常等多方面因素建立银行卡交易监控模型。银行监控发现高风险交易，应及时与客户联系确认交易，必要时采取紧急止付等风险管理措施，避免客户资金损失风险。银行监控发现涉嫌洗钱和恐怖融资等异常交易，应及时向监管部门报告，并按照法律法规要求采取相应措施。

（九）建立账户变动提醒机制

辖内商业银行应根据客户需求，通过

手机银行、短信、微信等多种方式向客户发送交易信息。对单笔金额较大的交易，银行应主动进行账户变动提醒。

（十）加强信用卡资金流向监控

辖内商业银行应加强对信用卡大额透支和现金分期业务的资金流向监控，必要时要求客户提供发票等购物凭证，确保个人信用卡透支用于消费领域，不得用于生产经营、购房和投资等非消费领域。

（十一）加强信用卡套现交易监控

辖内商业银行应加强对信用卡小额多笔循环套现还款、境外套现等新型套现风险特征的分析，持续优化套现交易监控模型，采取有效措施防范信用风险延期暴露、共债风险向银行集聚以及跨境洗钱等风险。

五、强化消费者权益保护

（十二）加强信息披露和客户信息保护

辖内商业银行应通过银行网点、手机银行等多种渠道，充分披露银行卡申请条件、产品功能、计结息方式、收费标准等内容。辖内商业银行应重点针对电信网络诈骗、银行卡盗刷、出租出借出售个人账户等突出风险进行宣传，持续向客户普及安全用卡知识与银行卡风险防范措施。辖内商业银行应不断完善客户信息保护制度、机制和流程，遵循“最小化”数据访问原则，加强与第三方机构的数据交互安全管理，防止员工泄露客户敏感信息。

六、建立银行卡风险排查机制

（十三）加强银行卡风险排查

辖内商业银行应建立完善银行卡风险定期排查机制，完善排查流程，明确排查内容，落实排查责任，针对排查发现的问题及时采取措施进行整改，每半年结束后15个工作日内向北京银保监局正式报送银行卡风险排查报告。对于落实不力导致银行卡业务发生较大风险的银行，北京银保监局将视情况采取相应的监管措施。

人民银行和银保监会另有规定的从其规定。

本监管意见由北京银保监局负责解释，自印发之日起执行。

二〇一九年八月二十六日

北京银保监局关于规范银行与金融科技公司合作类业务及互联网保险业务的通知

京银保监发〔2019〕310号

辖内各国有控股大型商业银行、辖内各股份制商业银行、北京银行、北京农商银行、北京中关村银行、辖内各村镇银行、各城市商业银行北京分行、辖内各外资银行、辖内各卡中心、各保险公司北京分公司、各在京经营业务保险公司总公司、各在京保险专业中介机构：

为规范辖内银行与金融科技公司合作类业务及互联网保险业务，促进银行保险机构加强风险管控和合规管理，有效防范外部风险传染，现就相关监管要求通知如下：

一、关于银行与金融科技公司合作类业务

本意见规范对象金融科技公司（以下简称“合作机构”）是指通过输出技术或提供场景，与银行业金融机构在营销、获客、风控、运营等领域开展合作的企业。包括但不限于：在金融业务与技术输出方面同时布局的互联网企业；主要依托互联网展业的民营银行、直销银行、保险公司、保险中介机构及银行系金融科技子公司；利用新技术或依托互联网从事类金融业务、经纪类业务、中介服务及信息服务的企业；提供数据或技术服务的企业等。合作类业务范围包括但不限于信贷、表内外投资、客户和产品推介、信用卡、支付、数据信息和技术服务等方面。

（一）依法审慎开展合作类业务

以依法合规为前提，不得突破商业银行经营范围，不得借助外部合作规避监管规定。坚持内控先行，预先制定覆盖全部业务环节的管理制度和操作规程。落实风险防控主体责任，将对合作类业务的风险管理纳入全面风险管理体系。合理把控业务节奏，业务发展初期，以试点等方式循序渐进开展。

（二）加强合作机构管理

1. 建立准入、评估和退出机制

对合作机构实行名单制管理，审慎制定准入标准，开展尽职调查，甄选信用状况良好、经营行为规范、内部管理健全、核心技术成熟、系统安全稳定的机构开展合作。完善审批流程，合作机构准入应报总行审批，严禁未经授权开展合作。定期评估合作机构资质和信用情况，建立风险预警机制，提升风险管理前瞻性。对于出现风险预警信号、存在潜在风险隐患和违法违规行为的合作机构，应及时终止合作。严禁与以金融科技之名从事非法金融活动的企业开展合作；严禁与虚构交易背景或贷款用途，套取信贷资金的企业开展合作；严禁与以非法手段催收贷款的企业开展合作；严禁与以“大数据”为名窃取、滥用、非法买卖或泄露客户信息的企业开展合作。

2. 清晰界定合作中的权责划分，做好信息披露

严格审慎制定与合作机构的协议条款，在风险承担、信息披露、风险揭示、客户信息传递及信息保密、服务安排、投诉和应急处理等方面，明晰权责边界。充分披露合作业务信息及合作各方的责任边界，揭示合作业务风险，明示收费主体、项目和标准，保证客户知情权和自主选择权，防止合作机构风险向银行传导。

（三）规范开展线上贷款业务合作

1. 严格落实自主风控原则

开发与业务匹配的风控模型和系统，配备专业人员，自主开展客户准入、风险评估、贷款审批、贷后管理等工作。不得将贷款“三查”、风险控制等核心业务环节外包给合作机构，不得仅根据合作机构提供的数据或信用评分直接作出授信决策，不得因引入保证保险、回购承诺等风险缓释措施而放松风险管控。

2. 加强信用风险管控

加强合作类产品及业务模式的风险管控，充分评估风险，严格审批程序，合作类产品及业务模式应经总行审批。充分运用大数据技术，加大风险监测和预警力度，建立重点风险指标体系，设定预警触发机制，动态评估风控模型，不断完善产品设计、优化业务流程，加强关键节点风险把控，严防出现大面积违约风险暴露。探索通过远程视频、生物识别等手段进一

步核实客户身份意愿真实性，结合数据风控技术，加强异常监测，防范外部欺诈行为。加强新增授信客户的风险评估，合理确定授信额度，防范过度借贷、重复授信风险。

3. 加强资金用途合规性审查

按照穿透原则，严查资金用途合规性，严防信贷资金违规流入网络借贷平台、房地产市场等禁止性领域。采用自主支付的，应与借款人在借款合同中事先约定，要求借款人定期报告或告知贷款人贷款资金支付情况。通过账户分析、凭证查验或现场调查等方式，核查贷款是否按约定用途使用。贷款发放后，应采取有效方式对贷款资金使用等进行跟踪检查和监控分析。

4. 审慎办理异地客户授信业务

辖内商业银行应立足本地经营，主要服务本地客户，通过合作机构引入在自身营销、服务和风险管控能力范围内的客户。按照客户身份证地址、常住地、主要业务经营地、手机号码归属地、客户登录IP地址等维度，制定属地经营规则。办理异地个人授信业务，应严格执行《个人贷款管理暂行办法》（银监会令2010年第2号）关于面谈、面签的相关要求，并应抽取一定比例采取现场调查方式进行贷后管理。

（四）规范开展金融营销宣传合作

严格落实《中国银监会关于规范商业银行代理销售业务的通知》（银监发〔2016〕24号），不得违规推介、销售非金融企业产品。通过合作机构开展金融营销宣传，应制定禁止性行为清单，采取有效措施，加强对合作机构行为的监督，严格审核通过合作机构平台发布的各类营销宣传信息，防止合作机构以银行名义虚假宣传、夸大宣传、误导销售、违规展业等。

（五）建立风险事件应对机制

对可能引发声誉风险的事件制定应急预案，建立舆情应对的快速反应机制，积极开展与客户的沟通解释工作，稳妥化解信访投诉纠纷，避免事态扩大引发群体性事件。

二、关于互联网保险业务

（一）严格信息披露

保险机构、商业银行应按照《互联网保险业务监管暂行办法》（保监发〔2015〕69号，以下简称《办法》）和《中国保险行业协会互联网保险业务信息披露管理细则》的相关要求进行信息披露后，方能开展互联网保险业务。

商业银行相关信息披露要求，参照保险专业中介机构执行。

（二）规范宣传销售行为

保险机构、商业银行开展互联网保险业务，不得进行不实陈述、与其他同类保险产品进行不当比较、片面或夸大宣传过往业绩、违规承诺收益或者承担损失、虚假宣传优惠活动等误导性描述。

（三）加强第三方网络平台管理

保险机构与第三方网络平台（以下简称平台）合作开展互联网保险业务应确保平台符合《办法》规定，并符合下列条件：

1. 平台不得参与保险业务的销售、承保、理赔、退保、投诉处理、客户服务等保险经营或保险中介经营行为。如：保费试算、报价比价、代理查勘理赔、为投保人拟定投保方案、代办投保手续、协助索赔等。

2. 平台不得将保险产品与其他非保险金融产品同时展示，或作引人误解的对比宣传。

3. 平台不得代收保费，保费与其他经营项目费用合并收取的，应做到实时分账至保险机构所属专用账户。

第三方网络平台，是指备案运营主体、电信与信息服务业务许可证（ICP）归属机构不是保险机构，为保险机构的互联网保险业务提供网络技术支持辅助服务的网络平台。

（四）加强销售人员管理

保险机构、商业银行应当加强对保险从业人员的管理，要求保险从业人员不得通过平台从事超出其执业登记范围的保险销售，包括通过宣传推广特定保险产品或发送特定产品链接，获取佣金或与佣金相近的推广费等。

保险机构不得通过平台变相委托未取得本机构执业证书的人员销售保险产品，不得通过平台向未取得本机构执业证书的人员支付或变相支付保险销售佣金。

（五）规范服务费支付

保险机构不得向平台支付保险销售佣金，也不得简单以与保费规模或保单件数挂钩的结算方式变相支付保险销售佣金。

（六）加强信息安全管理

保险机构应明确与平台的分工责任，确保能够完整记录和保存互联网保险业务的交易信息，能够完整、准确的还原相关交易流程和细节。

（七）明确管理责任划分

保险机构对利用平台开展的保险销售业务合规性承担相应法律责任。

各保险公司总公司统一销售，落地北京地区分支机构承保或提供后续服务的互联网保险业务，参照上述要求管理。

辖内银行保险机构应认真落实上述监管要求。对于落实不力导致相关业务发生较大风险的机构，北京银保监局将视情况采取相应的监管措施。

银保监会另有规定的从其规定。

本通知由北京银保监局负责解释。

二〇一九年十月十二日

北京市民政局
北京市地方金融监督管理局
中国银行保险监督管理委员会北京监管局

关于加快发展商业养老保险的实施意见

京民养老发〔2019〕150号

各区民政局、金融办，各金融机构，各相关单位：

为落实国务院办公厅《关于推进养老服务发展的意见》（国办发〔2019〕5号）、《关于加快发展商业养老保险的若干意见》（国办发〔2017〕59号）精神，结合本市养老服务业发展现状，现就加快发展本市商业养老保险提出如下意见。

一、总体要求

（一）指导思想

全面贯彻落实党的十九大精神，以习近平新时代中国特色社会主义思想为指导，紧紧围绕统筹推进“五位一体”总体布局和协调推进“四个全面”战略布局，坚持以人民为中心的发展思想，牢固树立创新、协调、绿色、开放、共享的发展理念，牢牢把握首都城市战略定位，以不断提升人民生活品质为出发点，完善养老风险保障机制，提升养老资金运用效率，以优化养老金融服务模式、建设“医养结合”、创新康复辅助器具产品供给的养老服务体系为方向，充分发挥商业养老保险在健全养老保障体系、推动养老服务业和康复辅助器具产业发展、促进经济提质增效升级等方面的生力军作用。

（二）主要目标

到2022年，建立健全与本市经济社会发展和人民群众需求相适应，形成产品多样、保障全面、诚信规范的商业养老保险市场。更好地发挥商业养老保险对社会基本养老保障的重要补充作用，使商业养老保险成为个人和家庭养老保障计划的主要承担者、企业发起的商业养老保障计划的重要提供者。推动商业养老保险机构支持北京市全面建成以居家为基础、社区为依托、机构为补充、医养相结合、服务均等化的养老服务体系。推动商业养老保险机构向人民群众提供全方面、全生命周期的健康管理服务，使人民群众获得更可靠的健康和养老保障。

二、推动商业养老保险产品创新

（一）鼓励商业保险机构发展商业性长期护理保险产品。鼓励商业保险机构参与本市长期护理保险制度试点，为参保人提供个性化长期照护服务，总结适合北京市经济社会发展的长期护理保险运营模式，形成长期护理保险制度框架。支持商业保险机构通过开展护理保险业务，带动养老服务、健康服务和康复辅助器具产业发展，优化健全本市养老服务体系。支持商业保险机构积极参与建立北京市老年人能力综合评估、护理需求评估体系，推动完善分级护理标准。

（二）鼓励商业养老保险机构开发针对特殊群体的综合养老保障计划。鼓励商业养老保险机构发展满足长期养老需求的养老保障管理业务，发展具有抵御通货膨胀风险功能的长期商业养老保险、生命周期型养老保险等产品，提供多样化、创新性的养老保险产品和健康管理服务。支持探索针对特困、优抚、残疾、“空巢”家庭、无子女家庭、计划生育特殊家庭等特殊群体的养老保障新模式，向特殊群体提供个性化、差异化的综合养老保障方案，提供涵盖人身意外、重大疾病、老年护理、住院津贴、医疗费用报销、居家养老服务、社区照护服务等综合养老保障计划。

（三）稳妥推动老年人住房反向抵押养老保险业务发展。以租金养老、住房置换为导向，试点探索推动商业保险机构积极参与完善本市老年人住房反向抵押养老保险政策制度和体系流程建设工作。建立商业保险机构与社会建设、民政民生、住房建设、产权管理、司法监管等政府职能部门以及商业银行、金融信托、融资租赁等相关金融机构的合作机制，切实加强业务全流程风险管控。在房地产交易、抵押登记和公证等办事机构，为住房反向抵押养老保险投保人或被保险人设立绿色通道，优化办事程序，提升服务效率。

（四）鼓励商业保险机构开发以老年人为主体的社会福利群体意外伤害保险产

品。鼓励商业保险机构总结过往项目经验，针对老年人、残疾老年人、老年人家庭的需求增加社会福利核心群体的意外伤害保险产品的保障范围和保障额度。完善相关配套政策措施，支持老年人投保意外伤害保险，提高老年人、残疾老年人等社会福利核心群体的意外伤害保险产品的参保率，让更多老年人享受更优质的美好生活。

（五）开展个人税收优惠型健康保险和积极推动个人税收递延型养老保险试点工作。结合实际情况研究适当提高个人税收优惠型健康保险的免税比例上限，研究推动优化涉税申报流程，实现保险行业与税务部门的信息直接交互，为投保和个税申报提供便利。支持商业保险机构根据本市医保、药品政策的调整及时更新用药目录，开发适应性更强的个人税收优惠型健康保险。积极推动在京开展个人税收递延型商业养老保险试点。

（六）提升企业（职业）年金的补充覆盖作用。鼓励各类型在京企事业单位建立企业（职业）年金制度，推动相关部门对在京企事业单位建立企业（职业）年金制度提供政策支持。支持具备条件和资质的商业保险机构参与本市职业年金计划的受托运营和基金管理，在基金托管、账户管理、投资管理等方面提供优质高效服务。

（七）支持商业保险机构做好养老服务机构风险保障服务。针对养老机构、城乡社区养老服务驿站、养老服务机构延伸床位（家庭养老床位）、残疾老年人服务机构等养老服务机构经营风险特点，优化涵盖人身保障、雇主责任、场地意外、纠纷化解、医疗支持等的综合责任保险产品。发挥财政政策扶持作用，支持各类养老助残机构统一投保综合责任保险，有效降低运营风险。

三、促进商业养老保险资金运用，助推首都经济社会发展

（一）发挥商业养老保险资金长期投资优势。坚持风险可控、商业可持续的原则，支持商业养老保险资金对接国有企业融资平台，保证资金安全有效增值。支持商业养老保险资金通过债权投资计划、股权投资计划、不动产投资计划、资产支持计划、保险资产管理产品等形式，参与重大基础设施、棚户区改造、新型城镇化建设等重大项目。支持商业养老保险资金服务本市实体经济发展和经济转型升级，推进京津冀协同发展，打造以首都为核心的世界级城市群。支持符合条件的商业保险机构参与“三城一区”建设，为新型服务科技型企业、战略性新兴企业、生活性服务新业态、康复辅助器具产业等领域提供资金，打造北京经济发展新高地。

（二）鼓励商业保险机构投资实体养老助残产业。坚持服务质量可控化，鼓励商业保险机构以新建、参股、并购、租赁、托管等方式投资参与社会办医、兴办养老社区、医疗护理机构、健康管理体检机构、康复医院以及创新型养老机构、康复辅助器具生产或服务企业。支持保险机构开展与养老机构、城乡社区养老服务驿站、康复辅助器具配置服务商等机构的合作，提供社区及居家养老服务，满足多样化的照护需求。

（三）促进商业养老保险资金与资本市场协调发展。发挥商业保险机构作为资本市场长期机构投资者的积极作用，依法有序参与股票、债券、证券投资基金等领域投资，为资本市场平稳健康发展提供长期稳定资金支持，规范有序参与资本市场建设。

（四）审慎开展商业养老资金境外投资。鼓励符合条件的商业保险机构在风险可控的前提下，稳步发展商业养老保险资金境外投资业务，合理配置境外资产，优化配置结构。商业养老保险资金应在符合相关部门出台的境外投资方向指导意见的范围内，稳妥审慎开展境外投资。

四、提升首都养老服务管理保障水平

（一）完善保障体系，提高服务水平。完善本市养老、康复、护理、医疗、康复辅助器具配置等服务保障体系，满足多样化养老需求。支持商业养老机构、康复辅助器具企业参与制定完善的商业养老保险服务标准，深入推进以客户为中心的运营管理体系建设，运用“互联网＋”等现代技术手段，改善投保、承保、理赔等关键环节服务质量，提升保险消费者消费体验。推动商业保险机构发展自助投保、网上保全、快速理赔等手段，开展养老、医疗、照护、康复辅助器具配置等领域的“一站式”结算服务，为保险消费者提供高效便捷的服务。

（二）强化监督管理。加快保险业诚信体系建设，加强本市公共信用信息的应用。加大保险监管部门的监管力度，严厉打击商业养老保险领域的违法违规行为，防范化解金融风险。发挥保险行业协会等行业组织的作用，强化行业自律，倡导公平竞争合作，规范商业养老保险市场秩序。完善商业养老保险行业诚信体系建设，建立政府采购黑名单制度、违规机构和个人行业禁入制度。

（三）加强专业人才队伍建设。发挥在京高校优势，完善职业教育，加强人才培养和引进，加快高素质养老保险专业人才队伍的建设和壮大。建立养老服务专业人才培训制度，从资质考核等方面出台具体培训政策，完善养老服务专业人才的培育形成机制。

五、优化商业养老保险发展环境

（一）加强组织协同，确保政策落实到位。各区、各有关部门要建立商业养老保险发展的沟通协调机制，加强对商业保险机构工作的指导、推动、协调和监督，认真总结开展商业养老保险工作中的经验和做法，促进本市商业养老保险持续健康有序发展。

（二）完善地方保险保障支持政策。落实好国家支持现代保险服务业、养老服务业、健康服务业和康复辅助器具产业的税收优惠政策。研究制定商业养老保险服务实体经济的投资支持政策，为商业养老保险资金服务国家战略、投资重大项目、支持民生工程建设提供绿色通道和优先支持。加大对养老服务重点领域和重点项目的资助与扶持。鼓励商业保险机构投资养老服务业、健康服务业和康复辅助器具产业，落实好养老服务设施的用地保障政策。支持商业保险机构依法依规在投资开办的养老机构内设置医院、门诊、康复中心等医疗机构，符合条件的可按规定纳入城乡基本医疗保险定点范围。各有关部门要进一步加大对商业养老机构参与社区及居家养老服务的政策支持。

（三）营造良好舆论环境。以商业养老保险满足人民多样化养老保障需求为重点，加大政府宣传力度，积极推广本市相关成熟经验模式，为商业养老保险健康发展营造良好舆论环境。支持商业保险机构通过开展商业养老保险进企业、进社区、进农村等系列活动，普及商业养老保险知识，提升企业、个人的养老保险意识。

二〇一九年九月二日

中国证券监督管理委员会北京监管局

关于北京辖区创业投资基金享受财税55号文税收政策的通知

京证监发〔2019〕89号

北京辖区各创业投资基金：

为落实财政部、税务总局发布的《关于创业投资企业和天使投资个人有关税收政策的通知》（财税〔2018〕55号）、《关于创业投资企业和天使投资个人税收政策有关问题的公告》（国家税务总局公告2018年第43号）、《关于发布修订后的〈企业所得税优惠政策事项办理办法〉的公告》（国家税务总局公告2018年第23号），推进创业投资基金享受税收政策有效落地，现将有关事项通知如下。

一、申请标准

根据《国务院关于促进创业投资持续健康发展的若干意见》（国发〔2016〕53号），创业投资基金主要指向处于创建或重建过程中的未上市成长性创业企业进行股权投资，以期所投资企业成熟后主要通过股权转让获得资本增值收益的私募股权基金。

享受该税收政策的创业投资基金除需符合中国证监会和中国证券投资基金业协会有关私募基金的管理规范外，还应当符合下列条件：

1. 创业投资基金实缴资本不低于3 000万元人民币，或者首期实缴资本不低于1 000万元人民币且全体投资者承诺在工商注册后5年内实缴资本不低于3 000万元人民币；

2. 创业投资基金存续期限不短于7年；

3. 创业投资基金管理团队有至少3名具备2年以上创业投资或者相关业务经验的人员负责投资管理运作；

4. 创业投资基金对单个企业的投资金额不超过该创业投资基金总资产的20%；

5. 创业投资基金未投资已上市企业，所投资未上市企业上市（包括被上市公司收购）后，创业投资基金所持股份的未转让部分及其配售部分不在此限；

6. 创业投资基金未从事担保业务和房地产业务。

二、工作流程

（一）材料接收

1. 符合上述享受税收政策条件的创业投资基金，由基金管理人于每年4月底前通过中国证监会外网监管门户（网址：neris. csrc. gov. cn/portal）“私募税收优惠”模块提出申请（基金管理人账号由证监局在外网监管门户创设），按照《享受税收政策的创业投资基金证明材料申请表》（以下简称《申请表》，见附件）内容填写相关信息，扫描并上传《申请表》及《申请表》“企业应提交材料清单”模块所列材料。对确因客观原因导致申请时间延误的，应由基金管理人在提交申请的同时，提交关于申请时间延误的相关说明。

2. 申请材料不齐全的，北京证监局一次性告知需补充的有关材料。

（二）出具意见

1. 北京证监局根据基金管理人的申请材料、基金管理人注册地证监局（如涉及）和中国证券投资基金业协会的反馈意见，结合日常监管情况，对创业投资基金是否符合享受税收试点政策进行认定。

2. 对于基金管理人不存在不予出具无异议意见的情形、创业投资基金符合享受税收优惠条件的，北京证监局自接收申请材料后20个工作日内（基金管理人补充申请材料的时间不计算在内）作出无异议意见的决定，并及时通知基金管理人上交加盖公章的《申请表》（一式两份）及《申请表》“企业应提交材料清单”模块所列材料原件至北京证监局，由北京证监局在《申请表》“证券监督管理部门意见”一栏加盖公章后，领取一份《申请表》配合税务机关做好留存备查。

3. 对于基金管理人未规范运作或者创业投资基金不符合享受税收优惠条件的，北京证监局说明不出具无异议意见的理由。

（三）不予出具无异议意见的情形

对于发现基金管理人或创业投资基金存在以下情况的，不予出具无异议意见：

1. 基金管理人在最近一年内受到刑事处罚；

2. 基金管理人在最近一年内受到我会的行政处罚；

3. 基金管理人在最近一年内被我会立案调查（调查结束并已有明确结论基金管理人不存在违法违规行为的除外）；

4. 基金管理人在最近一年内被我会采取行政监管措施且尚未整改完毕；

5. 基金管理人在最近一年内受到基金业协会纪律处分且尚未整改完毕；

6. 基金管理人应提交的申请材料不符合规定。

三、监督检查

（一）监督检查

北京证监局可视情况对创业投资基金投资运作情况享受税收试点政策资格情况进行事后抽查。对于提供虚假材料、发生重大风险或存在严重违法违规行为的，及时采取相应措施并计入诚信档案。

（二）联合惩戒

对创业投资基金提供虚假资料，违规享受税收试点政策，且已被纳入失信纳税人名单的，由中国证券投资基金业协会按规定实施联合惩戒。

四、执行时间

本通知自发布之日起执行，《关于北京辖区创业投资基金享受财税38号文税收试点政策的通知》（京证监发〔2018〕42号）同时废止。

特此通知。

附件：享受税收政策的创业投资基金证明材料申请表

二〇一九年四月十六日

附件：

享受税收政策的创业投资基金证明材料申请表（略）

北京证监局关于加强辖区资产证券化业务监管工作的通知

京证监发〔2019〕133号

北京辖区各资产支持专项计划原始权益人、管理人：

为贯彻落实2019年全国证券期货监管工作会精神，加强辖区资产证券化业务监管，保护投资者合法权益，促进辖区资产证券化业务健康发展，依据《证券公司及基金管理公司子公司资产证券化业务管理规定》等规定，现将我局拟构建辖区资产证券化业务日常监管与风险处置机制有关事项通知如下：

一、辖区资产支持专项计划原始权益人

（一）珍惜公开市场信用，增强与金融市场良性互动能力

原始权益人应当严格遵守法律法规、部门规章、规范性文件、自律规则等相关规定，按照公司章程和相关协议约定，向资产支持专项计划（以下简称专项计划）或中国证监会认可的其他目的载体移交基础资产；尊重专项计划资产独立性，确保基础资产真实、合法、有效，不以任何方式侵占、损害专项计划资产，坚决杜绝合同欺诈、基础资产造假等恶性违规行为；珍惜公开市场信用，充分发挥资产证券化制度功能，增强实体企业与金融市场良性互动能力，优化资产证券化市场服务实业能力。

（二）完善公司内控制度，防范资产支持专项计划信用风险

原始权益人应当增强专项计划信用风险防范意识，建立健全内部控制制度，切实做好专项计划存续期风险防范工作。特定原始权益人要促进生产经营合法合规，为基础资产产生预期现金流提供支持与保障；作为资产服务机构的原始权益人，应当积极履职尽责，按照约定落实基础资产管理、运营、维护和质量变化情况监测职责，及时归集划转现金流，谨防财产混同，维护专项计划资产安全。

（三）配合参与机构履职尽责，做好存续期信息披露工作

原始权益人应当积极配合专项计划管理人、托管人等相关参与机构履行职责，确保提供文件信息真实、准确、完整，大力支持、配合信息披露义务人做好存续期信息披露工作。特定原始权益人在遇重大事项可能损害资产支持证券投资者利益时，应及时履行书面告知义务，切实保护投资者知情权。

二、辖区资产支持专项计划管理人

（一）完善公司内部管理，不断提高专项计划管理质量

管理人应推动资产支持专项计划管理事务的整合优化工作，加大对资产支持专项计划管理事务的人员和资金投入，严格遵守《资产证券化业务风险控制指引》

《证券公司内部控制指引》《证券公司投资银行类业务内部控制指引》等规定，设立资产支持专项计划管理专岗，建立健全相关内部管理、质量控制、合规管理和风险管理制度及操作规则，用好三道内部控制防线，完善风险处置应对措施，加强内部培训，完善激励约束机制，提高管理规范化水平。

（二）强化重点环节管控，切实防范各类合规问题

一是加强原始权益人培训。管理人应持续加强对原始权益人的合规培训，及时传导监管政策要求和市场典型案例，切实督促原始权益人提高规范运作意识，不得侵占、损害专项计划资产，配合并支持管理人等机构履行职责。

二是做好基础资产运营管理。管理人应当严格遵守相关监管规定和约定，为资产支持证券投资者利益管理、运用、处分专项计划资产。做好特定原始权益人、增信机构的经营情况和基础资产质量变化情况持续监测工作，如遇重大异常情况，积极采取必要措施维护专项计划资产安全；落实基础资产循环购买、不合格基础资产赎回、替换和维护专项计划资产安全机制；建立封闭、独立的现金流归集机制，持续跟踪基础资产现金流产生、归集和划转情况，切实防范专项计划资产与其他资产混同以及被侵占、挪用等风险。

三是强化信息披露管理。资产支持证券存续期内，管理人应按照相关监管规定和约定，严格履行信息披露义务，及时发布年度资产管理报告、专项计划收益分配报告等定期报告和临时报告，并确保报告内容真实、准确、完整。对于对资产支持证券本息偿付、转让价格或持有人权益有重大影响的事项、循环购买、持有人会议等信息，管理人均应及时、充分履行临时信息披露义务，谨防信息披露违规带来的相关法律风险。

四是积极履行信用风险管理职责。管理人应高度重视专项计划违约风险防控工作，严格按照相关监管要求，制定切实可行的存续期项目风险排查方案、风险控制措施和风险处置预案，落实风险排查、监测、防范和处置责任。做到通过多种方式和渠道对存续期项目进行动态监测，实施风险动态分类管理，对重大风险事件进行评估，参与、推动信用风险化解与处置工作，最大限度保护资产支持证券投资者利益。

（三）履行信息报送义务，加强与辖区监管局业务沟通

一是报送重大事项报告单。为加强对资产支持专项计划的监管，及时跟踪资产支持专项计划风险动态，我局将建立辖区资产证券化业务重大事项报告制度。管理人在存续期管理或现场核查工作中发现资产支持专项计划存在重大问题或风险的，应在知道或应当知道后的3个工作日内向我局报送《北京辖区企业资产支持专项计划重大事项报告单》（附件1）。

二是报送信用风险管理报告。管理人应按照上海、深圳证券交易所《资产支持证券存续期信用风险管理指引（试行）》相关要求，及时向我局报送辖区资产支持证券信用风险管理临时报告。管理人应参照报送给交易所的半年度资产支持证券信用风险管理报告格式，于每年5月31日、11月30日前向我局报送北京辖区半年度资产支持证券信用风险管理报告。

三、保持双向沟通联系，共同促进辖区市场发展

为提高沟通效率，及时传达监管信息，共同推动辖区资产证券化市场平稳健

康运行，我局将分别建立辖区企业资产支持专项计划原始权益人和管理人微信工作交流平台，原始权益人微信群群内成员为负责公司融资和信息披露工作的负责人，管理人微信群群内成员为资产证券化业务部门负责人及指定的一名北京辖区资产证券化业务联络人。

我局将通过微信平台提出监管要求、发布监管动态及监管案例，并接收各原始权益人、管理人的反馈信息，将平台建成信息传导、宣传培训、案例警戒的窗口。

各原始权益人、管理人应在 5 月 24 日前向我局报送《资产支持专项计划原始权益人信息联系表》（附件 2）或《资产支持专项计划管理人信息联系表》（附件 3），同时按照附件 4 的要求加入微信工作交流群。

附件：1. 北京辖区企业资产支持专项计划重大事项报告单
2. 资产支持专项计划原始权益人信息联系表
3. 资产支持专项计划管理人信息联系表
4. 微信工作群相关事宜

二〇一九年五月二十一日

附件：

1. 北京辖区企业资产支持专项计划重大事项报告单（略）
2. 资产支持专项计划原始权益人信息联系表（略）
3. 资产支持专项计划管理人信息联系表（略）
4. 微信工作群相关事宜（略）

北京市地方金融监督管理局
北京市市场监督管理局
中国人民银行营业管理部

北京市地方金融监督管理局 北京市市场监督管理局 中国人民银行营业管理部关于做好动产担保统一登记系统试点工作的通知

京金融〔2019〕18 号

市政府相关部门，各相关机构：

为持续优化北京市营商环境，促进动产担保登记环境健康发展，提高动产担保登记效率，按照《国务院关于全面推进北京市服务业扩大开放综合试点工作方案的批复》（国函〔2019〕16 号）的要求，现就整合本市动产融资担保登记机构，做好动产担保统一登记系统试点的相关工作通知如下：

一、北京市市场监管部门将生产设备、原材料、半成品、产品的抵押登记职能委托给中国人民银行征信中心履行。当事人在办理北京地区的动产担保业务时（航空器、船舶、知识产权、机动车等特例除外），应在中国人民银行征信中心的动产融资统一登记公示系统（以下简称登记系统）办理动产担保登记，并按照《中国人民银行征信中心动产融资统一登记公示系统操作规则》的规定，如实填写登记事项。登记当事人对登记内容的真实性、完整性、合法性负责。

二、当事人办理动产担保业务时，应在登记系统查询动产担保登记状况。该查询是办理动产担保业务的必要程序。对已在登记系统办理登记公示的动产，其业务风险由办理当事人自行承担。

三、各单位应高度重视统一动产担保登记和查询工作，强化组织协调，做好宣传培训，强化责任落实，做好动产担保统一登记试点工作。

特此通知。

二〇一九年四月九日

北京市地方金融监督管理局
中国人民银行营业管理部
中国银行保险监督管理委员会北京监管局

北京市地方金融监督管理局
中国人民银行营业管理部
中国银行保险监督管理委员会北京监管局
关于印发《深化金融供给侧改革
持续优化金融信贷营商环境的意见》的通知

京金融〔2019〕19 号

市政府相关部门、各相关机构：

为优化本市金融信贷营商环境，我们研究制定了《深化金融供给侧改革　持续优化金融信贷营商环境的意见》。现印发给你们，请遵照执行。

附件：深化金融供给侧改革 持续优化金融信贷营商环境的意见

二〇一九年四月十一日

深化金融供给侧改革　持续优化金融信贷营商环境的意见

为持续优化本市金融信贷营商环境，提升金融信贷服务水平，加强金融服务民营小微企业能力，现提出以下意见：

一、降低企业综合融资成本

督导辖区内金融机构常规服务收费“能减尽减”，银行机构适度下调小微企业贷款利率，担保公司适度下调担保费率，降低小微企业综合融资成本。力争2019 年完成小微企业综合融资成本，较前一年下降 0.9 个百分点的目标。

二、推动线上申请与审批

推动辖区内银行机构开展手机在线申贷、系统自动授信、实时审批、即时到账，进行全流程“不落地”的线上贷款模式，缩短融资链条，提高信贷审批效率，真正实现银行贷款“最多跑一次”。

三、建立贷款客户“白名单”管理制度

通过内嵌年审制、预审制，督促银行机构对贷款情况进行审查，符合条件的企业，可持续使用贷款资金。鼓励银行机构改进小微企业贷款期限管理，研发适合小微企业的中长期贷款产品。循环贷款模式下，企业可以多次提取、随借随还、循环使用贷款额度。

四、实现银行机构“两增”目标

加强对北京地区内法人银行机构的考核，保证 2019 年总体完成普惠型小微企业贷款较年初增速不低于各项贷款较年初增速，贷款余额的户数不低于年初水平。其中，要求五家大型银行发挥行业“头雁”作用，力争总体实现普惠型小微企业贷款余额较年初增长 30% 以上。

五、建立金融信贷对小微企业的容错机制

小微企业不良贷款率未超出容忍度标准的金融机构和分支机构，在无违反法律法规和监管规则行为的前提下，对分支机构负责人、小微业务部门和从业人员免予追责。对部分总体风险水平偏高、但正在积极进行风险化解处置的法人机构，普惠型小微企业贷款不良容忍度可在“不高于各项贷款不良率 3 个百分点”的基础上适当放宽。北京辖区内金融机构（不含外资）每半年度应向监管部门报送尽职免责落实情况。

六、设立市级融资担保平台

成立市融资担保集团并设立总规模不低于 100 亿元的融资担保基金，发挥政策性融资担保体系的积极引导作用，通过体制机制创新，有效提升财政资金对金融资源的撬动作用。

七、强化无还本续贷机制

北京辖区内银行业金融机构应加强续贷产品的开发，加大续贷支持力度，要至少提前一个月主动对接续贷需求，切实降低民营企业贷款周转成本。推广无还本续贷产品，对经营可持续、发展有前景、符合首都核心功能定位的小微企业，不停贷、不压贷、不断贷，帮助企业度过难关。

八、启动“畅融工程”

深化政府、金融机构、企业的金融服务联动机制，开启“畅融工程”。每周、每月、每季度开展不同频次、不同类型、不同专题的对接会。发挥互联网 + 的优势，建立“畅融工程”企业数据库，解决企业融资诉求、续贷需求，打破信息不对称性，增加信息的及时性。

九、推动信用信息体系“全覆盖”

推动在京金融机构分类别、分批次接入人民银行征信系统，实现信用信息体系“全覆盖”。通过整合公共信用信息和社会商业信息，综合运用大数据、云计算等现代金融科技手段，为金融机构提供信用评估和风险预警等数据风控服务，完善小微企业信用信息体系。

十、建立金融机构考核评价机制

督促辖区内金融机构提高对小微企业金融业务的考核分值权重，将小微企业业务考核指标完成情况与考核评优及提拔任用挂钩，推动金融机构对小微企业“敢贷、愿贷”的积极性。进一步优化对基层信贷人员的考核激励方式，适当下调利润考核要求。

十一、推动在京建立“金融法院”

建立北京金融法院，管理金融民商事案件和涉金融行政案件，进一步完善全市金融审判体系。设立金融纠纷协调中心，参与涉及经济、金融交易、金融服务等活动发生的民商事争议纠纷调解，开展金融矛盾纠纷化解工作，营造良好金融法治环境。

十二、全国首推“动产担保登记系统试点”

推动动产融资统一登记公示系统与全国市场监管动产抵押登记业务系统合并，在北京开展动产担保登记系统试点工作。

十三、设立区级快捷贷款服务中心

与辖区内商业银行、金融机构共同建立小微快贷中心，为民众办理银行贷款、信用贷款、小额贷款、抵押贷款等业务进行快速贷款服务，以及金融理财产品的咨询建议和金融风险防范的宣传。

十四、设立地方金融资产管理公司

推动设立北京第二家不良资产处置的金融资产管理公司，重点针对科技创新企业、民营企业、小微企业的不良资产的处置，开展不良资产剥离、股权质押、存量资产变现等业务。

附

2019 年文件与规章目录选编

中国人民银行营业管理部

1. 中国人民银行营业管理部关于进一步加强涉黑涉恶涉毒资金监测分析报告工作的通知

银管发〔2019〕6 号

2. 中国人民银行营业管理部关于开展非银行支付机构金融消费者投诉分类标准应用试点工作的通知

银管发〔2019〕27 号

3. 中国人民银行营业管理部关于开展 2019 年“金融消费者权益日”活动的通知

银管发〔2019〕29 号

4. 中国人民银行营业管理部关于进一步深入整治为赌博等非法交易提供支付结算服务相关工作要求的通知

银管发〔2019〕30 号

5. 中国人民银行营业管理部关于举办北京市金融机构反洗钱知识竞赛的通知

银管发〔2019〕34 号

6. 中国人民银行营业管理部关于做好国库集中支付业务电子对账与监督工作的通知

银管发〔2019〕67 号

7. 中国人民银行营业管理部关于进

一步规范支付系统参与机构异地备份接入工作的通知

银管发〔2019〕73 号

8. 中国人民银行营业管理部关于开展银行业服务标准与服务流程优化管理调查的通知

银管发〔2019〕84 号

9. 中国人民银行营业管理部关于做好北京地区取消企业银行账户许可工作的通知

银管发〔2019〕89 号

10. 中国人民银行营业管理部　北京市公安局关于印发《〈北京市举报假币犯罪奖励办法〉宣传方案》的通知

银管发〔2019〕111 号

11. 中国人民银行营业管理部关于做好 2019 年新版人民币发行相关工作的通知

银管发〔2019〕130 号

12. 中国人民银行营业管理部　中国银行保险监督管理委员会北京监管局　中国证券监督管理委员会北京监管局　北京市地方金融监督管理局关于印发《全面深化北京民营和小微企业金融服务行动方案（2019—2020 年）》的通知

银管发〔2019〕132 号

13. 中国人民银行营业管理部关于加强北京地区非金融企业债务融资工具存续期管理有关事项的通知

银管发〔2019〕134 号

14. 中国人民银行营业管理部关于开展 2019 年“普及金融知识，守住‘钱袋子’”活动的通知

银管发〔2019〕137 号

15. 中国人民银行营业管理部关于开展手机号码支付业务推广工作的通知

银管发〔2019〕176 号

16. 中国人民银行营业管理部　国家税务总局北京市税务局关于进一步明确授权划缴税（费）款协议签署有关事项的通知

银管发〔2019〕177 号

17. 中国人民银行营业管理部关于参加 2019 年国家网络安全宣传周活动的通知

银管发〔2019〕185 号

18. 中国人民银行营业管理部关于印发《中国人民银行营业管理部代理发行库业务考核方案》和《2019 年中国人民银行营业管理部代理发行库业务考核标准》的通知

银管发〔2019〕187 号

19. 中国人民银行营业管理部　中国银行保险监督管理委员会北京监管局　中国证券监督管理委员会北京监管局　北京市地方金融监督管理局　北京市互联网信息办公室关于开展北京市 2019 年“金融知识普及月　金融知识进万家　争做理性投资者　争做金融好网民”活动的通知

银管发〔2019〕194 号

20. 中国人民银行营业管理部关于开展非银行机构洗钱类型分析试点工作的通知

银管发〔2019〕197 号

21. 中国人民银行营业管理部关于印发《北京市假币危害整治工作方案》的通知

银管发〔2019〕198 号

22. 中国人民银行营业管理部　中国银行保险监督管理委员会北京监管局　中国证券监督管理委员会北京监管局　北京市财政局　北京市经济和信息化局　北京市人民政府国有资产监督管理委员会　北京市商务局　北京市地方金融监督管理局关于印发《北京市金融支持清理拖欠民营企业中小企业账款行动方案（2019—

2020 年)》的通知

银管发〔2019〕206 号

23. 中国人民银行营业管理部对辖区内金融机构进一步做好存款准备金管理的通知

银管发〔2019〕209 号

24. 中国人民银行营业管理部关于做好北京地区个人住房贷款利率定价基准调整工作的通知

银管发〔2019〕215 号

25. 中国人民银行营业管理部　北京市地方金融监督管理局　北京市市场监督管理局关于净化北京地区人民币流通环境的意见

银管发〔2019〕216 号

26. 中国人民银行营业管理部关于做好接入中央银行会计核算数据集中系统综合前置子系统有关工作的通知

银管发〔2019〕218 号

27. 中国人民银行营业管理部　中国银行保险监督管理委员会北京监管局　中国证券监督管理委员会北京监管局　北京市地方金融监督管理局　北京经济技术开发区管理委员会关于印发《金融支持北京市制造业高质量发展的指导意见》的通知

银管发〔2019〕227 号

28. 中国人民银行营业管理部关于开展北京地区信用评级机构巡查的通知

银管发〔2019〕228 号

29. 中国人民银行营业管理部　中国银行保险监督管理委员会北京监管局关于开展“访企业问需求　零信贷企业银企对接活动”的通知

银管发〔2019〕237 号

30. 中国人民银行营业管理部关于北京市金融科技应用试点批复项目情况的通知

银管发〔2019〕245 号

31. 中国人民银行营业管理部关于开展金融业机构信息共享系统推广工作的通知

银管发〔2019〕260 号

32. 中国人民银行营业管理部关于进一步加强防范电信网络新型违法犯罪工作的通知

银管发〔2019〕268 号

中国银行保险监督管理委员会北京监管局

1. 关于进一步做好小微企业续贷业务支持民营企业发展的指导意见

京银保监发〔2019〕12 号

2. 关于规范银行业金融机构票据业务的监管意见

京银保监发〔2019〕248 号

3. 北京银保监局关于加强银行卡风险防控的监管意见

京银保监发〔2019〕274 号

4. 北京银保监局关于规范银行与金融科技公司合作类业务及互联网保险业务的通知

京银保监发〔2019〕310 号

5. 北京银保监局关于加强北京地区保险专业中介机构合规管理的通知

京银保监发〔2019〕339 号

6. 北京银保监局关于加强北京地区保险机构销售、经纪从业人员管理的通知

京银保监发〔2019〕340 号

7. 北京银保监局关于进一步规范银行业金融机构同业业务的通知

京银保监发〔2019〕355 号

中国证券监督管理委员会
北京监管局

1. 关于转发金融业贯彻《推进互联网协议第六版（IPv6）规模部署行动计划》实施意见的通知

京证监发〔2019〕9 号

2. 关于开展证券期货业第十次网络安全联合应急演练工作的通知

京证监发〔2019〕13 号

3. 关于落实《证券期货经营机构私募资产管理业务管理办法》及其配套规定有关工作的通知

京证监发〔2019〕18 号

4. 关于支持证券公司开展信用衍生品业务、服务民营企业债券融资的通知

京证监发〔2019〕19 号

5. 关于新设公募基金管理人证券交易模式转换有关事项的通知

京证监发〔2019〕22 号

6. 关于做好 2019 年全国“两会”期间证券期货行业网络安全保障工作的通知

京证监发〔2019〕32 号

7. 关于开展“明规则、识风险、理性投资乙亥年之走近科创板”投资者教育专项活动的通知

京证监发〔2019〕56 号

8. 北京证监局关于做好 2019 年辖区公司债券监管工作的通知

京证监发〔2019〕59 号

9. 关于做好 2019 年度辖区挂牌公司督导工作的通知

京证监发〔2019〕66 号

10. 关于做好外国证券类机构驻华代表机构 2018 年度工作报告及相关工作的通知

京证监发〔2019〕79 号

11. 关于北京辖区创业投资基金享受财税 55 号文税收政策的通知

京证监发〔2019〕89 号

12. 关于配合上交所做好科创板相关准备工作的通知

京证监发〔2019〕97 号

13. 关于通过证联网开展中国人民银行资管产品数据报送试点工作的通知

京证监发〔2019〕112 号

14. 关于做好资产管理业务数据报送接口规范试填报及准备工作的通知

京证监发〔2019〕124 号

15. 北京证监局关于加强辖区资产证券化业务监管工作的通知

京证监发〔2019〕133 号

16. 关于强化北京辖区具有证券期货相关业务资格会计师事务所质量控制工作的通知

京证监发〔2019〕135 号

17. 关于贯彻落实《上市公司章程指引》的通知

京证监发〔2019〕137 号

18. 关于开展 2019 年度北京辖区期货公司分类评价工作的通知

京证监发〔2019〕151 号

19. 关于印发 2019 年北京辖区期货公司监管工作会议讲话的通知

京证监发〔2019〕159 号

20. 关于支持证券公司依法实施员工持股及股权激励计划的通知

京证监发〔2019〕174 号

21. 关于转发易会满同志在证券基金经营机构座谈会上讲话的通知

京证监发〔2019〕219 号

22. 关于做好国庆 70 周年期间证券期货业网络与信息安全信息通报工作的通知

京证监发〔2019〕300 号

23. 关于转发易会满同志在证券基金行业文化建设动员大会上讲话的通知

证监发〔2019〕423 号

24. 关于组织辖区基金托管人开展基金托管业务合规情况专项自查的通知

京证监发〔2019〕378 号

25. 关于加强投行业务工作底稿管理相关工作的通知

京证监发〔2019〕399 号

26. 关于下发《“12386”中国证监会服务热线投诉直转市场经营机构工作方案》的通知

京证监发〔2019〕431 号

27. 北京证监局关于 2018 年私募基金监管工作的总结

京证监字〔2019〕5 号

28. 关于与北京市高级人民法院签署证券期货纠纷诉调对接合作备忘录相关情况的报告

京证监字〔2019〕7 号

29. 北京证监局关于 2018 年度上市公司监管工作总结的报告

京证监字〔2019〕15 号

30. 北京证监局关于 2018 年投资者诉求处理工作总结报告

京证监字〔2019〕25 号

31. 北京证监局关于科创板相关制度设立情况的报告

京证监字〔2019〕33 号

32. 北京证监局关于 2018 年度反洗钱工作总结的报告

京证监字〔2019〕39 号

33. 北京证监局关于 2018 年证券市场融资情况的报告

京证监字〔2019〕40 号

34. 北京证监局关于辖区非金融类民营企业公司债券风险情况的报告

京证监字〔2019〕52 号

35. 关于北京辖区 2018 年基金销售机构监管情况的报告

京证监字〔2019〕58 号

36. 关于北京辖区证券公司股票质押业务 2018 年年度分析报告

京证监字〔2019〕79 号

37. 北京证监局关于营商环境改革保护中小投资者指标近期工作情况的报告

京证监字〔2019〕95 号

38. 北京证监局关于推进科创板相关工作情况的报告

京证监字〔2019〕122 号

39. 关于北京辖区 2018 年度期货公司年报的分析报告

京证监字〔2019〕140 号

40. 关于北京辖区公募基金管理人 2018 年度合规管理情况的总结报告

京证监字〔2019〕180 号

41. 关于北京辖区证券公司债券交易自查整改情况的报告

京证监字〔2019〕246 号

42. 关于北京辖区民营上市公司流动性风险的报告

京证监字〔2019〕255 号

43. 关于北京辖区部分证券公司资管业务核查情况的报告

京证监字〔2019〕269 号

44. 北京证监局关于 2019 年工作总结和 2020 年重点工作建议的报告

京证监字〔2019〕414 号

45. 关于北京辖区 2019 年度证券公司网络安全专项检查总结报告

京证监字〔2019〕282 号

46. 关于北京辖区证券公司 2019 年度公司债券和资产证券化业务专项现场检查情况的报告

京证监字〔2019〕297 号

47. 北京证监局 2018 年年报审计监管工作总结报告

京证监字〔2019〕300 号

48. 北京证监局关于脱贫攻坚工作的报告

京证监字〔2019〕325 号

49. 北京证监局关于支持京津冀协同发展的报告

京证监字〔2019〕330 号

50. 北京证监局关于 2019 年固定资产处置情况的报告

京证监字〔2019〕344 号

51. 北京证监局关于＊ST 华业退市风险处置工作情况的报告

京证监字〔2019〕345 号

52. 北京证监局关于辖区非上市公众公司 2019 年监管情况总结报告

京证监字〔2019〕350 号

北京市地方金融监督管理局

1. 北京市地方金融监督管理局　北京市市场监督管理局　中国人民银行营业管理部关于做好动产担保统一登记系统试点工作的通知

京金融〔2019〕18 号

2. 北京市地方金融监督管理局　中国人民银行营业管理部　中国银行保险监督管理委员会北京监管局　关于印发《深化金融供给侧改革　持续优化金融信贷营商环境的意见》的通知

京金融〔2019〕19 号

七、专题与调研

北京市现金运行特点及影响因素分析

中国人民银行营业管理部　货币金银处

近年来，北京市加快经济结构调整和发展方式转变稳步推进，金融机构着力发展普惠金融服务、提高金融服务效率，第三方支付、P2P 网贷、网络资产管理平台、众筹等互联网金融快速发展，现金运行在数量、结构上都产生了新的变化。本文依据北京市近年来现金投放与回笼数据，分析现金运行情况特点、影响因素，并提出加强现金运行管理的几点意见。

一、北京市现金流通基本情况及运行规律

（一）流通中现金总量呈现波动下降态势

2011 年，北京市现金投放与回笼总规模达到峰值，之后现金投放与回笼总规模呈现波动下降的趋势。2012 年至 2014 年，在 100 亿元上下波动；2015 年、2016 年持续回落，2016 年降幅最大，较上一年度同比下降 19.62%；2017 年度又有所回升，同比增长 4.27%；2018 年同比下降 5.27%，2018 年较 2016 年同比下降 1.2%，较为平稳（见图 1）。

（二）现金净投放呈回落趋势

2009 年至 2018 年现金净投放量总体呈倒“U”形。2009 年至 2016 年，现金净投放逐年增加；2015 年，北京市现金投放量和回笼量出现双降，且回笼下降量更为突出；2016 年，现金投放量、回笼量进一步下降，但全市现金净投放创下历史新高，首次突破 500 亿元；2017 年、2018 年现金净投放连续两年负增长，2017 年净投放比上年下降 28.2%，为近 10 年以来最大下降幅度（见图 1）。

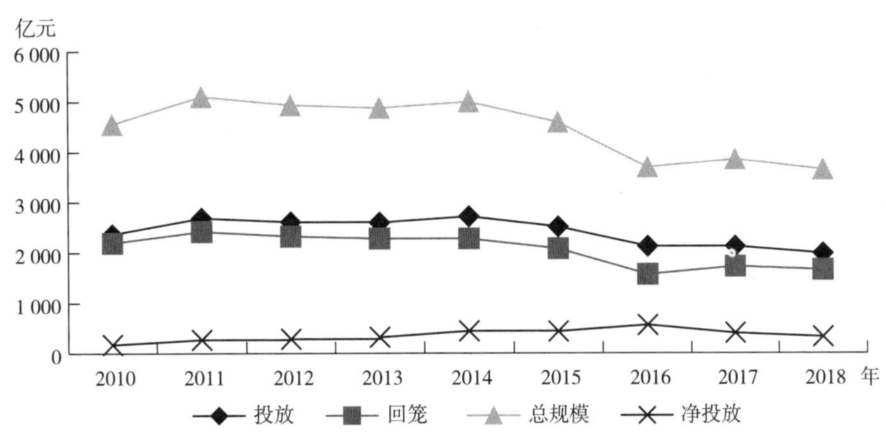

图 1　2009—2018 年北京市现金投放回笼趋势

（三）现金投放、回笼同比增长波动变化明显

2011 年以来现金净投放同比增长变化幅度较大，呈螺旋式下降趋势。2016 年以前现金净投放同比增长率均为正值（2015 年除外，为 -1.8%），表明现金净投放量在持续增大，在 2016 年达到最大量；2011 年同比增长幅度最大，达到 56.9%；2017 年同比下降幅度最大，达到 -28.2%。2011 年以来现金投放与回笼总规模同比增长率、现金投放同比增长率以及现金回笼同比增长率呈同方向变化；2011 年、2014 年、2017 年同比增长幅度较大，2016 年同比下降幅度最大，达到谷底（见图 2）。

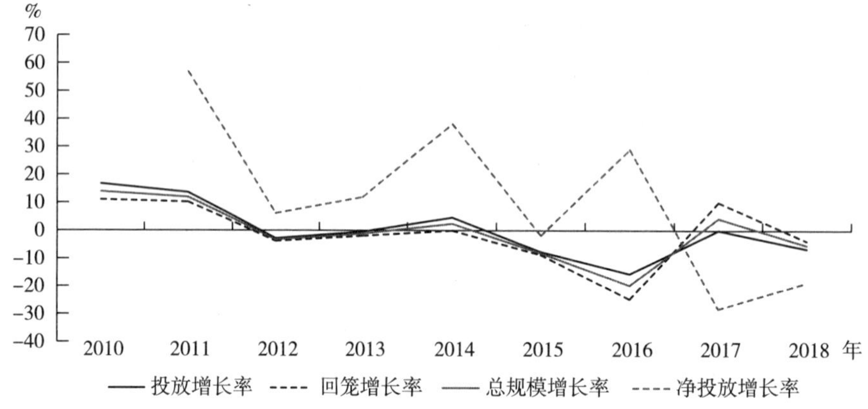

图 2　2011—2018 年北京市投放回笼增长率

（四）投放回笼的周期性变化依旧明显

从最近 18 个月现金运行的趋势看，北京市全年的现金运行模式为“投放—回笼—投放—回笼—投放”五个明显节点，总体体现为“节前大投放、节后大回笼”的趋势和规律。元旦、春节期间的投放量在节后 2 ~ 3 个月内基本全部回笼，即年后回笼总量已经与年前投放总量持平，并出现拐点，全年现金运行方向由投放转为回笼，回笼持续到 5 月（见图 3）。

（五）现金需求在供应旺季呈现下降趋势

2019 年现金供应旺季①（1 月 1 日至 2 月 3 日），北京市共投放发行基金 500.11 亿元，较上年度供应旺季（1 月 1 日至 2 月 14 日）减少 18.08%；回笼发行基金 93.42 亿元，较上年度供应旺季减少 47.91%；净投放发行基金 406.69 亿元；较上年供应旺季下降 5.67%；日均净投放量为 14.71 亿元，较上年度供应旺季增长 8.4%。通过对比供应旺季发行基金投放回笼的总体情况（见图 4）可以看出，北京地区现金需求在供应旺季呈现下降趋势。

①　现金供应旺季时间为自元旦至春节放假前最后一个工作日。

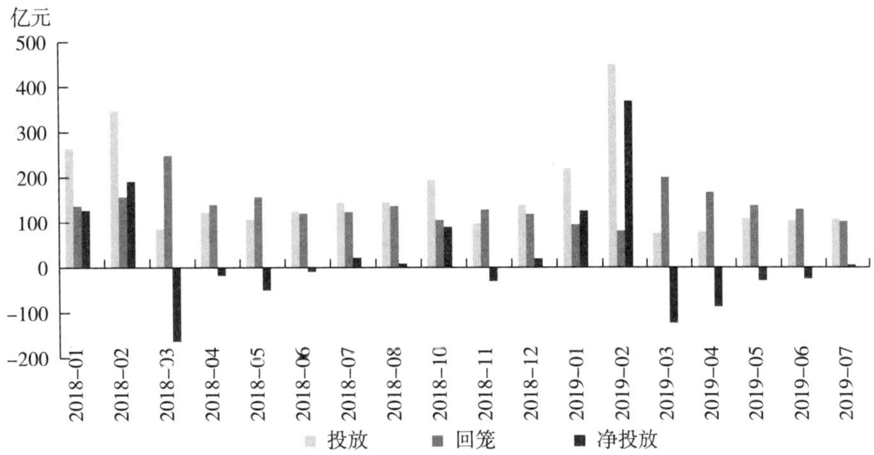

图3　2018—2019 年 18 个月现金运行情况

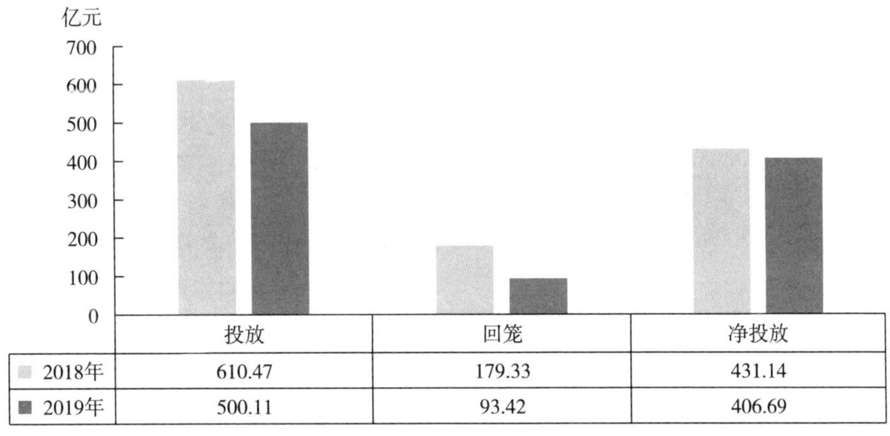

	投放	回笼	净投放
2018年	610.47	179.33	431.14
2019年	500.11	93.42	406.69

图4　2018 年、2019 年北京市供应旺季发行基金投放回笼情况

二、经济发展与现金运行关系研究

（一）GDP 增长与现金需求增长同步

数据表明，经济发展速度对现金运行具有很大影响。GDP 是衡量国民经济发展情况的重要指标，将 GDP 与现金运行数据进行对比分析发现，十年间，北京市 GDP 以年均 7.82% 的增速上升，特别是 2009 年、2010 年增速很快，2011 年开始增速放缓，总量上升，增长率开始下降，维持在 7% 左右，2018 年达到十年间的最低水平 6.6%。2009—2016 年北京市 GDP 增长趋势与同期现金投放回笼增长趋势基本吻合，但是自 2017 年开始出现明显背离（见图 2、图 5）。

（二）CPI 波动与现金回笼量相关性较高

数据表明，2009—2018 年北京市居民消费价格增长率波动幅度很大，2009 年为十年间最低水平 -1.5%，2011 年达到峰值 5.6%，2012 年下降到 3.3%，2014 年到 2017 年 CPI 在 1.4% ~1.9% 之间波动（2014 年为近 5 年最低 1.4%），2018 年上升至2.5%。十年间北京市CPI增长率波动变化与现金回笼量变化相关度较高，趋势基本一致（见图1、图5）。

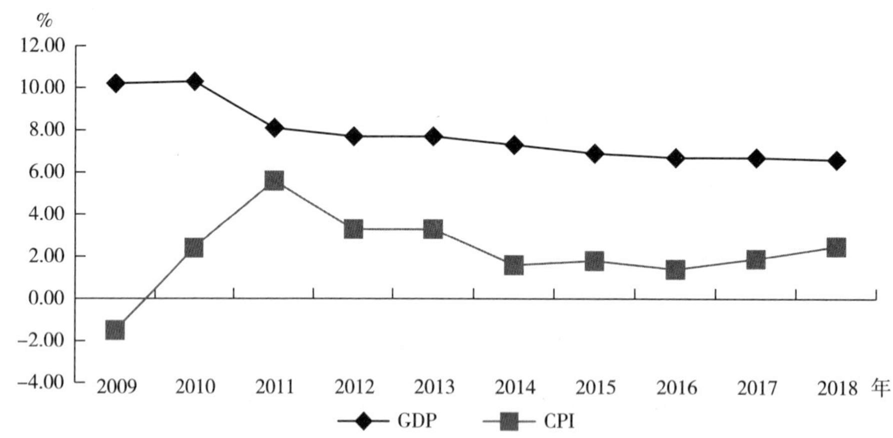

图5 2009—2018年北京市GDP、CPI同比增长率

（三）近年来国家宏观政策与现金运行关系

现金运行受不同时期国家宏观调控政策影响明显。根据北京市2009—2018年的现金运行情况看，现金需求与国民生产总值、固定资产投资、财政收入、城镇居民人均可支配收入等指标大体匹配，十年间保持了稳中有升趋势，但是不同时期有所不同，如2006年、2007年经济过热，国家实行紧缩货币政策，北京市现金投放、回笼增长较慢，且处于净回笼状态；2008年实行宽松货币政策，北京市首次出现现金净投放，2009年国家采取适度宽松货币政策，北京市现金投放、回笼增长较快；2011年起实行稳健货币政策，北京市现金投放和回笼处于相对平稳态势；2016年，国家实施稳健中性货币政策，北京市现金投放、回笼下降幅度较大，之后全市现金运行更趋平稳（见图1）。

三、影响现金运行的因素分析

（一）“四个重要指标”的影响

从中国人民银行营业管理部研究看①，现金投放的增速主要受物价涨幅、固定资产投资增速、消费品零售总额增量以及累计进口和累计出口增速的影响。固定资产投资增速对现金投放增速影响最大（固定资产投资过程中，发放建筑工人、农民工工资等环节使用现金的比例较高），其次是累计出口增速和累计进口增速，物价涨幅、消费品零售总额增量的影响相对较小。北京市现金投放增速与物价涨幅、固定资产投资增速及累计出口增速呈同向变动，与消费品零售总额增量、累计进口增速呈反向变动。近年来，随着我国经济发展进入新常态，经济增长方式从靠投资、出口拉动向依靠投资、出口、消费协调拉动转变，北京市固定资产投资增速也同全

① 参见段云峰，《现金投放与主要宏观经济指标关系初探——以北京为例》，中国人民银行营业管理部2014年调研报告。

国其他地区一样出现下降。2014—2018年北京市全社会固定资产投资增速分别为7.5%、5.7%、5.9%、5.7%和-9.9%。投资带动的现金投放减少，现金回笼也随之减少。

（二）互联网金融快速发展的影响

一是日益便捷的非现金支付，特别是移动支付，明显挤占了现金的存在空间。近几年来，以大数据分析为特点的互联网信息技术与金融行业逐渐融合并向纵深发展，给人们的日常生活和消费习惯带来了巨大的改变。iiMedia Research公司的数据显示，中国移动支付用户规模呈逐年增长的趋势，预计2019年中国移动支付用户将达到7.33亿人，2020年有望增至7.9亿人。由于网络支付用户规模增加引起的互联网支付金额不断扩大，非现金支付发展迅速，对现金的替代作用明显。据中国人民银行定期发布的《支付体系运行总体情况》，2017年移动支付375.52亿笔，金额为202.93万亿元，同比分别增长46.06%和28.80%。2018年移动支付605.31亿笔，金额为277.39万亿元，同比分别增长61.19%和36.69%。《2019中国移动支付发展报告》显示，截至2018年12月31日，中国移动支付发展排名前三位的城市分别为上海市、杭州市、北京市。如图1所示，2016年以后北京市净投放量大幅下降也说明了人们的支付习惯已发生大范围的改变。此外，移动支付普及对传统春节“红包”产生替代效应、春节消费非现金支付占比不断提高也是导致现金需求在供应旺季呈现下降趋势的主要原因。

二是模糊了货币层次划分，现金需求预测难度加大。就传统的货币供应量来看，流通中的现金（M_0）与狭义货币（M_1）一般较为活跃，并且二者之间的转化发生频繁而迅速。而广义货币（M_2）内部结构的多种变化并不会对其整体产生太大的影响，M_2总体而言较为稳定。但是由于互联网金融的冲击，现金与存款、投资理财产品之间转化渠道的拓宽使三者的转化速度变得极快，进而导致它们之间的界限变得模糊；自2011年以来，M_0/M_2比值也在逐年下降，除去利率等货币政策影响外，也反映出现金作为支付手段在一定程度上受到其他支付方式的影响，人们对现金的依赖程度在下降；依据费雪方程式（Fisher Equation）$MV=PT$可以推出，当成交价与交易量稳定不变时，货币总需求量M如果减少，那么货币流通速度必定加快，非现金支付工具的发展通过放大货币乘数、提高货币流通速度、派生额外流动性等渠道改变了原有的货币供求规律和货币政策传导途径。最终反映到市场上的结果是市场预估难度空前提高，导致相关工作的准确性与有效性降低。

三是拓宽现金流动渠道，增加现金供应危机风险。互联网金融的发展也有一定的风险性。目前，现行的人民币流通监管体系和相关法律法规缺乏对网络资金流动的监控和约束。例如，有些人使用购物回扣、在线虚拟货币和众筹等来筹集资金。这些融资方式的特点是风险高，资金量大，不在人民币流通监测系统监测范围内。如果资金运作出现问题，没有事先分配现金，将不可避免地导致现金供应危机，如排队取款和大量现金提取。

（三）相关政策的影响

一是个人银行转账费用减免政策。2016年2月，5家国有银行联合推出网上银行、手机银行转账减免手续费措施。此举减少了部分客户为节省转账手续费在不同银行间“现金搬家”的现象。《北京市

2018年国民经济和社会发展统计公报》显示，北京市常住外来人口为764.6万人，占常住人口比重为35.5%，转账费用减免政策促使更多返乡人员选择回本地去取款，加剧了北京市现金投放、回笼波动，这也是导致北京地区现金需求在供应旺季呈现下降趋势的重要因素。

二是对回收现金实现全额清分政策。2012年，中国人民银行出台《中国人民银行办公厅关于开展银行业金融机构对外误付假币专项治理工作的通知》，明确要求银行业金融机构对回收现金实现全额清分，确保不对外支付假币和残损币。在此政策下，纸币清分机在银行现金运营中得到了大范围应用。2018年末，北京市各商业银行共配备纸币清分机11 404台，比2015年底增长了82%。随着机械清分代替手工清分，现金处理质量得到明显提升，北京市商业银行交存发行库现金差错率下降到百万分之一以内，假币浓度也下降明显。硬币处理的自动化水平也在提升，在硬币自助服务网络建设的带动和硬币存兑业务需求增长的趋势下，商业银行开始配备硬币兑换机、清分机、包装机等设备。目前，北京市已布放硬币自助兑换机227台，中国人民银行营业管理部还指导中信银行北京分行承接辖内各银行硬币兑换机的清机业务，并建立互联网信息平台，实现了对硬币兑换机运行状态的实时监测。这就促使一部分社会上流通的现金在银行网点"自循环"而不再回到人民银行发行库，这也是现金回笼量下降的一个因素。

三是推动数字货币研究发展政策。目前，中国人民银行正在进行数字货币发行模式研究，这一政策的主要出发点之一即通过发行数字货币替代实物现金，降低传统纸币的发行、流通成本，提高便利性。中国人民银行作为人民币现钞的发行者，公开提出逐步减少现钞使用，有很强的政策导向作用。未来如能实现发行数字货币，将进一步推动现金使用的减少。

四是疏解非首都核心功能政策。随着疏解非首都功能、京津冀协同发展战略的实施，动物园批发市场、大红门服装批发市场等低端产业大量外迁，一些街道和小区的菜市场也随着政策实施被疏解，居民生活中使用现金的场合减少了。据调查，动物园批发市场周边银行网点的现金收入量下降幅度较大，有的网点下降30%。北京市常住人口也在逐年减少，2018年末北京市常住人口为2 154.2万人，比上年减少16.5万人。随着人口数量减少，北京地区整体的现金需求也相应减弱。

四、加强现金运行管理的几点建议

为保证现金结构合理、供应充足，确保现金供应与经济发展同步，应充分考虑影响现金需求的各种因素，强化现金流通理论和政策的研究探索，完善现金投放回笼调控机制和管理方式，做好现金需求管理，满足社会经济生活的各项现金需要。

（一）完善现金统计制度，提高现金保障能力

在产业转型升级、经济增长新旧动能转换背景下，影响现金运行格局的因素日趋复杂。一方面，应进一步完善现金统计制度，加强与银行业金融机构的信息互联互通，多维度挖掘分析现金在行业、区域、券别结构等方面的变化，在综合分析经济运行、物价水平、居民收入水平、信贷资金投放等传统指标的基础上，及时追踪影响现金运行主要因素的变化情况，补充对网上银行、移动支付等非现金支付交易量的统计，逐步健全监测指标，全面、科学地分析预测现金需求。另一方面，应

增加调拨工作的前瞻性和主动性，重点防范发行基金库存保障能力无法满足地方经济发展的增量现金需求的情况，提高现金供应对市场需求变化的快速响应能力，合理优化发行基金库存布局，提高发行基金使用效率和防范风险能力。

（二）密切关注经济指标，发挥各方优势，提高现金运行分析水平

一是加快推进与统计、财税、民政、海关、银行保险监管机构等其他政府部门间的合作，建立综合数据管理系统，获取辖区生产总值、财政收支、纳税数额、养老金、跨境人民币流通和存贷款余额等基础经济数据，掌握辖区经济发展速度、社会投资变化、产业结构调整、财政收支状况、企业经营状况以及金融运行新变化等各种影响现金需求的社会经济因素，把握影响辖区现金投放与回笼的新情况、新变化，为做好现金总量供应和券别结构搭配提供数据支持和决策参考。二是建立现金使用调查制度。可利用新媒体网络，强化针对社会公众的抽样调查，可广泛与腾讯、阿里巴巴公司合作，借助互联网、手机微信和支付宝等应用的公众号发布专项现金使用（或非现金支付方式）的调查问卷，对个人现金使用行为进行典型性调查追踪，了解居民使用现金的偏好和行为特征，为居民提供优质现金服务。

（三）加强对现金处理设备的管理

随着自动存取款机、清分机、硬币兑换机等现金处理设备处理的业务量越来越大，对人工的替代越来越显著，现金处理设备的管理水平成为决定现金服务质量的关键因素。一是应加强调查统计，及时掌握现金处理设备的品牌分布、技术指标、业务量等重要信息。二是应加强对商业银行和人民银行现金服务管理人员的培训，掌握必要的现金处理设备知识。三是应建立健全现金处理设备性能检查和通报机制，引导商业银行选配性能好的设备。

（四）完善相关政策法规，促进非现金支付健康发展

针对目前存在的法律法规滞后性问题，宜建立符合票据、银行卡和第三方支付工具全新特征的监管体系，结合非现金支付市场创新发展实际和未来趋势，使非现金支付在更为完善合理的监管法律框架下发展。此外，央行法定数字货币具有私人货币所不具备的公信力，具有当前非现金支付工具所不具备的技术优势，其本质上也是追求零售支付系统的高效率，提升交易便利性和安全性，从而使支付体系整体上更加高效率、低成本和安全可靠。因此，在金融科技浪潮下，中国人民银行更要加快法定数字货币的研发工作。

（王超）

北京地区民营企业融资情况调研报告

中国人民银行营业管理部　货币信贷管理处

2018 年下半年以来，中国人民银行及各部委多措并举，不断深化民营企业金融服务，民营企业融资环境得到边际改善。但银企供需两侧调研显示，民营企业融资依然面临短贷长用、增信成本高、续贷难度大、发债难等问题，金融机构面临

信息不对称、知识产权评估处置体系不完善等条件约束，建议政府部门通过“几家抬”营造良好的信用环境、降低银企信息不对称，支持银行建立“敢贷、愿贷、能贷”的长效机制。

一、北京民营企业融资现状

（一）民营企业整体融资情况

截至2018年末，北京地区私人控股企业人民币贷款余额为8 349.4亿元，同比增长16.8%，高出各项贷款增速4.3个百分点。受市场环境影响，非金融民营企业发债533.7亿元，净融资额为-66.6亿元，较上年减少41.6亿元。上市公司方面，2018年民营上市公司股权融资金额较2017年呈现下降趋势，民营上市公司通过资本市场累计股权融资金额为177.49亿元。

（二）民营企业融资的主要来源

北京地区民营企业融资主要依靠银行贷款，而债券、股票等公开市场融资方式在民营企业融资来源中占比较低。经调查，约78%的企业通过银行贷款进行融资，而通过债券、股权和应收账款进行融资的企业分别仅占5%、0.02%和3%。

（三）民营企业融资成本情况

在被调查企业中，共有116家企业通过银行贷款，平均利率为5.31%～7.12%。其中，11家企业的贷款利率低于5%，89家企业的贷款利率为5%～7%，14家企业的贷款利率为7%～9%，2家企业的贷款利率为9%～11%。仅有8家企业通过发债融资，平均发债利率为5.75%～7.75%。其中，5家企业的发债利率为5%～7%，3家企业的发债利率为7%～9%。仅有5家企业通过应收账款融资，平均应收账款融资利率为6.6%～7.8%。其中，1家企业应收账款融资利率在5%以内，2家企业的应收账款融资利率为5%～7%，1家企业的应收账款融资利率为7%～9%，1家企业的应收账款融资利率高于11%。

（四）民营企业融资的结构性分析

一是从不同行业看，传统制造业、高技术制造业、服务业融资渠道较为单一，建筑业融资方式相对丰富。其中，传统制造业、高技术制造业、服务业融资主要以银行贷款为主，通过债券和应收账款等方式进行融资的占比较低；在建筑业中，银行贷款、债券融资方式占比较高。但建筑业融资的综合成本相对于其他行业高出1～2个百分点。

二是从不同规模看，大型企业的融资手段相对于中小微企业更为丰富。其中，有86%的大型企业使用银行贷款，40%的大型企业通过债券融资，40%的大型企业通过应收账款融资。在贷款成本方面，大型企业之间差异较大。其中，30%的大型企业的综合融资成本在5%以下，38%的大型企业的综合融资成本介于5%和7%之间，30%的大型企业的综合融资成本介于7%和9%之间。中小型企业融资方式较为单一，主要以银行贷款为主，通过债券、应收账款进行融资的比例极低。其中，分别有84%的中型企业的和74%的小型企业使用银行贷款。

二、民营企业融资需求侧面临的问题和障碍

（一）贷款短期化严重，续贷难度大、成本高

A公司反映，2018年下半年以来，企业中长期贷款到期续贷时，银行要求增加房产抵押或是担保增信，获批的贷款也大多数都是1年期的流动资金贷款。B公司反映，续贷难度明显增大，由于缺少抵押品，企业无法从银行获得贷款，不得不推迟新品研发及量产计划。C公司表示，

企业从银行获批的贷款多为短期流动资金贷款，每年须进行“调头”续贷。D公司反映，2019年以来，在续贷过程中银行普遍在原有贷款条件基础上提出新的增信要求。

（二）融资缺乏抵押物，获得银行贷款难度大

F公司反映，在缺乏房产抵押的情况下很难从银行获得贷款，知识产权质押贷款手续复杂、贷款额度较小，难以满足企业需求。G公司表示，公司主营文化产业且具备较好的现金流，但由于缺乏抵押物，很难获得银行贷款。A公司反映，公司的大部分业务在国外，大量境外资产无法作为境内融资抵押品，融资较为困难。

（三）担保增信成本高，往往要求大股东承担连带责任

C公司表示，由于初创型企业没有足够的资产和现金收益做背书，需要引入担保机构进行担保。上浮的银行利率加上担保费、评审费等，实际的贷款利率超过8%，增加了企业的实际负担。H公司反映，除了用土地、厂房、设备等作为抵押担保以外，银行还要求企业实际控制人用家庭资产甚至个人财产作担保，才可获批贷款，将企业的“有限责任”变成了个人的“无限责任”。B公司表示，实际控制人的个人股份占比不到20%，也被银行要求为公司融资提供个人无限连带担保责任。

（四）拖欠民企账款情况较为普遍，应收账款融资难

据中国证券监督管理委员会北京监管局统计，截至2018年第三季度末，北京地区存在应收政府部门和国有企业款项的上市民营公司共138家，应收金额为750.5亿元。I公司表示，受经济下行及去杠杆政策影响，银行对政府和社会资本合作（PPP）项目的融资意愿骤降，母公司不得不向项目子公司提供借款垫资，其中，包括政府应出资的部分。目前，该公司还有300多亿元的PPP项目在途，融资缺口高达200多亿元。在公司的应收账款中，70%左右为京外地方政府欠款，跨省清收难度大。J公司表示，由于公司客户主要为大中型国有企业，比较强势，并不愿意为供应链上下游民营和小微企业的应收账款确权，因此无法通过应收账款质押方式从银行融资。

（五）地方政府纾困基金成本高

I公司表示，虽然北京市设立了上市民营企业股权质押融资风险纾困基金，但是纾困基金成本过高（12%～15%），超出企业承受能力。

（六）民营企业债券融资难、融资贵问题依然突出

I公司表示，2019年4月，该公司拟发行一期10亿元的短期融资券，因投资人认购金额不到发行额的一半而被迫取消，而同期国有企业可以低1.5～2.5个百分点的利率成功发债。G公司表示，企业于2018年11月在证券交易所发行的公司债发行成本约10.5%（7.5%的票面利率加3%的发行费用），较银行贷款6.33%的利息成本高4个多百分点。

三、民营企业金融服务供给侧面临的困难和约束

（一）银行获取企业信息的渠道少、难度大，信息不对称导致银企对接不畅

中国建设银行北京市分行、中国工商银行北京市分行、华夏银行北京分行等多家机构反映，虽然银行一直在探索基于大数据应用来提高企业信用贷款的投放能力和效率，但公积金、社保、税务、工商、

海关、司法等重要的企业经营数据都分布在各相关政府部门，很难通过正规渠道获得，而通过购买第三方服务获得的数据稳定性差、成本高且存在较高的法律风险。平安银行北京分行希望能将非银行机构业务数据纳入征信体系的覆盖范围，提升征信系统对信贷判断的支持力度。

（二）知识产权的评估、处置体系不完善，质押贷款业务操作复杂、成本较高

浙商银行北京分行表示，市场化的知识产权评估机构较为缺乏，知识产权处置难导致银行在知识产权处置环节存在很大障碍。北京银行反映，知识产权质押贷款业务手续复杂，评估机构进行评估至少需要 1 ~2 周，在知识产权管理部门质押登记时间长（专利权 7 个工作日，商标权 15 个工作日，著作权约 2 个月），如涉及解押后再重新质押，办理周期将会更长。北京银行反映，知识产权质押融资的评估费一般为贷款金额的 2% 左右，部分区县政府虽有补贴，但受众面较窄，发放时间也相对滞后。

（三）政策措施协调性仍需加强，银政企信息沟通机制还需完善

北京中小企业信用再担保有限公司表示，由于信息不对称，商业银行对企业只能采用较为粗糙的信贷风控技术，而企业尤其是负责人对政府最新政策、金融创新产品的了解不足，导致政策的实施效果和精准性大打折扣。中国民生银行北京分行反映，以文化金融业务为例，银行单方面很难在第一时间了解各项文化金融的政策、信息，普遍存在信息滞后、无法及时申请政府专项资金等情况。

（四）融资担保机构进一步降低担保费率面临障碍

目前，北京地区企业通过担保公司对银行贷款进行担保的费率为 2.5% 左右，政府性担保机构担保费率为 2% 左右。北京中关村科技担保有限公司、北京中小企业信用再担保有限公司反映，担保公司在与银行的合作中需要承担 100% 的担保责任，且信息采集成本高达 0.5% ~1%，从而导致企业贷款的担保费率居高不下。

（五）信用风险缓释凭证在支持民企发债上仍需破除部分障碍

中债信用增进投资股份有限公司、交行银行北京市分等多家机构表示，目前信用风险缓释凭证创设及投资的资本计提规则不明、创设机构范围仅局限于部分商业银行、二级市场交易不活跃、政府融资性担保机构参与度较低等是造成信用风险缓释凭证落地速度放缓的重要原因。

四、相关政策建议

一是应通过政府部门“几家抬”的方式完善信用信息整合共享机制，支持银行有能力、有条件发放信用贷款，并研究制定具有高法律层级的信息保护制度。

二是金融管理部门应督导银行业金融机构建立“敢贷、愿贷、能贷”的长效机制，落实尽职免责、减责制度。鼓励银行业金融机构通过信息技术提高信贷业务操作的标准化程度，探索采用定量方式进行尽职免责的认定。

三是财政部门应加强政府性融资担保机构的资本实力，引导设立多层次、多类型融资担保机构，提升其服务不同行业、不同发展阶段民营企业的能力。

四是政府相关部门应定期开展面向供应链核心企业的宣传推广和培训，引导供应链核心企业、金融机构对接应收账款融资服务平台，推动政府采购单位及时在政府采购网依法公开采购合同金额、账期等信息，督促国有企业按期完成对民营企业

的应收账款清欠或确权工作。

五是中国银行间市场交易商协会加快债券注册发行速度，对符合条件的民营企业开辟绿色通道，简化办理流程、缩短注册周期，将证券公司、政府性担保机构纳入创设范畴。银监部门应尽快明确信用风险缓释凭证的资本占用规则，提高银行创设的积极性。

（周凯　赵睿）

互联网信息科技在保险业的应用与监管研究

中国银行保险监督管理委员会北京监管局

近年来，随着信息技术的快速发展和国家“互联网＋”战略的深入推进，传统行业与互联网信息科技的融合程度不断加深，互联网经济新模式不断涌现。保险业通过对大数据、云计算、人工智能等新技术的应用，提升了保险服务的效率和可获得性，为更好地满足消费者的保险需求提供了新的解决思路。本文尝试总结互联网信息科技在保险业的应用成果，并分析科技创新给保险监管带来的新问题和新考验。

一、互联网信息科技在保险业的应用

2015 年出台的《互联网保险业务监管暂行办法》对“互联网保险业务”作了定义，即保险机构依托互联网和移动通信等技术，通过自营网络平台、第三方网络平台等订立保险合同、提供保险服务的业务。但目前信息科技已逐步渗透保险行业的各个环节，仅用“互联网保险”很难一言以蔽之。

（一）互联网销售

一直以来，保险公司的产品销售主要依靠传统渠道，通过物理网点的铺设，提升业务规模。传统渠道主要包括：直接销售渠道，如电话销售；间接销售渠道，如个人代理、专业代理、经纪公司、兼业代理等。在越发激烈的市场竞争环境下，传统渠道面临建设时间长、营销队伍增员难、经营成本高等困境。

信息科技给保险业带来的首先是销售渠道创新。根据统计，目前已有 152 家保险公司利用互联网渠道开展保险销售，主要包括自营网络渠道，如 PC 官网、移动 APP 等，以及第三方电子商务平台，如淘宝网旗舰店等。此外，部分保险专业中介机构也通过自建平台或第三方网络平台开展网络销售，为客户提供跨公司的产品对比和选择。金融科技公司大多通过提供第三方网络平台或投资保险中介机构的方式参与互联网保险销售，如京东数科、度小满金融旗下均有保险经纪公司，并通过京东数科和度小满金融的相关平台进行保险产品网络销售。

相较于传统销售渠道，互联网保险销售一是为保险公司和客户搭建了直接交流平台，建立了多层次的客户触达体系，降低了运营成本；二是打破了保险销售的空间和时间限制，提高了保险服务的供给效率；三是提高了保险产品和销售过程的透明度，减少了信息不对称；四是部分保险产品的销售与互联网消费场景紧密结合，如电商退货运费险、航班延误险等，不仅精准满足了消费者在特定场景下的风险需求，从长期看更能够培养消费者的风险防范意识和保险意识，培育更广阔的保险市场。近年来，互联网保险销售渠道发展势头迅猛，规模飞速增长，根据中国保险行业协会公布的统计数据，2012—2018 年我国互联网保费收入从 111 亿元增长到1 905亿元，7 年间保费规模实现了 17 倍的增长。

（二）全流程电子化

对保险业务而言，由于承保、保全、理赔等核心业务环节都离不开投保人、被保险人签名签章，在电子签名技术不成熟、法律不完备的情况下，保险业务难以实现真正的电子化。2005 年，《中华人民共和国电子签名法》的颁布实施，为保险业务全流程电子化扫除了法律障碍，奠定了操作基础。

一是电子保单，即用电子证明文件替代纸质保险单。我国第一张电子保单在《中华人民共和国电子签名法》实施的当天就诞生了，但电子保单的推广应用并不是一蹴而就的。以交强险为例，保单不仅涉及所有机动车车主的风险保障，而且在车辆路检、验车、注册登记及车船税缴纳等多个场景中都需要查验，推广电子保单必须统筹考虑。2016 年 12 月起，北京地区全面启动了交强险和商业车险电子保单试点，经过两年多的推广应用，目前电子保单已经是北京车主的“标配”了。

二是电子投保，即运用互联网、移动通信等信息技术手段替代纸质投保单证完成投保手续，完整记录投保过程，实现投保全流程可追溯的创新型投保方式。前文所述的互联网保险销售大多采用了电子投保，但电子投保不仅局限于互联网销售渠道。以北京地区车险投保为例，自 2017 年 9 月起，北京地区保险公司在电销、网销、中介代理等销售渠道全面实施电子投保，投保人可采取多种方式向保险公司提供投保基本信息，通过保险公司发送的短信阅读保险条款和免责事项，并通过向保险公司反馈投保验证码替代传统签名，无须再填写纸质投保单。实施车险电子投保，在电子保单的基础上，进一步打通了投保环节的线上化流程，实现了车险投保从信息采录到保单出具、承保管理的全流程电子化，减少了投保承保各环节的资源损耗，有效促进了传统车险管理模式的转型升级，大大提高了车险服务能力和水平。

三是线上理赔。目前，不少保险公司已实现对小额、简单案件的线上理赔，如旅游意外险、航班延误险等，消费者通过保险公司官网、移动 APP 等上传事故证明材料后，即可迅速获得赔付。针对车险这类需要查勘实际损失的案件，部分公司还开通了线上查勘定损的功能，进一步简化报案理赔流程。北京市公安局公安交通管理局和原中国保险监督管理委员会北京监管局（以下简称北京保监局）共同开发的“事故 e 处理”APP，则将交通事故责任认定和保险报案查勘定损同步线上化，力争实现快速恢复交通和快速定损理赔的双重效果。

四是信息化风控。信息科技不仅在投保、出单、理赔等前台环节提升了保险服务的便捷性，更在核保、核赔等后台风控环节发挥了巨大价值，提升了保险业务风控管理水平。例如，针对农险业务中保险标的难以准确核实的问题，采用卫星遥感和地理信息技术等手段查验标的，提高了承保准确性；利用大数据对欺诈风险人员、风险车辆等进行网络化关联分析，实现保险欺诈预警，提高了理赔风险管理能力。

（三）互联网产品创新

一方面，随着电子商务和新零售的发展，消费场景日益分散和多元，消费者的不同层次保险需求被激发，为保险公司提供了新的业务标的；另一方面，大数据技术的发展，为保险行业带来了传统条件下无法获取的海量数据，给保险产品的设计、定价提供了更精准的依据，诞生了一批互联网创新保险产品。例如，电商退货运费险就是一款完全基于大数据等新兴技术的创新保险产品。利用大数据技术，保险公司对用户在电商平台上的交易行为数据进行收集和分析，建立多维的客户分析体系，开发了针对卖家和买家的不同类型细分产品，根据商家销售产品类别、账户风险、卖家及买家退货率等数据实现了针对每一笔交易的个性化保费费率确定；并通过对大量真实业务数据的持续跟踪和分析，以及与物流服务商的业务和数据合作，有效控制欺诈风险。信美人寿相互保险社基于蚂蚁金服大数据，定向筛选信用分较高的高等级会员作为目标客户，开发了等待期为零天的重疾险产品，这在传统保险产品设计中几乎是不可想象的。此外，还有服务于线上医疗的医师个人职责责任保险、服务于互联网餐饮平台的食品安全责任保险等。互联网的创新思路和海量数据为产品同质化的保险市场带来了新鲜血液，给保险业的发展创造了更多机遇。

（四）移动展业

随着移动互联网的发展，许多针对保险销售人员的移动行销工具也陆续出现，保险业开始尝试利用信息技术实现移动展业。与第一部分介绍的互联网销售渠道不同，移动展业平台面向的主要服务对象不是保险消费者，而是保险销售从业人员。这类平台借助网络销售、移动支付、电子签名、数字影像等技术，为销售人员提供资讯聚合、客户测评、计划书制作和服务记录等功能，帮助销售人员突破时间空间限制，脱离传统的“行商”式展业方式，提升从业人员销售效率、展业业绩及专业能力。

根据公开数据，目前我国保险公司登记的保险销售从业人员超过800万人，加上中介机构的销售从业人员，则已超过1 000万人。无论是大型保险公司还是互联网保险项目，都开始紧盯这一领域。以设立主体为标准，目前市场上涌现的保险移动展业平台可以分成三类。一是保险公司自建型。公开资料显示，几乎所有建立个险渠道的人身险公司都研发了自己的专属展业平台，如中国平安人寿保险股份有限公司、中国人寿保险股份有限公司、新华人寿保险股份有限公司等都通过技术支持、产品整合、销售流程优化等开发了自己的销售 APP。二是保险专业中介机构自建型。如泛华联兴保险销售股份公司的“掌中保”、慧择保险经纪有限公司纪旗下的聚米 APP 等。三是非保险机构建设型。由互联网科技公司开发，向注册加盟的保险销售人员提供教育培训、移动展业、客户服务等功能，如人人保、保险师、i 云保等。

（五）互联网保险公司

2013 年 9 月，由蚂蚁科技集团股份有限公司、中国平安保险（集团）股份有限公司、深圳市腾讯计算机系统有限公司等金融类、科技类知名企业联合发起成立的众安在线保险股份有限公司（以下简称众安保险），获得了原中国保监会颁发的国内第一张也是当时全球第一张互联网保险公司牌照，开启了专业互联网保险公司的发展探索。2015 年，原中国保监会又分别批筹了易安财产保险股份有限公司（以下简称易安财险）、安心财产保险有限责任公司（以下简称安心财险）和泰康在线财产保险股份有限公司（以下简称泰康在线）3家互联网保险公司。目前，互联网保险公司主要有以下特征。一是不设分支机构，业务流程全程在线上开展。二是有限业务范围，目前主要允许开展与互联网交易直接相关的企业/家庭财产保险、货运保险、责任保险、信用保证保险、短期健康/意外伤害保险等，众安保险、安心财险和泰康在线还获准开展车险业务。三是基本没有经营区域限制，由于业务流程全部通过线上开展，互联网保险公司基本不受经营区域的限制，全国通行；但因车险涉及的现场查勘等线下理赔环节较多，监管部门对互联网保险公司的车险业务限制了一定的经营区域。

公开数据显示，2018年上述4家互联网保险公司实现保险业务收入170亿元，同比增长约84%；其中，众安保险实现保险业务收入112.6亿元。但是保费收入的上涨并未带来经营上的收益增长，2018年4家公司全部陷入亏损，亏损总额约28亿元。应该看到，互联网保险公司从诞生至今仅5年多，还属于新兴事物，各公司从产品到运营都还在摸索过程中。但是，专业互联网保险公司在对信息科技的应用上带有天然优势，退货运费险、百万医疗健康险等产品创新，以及全部流程线上化的服务创新和各种场景流量的营销创新都给传统保险行业带来了冲击和启发。

（六）未来发展趋势展望

从宏观层面看，互联网信息科技能够极大地缩减业务成本和提升运营效率；从微观层面看，新兴技术正在全面重新定义保险业务流程。在可以预见的未来，各保险公司将把科技视为未来保险业务发展的核心驱动力，将投入更多资源进行信息科技的研发或购买。借助互联网信息技术的应用，保险行业将逐步与上下游企业加深融合，向构建保险生态系统的方向发展，保险公司将不仅仅为保险消费者提供风险的财务补偿，而是提供防范、解决和化解风险的综合服务，创造更大的价值。以健康风险为例，未来保险行业可能通过与智能设备厂商、医院、药房、第三方健康管理平台的信息技术互联，基于丰富多维的数据，为消费者提供精准的风险评估、风险记录、健康指导、保险定价、风险预警和理赔补偿，构建综合风险管理体系。

二、保险科技创新带来的新问题

（一）经营风险

互联网信息科技与保险业的结合，催生了全新的保险市场，促进了新型保险产品和服务的诞生，提高了保险的普惠水平，拓展了保险的深度和密度，但也可能增加潜在的风险，为保险行业带来新课题。

1. 逆向选择风险

互联网销售渠道的特点决定了保险公司与投保人之间的去中介化和无面见环节，保险公司对投保人、被保险人的身份、职业及其他风险因素缺乏其他信息来源，仅通过网络提交的信息来判断是否承保，投保人逆向选择的风险增大，可能增加保险公司的经营风险。而部分互联网保险产品采用自动核保的弱管控机制，进一步放大了这一风险。例如，2019年2月，媒体报道一男子在多家保险公司集中投保高额意外险，保额超过亿元，可能存在逆向选择风险。保险行业排查梳理发现，该投保人在3个月时间内集中投保，险种均是意外险，单笔保额大多超过100万元，投保渠道无一例外都是网络，涵盖了公司官网、官方微信、官方 APP、淘宝店、天猫店等。由于其在 30 余家保险公司分散投保，且投保渠道是网络，初期并未引起保险公司注意，绝大多数顺利通过自动核保，投保成功。

2. 跨行业风险传递

互联网信息科技在保险业的应用大幅提高了保险的普惠水平和保险服务的供给效率，但保险业作为风险管理行业，一旦没有把握好便捷高效与风险控制的平衡，则可能加剧跨行业的风险传递。以个别保险公司与网贷平台合作开展的信用保证保险为例，该类业务的设计本意是为网贷平台的资金借贷项目和投资人提供风险保障，助力互联网普惠金融。但是目前保险公司对网贷平台信保业务的核保管控手段有限，一般无法直接接触借款人，仅依靠网贷平台提供的相关信息进行核保，无法准确有效评估风险。一旦网贷行业风险集中出清，产生连锁化的批量违约，传导到保险公司可能造成集中偿付风险。此前长安责任保险股份有限公司因合作的网贷平台“爆雷”，信保业务赔付近 20 亿元，综合偿付能力充足率自 2018 年第三季度起持续为负数，2019 年第一季度达 -162.65%，监管综合风险评级为 D 级。此外，个别网贷平台借机误导宣传，把承保独立借贷项目的保险公司包装成为对平台所有项目和经营行为全面兜底保障的“担保人”，一旦网贷平台发生违规问题，甚至涉嫌诈骗、非法集资等犯罪行为，也容易将风险转嫁至保险行业。

3. 信息安全风险

保险业作为金融服务行业，本身具有信息密集的特点，保险业信息系统和数据承载的价值，使其容易成为不法分子攻击和窃取的目标。互联网信息科技的应用，在提高保险业务信息化水平的同时，也加大了行业的信息安全风险。例如，在大数据应用过程中，保险信息数据采集、传输、分析、保存的渠道增加、链条变长，可能面临更大的信息泄露、丢失、被篡改等威胁。云计算技术带来的信息安全风险一方面是物理边界的消失，使传统的安全防护手段无法有效应对入侵攻击；另一方面，云存储也增加了数据存储的风险，一旦集中在云端的数据遭到泄露，其影响面将会大大增加。

（二）合规风险

近年来，监管部门一方面鼓励保险行业的科技创新，例如，2014 年国务院《关于加快发展现代保险服务业的若干意见》明确支持保险公司积极运用网络、云计算、大数据、移动互联网等新技术促进保险业销售渠道和服务模式创新；另一方面，也在不断探索对互联网保险的监管，2011 年原中国保监会发布了《保险代理、经纪公司互联网保险业务监管办法（试行）》（已废止），2015 年出台了《互联网保险业务监管暂行办法》，明确了互联网保险的经营条件、经营区域、信息披露、经营规则等内容，监管思路更加清晰。但是，随着互联网信息科技与保险业的加速融合，行业的发展态势日新月异，不可避免地产生了一些新的合规风险。

1. 互联网业务模式复杂，滋生监管套利风险

当前，互联网保险业务合作模式多样，参与主体众多，保险业务在全流程线上化的过程中容易产生监管套利风险。例如，原中国保险监督管理委员会北京监管局在投诉举报处理中发现，部分移动展业

平台向用户提供注册成为保险销售从业人员的通道。用户注册后，平台会采集用户信息并在保险中介信息平台进行查询确认，如果用户已经取得某公司的执业证书，则自动获得平台代理人资格，并可以推广销售平台上所有保险公司的产品；如果用户不具备执业资格，则回答 3 ~5 道非常简单的保险问题后，即可与平台背后的保险机构签订代理协议，注册成为保险销售从业人员，进行保险产品销售并获取佣金。通过这类线上模式增员的销售从业人员，事实上一部分是某保险机构已经登记备案的从业人员，通过移动展业平台能够无障碍地“推广”其他保险公司、其他地区的保险产品，超过了其所在保险机构的授权范围；另一部分则是普通消费者，保险机构仅对其进行了形式上的简单考察，并未进行足够的培训和管理，他们不具备基本的保险执业素质。这两类情况都涉嫌利用形式合规的线上增员模式，突破保险销售从业人员管理制度。

2. 参与主体职能擦边，存在非法经营风险

在互联网保险销售的参与主体中，除保险公司和保险中介机构的自营平台外，还有第三方网络平台。目前各公司登记备案的第三方网络平台种类众多，不仅包括各类综合网站、理财购物 APP，甚至还包括一些个人开设的微信公众号。根据《互联网保险业务监管暂行办法》，第三方网络平台指除自营平台外，为保险消费者和保险机构提供网络技术支持辅助服务的网络平台，不能开展保险业务的销售、承保、理赔、退保、投诉处理及客户服务等保险经营行为，但《互联网保险业务监管暂行办法》并未对保险经营行为的具体界定进行明确。目前各类第三方网络平台与保险机构合作的模式千差万别，在缺少认定标准的情况下，部分平台在非法开展保险经营行为的边缘试探，存在趁机打“擦边球”的嫌疑。例如，在保险监管部门公布的行政处罚决定中，某保险经纪公司按照获取保费的 27% 的比例与第三方网络平台结算费用，共计支付 1.84 亿元“技术服务费”，第三方网络平台将其中3 829万元用于支付平台注册用户的“推广费”。本案中保险经纪公司被认定存在“编制或者提供虚假的报告、报表、文件、资料”的违法行为被处以行政罚款，而第三方网络平台以与保费规模挂钩的方式收取所谓“技术服务费”并向注册用户支付“推广费”的行为，是否构成了非法经营保险中介业务，在市场上引起了广泛的讨论。

3. 行业创新发展迅速，产生监管空白地带

在信息科技的助推下，近年来互联网保险的创新和发展极为迅速，与市场发展相比，监管规定已有明显的滞后和脱节，产生了一定的监管空白。一是近两年来，随着保险行业加速回归保障本源，互联网渠道销售的百万医疗等健康险受到社会广泛关注，业务规模迅猛增长，已成为互联网渠道销售的主要险类之一。据中国保险行业协会数据统计，互联网健康险保费规模从 2015 年的 10.3 亿元增长至 2018 年的 122.9 亿元，3 年间增长了 11 倍。2018 年，互联网健康险保费占互联网人身险的比重已突破至 10.3%。但是，在 2015 年制定的《互联网保险业务监管暂行办法》中，可能是考虑到健康险业务理赔环节需要更多的线下服务支持，并未将健康险列入可以超区域经营的互联网险种范围。因此，除 4 家互联网保险公司外，其他保险公司一

旦在未设立分公司的省市销售互联网健康险，事实上已属于“非法”行为。二是银行作为保险公司的兼业代理机构，借助网银、手机银行、自助终端机等互联网终端向客户销售保险产品，是当前互联网保险销售的重要渠道。但针对银行是否可以开展互联网保险业务，现行《互联网保险业务监管暂行办法》中的“保险机构”未包含兼业代理机构，而 2019 年 8 月中国银保监会下发的《商业银行代理保险业务管理办法》则允许商业银行开展互联网保险业务，表明目前监管规定还有待统一和完善。

三、相关建议

互联网信息科技自带“创新基因”，蓬勃发展的金融科技所带来的保险新业态不断考验着监管者的智慧。我们认为，无论科技创新下的保险业如何发展，监管都应当透过现象看本质，回归金融监管本源。

（一）回归本源，统一监管标准

应当明确互联网保险的根源在于保险，互联网、大数据、云计算、人工智能、区块链等技术，其根本都是服务于保险，电子化不影响保险业务的内在原理。针对科技创新下的保险业，应当按照保险业务的本质实施监管，以防范金融风险、维护保险市场秩序和保护保险消费者权益为监管目标，保持线上线下的统一原则和统一监管力度，落实明确的主体责任，维护保险市场的公平竞争，避免相关机构和个人利用不同的监管空间实施监管套利。

（二）完善制度，补齐监管短板

建议结合市场实际，及时修订完善互联网保险相关监管法律法规。一是进一步明确互联网保险的概念和经营主体、险种、范围、规则等，在保持线上线下合规标准统一的基础上，为互联网保险的创新留足空间；二是明确销售、承保、理赔、退保等实质性保险经营行为的界定标准，为责任主体认定和非法经营行为认定奠定基础；三是加强对保险机构与科技公司、第三方平台合作的风险监管，强化对信息安全风险、操作风险的管控。

（三）穿透定性，遏制非法经营

针对互联网保险业务中的各个参与主体，特别是第三方网络平台、平台注册用户等，应当及时对其行为进行穿透定性，识别其行为是否具有金融属性，是否属于保险经营或从业行为，是否应当持牌、持证，防止部分机构或个人以技术创新的名义非法经营保险或保险中介业务，规范市场经营环境。

（四）加强建设，提升监管科技

近年来保险监管虽然在数据信息共享平台、保单登记管理平台等大数据领域有所突破，但监管科技与行业科技的发展相比仍有比较明显的滞后。建议加强对监管科技的研究和建设，通过大数据、云计算、人工智能等技术的应用，提高监管部门对行业风险和公司运营异常的动态甄别能力，提高监管的效率和精确性。

（五）加强管理，规范代理人队伍

网络平台利用移动展业 APP 大量招募线上代理人的乱象，根源在于 2015 年保险从业资格证书取消带来的保险销售从业人员门槛降低。建议一是完善保险销售从业人员管理制度，明确从业资格要求，强化保险机构对从业人员资格审核和日常管理的责任，规范保险机构的执业登记，从源头控制代理人数量“疯涨”；二是针对“一对一”保险顾问服务和跨公司产品销售的现实需求，建议适时研究开放个人经纪人制度，通过制度创新破解互联网保险中的代理人销售乱象问题。

（胡飞飞）

北京辖区上市公司大股东股票质押风险调研报告

中国证券监督管理委员会北京监管局

为全面评估北京辖区上市公司股票质押风险现状，加强风险防范与应对工作，中国证券监督管理委员会北京监管局全面摸排了辖区上市公司控股股东及其一致行动人（以下简称大股东）股票质押风险情况及化解进展，研究分析了股票质押风险成因与化解困境，并提出政策建议。

一、质押风险概况

截至2019年5月31日，北京辖区共有321家上市公司，其中，有158家公司存在大股东股票质押情形，质押股票总数466.10亿股[①]，平均质押比例（质押股票总数/持股总数）为20.38%，质押总市值约4 317.97亿元，总融资金额约2 068.15亿元。

（一）辖区股票质押风险形势仍未明显好转

同2018年5月末相比较，辖区质押公司总数、高比例质押公司数量均略有增加，质押融资规模从2 351.87亿元降至2 068.15亿元，仅下降了12.06%。高比例质押公司的规模和占比进一步增加：2019年5月末质押比例在80%以上的公司有42家，占比为26.58%，较2018年5月末增加5.01个百分点；2019年5月末质押比例80%以上公司的质押融资金额为935.03亿元，较2018年5月质押比例80%以上公司的质押融资总额上升23.57%（见表1）。

表1　北京辖区大股东股票质押总体情况

项目	2019年5月31日	2018年5月31日	变动幅度
上市公司总数（家）	321	309	—
质押公司总数（家）	158	153	5
公司总数占比（%）	49.22	49.51	-0.29%
总质押市值（亿元）	4 317.97	4 173.32	3.47%
总融资金额（亿元）	2 068.15	2 351.87	-12.06%
平均质押折扣率（%）	47.90	56.35	-8.45%
质押比例50%以上公司家数（家）	96	83	15.66%
质押比例50%以上公司融资金额（亿元）	1 292.06	1 340.86	-3.64%
质押比例80%以上公司家数（家）	42	33	27.27%
质押比例80%以上公司融资金额（亿元）	935.03	756.69	23.57%

① 如无特别说明，本文数据均来源于对北京辖区上市公司的问卷调研。

（二）质押风险公司集中于民营中小创企业

从上市板块和公司属性来看，民营中小创上市公司质押风险明显高于主板公司、国有企业。75.47%的中小板公司、76.00%的创业板公司存在大股东质押情形，远高于主板公司25.00%的比重；中小板、创业板公司的平均质押比例（质押股票总数/持股总数）分别为65.62%、65.41%，也远超过主板公司13.41%的水平。79.33%的民营企业存在大股东质押情形，平均质押比例为66.92%，明显高于国有企业（见表2）。

表2　2019年5月大股东股票质押公司板块与属性分布

项目	公司总数（家）	质押公司数（家）	质押公司占比（%）	质押公司大股东持股数量（亿股）	质押股票总数（亿股）	质押融资金额（亿元）	平均质押比例（质押股票总数/持股总数）（%）
板块分布							
主板	168	42	25.00	1981.47	265.64	1192.82	13.41
中小板	53	40	75.47	127.82	83.87	352.28	65.62
创业板	100	76	76.00	178.23	116.59	523.05	65.41
属性分布							
民营企业	179	142	79.33	455.89	305.06	1340.56	66.92
中央国有企业	91	8	8.79	1758.52	117.82	584.34	6.70
地方国有企业	39	5	12.82	56.35	27.61	92.16	48.99
其他企业	12	3	25.00	16.76	15.60	51.08	93.10
合计	321	158	49.22	2287.52	466.10	2068.15	20.38

（三）质押违约情势显著恶化

截至2019年5月末，158家存在大股东质押的上市公司中，35家公司质押触发预警线，其中，有26家公司质押触发平仓线，平均触发预警线、触发平仓线的比例分别为72.34%、63.00%。此外，有12家公司大股东股票质押已出现跌破成本线情形，平均跌破成本线的比例为89.87%。同时，158家公司中有22家公司存在逾期情形，平均逾期比例为47.47%。与2018年5月相比，触发预警线、平仓线的公司数量有所增加。

有5家公司大股东股票因质押违约被质权人强制平仓，被强制平仓的股份占持股总数的比重为3.18%，被强制平仓的公司家数与股份占比较2018年同期明显上升；18家公司大股东持股被司法冻结，被冻结股份数量占全部持股的平均比重为61.16%，其中，11家公司大股东持股被100%冻结。此外，13家公司被质权人收取高额罚息，12家公司面临高额违约金风险，9家公司大股东股票被质权人超额冻结，风险形势更为紧迫。

（四）质押风险拖累上市公司基本面

根据2018年年报披露数据，158家存在大股东质押的上市公司中，有69家公司2018年净利润同比下滑，58家公司经营性净现金流量同比下降。21家股票质押比例超过50%的上市公司2018年业绩亏损，占辖区全部亏损公司数量（36家）的比重为58.33%。

调研显示，2018年以来，18家有大股东质押的公司发生大规模裁员或员工大规模离职的情形，裁员和离职人数累计超过1.6万人，其中，13家公司裁员和离职规模超过员工总数的50%。11家公司出现拖欠员工工资、离职补偿金等欠薪行为，合计欠薪规模达5.44亿元，其中，3家公司欠薪期限超过1年，累计欠薪金额达1.48亿元。

二、质押风险化解进展

（一）质押风险化解存在阶段性困难，尚未取得实质性进展

1. 退出质押公司少于新增公司，释放存量融资金额压力收效甚微

目前存在大股东质押的158（153－14＋19）家上市公司中，有139家在2018年5月31日即存在大股东质押情形，占比为87.97%，经过一年艰苦的股票质押纾困过程，退出股票质押融资业务的上市公司数量反而少于新增质押公司数量，净增加5家。在融资金额方面，139家公司当前质押融资总额合计为1 756.33亿元，较2018年5月31日的2 029.51亿元减少273.18亿元，下降13.46%。

2. 退出质押公司大多初始质押风险不高

2018年5月31日，存在大股东质押情形的153家公司中，除1家公司已迁出北京以外，有13家公司当前大股东已无质押，缩减质押融资金额为303.76亿元。其中，仅有3家公司质押比例一度超过70%，其余10家公司2018年5月31日的质押比例均在50%以下。该3家公司有2家公司的控股权被国资收购，质押风险彻底化解。

3. 新增质押情形的公司风险总体可控

与2018年5月31日相比，有19家公司新增大股东质押情形，融资总额为311.82亿元。值得注意的是，仅1家中央国有控股上市公司的大股东发行可交换债券融资规模就达200亿元，如排除该公司，其他18家公司融资规模为111.82亿元。其中，10家公司大股东质押比例低于50%，5家公司质押比例为50%～80%，3家公司质押比例超过80%。该3家质押比例超过80%的公司均反映大股东质押风险整体可控。

（二）纾困效果欠佳，高比例质押公司风险难以实质化解

1. 引入战略投资者成为化解质押风险的最有效方式，但进展缓慢

经统计，自2018年以来，北京辖区已有23家公司与战略投资者签订了股权转让协议。其中，13家公司被控股收购（4家公司股权转让手续已完成，9家尚在进程中），10家公司被参股（7家已完成，3家尚在进程中）。上述23家公司中，目前大股东质押比例超过80%的尚有11家；其余12家公司中有10家大股东质押比例一度超过80%，目前仍有9家公司质押比例为50%～70%。

2. 国资纾困方式丰富多样，覆盖面有限

除以受让股权、参与定增的方式纾困上市公司以外，部分国资纾困基金还以直接借款、委贷保理、清偿欠款、认购债券、收购房产等多种方式，直接向上市公司与大股东提供增信或资金支持，助力上市公司化解风险。20家公司及其大股东已累计获得资金支持近330亿元。但其中

少数几家上市公司及其大股东债务规模大、资金需求量高，获取了国资纾困资金的绝大部分，仅4家公司获得海淀区、朝阳区的国资纾困资金就高达260亿元。

3. 相当比重的高比例质押公司未获纾困资金支持，难以脱困

目前，大股东质押比例超过50%的96家公司中，有67家公司反馈尚未获得地方政府、国资平台、产业基金、金融机构等各类纾困资金的支持，占比为69.79%。质押比例超过80%的42家公司中，仅有18家得到外部纾困资金支持，未得到支持的比例达57.14%。

三、风险成因与化解困境

（一）金融创新激活企业融资需求，质押规模高企

2013年5月，上海证券交易所、深圳证券交易所、中国证券登记结算有限责任公司发布《股票质押式回购交易及登记结算业务办法（试行）》，上市公司股票质押业务自此驶向“快车道”。根据Wind统计，2013年末全A股市场质押市值规模约580亿元，经过2014—2015年的稳步发展，2015年末增至4.71万亿元，2016—2017年增速放缓，但体量继续攀升，2017年末达到6.23万亿元。

1. 上市公司股票质押规模2013—2017年不断增长，与金融创新尤其是证券公司的业务创新与快速发展密不可分

2012年，中国证监会首次举办证券公司创新发展研讨会，上海证券交易所等单位明确提出探索研究证券质押式回购交易业务方案。2014年5月，中国证监会发布实施《关于进一步推进证券经营机构创新发展的意见》，明确鼓励证券公司开展股票质押回购等创新业务。政策鼓励，加之股票质押无须监管审批、手续简便、操作成本较低，以证券公司为代表的金融机构不断扩展股票质押业务。

2. 上市公司股票作为大股东自有资产，成为近年来市场融资的重要偿债保障，极大地便利了大股东的质押融资

2016年1月，中国证监会发布《上市公司大股东、董监高减持股份的若干规定》，2017年5月，进一步趋严并升级为减持新规，在一定程度上将上市公司大股东的融资需求挤压到股票质押融资市场中。2017年2月，中国证监会修订上市公司再融资规则，从严限制再融资规模、间隔期间、定价机制、锁定期限。大股东融资的主观意愿加上制度的把控，在很大程度上导致上市公司借道大股东质押融资变相提高杠杆率。

3. 上市公司与大股东激进扩张，短债长投，通过股票质押满足融资需求

抽样调研显示，大股东质押融资主要用于认购上市公司增发股份、可转换债券，为上市公司借款提供担保、为上市公司员工持股计划、股权激励提供借款，投资上市公司体外股权性资产等投资业务。以辖区179家民营上市公司（包括142家有大股东质押公司和37家无大股东质押公司）为样本，对比分析有质押公司和无质押公司2014年至2018年的总资产规模增长幅度、股权融资规模差异①，发现有质押公司的资产增速明显高于无质押公司；有质押公司的股权融资占净资产比重明显高于无质押公司，且质押比例越高，权益增长对外部股权融资的依赖越强（见图1和图2）。

① 数据来源：Wind资讯。

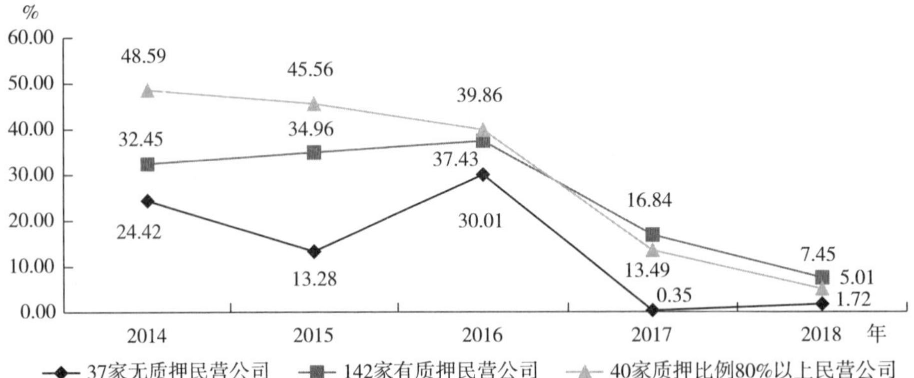

注：图中总资产增长率数据为本年末总资产较上年末总资产的增长比率。

图 1　有无大股东股票质押公司总资产增长率对比

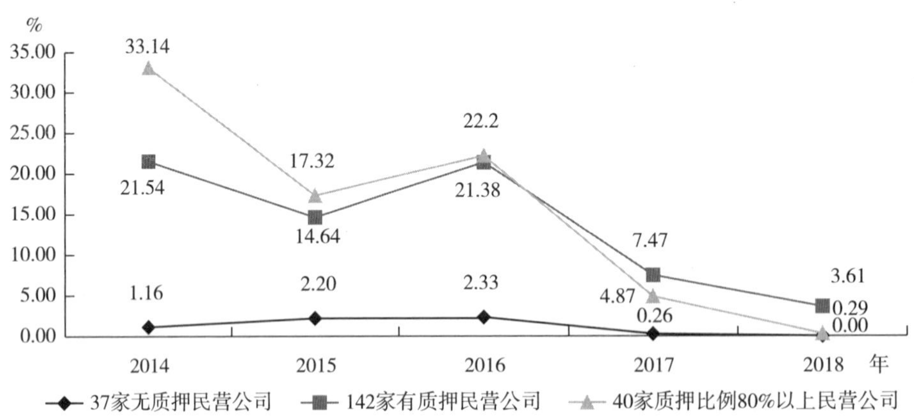

注：图中股权融资扩张率数据为年度增发、配股、可转债融资额占年末净资产的比率。

图 2　有无大股东股票质押公司股权融资扩张率对比

（二）金融强监管叠加宏观去杠杆，质押风险不断暴露

股票质押业务经过数年发展，成为资本市场上成熟的业务品种，在 2018 年以前平稳发展，未出现较大的震荡，但 2018 年以来，存量质押迎来到期高峰，市场波动不断。

1. 股票质押新规出台，质押业务从监管空白下的无序增长转入从严监管下的规范发展，业务增长陷入停滞

2018 年 3 月和 5 月，中国证监会修订发布股票质押新规，从融资门槛、资金用途、质押集中度、质押折扣率四方面从严规范股票质押业务，明确禁止证券公司新增场外股权质押业务，要求场内质押融资应当用于实体经济生产经营并专户管理，个股质押比例超出或接近 50% 的公司难以新增场内质押，金融机构场外股票质押融资展业更加谨慎。

2. 资管新规严格规范金融机构资产管理业务，非标融资受限导致股票质押融资来源难以持续

2018 年 4 月，金融监管部门联合发布《关于规范金融机构资产管理业务的

指导意见》，落实去杠杆精神，明确要求投资于非标准化债权类资产的资产管理产品不得违反期限匹配原则，禁止资产管理产品多层嵌套、相互投资。受资管新规影响，存量质押业务面临资金方抽回资产管理产品资金、质押难以展期的风险，而增量质押业务因资金端产品发行不通畅、资金渠道受限制等原因，难以扩大规模。

3. 股市持续低迷，质押违约陷入恶性循环

2018 年以来，受国内外多重因素影响，A 股市场连续下挫，市值持续缩水，股票质押业务风险不断加大。股价不断下跌导致质押纷纷跌破预警线/平仓线，多数大股东选择补充质押来应对平仓危机，而事实上，补充质押提高了质押比例，在股市持续不景气的环境下也加大了爆仓风险，使股票质押陷入违约恶性循环。

（三）信用风险与市场风险相互传导，风险叠加趋于恶化

1. 兼具债权融资与股权融资属性，股票质押风险与市场风险交织

虽然股票质押本质上是以上市公司股票为质押物的债权融资行为，但由于上市公司股票价格波动较大造成质押物价值不确定性大，股票质押蕴含着债权融资风险与股权融资风险的双重属性。减持新规出台后，大股东股票资产失去流动性，股票质押业务逻辑从质押贷款实质上趋同于信用贷款。在股市持续低迷和缺乏增量资金的形势下，大股东无其他融资渠道和资金来源，股票难以变现，质押违约成为常态。

2. 质权人采取极端措施进行违约处置，风险化解陷入僵局

质权人大多设置了严格的风险控制措施，在质押违约时采用高额罚息、强制平仓、超额冻结、司法诉讼、不予展期等极端方式进行违约处置，进一步加剧了大股东脱困负担、恶化了大股东风险处境。以证券公司为例，根据《证券公司风险控制指标管理办法》的规定，当证券公司对有违约风险的股票质押业务计提减值准备时，净资本减小，导致风险覆盖率降低，会进一步影响证券公司的经营业务。证券公司为应对上述不利影响，在开展质押业务时往往会采取严格的风控措施，发生违约时会尽可能采用强制手段加快违约处置。

3. 大股东质押风险进一步传导至上市公司，民营企业低信用加剧流动性困境

当前，金融机构普遍将大股东质押比例作为上市公司信用风险的重要参考指标，高质押风险公司基本无法通过金融机构的风控审查，难以获得融资。根据调研反馈，部分商业银行对大股东质押比例超过 80%（个别银行设定为 60%）的上市公司一律不提供信贷支持。上市公司信用风险加大，基本面持续向下，反过来又进一步加剧大股东信用风险的恶化。以辖区民营上市公司新增债券融资规模[①]为例，有质押公司的年度新增债券融资金额占年末总负债的比例 2014—2015 年略高于无质押公司，而自 2016 年以来却明显低于无质押公司。此外，2016 年以来，有质押公司的有息负债增长率[②]显著低于无质押公司。无论是债券融资还是其他债权融资，有质押公司的融资难度显著高于无质

① 数据来源：Wind 资讯。

② 数据来源：Wind 资讯。

押公司，反映出有质押公司的信用相对较低（见图3和图4）。

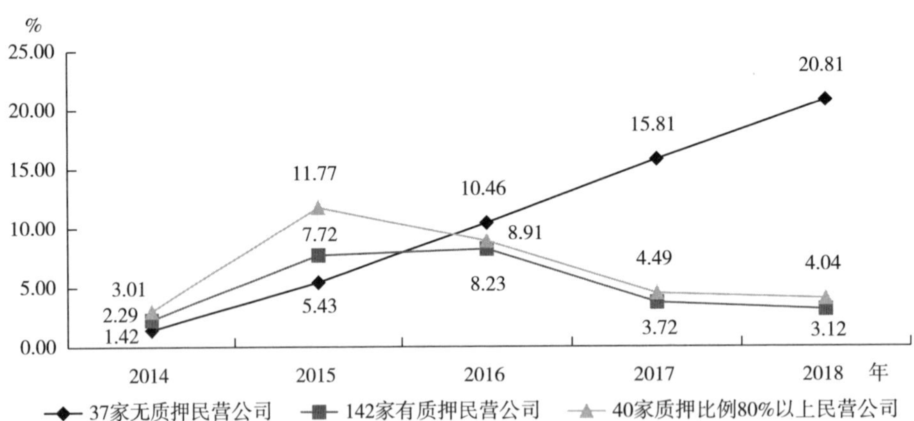

注：债券融资扩张率为年度债券融资总额占年末总负债的比率。

图3　有无大股东股票质押公司债券融资扩张率对比

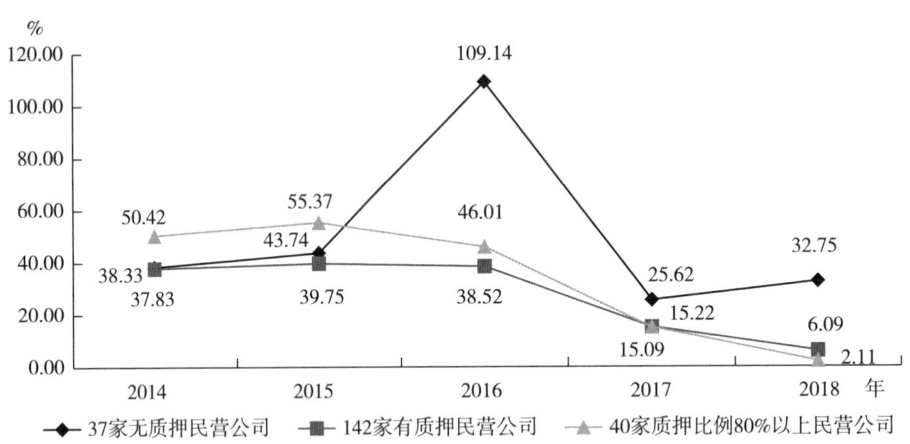

注：有息债务增长率为年度有息债务增加额占年初有息债务总额的比率。

图4　有无大股东股票质押公司有息债务增长率对比

4. 严苛的监管政策限制了风险化解的可选路径和方式，影响了风险化解的效率和效果

再融资新规、减持新规等监管规则，在出台当时起到了遏制套利行为、维护市场秩序、促进市场稳定的良好效果，但在当前困难民营企业与大股东均面临融资受阻、流动性恶化的风险情况下，进一步恶化了上市公司与大股东的融资困境。例如，现行再融资的资格标准、定价机制、锁定期限等规则要求较大地影响了企业的融资安排和战略投资者的入驻意愿，上市

公司融资平台优势显著下降，定向增发、可转债等直接融资形式难以成为纾困的有效渠道。此外，减持新规对大股东、董事和监事高减持比例、限售期限作出了明确限定，降低了大股东通过大额减持来化解风险的可能性，在一定程度上也影响了纾困资金的退出便利度。

5. 纾困政策落地效果欠佳，纾困救助功能未得到充分体现

在股票质押风险化解的大背景下，各类纾困基金陆续成立，并以纾困之名获取了大量的政策倾斜及公共资金支持，也以较低成本吸纳了大量社会资本。但在实务运作中，纾困基金不仅在项目筛选环节严格市场化选择标准，在投资条件上也过分强调市场化原则，未能体现纾困之本意，部分纾困基金的投资条件甚至较其他市场主体更为严苛。此外，社会机构在北京落地的纾困帮扶项目不多，资金投入有限，在缓解股东燃眉之急、助力企业持续发展方面的作用尚未得到充分发挥。

四、政策建议

（一）统筹协调证券公司，推动稳妥化解质押风险

证券公司等质权人的让步是缓解质押违约风险、解除违约处置矛盾的破局之选。建议中国证监会机构部发挥对证券公司等主要债权人的监管优势，统筹引导证券公司稳妥做好质押违约处置工作，避免单方面的违约处置行为加剧上市公司和大股东困境。一是协调减免高额罚息与违约金，减轻大股东脱困负担。二是推动质权人在维持一定履约保障比例的基础上，适当返还超额担保品，便于大股东变卖资产筹集偿债资金。三是协调解除远超质押欠款的超额冻结行为，方便大股东通过转让股权、处置个人资产自救。四是推动质权人质押正常展期，对大股东高比例质押但经营资质好的上市公司，加大展期支持力度，尽量放松展期条件。

（二）适度调整监管政策，更好发挥资本市场直接融资作用

完善资本市场监管政策，优化制度环境是推动民企纾困与风险化解的重要举措。建议中国证监会健全政策松紧度，有效提升逆周期调节力度，为民营企业纾困与融资创造良好的制度环境，充分发挥资本市场直接融资服务实体经济的效用。一是尽快修订减持规则与交易制度，放松减持比例、减持期限等限制，降低减持预披露要求，改善市场流动性，为上市公司提供资金出口。二是优化再融资政策，取消定增定价基准日只能为发行期首日的限制，降低再融资门槛，适当缩短定增参与方锁定期安排，放宽再融资募集资金用途限制，完善小额快速融资机制，有效缓解企业融资需求。三是改进证券公司风险控制指标计算标准，尽可能地降低质押业务违约对风险覆盖率的不利影响，为证券公司开展质押业务与违约风险处置营造相对宽松的监管环境。

（三）加大民营企业融资支持力度，从源头上解决风险困境

缓解融资难题、改善流动性是解决民营企业风险困境的长久之计。当前金融机构对大股东高比例质押、流动性紧张的民营企业支持力度较差。建议中国证监会加强与中国人民银行、中国银保监会、地方政府等部门的沟通协调，切实改善民营企业融资环境。一是协调中国人民银行加快推进民营企业信贷、债券和股权融资支持计划“三支箭”的政策组合落地。二是推动中国人民银行、中国银保监会、地方政府优化民营企业增信机制，将提升民营

企业信用作为风险化解的重要抓手，完善增信、担保等配套政策，加快发展政策性担保机构，完善信用风险保护工具机制建设。三是推动中国人民银行、中国银保监会、地方政府共同协调金融机构，督促商业银行优化内部绩效考核和尽职免责机制，合理提高信用贷款比重，避免“一刀切”地抽贷、断贷。

（四）推动优化纾困救助机制，破解纾困基金落地难题

鼓励纾困资金参与、快速发挥纾困救助效用是化解民营企业风险危机的有效途径。建议中国证监会协调完善纾困政策导向，推动更大规模纾困基金落地见效。一是协调地方政府和国资部门完善纾困机制，撬动更多的市场化资金参与纾困工作，充分发挥证券、银行、保险、资产管理公司等金融机构与社会资本优势，丰富股权、债权、重组、担保等纾困模式。二是推动解决纾困基金落地障碍，建议纾困机构考虑大股东质押现状和上市公司实际困难，适当降低救助标准，采用更灵活的纾困方式，如不要求股份过户但分享股价上浮收益、在股份过户前先期提供资金支持解质押等。

（陆倩　李从军　胡小妹　肖鹏　洪亮）

地方金融监管体系框架研究

——针对北京市地方金融监管实践的研究

北京市地方金融监督管理局

一、地方金融监管体系发展具有历史必然性

赋予地方政府金融监管职能，是深化改革开放关键一步。地方金融发展及其监管进入全面合法发展阶段，具有历史必然性。在现阶段，地方金融及其监管的发展体现为维护金融稳定①，但长久看，地方金融及其监管的发展由我国地方经济社会充分发展带来的金融有效供给不足等因素决定②，是我国改革开放不断深化的产物。

根据现有实践，我们将地方金融界定为具有地域属性，由省级及省级以下金融监督管理机构进行监督管理的金融机构及活动，各省级地方金融监管局是地方金融监管机构。地方金融监管机构履职涉及三项职能：一是地方风险处置职能，这是地方人民政府的职能，由地方金融监管机构牵头履行；二是“7＋4”类机构监管职能，这是地方金融监管机构自身的职责；三是地方金融规划与发展职能，这是地方人民政府划归地方金融监管机构履行的职责。其中，地方风险处置职责由地方人民

① 王刚，颜苏．地方金融监管体制改革：最新进展、问题与发展对策［J］．中国银行业，2019（4）：58－60；胡向腊．论我国地方金融监管权的回归与发展［J］．武汉冶金管理干部学院学报，2019（3）：24－26；王一鸣，陈道富，王刚．完善地方金融监管体制思考［J］．中国金融，2019（6）：19－21.

② 周小琪．我国金融地方化趋势与地方金融的发展战略［J］．中国商论，2018（1）：29－30；王冲．地方金融有效供给不足：制度成因及解决路径［J］．青海金融，2018（1）：5－11.

政府在风险处置博弈过程中的身份决定。在中央金融机构退出、“7 +4”类机构退出、非法金融机构及非法金融业务取缔（以下简称打非）过程中，有问题的金融机构及非法金融机构、投资者及消费者、监管者之间是合作博弈关系①，只有地方政法机关主导下的风险处置机制有能力主导达成多方契约。“7 +4”类机构监管职能由地方金融需求、监管成本②、中央政府能够提供有效的金融稳定公共服务三个要素决定，需要遵循金融监管的一般原理。地方金融规划与发展职能，由地方政府发展经济的需求决定，需要严格的治理规则平衡操作过程中金融安全、效率、公平三者之间的关系。

我们判断，地方人民政府风险处置职能将成为我国最重要的金融稳定执行机制；地方人民政府在谋发展动力的激励下，将大力促进中央和地方两级金融快速、高质量发展，短期内地方绿色金融、金融科技、普惠金融已经获得强劲发展③。“7 +4”类机构体量较大、风险复杂、可能涉众，对地方经济贡献度低且监管成本高；但地方监管自主性相对最强，在严防区域风险的前提下，有可能在地方中小企业发展、处置地方风险等方面提供灵活的金融供给。

二、地方金融监管的理论基础

（一）金融监管的主要理论④

通说认为，截至目前，金融监管源于1694 年英格兰银行的成立，经历了 1790 年限制货币发行和中央银行制度确立、20 世纪 30 年代严格金融监管、20 世纪 70 年代放松管制阶段、2008 年重构监管四个阶段。在这四个阶段背后，随着经济学和金融理论研究的发展，金融监管形成了五种基础理论。一是金融监管有效性理论。该理论主要认为，政府之所以有权进行金融监管，是为了纠正金融市场的脆弱性、信息不对称性、外部性和垄断所造成的市场失灵，核心日标是维护公共利益。二是金融管制失灵理论。该理论认为，金融市场存在集团利益，集团利益将影响金融监管效率，失灵的典型现象有五种——政府掠夺论、管制俘获说、管制寻租说、管制供求说、社会选择理论。三是金融监管辩证法理论。该理论认为，金融监管从本质上讲是动态的过程，监管制度的设计必须根据不断变化的经济金融状况而相应作出调整，否则将造成金融系统不稳定。四是规则引导的金融监管理论。主要是金

① 我国较为成熟的金融风险处置工作历时已超二十年，中央监管机构的分支机构实践者多有经验和教训分析，如戚桂林，刘西顺．合作博弈下的金融风险处置：罗庄案例［J］．金融研究，2001（9）：104 －112；中国人民银行咸阳市中心支行课题组．中央银行处置金融风险案例研究——以咸阳市中支辖区为例的研究与分析［J］．西部金融，2009（2）：43 －44，基于这些实践和分析，我国已经形成了地方政府配合中央金融机构风险处置、地方政府牵头打非等机制，但仍需继续健全法律规范。

② 刘骏．地方金融监管权真的可行吗［J］．现代经济探讨，2019（1）：40 －45.

③ 王遥，马庆华．地方绿色金融发展指数与评估报告（2019）［M］．北京：中国金融出版社，2019：13；覃振杰．关于构建地方金融监管新体系的实践与建议——以广东省地方金融风险监测防控中心为例［J］．科技与金融，2019（6）：26 －30；王颖．监管科技背景下的地方金融监管［J］．北方经贸，2019（6）：111 －113；李建学．履践普惠金融使命、支持地方经济发展［N］．临汾日报，2019 －11 －14（004）；栗勤，孟娜娜．地方政府干预如何影响区域金融包容？［J］．国际金融研究，2019（8）：14 －24；张倩．FinTech 在地方金融监管体系构建中的影响、挑战及应对［J］．经济论坛，2019（10）：106 －110.

④ 李成．金融监管学［M］．北京：高等教育出版社，2019；冯科．金融监管学［M］．北京：北京大学出版社，2015.

融监管实践的理论探索阶段，包括了四种监管理论：功能监管理论、激励监管理论、资本监管理论、市场纪律监管理论。五是宏观审慎的理论。根据廖岷等①的研究，强化宏观审慎监管以防范系统性风险，是2008年国际金融危机留给现代金融体系的最重要的遗产。根据沈丽②、单强③等的研究，我们考虑，在地方金融监管履职过程中，对宏观审慎问题应持有主动关注的态度，并建立信息通报制度，这是地方人民政府金融风险处置预警机制的组成部分。

综合我国《银行业监督管理法》《证券法》《保险法》《期货交易管理条例》《外汇管理条例》等各种金融监管法律法规、司法实践等，监管体系需要包括以下几个组成部分。（1）明确的金融监管目标。（2）明确的监管原则。一般包括依法监管原则，适度竞争原则，监管体系化原则，监管协调原则。（3）明确的监管方法。一般包括非现场监管与现场检查方法，完整的预警体系，完整的审慎监管指标体系和行为监管规则体系，完整的金融风险处置体系，完整的金融监管协调机制。（4）明确的监管手段和措施。一般包括授权制定或者细化监管法律规则，设置准入或者备案，监管有权采取行政强制措施，监管机构有权采取调整评级、窗口指导等软性手段，自律组织规制，沟通司法机构并配合司法处理金融纠纷。

我国现有地方金融监管机构职能按下列特性适用金融监管原理与规则。

1. 关于“7 +4”类机构监管职能

“7 +4”类机构从金融发展角度看有以下特征：一是非完全公共产品或者说不具有系统性风险；二是地域性强且小额或者辅助性强且小额；三是具有资金融通或者风险管理业务性质，是金融活动，需要金融监管。

2. 关于地方人民政府的风险处置职能

在风险处置过程中，配合处置中央金融机构风险和独立处置“7 +4”类机构风险都是金融机构退出机制的内容，主要机制包括制定预案或者生前遗嘱、处理风险、退出市场、存款保险，目前看，有必要着手考虑是否需要构建“7 +4”类机构风险处置基金和快速退出机制，从而完善整个金融监管链条。风险处置中的打非职责一般可以对应国外金融监管中的反欺诈职责，但这类活动往往涉及涉众类经济犯罪活动，目前，我国已经建立了一整套由地方政法机关协调，由公检法、工商等多部门介入的特有机制。

3. 关于地方金融规划和发展职能

这一职能也是美国地方金融监管机构如纽约州金融监管局具有的职能，是由地方金融监管机构具有专业性和隶属于地方政府两重特性决定的，其活动应当受到市场规则的约束，并接受问责④。

（二）地方金融监管相关理论

1. 地方政府竞争理论⑤

在公共经济学范畴内，地方政府竞争

---

① 廖岷，孙涛，丛阳．宏观审慎监管研究与实践［M］．北京：中国经济出版社，2014.

② 沈丽，刘媛，李文君．中国地方金融风险空间关联网络及区域传染效应：2009—2016［J］．管理评论，2019（8）：35 -48.

③ 单强．地方金融监管机制改革路径探索［J］．中国金融，2018（11）：37 -40.

④ 王颖．地方金融监管问责机制研究［J］．北方金融，2019（4）：79 -83.

⑤ 冯林．政府竞争视角下政府干预与县域金融集聚研究［M］．北京：经济科学出版社，2017.

理论源自财政分权和要素自由流动，指一国内地方政府之间的竞争，又称辖区竞争。

2. 金融集聚理论①

金融集聚指伴随着产业集聚，金融必然形成和发展集聚。金融集聚理论被使用，是因为我国地方政府在金融集聚过程中进行了较多的干预，金融集聚理论因此而具有了较强的实践价值，能够对地方金融规划与发展职能给予一定的理论支撑。

3. 金融地理学理论

根据彭宝玉、李小建②的整理，金融地理学的主要研究内容包括六个部分：（1）金融机构区位研究；（2）金融资本空间流动研究；（3）金融活动空间组织研究；（4）金融排斥与区域发展研究；（5）空间信用配给和区域发展研究；（6）金融机构与地方经济发展研究。

4. 金融发展质量理论

周丹③总结后认为：对发展中经济体来说，区域金融发展的实质就是金融制度体系的帕累托改进，满足企业创新的个性化金融需求，就是区域金融发展最重要、最基本的属性④。

5. 风险转化理论

向静林⑤的风险转化理论准确地揭示了我国地方金融风险处置中的根本性问题：风险处置根本上是多方博弈，博弈过程中涉及多方利益，并带有快速转化特征。

三、国外地方金融监管实践

（一）美国地方金融监管⑥

在美国的监管框架中，属于州监管机构的有州银行监管局、州证券监管机构和州总检察长、州保险监管机构⑦。州金融监管局（厅）的重要职能是以改革地方金融服务与监管、推动金融业发展、维护金融稳定为主要政策目标。

美国州与联邦共享银行业监督管理权，州注册银行由州银行监管局（厅）监管。对州银行的监管，由州银行监管负责人和美联储及联邦存款保险公司（FDIC）组建联邦工作组，发布监管合作意见，要求州政府的监管和现场检查参照联邦级监管机构的监管手册进行。美国证券业一般由 美国证券交易委员会（SEC）和美国商品期货交易委员会（CFTC）垂直监管，由各交易所和协会自律监管，但一些州也会监管证券机构。州保险机构本由州单独监管，实行州政府与联邦政府双重监管体制，但主要职责在州一级。对于作出关闭决定的机构，州监管局向州法院提出申请并与 FDIC 一同接管有问题机构。根据现有文献，美国部分州金融监管机构可以向被监管对象收费，例如，纽约州的监管经费就来自监管收费，而不是财政经费；《佐治亚州法典》规定佐治亚州银行和金融厅每年依法向被监管对象收取检查费、许可费、登记费等，该经费实行

① 冯林，前揭书，第 7 页。

② 彭宝玉，李小建．银行业空间组织变化及其地方效应［M］．北京：科学出版社，2016.

③ 周丹．金融效率、门槛效应与地方金融发展研究［M］．上海：上海交通大学出版社，2016.

④ 周丹，前揭书，第 90 页。

⑤ 根据向静林．地方金融治理的制度逻辑：一个风险转化的分析视角［M］．北京：社会科学文献出版社，2019.

⑥ 张健华．美国金融制度［M］．北京：中国金融出版社，2016；孟飞．地方金融监管立法：纽约州的经验及启示［J］．上海金融，2019（10）：55 -61；张承惠，陈道富，等．我国金融监管架构重构研究［M］．北京：中国发展出版社，2016.

⑦ 张健华，前揭书，第 13 页。

收支两条线管理。

（二）欧盟内部金融监管[①]

欧盟对我国地方金融监管的最大可借鉴之处是其不断推进的统一监管标准和不断完善的监管协调机制。

1. 金融监管一体化

在金融监管一体化方面，欧洲议会通过了《欧盟金融监管体系改革法案》。在宏观审慎监管方面，泛欧金融监管体系监测整个欧盟金融市场的宏观风险，及时预警，并可以向各成员国或者欧盟相关机构提出警告、建议措施；在微观监管层面，欧洲银行业监管局、欧洲保险和职业养老金管理局及欧洲证券和市场监管局分别对银行业、保险业和证券市场进行监管。欧洲共同体金融一体化政策主要包括：消除准入障碍，确保成员国所有金融机构无论归属，都处于相同规则和监管之下；协调监管规则，考虑各国监管规则和体制不同，采取办法最大限度地降低一体化阻力；确定监管权，即在东道国和母国谁来监管方面，实行单一银行执照、母国控制、相互承认。

2. 监管协调机制

在监管协调机制方面，欧洲银行业监管局、欧洲证券和市场监管局、欧洲保险和职业养老金管理局统称为欧盟监管局，除了农业共同政策外，欧盟内部的原则是不干预各国财政主权，欧盟监管局在具体金融监管方面不会直接监管可能产生财政费用的具体领域。

四、我国地方金融监管实践

（一）地方金融监管的发展标志着我国金融体系进入新阶段

我国地方金融监管发展情况，总体上是我国经济改革开放程度的体现。党的十八大以来，我国经济社会建设进入新时代。近年来，地方经济的活力充分释放，地方立法权不断充实、增强，至2018年《中华人民共和国宪法》修正后，将地方立法权下放到设区的市，从根本上确立了地方经济活跃发展受法律保护的地位。2017年7月14日至15日召开的第五次全国金融工作会议，首次明确提出了推进地方金融监管体制改革的部署，并明确了在坚持金融主要是中央事权的前提下，由中央监管机构统一制定规则并指导、地方可以建立监管机构并制定实施细则；明确了地方金融监管主要对象是“7+4”类机构；明确了中央设立金融稳定发展委员会（以下称金稳委），指导地方金融改革发展与监管工作、履职问责、促进监管协调。不仅如此，在央行等部门牵头完成的全国金融工作规划中，还再次明确了谁审批、谁监管、谁担责，中央对地方金融监管纠偏问责的基本要求。应充分认识到地方金融及其监管发展所具有的历史作用，自明确确立地方金融监管职责起，我国进入了一个地方金融大发展的新阶段。在这一阶段，地方金融的发展必须有完善的框架、完整的规则、完备的监管手段、强大的监管措施。

（二）我国地方金融及其监管发展的特点

作为新生事物，我国地方金融发展已经明显呈现下列特点。

1. 地方属性

从长远看，地方金融指服务于一省实体经济的金融机构及其活动，地方金融具有地域特质，应以“在当地活动”而不

① 何健雄，朱隽等．欧盟金融制度［M］．北京：中国金融出版社，2015.

是"在当地注册"来判断地方金融机构及地方金融活动。

2. 监管的综合性

在地方金融监管机构的职能中，对金融风险的处置工作和规划与发展地方金融两项职能具有明显的综合性，即地方监管机构的风险处置工作并非是各地方金融监管机构能够独立承担的，风险处置的职责应当是地方协调各相关部门和中央部门派出机构综合、统筹履行的职责；同样，地方金融监管机构隶属于地方政府，其在业务和人才费用预算上需要地方政府支持与提供，也就必然具有一定的服务于地方经济发展的特点。

3. 监管的外部关联性

与中央金融监管能够垂直领导相比，地方金融监管实际上是处于一个六方面构成的体系之中：对中央，地方金融监管机构要向金稳委负责；对地方，地方金融监管机构要向地方政府负责；对地方监管对象，地方金融监管机构要对"7+4"类机构进入监管，但准入规则并不在其手中；对中央监管对象，地方金融监管机构要充分发挥综合协调能力；对各类非法金融机构和非法金融活动，地方金融监管机构要牵头综合协调各地方部门、中央政府部门共同予以处置；对省辖内更基层的地方金融监管机构，正在形成省金融局与基层人民政府综合指导的格局。地方金融监管的外部关联性决定了监管协调机制将是完善地方金融监管的重中之重。

4. 监管的先进性

鉴于我国正处于数字经济高速发展的新的历史时期，各类新技术迅猛推广、演变，我国地方金融监管体系甫一建立就站在较高的技术发展阶段，因此，地方金融监管建设必须正视金融科技、监管科技的根本性提升作用。我国地方金融监管应当直接成为高科技的监管、普惠的监管、推动国际互动的监管。

上述界定有一定的历史阶段性，即它反映的是随着改革开放的深化，在现阶段，地方金融监管必然要经历一个"金融监管、金融维稳、金融规划和发展"三目标共存的过程，待改革开放深化到一定阶段，应当推动地方金融监管机构的维稳和发展目标分别由专门的地方金融稳定机构、地方经济发展部门承担，从而使地方金融监管实现更强的独立性。

五、北京市地方金融监管体系构建

（一）北京市地方金融监管体系设计

1. 监管的目标

鉴于金融活动具有一定程度的共通性，参考中央监管机构的监管目标，以及地方特色、科技发展的情况，我们初步将北京市地方金融监管目标分为四类。

（1）防范和化解金融风险。协调各有关部门打非，配合中央金融机构风险处置，特别关注"7+4"类机构资产端的违约风险，负债端的流动性风险、操作风险、法律风险、市场风险，并及时处置；特别关注防范新科技风险，在金融科技快速发展的今天，北京市地方金融监督管理局要特别重视由新科技带来的宏观调控顺周期风险、数据安全风险、算法模型风险。

（2）监管并规范"7+4"类机构发展。要特别注重对"7+4"类机构进行穿透式监管；特别注重功能监管与机构监管并行；特别注重对非金融机构实行出清。

（3）保护消费者。除传统消费者保护要求外，还要特别注意金融科技发展条件下的隐私保护问题、算法歧视问题、金融科技企业不正当竞争带来的消费者保护问题。

（4）引导金融产业发展。要在尊重社会主义市场经济运行原则的前提下，做到金融业健康发展且能够服务于本地实体经济，使北京金融产业实现市场化、实现深入开放、实现“走出去”、实现差异化发展、实现金融普惠、实现稳健长久发展。

2. 监管的原则

参考中央监管机构的监管原则，结合北京市地方金融监管实践，建议尽快确立完善北京市金融监管的依法监管原则、完善适度竞争原则、完善监管体系化原则、完善监管协调原则、考虑确立快速处理的原则五项原则。

（二）北京市地方金融监管机构履职重点

1. “7 +4”类机构监管的履职重点

在具体制度设计上，与中央监管机构相比，地方履职有以下侧重点。

（1）小额贷款公司的监管重点应当在于防范和化解金融资产端风险。有必要尽快建立监管系统，督导小额贷款公司贷前、贷中和贷后审查机制落到实处。

（2）商业保理活动监管的重点应当是供应链各个环节。一是要确保辖内金融机构有充分的尽职调查机制，要有贷款出账的确认边界；二是要保持保理融资方的实际风险承担能力；三是保理资金必须专户管理。

（3）典当行为监管的重点在于判断担保物有无价值，以及价值有多少、不能转留置担保物、绝当要有特殊的消费者保护机制，特别要注意典当行中非法物资的处理。

（4）融资担保公司的监管重点应是其本身的资质。一是要确定融资担保的行为风险等级，应基于担保机构资质，不断完善担保机构的分类监管机制；二是在担保机构管理的全链条均要重点监管担保公司的风险承担能力。

（5）区域性股权市场的监管重点在于不得发生非法公募行为，对确有公募必要的企业，建议在监管实践中与证券交易所建立良好的转板机制。

（6）融资租赁活动的监管重点在于所有权的归属。

（7）我们明确提出，只有那些具有金融属性的投资企业才需要金融监管，投资活动监管的重点是确保风险结构单一。

（8）各类交易所的监管重点包括清理整顿与建立规范交易所两部分。

（9）地方资产管理公司的监管重点在于对从事批量资产收购的地方资产管理公司实行总数限制和处置手段限制。

（10）农民专业合作社的监管目标主要包括：鼓励农村金融合作组织积极支持农民专业合作总社发展，并探索在农民专业合作社基础上建立农村基金互助社，同时，对“空壳社”进行清理。

（11）从资金运用特征角度，众筹分为股权众筹、产品众筹、慈善众筹三类，明确移交给地方金融监管的金融活动是“社会众筹”。股权众筹发行方必须履行信息披露、不得欺诈、投资者适当性等一系列证券公募要求；产品众筹应当符合《消费者权益保护法》关于预收款的规定；慈善众筹需符合《慈善法》的相关规定。

2. 处置金融风险的履职重点

目前看来，地方金融监管机构处置金融风险的法律规范尚显粗糙，至少需要在程序、市场化退出、快速退出方面进行下列尝试。

（1）明确处置程序。从履职程序上，

可将风险处置分为两类：一是各类中央和地方监管的金融机构产生的风险达到危害本地社会公共利益等情形的，需要予以处置；二是打非，应当赋予地方政府或者地方金融监管机构牵头协调各相关党政机构予以控制并及时处置的权力。

（2）完善地方金融安全网。在现有风险处置职责不断向下压实的条件下，地方金融风险处置工作必须与央行存款保险机制、央行最后贷款人职责等逐步明确关联性：地方金融监管机构配合处置中央金融机构风险的，应当按照现有法律框架履行法定程序；地方金融监管机构独立处置辖内“7＋4”类机构风险的，应当考虑建立地方“7＋4”类机构的风险基金，降低风险对社会的冲击。

3. 规划和促进地方金融发展的履职重点

地方金融监管机构金融发展与监管职责冲突问题的本质是监管独立性问题。一般而言，监管独立包括独立制定监管规则、独立进行监管活动、有独立经费、具有独立机构四个方面。

我国地方金融监管机构具有相对独立性。在总体上，地方监管机构作为地方人民政府的组成部门，要服务于社会主义市场经济发展这一总体目标，地方金融监管机构与地方人民政府之间的总方向并无矛盾；但是，在具体监管活动中，地方金融监管机构与地方人民政府难免目标不一。为妥善处理两者目标不一致时产生的问题，要在三个方面保证地方金融监管机构具有相对独立性：一是地方金融监管机构不能直接或者间接参与地方政府的金融活动；二是要在法律中明确地方金融监管机构的相对独立性；三是要在法律中明确地方金融监管机构独立的行政编制资格。

（三）北京市地方金融监管机构履职手段和措施

1. 依法明确常规履职手段

建议在《北京市地方金融监督管理条例》中明确以下履职手段和措施：（1）实施准入或者履行准入、备案的权力，有权对“7＋4”类机构的资本及其来源、人员、内控制度、风控体系、IT 系统等进行必要的监管；（2）有权对“7＋4”类机构和可能进行风险处置的机构采取行政强制措施；（3）有权对“7＋4”类机构和可能进行风险处置的机构采取建立并调整评级体系、实行窗口指导等软性手段；（4）有权推动监管协调机制的建立。

2. 确立监管科技的优先地位

地方金融监管机构有必要在不断推动监管机构信息化的同时，大力采用新技术手段，推动并运用监管科技监测金融机构和金融活动可能出现的风险、防范金融科技风险、化解潜在风险，处置已经出现的风险。

3. 设立过渡性监管手段和措施

鉴于新立法的立法周期一般较长，我们建议设立一些过渡性的监管手段和措施：一是寻求构建政法系统协调解决金融风险处置问题的法制化机制；二是多通过地方司法机构与司法体系沟通，推动丰富地方金融指导性案例并积极向辖内金融机构与消费者宣传，增强地方金融活动的预期。

（四）北京市地方金融监管体系的推进

坚持党对地方金融监管体系建设的绝对领导，是地方金融监管体推进最基本的原则。我们建议将北京市地方金融监管体系框架的推进分为五个步骤：第一，结合当地经济发展的实际情况，完成“有保有压”的顶层设计；第二，率先建立先进的监管技术体系，用技术提升监管的效果；第三，按照“7 + 4”类机构监管、风险处置、保障地方经济和金融产业发展三项职责，全面厘清自身与金稳委、中央监管机构、地方人民政府及其部门和所辖地方金融监管机构等之间的关系，并逐步建立必要的汇报、沟通、互动或者信息共享机制；第四，参照中央金融监管经验并结合本地经验，借着《北京市地方金融监督管理条例》出台的契机，全面夯实“7 +4”类机构监管与风险处置两项职责所需要的履职规则和履职手段，并密切关注国务院地方金融监督管理条例的起草进展；第五，在履职过程中，要有意引导本辖内逐步形成普惠、科技、国际化的监管理念。

北京市开展信用互助的农民专业合作社调研分析报告

北京市地方金融监督管理局

为了解北京市开展信用互助的农民专业合作社的发展情况，制定相应监管办法，2019 年 4 月 10 日，北京市地方金融监督管理局与中国农业大学赴北京市密云区对北京金地达源果品专业合作社、北京市岭东肉鸡养殖专业合作社及延庆区北京绿菜园蔬菜专业合作社开展信用互助的情况进行了调研。调研组在实地考察了合作社的产业发展情况之后，通过座谈深入了解了其信用互助业务的开展情况与存在的问题，对调研情况进行了分析和总结。

一、三家样本合作社的基本情况

（一）北京金地达源果品专业合作社

北京金地达源果品专业合作社位于密云水库上游高岭镇辛庄路口，互助资金初始规模约为 300 万元，其中，出资量最小的社员出资 1 万 ~2 万元，出资量最高的社员出资约 30 万元，平均每个社员出资量为 10 万元左右。2018 年末，参与信用互助的农户仅余 20 多户，资金规模一直仍然保持在 300 万元左右。

（二）北京市岭东肉鸡养殖专业合作社

岭东村隶属于北京市密云区十里堡镇。截至 2018 年末，北京市岭东肉鸡养殖专业合作社信用互助业务最大资金总量为 300 万元，资金规模比较稳定。合作社成员入社股金每股 100 元，最低 1 股，最多不超过 5 股。盈余分配方式为，从当年盈余中提取 15% 的公积金、5% 的公益金，其余部分的 60% 按成员与合作社的交易量返还、40% 按股金分红，股金的设置和盈余分配方式的确定增强了合作社的发展后劲。

（三）北京绿菜园蔬菜专业合作社

北京绿菜园蔬菜专业合作社，信用互助业务开展初期资金额约为 50 万元，最少一户入股资金仅 2 000 多元。2018 年末，互助资金总额达 630 万元，约 290 户成员参与，设 14 名社员代表参与日常管理和监督。北京绿菜园蔬菜专业合作社内部规定，信用互助入股分红不低于银行利率的150%，在实际操作中股金收益基本维持在年利率5%左右，其结算方式是以1年为周期结算分红，本金并不在年末结算取出。

二、北京合作社开展信用互助的发展特征

（一）北京市信用互助开展规模较小且政策导向性强

自2008年开始，北京市推动合作社内部信用互助，在通州、密云、房山、延庆等区县均有开展，2008年至2013年发放资金规模总额为1.06亿元。以北京市的地区经济发展水平而言，北京市信用互助规模较小，这主要是由对信用互助的需求不足和正规金融供给相对较充足两方面原因造成的。

此外，从信用互助业务发展的变化情况分析，北京地区信用互助的开展呈现出比较明显的政策导向性特征。在早期推动过程中，建立内部信用互助机制的合作社能够从北京市农业农村局得到10万元的一次性补贴，在这一时间段内，北京地区30余家合作社开展了信用互助业务。而在2012年补贴政策停止后，信用互助业务发展就逐步减缓，绝大部分开展信用互助业务的合作社退出了信用互助业务。

（二）北京市信用互助业务逐步减少

从发展趋势来看，北京地区的信用互助正在逐年减少。前期受政策和政府部门推动作用影响，处于增长态势，截至2014年，有31家合作社开展了信用互助业务，其中，通州区17家，密云区10家，房山区2家，延庆区2家。而发展到2017年末，大部分合作社都终止了信用互助业务，仅剩密云区2家、延庆区1家合作社尚保留信用互助业务。

（三）信用互助对合作社发展和农民增收有积极作用

信用互助对合作社发展起到的作用是不可否认的。在调研过程中，3家合作社的管理者均指出，合作社发展中或多或少存在流动资金不足的情况，也一致认为信用互助业务缓解了合作社的资金压力，为合作社的发展提供了机遇。

三、北京市合作社内部信用互助发展存在的问题

（一）资金互助多用于合作社而非资金互助成员

此次调研的3家合作社，其内部信用互助的一个共同特点是互助金实际的使用者都是合作社，而非参与信用互助的成员，也非参与合作社的社员。即使有成员借款的合作社，无论是额度还是笔数都很少，且成员借款在逐渐减少，信用互助实际已经成为合作社自用的流动资金。

合作社集中使用互助金，可能会提高信用互助的风险。信用互助实际上是最基本的存贷款金融业务，存贷款金融业务是有相应规则和约束的，根据不同成员股金额度，每个成员都有借款的最高额度，同时任意一笔借款都不得超过股金总额的一定比例，以防止贷款集中化使用，国内部分地区开展内部信用互助的合作社还要求借款需要相应的内部成员提供担保。这些规则的目的是降低互助金的使用风险，保障资金互助成员的权益。由于多数情况下合作社管理者实际同时是互助金的管理者，一旦合作社将信用互助作为自己的资金池，就会导致其同时是互助金的管理者和使用者，则使用资金额度和程序都脱离了资金互助业务的金融业务规范要求，导致资金流向过度集中。当合作社运作出现问题时，资金互助的风险就可能爆发，成员权益无法得到保障。

（二）信用互助成员普遍对信用互助性质认识不清

2014 年，中央“一号文件”明确指出，开展信用互助的前提是坚持社员制、封闭性原则、不对外吸储放贷、不支付固定回报。此外，国内其他省份信用互助实践中形成了“吸股不吸储、分红不分息、对内不对外”的总体要求，并且成为国内信用互助的一致性规则。合作社开展内部信用互助是典型的合作制金融的实践形式，其业务需要在这一原则下开展。

调研发现，开展信用互助的 3 个样本合作社，其成员乃至管理者认知仍然停留在“借款”这一层面上，以“信用”为主要纽带维系资金互助组织的运转。管理者甚至已做好准备，在信用互助业务出现问题时承担无限连带责任，使用自己的家庭财产将股金赔付给资金互助成员，以保障个人在村中的声望。

从本质上看，尽管信用互助业务实际上是最基本的存贷款业务，但是参与信用互助的原则之一是“吸股不吸储”，其体现的是成员内部互助，风险共担，在信用互助出现问题时所有成员都应当以股金为限承担可能出现的亏损，而非由管理者自行承担。

“分红不分息”也流于表面。这一原则本应是以分红的形式体现互助成员之间利益共享、风险共担的机制，但在北京地区实践中则普遍承诺为参与信用互助的成员提供 5% 的年收益率，股金越多收益越多。名为“分红”，但其性质实际为资金互助组织“吸储”后向成员“支付利息”。

（三）北京市信用互助缺乏业务规范与监督管理机制

合作社内部信用互助实质上是金融属性的业务，涉及成员股金的收益、管理、使用和风险防范等，需要信用互助组织与相关监管部门审慎管理。然而由于信用互助业务尚处于发展初期，无论是合作社、合作金融组织，还是有关部门，都还在摸索和试点阶段，因而相关法律法规尚未出台。对资金的管理、使用和监督，需要相应的规定对各主体行为加以约束，从而降低信用互助业务风险，促进其健康发展。

从机构设置来看，密云区与北京其他区不同的地方是存在密云区农民专业合作社服务中心这一独立机构，其职能主要是为农民专业合作社发展提供各方面的服务和帮助，其中包括负责研究拟定农民专业合作社发展规划及推进农民专业合作社组建和规范化运作。因而相比于延庆区，密云区的两家合作社开展资金互助业务相对规范，在开展业务后均报备于密云区农民专业合作社服务中心，同时资金互助具有单独的章程、账目等，内部管理方面水平较高。

从监管方面来看，3 家调研合作社均未受到有效监管，唯一与监管有关的行为是在合作社年末统计中将信用互助业务开展与否、额度与成员数量等简单数据归入合作社总体情况中，上报给区农民专业合作社服务中心或经管站。合作社开展资金互助业务的方式也均为内部召开社员大会，由社员投票表决通过即在合作社内部开展资金互助业务，并未在有关部门注册，也没有明确归于某部门或机构的监管之下。

除此之外，缺乏有针对性的法律或规定是合作社信用互助“自我约束”“监管”均不完善的重要原因，随着信用互助这一形式的合作金融进一步发展，需要尽快出台明确的监管办法对此类业务加以规范，从而指导合作社、信用互助组织与监管机构的自我约束和监管行为。

四、下一步工作措施

2014年以来，中央“一号文件”连续提出，鼓励在农民合作社和供销合作社基础上，培育发展新型农村合作金融组织，稳妥开展农民合作社内部资金互助试点。其中，2015年中央“一号文件”首次提出，对于资金互助试点，要落实地方政府的监管责任。机构改革后，开展信用互助的农民专业合作社纳入北京市地方金融监督管理局监管。下一步，北京市地方金融监督管理局将贯彻党的十九大和中央金融工作会议精神，充分吸取借鉴其他省份关于开展信用互助的农民专业合作社的监管经验，促进北京市开展信用互助的农民专业合作社规范健康发展。

（一）加快开展信用互助的农民专业合作社监管规则的制定出台

2019年2月12日，殷勇副市长指示：“规则要全，‘7+4’的每个领域都要有相应的监管规则，2019年全部要建立起来”。开展信用互助的农民专业合作社属“7+4”中“4”中之一。北京市地方金融监督管理局将按照时间进度表，在2019年4月底前完成开展信用互助的农民专业合作社监管规则初稿，6月底要将规则上报北京市人民政府，使北京市开展信用互助的农民专业合作社的监管有章可循。

（二）严格防范和化解开展信用互助的农民专业合作社的风险

加大监管工作力度，确保北京市开展信用互助的农民专业合作社坚持社员制、封闭性、民主管理原则，不吸储放贷，不支付固定回报，不对外投资，不以营利为目的；坚持社员自愿、互助合作、风险自担。北京市地方金融监督管理局将高度关注开展信用互助的农民专业合作社的风险情况，坚决打击以合作社为名行非法集资之实的行为，切实维护农村金融秩序稳定。

（三）推动北京市开展信用互助的农民专业合作社健康发展

农民专业合作社开展内部信用合作宗旨是通过社员资金互助合作，为社员提供充分、便捷的资金融通服务，对促进农村合作金融发展，改善农村金融服务具有重要的意义。我们要正确认识开展信用互助的农民专业合作社的重要作用，重视其存在和发展，通过出台一定的政策措施，推动北京市开展信用互助的农民专业合作社健康发展。

附

2019年专题与调研目录选编

中国人民银行营业管理部 2019年优秀调研报告

一等奖

1. 从国际比较视角看北京市产业发展中应关注的问题（金融研究处）

2. 关于北京地区普惠型小微企业贷款有关情况的调查报告（货币信贷管理处）

3. 境外融资纳入社会融资规模统计研究（国际收支处）

4. 中国人民银行营业管理部干部职工思想动态分析调研报告（宣传群工部）

二等奖

1. 个人线上信贷业务征信合规的研究和探索（征信管理处）

2. 反洗钱合规管理价值创造探析——以洗钱高危控制主体成本收益为例（反洗钱处）

3. 北京市居民消费与经济增长、产业升级的关系研究（调查统计处）

4. 我国央行资产负债表规模、结构与银行体系流动性（会计财务处）

5. 地方政府对企业补贴情况研究——以北京市为例（国库处）

6. 出口信保项目下贸易融资现状调查（中关村中心支行）

7. 信托跨行业资产管理业务及转型探析（金融稳定处）

8. 北京市小微企业发展状况与问题研究（国库处）

9. 跨境人民币境外放款情况分析（跨境办）

10. 北京市消费金融发展情况、普惠金融特征分析及建议（法律事务处）

11. 把握金融发展规律 推进金融模式创新（清算中心）

12. 宏观审慎管理的法制保障研究（法律事务处）

13. 国家级经济技术开发区财税问题研究——以北京经济技术开发区为例（国库处）

14. 推动对外承包工程类企业跨境人民币使用的对策建议（跨境办）

15. 政务服务互联网化的探索与思考——以外汇管理领域为中心（外汇综合业务处）

16. 跨境资本流动宏观审慎管理实践探索——基于政策工具对微观企业影响的实证研究（国际收支处）

17. 中小企业在政府采购领域中应用预付款保函制度的探讨与建议（会计财务处）

18. 北京市现金运行特点及影响因素分析（货币金银处）

19. 区块链技术在外汇监管应用的思考（外汇检查处）

20. 我国全要素生产率的测算与分析（金融研究处）

三等奖

1. 关于境内个人境外购房资金出境方式的调研报告（资本项目管理处）

2. 基于 G－SIBs 评估指标的中国商业银行风险研究和监管建议（跨境办）

3. 发挥职能优势 助力风险防控——关于建设反洗钱大数据分析系统的思考（反洗钱处）

4. 中国民营上市公司投资效率测算——基于双边随机边界模型（征信管理处）

5. 大数据在金融监管领域的应用、问题与建议（科技处）

6. 北京市固定资产投资特征及政策建议（调查统计处）

7. 我国一线城市住房租赁市场发展研究（征信管理处）

8. 关于探索应用央行大数据助解中关村科创型小微企业融资难问题的调查报告（中关村中心支行）

9. 中美经贸摩擦对北京地区贸易及跨境收支的影响分析（经常项目管理处）

10. 北京地区民营企业融资情况调研报告（货币信贷管理处）

11. 北京地区财务公司流动性风险分析（金融稳定处）

12. 北京地区对美服务贸易结构研究（经常项目管理处）

13. 北京市与上海市制造业发展分析及国际经验借鉴（调查统计处）

14. 货币发行业务外包研究与探索——以立体化发行库为例（货币金银处）

15. 完善境内机构借用“熊猫债”外汇管理问题探讨（资本项目管理处）

16. 提升问题整改质量　促进内审成果转化（内审处）

17. 关于推动北京金融业高质量发展的思考（金融研究处）

18. 北京地区稳外资进展、成效及后续值得关注的问题（资本项目管理处）

19. 推动普惠金融政策改进的思考（内审处）

20. 北京地区对外知识产权交易研究（经常项目管理处）

21. 推进普通纪念币市场健康发展的思考（货币金银处）

22. 北京地区企业债务违约演变趋势值得关注（金融稳定处）

23. 调查显示：上市银行资产质量和经营业绩持续向好 服务实体经济力度加大（会计财务处）

24. 个体工商户注销对行政处罚的影响和对策（法律事务处）

25. 中关村示范区科技金融业务经营模式及优化科技金融专营组织机构评估工作的建议（中关村中心支行）

26. 关于进一步深化营业管理部职工民主管理工作的几点思考（工会办公室）

27. 行政执法和解制度经验借鉴及政策建议（外汇检查处）

28. 新技术助监管创新 新模式促经济发展——北京外汇管理部关于区块链技术及其在跨境金融领域应用情况的调研（外汇综合业务处）

29. 新常态下担保圈风险监测预警及化解研究——基于陕西府谷担保圈分析（清算中心）

30. 数据挖掘技术在银行监管工作中的应用——基于神经网络算法的支付欺诈识别模型研究（支付结算处）

31. 关于加快构建金融基础设施宏观审慎管理政策建议（清算中心）

32. 信息化建设在人民银行后勤工作中的应用与探索（后勤服务中心）

33. 突出全面从严治党主题，加强离退休党员服务与管理（离退休干部处）

34. 从保卫专业理论、保卫管理体制、技术防范角度谈人民银行安全保卫工作改革发展的构想（保卫处）

35. 小微企业风险预警模型构建和应用概述（钞票处理中心）

36. “新个税法”对工薪阶层的影响（后勤服务中心）

八、统计资料

（一）金融业务综合统计

表1.1　北京市金融机构（含外资）本外币信贷收支统计

单位：亿元

项目名称	余额	比年初	项目名称	余额	比年初
一、各项存款	171 062	13 922	一、各项贷款	76 876	6 233
（一）境内存款	168 961	13 800	（一）境内贷款	75 274	6 819
1. 住户存款	38 865	4 804	1. 住户贷款	19 117	1 116
（1）活期存款	15 035	1 156	（1）短期贷款	2 733	320
（2）定期及其他存款	23 830	3 648	消费贷款	1 685	249
2. 非金融企业存款	60 346	3 548	经营贷款	1 048	71
（1）活期存款	19 978	695	（2）中长期贷款	16 384	796
（2）定期及其他存款	40 368	2 852	消费贷款	13 946	580
3. 机关团体存款	40 362	2 115	经营贷款	2 438	216
4. 财政性存款	1 572	-110	2. 非金融企业及机关团体贷款	55 531	5 521
5. 非银行业金融机构存款	27 815	3 443	（1）短期贷款	21 087	1 146
（二）境外存款	2 102	122	（2）中长期贷款	30 372	3 039
二、金融债券	1 490	-130	（3）票据融资	3 506	1 269
其中：境外发行			（4）融资租赁	473	52
三、卖出回购资产	8	7	（5）各项垫款	93	15
四、借款及非银行业金融机构拆入	868	196	3. 非银行业金融机构贷款	626	182
五、联行往来（净）			（二）境外贷款	1 602	-586
六、应付及暂收款	3 151	-73	二、债券投资	9 990	410
七、各项准备	1 620	203	其中：境外债券	17	1
八、所有者权益	5 584	258	三、股权及其他投资	9 605	-677
其中：实收资本	1 409	96	四、买入返售资产	493	-105
九、其他	14 239	3 305	五、存放非银行业金融机构款项	49	15
			六、联行往来（净）	99 344	11 783
			其中：境内存放二级准备金	3 444	-331
			七、金银占款		
			八、外汇占款		
			九、应收及预付款	1 010	-40
			十、投资性房地产	28	
			十一、固定资产	627	69
资金来源总计	198 022	17 689	资金运用总计	198 022	17 689

表 1.2　北京市中资金融机构本外币信贷收支统计

单位：亿元

项目名称	余额	比年初	项目名称	余额	比年初
一、各项存款	168 239	13 954	一、各项贷款	75 336	6 106
（一）境内存款	166 377	13 834	（一）境内贷款	73 807	6 689
1. 住户存款	38 541	4 777	1. 住户贷款	18 886	1 101
（1）活期存款	14 890	1 140	（1）短期贷款	2 719	313
（2）定期及其他存款	23 651	3 638	消费贷款	1 685	249
2. 非金融企业存款	58 119	3 560	经营贷款	1 034	63
（1）活期存款	19 495	691	（2）中长期贷款	16 167	788
（2）定期及其他存款	38 624	2870	消费贷款	13 732	570
3. 机关团体存款	40 362	2 115	经营贷款	2 435	218
4. 财政性存款	1 572	-110	2. 非金融企业及机关团体贷款	54 295	5 406
5. 非银行业金融机构存款	27 783	3 491	（1）短期贷款	20 334	1 037
（二）境外存款	1 862	120	（2）中长期贷款	29 925	3 013
二、金融债券	1 490	-130	（3）票据融资	3 470	1 289
其中：境外发行			（4）融资租赁	473	52
三、卖出回购资产	8	7	（5）各项垫款	92	15
四、借款及非银行业金融机构拆入	859	193	3. 非银行业金融机构贷款	626	182
五、联行往来（净）			（二）境外贷款	1 530	-583
六、应付及暂收款	3 109	-69	二、债券投资	9 986	409
七、各项准备	1 595	201	其中：境外债券	14	1
八、所有者权益	5 243	230	三、股权及其他投资	9 605	-677
其中：实收资本	1 409	96	四、买入返售资产	493	-105
九、其他	14 256	3 042	五、存放非银行业金融机构款项	37	14
			六、联行往来（净）	97 706	11 649
			其中：境内存放二级准备金	3 441	-331
			七、金银占款		
			八、外汇占款		
			九、应收及预付款	982	-38
			十、投资性房地产	28	
			十一、固定资产	625	69
资金来源总计	194 798	17 428	资金运用总计	194 798	17 428

表 1.3 北京市外资银行本外币信贷收支统计

单位：亿元

项目名称	余额	比年初	项目名称	余额	比年初
一、各项存款	2 931	-30	一、各项贷款	1 745	-121
（一）境内存款	2 692	-32	（一）境内贷款	1 672	-118
1. 个人存款	324	27	1. 短期贷款	828	-105
其中：活期储蓄存款	145	16	（1）个人贷款及透支	14	7
定期储蓄存款	95	1	其中：个人消费贷款		
结构性存款	54	-3	（2）单位贷款及透支	752	109
2. 单位存款	2 228	-13	经营贷款及透支	546	80
其中：活期存款	484	5	固定资产贷款	18	16
定期存款	561	28	并购贷款	5	5
保证金存款	36	-2	贸易融资	182	8
结构性存款	422	-145	（3）非存款类金融机构贷款	62	-221
3. 国库定期存款			2. 中长期贷款	807	7
4. 非存款类金融机构存款	140	-46	（1）个人贷款	217	8
（二）境外存款	240	2	其中：个人消费贷款	214	10
二、代理财政性存款			（2）单位贷款	447	26
三、金融债券			经营贷款	183	45
其中：境外发行			固定资产贷款	208	-33
四、卖出回购资产			并购贷款	10	-1
五、向中央银行借款			贸易融资	46	15
六、银行业存款类金融机构往来	70	-9	（3）非存款类金融机构贷款	143	-27
七、借款及非存款类金融机构拆入	9	3	3. 票据融资	36	-21
八、联行往来（净）			4. 融资租赁		
九、应付及暂收款	42	-4	5. 各项垫款	1	
其中：应付利息	23	1	（二）境外贷款	72	-3
十、其他负债	524	29	二、债券投资	5	2
十一、所有者权益	341	29	三、股权及其他投资		
其中：实收资本			四、买入返售资产		
			五、存放中央银行存款	21	-1
			六、缴存中央银行财政性存款		
			七、银行业存款类金融机构往来	82	-6
			八、存放非存款类金融机构款项	11	1
			九、联行往来	1 639	133
			其中：境内存放二级准备金	3	
			十、库存现金	1	
			十一、应收及预付款	28	-2
			其中：应收利息	18	-2
			十二、投资性房地产		
			十三、固定资产	2	
			十四、其他资产	408	14
			十五、减：各项准备	24	2
			其中：贷款减值准备	23	2
资金来源总计	3 918	18	资金运用总计	3 918	18

表 1.4　北京市金融机构（含外资）人民币信贷收支统计

单位：亿元

项目名称	余额	比年初	项目名称	余额	比年初
一、各项存款	164 349	13 875	一、各项贷款	73 576	6 654
（一）境内存款	163 749	13 811	（一）境内贷款	73 495	6 670
1. 住户存款	37 310	4 763	1. 住户贷款	19 110	1 116
（1）活期存款	14 294	1 168	（1）短期贷款	2 727	320
（2）定期及其他存款	23 016	3 595	消费贷款	1 679	249
2. 非金融企业存款	57 824	3 715	经营贷款	1 048	71
（1）活期存款	19 025	824	（2）中长期贷款	16 383	796
（2）定期及其他存款	38 798	2 891	消费贷款	13 945	580
3. 机关团体存款	40 037	2 039	经营贷款	2 438	216
4. 财政性存款	1 572	-110	2. 非金融企业及机关团体贷款	53 759	5 372
5. 非银行业金融机构存款	27 006	3 404	（1）短期贷款	20 003	1 114
（二）境外存款	601	64	（2）中长期贷款	29 687	2 924
二、金融债券	1 490	-130	（3）票据融资	3 506	1 269
其中：境外发行			（4）融资租赁	473	52
三、卖出回购资产	8	7	（5）各项垫款	90	14
四、借款及非银行业金融机构拆入	400	78	3. 非银行业金融机构贷款	626	182
五、联行往来（净）			（二）境外贷款	81	-16
六、应付及暂收款	3 098	-84	二、债券投资	9 954	414
七、各项准备	1 506	210	其中：境外债券	4	
八、所有者权益	5 389	176	三、股权及其他投资	9 422	-745
其中：实收资本	1 407	96	四、买入返售资产	493	-105
九、其他	10 816	2 376	五、存放非银行业金融机构款项	16	5
			六、联行往来（净）	91 982	10 247
			其中：境内存放二级准备金	3 417	-321
			七、金银占款		
			八、外汇买卖		
			九、应收及预付款	959	-31
			十、投资性房地产	28	
			十一、固定资产	626	69
资金来源总计	187 055	16 508	资金运用总计	187 055	16 508

表 1.5　北京市中资金融机构人民币信贷收支统计

单位：亿元

项目名称	余额	比年初	项目名称	余额	比年初
一、各项存款	162 064	13 883	一、各项贷款	72 177	6 501
（一）境内存款	161 526	13 817	（一）境内贷款	72 105	6 516
1. 住户存款	37 131	4 746	1. 住户贷款	18 880	1 101
（1）活期存款	14 212	1 159	（1）短期贷款	2 713	313
（2）定期及其他存款	22 919	3 587	消费贷款	1 679	249
2. 非金融企业存款	55 801	3 692	经营贷款	1 034	63
（1）活期存款	18 719	779	（2）中长期贷款	16 167	788
（2）定期及其他存款	37 082	2 913	消费贷款	13 732	570
3. 机关团体存款	40 037	2 039	经营贷款	2 435	218
4. 财政性存款	1 572	-110	2. 非金融企业及机关团体贷款	52 599	5 233
5. 非银行业金融机构存款	26 985	3 451	（1）短期贷款	19 304	1 000
（二）境外存款	538	66	（2）中长期贷款	29 262	2 878
二、金融债券	1 490	-130	（3）票据融资	3 470	1 289
其中：境外发行			（4）融资租赁	473	52
三、卖出回购资产	8	7	（5）各项垫款	90	14
四、借款及非银行业金融机构拆入	400	78	3. 非银行业金融机构贷款	626	182
五、联行往来（净）			（二）境外贷款	72	-14
六、应付及暂收款	3 007	-63	二、债券投资	9 953	413
七、各项准备	1 485	208	其中：境外债券	4	
八、所有者权益	5 142	149	三、股权及其他投资	9 422	-745
其中：实收资本	1 407	96	四、买入返售资产	493	-105
九、其他	10 665	2 126	五、存放非银行业金融机构款项	16	5
			六、联行往来（净）	90 608	10 149
			其中：境内存放二级准备金	3 416	-320
			七、金银占款		
			八、外汇买卖		
			九、应收及预付款	939	-29
			十、投资性房地产	28	
			十一、固定资产	625	69
资金来源总计	184 261	16 258	资金运用总计	184 261	16 258

表 1.6　北京市外资银行人民币信贷收支统计

单位：亿元

项目名称	余额	比年初	项目名称	余额	比年初
一、各项存款	2 393	-6	一、各项贷款	1 590	-51
(一) 境内存款	2 330	-4	(一) 境内贷款	1 581	-50
1. 个人存款	178	17	1. 短期贷款	767	-56
其中：活期储蓄存款	82	9	(1) 个人贷款及透支	14	7
定期储蓄存款	23	-1	其中：个人消费贷款		
结构性存款	44	-4	(2) 单位贷款及透支	699	114
2. 单位存款	2 023	23	经营贷款及透支	516	86
其中：活期存款	307	44	固定资产贷款	18	16
定期存款	534	23	并购贷款	5	5
保证金存款	36	-1	贸易融资	159	8
结构性存款	422	-145	(3) 非存款类金融机构贷款	54	-178
3. 国库定期存款			2. 中长期贷款	777	28
4. 非存款类金融机构存款	129	-44	(1) 个人贷款	216	8
(二) 境外存款	63	-2	其中：个人消费贷款	213	10
二、代理财政性存款			(2) 单位贷款	425	46
三、金融债券			经营贷款	171	48
其中：境外发行			固定资产贷款	198	-16
四、卖出回购资产			并购贷款	10	-1
五、向中央银行借款			贸易融资	46	15
六、银行业存款类金融机构往来	48	-22	(3) 非存款类金融机构贷款	136	-26
七、借款及非存款类金融机构拆入			3. 票据融资	36	-21
八、联行往来（净）			4. 融资租赁		
九、应付及暂收款	91	-21	5. 各项垫款		
其中：应付利息	20	1	(二) 境外贷款	9	-2
十、其他负债	1 757	659	二、债券投资	1	1
十一、所有者权益	246	26	三、股权及其他投资		
其中：实收资本			四、买入返售资产		
			五、存放中央银行存款	19	
			六、缴存中央银行财政性存款		
			七、银行业存款类金融机构往来	18	3
			八、存放非存款类金融机构款项		
			九、联行往来	1 374	98
			其中：境内存放二级准备金	1	-1
			十、库存现金	1	
			十一、应收及预付款	19	-2
			其中：应收利息	16	-2
			十二、投资性房地产		
			十三、固定资产	1	
			十四、其他资产	1 533	591
			十五、减：各项准备	21	3
			其中：贷款减值准备	21	3
资金来源总计	4 535	636	资金运用总计	4 535	636

表 1.7　北京市金融机构（含外资）外币信贷收支统计

单位：亿美元

项目名称	余额	比年初	项目名称	余额	比年初
一、各项存款	962	-9	一、各项贷款	473	-69
（一）境内存款	747	-14	（一）境内贷款	255	17
1. 住户存款	223	2	1. 住户贷款	1	
（1）活期存款	106	-3	（1）短期贷款	1	
（2）定期及其他存款	117	6	消费贷款	1	
2. 非金融企业存款	362	-30	经营贷款		
（1）活期存款	137	-21	（2）中长期贷款		
（2）定期及其他存款	225	-9	消费贷款		
3. 机关团体存款	47	10	经营贷款		
4. 财政性存款			2. 非金融企业及机关团体贷款	254	17
5. 非银行业金融机构存款	116	4	（1）短期贷款	155	2
（二）境外存款	215	5	（2）中长期贷款	98	15
二、金融债券			（3）票据融资		
其中：境外发行			（4）融资租赁		
三、卖出回购资产			（5）各项垫款		
四、借款及非银行业金融机构拆入	67	16	3. 非银行业金融机构贷款		
五、联行往来（净）			（二）境外贷款	218	-87
六、应付及暂收款	8	2	二、债券投资	5	-1
七、各项准备	16	-1	其中：境外债券	2	
八、所有者权益	28	12	三、股权及其他投资	26	10
其中：实收资本			四、买入返售资产		
九、其他	491	127	五、存放非银行业金融机构款项	5	1
			六、联行往来（净）	1 055	206
			其中：境内存放二级准备金	4	-1
			七、应收及预付款	7	-1
			八、投资性房地产		
			九、固定资产		
资金来源总计	1 572	146	资金运用总计	1 572	146

表1.8　北京市中资金融机构外币信贷收支统计

单位：亿美元

项目名称	余额	比年初	项目名称	余额	比年初
一、各项存款	885	-4	一、各项贷款	453	-65
（一）境内存款	695	-9	（一）境内贷款	244	21
1. 住户存款	202	1	1. 住户贷款	1	
（1）活期存款	97	-4	（1）短期贷款	1	
（2）定期及其他存款	105	6	消费贷款	1	
2. 非金融企业存款	332	-25	经营贷款		
（1）活期存款	111	-15	（2）中长期贷款		
（2）定期及其他存款	221	-10	消费贷款		
3. 广义政府存款	47	10	经营贷款		
（1）财政性存款			2. 非金融企业及机关团体贷款	243	21
（2）机关团体存款	114	4	（1）短期贷款	148	3
4. 非银行业金融机构存款	190	5	（2）中长期贷款	95	18
（二）境外存款			（3）票据融资		
二、金融债券			（4）融资租赁		
其中：境外发行			（5）各项垫款		
三、卖出回购资产	66	16	3. 非银行业金融机构贷款		
四、借款及非银行业金融机构拆入			（二）境外贷款	209	-86
五、联行往来（净）	15	-1	二、债券投资	5	-1
六、应付及暂收款	16	-1	其中：境外债券	1	
七、各项准备	14	11	三、股权及其他投资	26	10
八、所有者权益			四、买入返售资产		
其中：实收资本	515	125	五、存放非银行业金融机构款项	3	1
九、其他			六、联行往来（净）	1 017	202
			其中：境内存放二级准备金	4	-2
			七、应收及预付款	6	-1
			八、投资性房地产		
			九、固定资产		
资金来源总计	1 510	146	资金运用总计	1 510	146

表 1.9　北京市外资银行外币信贷收支统计

单位：亿美元

项目名称	余额	比年初	项目名称	余额	比年初
一、各项存款	77	-5	一、各项贷款	22	-11
（一）境内存款	52	-5	（一）境内贷款	13	-10
1. 个人存款	21	1	1. 短期贷款	9	-7
其中：活期储蓄存款	9	1	（1）个人贷款及透支		
定期储蓄存款	10		其中：个人消费贷款		
结构性存款	2		（2）单位贷款及透支	8	-1
2. 单位存款	29	-6	经营贷款及透支	4	-1
其中：活期存款	25	-6	固定资产贷款		
定期存款	4	1	并购贷款		
保证金存款			贸易融资	3	
结构性存款			（3）非存款类金融机构贷款	1	-6
3. 国库定期存款			2. 中长期贷款	4	-3
4. 非存款类金融机构存款	2		（1）个人贷款		
（二）境外存款	25		其中：个人消费贷款		
二、代理财政性存款			（2）单位贷款	3	-3
三、金融债券			经营贷款	2	
其中：境外发行			固定资产贷款	1	-3
四、卖出回购资产			并购贷款		
五、向中央银行借款			贸易融资		
六、银行业存款类金融机构往来	3	2	（3）非存款类金融机构贷款	1	
七、借款及非存款类金融机构拆入	1		3. 票据融资		
八、联行往来（净）			4. 融资租赁		
九、应付及暂收款	-7	3	5. 各项垫款		
其中：应付利息			（二）境外贷款	9	
十、其他负债	-10	-18	二、债券投资	1	
十一、所有者权益	14		三、股权及其他投资		
其中：实收资本			四、买入返售资产		
			五、存放中央银行存款		
			六、缴存中央银行财政性存款		
			七、银行业存款类金融机构往来	9	-1
			八、存放非存款类金融机构款项	2	
			九、联行往来	38	5
			其中：境内存放二级准备金		
			十、库存现金		
			十一、应收及预付款	1	
			其中：应收利息		
			十二、投资性房地产		
			十三、固定资产		
			十四、其他资产	6	-10
			十五、减：各项准备		
			其中：贷款减值准备		
资金来源总计	79	-17	资金运用总计	79	-17

表 1.10　北京市金融机构本外币存贷款总量情况

单位：亿元、亿美元、%

项目名称	本期余额		比年初增减	
	2019 年	同比增长	2019 年	2018 年
一、金融机构存款				
（一）本外币存款	177 787	11.0	20 647	16 498
（二）人民币存款	171 102	11.6	20 627	15 744
其中：中资金融机构	168 930	11.8	20 749	15 961
外资金融机构	2 305	-2.4	-95	-172
（三）外币存款	951	-3.5	-20	55
其中：中资金融机构	867	-2.7	-23	55
外资金融机构	84	-11.4	2	
二、金融机构贷款				
（一）本外币贷款	76 732	8.7	6 090	7 287
（二）人民币贷款	73 053	9.3	6 131	7 419
其中：中资金融机构	71 658	9.3	5 982	7 385
外资金融机构	1 608	-3.9	-34	-272
（三）外币贷款	523	-3.2	-19	-53
其中：中资金融机构	501	-2.8	-17	-45
外资金融机构	24	-29.0	-8	-16

表 1.11　北京市金融机构存贷款总量全国占比情况

单位：亿元、亿美元、%

项目名称	北京		全国		占比	
	比年初增减	余额同比增长	比年初增减	余额同比增长	余额占比	增量占比
本外币存款	20 646.8	11.0	150 401.6	8.8	9.0	13.7
人民币存款	20 627.0	11.6	147 622.8	9.0	8.9	14.0
外币存款	-20.2	-3.5	222.9	1.5	12.7	-9.1
本外币贷款	6 089.6	8.7	158 070.6	12.8	4.9	3.9
人民币贷款	6 131.0	9.3	156 762.1	13.4	4.8	3.9
外币贷款	-18.7	-3.2	-2.2	-3.5	6.6	

表 1.12　北京市银行业（含外资）人民币房地产信贷情况

单位：亿元、%

项目名称	余额		比年初增减	
	2019 年	同比增长	2019 年	2018 年
合计	**18 087.4**	**4.5**	**785.3**	**985.8**
一、房地产开发贷款	6 218.9	7.3	424.4	678.2
1. 地产开发贷款	2 169.4	4.6	95.2	78.6
其中：政府土地储备机构贷款	8.4	-28.5	-3.3	-2.2
2. 房产开发贷款	4 049.5	8.8	329.1	599.6
（1）住房开发贷款	2 647.6	15.7	358.7	547.1
其中：保障性住房开发贷款	1 103.9	10.1	101.1	363.5
（2）商业用房开发贷款	1 386.3	-1.3	-18.5	71.5
（3）其他房产开发贷款	15.6	-41.5	-11.1	-18.9
二、购房贷款	11 714.9	2.8	322.9	329.9
1. 企业购房贷款	713.7	-2.6	-19.0	161.6
（1）商业用房贷款	623.6	-4.2	-27.5	118.8
（2）住房贷款	90.0	10.4	8.4	42.8
2. 机关团体购房贷款				
（1）商业用房贷款				
（2）住房贷款				
3. 个人购房贷款	11 001.3	3.2	342.0	168.4
（1）个人商业用房贷款	603.8	-19.4	-145.2	-77.4
（2）个人住房贷款	10 397.5	4.9	487.2	245.7
a. 新建房贷款	4 124.2	1.4	58.6	-26.3
其中：抵押贷款	4 088.3	1.5	60.1	-20.0
b. 再交易房贷款	6 273.3	7.3	428.6	272.1
三、证券化的房地产贷款	153.6	32.9	38.0	-22.3
1. 证券化个人住房贷款	153.4	34.2	39.1	-7.2
2. 其他证券化房地产贷款	0.1	-88.1	-1.1	-15.1
附：个人购买保障性住房贷款	67.2	-0.8	-0.5	0.8
附：企业收购、租赁保障性住房贷款	46.5	57.6	13.6	-2.3

表 1.13　北京市小额贷款公司情况统计

机构数量（家）	从业人员数（人）	实收资本（亿元）	贷款余额（亿元）
105	1 083	140.94	143.51

注：1. 由于批准设立与正式营业并具备报数条件之间存在时滞，统计口径小额贷款公司数量与北京市公布的小额贷款公司批准设立数量有差别。

2. 以上统计表由中国人民银行营业管理部调查统计处提供。

表 1.14　北京辖区直接外债余额

单位：亿美元、%

年份	总计	为上年	中长期债务	占总计	短期债务	占总计
2008	1 332	105.22	889	66.74	443	33.26
2009	1 443	108.33	972	67.36	471	32.64
2010	1 950	135.14	1 027	52.67	923	47.33
2011	3 114	159.69	1 154	37.06	1 960	62.94
2012	3 299	105.94	1 257	38.10	2 042	61.90
2013	4 922	149.21	1 205	24.49	3 717	75.51
2014	5 956	121.01	1 309	21.98	4 647	78.02
2015	4 142	69.55	1 276	30.81	2 866	69.20
2016	4 218	101.83	1 533	36.34	2 685	63.66
2017	5 467	129.61	1 904	34.83	3 563	65.17
2018	5 904	107.99	1 906	32.28	3 998	67.72
2019	6 043	102.35	2 443	40.43	3 600	59.57

注：本统计表由国家外汇管理局北京外汇管理部资本项目管理处根据外汇局资本项目信息系统数据提供。

表 1.15　2019 年北京地区储蓄国债统计（凭证式）

单位：亿元

期数	金额
一期	33.15
二期	25.49
三期	49.34
四期	36.99
五期	45.87
六期	31.68
七期	40.29
八期	27.94
合计	290.75

表 1.16　2019 年北京地区储蓄国债统计（电子式）　　单位：亿元

期数	金额
一期	28.75
二期	52.79
三期	42.75
四期	73.46
五期	19.86
六期	27.35
七期	35.19
八期	42.25
九期	23.15
十期	27.58
十一期	25.79
十二期	27.92
十三期	22.85
十四期	25.33
合计	475.02

注：以上统计表由中国人民银行营业管理部国库处提供。

表 1.17　北京辖区上市公司情况统计（2015—2019 年）　单位：亿元、家

项目	2015 年	2016 年	2017 年	2018 年	2019 年
股票市价总值	133 059.03	122 303.34	137 764.24	115 833.86	139 278.59
其中：股票流通市值	115 451.13	107 584.50	122 448.64	103 081.93	119 457.95
境内上市公司数	264	281	306	316	346
其中：A 股	238	255	278	285	311
A + B 股	1	1	1	1	1
A + H 股	25	25	27	30	34

表 1.18　北京地区基金管理公司业务综合统计

指标	2019 年		2018 年		2017 年	
	绝对值	同比增长（%）	绝对值	同比增长（%）	绝对值	同比增长（%）
主要经营地在辖区基金管理公司数（家）	34	6.25	32	0.00	32	3.23
其中：中外合资基金管理公司数（家）	11	0.00	11	0.00	11	0.00
辖区法人基金管理公司数（家）	19	0.00	19	0.00	19	0.00
其中：中外合资基金管理公司数（家）	8	0.00	8	0.00	8	0.00
辖区法人基金管理公司管理基金数（只）	809	13.62	712	14.10	624	21.40
其中：封闭式基金数（只）	7	0.00	7	-22.22	9	-71.88
开放式基金数（只）	802	13.76	705	14.63	615	27.59
辖区法人基金管理公司管理基金季度末总规模（亿份）	18 062.31	-7.39	19 502.95	17.73	16 565.22	14.39
其中：封闭式基金总规模（亿份）	168.89	10.20	153.26	192.93	52.32	-96.53
开放式基金总规模（亿份）	17 893.42	-7.53	19 349.69	17.18	16 512.9	23.48
辖区法人基金管理公司管理基金资产季度末净值（亿元）	19 555.79	-1.12	19 776.74	14.29	17 303.36	11.42
其中：封闭式基金资产净值（亿元）	187.62	25.35	149.68	184.73	52.57	-96.56
开放式基金资产净值（亿元）	19 368.17	-1.32	19 627.06	13.77	17 250.79	23.22
辖区法人基金管理公司 QDII 总规模（亿份）	154.08	38.61	111.16	-9.71	123.12	-10.25
辖区法人基金管理公司 QDII 总净值（亿元）	115.00	-7.25	123.99	-21.17	157.28	11.87
辖区法人基金管理公司当年新发基金数（只）	144	-38.98	236	81.54	130	-23.98
辖区法人基金管理公司新发基金首次募集规模（亿份）	1 667.77	-29.81	2 376.03	42.30	1 669.7	-49.14
辖区法人基金管理公司新发基金首次募集金额（亿元）	1 667.77	-29.81	2 376.03	42.30	1 669.7	-49.18
辖区法人基金管理公司新发基金年末净值（亿元）						

注：以上统计表由中国证券监督管理委员会北京监管局提供。

表 1.19　2019 年北京市保险业务统计

单位：万元、%

指标项目	2019 年	2018 年	增长率
一、原保险保费收入	**20 764 542.52**	**17 933 406.77**	**15.79**
1. 财产险	4 548 285.46	4 226 694.01	7.61
其中：机动车辆保险	2 682 485.34	2 719 429.49	-1.36
2. 意外伤害保险	583 436.63	645 030.35	-9.55
3. 健康保险	4 006 536.69	3 159 007.75	26.83
4. 人寿保险	11 626 283.74	9 902 674.66	17.41
二、赔付支出	**7 189 534.77**	**6 293 528.02**	**14.24**
1. 财产保险	2 693 052.26	2 458 531.27	9.54
其中：机动车辆保险	1 709 928.17	1 702 479.67	0.44
2. 意外伤害保险	147 153.78	164 833.96	-10.73
3. 健康保险	1 145 478.56	935 770.28	22.41
4. 人寿保险	3 203 850.17	2 734 392.51	17.17

注：1. “原保险保费收入”为按《企业会计准则（2006)》设置的统计指标，指保险企业确认的原保险合同保费收入。

2. “原保险赔付支出”为按《企业会计准则（2006)》设置的统计指标，指保险企业支付的原保险合同赔付款项。

3. 原保险保费收入、原保险赔付支出为本年累计数。

4. 上述数据来源于各公司报送的保险数据，未经审计。

表 1.20　北京市各财产保险公司业务统计（按公司）

单位：万元、%

保费收入	公司名称	本年累计			
		原保险保费收入	同比	赔款支出	同比
中资	人保股份京分	1 658 258.69	6.24	1 089 026.78	5.89
	平安财京分	1 138 383.45	8.21	596 400.77	16.07
	太保财京分	681 071.78	10.73	398 902.23	13.48
	国寿财产京分	251 053.21	3.46	156 123.95	12.15
	安心财产京分（虚拟）	112 053.68	570.11	23 737.84	17.48
	太平保险京分	110 720.78	74.82	32 332.98	18.08
	中华联合京分	95 331.70	14.93	64 302.58	-3.08
	阳光财产京分	91 911.06	0.85	45 936.89	25.52
	中银保险京分	90 969.15	106.96	20 461.40	21.55
	大地财产京分	83 510.41	4.12	32 424.81	14.48
	华泰京分	67 708.39	-21.56	49 388.86	-12.53
	英大财产京分	65 189.40	2.24	25 393.19	-0.06
	中石油专属保险京分（虚拟）	49 539.31	-5.93	27 089.43	23.24
	亚太财险京分	40 391.04	176.57	8 614.26	67.30
	建信财产京分	35 576.58	61.39	14 332.98	108.47
	众安财产京分（虚拟）	32 610.66	-2.74	19 730.32	20.87
	天安京分	25 934.50	16.20	14 206.33	5.51
	华安京分	25 564.41	-2.68	13 840.60	-4.32
	永诚京分	20 319.12	-12.61	15 995.05	34.68
	珠峰财险京分	18 638.61	29.20	9 813.07	20.99

续表

保费收入	公司名称	本年累计			
		原保险保费收入	同比	赔款支出	同比
中资	易安财产京分（虚拟）	17 316.25	8.35	726.16	-80.54
	国任财险京分	16 501.44	-20.28	9 505.88	30.13
	渤海京分	12 161.15	-8.86	6 549.30	11.94
	永安京分	11 391.57	-48.88	6 521.04	-24.36
	泰康在线京分（虚拟）	10 754.83	83.22	5 154.32	10.19
	汇友互助京分（虚拟）	9 472.64	166.99	88.70	29.84
	紫金财产京分	7 642.54	4.14	5 683.19	51.04
	众惠相互京分（虚拟）	7 285.88	-75.86	2 854.23	208.42
	安邦京分	7 116.39	-13.06	4 393.21	-37.28
	长安责任京分	6 938.38	-17.47	6 516.05	36.53
	中铁自保京分（虚拟）	6 226.50	-46.93	2 893.17	52.47
	合众财产京分（虚拟）	5 612.26	-3.49	4 356.83	-0.14
	富德财险京分	5 611.26	-9.66	3 585.14	-1.09
	安华农业京分	5 294.76	-27.63	5 051.87	-22.93
	泰山财险京分	5 184.66	587.83	1 576.45	-23.38
	华农京分	4 992.11	-15.21	4 868.60	-33.96
	阳光信用京分（虚拟）	4 773.60	-69.91	2 819.18	-35.01
	黄河财险京分	3 811.95		323.56	
	长江财险京分	2 716.19	96.75	1 226.36	-33.09
	浙商财产京分	896.08	-2.46	701.92	-21.41
	安诚京分	344.00	-77.42	1 730.88	-29.08
	都邦京分	293.45	-25.69	1 758.86	115.70
小计		4 847 073.80	10.12	2 736 939.23	9.84
外资	安联京分	91 652.78	3 630.21	38 903.88	184 531.95
	利宝保险京分	62 936.04	4.89	51 088.46	5.76
	苏黎世京分	30 732.86	-15.94	22 114.17	92.20
	中意财产京分	26 611.10	1.50	12 074.35	44.30
	美亚京分	10 398.76	9.08	2 673.64	2.39
	现代财产京分（虚拟）	9 390.10	25.77	2 511.66	-5.00
	三星京分	7 422.67	25.83	4 295.45	28.83
	东京海上京分	6 946.75	-5.12	2 943.28	-32.99
	安盛天平京分	6 820.54	-39.30	8 164.07	-11.80
	三井京分	6 487.74	-0.72	2 242.53	-32.64
	史带财产京分	6 005.45	48.42	1 921.39	80.14
	国泰财产京分	5 415.31	89.64	2 070.23	-42.39
	中航安盟京分	1 978.43	28.32	1 364.06	59.98
	日本财产京分	1 425.18	-6.39	946.89	9.59
	安达保险京分	1 400.20	103.84	157.03	90.61
	瑞再企商京分	1 366.08	-60.37	251.69	241.71
	劳合社京分	1.64	-82.07	2.05	-80.94
小计		276 991.62	47.86	153 724.83	53.25
合计		5 124 065.42	11.66	2 890 664.06	11.52

注：虚拟指在北京开展业务但未设立北京分公司的保险公司，或未在北京设立分公司但其互联网业务计入北京范围的保险公司。

表 1.21　北京市各财产保险公司业务统计（按险种）

单位：万元、%

险种名称	原保险保费收入	同比	赔款支出	同比
1. 企业财产保险	424 747. 68	8. 45	172 189. 63	-25. 77
2. 家庭财产保险	72 841. 34	19. 34	36 046. 63	54. 97
其中：投资型家财险	150. 06	-2. 21	1. 68	-57. 80
3. 机动车辆保险	2 682 485. 34	-1. 36	1 709 928. 17	0. 44
其中：交强险	484 368. 73	4. 54	242 546. 02	1. 43
4. 工程保险	113 600. 30	30. 23	46 844. 46	19. 75
5. 责任保险	537 726. 17	19. 11	257 998. 64	14. 78
6. 信用保险	136 501. 41	213. 50	50 568. 41	176. 08
7. 保证保险	184 319. 05	9. 29	100 814. 94	48. 95
其中：机动车辆消费贷款保证保险	379. 55	-80. 73	3 718. 24	89. 28
其中：个人贷款抵押房屋保证保险	-40. 58	25. 68	14. 40	137. 76
8. 船舶保险	6 881. 70	-1. 77	6 180. 03	-33. 70
9. 货物运输保险	116 738. 12	2. 62	43 865. 36	-15. 08
10. 特殊风险保险	118 559. 00	28. 09	128 562. 99	402. 54
11. 农业保险	79 660. 46	2. 50	75 188. 63	25. 77
12. 健康险	320 398. 18	138. 20	113 045. 32	24. 00
其中：投资型健康险				
13. 意外伤害保险	255 381. 78	12. 08	84 566. 48	100. 00
其中：投资型意外险			1 248. 42	39. 53
14. 其他险	74 224. 89	486. 68	64 864. 36	1 312. 32
合计	5 124 065. 42	11. 66	2 890 664. 06	11. 52

表 1.22 北京市各人身保险公司业务统计（按公司）

单位：万元、%

公司	原保险保费收入	同比	退保金	同比	赔款支出	同比	死伤医疗给付	同比	满期给付	同比	年金给付	同比
平安寿京分	2 542 723.81	9.94	174 561.87	25.61	6 467.64	10.72	122 654.17	24.34	175 354.16	9.20	108 082.67	-27.46
华夏人寿京分	1 007 115.04	21.31	224 534.46	1 050.76	9 450.40	121.94	9 609.88	63.79	1 453.27	664.99	30 578.03	4.67
新华京分	1 004 607.34	6.30	118 717.82	-59.32	37 373.17	18.11	48 634.44	18.95	269 913.65	13.54	117 829.06	5.02
国寿股份京分	928 825.99	6.48	73 076.81	-78.47	60 595.67	-44.76	25 222.71	7.06	128 983.78	-53.00	34 289.00	-27.20
友邦京分	763 665.51	41.58	13 571.72	45.94	24 156.49	74.45	23 562.18	35.94	5 275.03	45.73	20 302.08	13.16
泰康京分	728 471.11	9.78	96 449.46	56.31	3 395.39	20.78	18 880.97	31.27	42 434.05	36.68	70 752.52	-11.65
太平人寿京分	658 242.27	9.04	40 072.81	-73.39	3 669.01	105.18	13 851.50	54.38	25 912.71	-73.94	53 397.06	2.19
中信保诚京分	613 301.98	38.78	13 010.53	38.50	22 113.21	38.50	11 602.65	22.96	7 874.65	51.32	992.01	55.59
太保寿京分	583 797.01	2.65	42 556.14	-7.14	8 034.63	-0.80	26 799.46	29.56	153 136.80	26.51	65 174.85	40.63
工银安盛京分	535 120.05	44.34	67 098.31	-76.52	20 160.77	67.77	4 092.99	20.41	188 089.56	50.68	3 460.93	12.57
君康人寿京分	524 813.16	92.98	39 731.15	253.69	39.60	31.63	991.39	112.66	114.18	-91.81	1 617.32	-6.26
人保寿险京分	484 735.07	0.19	264 448.78	-25.13	48 728.56	15.15	79 492.83	-14.42	59 534.93	-49.22	11 056.76	-3.96
中美联泰京分	334 438.53	13.86	23 392.21	25.11	2 391.04	-10.72	14 523.57	42.99	28 862.09	4.72	1 987.17	13.81
招商信诺京分	315 652.36	15.72	80 474.05	21.31	21 235.35	-2.01	3 548.50	42.91	7 687.36	-70.44	3 549.79	52.95
弘康人寿京分（虚拟）	313 867.50	25.68	57 145.49	-26.92	0.09	-99.69	5 122.42	176.99	5 219.80	96.63	40.40	-53.18
天安人寿京分（虚拟）	304 312.69	-52.43	308 428.25	326.52	691.11	15.53	5 127.09	161.47	12 542.95	71.07	46 561.40	0.11
国华人寿京分	255 921.92	168.05	-43 848.85	-156.56	0.65	-56.20	650.03	26.35	5 766.54	-64.01	4 685.40	29.40
中意京分	241 742.18	7.42	12 001.69	-89.89	42 042.44	30.48	3 541.69	-7.57	7 072.83	4 920.96	167 526.71	-4.09
信美人寿京分（虚拟）	201 103.12	273.31	2 396.35	1 903.50	4 646.76	208.03	522.10	113.82			1.96	61 160.94
中荷人寿京分	200 143.94	6.71	8 675.94	7.95	145.11	69.15	1 442.26	6.86	60 497.30	8.40	4 237.06	67.12
平安养老京分	190 422.45	9.54	406.08	343.95	130 225.76	7.32	6 399.72	5 320.17			296.13	-0.94
百年人寿京分	190 346.70	38.20	10 550.57	-74.64	1 389.78	13.04	1 295.59	291.70	5 230.10	-58.73	5 368.05	13.47
信泰京分	185 976.54	924.62	-513.05	-101.97	2.66	-20.58	112.05	89.79	553.09	-56.73	143.97	18.21
泰康养老京分	170 856.01	11.62	1 890.92	8.81	31 917.84	8.90	6 548.89	55.96	650.90	1.62	819.93	1.98
中邮人寿京分	148 572.89	14.36	27 865.88	-27.88	6 393.33	13.69	413.70	16.84	13 605.19	-56.14	2 356.10	51.46
交银康联京分	139 404.79	23.55	33 717.47	-84.36	59.61	881.33	1 278.44	31.97	2 932.49	-86.27	218.04	65.59
北京人寿京分	126 966.56	565.20	568.94	2 423.96	11 045.63	14 502.15	444.54	1 234.48				
阳光人寿京分	124 724.26	30.01	31 112.59	-52.21	11 385.16	40.34	3 879.49	-10.47	52 895.46	31.23	36.24	140.01
大家人寿京分	111 492.40	300.04	1 681 447.65	22.87	1 030.76	254.94	2 866.91	-49.24	776 699.99	4 891.18	3 583.00	-2.32
光大永明京分	105 824.57	-24.64	7 648.56	-15.73	15 023.07	26.58	2 640.84	48.29	2 452.29	-61.56	2 031.98	1.15
中英人寿京分	99 254.24	9.66	16 292.04	-30.23	12 139.31	14.21	3 743.10	40.17	7 153.98	-25.66	3 405.74	5.40
农银人寿京分	97 459.20	12.25	62 630.04	49.42	217.78	-73.95	528.19	-27.50	44 760.22	-8.60	984.81	-3.18
英大人寿京分	93 713.44	89.37	5 497.44	31.76	3 247.43	-24.51	378.91	187.78	5 489.83	80.08	1 320.70	10.43
平安健康京分	89 561.19	39.65	15.23	2 835.08	35 697.49	1.14	460.02	163.55				

续表

公司	原保险保费收入	同比	退保金	同比	赔款支出	同比	死伤医疗给付	同比	满期给付	同比	年金给付	同比
富德生命人寿京分	89 505.86	-42.46	282 555.35	199.26	2 759.19	13.61	1 507.46	6.33	12 617.56	-38.94	2.08	-78.22
复星保德信京分	83 609.29	72.43	790.68	-13.48	314.12	-77.74	409.19	106.93			589.81	3.71
中华人寿京分	82 786.29	21.85	24 324.54	266.17	3 240.88	8.28	3 199.86	-1.00			225.81	-35.24
中德安联京分	78 589.86	4.51	2 974.15	20.17	3 455.00	18.38	501.95	-23.22	22.10	955.75	4 669.81	0.63
汇丰人寿京分	74 606.79	22.22	2 665.32	-32.63			561.31	6 714.59			3 620.88	32.20
爱心人寿京分	67 816.64	123.48	652.10	720.22	4 838.42	177.61	337.59	111.00				
同方全球人寿京分	63 239.80	11.73	1 645.42	2.17	19 579.10	18.55	2 447.09	94.42	5 676.06	357.33	850.54	12.91
昆仑健康京分	61 760.19	103.74	542.66	-16.13	5 517.31	15.76	678.06	9 766.19	56.54	58.20		
中银三星京分	57 424.81	35.10	3 611.11	-81.20	3 526.93	10.43	792.42	47.54	3 620.13	-40.39	1 099.22	9.66
利安人寿京分	47 179.40	8.81	804.93	-94.34	1 184.96	1 037.22	95.13	179.79			324.27	-54.76
建信人寿京分	43 977.24	-60.43	32 604.91	-85.99	6 564.00	66.60	916.85	36.32	22 991.13	-61.53	1 369.36	-27.24
中宏人寿京分	39 511.22	43.08	787.48	-36.46	1 643.36	66.93	679.23	36.91	588.38	94.03	1 194.75	102.02
太平养老京分	38 535.98	10.32	2 385.80	-27.14	22 540.45	49.90	3 736.85	8.10	4.22		25.76	18.88
瑞泰人寿京分（虚拟）	37 014.45	59.02	451.01	-94.45	2 685.93	36.04	863.39	118.30	189.79	77.71	12.16	-93.09
人保健康京分	35 594.12	-10.03	3 254.75	-78.58	18 144.12	-48.52	787.14	52.01	8 808.29	19.84		
北大方正人寿京分	35 288.25	249.47	351.58	152.37	4 888.05	37.89	170.09	-40.17			181.88	76.50
长城京分	33 928.46	21.05	7 832.96	79.52	1 091.55	2.08	668.77	18.79	4 655.77	-62.95	3 782.84	32.07
合众人寿京分	32 699.32	3.35	15 878.51	-53.37	766.92	-31.85	734.69	19.12	4 185.59	-45.47	2 083.84	-5.44
幸福人寿京分	25 247.41	-19.88	12 414.26	-86.02	4 497.56	13.78	689.27	-6.89	71 583.96	-12.18	1 034.18	65.53
珠江人寿京分	25 219.04	-7.87	15 778.80	-68.42	3 559.13	268.89	60.09	0.99			505.33	-75.13
恒安标准京分	22 878.43	28.49	891.66	39.60	1 880.24	45.91	785.54	119.36	6 329.49	86.88	800.93	10.40
复星联合健康京分	22 284.03	173.90	78.60	1 206.40	7 723.92	616.42	366.85	26 847.28				
陆家嘴国泰人寿京分	21 738.77	-0.97	564.85	228.71	1 403.02	6.59	141.58	96.98			72.67	-36.97
民生人寿京分	21 600.77	3.92	2 432.46	-56.01	140.88	-65.43	1 046.57	-16.12	5 380.02	24.51	2 152.44	-3.48
中融人寿京分	19 952.63	228.64	-13 620.64	-1 470.52	11.99	31.68	76.87	860.92	1 027.93	10.54	8.42	
长生人寿京分	18 195.41	-45.05	15 756.94	-77.40	1 095.43	19.90	80.45	-53.66	2 479.01	-51.76		
华泰人寿京分	16 289.26	37.30	1 190.80	88.95	606.16	-9.35	286.76	-46.05	448.78	-96.40	529.47	-11.04
太保安联健康京分	16 123.47	26.61			11 275.85	20.86	102.09	-73.70				
渤海人寿京分（虚拟）	5 219.62		9.78		1.07							
鼎诚人寿京分（虚拟）	3 149.47	-6.88	1 151.37	9.50			339.79	22.95	4 683.34	-66.20	382.30	31.88
和谐健康京分	1 272.95	73.12	120 529.95	-47.78	135.29	-23.26	3 474.42	169.14	4 496.09			
国寿存续京分	1 048.84	-78.86	2 269.21	27.99	46.81	-12.94	5 179.67	5.64	6 850.66	-69.58	48 716.55	-4.11
大家养老京分	8.26	-99.81	34 566.66	1 680.33								
中法人寿京分	4.93	-56.38	273.93	-20.53	0.49				275.65	-68.47	17.81	-20.20
合计	15 640 477.11	17.21	4 074 027.26	-16.66	710 230.82	8.40	482 580.24	19.15	2 265 119.67	28.41	840 940.00	-4.16

注：虚拟指在北京开展业务但未设立北京分公司的保险公司。

表 1.23 北京市各人身保险公司业务统计（按险种）

单位：万元

险种名称	原保险保费收入	赔款支出	死伤医疗给付	满期给付	年金给付	退保金
一、寿险小计	11 626 283.74		106 531.34	2 256 378.83	840 940.00	3 763 997.46
1. 普通寿险	5 990 090.26		64 706.11	862 258.02	367 075.18	3 111 006.50
（1）定期寿险	141 854.58		19 426.90	450.76		3 033.62
（2）两全寿险	787 691.19		15 799.82	848 968.16	38 949.62	940 008.67
（3）终身寿险	1 006 602.67		17 779.81	5 063.21		23 324.15
（4）年金保险	4 053 941.82		11 699.58	7 775.89	328 125.55	2 144 640.05
2. 分红寿险	5 591 316.17		35 877.03	1 391 048.45	473 416.93	653 011.31
（1）定期寿险						
（2）两全寿险	2 509 003.66		21 470.35	1 355 477.36	89 479.36	475 269.14
（3）终身寿险	383 315.45		4 867.41	33.29		19 457.03
（4）年金保险	2 698 997.06		9 539.27	35 537.81	383 937.57	158 285.14
3. 投资连结保险	4 298.83		466.04	55.42		14.90
4. 万能保险	40 578.49		5 482.16	3 016.94	447.89	-35.24
二、意外伤害险小计	328 054.85	62 587.30				
1. 一年期以内业务	42 626.16	4 979.07				
2. 一年期业务	179 779.77	57 608.23				
3. 一年期以上业务	105 648.93					
三、健康险小计	3 686 138.51	647 643.51	376 048.90	8 740.83		310 029.79
1. 短期业务	970 938.96	647 643.51				
2. 长期业务	2 715 199.55		376 048.90	8 740.83		310 029.79
合计	15 640 477.11	710 230.82	482 580.24	2 265 119.67	840 940.00	4 074 027.26

注：以上统计表由中国银行保险监督管理委员会北京监管局提供。

表 1.24 中国人民银行对金融机构存款利率

单位：年利率%

时间	2002-02-21	2003-12-21	2005-03-17	2008-11-27
一、金融机构存款				
准备金存款	1.89	1.89	1.89	1.62
超额准备金	1.89	1.62	0.99	0.72
欠交准备金①	按日利率万分之六计收利息	同前		
二、保险公司存款	1.89	1.89	1.89	
三、邮政储蓄转存款②	4.347	4.131		

注：① 2004 年 12 月 30 日，银发〔2004〕302 号文规定金融机构未按照中国人民银行规定交存存款准备金的，按照相关法规规定处罚；依法减轻处罚的，对其欠交存款准备金不足部分按每日万分之六的比例处以罚款。

② 2002 年 12 月 31 日，银发〔2002〕393 号文规定从 2003 年 1 月 1 日起邮政储蓄转存款利率暂调整为 4.131%。2003 年 9 月 1 日，银发〔2003〕177 号文规定自 2003 年 8 月 1 日起，邮政储蓄新增存款转存人民银行的部分，按照金融机构准备金存款利率（年利率为 1.89%）计息；此前的邮政储蓄在人民银行的转存款暂按现行转存款利率计息（年利率为 4.131%）。

表 1. 25　中国人民银行对金融机构贷款利率

单位：年利率%

项目[①]	2010-12-26	2014-03-20	2014-12-19	2015-05-28	2015-11-05
一、流动性再贷款[②]					
1个月	3.25				2.9
3个月	3.55				3.2
6个月	3.75				3.4
1年	3.85				3.5
二、信贷政策支持再贷款					
（一）支农再贷款[③]					
3个月	3.05		2.8	2.55	2.45
6个月	3.25		3.0	2.75	2.65
1年	3.35		3.1	2.85	2.75
（二）支小再贷款					
3个月		3.7	3.3	3.05	2.95
6个月		3.9	3.5	3.25	3.15
1年		4.0	3.6	3.35	3.25
三、再贴现	2.25	同前	同前	同前	同前
四、逾期贷款	按日利率万分之五计收利息	同前	同前	同前	同前

注：① 2014年2月7日，银发〔2014〕36号文决定对再贷款分类予以调整，将流动性再贷款划分为流动性再贷款和信贷政策支持再贷款，金融稳定再贷款和专项政策性再贷款分类总体不变。流动性再贷款利率执行人民银行总行确定的流动性再贷款利率，信贷政策支持再贷款执行人民银行总行确定的信贷政策支持再贷款利率。

② 2014年2月7日，银发〔2014〕36号文指出，人民银行对全国性存款类金融机构发放的流动性再贷款，期限设置为1个月、3个月、6个月、1年四个档次。在此之前流动性再贷款期限为20天以内、3个月以内、6个月以内和1年。

③ 该时点利率为对农村信用社再贷款（不含紧急贷款）利率。2014年12月29日，银发〔2014〕396号文指出，将正常支农再贷款各期限档次利率分别下调0.25个百分点，贫困地区支农再贷款利率再调整后的正常支农再贷款利率基础上下调1个百分点。

表 1.26　金融机构存款利率

单位：年利率%

项目	2002-02-21	2004-10-29	2006-04-28	2006-08-19	2007-03-18	2007-05-19	2007-07-21	2007-08-22	2007-09-15	2007-12-21	2008-10-09	2008-10-30	2008-11-27	2008-12-23
一、活期存款	0.72	0.72	0.72	0.72	0.72	0.72	0.81	0.81	0.81	0.72	0.72	0.72	0.36	0.36
二、定期存款														
1. 整存整取														
3个月	1.71	1.71	1.71	1.80	1.98	2.07	2.34	2.61	2.88	3.33	3.15	2.88	1.98	1.71
6个月	1.89	2.07	2.07	2.25	2.43	2.61	2.88	3.15	3.42	3.78	3.51	3.24	2.25	1.98
1年	1.98	2.25	2.25	2.52	2.79	3.06	3.33	3.60	3.87	4.14	3.87	3.60	2.52	2.25
2年	2.25	2.70	2.70	3.06	3.33	3.69	3.96	4.23	4.50	4.68	4.41	4.14	3.06	2.79
3年	2.52	3.24	3.24	3.69	3.96	4.41	4.68	4.95	5.22	5.40	5.13	4.77	3.60	3.33
5年	2.79	3.60	3.60	4.14	4.41	4.95	5.22	5.49	5.76	5.85	5.58	5.13	3.87	3.60
2. 零存整取、整存零取、存本取息														
1年	1.71	1.71	1.71	1.80	1.98	2.07	2.34	2.61	2.88	3.33	3.15	2.88	1.98	1.71
3年	1.89	2.07	2.07	2.25	2.43	2.61	2.88	3.15	3.42	3.78	3.51	3.24	2.25	1.98
5年	1.98	2.25	2.25	2.52	2.79	3.06	3.33	3.60	3.87	4.14	3.87	3.60	2.52	2.25
3. 定活两便	按1年以内定期整存整取同档次利率60%执行	按1年以内定期整存整取同档次利率60%执行	同前	同前	同前	同前	同前	同前	同前	同前	同前	同前	同前	同前
三、协定存款	1.44	1.44	1.44	1.44	1.44	1.44	1.53	1.53	1.53	1.53	1.53	1.53	1.17	1.17
四、通知存款														
1天	1.08	1.08	1.08	1.08	1.08	1.08	1.17	1.17	1.17	1.17	1.17	1.17	0.81	0.81
7天	1.62	1.62	1.62	1.62	1.62	1.62	1.71	1.71	1.71	1.71	1.71	1.71	1.35	1.35

续表

项目	2009-12-31	2010-10-20	2010-12-26	2011-02-09	2011-04-06	2011-07-07	2012-06-08①	2012-07-06	2014-11-22②	2015-03-01③	2015-05-11④	2015-06-28	2015-08-26⑤	2015-10-24⑥
一、活期存款	0.36	0.36	0.36	0.40	0.50	0.50	0.40	0.35	0.35	0.35	0.35	0.35	0.35	0.35
二、定期存款														
1. 整存整取														
3个月	1.71	1.91	2.25	2.60	2.85	3.10	2.85	2.60	2.35	2.10	1.85	1.60	1.35	1.10
6个月	1.98	2.20	2.50	2.80	3.05	3.30	3.05	2.80	2.55	2.30	2.05	1.80	1.55	1.30
1年	2.25	2.50	2.75	3.00	3.25	3.50	3.25	3.00	2.75	2.50	2.25	2.00	1.75	1.50
2年	2.79	3.25	3.55	3.90	4.15	4.40	4.10	3.75	3.35	3.10	2.85	2.60	2.35	2.10
3年	3.33	3.85	4.15	4.50	4.75	5.00	4.65	4.25	4.00	3.75	3.50	3.25	3.00	2.75
5年	3.60	4.20	4.55	5.00	5.25	5.50	5.10	4.75						
2. 零存整取、整存零取、存本取息														
1年	1.71	1.91	2.25	2.60	2.85	3.10	2.85	2.60	2.35	2.10	1.85	1.60	1.35	1.10
3年	1.98	2.20	2.50	2.80	3.05	3.30	3.05	2.80	2.55	2.30	2.05	1.80	1.55	1.30
5年	2.25	2.50	2.75	3.00	3.25	3.50	3.25	3.00						
3. 定活两便	同前	同前	同前	同前	同前	同前	同前	同前	同前	同前	同前	同前	同前	同前
三、协定存款	1.17	1.17	1.17	1.21	1.31	1.31	1.21	1.15	1.15	1.15	1.15	1.15	1.15	1.15
四、通知存款														
1天	0.81	0.81	0.81	0.85	0.95	0.95	0.85	0.80	0.80	0.80	0.80	0.80	0.80	0.80
7天	1.35	1.35	1.35	1.39	1.49	1.49	1.39	1.35	1.35	1.35	1.35	1.35	1.35	1.35

注：① 自2012年6月8日起，金融机构存款利率浮动区间由基准利率的（0，1］倍调整为（0，1.1］倍。

② 自2014年11月22日起，存款利率浮动区间的上限由基准利率的1.1倍调整为1.2倍，并且人民银行不再公布人民币5年期定期存款基准利率。

③ 自2015年3月1日起，人民币存款利率浮动区间的上限由基准利率的1.2倍调整为1.3倍。

④ 自2015年5月11日起，存款利率浮动区间上限由基准利率的1.3倍调整为1.5倍。

⑤ 自2015年8月26日起，1年以上（不含1年）定期存款利率浮动上限放开，其余期限品种存款利率浮动上限仍为基准利率的1.5倍。

⑥ 自2015年10月24日起，活期存款、1年以内（含）定期存款、协定存款、通知存款利率上限放开。

表 1.27　金融机构贷款利率

单位：年利率%

项目	2002 - 02 - 21	2004 - 10 - 29	2005 - 03 - 17	2006 - 04 - 28	2006 - 08 - 19	2007 - 03 - 18	2007 - 05 - 19	2007 - 07 - 21	2007 - 08 - 22	2007 - 09 - 15	2007 - 12 - 21	2008 - 09 - 16	2008 - 10 - 09	2008 - 10 - 30	2008 - 11 - 27	2008 - 12 - 23
一、短期贷款																
6个月以内（含6个月）	5.04	5.22	5.22	5.40	5.58	5.67	5.85	6.03	6.21	6.48	6.57	6.21	6.12	6.03	5.04	4.86
6个月至1年（含1年）	5.31	5.58	5.58	5.85	6.12	6.39	6.57	6.84	7.02	7.29	7.47	7.20	6.93	6.66	5.58	5.31
二、中长期贷款																
1至3年（含3年）	5.49	5.76	5.76	6.03	6.30	6.57	6.75	7.02	7.20	7.47	7.56	7.29	7.02	6.75	5.67	5.40
3至5年（含5年）	5.58	5.85	5.85	6.12	6.48	6.75	6.93	7.20	7.38	7.65	7.74	7.56	7.29	7.02	5.94	5.76
5年以上	5.76	6.12	6.12	6.39	6.84	7.11	7.20	7.38	7.56	7.83	7.83	7.74	7.47	7.20	6.12	5.94
三、贴现	在再贴现利率基础上，按不超过同期贷款利率（含浮动）加点	在再贴现利率基础上，按不超过同期贷款利率（含浮动）加点	同前	同前	同前	同前	同前	同前	同前	同前	同前	同前	同前	同前	同前	同前
四、个人住房贷款																
1. 个人住房公积金贷款																
5年以下（含5年）	3.60	3.78	3.96	4.14	4.14	4.32	4.41	4.50	4.59	4.77	4.77	4.59	4.32	4.05	3.51	3.33
5年以上	4.05	4.23	4.41	4.59	4.59	4.77	4.86	4.95	5.04	5.22	5.22	5.13	4.86	4.59	4.05	3.87
2. 自营性个人住房贷款[①]																
5年以下（含5年）	4.77	4.95	取消优惠利率，改按商业性贷款利率执行	同前	同前	同前	同前	同前	同前	同前	同前	同前	同前	同前	同前	同前
5年以上	5.04	5.31														

续表

项目	2009-12-31	2010-10-20	2010-12-26	2011-02-09	2011-04-06	2011-07-07	2012-06-08②	2012-07-06③	2013-07-20④	2014-11-22⑤	2015-03-01	2015-05-11	2015-06-28	2015-08-26	2015-10-24
一、短期贷款															
6个月以内（含6个月）	4.86	5.10	5.35	5.60	5.85	6.10	5.85	5.60	同前	5.60	5.35	5.10	4.85	4.60	4.35
6个月至1年（含1年）	5.31	5.56	5.81	6.06	6.31	6.56	6.31	6.00		5.60	5.35	5.10	4.85	4.60	4.35
二、中长期贷款															
1至3年（含3年）	5.40	5.60	5.85	6.10	6.40	6.65	6.40	6.15		6.00	5.75	5.50	5.25	5.00	4.75
3至5年（含5年）	5.76	5.96	6.22	6.45	6.65	6.90	6.90	6.40	同前	6.00	5.75	5.50	5.25	5.00	4.75
5年以上	5.94	6.14	6.40	6.60	6.80	7.05	6.80	6.55		6.15	5.90	5.65	5.40	5.15	4.90
三、贴现	同前	同前	同前	同前	同前	同前	同前	同前	改变贴现利率在再贴现利率基础上加点确定的方式，由金融机构自主确定④	同前	同前	同前	同前	同前	同前
四、个人住房贷款															
1. 个人住房公积金贷款															
5年以下（含5年）	3.33	3.50	3.75	4.00	4.20	4.45	4.20	4.00	同前	3.75	3.50	3.25	3.00	2.75	2.75
5年以上	3.87	4.05	4.30	4.50	4.70	4.90	4.70	4.50		4.25	4.00	3.75	3.50	3.25	3.25
2. 自营性个人住房贷款①															
5年以下（含5年）	同前	同前	同前	同前	同前	同前	同前	同前	同前	同前	同前	同前	同前	同前	同前
5年以上															

注：① 自2006年8月19日起，商业银行个人住房贷款利率的下限扩大为贷款基准利率的0.85倍，自2008年10月27日起，商业银行个人住房贷款利率的下限扩大为贷款基准利率的0.7倍，其他商业性贷款利率下限仍保持0.9倍不变。

② 自2012年6月8日起，金融机构贷款利率的下限由基准利率的0.9倍调整为0.8倍。

③ 自2012年7月6日起，金融机构贷款利率的下限由基准利率的0.8倍调整为0.7倍。

④ 自2013年7月20日起，取消金融机构贷款利率0.7倍的下限，个人住房贷款利率仍保持原区间不变；取消票据贴现利率管制，改变贴现利率在再贴现利率基础上加点确定的方式，由金融机构自主确定；取消农村信用社贷款利率2.3倍的上限。

⑤ 自2014年11月22日起，贷款基准利率期限档次简并为1年以内（含1年）、1至5年（含5年）和5年以上三个档次。

以上统计表由中国人民银行营业管理部货币信贷管理处提供。

表 1.28　2019 年中国人民银行发行普通纪念币一览

名称	发行日期	材质	样式	规格	面值（元）	图案		发行数量
						正面	背面	
2019 年贺岁普通纪念币	2019－01－25	双色铜合金	圆形	直径 27mm	10	正面刊“中国人民银行”“10 元”汉语拼音字母“SHIYUAN”及年号“2019”，底纹衬以团花图案	背面主景图案为一只中国传统剪纸艺术与装饰年画元素相结合造型的小猪，其上方为宫灯和石榴花图案，币面左侧刊“己亥”字样	2.5 亿枚
中华人民共和国成立 70 周年普通纪念币	2019－09－19	双色铜合金	圆形	直径 27mm	10	正面图案为中华人民共和国国徽，国徽上方刊“中华人民共和国”国名，下方刊年号“2019”字样，左右两侧为牡丹花图案	背面主景图案为庆祝中华人民共和国成立 70 周年活动标识，北京图案为光芒线、石榴，驻京图案上方刊“中华人民共和国成立 70 周年”字样，下方刊面额数字“10”字样	1.5 亿枚
世界文化和自然遗产—泰山普通纪念币	2019－11－28	铜合金	圆角正方形	外接圆直径 30mm	5	正面图案为中华人民共和国国徽，国徽上方刊“中华人民共和国”国名，下方为装饰风格的泰山图案并刊年号“2019”字样	背面主景图案为泰山，包括泰山松柏、泰山日出、挑山工、泰山石刻、南天门、十八盘以及玉皇顶等，主景图案下方刊“世界文化和自然遗产——泰山”字样，右侧刊面额“5 元”字样	1.2 亿枚

注：1. 普通纪念币发行日期为首次对公众办理预约兑换日期。
2. 本表由北京市钱币学会提供。

（二）机构、人员统计

表 2.1　北京辖区内金融管理机构数量与从业人员数量统计

（2019 年 12 月 31 日）

单位：家、人

机　构　名　称	机　构　数　量	职　工　人　数
中国人民银行营业管理部	1	716
中国银行保险监督管理委员会北京监管局	1	338
中国证券监督管理委员会北京监管局	1	118
北京市地方金融监督管理局	1	83
合计	4	1 255

注：表中数据由表中各部门提供。

表 2.2　北京辖区内银行及其他金融机构数量与从业人员数量统计

（2019 年 12 月 31 日）

单位：家、人

机　构　名　称	机构数			从业人员数	营业员工数
	法人机构	分行级（含总行营业部、办事处、代表处）	支行及支行以下营业网点		
国家开发银行在京营业机构		2		362	
政策性银行合计		3	13	550	312
中国进出口银行北京分行		1		68	
中国农业发展银行在京营业机构		2	13	482	312
国有商业银行合计		11	1 786	53 089	33 601
工商银行北京市分行		1	567	19 168	11 727
农业银行北京市分行		3	356	8 227	5 401
中国银行北京市分行		2	276	10 067	6 336
建设银行北京市分行		3	449	11 173	6 771
交通银行北京市分行		2	138	4 454	3 366
股份制商业银行合计		15	798	25 357	17 388
中信银行总行营业部		1	76	2 908	1 947
光大银行北京分行		1	93	2 754	1 951
华夏银行北京分行		1	71	2 158	1 468
广发银行北京分行		1	53	1 606	1 201
平安银行北京分行		1	51	1 942	1 487
招商银行北京分行		2	93	4 759	3 495
上海浦东发展银行北京分行		1	71	1 806	1 290
兴业银行北京分行		1	78	2 176	1 578
民生银行总行营业部		2	165	3 404	2 061

续表

机构名称	机构数			从业人员数	营业员工数
	法人机构	分行级（含总行营业部、办事处、代表处）	支行及支行以下营业网点		
浙商银行北京分行		1	16	813	396
渤海银行北京分行		1	26	754	392
恒丰银行北京分行		2	5	277	122
城市商业银行合计	1	17	415	11 873	7 508
北京银行	1	6	271	6 318	4 432
天津银行北京分行		1	17	409	263
大连银行北京分行		1	6	278	115
杭州银行北京分行		1	16	553	311
南京银行北京分行		1	16	540	341
盛京银行北京分行		1	9	310	75
上海银行北京分行		1	9	539	213
江苏银行北京分行		1	22	649	442
宁波银行北京分行		1	12	1055	579
包商银行北京分行		1	16	289	186
锦州银行北京分行		1	7	267	156
厦门国际银行北京分行		1	14	666	395
民营银行	1			187	5
北京中关村银行	1			187	5
农村金融机构合计	12	12	700	10 362	5 683
北京农商银行	1	1	671	9 550	5 214
村镇银行	11	11	29	812	469
邮政储蓄银行北京分行		1	573	5 724	1 505
卡中心		12		6 297	
外资银行	9	46	60	5 532	1 037
外资银行代表处		60		170	
外资非银行代表处		12		56	
非银行金融机构合计	98	6		13 407	9 255
资产管理公司		4		275	275
企业集团财务公司	73	2		5 216	5 216
信托公司	12			4 152	
金融租赁公司	3			393	393
汽车金融公司	7			2 792	2 792
消费金融公司	2			381	381
货币经纪公司	1			198	198
合计	121	197	4 345	132 966	76 294

注：1. 营业员工数指营业网点的所有员工数。

2. 中国工商银行票据营业部北京分部的数据计入“工商银行北京市分行”。

3. 本表由中国银行保险监督管理管理委员会北京监管局提供。

表 2.3　北京辖区内证券机构数量与从业人员数量统计

（2019 年 12 月 31 日）

单位：家、人、万户

机构类别	机构数量	从业人员数量	投资者开户数
证券公司	18	39 337	2 459.77
证券分公司	96	10 600	1 418.57
证券营业部	544		
基金管理公司	34	7 153	53 392.2
基金分公司	76	1 684	1 991
期货经纪公司	19	4 143	80.72
期货营业部	112	911	19.94
证券投资咨询公司	17	3 457	102.9
上市公司			
外资代表处	12	24	

注：1. 基金分公司投资者开户数不含异地基金管理公司在京分公司。

2. 证券投资咨询公司投资者开户数为本年累计服务的客户数。

3. 本表由中国证券监督管理委员会北京监管局提供。

表 2.4　北京辖区内保险机构数量与从业人员数量统计

（2019 年 12 月 31 日）

单位：家、人

	总公司	分公司	支公司	营业部	营销服务部	专属机构（电销中心）	公司职工	保险营销员
中资产险	11	32	146	37	66		10 858	7 925
中资寿险	3	39	104	12	151	3	11 853	118 861
中资再保险								
外资产险	2	16	4	0	3		605	94
外资寿险	2	24	6	1	38	4	3 402	22 049
外资再保险								
政策性保险				3			129	74
资产管理公司								
保险集团								
相互保险组织								
合计	18	111	260	53	258	7	26 847	149 003
中介法人机构								
其中：代理公司	169	417					169 417	
经纪公司	176	132					72 287	
公估公司	47	14					2 185	
合计	392	563					243 889	179 675

注：1. 总公司指注册地在北京的保险公司总公司。

2. 本表由中国银行保险监督管理委员会北京监管局提供。

九、大 事 记

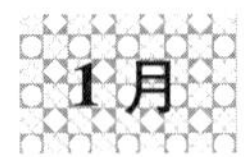

1月

1月11日 中国银行北京市分行投产教育部公派留学项目，通过自建公派留学特色业务系统与国家公派出国留学管理信息平台对接，实现了出国留学人员批量开卡、批量激活、涉税申报、外汇申报、资金代发等全流程信息化服务。

1月14日 中国工商银行北京市分行与创新工场签署战略合作协议，双方将开展机制创新、业务创新和产品创新，共同助力科技型民营经济和小微企业发展。

1月22日 中国人民银行营业管理部（以下简称人民银行营业管理部）召开2019年北京辖区金融管理工作会议，传达2019年中国人民银行暨全国外汇管理工作会议精神，总结2018年北京辖区金融工作、外汇管理工作，部署2019年工作任务，通报2018年北京辖区金融支持民营和小微企业发展有关情况，并对金融机构工作风险进行了提示。

1月24日 中国银行保险监督管理委员会北京监管局（以下简称北京银保监局）召开2019年北京银行业和保险业监管工作会议。会议传达了全国银行业和保险业监督管理工作会议精神，总结回顾了2018年各项工作，研究分析了当前面临的形势和风险，部署了2019年各项重点工作。

2月

2月1日 中国农业银行北京市分行上线结算性同业存款实时查询系统，实现了金融同业客户大额资金变动提醒、账户统计、资金实时查询等功能。

2月14日 北京银保监局召开银行业保险业例行新闻发布会。会议通报了北京银行业保险业整体情况，介绍了北京银保监局贯彻落实中央和中国银保监会关于为民营企业融资纾困的工作精神、引领辖内银行业保险业支持民营企业发展的有关工作和成效，并对支持小微企业续贷专项政策进行发布和解读。

2月27日 华夏银行北京分行与北京市人民政府口岸办公室签署中国（北京）国际贸易“单一窗口”战略合作协议，双方将在北京国际贸易“单一窗口”建设领域建立长期稳定的战略合作关系，促进供应链物流与供应链金融相结合，为北京国际贸易“单一窗口”用户提供综合金融服务。

2月 中国银行北京市分行研发的“外币自动配钞机”投入使用。该机具实现对网点通过系统申领的现金进行自动拆分、逐网点自动出钞和按照预设规格生产“出境旅游现金袋”并打印标识，还具备冠字号码记录、识伪、剔残等功能。

2～5月 中国金融工会北京工作委员会开展2019年北京金融系统评先创优活动，共评选出“北京金融五一劳动奖状”等年度先进单位29个、“北京金融五一劳动奖章”等年度先进个人36名，并推荐4名职工、3个集体参评全国（金融）评先创优，并受到表彰。

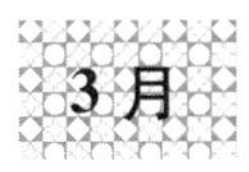

3月

3月3日 中国邮政储蓄银行北京分行携手共青团北京市委员会、北京市志愿服务联合会共同发布“北京志愿者证”。“北京志愿者证”项目是由共青团北京市委员会发起并打造的一项市政、民生工程，积极倡导“奉献、友爱、互助、进步”的志愿服务精神。截至年末，涵盖各类志愿者 441 万余人次，注册志愿服务团队 7.6 万余个。

华夏银行北京分行首家小型支行——长阳支行正式开业。

3 月 6 日 人民银行营业管理部组织召开 2019 年北京市金融监管协调机制办公室第一次会议，审议通过北京市金融监管协调机制工作方案，分析金融风险形势，并讨论“校园贷”清理等工作。

3 月 15 日至 5 月 30 日 中国证券监督管理委员会北京监管局（以下简称北京证监局）组织开展“明规则、识风险、理性投资乙亥年之走近科创板”投资者教育专项活动。

3 月 30 日 中国工商银行北京市分行与朝阳区人民法院签订《破产与清算案件金融服务合作协议书》，先行先试推出破产清算案件金融服务。

4 月

4 月 3 日 北京农商银行获批银行间外汇市场衍生品会员资格。

4 月 9 日 北京银保监局向辖内各相关机构印发《中国银行保险监督管理委员会北京监管局办公室关于做好 2019 年银行业保险业服务乡村振兴和助力脱贫攻坚工作的通知》。

4 月 12 日 北京银行举办“富民直通车”助力实体经济服务体系暨“千院计划”打造特色文化旅游新北京发布会，将通过“千院计划”，3 年内建设改造 1 000家特色民宿小院，新增 2 万个就业岗位，助力特色民宿产业发展。

由上海浦东发展银行北京分行捐建的房山区大安山中心小学“浦发梦想中心”正式揭牌启用。

4 月 16 日 中国人寿保险股份有限公司北京市分公司与门头沟区人民政府合作，为 252 名从门头沟区参军的现役义务兵父母投保健康综合险。该投保项目为补充医疗保险及意外伤害保险，两项保费合计每人每年 3 020 元，投保资金全部由区财政列支。此项政策实施后，义务兵父母生病医疗报销比例在城镇医疗保险、新农村合作医疗保险报销基础上，可累计达到 95%。

4 月 23 日 盛京银行北京通州支行正式开业。

4 月 28 日 人民银行营业管理部联合北京市地方金融监督管理局、北京市市场监督管理局举办北京市动产担保统一登记系统试点和取消企业银行账户许可启动仪式。中国人民银行副行长朱鹤新、北京市人民政府副秘书长杨秀玲出席启动仪式，并观看了企业现场开户。中信银行北京分行等 7 家机构通过统一登记系统完成了 10 笔动产抵押业务的登记，北京市动产担保统一登记系统试点工作正式启动。活动当日，北京地区正式实施取消企业银行账户许可。境内依法设立的企业法人、非法人企业、个体工商户在北京地区银行机构办理基本存款账户、临时存款账户业务（含取消账户许可前已开立基本存款账户、临时存款账户的变更和撤销业务）由核准制改为备案制，人民银行不再核发开户许可证。开户许可证不再作为企业办理其他事务的证明文件或依据。

4 月 29 日 中国工商银行北京市分行、中国农业银行北京市分行、中国银行北京市分行、中国建设银行北京市分行、交通银行北京市分行、华夏银行、北京银行、北京农商银行与北京亦庄投资控股有限公司签署总金额约3 100亿元的战略合作协议，为北京亦庄投资控股有限公司提供“融资＋融智”的一揽子金融服务，助力亦庄经济开发区建设。

5月

5月8日 中国太平洋财产保险股份有限公司北京分公司与中国红十字总会事业发展中心、北京中腾兴曜科技有限公司签署三方战略合作协议，以“曜阳护理员关爱基金＋商业保险”的方式，募集社会各界的关爱资金，向护理员群体提供基于医疗保障、健康保障等方面的低价格的补充保险或定制化保险产品，切实提升对养老护理人员的保障水平。

5月9日 人民银行营业管理部联合部分北京市司法、金融监管部门举办北京市反洗钱工作成果发布暨研讨会。会议对金融行动特别工作组（FATF）发布的《中国反洗钱和反恐怖融资互评估报告》进行了研读，总结了近年来人民银行营业管理部作为人民银行在首都的派出机构在履行反洗钱职责方面取得的成效，并结合互评估报告就如何进一步提升辖区反洗钱工作的有效性进行了交流和研讨。

5月10日 北京地区全面启动政策性农业保险承保全流程电子化改革试点工作，为农户提供投保、保单查阅、保单下载等在线服务。截至6月10日，电子投保率达94%，系统运行平稳，实现了经营农业的13个行政区及种植业、林木业、养殖业全面覆盖。

5月16日 北京银行金融科技子公司——北银金融科技有限责任公司正式成立。

5月17日 中信银行北京分行揭牌仪式在投资广场大厦举行。经北京银保监局和北京市西城区市场监督管理局核准，原中信银行总行营业部正式更名为中信银行北京分行。

5月28日 人民银行营业管理部举办全面深化北京民营和小微企业金融服务推进会暨专题展，发布《全面深化北京民营和小微企业金融服务行动方案（2019～2020年）》，举行“‘京创通’科创型民营和小微企业专项再贴现支持工具合作意向书”签字仪式。中国人民银行副行长陈雨露、北京市人民政府副市长殷勇出席会议并讲话。

5月31日 中国银行“5G智能＋生活馆”在北京正式开业。中国银行“5G智能＋生活馆”引入了无人全自助智能服务，运用生物识别、影像识别、大数据、人工智能、语义分析、AR、VR、流程自动化等前沿科技，实现智慧识别、智慧交易、智慧营销。

6月

6月4日 中国银行北京市分行、交通银行北京市分行等13家商业银行与北京市退役军人事务局签署北京市拥军优抚合作协议。优抚对象可以凭军官证、士兵证、退役证等相关有效证件，到上述银行网点申请办理专属银行卡，可享受绿色通道、专门窗口等不同形式的优先服务。

6月12日 北京银行举办“美丽世园、魅力京行”2019年北京世界园艺博览会北京银行主题日活动。北京银行与延庆区人民政府、中关村科技园区延庆园管理委员会、北京启迪之星创业加速科技有限公司等企业在活动现场签署战略合作协议，并发布了“京信链”应收账款多级流转线上融资供应链金融产品，面向核心企业及其上游N级供应商提供全流程线上化融资服务。

中国人民财产保险股份有限公司北京市分公司中标北京市住宅工程质量潜在缺陷保险项目。6月18日，该公司作为首席承保公司，与北京建升房地产开发有限公司合作签发了北京市住宅工程质量潜在缺陷保险实施以来的第一单。

6月23日 中国人寿保险股份有限公司北京市分公司与石景山区民政局正式续签了“老年人意外伤害保险”合同，为石景山区7.4万名65周岁及以上老年人提供为期一年的免费意外伤害保险理赔服务。该保险延续了最高获得6万元意外伤害经济赔偿的保障内容，被保险人因意外伤害在门诊、急诊或住院过程中所产生的医疗费用，最高理赔额从8 000元升至10 000元，受保障范围区域从原来的北京市及河北省迁安市行政区域内扩大为全国范围内（不含港澳台地区）。

7月

7月2日 中国工商银行北京市分行实现首张营业执照自助打印，成为全市首家提供从代理企业登记注册到营业执照自助打印服务的“一站式”银行，正式开启金融机构承接企业登记服务的新篇章。

7月11日 人民银行营业管理部举办北京地区企业征信服务创新试点启动仪式，在人民银行营业管理部服务大厅布设第一台企业信用报告自主查询机，创新服务模式。

中国建设银行北京市分行举办“5G+智能银行”应用启动大会暨新闻发布会。发布会上，首批3家“5G+智能银行”——中国建设银行北京清华园支行、北京兴融支行、北京建国支行精彩亮相。

7月24日 中国平安财产保险股份有限公司北京分公司中标北京轨道交通11号线西段工程保险项目首席承保人，中标保额37.78亿元。

7月30日 北京农商银行支持的大兴区瀛海镇集体经营性建设用地入市试点项目成功办理了上市地块抵押登记手续，这是该试点启动以来全市首笔集体经营性建设用地抵押业务。

8月

8月15日 人民银行营业管理部组织召开2019年下半年北京辖区金融管理工作会议，传达学习党中央、国务院关于经济金融工作的重要部署和2019年下半年中国人民银行、国家外汇管理局工作电视会议精神，通报上半年北京辖区金融支持民营小微企业和制造业发展、账户和反洗钱工作等有关情况，分析当前国际国内经济金融形势，部署2019年下半年工作。

8月15－30日 北京证监局联合人民银行营业管理部、北京银保监局、北京市地方金融监督管理局、北京市互联网信息办公室开展私募投教专项宣传活动。

8月19日 上海浦东发展银行北京分行正式上线“约小浦”客户自助预约平台。该平台是为对公客户业务线上预约、银行端业务预审核预处理而搭建的集约化预约平台，加载了出售凭证、大额现金预约、账户变更、网上银行业务，并对接“e窗通”平台，服务中小企业注册开户。

8月22日 由北京银保监局、海淀区人民政府推动设立的“北京市企业续贷受理中心”在海淀区政务服务中心正式成立。该中心是全国首个小微企业续贷中心，可现场为小微企业提供续贷受理审批及其他投融资服务。

8月23日 北京农商银行首家住房公积金归集业务银行代办网点在大兴区正式营业。此次营业的北京农商银行黄村支行代办网点也是大兴区首家住房公积金归集业务银行代办网点。

9月

9月7日 交通银行北京市分行上线“云端银行”线上渠道功能，即以官方微信公众号为入口，实现客户经理与客户通过微信平台实时沟通交流，向客户发送营销产品信息，向手机银行引流。

9月13日 中国银联北京分公司与丰台区商联会共同推出的“第十届丰台购物嘉年华，云闪付有惊喜”活动正式启动，丰台区近百家商户参与，涵盖餐饮、超市、便利店、娱乐、百货等行业。

9月17日 北京保险行业协会向社会发布“北京保险业2018年度服务社会经济民生案例”。所选案例覆盖保险服务国际盛会、参与社会管理、护航“一带一路”、服务航空航天、服务“三农”等多个领域。

9月18日 北京秉正银行业消费者权益保护促进中心、北京保险行业协会分别与东城区人民法院签订诉调对接合作协议，构建完善诉调对接工作机制。东城区人民法院驻北京银保监局诉调对接工作站当天也正式揭牌。

9月19–20日 人民银行营业管理部领导班子成员参加京津冀人民银行协调机制2019年第一次会议暨党委理论学习中心组联学，以“深入学习贯彻习近平新时代中国特色社会主义思想，进一步推动京津冀协同发展金融服务工作”为主题，学习习近平总书记在京津冀三省市考察工作和京津冀协同发展座谈会上的重要讲话精神，交流推进京津冀协同发展金融服务工作，研讨京津冀“2022北京—张家口冬奥会”支付环境协同建设相关工作。

9月23日 北京农商银行成立科技创新金融服务中心。

9月24日 由北京市地方金融监督管理局主办的第一届“首都金融创新激励项目”评审工作正式启动。经北京市人民政府批准，共10个项目获得该奖项。

9月25日 由人民银行营业管理部组织编排，辖内部分银行职工参演的全国首部金融消费权益保护主题话剧《春去春又来》在京首演。

中国工商银行北京大兴国际机场支行开业。该网点作为服务“新国门”的智慧银行，以“联盟商户和外汇业务”为经营特色，服务机场148家门店商户并全力支持机场运营，可办理29个外汇币种的结售汇业务，为客户提供“一站式”出境金融服务。

9月26日 杭州银行北京分行与中央财经大学就业实习实践合作座谈会暨签约仪式在中央财经大学举行，双方签署了《中央财经大学与杭州银行北京分行就业实习实践基地协议》，中央财经大学向杭州银行北京分行授予就业实习实践基地牌匾。

10月10日 金融消费纠纷人民调解委员会暨北京市金融业公共法律服务中心

挂牌成立。

中国平安北京地区“AI不孤读　智慧小学支教启动仪式暨AI不孤读——青少年科技素养提升计划”在中国运载火箭技术研究院举行。中国第一位航天员吴杰为浦洼乡平安希望小学的孩子们带来了一堂以“不忘初心，筑梦太空”为主题的航天科技启蒙课，全国121所平安智慧小学的孩子们通过“三村晖”平台观看了直播。

10月17－18日　由北京市地方金融监督管理局、石景山区人民政府、北京金融控股集团有限公司主办的“2019中国银行保险业国际高峰论坛”在北京·银行保险产业园举行。本届论坛以“转型与创新—踏上中国金融业高质量发展新征程”为主题，来自政府部门、国内外金融机构、高校、企业的1 500余名代表共同研讨金融业创新与发展的热点、难点问题，为金融和经济高质量发展建言献策。

10月20日　中国农业银行北京市分行首家“5G＋智慧银行”——大兴国际机场支行正式开业。

10月21日　平安银行北京分行与北京热景生物技术股份有限公司签署战略合作协议，双方将在“大健康生态＋综合金融”的模式下，加快推动项目对接和落地，将各自的优势资源和产品全面应用于大健康全产业链，提升管理效率和增强服务能力，实现互利双赢。

10月22日　中国建设银行北京市分行与大兴区人民政府联合召开“北京大兴”APP上线发布会。“北京大兴”APP实现了“新时代文明实践中心＋融媒体中心＋政务服务中心”的“全贯通”，大兴区全部1 684个政务事项可查询、所有1 096个区级审批事项可在线办理的“全覆盖”。

10月23日　上海银行北京分行与朝阳区金融服务办公室、深圳证券交易所北京中心联合举办“融金朝阳　聚力发展”企业上市培训会暨金融服务政策解读会。

10月30日　中国民生银行北京分行运营保障基地正式竣工并通过验收。该基地总建筑面积13 002平方米，使用面积6 763平方米，工程历时一年半，包括办公区、培训教室、监控中心、档案库、金库、款车交接区和保管箱库房等。

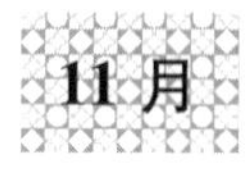

11月

11月14日　中国农业银行北京市分行在北京经济技术开发区支行举办“高端制造业金融服务特色行”揭牌仪式。该支行是中国农业银行系统首家高端制造业金融服务特色行，同时也是北京经济技术开发区内首家高端制造业特色金融机构。

11月15日　人民银行营业管理部与北京银保监局、北京证监局、北京市地方金融监督管理局、北京经济技术开发区管理委员会、中关村科技园区管理委员会、北京市社会科学界联合会共同举办金融支持北京市制造业高质量发展政策发布暨学术研讨活动，发布《金融支持北京市制造业高质量发展的指导意见》，启动“访企业问需求—零信贷企业银企对接活动”，开展“新中国成立70周年：首都经济高质量发展”研讨活动。中国人民银行副行长潘功胜、北京市人民政府副市长殷勇出席会议并致辞。

11月18日　中国银行北京通州分行正式揭牌。该行经北京银保监局批复同意，由中国银行北京通州支行升格为二级分行，是中国银行助力通州区经济发展和提升金融服务便利化的又一重大举措。

11月24日 中华联合财产保险股份有限公司北京市延庆支公司开业。

11月28日 泰康人寿保险有限责任公司北京分公司与首都医科大学三博脑科医院举办“健保通”合作签约仪式。北京三博脑科医院成为北京地区首家采取系统整合模式实现与商保深度对接合作的股份制民营医院。“健保通”合作，是通过将保险公司与医院系统直联对接，在客户授权下，保险公司及时获悉客户住院出险信息，在患者住院期间即完成理赔审核工作，实现出院时商保“一站式”理赔结算。

中国民生银行北京分行举办小微金融“Open Day”路演活动，全面展示和推介“小微金融3.0”新模式，即围绕小微企业生态圈的综合需求，为小微客户提供“一站式”和“移动互联”的现代金融服务。北京银保监局相关领导、200余名客户代表参加了活动，人民网、经济日报、新京报、今日头条等近20家主流媒体进行了报道。

11月30日 中国建设银行北京市分行与北京市商务局合作共建的京企“走出去”综合服务信息系统（一期）正式上线。该系统实现了境外投资备案核准、境外承包工程项目备案、对外劳务合作经营资格许可等政务业务“一窗受理”。

12月

12月5日 兴业银行北京分行与北京市首都公路发展集团有限公司签署战略合作协议。根据协议，双方将在基础设施建设、交通枢纽运营管理、静态交通建设、交通科技、道路设施经营、综合管廊建设等领域开展银企合作。

12月11日 北京银行业2019年度集体合同和工资专项集体合同签字仪式暨北京金融系统企业集体协商工作推进会议召开，工会职工方首席代表与行业行政方首席代表正式签订了“北京银行业集体合同”“北京银行业2019年度工资专项集体合同”。此项合同新增了保险福利、人文关怀、女职工保护、行务公开、劳动争议等内容，对涉及金融企业职工权益的主要内容进行了更为详尽的规范。

12月16日 北京保险行业协会召开新闻发布会，宣布于12月18日起正式推出北京交通事故“互碰快赔”机制。“互碰快赔”机制适用于比较简单的事故案件——双车在京投保交强险及商业机动车第三者责任险、事故无人伤无物损、车辆可驶离且一方全责一方无责无争议。

中国建设银行北京市分行推出“消费扶贫爱心卡”，实现“介质连接、以购代捐”的可持续扶贫模式，截至年末，该卡发行量突破60万张，消费交易额突破20亿元。

12月23日 人民银行营业管理部组织召开北京市金融科技创新监管试点工作启动会。

12月26日 中国平安财产保险股份有限公司北京分公司交管服务站在光华路世纪财富中心门店正式揭牌。即日起，市民申请承接车主补、换领机动车驾驶证、6年免检申领检验合格标志等14项车驾管业务都可以该门店办理。

12月28日 “江苏银行北京分行杯·2019中国文创新品牌榜”发布仪式和总结大会在京举办。经过广泛征集和严格评审，产生了“2019中国文创新品牌榜”前 10 名和 40 个入围品牌。

12 月 30 日 太平财产保险有限公司北京分公司与北京金隅集团股份有限公司签署北京市环境污染责任险试点工作首张保单。

12 月 31 日 中国工商银行北京金融街智慧银行旗舰店正式对外营业。该网点基于“金融 + 科技 + 生态”融合的整体思路，搭建 105 个智慧场景，全面引入和应用 5G、人工智能、区块链、物联网等金融科技成果，实施智慧厅堂管理、智慧业务办理、智慧营销服务和智慧风险控制。

十、附　　录

（一）北京市金融机构名录

（2019 年 12 月 31 日）

1. 金融管理机构

机构名称	地　址	邮　编	电　话
中国人民银行营业管理部	西城区月坛南街 79 号	100045	68559550
（国家外汇管理局北京外汇管理部）	（海淀区莲花池东路 39 号西金大厦）	100036	68559550
中国银行保险监督管理委员会北京监管局	西城区金融大街 20 号交通银行大厦 B 座	100033	58391797
中国证券监督管理委员会北京监管局	西城区金融街 26 号金阳大厦 6 层	100033	88088060
北京市地方金融监督管理局	西城区槐柏树街 2 号市府大楼 2 号楼	100053	63020601

2. 银行业机构

（1）中资银行

机构名称	地　址	邮　编	电　话
国家开发银行企业局	西城区太平桥大街 16 号丰融国际大厦 11 层	100032	88303829
国家开发银行北京市分行	西城区复兴门内大街 158 号远洋大厦 8 层	100031	63223100
中国进出口银行北京分行	东城区北河沿大街 77 号	100009	64099656
中国农业发展银行总行营业部	西城区月坛北街甲 2 号月坛大厦南楼	100045	68081456
中国农业发展银行北京市分行	丰台区南四环西路 186 号一区 1 号楼 5 层	100060	68081842

中国工商银行银行股份有限公司北京市分行	西城区复兴门南大街2号天银大厦B座	100031	66410579
中国农业银行银行股份有限公司北京市分行	东城区朝阳门北大街13号	100027	68365208
中国银行银行股份有限公司北京市分行	东城区朝阳门内大街2号凯恒中心C座、E座	100010	85121717
中国建设银行股份有限公司北京市分行	西城区宣武门西大街28号楼4门	100053	63603682
交通银行银行股份有限公司北京市分行	西城区金融大街22号	100033	88669795
中国农业银行股份有限公司北京中关村分行	海淀区知春路6号	100091	82270080－1038
中国农业银行股份有限公司北京城市副中心分行	通州区八里桥南街1号院9号楼	101199	69542656
中国银行股份有限公司北京通州分行	通州区车站路44号	101100	80506514
中国建设银行股份有限公司北京中关村分行	海淀区知春路96号	100086	82118322
中国建设银行股份有限公司北京通州分行	通州区玉带河西街25号	101100	69546921
交通银行股份有限公司北京通州分行	通州区九棵树街	101100	81511871
中信银行股份有限公司北京分行	西城区金融大街甲27号	100033	66293529
中国光大银行股份有限公司北京分行	西城区宣武门内大街1号	100031	66567699
华夏银行股份有限公司北京分行	西城区金融大街11号	100033	58598600
广发银行股份有限公司北京分行	西城区菜市口大街1号105单元	100053	65169365
平安银行股份有限公司北京分行	西城区复兴门内大街158号远洋大厦F5	100031	66292288
招商银行股份有限公司北京分行	西城区复兴门内大街156号A座	100031	66426889
上海浦东发展银行股份有限公司北京分行	西城区太平桥大街18号丰融国际大厦	100032	57395588
兴业银行股份有限公司北京分行	朝阳区朝阳门北大街20号兴业银行大厦	100020	59886666
中国民生银行股份有限公司北京分行	西城区复兴门内大街2号	100031	58560088
渤海银行股份有限公司北京分行	西城区复兴门内大街28号凯晨世贸中心东C座1～3层	100031	66270902
浙商银行股份有限公司北京分行	西城区金融大街1号	100033	88006088

恒丰银行股份有限公司北京分行	西城区复兴门内大街156号招商国际金融中信C座4层	100031	58932515
中国邮政储蓄银行股份有限公司北京分行	丰台区北甲地路2号院6甲1	100067	86353872
北京中关村银行股份有限公司	海淀区知春路65号院1号楼中国卫星通信大厦	100190	83023264
北京银行股份有限公司	西城区金融大街丙17号	100033	66426500
北京银行股份有限公司中关村分行	海淀区彩和坊路6号朔黄发展大厦4层	100080	60190019
北京银行股份有限公司北京分行	西城区复兴门内大街156号D座8层	100031	66420125
北京银行股份有限公司城市副中心分行	朝阳区广渠路28号甲201号楼3层	100022	67743610
天津银行股份有限公司北京分行	西城区东河沿胡同73号宣武门大厦	100052	83175899
大连银行股份有限公司北京分行	朝阳区建国路93号万达广场B座	100022	65812731
杭州银行股份有限公司北京分行	东城区建国门内大街26号新闻大厦11层	100005	64088100
盛京银行股份有限公司北京分行	朝阳区光华路4号院4号楼	100026	85597777－5035
南京银行股份有限公司北京分行	海淀区阜成路101号B座	100092	56879595
上海银行股份有限公司北京分行	朝阳区建国门外大街丙12号宝钢大厦	100020	57610049
江苏银行股份有限公司北京分行	朝阳区光熙家园1号楼	100028	56986006
宁波银行股份有限公司北京分行	海淀区西三环北路100号1～2层、11～15层	100037	53266188
包商银行股份有限公司北京分行	朝阳区北四环东路115号	100101	64816089
锦州银行股份有限公司北京分行	东城区建国门北大街5号	100005	85072111
厦门国际银行股份有限公司北京分行	西城区三里河东路5号中商大厦	100045	68533333－200
北京农村商业银行股份有限公司	西城区月坛南街1号院2号楼	100045	63229157
北京延庆村镇银行股份有限公司	延庆区高塔街73号	102199	69178738
北京密云汇丰村镇银行有限责任公司	密云区新东路126－1号	101500	58120710
北京怀柔融兴村镇银行有限责任公司	怀柔区南华园二区甲41号楼	101400	61620106
北京大兴九银村镇银行股份有限公司	大兴区西红门镇欣荣北大街18号院3号	100162	80255566
北京昌平包商村镇银行有限责任公司	昌平区水南路9－22号商业1层底商	102200	60783888

北京大兴华夏村镇银行股份有限公司	大兴区康庄路 52 号院 14 号楼	102600	69221122
北京顺义银座村镇银行股份有限公司	顺义区西辛南区乙 62 号	101300	61408713
北京通州中银富登村镇银行股份有限公司	通州区杨庄南里甲 66 号	101121	52998500
北京门头沟珠江村镇银行股份有限公司	门头沟区永定镇石龙南路 8 号	102308	60865137
北京房山沪农商村镇银行股份有限公司	房山区良乡拱辰北大街 1 号 2 号楼	102488	61378796
北京平谷新华村镇银行股份有限公司	平谷区迎宾花园 4 号楼 1～3 层	101200	89999790

（2）中资银行分支机构

中国农业发展银行北京市分行

机构名称	地　址	邮　编	电　话
分行营业部	丰台区南四环西路 186 号汉威国际广场 1 区 1 号楼 5 层	100060	68081051
天坛支行	东城区广渠门内大街 11 号	100062	87103181
西三环支行	海淀区西三环北路 87 号国际财经中心 1 层	100089	88568363
门头沟支行	门头沟区滨河路 87 号	102300	69828640
房山区支行	房山区良乡西路乙 28 号	102488	69373003
通州区支行	通州区新华北路 55 号	101100	69518973
昌平区支行	昌平区北环路 4 号	102200	89784518
顺义区支行	顺义区新顺南大街 27 号	101300	69449488
大兴区支行	大兴区黄村西大街 51 号	102622	69209352
平谷区支行	平谷区平谷镇太和园甲 7 号楼	101200	89980042
怀柔区支行	怀柔区后横街 15 号	101400	69684840
密云区支行	密云区新南路 73 号	101500	69043434
延庆区支行	延庆区妫水南街 33 号 1 幢 -1 至 3 层 102 室	102100	69188337

中国工商银行股份有限公司北京市分行

机构名称	地　址	邮　编	电　话
分行营业部	西城区复兴门南大街2号天银大厦B座	100031	66411138
东城支行	东城区东四十条24号	100007	84026009
王府井支行	东城区金宝街18号A	100008	65272100
和平里支行	东城区安定门东大街28号雍和大厦A座	100007	64289844
长安支行	西城区宣内大街乙6号	100031	66064152
新街口支行	西城区西直门内大街143号	100035	62263632
南礼士路支行	西城区月坛南街1号院5号楼	100037	68030535
金融街支行	西城区太平桥大街丰汇园11号	100032	58362263
地安门支行	西城区德胜门外大街77号D座	100088	82066288
崇文支行	东城区永外大街86号	100075	87288562
宣武支行	西城区菜市口大街1号	100052	63570938
广安门支行	西城区广外南滨河路3号	100055	63480653
珠市口支行	东城区珠市口东大街15号	100050	67020823
朝阳支行	朝阳区朝外大街1号	100020	65993723
九龙山支行	朝阳区广渠路甲40号	100022	67732423
亚运村支行	朝阳区慧忠北里407号	100012	64863542
望京支行	朝阳区酒仙桥路甲10号	100015	64388313
商务中心区支行	朝阳区建国路108号	100022	85215929
海淀支行	海淀区中关村东路100号	100190	62542643
海淀西区支行	海淀区北四环西路65号	100080	82886391
中关村支行	海淀区上地信息路2号	100085	82896250

翠微路支行	海淀区阜成路79号	100142	88126486
西客站支行	海淀区莲花池东路39号	100036	63955379
丰台支行	丰台区文体路19号	100071	63815968
方庄支行	丰台区蒲芳路5号	100022	67670626
经济技术开发区支行	北京经济技术开发区荣昌东街甲5号	100176	67862119
石景山支行	石景山区政达路2号	100040	68865773
门头沟支行	门头沟区新桥大街16号	102300	69843145
房山支行	房山区良乡西潞北大街32号	102488	89350717
通州支行	通州区新华西街47号	101100	69545118
大兴支行	大兴区兴政街24号	102600	69243009
顺义支行	顺义区仓上街1号	101300	69466538
昌平支行	昌平区鼓楼西街35号	102200	69748894
怀柔支行	怀柔区商业街23号	101400	69645762
密云支行	密云区鼓楼南大街7号	101500	69024414
平谷支行	平谷区府前西街14号	101200	69962074
延庆支行	延庆区东街28号	102100	69142425

中国农业银行股份有限公司北京市分行

机构名称	地　址	邮　编	电　话
东城支行	东城区金宝街58号华丽大厦	100005	65283536
西城支行	西城区车公庄北街16号院1号楼	100044	88319655
崇文支行	东城区珠市口东大街1号新阳商务楼A座	100062	67091344
宣武支行	西城区宣武门外大街甲1号环球财讯中心D座	100052	53266781
朝阳支行	朝阳区朝外工体路东2号	100020	65522914

海淀支行	海淀区海淀大街 37 号	100080	62533651
丰台支行	丰台区东大街 9 号	100071	63811911
石景山支行	石景山区八角南路 18 号	100043	68885947
万寿路支行	海淀区西四环中路 16 号院 6 号楼	100039	88209625
亚运村支行	朝阳区安定路 33 号化信大厦 A 座	100029	64411280
开发区支行	北京经济技术开发区中和街 3 号	100176	56965304
海淀东区支行	海淀区学院路丁 11 号	100083	82376481
朝阳东区支行	朝阳区建外大街 8 号 IFC 大厦 B 座 31 层	100022	85660026
北京城市副中心分行	通州区八里桥南街 1 号院 9 号楼	101100	80509939
顺义支行	顺义区府前西街 2 号	101300	69444435
昌平支行	昌平区西环路 25 号蓝郡嘉苑 13 号楼	102200	69740107
大兴支行	大兴区兴丰南大街 128 号	102600	69264906
房山支行	房山区良乡拱辰北大街 19 号	102488	81389558
怀柔支行	怀柔区青春路 39 号	101400	69644982
平谷支行	平谷区府前街 23 号	101200	69961393
密云支行	密云区滨河路 24 号	101500	69041923
延庆支行	延庆区东外大街 73 号	102100	69141625
中关村分行	海淀区知春路 6 号锦秋国际大厦 A 座 3 层	100191	82961104
分行营业部	东城区朝阳门北大街 13 号	100010	68358266

中国银行股份有限公司北京市分行

机构名称	地　址	邮　编	电　话
分行营业部	东城区朝阳门内大街 2 号凯恒中心大厦	100010	85121491
雅宝路支行	朝阳区雅宝路 8 号	100020	85662950

王府井支行	东城区东长安街1号	100738	85190600
奥运村支行	朝阳区北辰东路8号院1号楼	100101	64818079
金融中心支行	西城区金融大街7号英蓝国际中心1层	100033	66555033
中银营业部	西城区复兴门内大街1号1层	100818	66596688
中银大厦支行	西城区复兴门内大街1号1层G区	100818	66591141
石景山支行	石景山区八角西街57号	100043	68864969
国际贸易中心支行	朝阳区建国门外大街1号	100004	65058027
使馆区支行	朝阳区三里屯路五号	100027	84429005
世纪财富中心支行	朝阳区建国门外大街光华东里8号院1号楼	100020	85875213
中关村支行	海淀区海淀大街8号中钢国际广场	100080	62687060
方庄中心支行	丰台区南三环东路23号	100078	59763751
东城支行	东城区交道口东大街81号	100007	64065271
西城支行	西城区阜外大街5号	100037	68001383
崇文支行	东城区广渠门内大街47号	100062	87550686
宣武支行	西城区南新华街1号	100052	63916155
朝阳支行	朝阳区东三环北路霞光里18号佳程广场A座	100027	59207001
商务区支行	朝阳区北三环东路8号	100028	64689535
海淀支行	海淀区北四环西路58号	100080	82607380
丰台支行	丰台区西三环南路14号院1号楼	100073	53256988
房山支行	房山区良乡拱晨北大街3号	102488	89354126
首都机场支行	顺义区首都机场四纬路9号C区	100621	64558010－156
通州支行	通州区车站路44号	101100	80506514
经济技术开发区支行	北京经济技术开发区荣京东街3号1层、2层2－201号	100176	67825908
大兴支行	大兴区黄村镇兴丰大街（三段）199号	102600	81291679

昌平支行	昌平区南环路 57 号	102200	69745394
顺义支行	顺义区府前西街 4 号	101300	69420847
平谷支行	平谷区林荫北街 11 号	101200	69973914
密云支行	密云区密云镇鼓楼南大街 24 号	101500	69043791
怀柔支行	怀柔区开放路 33 号	101400	69658329
延庆支行	延庆区延庆镇庆园街 12 号	102100	69144079

中国建设银行股份有限公司北京市分行

机构名称	地　址	邮　编	电　话
分行营业部	西城区闹市口大街 1 号院 1 号楼	100033	63603260
中关村分行	海淀区知春路 96 号	100086	51998353
通州分行	通州区玉带河西街 25 号	101100	69546921
东四支行	东城区美术馆后街 8 号	100010	51997802
西四支行	西城区阜外大街甲 26 号	100037	51999817
前门支行	东城区西打磨厂街 1 号	100062	51992008
城建支行	丰台区方庄蒲芳路 28 号	100078	51999175
宣武支行	西城区广内大街 314 号	100053	63553958
铁道专业支行	丰台区莲花池东路 114 – 1 号	100055	51996539
朝阳支行	朝阳门外大街乙 10 号	100020	51995613
丰台支行	丰台区西四环南路 54 号	100161	63818306
石景山支行	石景山区石景山路 22 号	100043	51993506
长安支行	海淀区复兴路 33 号翠微大厦西配楼	100036	68151160
开发区支行	北京经济技术开发区景园北街 2 号 55 栋	100176	67881039
安华支行	朝阳区安定路 35 号	100029	51993427

西单支行	西城区西单北大街34号	100032	66035636
安慧支行	朝阳区北辰东路8号汇欣大厦B座1层、2层	100101	84970820
光华支行	朝阳区光华路7号汉威大厦	100004	65613608
月坛支行	西城区金融大街19号富凯大厦B座	100033	66573046
鼎昆支行	西城区黄寺大街23号	100120	51996260
保利支行	东城区朝阳门北大街1号新保利大厦G103室	100010	65263453
苏州桥支行	海淀区北三环西路99号西海国际中心118号	100086	82194459
阜成路支行	海淀区阜成路19号	100048	68726207
东大街支行	丰台区东大街25号	100071	63818305
望京支行	朝阳区花家地北里1号	100102	64729808
华贸支行	朝阳区建国路89号院18号楼北座	100025	51996592
地坛支行	东城区安定门外大街138号皇城国际大厦1层	100011	64268439
房山支行	房山区良乡拱辰北大街1号	102488	81389590
门头沟支行	门头沟区双峪路22号	102300	69835874
顺义支行	顺义区府前中街7号	101300	69443295
昌平支行	昌平区东环路95号	102200	69742953
延庆支行	延庆区东外大街97号	102100	69189302
怀柔支行	怀柔区南大街22号	101400	69644594
密云支行	密云区新南路71号	101500	69044996
平谷支行	平谷区文化南街19号	101200	69961565
大兴支行	大兴区兴政街25号	102600	69244497

交通银行股份有限公司北京市分行

机构名称	地　址	邮　编	电　话
通州分行	通州区九棵树街	101100	81511871
通州梨园支行	通州区九棵树东路 156 号	101100	60553287
台湖支行	通州区东石东五路 2 号院 6 号楼	101116	60553287
营业部	西城区金融大街 33 号	100033	66102323
金融大街支行	西城区金融大街 22 号、20 号	100033	88668030
东单支行	东城区大雅宝胡同 8 号	100005	65125868
东单北大街支行	东城区东单北大街乙 112 号	100005	65274814
王府井支行	东城区王府井大街 200 号	100005	65289470
工体北路支行	东城区新中街 68 号	100027	65521157
东大桥支行	朝阳区工体东路 20 号百富国际大厦南侧 1 层	100020	65862053
亚运村支行	朝阳区安慧里二区 4 号楼	100101	64912548
惠新支行	朝阳区惠新东街 5 号	100029	84624402
慧忠北里支行	朝阳区慧忠北里小区 111 号	100012	64800993
亚北支行	朝阳区安立路 60 号院润丰花园 6 号楼 X 座西段	100101	64820724
北苑支行	朝阳区北苑 6 号院一区 102 号楼公建 04 号房天怡家园底商首层	100012	84945329
媒体村支行	朝阳区北辰绿色家园天朗园 C 座 1 层西侧	110107	84932021
和平里支行	朝阳区外馆东街 51 号柳清居裙房	100011	64408085
胜古园支行	朝阳区胜古西庄胜古家园 3 号楼	100029	64426223
兴化路支行	东城区和平里兴化路 11 号	100013	64283083
中轴路支行	朝阳区安贞西里三区 26 楼	100029	84134538

西坝河支行	朝阳区西坝河西里28号英特公寓首层及3层南侧	100028	64476041
太阳宫支行	朝阳区太阳宫火星园10号楼	100028	84158643
阜外支行	西城区车公庄大街9号院1号楼商业3号	100044	88395396
西直门支行	海淀区高粱桥斜街59号院2号楼09号	100044	62239929
百万庄支行	西城区百万庄大街11号1层	100037	68342240
三里河支行	西城区三里河一区5号院8号楼1层	100034	68028553
海淀支行	海淀区苏州街16号神州数码大厦	100080	82608175
双榆树支行	海淀区中关村东路123号都市网景E座1层南侧	100086	62142618
中关村支行	海淀区成府路蓝旗营高校住宅楼1层西端	100084	62768691
蓟门桥支行	海淀区西土城路1号院6~8号1~2层	100191	82589337
万柳支行	海淀区长春桥路11号万柳亿城大厦B座北侧1~2层	100089	58816704
西区支行	海淀区复兴路40号中国铁道建筑总公司综合办公大厦1~5层东侧	100039	52689830
永定路支行	海淀区永定路66号	100039	68230978
翠微路支行	海淀区翠微路12号1~2层西侧	100036	68250874
定慧寺支行	海淀区定慧寺恩济庄二区北3号楼	100142	88119807
丰台东路支行	丰台区万芳园一区1号楼1层02号	100070	83683722
三元支行	朝阳区曙光西里28号中冶大厦	100028	84493935
团结湖支行	朝阳区农展馆南路13号瑞辰国际中心F1－1号	100125	85983575
麦子店支行	朝阳区农展馆北路甲5号	100125	65935314
水碓子支行	朝阳区水碓北里19号楼	100026	85960974
东润支行	朝阳区南十里居28号东润枫景底商1层	100016	64361088
天坛支行	东城区天坛东里北区12号	100061	67197198
华威路支行	朝阳区华威北里20号楼	100021	67785143

崇文门支行	东城区东兴隆街56号北京商界1层	100062	67022908
东方庄支行	丰台区芳城东里9号楼1层	100078	87623896
西单支行	西城区西长安街甲17号	100031	66229928
北蜂窝路支行	海淀区北蜂窝路乙15号	100038	63985269
经济技术开发区支行	北京经济技术开发区隆庆街3号	100176	67883551
东高地支行	丰台区南苑路警备东路6号方仕国际酒店1层、2层北端房屋	100076	67063671
文化园西路支行	北京经济技术开发区文化园西路8号院30号楼1层108室	100176	87220063
旧宫支行	大兴区旧宫镇旧桥路1号院1号楼103室	100163	56407580
望京支行	朝阳区望京街9号	100102	59203677
望京中环路支行	朝阳区望京西园3区304楼	100102	64756837
望京南湖中园支行	朝阳区望京南湖中园K3－301号楼	100102	84713883
望京西园支行	朝阳区望京西园四区416号楼	100102	64713569
酒仙桥支行	朝阳区酒仙桥路10号星城国际大厦C座	100016	64350991
望京东路支行	朝阳区望京东园四区13号楼1层109室	100102	84294760
顺义支行	顺义区仓上街AMB大厦B区1层	101300	89448050
顺义天竺支行	顺义区天竺花园天韵广场109－4商铺	101312	64577282
顺义石门支行	顺义区石门街6号顺义供销社大厦	101300	60416538
东区支行	朝阳区广渠路21号	100124	58202964
广渠路支行	朝阳区双井1号优仕阁大厦B座、C座首层	100022	58614207
东三环中路支行	朝阳区东三环中路61号商用物业1～3层110～110号商铺	100022	59037431
林萃路支行	朝阳区林萃路倚林家园24号楼108－1号	100192	82724866
安翔里支行	朝阳区安翔里1号	100101	64853141

清河支行	海淀区龙岗路清景园4号楼1层	100192	52718580
西三旗支行	昌平区建材城西路87号院8号楼新龙大厦	100096	82969332
建材城西路支行	海淀区建材城西路27号1层116室	100096	82463362
丰台支行	丰台区南四环西路188号5区24号楼	100070	63705569
玉泉营支行	丰台区草桥欣园一区6号楼1层102号	100070	87584450
长辛店支行	丰台区张郭庄南路16号	100072	83880276
丰台北路支行	丰台区丰台北路36号	100071	83897709
丰台科技园支行	丰台区汽车博物馆东路1号院4号楼南座	100160	57327656
西三环支行	海淀区西三环北路89号	100089	88825870
紫竹桥支行	海淀区紫竹院路1号人济山庄D座裙房103号、203号	100044	88556270
阜成路支行	海淀区阜成路14号1层	100048	68768149
车公庄西路支行	海淀区车公庄西路20号	100044	68411979
世纪城支行	海淀区蓝靛厂世纪城小区金夕园甲1号楼4段	100097	88467105
闵庄路支行	海淀区闵庄南路9号玉泉馨苑服务楼1层	100195	88403062
田村路支行	海淀区畅茜园景宜里7号楼	110143	88181633
青年路支行	朝阳区青年路27号院1号楼	100025	56089566
常营支行	朝阳区丽景园底商6号楼	100024	56303350
朝阳北路支行	朝阳区朝阳北路99号楼	100123	85526505
朝阳路支行	朝阳区八里庄西里99号	100025	85795583
宣武支行	西城区广安门内大街319号1层、2层东侧	100055	83131682
马连道支行	西城区广外大街248号机械大厦	100055	63327912
右安门支行	西城区白纸坊东街10号	100054	63513255
西便门支行	西城区宣武门西大街甲129号	100031	66410239
政务中心支行	丰台区西三环南路1号	100161	89151024

东直门支行	东城区东直门外大街48号东方银座大厦	100027	84476501
春秀路支行	朝阳区春秀路甲1号	100027	64152845
和平里东街支行	东城区和平里东街民旺园31号楼1层南侧	100013	84252417
上地支行	海淀区上地科技路甲2号	100085	62964297
北清路支行	昌平区北清路1号院5号楼	102209	80700789
学府树支行	海淀区学府树家园二区8-1~8-21号1层	100085	60603286
北三环中路支行	西城区北三环中路29号院2号楼1层	100029	82251033
马甸支行	西城区德胜门外大街5号	100088	62381996
北太平庄支行	海淀区花园东路32号	100191	62352647
德胜门支行	西城区德胜门外中交大厦1层、2层东侧11~14轴房	100088	82015220
大望路支行	朝阳区西大望路3号蓝堡北区写字楼101~103号	100026	85997420
光华路支行	朝阳区光华路甲8号	100026	65832085
建国路支行	朝阳区建国路90号	100022	85891257
大兴支行	大兴区龙河路97~131号（单号）、109-1号1~3层119号	102600	69206535
兴华大街支行	大兴区兴华大街二段13号院3号楼-2号	102600	80220731
西红门支行	大兴区西红门北一街1号院3号楼1层106号	100162	80220725
清城支行	大兴区富强路106号	102600	89293108
中关村园区支行	海淀区中关村新科祥园甲6号楼1层、2层东南侧	100190	82523200
五棵松支行	海淀区复兴路69号A1-02号房	100036	88213725
公主坟支行	海淀区复兴路甲14号	100045	63969655
西长安支行	西城区三里河东路30号院1号楼	100045	63969655
慧忠里支行	朝阳区慧忠北里413号楼	100012	64924239

宝盛里支行	海淀区黑泉路8号1幢康健宝盛广场A座1层1002号	100192	62999986
来广营支行	朝阳区来广营西路7号院18号楼	100012	84363511
华贸天地支行	朝阳区清河营南街7号院7号楼	100012	84870662
芳群园支行	丰台区芳群园四区23号	100078	67672631
东三环支行	朝阳区东三环北路19号嘉盛中心B2座中青大厦1~2层	100020	65869818
朝外支行	朝阳区朝阳门外大街16号	100021	85253857
天通苑支行	昌平区天通苑小区203B－4单元	102218	84826491
石景山支行	石景山区石景山路29号京燕饭店东配楼2层	100043	68871196
苹果园支行	石景山区海特花园57号楼1层	100041	68800612
永安里支行	朝阳区建外永安东里甲3号通用时代国际中心首层	100022	65699303
回龙观支行	昌平区回龙观镇天龙苑25号1层01房屋	102208	81748371
育惠东路支行	朝阳区小营路12号亚运花园1层	100101	84624402
农科院支行	海淀区学院南路55号6号楼	100081	62119831
松榆里支行	朝阳区弘燕路周庄山水文园201号楼103号房屋	100022	67328200
木樨园支行	丰台区东木樨园9号	100075	87299717
彩虹城支行	丰台区光彩路65号1号楼101－C底商	100075	87866609

招商银行股份有限公司北京分行

机构名称	地　址	邮　编	电　话
回龙观支行	昌平区回龙观西大街16号龙冠商务中心东侧1层	100085	59548108
天通苑支行	昌平区天通中苑F区华联商厦东北角1层	102218	57859588
北苑路支行	朝阳区安慧东里36号4号楼2层	100101	84468546

亚运村支行	朝阳区北辰东路 8 号国际会议中心地下 1 层	100101	84987476
立水桥支行	朝阳区北苑路 13 号院领地 office 大厦 1 号楼 1 层	100012	52086577
常营支行	朝阳区常惠路 6 号 V 中心 B 座 2 层	100024	65406701
朝外大街支行	朝阳区朝外大街 26 号朝外们写字中心 B 座 1 层	100020	85653253
万通中心支行	朝阳区朝外大街甲 6 号万通中心 C 座 1 层	100020	59070211
朝阳公园支行	朝阳区朝阳公园路 19 号佳隆国际大厦 1 层	100125	65398883
大屯路支行	朝阳区大屯路南沙滩 66 号华源冠军城	100089	82884290
东三环支行	朝阳区东三环北路 1 号	100027	64623026
京广桥支行	朝阳区东三环北路 38 号院泰康金融大厦 1 层	100026	85879760
十里河支行	朝阳区东三环南路 19 号院联合国际大厦	100122	87667094
建外大街支行	朝阳区东三环中路 39 号建外 SOHO 小区 6 号楼 0668 号	100022	59000510
富力城支行	朝阳区东三环中路 55 号富力双子座 B 座 1 层	100022	58767070
财富中心支行	朝阳区东三环中路 5 号楼财富金融中心 3 期 2 层 201 室	100102	65969957
阳光上东支行	朝阳区东四环北路 6 号阳光上东二区 1 号楼 1 层	100016	52509479
东四环支行	朝阳区东四环中路 56 号远洋国际中心 A 座 1 层	100025	59080172
光华路支行	朝阳区光华路 1 号嘉里中心 2 层	100020	85296382
广渠路支行	朝阳区广渠路 36 号院 5 号楼首城国际 C 座 1 层	100022	61655881
富力又一城支行	朝阳区黄厂南里 2 号院 12 号楼 08 ~ 10 号	100121	59643762
小关支行	朝阳区惠新东街 2 号北京国际珠宝交易中心 1 层西侧	100101	64822450
慧忠北里支行	朝阳区慧忠北里 305 号楼 1 层	100012	64880995
建国路支行	朝阳区建国路 116 号招商局大厦 R2 楼	100022	65660168
华贸中心支行	朝阳区建国路 81 号北京华贸中心 3 号楼 1 ~ 2 层	100025	65981757

万达广场支行	朝阳区建国路93号万达广场7号楼1层	100022	58203546
建国门支行	朝阳区建国门外大街24号京华公寓	100022	65150612
望京利泽支行	朝阳区利泽西街8号院1号楼1层	100102	84676819
科荟路支行	朝阳区林萃西里16号楼	100192	57761780
望京支行	朝阳区南湖南路15号院甲1号	100102	64799870
青年路支行	朝阳区青年路西里五号院15号楼2层	100123	85563076
三元桥支行	朝阳区曙光西里甲1号第三置业大厦D座2层	100028	58220767
华贸城支行	朝阳区水岸南街8号院2号楼	100012	64187166
太阳宫支行	朝阳区太阳宫南街21号楼	100028	84158938
望京融科支行	朝阳区望京东园523号融科望京中心A座	100102	64140953
望京西路支行	朝阳区望京南湖中园316号思源大厦1层	100102	64728174
望京西园支行	朝阳区望京西园134号炫彩嘉轩1层	100102	64789785
大望路支行	朝阳区西大望路15号3号楼外企大厦1层	100022	87723210
工体支行	朝阳区新东路10号逸盛阁A座1层	100006	65272067
姚家园支行	朝阳区星火西路17号	100123	85855171
静安里支行	朝阳区左家庄北里58号天虹商场1层	100028	57622875
亦庄文化园支行	北京经济技术开发区荣华中路8号院力宝广场8号楼1层	100176	87520584
旧宫东路支行	大兴区旧宫镇旧桥路富力盛悦居1号院3号楼1层	100076	57862361
西红门支行	大兴区西红门宏福路与欣旺大街交汇处鸿坤广场购物中心1层	100041	50927475
北三环支行	东城区北三环东路36号环球贸易中心D座1层	100086	59575075
朝阳门支行	东城区朝阳门北大街6号首创大厦层1	100027	85282349
崇文门支行	东城区东兴隆街58号北京商界2期1层	100062	67089468

东方广场支行	东城区东长安街1号东方广场E3座安永大楼平台层	100005	85150201
东直门支行	东城区东直门外大街46号天恒大厦1层	100027	84608015
长安街支行	东城区东总布胡同58号天润财富中心1层	100736	65292024
广渠门支行	东城区广渠门内大街27号鼎新大厦1层	100062	87103306
公益西桥支行	丰台区城南嘉园益城园16号楼1层	100068	67525031
大成路支行	丰台区大成路8号翠微商场1层北侧	100141	68291432
方庄支行	丰台区方庄芳古园一区29号楼通润商务会馆B座1层	100078	87656923
万丰路支行	丰台区丰北路81号1－5号	100073	83615332
西客站支行	丰台区广安路9号国投财富广场1层	100073	63301781
六里桥支行	丰台区华源四里甲4号	100161	63634346
丰台科技园支行	丰台区科学城中核路1号赛欧科园3号楼1层	100070	83816865
莱户营支行	丰台区丽泽路5号	100073	63384813
海淀支行	海淀区北四环西路56号辉煌时代大厦1层	100080	62695363
北太平庄支行	海淀区北太平庄路18号城建大厦A座1层	100083	82274783
海淀黄庄支行	海淀区丹棱街6号1层	100080	57569765
西三环支行	海淀区阜成路67号银都大厦1层	100036	68716009
世纪城支行	海淀区蓝靛厂垂虹园甲1号	100089	88876703
上地支行	海淀区农大南路1号硅谷亮城2号楼B座1层	100085	62667340
清河支行	海淀区清河中街68号华润五彩城L175C	100085	82810951
清华园支行	海淀区清华科技园科技大厦B座G层	100084	62793655
西二旗支行	海淀区上地十街1号院6号楼辉煌国际大厦1层	100085	62410167
万泉河支行	海淀区万柳阳春光华家园甲5号	100089	82573007
万寿路支行	海淀区万寿路西街2号文博大厦1层	100036	68286557

玉泉路支行	海淀区西翠路17号院24号楼	100039	68170065
西翠路支行	海淀区西翠路17号院24号楼	100036	68277623
西直门支行	海淀区西直门北大街32号枫蓝国际A座1层	100082	62252085
首体支行	海淀区西直门外大街168号腾达大厦裙楼1层	100044	88577116
清华东路支行	海淀区学院路6号1号楼	100083	62313361
大运村支行	海淀区知春路27号量子芯座大厦1层	100086	82357645
清华科技园支行	海淀区中关村东路1号院紫光大厦1~2层	100086	62602911
中关村支行	海淀区中关村南大街2号数码大厦A座2层	100086	52786212
双榆树支行	海淀区中关村南大街9号理工科技大厦1层	100081	62467183
亦庄支行	北京经济技术开发区文化园西路8号院30号楼	100176	57862359
鲁谷支行	石景山区玉泉西里一区2号楼1层	100040	68547146
石景山支行	石景山区政达路6号院3号楼1层	100040	57796493
通州北苑支行	通州区北苑一路1号院3号楼116号	100022	60565811
北京通州分行	通州区九棵树中路1–9号1层	101121	56865615
甘家口支行	西城区百万庄大街甲39号	100037	68365433
德胜门支行	西城区德胜门外大街81号德胜国际中心C座1层	100088	82065228
阜外大街支行	西城区阜外大街22号外经贸大厦	100037	68784023
分行营业部	西城区复兴门内大街156号A座1层	100031	66426622
金融街中心支行	西城区金融大街16号中国人寿广场西南1层	100033	66290749
金融街支行	西城区金融大街35号国际企业大厦C座1层	100033	88091265
金融大街支行	西城区金融大街乙9号	100032	83064755
陶然亭支行	西城区南纬路39号	100050	59362234
宣武门支行	西城区宣武门外大街30号富卓大厦2层	100052	63164385
月坛支行	西城区月坛南街1号院3号楼1层	100045	86493169

上海浦东发展银行股份有限公司北京分行

机构名称	地址	邮编	电话
分行营业部	西城区太平桥大街18号丰融国际大厦	100032	57395588
金融街支行	西城区金融大街35号国际企业大厦A座	100033	88091847
宣武支行	西城区广安门内大街316号	100053	63585776
雍和支行	东城区和平里东街11号1－C1号	100013	84138423
中关村支行	海淀区海淀南路15号	100080	62550747
朝阳支行	朝阳区朝阳门外大街19号	100020	65802602
建国路支行	朝阳区建国路99号中服大厦	100020	65819177
万寿路支行	海淀区万寿路西街2号	100036	68233372
安外支行	东城区安外大街甲88号	100011	64264903
阜成支行	西城区车公庄大街3号	100044	88383590
雅宝路支行	东城区建国门北大街8号	100005	85192337
海淀园支行	海淀区北四环西路62号中国化工集团公司大厦1层	100080	82660900
西直门支行	西城区西直门外大街18号楼金贸大厦1单元	100044	88026239
东三环支行	朝阳区静安里26号通成大厦1层	100028	84584729
亚运村支行	朝阳区媒体村天畅园8号楼底商1～2层	100107	84891031
知春路支行	海淀区知春路9号蓟门坤讯大厦	100083	82319520
安华桥支行	朝阳区安贞西里3区15号凯康海油大厦	100029	64417341
东长安街支行	东城区建国门内大街28号民生金融中心B座1～2层	100000	85116060
电子城支行	朝阳区酒仙桥路10号	100016	64350556

经济技术开发区支行	北京经济技术开发区荣华南路10号院2号楼1~2层	100176	67890993
永定路支行	海淀区永定路甲51号	100039	68152005
复兴路支行	海淀区北蜂窝路5号1号楼	100038	51932666
花园路支行	海淀区花园东路10号高德大厦C座1层南侧	100191	82030630
莱户营支行	丰台区丽泽路1号院16号楼北侧1层、2层	100073	63470661
紫竹院支行	海淀区紫竹院路116号嘉豪国际中心C座	100097	51709797
通州宋庄支行	通州区小堡村南3号楼1号院	101118	56673335
和平里支行	朝阳区和平西苑20号楼B座101-1室、101-2室	100013	52081598
马家堡支行	丰台区马家堡西路15号时代风帆大厦	100068	67562966
世纪城支行	海淀区蓝靛厂晨月园甲1号楼	100097	88895800
清华园支行	海淀区中关村东路1号院5号楼文津国际酒店1层	100084	62618572
三里屯支行	朝阳区工体北路甲6号中宇大厦	100027	59752555
望京支行	朝阳区望京花园西区101号楼	100102	84780661
北沙滩支行	朝阳区北沙滩1号院31号楼B座	100083	64866883
德胜支行	西城区德胜门外大街乙10号1层、2层南侧	100088	82063208
东四支行	东城区东四十条68号平安发展大厦	100007	84086436
富力城支行	朝阳区东三环中路61号万丽酒店	100022	59037768
通州支行	通州区梨园镇云景东路432号隆孚大厦	101101	57902222
广渠门支行	东城区广渠门内大街27号1层101室	100062	87102681
通惠支行	朝阳区广渠路17号院1号楼-3至14层101内1层102室	100022	85997995
慧忠支行	朝阳区慧忠北里小区214号楼北京中奥华美达酒店	100012	64872366
金台路支行	朝阳区六里屯北里18号楼A座西侧1层、3层	100026	65088998
丰台支行	丰台区汽车博物馆西路8号院1号楼	100070	63259702
方庄支行	丰台区紫芳园四区5号楼	100078	87557088

顺义支行	顺义区怡馨家园 1 号楼	101300	61429550
大兴支行	大兴区兴华大街 2 号 1 幢 1 层	102600	80220031
天华园支行	北京经济技术开发区天华园二里 19 号	100176	67891180
昌平支行	昌平区南环东路 24 号 1 ~3 层	102200	69741599
回龙观支行	昌平区回龙观镇龙域北街 8 号院 1 号楼 112 室、113 室	100085	82830359
陶然亭支行	西城区陶然亭路 2 号 9 号楼 1 层 111 室	100050	83989166
石景山支行支行	石景山区玉泉西里二区 1 号楼	100040	88682992
远洋自然小微支行	丰台区马家堡东路 108 号院 10 –108 号	100068	58032620
赛洛城小微支行	朝阳区百子湾东里 110 号楼 1 层 104 号	100124	87776557
雍景四季社区支行	石景山区西黄村西里七号商业楼	100144	88701778
雅世合金小微支行	海淀区永定路 2 号院 6 号楼 1 层 6 –1 号	100039	57797199
科南路小微支行	海淀区科学院南路 55 号	100086	62566775
龙跃苑社区支行	昌平区回龙观东大街 336 号院 2 号楼 1 层 101 室	102208	80746853
橡树湾小微支行	海淀区学府家园二区 7 –1 号至 7 –20 号 1 层 7 –15 室	100085	82156706
今典花园小微支行	海淀区文慧园北路 9 号今典花园 9 号楼空间蒙太奇 1 层	100082	62235088
科兴佳园小微支行	丰台区靛厂路 26 号 12 号楼底商 10 –1 号	100036	68260095
彩虹城小微支行	丰台区光彩路 65 号楼 1 ~2 层商业 03 号	100075	87260629
华业东方玫瑰小微支行	通州区临河里 33 号楼 106 号	101100	56865787
南湖中园小微支行	朝阳区南湖中园 130 号楼 1 层底商	100102	84787660
远洋一方社区支行	朝阳区双桥东路 5 号院 1 号楼 1 层 103 第 1 层	100121	56649255
华贸天地小微支行	朝阳区清河营南街 7 号院 7 号楼 –1 层（1）136 号	100012	84870781
万年花城小微支行	丰台区樊羊路 15 号院 11 号楼 1 层	100070	63760266

北工大软件园小微支行	北京经济技术开发区地盛北街1号院43号楼1层101室	100176	67896090
融泽嘉园社区支行	昌平区回龙观镇回龙观村龙域中路1号院7号楼105号内	100085	82817820
增光路小微支行	海淀区增光路37号中海馥园3号楼108号	100037	88586283
远洋山水社区支行	石景山区玉泉西里二区4号楼1层D号	100040	68650511
胜古誉园社区支行	朝阳区安贞胜古中路胜古誉园3号楼	100029	64450550
大成路小微支行	丰台区大成南里三区4号楼1层02号	100141	68165060
融科橄榄城小微支行	朝阳区望京东园513号楼	100102	84781956

广发银行股份有限公司北京分行

机构名称	地　址	邮　编	电　话
分行营业部	西城区菜市口大街1号院2号楼	100053	65169303
中关村支行	海淀区中关村大街45号	100086	62510783
月坛支行	西城区月坛北街2号	100045	68083556
亚运村支行	朝阳区北辰东路8号	100101	64993863
建国路支行（在朝阳门支行营业）	东城区朝阳门内大街288号院1号楼	100010	65255322
新外支行	海淀区新街口外大街19号	100875	62202585
朝阳门支行	东城区朝阳门内大街288号院1号楼	100010	65255322
西三环支行	海淀区西三环北路72号A座1层	100037	88415097
国展支行	朝阳区西坝河东里18号	100028	84603165
西客站支行	西城区广莲路1号	100055	63954853
魏公村支行	海淀区中关村南大街甲18号院A座2层商业02－202号	100081	82481015

东直门支行	东城区东中街9号东环广场A座首层	100027	64182989
车公庄支行	海淀区车公庄西路乙19号	100044	88018701
科学园支行	海淀区科学院南路2号院1号楼融科资讯中心B座1层	100190	82169687
方庄支行	丰台区方庄路5号	100078	87681097
安贞支行	朝阳区安定路39号	100029	64445660
太阳宫支行	朝阳区夏家园11号楼1层03号、04号	100028	64253052
金融街支行	西城区金融大街16号	100033	63190613
京广支行	朝阳区朝外大街甲6号万通中心1层	100020	59070890
知春路支行	海淀区知春路希格玛大厦49号	100190	88099482
王府井支行	东城区王府井大街301－1号	100006	65271103
奥运村支行	朝阳区北沙滩甲1号中科电大厦首层	100083	64836760
黄寺支行	西城区德外大街12号	100011	62039133
天通苑支行	昌平区天通苑北1区甲6号楼	102218	81758219
翠微支行	海淀区翠微路甲10号1幢1层1－1－03号	100036	68230612
大望路支行	朝阳区西大望路15号4号楼外企大厦B座	100022	87723795
望京支行（在太阳宫支行营业）	朝阳区夏家园11号楼1层03号、04号	100028	64253052
潘家园支行	朝阳区华威里10号	100021	87785266
上地支行（在知春路支行营业）	海淀区知春路希格玛大厦49号	100190	88099482
东四环支行	朝阳区慈云寺北里118号楼1层	100025	85782060
中轴路支行	东城区鼓楼外大街甲56号	100011	84130503
广渠门支行	东城区广渠门内大街27号	100062	87103902
五棵松支行	海淀区西四环中路16号院1号楼	100039	68285001
广渠路支行	朝阳区广渠路21号3号楼1层03号	100022	59693929
宣武门支行	西城区宣武门外大街甲1号	100052	83151388

清华东路支行	海淀区学院路30号	100083	62660291
海淀支行（在世纪城支行营业）	海淀区远大路1号居然之家1层	100097	88862281
日坛支行	朝阳区建国门外大街17号38～39栋	100020	85306905
西单支行	西城区复兴门内大街45号1号楼西南侧配楼	100801	88088268
丰台支行	西城区宣武门外大街甲1号	100052	83151388
万柳支行	海淀区远大路1号居然之家1层	100097	88862281
安立路支行	朝阳区慧忠北里105号楼B段	100012	84504056
东二环支行	东城区南竹杆胡同2号	100010	65206522
石景山支行	石景山区实兴大街30号院15号楼1层102室	100144	68809228
西直门支行	西城区西直门外大街18号楼金贸大厦1层	100044	88333595
工体支行	朝阳区新东路12号院3号楼1层	100027	84004115
世纪城支行	海淀区远大路1号居然之家1层	100097	88862281
朝阳北路支行	朝阳区朝阳北路99号1层107室	100123	85516207
顺义支行	顺义区仁和镇新顺南大街8号院1幢	101300	61429587
双井支行	朝阳区广渠门外大街9号3号楼1层裙房西部	100022	67711879
玉泉路支行	石景山区鲁谷路74号中国瑞达大厦1层	100040	68705936
来广营支行	朝阳区来广营西路5号院3号楼101A、101B	100012	84360268
朝外支行	朝阳区朝外大街16号1幢1层107室	100020	85728830
夕照寺街社区支行	东城区夕照寺街16号院1层16－5室、16－6室	100061	87167574

兴业银行股份有限公司北京分行

机构名称	地　址	邮　编	电　话
分行营业部	朝阳区朝阳门北大街20号	100020	59886666
积水潭支行	西城区新街口外大街冰窖口胡同8号院首层	100088	66035292

广安门支行	西城区广安门内大街 315 号信息大厦 A 座首层	100053	63691537
西单支行	西城区宣武门内大街甲 6 号	100031	66035292
月坛支行	西城区车公庄大街 9 号院五栋大楼 A－A03 室	100044	88395672
丽泽支行	西城区马连道中新佳园二区商业楼南侧 1～2 层	100055	59560221
金融街支行	西城区金城坊街 1 号 C106 室	100033	63134483
东城支行	东城区鼓楼外大街 26 号荣宝大厦 1～2 层	100120	84110095
东单支行	东城区东单 3 条 8－2 号	100005	65212373
永定门支行	东城区永定门外大街 101－3 号楼 1 层	100077	87803747
崇文门支行	东城区珠市口东大街 5 号首层	100062	67016186
东四支行	东城区朝阳门北大街 5 号第五广场 B 座	100010	64088698
东长安街支行	东城区灯市口大街 50 号 1 层底商 B 单元	100005	65980023
朝阳支行	朝阳区朝外大街 22 号 2 层及首层西侧 03 单元	100020	65883385
朝外支行	朝阳区朝外大街 77 号	100020	65522429
亚运村支行	朝阳区亚运村安慧里 16 号楼	100101	84885261
东外支行	朝阳区东直门外大街 23 号	100600	64688102
安华支行	朝阳区北三环安华桥福建大厦	100029	64450941
三元桥支行	朝阳区霄云路 21 号 1 层、4 层	100027	84540815
光华路支行	朝阳区东三环中路 25 号住总大厦 1～2 层	100020	65082570
望京支行	朝阳区望京阜荣街 15 号院 3 号楼首层	100102	68638798
海淀支行	海淀区海淀南路 30 号东侧 1～3 层	100080	82607709
甘家口支行	海淀区三里河路 19 号甘家口大厦 1 层北侧	100037	88392787
中关村支行	海淀区中关村南大街 32 号中关村科技发展大厦 A 座 1 层、11 层	100081	62140577
上地支行	海淀区农大南路 1 号院 2 号楼 B 座 102 室、103 室	100084	62960282
西客站支行	海淀区复兴路 12 号恩菲科技大厦 1 层	100038	63959951

长安支行	海淀区复兴路65号北京电信实业大厦首层	100036	68130944
西直门支行	海淀区学院南路62号中关村资本大厦	100083	83020157
知春路支行	海淀区北四环西路9号	100080	62616265
花园路支行	海淀区花园东路19号配楼1层、3层	100191	82247800
世纪坛支行	海淀区复兴路甲1号水利指挥中心南1层南	100038	68525871
中关村西区支行	海淀区丹棱街3号1层	100080	82607656
金源支行	海淀区蓝靛厂东路2号院2号楼金源时代商务中心2号楼	100080	88894051
首体支行	海淀区首体南路9号主语商务中心2号楼1层、2层东侧	100048	68790567
魏公村支行	海淀区中关村南大街17号韦伯时代中心首层	100081	88571330
丰台支行	丰台区方庄路5号	100078	87527090
丽泽商务区支行	丰台区丰北路18号恒泰中心A座	100071	67617607
石景山支行	石景山区玉泉西里二区1号楼-1至2层商业05号	100040	68638798
鲁谷支行	石景山区政达路6号院2号楼1层117~118号	100043	57796805
经济技术开发区支行	北京经济技术开发区荣京东街3号1幢1层102号	100040	67870507
大兴支行	大兴区黄村镇兴华中路9号1~2层	102600	81297431
房山支行	房山区长阳镇昊天北大街15号1幢1~2层	102041	89363966
大兴瀛海支行	大兴区瀛海镇南海家园六里5号楼101室、102室	100076	50927003
通州支行	通州区车站路39号1栋、2栋	101100	69530061
顺义支行	顺义区仁和地区裕龙花园西区9号楼1~2层	101300	64583310
通州运河支行	通州区玉带河东街2号院1号楼明珠大厦1层	101100	80542072
顺义天竺支行	顺义区天竺地区小天竺路1号埃力生商厦甲2首层	100621	64571358
昌平支行	昌平区城南街道龙水路26号龙水路22号院1号楼	102200	57700011
怀柔支行	怀柔区青春路4号楼1层1062号、2层2107号	101499	69640988

万柳支行	海淀区万泉庄路21号1层	100089	58297260
大兴庞各庄支行	大兴区庞各庄镇御园小区民生路2号院1号楼底商	102601	89258603
大兴礼贤支行	大兴区礼贤镇拆迁综合指挥部大楼1层及2层	102604	89290107
大兴榆垡支行	大兴区榆垡新城嘉园D区1层	102602	89290015
西城支行	西城区西直门南大街6号国二招宾馆1层	100035	66001882
望京南湖支行	朝阳区南湖南路15号院甲2号楼	100028	56923523
化工路支行	朝阳区化工路59号焦奥中心1号楼底层	100124	87399664
安立路支行	朝阳区慧忠北里309号楼104～106室	100101	64837802
陶然亭支行	西城区陶然亭路2号9号楼1层108室	100050	83953697
菜市口支行	西城区宣武门内大街甲6号	100120	83985636
国瑞城社区支行	东城区珠市口东大街5号首层	100062	67116791
新奥洋房社区支行	朝阳区东直门外大街23号	100075	87863968
富力城社区支行	朝阳区广渠路36号院乙6号楼22号	100022	58764588
旧宫社区支行	大兴区旧宫镇旧忠路12号院2号楼底商	100076	87153142
媒体村支行	朝阳区天溪园20号楼商业17号	100107	84920906
华纺易城社区支行	朝阳区朝外大街77号	100123	58764588
沿海赛洛城社区支行	朝阳区百子湾东里314－07号	100124	87213689
太阳宫社区支行	朝阳区霄云路21号1层、4层	100028	84298494
碧水云天社区支行	海淀区万泉庄路21号1层	100089	82566980
大成郡支行	丰台区大成南里四区2号楼101号	100141	68291031
怡海花园支行	丰台区怡海花园内怡海路3号四区6号铺位	100070	63710071
彩虹城社区支行	丰台区方庄路5号	100079	87862126
海户路社区支行	丰台区骏景园中区10号楼4－106室	100068	87870237
珠江帝景社区支行	朝阳区广渠路28号院401号楼106室	100022	58633151
广渠路社区支行	朝阳区广渠路36号院乙6号楼22号	100022	87789986

橡树湾社区支行	海淀区学府树家园二区橡树湾二期底商7－13号	100085	82815766
宋家庄社区支行	丰台区宋庄路26号院10号楼102室	100079	87165805
龙域支行	昌平区回龙观镇龙域北街五号院2号楼11～14号商铺	100085	57049992
通州北苑支行	通州区万达金街C区110号	101199	60560312
玉泉路支行	海淀区玉泉北里一区9号玉泉新城A9楼	100049	68107847

平安银行股份有限公司北京分行

机构名称	地址	邮编	电话
分行营业部	西城区复兴门内大街158号首层	100031	66292375
神华支行	东城区安定门外大街208号1F－05号	100011	64485661
花园路支行	海淀区花园东路11号泰兴大厦首层	100029	57625289
中关村支行	海淀区苏州街1号首层	100080	62547455
三元桥支行	朝阳区新源南路9号首层	100027	84538105
朝阳门支行	朝阳区关东店北街国安宾馆首层	100020	65061188
官园支行	西城区车公庄大街乙1号首层	100044	68334240
建国门支行	东城区建国门内大街18号首层	100005	65188100
知春路支行	海淀区知春路113号首层	100086	62637549
海淀支行	海淀区中关村南大街甲32号首层	100081	62185355
东直门支行	东城区东直门外大街48号首层	100027	84477761
东城支行	东城区金宝街58号首层	100005	65127792
和平支行	东城区和平里9区甲4号首层	100013	64464970
亚运村支行	朝阳区安立路66号1号楼首层	100101	64907719
万柳支行	海淀区万柳中路35号万柳蜂鸟家园2号楼首层	100089	82871700

德胜门支行	西城区安德路 81 号首层	100011	82061004
光华路支行	朝阳区光华路 4 号东方梅地亚中心 A 座首层	100026	65832350
望京支行	朝阳区望京新城南湖西园 125 号首层	100101	84721377
花园桥支行	海淀区西三环北路 87 号首层	100089	88825851
东四环支行	朝阳区八里庄西里 100 号 1 号楼首层	100102	85866189
开阳桥支行	丰台区开阳路 1 号瀚海花园大厦首层	100069	83973756
亚奥支行	朝阳区北辰东路 8 号 5 号楼 2 层	100101	84982996
清华园支行	海淀区成府路 113 号首层	100084	62760580
丰台支行	丰台区华源四里甲 4 号楼首层	100073	63252082
财满街支行	朝阳区朝阳路 67 号 5 号楼首层	100084	85752317
朝外支行	朝阳区朝外大街 18 号首层	100020	65881991
广渠门支行	东城区广渠家园 5 号楼首层	100022	87512336
方庄支行	丰台区紫芳园四区 5 号楼 5－03 号首层	100078	87669591
世纪金源支行	海淀区蓝靛厂东路 2 号院 2 号楼首层	100097	88877366
国贸支行	朝阳区光华路 5 号院 2 号楼首层	100020	50949248
天通苑支行	昌平区东小口镇立汤路 186 号甲 5 幢首层	102218	84675783
亦庄支行	北京经济技术开发区文化园西路 6 号院 18 号楼首层	100176	87927816
总部基地支行	丰台区南四环西路 188 号 16 区 18 号楼首层	100028	50949301
大红门支行	丰台区石榴庄西街 232 号 1 幢首层	100075	87862752
北苑支行	朝阳区天畅园 5 号楼首层	100107	84829006
金融街支行	西城区金融大街 23 号首层	100033	50949295
十里河支行	朝阳区东三环南路 19 号院 1 号楼首层	100122	87667376
首体南路支行	海淀区首体南路甲 20 号首层	100044	88356976

石景山支行	石景山区石景山路2号北京台湾街C－02－10号楼首层	100040	66171701
木樨园支行	丰台区果园8号楼首层	100068	50868350
崇文门支行	东城区崇文门外大街7号、9号1幢南段首层	100062	67085906
白云路支行	西城区莲花池东路甲5号院1号楼首层	100038	63377326
大兴新航城支行	大兴区榆垡镇南十路3号首层	102602	89219451
上地支行	海淀区上地西路41号院1号楼首层	100085	50960878
通州支行	通州区临河里33号楼首层	101101	50838739
东三环支行	朝阳区新源南路1号首层	100027	57309415
大兴支行	大兴区兴华大街3段25号1层101号	102600	81290306
西三环支行	丰台区丰台北路18号院2号楼1层101室	100061	83733646
房山支行	房山区月华大街3号1层西侧	102488	60305185
武定侯街支行	西城区武定侯街6号608室	100033	86412271
平谷支行	平谷区迎宾街1号院21号楼	101200	50981183

中信银行股份有限公司北京分行

机构名称	地　　址	邮　编	电　话
分行营业部	西城区金融大街甲27号投资广场A座1层	100033	66293012
国际大厦支行	朝阳区建国门外大街19号国际大厦1层	100004	65008673
京城大厦支行	朝阳区新源里南路6号京城大厦1层	100004	84865387
富华大厦支行	东城区朝阳门北大街8号富华大厦E座1层	100027	65558375
花园路支行	海淀区知春路14号	100191	62369830
朝阳支行	朝阳区农展馆南里12号通广大厦配楼1层	100125	65389585

中关村支行	海淀区中关村南大街1号友谊宾馆苏园公寓13－1328号	100086	62187401
广安门支行	西城区广安门外南滨河路1号高新大厦1层	100055	63288594
富力支行	朝阳区双花园南里二区13号楼1～2层	100022	65687832
海淀支行	海淀区海淀北一街2号鸿城拓展大厦1层	100190	62613870
东大桥支行	朝阳区工体东路18号	100020	65030016－8004
知春路支行	海淀区知春路14号	100191	62369830
新兴支行	海淀区西三环中路17号新兴宾馆写字楼1层	100036	68212510
奥运村支行	朝阳区大屯路慧忠北里309号楼天创世缘D座1层	100012	64802811
交大支行	海淀区上园村3号交大科技大厦1层南侧102室	100044	66579713
酒仙桥支行	朝阳区酒仙桥路14号兆维大厦1层	100015	64319780
崇文支行	东城区东花市南里富贵园三区东南角底商	100062	67151793－868
西单支行	西城区复兴门内大街45号院主楼东配楼	100801	66035426
万达广场支行	朝阳区建国路93号北京万达广场东区商业B座	100022	58208405
首体南路支行	海淀区首体南路22号国兴大厦1层	100044	88354767
中粮广场支行	东城区建国门内大街8号中粮广场A座1层	100005	65228710
金运大厦支行	海淀区西直门北大街甲43号金运大厦B座1层	100044	62294403
上地支行	海淀区上地东里1区4号楼科贸大厦1层	100085	62969970
经济技术开发区支行	北京经济技术开发区天华园一里三区14号楼1层	100176	67875909
安贞支行	朝阳区安贞西里三区26号浙江大厦1层、5层、9层	100029	64417162
广渠路支行	朝阳区广渠路36号院首城国际D区26号楼	100022	87768422
望京支行	朝阳区望京利泽中园2区208号院内B座1层	100102	64391220
清华科技园支行	海淀区中关村东路1号清华科技园9号楼搜狐网络大厦1层	100084	58722190

三元桥支行	朝阳区曙光西里甲1号第三置业大厦D座1层	100028	58221129
世纪城支行	海淀区世纪城三期垂虹园甲2号	100097	88862232
尚都国际中心支行	朝阳区东大桥路8号尚都国际中心A座1层	100020	58700914
紫竹桥支行	海淀区北洼路9号世纪新景园7号楼	100089	88583990
万柳支行	海淀区万柳星标家园5-32号、5-31号、5-217号	100089	82567560
财富中心支行	朝阳区东三环中路7号北京财富中心1期商铺E101号、E205号	100020	65309351
长安支行	朝阳区广渠路23号院6号楼底商	100124	61654807
北辰支行	朝阳区慧忠里320号住总大厦1层	100101	84837899
出国中心支行	朝阳区小亮马桥西路6号院7号楼1层	100125	84551178
福码大厦支行	朝阳区广顺路北大街33号院1号楼福码大厦B座1层102室	100102	84729168
观湖国际支行	朝阳区姚家园路105号3号楼万企控股大厦1层	100025	59623402
太阳宫支行	朝阳区夏家园12号楼半岛国际公寓102号底商	100028	84419878
来福士支行	东城区东直门南大街1号来福士中心	100007	64008610
媒体村支行	朝阳区红军营南路北辰绿色家园天朗园C座1层	100107	84915068
国奥村支行	朝阳区林萃东路2号院甲3号楼F101室、F201室	100101	84374633
通州支行	通州区翠景北里7号楼底商	101121	81593096
金泰国际支行	朝阳区广渠路11号院金泰国际大厦1层	100022	87213757
丰台支行	丰台区太平桥路华源四里甲7号楼1层底商	100073	63252018
顺义支行	顺义区后沙峪镇双裕东区丁1号楼1层	101300	60416939
北苑支行	朝阳区水岸南街8号院6号楼	100012	84360115
中信城支行	西城区菜市口大街甲2号院6号楼	100052	83194420
回龙观支行	昌平区回龙观西大街北侧北店时代广场1层	102208	60728100

房山支行	房山区西潞街道良乡西路26号西路时代大厦1～2层	102488	69389317
瑞城中心支行	朝阳区亮马桥路48号院中信证券大厦1层	100125	60837010
珠市口支行	东城区珠市口东大街5号光明日报社办公楼西侧1楼底商	100062	67029851
密云支行	密云区鼓楼东大街19号院19－10密东广场	101500	61094656
怀柔支行	怀柔区青春路21号慧友大厦	101400	61628741
方庄支行	丰台区方庄紫芳园四区3号楼	100164	87153978
石景山支行	石景山区政达路6号院中惠国际中心D座1楼	100040	68705670
和平里支行	东城区和平里六区8号1段	100013	84504966
德外支行	西城区德胜门外大街甲10号中轻大厦1层	100011	62426501
八里庄支行	朝阳区八里庄东里1号A区1号楼	100025	65501791
三里屯支行	朝阳区新东路8号院3号楼	100027	84185830
大兴支行	大兴区金星西路6号兴创大厦1层	102600	60260012
高碑店支行	朝阳区高碑店兴隆街2号兴隆小区综合楼潮青汇百货1层东侧	100025	85787801
天桥支行	西城区天桥南大街1号天桥艺术大厦B座1层	100050	83132981－8006
十里河支行	朝阳区周庄山水文园201号楼101室	100122	67480452
翠微路支行	海淀区复兴路20号二期铺面房－01号	100840	68267133
西红门支行	大兴区西红门鸿坤广场购物中心F1－18C、F2－16C	100162	80225561
南新仓支行	东城区朝阳门北大街9号1层	100010	89936588
橡树湾支行	海淀区学府树家园3号楼3－1号至3－12号1层	100085	62845296
宝盛广场支行	海淀区黑泉路8号宝盛广场A座1001室	100192	62740968
西山壹号院支行	海淀区德惠路1号院13号楼1层2－101室	100094	62730587

枫丹壹号支行	大兴区鹿华路5号院13号楼109室、110室	100076	87927698
门头沟支行	门头沟区石龙工业区18号骏洋国际大厦1层	102300	60868120
望京银峰支行	朝阳区阜通东大街1号院3号楼1层	100102	64717703
陶然亭社区支行	西城区陶然亭路2号8号楼1层106室	100050	83910268
八里庄北里社区支行	朝阳区八里庄北里219号楼1层商业102局部	100025	85838295
太阳公元社区支行	朝阳区太阳宫一街1号院10号楼底商102号	100028	84298016

中国光大银行股份有限公司北京分行

机构名称	地　址	邮　编	电　话
分行营业部	西城区宣武门内大街1号	100031	66567688
朝内支行	东城区朝阳门北大街17号人保大厦1层	100010	65279078
宣武支行	西城区广安门外大街1号深圳大厦1层	100055	63271188－8697
德胜门支行	西城区黄寺大街23号北广大厦1层	100011	82236900
海淀支行	海淀区中关村大街18号科贸电子城1层	100190	82598021－800
朝阳支行	朝阳区朝外大街16号中国人寿大厦1层	100020	85252009
建国门支行	朝阳区建国门外大街甲6号中环世贸中心D座1层	100022	65630255
复兴路支行	海淀区复兴路47号天行建商务大厦	100036	51921033
学院路支行	海淀区西直门北大街56号生命人寿大厦1层	100082	63018827
天宁寺支行	西城区莲花池东路1号	100045	63489739
西城支行	西城区车公庄大街甲4号－1物华大厦	100044	68002194
中关村支行	海淀区知春路63号	100190	62563410
东城支行	东城区东四北大街337号	100010	64079747
新源支行	朝阳区新源西里中街12号	100027	64648252
安定门支行	东城区安定门外大街208号三利大厦	100011	64280003

礼士路支行	西城区南礼士路 66 号建威大厦	100045	68025382
亚运村支行	朝阳区惠忠路 5 号远大中心 C 座 1 层	100101	84891160
交大支行	海淀区西直门外上园村 3 号交大知行大厦	100044	62249612
阜城路支行	海淀区西三环北路 100 号金玉大厦 1 层	100037	68727490
花园路支行	海淀区花园东路 10 号高德大厦 B 段 1 层	100191	82038352
三里河支行	西城区月坛南街 71 号 1 层配楼 1 ~3 层	100045	68519372
工体路支行	东城区东中街 46 号鸿基大厦 1 ~2 层	100027	64171771
定慧桥支行	海淀区阜城路 99 号	100142	88504835
西直门支行	西城区德宝新园 22 号德宝饭店 1 层	100044	68332338
方庄支行	丰台区方庄芳古园 1 区 29 号楼 –5	100078	87673414
长安支行	西城区复兴门外大街 6 号光大大厦	100045	68561246
长虹桥支行	朝阳区东三环北路 17 号恒安大厦	100027	65958221
世纪城支行	海淀区板井路 59 号	100097	88508844
万柳支行	海淀区万柳中路 11 号	100089	82362712
北太平庄支行	海淀区北太平庄路 18 号城建大厦 B 座 1 层	100088	62091421
惠新西街支行	朝阳区安外小关东里 14 号	100029	64417446
望京支行	朝阳区望京中环南路花家地街花家地商业 1 号楼	100102	84723281
金源支行	海淀区蓝靛厂垂虹园甲 5 号	100097	88878901
光华路支行	朝阳区光华路 2 号阳光 100G 座	100026	65063528
亦庄支行	北京经济技术开发区天宝园 5 里 2 区 1 – C2 号	100176	67820492
金融街支行	西城区金融大街 28 号院 2 号楼 1 层	100032	66578055
石景山支行	石景山区阜石路 166 号泽洋大厦北座 1 层	100043	52638610
京广桥支行	朝阳区东三环中路 7 号北京财富中心写字楼 A 座 1 层 E108 室	100020	65309889
崇文支行	东城区广渠门内大街 27 号	100062	87103728

苏州街支行	海淀区苏州街18号长远天地D座1层	100080	82609760
丰台支行	丰台区南四环西路168号汉威国际广场4区6号楼1层	100070	83368199
劲松桥支行	朝阳区东三环南路甲52号-1	100022	67727118
清华园支行	海淀区双清路88号华源世纪商务楼1层	100083	82527673
上地支行	海淀区上地三街9号嘉华大厦B座1层	100085	62978318
顺义支行	顺义区站前西街3号顺鑫国际商务中心1层	101300	61409500
东高地支行	丰台区东高地万源西里36栋—甲44栋航天万源广场1层	100076	68753688
东长安街支行	朝阳区建国门外大街乙12号LG双子座大厦	100022	51208555
西坝河支行	朝阳区西坝河北里23号恒川广场1层	100028	64473806
丽泽支行	丰台区丰台北路18号恒泰中心C座1层	100071	83733385
金融街丰盛支行	西城区太平桥大街25号	100032	63639100
奥运支行	朝阳区南沙滩66号院1号楼1-2-1号	100101	84097001
五棵松支行	海淀区西四环中路16号院1号楼	100143	59739704
望京西支行	朝阳区望京新城南湖西园125号楼	100102	64751830
和平里支行	东城区和平里东街10号院1号楼	100013	64212258
姚家园路支行	朝阳区星火西路19号楼	100025	85855778
马连道西支行	丰台区华源四里甲4号楼	100073	63259978
经济技术开发区支行	北京经济技术开发区景园北街2号59幢	100176	87163918
安慧支行	朝阳区安慧北里逸园29号楼	100101	84860620
宣武门外支行	西城区宣武门外大街32号富卓商厦1层	100052	63189602
大兴金星路支行	大兴区金星路12院3号楼	102628	69221131
大兴支行	大兴区兴华南路1号	102628	81281531
通州支行	通州区新华东街296号1层	101100	80882801

双井桥支行	朝阳区广渠路 39 号院 2 号楼汉督国际中心 1 层 02 单元	100022	87759599
科技园支行	丰台区科学城恒富街 2 号院 5 号楼阳光四季 1 层	100070	63712533
顺义后沙浴支行	顺义区后沙浴镇安富街 8 号院 1 号楼 1 层 103 号	101300	60408695
四季青支行	海淀区通惠路 12 号	100195	56081878
西客站支行	西城区莲花池东路甲 5 号院白云时代大厦 1 层	100045	63385690
怀柔支行	怀柔区南大街 3 号	101400	56877454
陶然亭支行	西城区太平街 6 号 1－2 层 110 号	100050	59362250

华夏银行股份有限公司北京分行

机构名称	地　址	邮　编	电　话
石景山支行	石景山区石景山路 66 号	100041	88294148
和平门支行	西城区前门西大街 14 号	100052	63163290
紫竹桥支行	海淀区广源闸 5 号	100081	68703275
东四支行	东城区东四十条 21 号北京一商集团大厦 1 层	100007	64019779
长安支行	西城区三里河东路 5 号	100045	68535115
中关村支行	海淀区北四环 56 号	100080	62695278
知春支行	海淀区知春路 111 号理想大厦 1 层	100086	82665348
灯市口支行	东城区灯市口大街 33 号	100006	65261075
平安支行	西城区平安里西大街 16 号	100035	66187120
安定门支行	东城区安定门外大街甲 68 号	100011	84287858
建国门支行	东城区建国门内大街 5 号	100005	65132004
朝阳门支行	朝阳区工体西路 18 号光彩国际公寓 S107 号	100020	65536200
京广支行	朝阳区东三环中路 7 号北京财富中心	100020	65330559

首体支行	海淀区西直门外大街168号腾达大厦1层	100044	88576283
东直门支行	朝阳区东土城路14号	100013	85271101
中轴路支行	东城区鼓楼外大街45号	100011	62361848
奥运村支行	朝阳区慧忠北里410号楼1层	100101	64858139
万柳支行	海淀区万柳中路29号	100089	82577095
两广支行	东城区东珠市口1号	100062	67086078
国贸支行	朝阳区双花园南里三区合生国际花园24号楼1～2层	100022	65667131
光华支行	朝阳区光华路8号	100026	65832410
魏公村支行	海淀区中关村南大街甲12号	100081	62109308
东单支行	东城区建内大街22号	100005	85237918
北沙滩支行	朝阳区德胜门外北沙滩1号	100083	64848676
德外支行	西城区德外大街3号	100088	82011388
西直门支行	海淀区西直门北大街60号	100088	82295260
分行营业部	西城区金融大街11号	100034	58598428
望京支行	朝阳区望京广顺大街222号	100102	84725997
世纪城支行	海淀区蓝淀厂2号金源时代商务中心2号楼A座	100089	88861768
车公庄支行	西城区车公庄大街12号核建大厦首层	100037	88306398
东外支行	东城区东外大街35号	100027	84511042
上地支行	海淀区信息路甲28号科实大厦	100085	82771598
丰台科技园支行	丰台区航丰路1号时代财富天地大厦	100070	58090566
广外支行	西城区广安门外大街甲397号	100055	63328322
青年路支行	朝阳区青年路雅成一里19号世丰国际大厦1层	100025	85521533
通州支行	通州区梨园北杨洼25号商务楼	101100	81537960
北三环支行	西城区北三环中路6号	100011	58572871

亦庄支行	北京经济技术开发区荣昌东街甲5号隆盛大厦A座1层	100176	67806862
顺义支行	顺义区石园南区33号楼首层	101300	89443092
房山支行	房山区良乡苏庄东街9号	102488	69369931
怀柔支行	怀柔区青春路26号工会综合楼	101400	61604075
大望路支行	朝阳区百子湾南2路70号1层102室	100124	87724593
天通苑支行	昌平区天通苑北一区甲4号	102218	80782905
玉泉路支行	石景山区鲁谷路74号中国瑞达大厦1层	100040	68608568
方庄支行	丰台区方庄芳古园一区28号楼-2号	100078	84827482
菜户营支行	丰台区菜户营58号	100054	63356771
姚家园支行	朝阳区姚家园路105号观湖国际大厦	100025	59282276
学院路支行	海淀区学院路30号科技园大厦	100083	62660706
媒体村支行	朝阳区红军营南路媒体村天畅园8号楼1层	100107	84827683
新发地支行	丰台区新发地锦程园19号楼	100045	83790335
四道口支行	海淀区四道口2号	100081	82481231
陶然支行	西城区太平街8号院朱雀门30号	100050	83197751
永安支行	朝阳区建国门外大街3号京论饭店1层	100020	56765757
朝内支行	东城区朝内大街南竹杆胡同2号银河SOHO1层	100010	56765293
西客站支行	丰台区广安路9号国投财富广场1号楼1~2层	100055	83665598
大兴支行	大兴区金星西路绿地中央广场D座1层	102600	59513215
门头沟支行	门头沟区大峪新桥大街57号	102300	61807782
运河支行	通州区通胡大街1号院2号楼武夷花园商业楼	101199	56760055
惠新西街支行	朝阳区安苑路18号1层	100029	64920832
十里堡支行	朝阳区十里堡乙2号院5号楼1层F102号	100025	50873539
昌平支行	昌平区鼓楼南街37号北侧1、2层	102200	89760085

密云支行	密云区鼓楼东大街密东广场19－8号1层	101500	89090156
丰台北路支行	丰台区西四环南路35号1层101室	100071	57784118
长阳支行	房山区长政南街6号院一里13号1层101东侧	102400	59724212

中国民生银行股份有限公司北京分行

机构名称	地　址	邮　编	电　话
中关村分行	海淀区海淀大街5号1层EF1－01、2层EF2－01	100080	86401812
木樨地支行	海淀区复兴路甲3号	100038	68579345
阜成门支行	西城区阜外大街2号万通新世界广场B座	100037	68588449
建国门支行	朝阳区建国门外大街21号国际俱乐部	100020	65325937
中关村支行	海淀区知春路113号银网中心	100086	62619096
西坝河支行	朝阳区西坝河北里甲24号首层	100028	64474590
工体北路支行	朝阳区工体北路9号	100027	64155280
安定门支行	朝阳区安外大街1号信义大厦	100011	58295809
万寿路支行	海淀区复兴路甲65号	100036	68169091
西客站支行	丰台区西客站南广场中盐大厦	100055	63485530
正义路支行	东城区正义路3号共青团中央综合楼	100006	65262023
上地支行	海淀区上地东里一区4号楼科贸大厦	100085	62971290
国贸支行	朝阳区建国路128号一航大厦	100022	65676300
首体支行	西城区西直门外大街甲143号凯旋大厦	100044	68310386
金融街支行	西城区金融街33号通泰大厦B座	100140	88087334
什刹海支行	东城区地安门东大街56号	100009	84050115
北太平庄支行	西城区新街口外大街2号金辉科技楼	100088	62382766
广安门支行	西城区广内大街338号港中旅大厦	100053	83512515

方庄支行	丰台区芳古园一区 28－3 号通润会馆	100078	67670385
朝阳门支行	朝阳区朝外大街 22 号泛利大厦	100020	65884529
紫竹支行	海淀区紫竹院路 31 号华澳中心嘉慧苑	100089	88510821
魏公村支行	海淀区中关村南大街 16 号科技出版社	100081	68937489
东单支行	东城区金鱼胡同 18 号丽苑公寓	100006	85110682
亚运村支行	朝阳区北四环东路 131 号中国藏学研究中心院内中国西藏博物馆	100101	64916864
苏州街支行	海淀区海淀南路 32 号中信国安数码港	100080	62526249
西直门支行	海淀区西直门大街 45 号时代之光名苑	100044	62266015
和平里支行	东城区青龙胡同 1 号歌华大厦 B 座	100007	84186208
崇文门支行	西城区崇外大街 9 号正仁大厦	100062	67089851
奥运村支行	朝阳区北辰西路 8 号院 2 号楼北辰世纪中心 A 座 2 层	100101	84377376
三元支行	朝阳区东三环北路甲 2 号京信大厦西南配楼	100027	84489520
西单支行	西城区西单北大街 107 号北京电信综合楼	100032	58503909
劲松支行	朝阳区劲松三区甲 302 号华腾大厦	100021	87730408
成府路支行	海淀区成府路 298 号中关村方正大厦	100080	82529408
德胜门支行	西城区德外大街新风街 2 号天成科技大厦	100088	82271439
电子城支行	朝阳区酒仙桥路 14 号兆维大厦	100015	58671027
首都机场支行	朝阳区航安路首都机场职工之家综合楼	100621	64595916
西二环支行	西城区平安里西大街 26 号新时代大厦首层101－01 号	100034	88009826
空港支行	顺义区天竺空港工业区经纬四街 9 号院办公楼	101318	64595916
复兴门支行	西城区太平桥大街 111 号 1～2 层	100032	66178450
南二环支行	西城区永定门外大街 101 号百荣世贸商城 A 区	100077	87804382

建国门外支行	朝阳区建国门外大街甲12号新华保险大厦	100022	65693081
京广支行	朝阳区西大望路3号院2号楼	100026	65974216
航天桥支行	海淀区西三环北路100号	100048	88516466－600
双清路支行	海淀区双清路77号院1号楼1层101号	100085	62684317
望京支行	朝阳区南湖东园122号楼博泰国际B座	100102	64755278
环保园支行	海淀区地锦路5号中关村环保园原动力空间1号楼	100095	59738716
首体南路支行	海淀区首体南路9号中国电工大厦	100048	68790947
大兴支行	大兴区欣雅街16号院7号楼101室	102600	80258280
东二环支行	东城区东直门南大街甲3号居然大厦	100007	64012217
顺义支行	顺义区仁和镇顺平东路7号院1号楼1～2层	101300	81487783
总部基地支行	丰台区丰台镇富丰路2号星火科技大厦2－6幢	100070	83739712
世纪金源支行	海淀区蓝靛厂垂虹园甲4号楼	100097	88877430
国奥支行	朝阳区安立路66号4号楼	100101	64906808
朝阳北路支行	朝阳区朝阳北路107号院58号楼	100025	58626018
亦庄支行	北京经济技术开发区隆庆街7号1幢	100076	67879915
通州支行	通州区九棵树西路京洲园195号楼1～2层	101121	81595959
长椿街支行	西城区宣武门西大街97号2号楼	100031	88086601
光华支行	朝阳区金桐西路10号01层102室、02层202室	100020	85906828
华威支行	朝阳区松榆南路38号院1号楼1层101室、2层201室	100122	87328256
顺义新城支行	顺义区顺安南路68号首层	101300	56360188
万柳支行	海淀区万柳中路6号院2号楼	100089	82362533
广渠门支行	东城区广渠家园10号楼1层101室	100022	85003233
昌平支行	昌平区白浮泉路26号院2号楼	102200	80112288－8018
房山支行	房山区拱辰街道政通路12号1号楼首层	102488	60305550

陶然桥支行	东城区永定门西滨河路8号院7楼101室	100077	57837821
石景山支行	石景山区银河南街2号院1号楼1层2单元	100040	68633588
西大望路支行	朝阳区西大望路19号院1号楼	100022	87756735
回龙观支行	昌平区回龙观西大街16号院1号楼	102208	60779375
媒体村支行	朝阳区天朗园C座1层01商业	100107	84923352－600
亮马桥支行	朝阳区亮马桥路48号院4号楼1层101室	100125	84401191
万丰路支行	丰台区万丰路303号梦都涯家首层	100161	63858550
林萃路支行	朝阳区林萃西里16号楼1层F1－27号	100085	50866206
常营支行	朝阳区常惠路4号楼1～2层	100024	65774955
杏石口支行	海淀区杏石口路80号益园文化创意产业基地A区1号楼108号	100095	65884508
东坝支行	朝阳区朝新嘉园东里六区1号楼	100018	65676308
大兴新城支行	大兴区枣园东巷1号院1号楼	102611	60280088
榆垡支行	大兴区榆垡镇今荣街9号首层、2层	102602	89210011
香山支行	海淀区闵庄路3号清华科技园玉泉慧谷二期1号楼1层	100097	88405400
望京科技园支行	朝阳区望京东园五区502号楼1～2层精品店－2至－6号	100102	64799009
东四支行	东城区东四北大街265号	100007	64025688
南苑支行	丰台区马家堡东路189号院2号楼首层	100077	56678898
天通苑支行	昌平区东小口镇立汤路181号院6号楼1层	102218	62382704
知春路支行	海淀区知春路13号航南大厦首层	100083	82310055
中关村软件园支行	海淀区西北旺东路10号院16号楼1层102号	100094	56647098
太阳宫支行	朝阳区太阳宫中路16号院1号楼冠捷大厦101室	100028	84629097
丽泽商务区支行	丰台区丽泽路5号1层101号－2室	100073	63384900

门头沟支行	门头沟区滨河路115号滨河大厦1层西北侧	102399	61809096
新源里支行	朝阳区新源南路8号院4号楼1层103单元	100027	85952619
东三环支行	朝阳区东三环北路甲26号楼	100026	85952689

渤海银行股份有限公司北京分行

机构名称	地址	邮编	电话
分行营业部	西城区复兴门内大街28号凯晨世贸中心东C座F1层	100031	66270781
魏公村支行	海淀区中关村南大街31号神舟科技大厦	100081	68729077
商务中心区支行	朝阳区光华路15号泰达时代中心1号楼	100600	85885416
亚运村支行	朝阳区慧忠里318号	100101	64953799
万柳支行	海淀区长春桥路11号亿城中心4号楼	100089	62416917
望京支行	朝阳区广顺南大街21号	100102	64775011
德胜门支行	西城区德外大街36号楼德胜凯旋大厦A座	100120	82069650
京广支行	朝阳区呼家楼京广中心商务楼首层	100020	65973500
东二环支行	东城区南竹杆胡同2号银河SOHO	100010	65206625
航天桥支行	西城区莲花池东路106号汇融大厦底商	100055	63943100
西客站支行	海淀区西三环北路100号光耀东方中心底商	100048	68729121
总部基地支行	丰台区南四环西路188号一区31号楼	100070	83203087
首体南路支行	海淀区首体南路20号4号楼、5号楼1层102号	100044	88357178
安贞支行	朝阳区安定路35号1层餐厅	100029	64443055
万寿路支行	海淀区万寿路西街2号1层北侧	100036	88175373
经济技术开发区支行	北京经济技术开发区天华北街11号院2号楼	100176	67866885
通州支行	通州区新华西街60号院1号楼1层	101100	50952500

东单支行	东城区建国门内大街28号1幢	100005	85175051
奥体支行	朝阳区清林东路4号院6号楼6106号、6107号	100107	84943763
远洋风景社区支行	海淀区德胜门西大街15号1号楼D3区	100082	82290301
双井社区支行	朝阳区天力街16号楼8号房屋	100022	58621559
橡树湾社区支行	海淀区学府树家园二区7－1号至7－20号7－5房屋	100085	82815613
远洋山水社区支行	石景山区玉泉西里二区3号楼1层D号	100073	68636908
林肯公园社区支行	北京经济技术开发区文化园西路8号院30号楼1层110号	100176	87925275
广顺北大街社区支行	朝阳区利泽西园306号楼1层109号	100102	64190260
国贸社区支行	朝阳区东柏街9号院2号楼1层103号	100022	87751631
天通苑社区支行	昌平区立汤路186号甲龙德紫金1号楼1－129室	102208	84811055

浙商银行股份有限公司北京分行

机构名称	地　址	邮　编	电　话
中关村支行	海淀区中关村南大街甲12号	100081	62189330
丰台支行	丰台区汽车博物馆东路2号1号楼	100070	83739405
五方支行	朝阳区王四营甲2号观68号	100023	87661355
十里河支行	朝阳区十八里店乡大羊坊路闽龙广场	100122	67278667
朝阳支行	朝阳区朝新嘉园东里五区18号楼D101室	100018	65432522
大兴支行	大兴区兴华大街三段25－1号1～2层	102600	61210030
长虹桥支行	朝阳区工人体育场北路甲2号裙房1层	100027	65391080
通州支行	通州区中山大街59号院1号楼1层102室	101149	60532310
金宝街支行	东城区金宝街2号雅安国际公寓底商	100005	57809492

顺义支行	顺义区站前东街 2 号	101300	59725346
方庄支行	丰台区方庄南路 2 号 01 层 101 –5 室	100078	59544102
石景山支行	石景山区银河南街 2 号院 1 号楼 1 单元 101 室	100040	68606033
西直门支行	西城区西直门外大街 18 号楼 3 单元	100044	88006173
天通苑支行	昌平区天通中苑 62 号楼 101 ~102 室	100102	84934097
望京支行	朝阳区望京街道悠乐汇 601 号 –1	102218	50911775

北京银行股份有限公司

机构名称	地　址	邮　编	电　话
总行营业部	西城区金融大街甲 17 号、乙 17 号	100033	66225025
燕京支行	西城区复兴门外大街甲 19 号	100045	68561704
月坛支行	西城区阜外大街 27 号 1 层	100037	68104632
阜成支行	西城区阜外大街 2 号	100037	68032848
华安支行	西城区地安门西大街 171 号	100034	66112950
三里河支行	西城区月坛南街 85 号	100045	68587528
官园支行	西城区平安里大街 22 号国家京剧院大厦 1 ~2 层	100035	66110674
复兴支行	西城区月坛南街 14 号	100045	68525276
德外支行	西城区德胜门外新风大街 2 号天成科技大厦 A 座	100120	82029815
展览路支行	西城区西直门外南路 8 号	100044	68355049
金融街支行	西城区金融大街丁 26 号	100033	88087441
西四支行	西城区西单北大街 30 号	100032	66072541
车公庄支行	西城区车公庄大街乙 8 号	100044	68341546
西直门支行	西城区冠英园西区 31 号楼	100035	66537790
慧园支行	西城区教场口街 9 号院 7 号楼、巳 9 号楼 1 层	100120	82061216

西单支行	西城区复兴门内大街156号招商国际金融中心B座	100031	66426677
长安街支行	西城区真武庙1号中国职工之家C座首层	100045	68563182
西内大街支行	西黄城根北街甲2号	100034	66110195
北三环支行	西城区北三环中路6号1幢1~2层	100120	82087500
马连道支行	西城区马连道南街1号院2号楼	100055	63282060
北京分行	西城区复兴门内大街156号D座、B座	100031	66426708
白塔寺支行	西城区太平桥大街8号院10号楼	100034	59352616
车公庄大街社区支行	西城区车公庄大街9号院2号楼1层01商业门厅	100044	88312860
琉璃厂支行	西城区南新华街48号	100052	63184615
右安门支行	西城区右安门内大街65号	100054	63514476
前门支行	西城区前门西大街正阳市场1号楼	100051	63189317
陶然支行	西城区永定门内西街5号	100050	83162495
广安支行	西城区广安门外白菜湾5号楼1层	100055	63486028
滨河路支行	西城区枣林前街119号	100053	63517012
报国寺支行	西城区广安门内大街甲306-3号	100053	63547801
天宁支行	西城区核桃园西街36号	100053	63041992
白云支行	西城区广安门外小马厂西里2号	100055	63408261
宣武门支行	西城区广安门内大街6号	100053	83513740
广源支行	西城区广安门外大街305号院7号楼1层	100055	63459126
陶然亭路支行	西城区陶然亭路45号网信鸿玺宾馆1层	100052	83559985
永定门支行	西城区天桥南大街1号1座1层01单元	100050	67217268
南纬路支行	西城区南纬路35号1层	100050	83150491
商务中心区支行	朝阳区光华路丙12号首层	100020	65083280
东大桥支行	朝阳区东直门外大街22号楼东侧	100027	64167514
关东店支行	朝阳区关东店17号楼101内1层	100020	65062512

朝外支行	朝阳区朝外大街12号海蓝云天商城1层西门	100020	65993325
红星支行	朝阳区朝外大街20号	100020	65885738
金海国际支行	朝阳区广渠路21号2号楼1层04号	100023	58906488
安华路支行	朝阳区外馆东街51号商业楼首层0102室	100011	64408638
樱花支行	朝阳区北三环东路15号北京化工大学校门旁	100029	64418052
东长安街支行	朝阳区建国门外大街乙12号	100022	65683696
新源支行	朝阳区北三环东路6号	100028	64643177
孙河支行	朝阳区孙河乡康营家园小区KY15区D8R号楼	100015	84591236
酒仙桥支行	朝阳区酒仙桥路3号	100015	64382939
望京支行	朝阳区望京西园429号楼底商	100102	64775719
亚运村支行	朝阳区慧忠北里天创世缘309楼A座首层	100012	64802490
芳草地支行	朝阳区东大桥路10号	100020	65867822
青年路支行	朝阳区青年路7号院1号楼	100123	85565027
北辰路支行	朝阳区北辰东路8号汇珍楼1层	100101	85803048
九龙山支行	朝阳区农光里117号	100021	67342062
现代城支行	朝阳区建国路88号现代城A区S座0101室	100022	85803045
金台路支行	朝阳区团结湖路52号	100026	85985900
北苑路支行	朝阳区北苑路172号万兴苑11号楼1层04室	100101	84854563
健翔支行	朝阳区安翔北里甲11号	100101	64889928
惠新支行	朝阳区惠新东街4号	100029	84663956
双桥支行	朝阳区双柳北街39号商业2层203号	100024	65734009
大望路文创支行	朝阳区广渠路28号甲201号楼	100022	57528618
燕莎支行	朝阳区东方东路19号亮马桥外交办公大楼1层	100125	85322826
望京科技园支行	朝阳区利泽西街8号院1号楼119~121号	100102	64789992
远洋国际中心支行	朝阳区东四环中路56号远洋国际中心A座	100025	85865177

奥北支行	朝阳区天乐园1号楼1层	100107	84927536
奥东支行	朝阳区惠新西街19号	100029	51300080
高碑店支行	朝阳区高碑店北路5号	100123	51361730
奥运村支行	朝阳区北辰西路8号院2号楼	100101	84378372
富力又一城支行	朝阳区黄厂南里2号院31号楼1层	100121	59643615
电子城支行	朝阳区来广营西路5号院诚盈中心6号楼1层101～104室	100012	64384806
朝阳北路支行	朝阳区朝阳北路102号楼	100123	85790459
姚家园支行	朝阳区星火西路19号楼1～2层	100025	85855636
太阳宫支行	朝阳区夏家园11号楼1层5号商业和2层11号商业	100028	84298352
国贸支行	朝阳区建国门外大街1号院1号楼58层01－25单元	100004	57068900
芍药居支行	朝阳区芍药居16号楼16－2－3号	100029	84648865
常营支行	朝阳区朝阳北路17号楼	100024	50866270
力源里社区支行	朝阳区力源里北街2号院5号楼1层108室	100025	85757767
华侨城支行	朝阳区金蝉欢乐园2号院甲1号楼N2－F1－02、N2－F2－01	100023	67366850
东四环支行	朝阳区慈云寺北里210号楼1层102室	100025	85886436
东一时区社区支行	朝阳区双桥东路10号院1号楼1层8008室	100024	65736716
西坝河支行	朝阳区太阳宫火星园1号楼1层	100028	84299756
松榆南路社区支行	朝阳区松榆南路38号院1号楼B座0103室	100021	87351792
西大望路社区支行	朝阳区西大望路19号院12号楼1层8单元101室	100022	57528618
崔各庄支行	朝阳区崔各庄乡京旺家园一区8号楼3－6门底商	100015	64358782
新城国际小微支行	朝阳区朝阳门外大街6号院22号楼1层商业103号	100020	65089280

向军北里社区支行	朝阳区向军北里6号楼1层103室	100020	85959287
瞰都国际社区支行	朝阳区东四环北路10号1号楼1层商业01号、02号	100015	64346701
东坝支行	朝阳区朝新嘉园东里七区4号楼1层03号、04号	100018	85095292
松榆里支行	朝阳区周庄山水文园202号楼102室	100023	67278353
将府家园社区支行	朝阳区将府家园北里202号楼1层2单元105室、106室	100015	67742822
青年路西里社区支行	朝阳区青年路西里5号院	100123	85863983
百环家园社区支行	朝阳区广渠路36号院乙6号楼－1至1层23号	100022	67742822
八里庄西里社区支行	朝阳区八里庄西里75号楼1~2层102室	100025	85863983
建国支行	东城区建国门内大街乙18号	100005	65265285
东单支行	东城区建内大街19号中纺大厦1层	100005	65262730
和平里支行	东城区和平里东街1号	100013	84232251
中轴路支行	东城区安德路16号洲际大厦首层	100011	84882626
灯市口支行	东城区灯市口大街50号	100006	65248163
沙滩支行	东城区北河沿大街97号	100006	65220219
东四支行	东城区东四北大街303－8号	100007	64062934
景山支行	东城区东四十条24号青蓝大厦1层西侧	100007	64016958
安定门支行	东城区交道口南大街16号	100007	64075243
长城支行	东城区金鱼胡同18号万富大厦首层	100006	65258088
工体北路支行	东城区新中西里13号巨石大厦首层	100027	51909895
东直门支行	东城区东直门南大街9号4号楼1层	100007	84098610
海运支行	东城区东直门南大街5号	100007	58156081
雍和文创支行	东城区东直门北小街青龙胡同1号歌华大厦首层	100007	84186329
东直门外支行	东城区北二里庄44号迤南1层	100027	64606623

朝阳门小微支行	东城区南竹杆胡同2号1幢1层50107号	100010	65206765
新怡家园社区支行	东城区新怡家园5号楼1层2单元	100062	67086585
天坛支行	东城区天坛东路72号	100061	67169114
光明支行	东城区光明路11号	100061	67129144
天桥支行	东城区珠市口东大街20号	100050	67075138
花市支行	东城区东花市北里中区甲27号楼	100062	67189320
广渠门支行	东城区夕照寺街2号电信工程局办公大楼1层	100061	67184883
广渠门外大街支行	东城区广渠家园5号首东国际大厦1层101号	100022	87518798
磁器口支行	东城区珠市口东大街3号101室	100062	67085430
中关村分行	海淀区彩和坊路6号首层	100080	60190041
中关村科技园区支行	海淀区中关村大街甲28号海淀文化艺术大厦B座1层	100086	82533000
友谊支行	海淀区中关村南大街3号海淀科技大厦1层	100081	68945858
双榆树支行	海淀区双榆树东里甲22号	100086	82116611 - 152
北京大学支行	海淀区成府路298号方正大厦1层北侧	100871	82529701
清华大学支行	海淀区清华大学照澜院商业楼1层	100084	62780101
清华园支行	海淀区双清路西王庄同方大厦	100084	62770461
学院路支行	海淀区学院路30号	100083	62313296
燕园支行	海淀区西草场1号	100080	82852397
金运支行	海淀区西直门北大街甲43号金运大厦A座	100044	52129223
四道口支行	海淀区西直门外大柳树路2号铁科院北区11号楼	100081	62243859
学知支行	海淀区知春路七号致真大厦B座1层104室、2层203室	100191	62074986
北航支行	海淀区学院路35号世宁大厦首层102室	100191	82338398
万寿路支行	海淀区万寿路17号院综合楼B座	100036	68224508

阜裕支行	海淀区阜成路101号北京永兴花园饭店1~2层	100142	51817100
北洼路支行	海淀区北洼路28号	100089	68451673
双秀支行	海淀区北三环中路31号	100088	82005324
上地支行	海淀区上地信息路1号院3号楼首层东部	100085	82895594
翠微路支行	海淀区复兴路33号	100036	68172288
海淀路支行	海淀区中关村大街22号中科大厦B座中段	100190	62628358
中关村支行	海淀区中关村科学院南路12号住宅	100086	62563804
魏公村支行	海淀区西三环北路甲2号院3号楼1层、-1层	100081	68937792
大钟寺支行	海淀区中关村南大街12号培训中心01~02层	100081	62154096-8818
世纪城支行	海淀区板井路69号世纪金源国际公寓东区首层	100097	88462505
西客站支行	海淀区羊坊店路21号1层东北角	100038	63953594
永定路支行	海淀区复兴路40号中国铁建科研大厦首层西侧	100039	52689307
白石桥支行	海淀区中关村南大街48号	100081	62196712
北太平庄支行	海淀区北三环中路戊40号	100088	62043336-8205
航天支行	海淀区海淀南路30号	100080	82671123
国兴家园支行	海淀区首体南路20号	100044	88355438
甘家口支行	海淀区三里河路39号	100037	68349787
紫竹支行	海淀区车道沟10号院中国兵器大厦首层	100089	58830099
新街口北大街支行	海淀区德胜门西大街15号远洋风景8号楼1单元102号	100082	82293543
新华支行	海淀区万柳中路15号1层底商	100089	82565337
北清路支行	海淀区永丰路9号院1号楼	100094	82789960
四季青支行	海淀区兰靛厂世纪城时雨园甲1-1号	100097	88892385
永丰支行	海淀区西北旺德政路南茉莉园甲19号楼Ⅱ段	100094	82403379
万泉路支行	海淀区新建宫门路1号	100091	62872154

中关村海淀园支行	海淀区海淀北一街 2 号首创拓展大厦 1～2 层	100080	62699713
清河支行	海淀区清河清景园 5 号商业楼地上 1 层 A 区	100192	62990536
田村支行	海淀区田村路畅茜园圣华里小区 9 号楼 1 层	100049	68162290
橡树湾支行	海淀区学府树家园二区 1 号楼 1－1～1－4 室	100085	82816756
五棵松支行	海淀区复兴路 75 号 1 幢 101 号东北角	100850	56765771
温泉支行	海淀区温泉路临 58 号 1 层	100095	62407990
东升科技园支行	海淀区西小口路 66 号中关村东升科技园 B 区 2 号楼 B105 室	100096	82830702
互联网金融中心支行	海淀区丹棱街 1 号院 1 号楼 101 号	100080	82362040
西翠路社区支行	海淀区西翠路 17 号院 1 号楼 1 层 7 号商铺	100036	56765775
玉渊潭支行	海淀区美丽园中路 16 号院 5 号楼裕友大厦	100097	88506911
中关村创业大街小微支行	海淀区海淀西大街 29 号院 1 层 115 号、117 号	100080	61934677
苏家坨支行	海淀区凤仪佳苑七里 8 号楼	100194	57809300
万柳支行	海淀区万柳中路 7 号万柳医院医疗辅楼	100089	82560112
八家嘉园社区支行	海淀区八家嘉园小区商业配套 22－5 号	100084	62946150
中关村软件园支行	海淀区西北旺东路 10 号院东区 1 号楼 106 室	100193	59403093
丰台支行	丰台区丰台镇东安街 1 号	100071	63822841
两桥支行	丰台区西四环南路 31 号	100071	63825045
西罗园支行	丰台区洋桥 12 号综合楼 1 层 101 室	100068	67253444
成寿寺支行	丰台区南三环四方景园二区配套商业 1－5 号	100164	87647377
方庄支行	丰台区方庄芳星园二区甲 3 号院 6 号	100078	67665046
总部基地支行	丰台区南四环西路 188 号三区 5 号 101 室、102 室	100070	63701838
三环新城支行	丰台区丰桥路 7 号院 8 号楼 28 号	100070	83631804
金融港支行	丰台区南四环西路 188 号 17 区 15 号 1 层 101 室	100070	63298514
东高地支行	丰台区东高地万源西里 41 栋	100076	88524555

玉泉营支行	丰台区南三环西路16号3号楼1层101室	100068	87576150
马家堡支行	丰台区星河苑2号院9号楼01~03商业	100068	67500706
太平桥支行	丰台区华源四里甲2号	100073	63380829
青塔支行	丰台区青塔西路9号	100141	68211713
丰体南路社区支行	丰台区丰体南路3号	100166	63876516
政务中心支行	丰台区西三环南路1号	100073	89151001
光彩路社区支行	丰台区贾家花园3号院13号楼112室	100075	87822058
西马场路社区支行	丰台区西马场路6号院3号楼1层105室	100068	63453250
长辛店支行	丰台区杜家坎南路9号	100072	87866760
马家堡东路社区支行	丰台区马家堡东路101号院4号楼1层4-4室、2层4-9室	100077	87587790
美域家园社区支行	丰台区美域家园北区8号楼1层106室	100166	88609078
科兴佳园社区支行	丰台区靛厂路26号院科兴佳园12号楼底商8门1层8-1号	100039	68271040
风荷曲苑社区支行	丰台区万丰路68号院和谐广场1层112A室	100161	63453250
木樨园小微支行	丰台区骏景园北区30号楼102室	100068	87866760
草桥东路社区支行	丰台区草桥东路14号楼1层商业1A	100068	87587790
石景山支行	石景山区石景山路54号院3号楼	100043	87587790
京源路支行	石景山区石景山路23号中础大厦1层	100049	88706621
远洋山水支行	石景山区玉泉西里二区18号楼1层	100040	68547511
杨庄中区社区支行	石景山区杨庄中区21号楼3单元101号	100043	88706368
银河大街社区支行	石景山区双锦园16号楼1层	100043	68635090
景阳东街社区支行	石景山区景阳东街66号院3号楼1层102室	100043	68640650
中关村石景山园支行	石景山区实兴大街30号院16号楼	100043	68866384
时代花园社区支行	石景山区时代花园东街8号院1号楼1层109室	100043	68809010

昌平支行	昌平区政府街2号	102200	80103925
天通苑支行	昌平区东小口镇立汤路188号北方明珠大厦商业首层06B	102218	58608621
回龙观支行	昌平区回龙观镇北店时代广场商业综合楼E段地上1层	102208	80750306
龙水路支行	昌平区龙水路28－12号底商	102200	69711931
北七家支行	昌平区北七家镇立汤路58号王子大厦瑰宝商业中心	102209	89756452
西三旗支行	昌平区建材城西路87号2号楼1层	100096	82969620
宏福科技园支行	昌平区北七家镇宏福创业园商业街D栋	102209	81775199
新龙城社区支行	昌平区回龙观昌平路380号院12号楼4单元102室	100096	82962732
双创支行	昌平区回龙观东大街338号回龙观创客广场B1－049号	100085	82989682
东关支行	昌平区府学路9号	102200	80103702
顺义支行	顺义区站前街粮食局商办楼	101300	81482121
天竺支行	顺义区天竺地区天竺花园天韵阁1层	101312	64561937
石园支行	顺义区仁和镇石园南区33号楼102号	101300	89452683
首都国际机场支行	顺义区首都机场3号航站楼A2E3－1号	100621	64532594
新国展支行	顺义区天竺空港工业区B区空港融慧园4号楼	101318	80470186
绿港国际中心支行	顺义区首都机场四纬路2号绿港国际商务中心	100621	84169602
石门支行	顺义区仁和镇前进花园石门苑甲13号国泰宏城购物广场F1－2号	101300	89418302
航港支行	顺义区南法信镇顺平路566号ACLP国际大厦	101300	69479250
裕龙支行	顺义区裕龙花园三区7号楼5号	101300	89430810
顺义新城支行	顺义区佳和宜园1号楼101室	101300	56441347

南彩支行	顺义区顺平辅线177号15幢1层101号	101300	61426510
杨镇支行	顺义区杨镇阳洲鑫园二区21号1~3层21-14室	101399	61419020
后沙峪支行	顺义区后沙峪镇双裕街45号地上1层1-10号	101318	80478816
东方太阳城社区支行	顺义区东方太阳城万晴园101号楼107号	101300	89452683
通州支行	通州区中山大街59号院1号楼1层101F1-27~29号	101100	89501576
瑞都支行	通州区九棵树街165号、167号、171号、175号	101100	89501820
运河支行	通州区通胡大街11号	101100	80853166
光机电园区支行	通州区次二村南6号1幢1层	101111	81509319
马驹桥支行	通州区马驹桥镇245号院12号商业楼105号	101102	60570929
国际新城支行	通州区梨园南大街326号	101121	81531799
新华联家园社区支行	通州区杨庄南里8号楼	101121	81511819
梨园西里社区支行	通州区梨园西里27号楼1层1单元	101121	81531895
玉桥西里社区支行	通州区玉桥西里72号院21号楼商8号	101121	81521808
怡乐北街社区支行	通州区怡乐北街92号1层	101121	51270080
城市副中心分行	通州区梨园南街326号2层	100121	67743600
车站路支行	通州区车站路22号	101199	80882188
宋庄支行	通州区小堡村南3号院1号楼1~4层101室	101118	80859772
潞城支行	通州区潞城镇古月佳园27号楼	101117	80510012
运河东大街支行	通州区潞城镇运河东大街57号1号楼B1层	101117	80855808
燕山支行	房山区燕山岗南路东一巷6号C座1层	102500	69344783
房山支行	房山区良乡月华大街3号龙建大厦首层	102488	81388783
加州水郡支行	房山区长阳镇昊天北大街48号加州水郡东区商业中心A座106室	102445	80393773
良乡支行	房山区西潞街道长虹西路71号	102488	60330575

窦店支行	房山区窦店镇大窦路257号院21号楼105~107室	102402	80320426
城关支行	房山区城关东大街4号院1号楼102房	102400	61375285
长阳支行	房山区广阳新路7号院3号楼1层	102445	69381270
大兴支行	大兴区黄村镇永华南里1号楼	102600	69232938
经济技术开发区支行	北京经济技术开发区宏达北路12号	100176	67873396
黄村支行	大兴区黄村镇兴华路212号	102600	69237798
西红门支行	大兴区西红门镇北一街1号院24号楼1层103号	100162	80258233
亦庄支行	北京经济技术开发区文化园西路8号院25号楼	100176	87925534
大兴经济开发区支行	大兴区金星路12号院2号楼1层西侧	102600	69261626
魏善庄支行	大兴区魏善庄镇魏北路28号院18号楼	102611	89232810
富强西路社区支行	大兴区黄村镇富强路155号1层155室	102604	89295219
利民西巷社区支行	大兴区黄村镇利民西巷5号1层	102308	81290176
兴华大街社区支行	大兴区兴华大街19号院16号楼1层102室	102600	80250351
大兴国际机场支行	大兴区大兴国际机场1层国际到达区S－AR01－007号	102604	81699712
怀柔支行	怀柔区府前西街2号	102308	69697032
杨宋支行	怀柔区怀耿路120号院5号楼	101400	56449061
门头沟支行	门头沟区双峪路5号	102300	69863186
石龙经济开发区支行	门头沟区石龙经济开发区永安路20号3号楼	102308	69802619
平谷支行	平谷区紫贵庄园9号楼1层	101200	89999875
府前街支行	平谷区平谷镇新平东路13号	101200	61995618
密云支行	密云区鼓楼东大街19－5号	101500	69087741
季庄支行	密云区果园新里北区综合楼1层	101500	69026772
华远澜悦社区支行	密云区铁西路6号院4号楼1层106室	101500	57815711
延庆支行	延庆区延庆镇高塔街67号2幢	102100	61125796

世园支行	延庆区延庆镇湖北西路5号1号楼1~2层	102100	61125796

天津银行股份有限公司北京分行

机构名称	地　址	邮　编	电　话
分行营业部	西城区东河沿胡同73号宣武门大厦	100052	83175930
朝外支行	朝阳区朝外大街乙6号朝外SOHOD座0185号、1133号	100020	59004326
三元桥支行	朝阳区东三环北路乙2号圣元中心A座	100027	84471038
中关村支行	海淀区海淀中街15号远中悦来1－E、1－F	100080	58730423
新兴桥支行	海淀区复兴路21号1幢底商	100036	68573491
丰台支行	丰台区石榴庄西街232号商业楼1F01号、2F01号	100075	63706631
金融街支行	西城区二龙路甲33号新龙大厦B座	100032	66227910
西直门支行	海淀区西直门北大街52号	100082	82206898
东城支行	东城区朝阳门内大街8号底商105号、106号	100010	57929206
广渠门支行	东城区广渠家园3楼1层101－02室	100022	50831630
东直门支行	东城区东直门外大街46号1号楼101室、201室	100027	84608982
航天桥支行	海淀区西三环北路100号	100048	68456337
房山支行	房山区良乡地区政通西里小区1号楼、2号楼南侧	102488	60309553
大兴支行	大兴区兴业大街32号－3－2北侧	102600	89293614
通州支行	通州区新华西街61号	101100	56865717
顺义支行	顺义区站前街1号院1号楼103室、203室	101300	81487825
昌平支行	昌平区城南街道龙水路12号2号楼1层西侧、2层西北侧	102200	89787929

大连银行股份有限公司北京分行

机构名称	地址	邮编	电话
分行营业部	朝阳区建国路 93 号万达广场 B 座	100022	65813121
西城支行	西城区金融大街甲 9 号	100033	66016356
海淀支行	海淀区中关村南大街 6 号中电信息大厦 1 层	100086	62308121
经济技术开发区支行	北京经济技术开发区宏达北路 16 号	100176	87220795
丰台支行	丰台区科学城中核路 1 号院	100070	63713132
朝阳支行	朝阳区阜通东大街 10 号楼 1 层 102 室、2 层 2－001 室	100102	86409353

杭州银行股份有限公司北京分行

机构名称	地址	邮编	电话
分行营业部	东城区建国门内大街 26 号新闻大厦 1 层南侧	100005	64088117
安贞支行	朝阳区安定路 10 号中国有色大厦 1 层	100029	64423711
顺义支行	顺义区府前东街 10 号自来水公司 1 层	101300	60417021
朝阳支行	朝阳区甜水园东街 10 号	100026	65000847
中关村支行	海淀区北四环西路 52 号方正国际大厦	100080	61934810
通州支行	通州区九棵树街 177 号	101100	89542750
丰台支行	丰台区望园东里 28 号楼	100161	63822337
大兴支行	大兴区兴华大街 13 号院 2 号楼－2 号、－3 号	102606	80255721
平谷支行	平谷区新平北路南侧紫贵庄园西侧 9 号楼 10 号	101200	61997288
房山支行	房山区良乡西潞南大街 8 号楼 1－1 号	102401	69389718

昌平支行	昌平区府学路1－3号	102200	89787271
上地支行	海淀区小营西路33号金山软件大厦1层	100085	57041785
石景山文创支行	石景山区石景山路45号	100043	88952010
次渠支行	通州区次渠南里120号	101111	80823358
东城支行	东城区北花市大街4号	100062	67093183
顺义裕龙支行	顺义区裕龙四区甲5号	101300	61426870

南京银行股份有限公司北京分行

机构名称	地　址	邮　编	电　话
分行营业部	海淀区阜成路101号B座	100092	56872008
车公庄支行	海淀区首体南路20号4号楼、5号楼	100044	88334001
万寿路支行	海淀区阜成路101号B座	100092	88619369
万柳支行	海淀区万泉庄路28号万柳新贵大厦A座1～2层	100089	58720008
中关村支行	海淀区中关村南三街6号中科资源大厦裙楼	100080	82649800
西坝河支行	朝阳区西坝河北里23号恒川广场	100028	64473898
朝阳门支行	东城区朝阳门南小街2号	100005	65267509
呼家楼支行	朝阳区呼家楼北街7号1～2层	100026	65860699
顺义支行	顺义区南法信镇华英园9号	101300	89425691
北辰支行	朝阳区北辰东路8号汇园公寓M座首层北侧	100101	84975583
通州支行	通州区滨河中路249号1层、251号1层、253号1层、253号2层	101101	80570207
方庄支行	丰台区四方景园二区配套商业1－3号	100078	87656026
西客站支行	丰台区华源三里1号楼首科商务酒店	100073	63254707
金融街支行	西城区金融大街10号大厦B座1层	100033	83399112

劲松支行	朝阳区劲松四区401号楼1幢1层	100021	88119870

盛京银行股份有限公司北京分行

机构名称	地　址	邮　编	电　话
分行营业部	朝阳区光华路4号东方梅地亚中心D座	100026	85597777
中关村支行	海淀区海淀北二街8号1层108室、109室	100080	82012999
官园支行	西城区车公庄大街9号院1号楼商业5号	100044	85251177
五棵松支行	海淀区复兴路69号3号楼	100038	88199777
顺义支行	顺义区站前东街2号1幢1层102室	101300	85886222
大兴支行	大兴区兴业大街三段26号楼	102600	69267591
石景山支行	石景山区玉泉西里一区2号楼1层107室	100040	68636855
望京支行	朝阳区望京东园四区绿地中心A座D区	100102	64391577
通州支行	通州区观音庵北街3号院1号楼1层136室	101149	69513102

上海银行股份有限公司北京分行

机构名称	地　址	邮　编	电　话
营业部	朝阳区建国门外大街丙12号1层	100022	57610001
中关村支行	海淀区北四环西路66号	100080	62418625
安贞支行	东城区安定路20号	100029	84109289
学院南路支行	海淀区学院南路15号	100082	82418720
复兴门支行	西城区鲍家街43号	100031	66411135
金融街支行	西城区金融大街甲9号	100033	66528760
高碑店支行	朝阳区建国路27号	100124	85763072

大兴支行	大兴区金星西路6号院	102627	80220182

江苏银行股份有限公司北京分行

机构名称	地　　址	邮　编	电　话
分行营业部	朝阳区光熙家园1号楼	100028	56986950
德胜支行	西城区德胜门外大街36号德胜凯旋大厦A座	100120	82063188
东直门支行	东城区东直门南大街甲3号居然大厦	100007	64025328
宣武门支行	西城区宣武门外大街甲1号环球财讯中心大厦	100052	63039950
西三环支行	海淀区西三环北路87号国际财经中心	100089	88824955
朝阳门支行	东城区朝阳门内大街8号朝阳首府大厦	100010	57929210
东四环支行	朝阳区百子湾东里101号楼首层	100124	67048235
马连道支行	西城区红莲南路28号楼红莲大厦A座	100055	63325956
安定门支行	东城区安定门外大街丁88号	100000	64407800
石景山支行	石景山区石景山路31号盛景国际广场	100043	57537005
中关村支行	海淀区中关村南三街6号中科资源大厦1层	100190	62631232
中关村西区支行	海淀区善缘街1号立方庭大厦1层	100080	82483853
亚运村支行	朝阳区安慧北里秀园16号楼118	100101	84468312
总部基地支行	丰台区南四环西路128号院3号楼诺德中心1层	100070	83816960
东三环支行	朝阳区东三环北路甲26号楼博瑞大厦	100011	65167590
望京支行	朝阳区望京园601号楼1层102室	100102	84766295
亦庄支行	北京经济技术开发区荣华南路10号院4号楼106室	100176	50949890
通州支行	通州区九棵树东路152号	101101	56175691
上地支行	海淀区马连洼北路亿城国际中心1层	100085	50955736

光华路支行	朝阳区光华路5号院世纪财富中心3号楼1层、夹层103单元	100026	50953462
广渠门支行	东城区东花市南里东区8号尼奥大厦1层	100062	50955239
西城文创支行	西城区三里河东路30号院1号楼105室、106室	100045	68051080

包商银行股份有限公司北京分行

机构名称	地　址	邮　编	电　话
分行营业部	朝阳区北四环东路115号	100101	64822836
中关村支行	海淀区彩和坊路8号	100080	60190690
大红门支行	丰台区马家堡东路101号阳光花园2-9号	100070	57704118
通州支行	通州区九棵树东路150号	101100	60552271
望京支行	朝阳区望京西路47号	100102	64790032
国贸支行	朝阳区呼家楼新苑4号楼锐创大厦	100020	56175301
方庄支行	丰台区方庄紫芳园四区5号楼102室	100078	56175727
常营支行	朝阳区常惠路6号楼1层116室	110110	50959595
万科星园社区支行	朝阳区仰山路万科星园甲3号1层C4	110105	84596738
芍药居社区支行	朝阳区芍药居北里318号楼-1至1层318-2内1层	110105	84596754
惠新里社区支行	朝阳区惠新里218/219号楼1层1-6内111号	110101	64816235
大红门服装城小微支行	丰台区骏景园北区29号楼1层101室	110106	84596637
嘉园里社区支行	丰台区草桥东路14号楼商业1D	110106	84596763
三环新城社区支行	丰台区丰桥路8号院甲14号1层16号	110106	84596734
颐瑞西里社区支行	通州区群芳中三街133号	110112	84596648
华纺易城社区支行	朝阳区青年路29号院20号楼1层20-7室	100101	58779311

宁波银行股份有限公司北京分行

机构名称	地　址	邮　编	电　话
分行营业部	海淀区西三环北路 100 号	100037	53266393
中关村支行	海淀区海淀大街 1 号 1 层、6 层	100080	53239636
丰台支行	丰台区万丰路 300 号	100161	53239556
东城支行	东城区东兴隆街 58 号 06 室	100062	53239518
望京支行	朝阳区酒仙桥中路 26 号院 1 号楼 1 层	100015	53231700
亚运村支行	朝阳区慧忠北里 214 号	100012	53272233
石景山支行	石景山区石景山路 2 号北京台湾街 B 区 1 号楼	100040	53272323
顺义支行	顺义区怡馨家园 1 号楼 1 层	101300	53272282
通州支行	通州区车站路 40 号、42 号	101199	53871168
西城科技支行	西城区北三环中路 3 号 1 幢 1 层 101 室、5 层	100029	86333089
海淀科技支行	海淀区中关村南大街甲 27 号 1 层、6 层	100089	86332817
光彩支行	丰台区光彩路 66 号院 1 号楼 1～2 层 01 室	100079	86332900

北京农村商业银行股份有限公司

机构名称	地　址	邮　编	电　话
总行营业部	西城区月坛南街 1 号院 1 号楼 5－102 号、5－203 号	100045	63229001
朝阳支行	朝阳区北苑路 90 号	100101	64945340
朝阳支行青年北路分理处	朝阳区姚家园西里 1 号院 1 号楼 1 层底商	100023	85569487
朝阳支行奥园分理处	朝阳区京奥家园 326 号楼 1 层 108 号	100018	52321892

朝阳支行绿色家园分理处	朝阳区朝来绿色家园广华居小区 15 号楼 1 层	100102	84952013
朝阳支行望京分理处	朝阳区望京南湖中园 130 号	100102	64759036
朝阳支行北花园分理处	朝阳区京通辅路北侧内蒙古饭店东侧	100024	65751256
朝阳支行广渠东路分理处	朝阳区广渠东路 1 号 1 层	100022	52055066
朝阳支行南皋分理处	朝阳区崔各庄乡政府北侧 50 米南皋路商业街 1 号楼	100103	84396070
朝阳支行京旺家园分理处	朝阳区崔各庄乡京旺家园小区 1 期 B4 -3 号楼 1 层	100103	84306823
朝阳支行东辛店分理处	朝阳区崔各庄乡东辛店村	100103	64327823
朝阳支行酒仙桥分理处	朝阳区酒仙桥南十里居 14 号楼 1 层	100016	64369849
朝阳支行康营分理处	朝阳区孙河乡康营家园 E06 号楼	100015	84102835
朝阳支行六里屯分理处	朝阳区水碓子北里 1 号楼 1 层 5 单元 1 -5 号	100028	59079610
朝阳支行樱花园分理处	朝阳区樱花西街 28 楼 1 层	100029	64419511
朝阳支行财富嘉园分理处	朝阳区小营路 19 号	100101	58239039
朝阳支行亚北分理处	朝阳区安立路 28 号院 1 层 F1 -04 号商铺	100012	84921692
朝阳支行北沙滩分理处	朝阳区德胜门外双泉堡甲 4 号	100085	64853909
朝阳支行民族园分理处	朝阳区北土城西路 7 号 1 层 2 单元 101 室	100029	64419511
朝阳支行北苑分理处	朝阳区北苑 6 号院天怡家园 102 号楼 01 号	100012	84957577
亚运村支行	朝阳区安外安立路甲 56 号	100012	84802802
将台支行	朝阳区酒仙桥路 14 号 51 号楼兆维华灯大厦 1 层 A108 室	100016	84799276
金盏支行	朝阳区金盏乡长店组团 13 号综合楼 1 层底商	100018	84334505
来广营支行	朝阳区望京北路 18 号	100102	64390756
高碑店支行	朝阳区建国路 29 号兴隆家园 9 号楼 101 室、201 室	100025	85775446
和平支行	朝阳区来广营东路 5 号东郊农场综合服务楼	100103	84701595
光华路支行	朝阳区光华路甲 14 号诺安大厦 1 层	100020	51309953

新源支行	朝阳区新源里16号琨莎中心1座	100027	84682528
太阳宫支行	朝阳区西坝河北里15号楼	100028	64215209
姚家园支行	朝阳区平房乡政府北侧	100025	85574332
东坝支行	朝阳区东坝二条龙禹安达加油站北	100018	84315985
商务中心区支行	朝阳区朝阳门北大街16号1层、3层、4层	100020	85605254
商务中心区支行十里河分理处	朝阳区东三环十里河桥东综合商业楼1层	100021	87363709
商务中心区支行老君堂分理处	朝阳区十八里店乡老君堂村378路总站南侧	100023	87306948
商务中心区支行吕家营分理处	朝阳区十八里店乡吕家营村村委会对面	100023	87698644
商务中心区支行西直河分理处	朝阳区十八里店乡西直河村商业中心大厦北侧1层	100023	87301120
商务中心区支行关厢分理处	朝阳区鸿博家园A区2#楼公建1层西侧	100176	87607560
商务中心区支行中海园分理处	朝阳区成寿寺路138号院4号楼B号	100176	67697519
商务中心区支行城外诚分理处	朝阳区成寿寺路肖村3号	100176	87633368
商务中心区支行华侨城分理处	朝阳区金蝉南里14号楼	100023	51384184
商务中心区支行富华堂分理处	朝阳区双桥路2号院2号楼北门面房101号	100024	6540106
商务中心区支行温泉东里分理处	朝阳区双桥温泉东里14号楼	100024	65766782
商务中心区支行定福家园分理处	朝阳区定福家园南里2号院3号楼1~2层3-2号	100024	58791721
商务中心区支行常营分理处	朝阳区常营乡万象新天家园116号	100024	65788186
十八里店支行	朝阳区周家庄中路7号院13号楼A段	100176	67301569
小红门支行	朝阳区小红门乡少角村142号院4号楼附属商业楼	100164	67632185
南磨房支行	朝阳区大望路平乐园路口南300米	100021	67359159
双桥支行	朝阳区朝阳路27号院1号楼、2号楼	100024	65760120
京粮支行	朝阳区东三环中路16号	100022	51672165
黑庄户支行	朝阳区黑庄户乡政府旁边路南	100023	85382975
盛景园支行	朝阳区王四营乡观音景园小区双龙超市东侧	100023	87744560
丰台支行	丰台区西局南街101号	100161	63857797

丰台支行宋庄分理处	丰台区永外宋庄路73号院甲2号楼	100079	87626631
丰台支行石榴园分理处	丰台区石榴庄101号	100075	67272805
丰台支行东高地分理处	丰台区东高地南街7号	100076	67970226
丰台支行科丰桥分理处	丰台区韩庄子小区4－6号	100070	63717022
丰台支行草桥分理处	丰台区草桥欣园四区1号楼	100068	87507862
丰台支行幸福家园分理处	丰台区郭公庄北街5号院4号楼1层北侧	100160	83792760
丰台支行大红门商贸城分理处	丰台区南苑路15号	100068	87811423
丰台支行天伦锦城分理处	丰台区新发地锦城园15号楼A栋1层底商	100160	83715168
丰台支行靛厂分理处	丰台区西四环中路82号	100039	88214680
丰台支行右安门分理处	丰台区右安门外大街2号	100069	63569022
丰台支行鑫宝苑分理处	丰台区鑫宝苑小区2号楼底商	100068	87870370
丰台支行芳城园分理处	丰台区方庄路3号	100078	67686245
丰台支行马家堡分理处	丰台区角门北路3号院6号楼	100068	87561080
丰台支行大红门分理处	丰台区大红门西里19号院2号楼	100075	67253706
花乡支行	丰台区看丹路甲15号	100070	63727772
六里桥支行	丰台区华源一街2号楼	100073	63334899
两广路支行	西城区广安门内大街311号院2号楼1层	100053	83130822
世界公园支行	丰台区丰葆路富锦嘉园综合服务楼1层北段	100070	83623563
新发地支行	丰台区新发地京新酒店西侧	100160	83724852
政务中心支行	丰台区西三环南路1号	100161	89151016
三环新城支行	丰台区丰台东路58号院1号楼	100070	83293061
未来城支行	丰台区益辰欣园小区10号楼	100160	83706040
明春苑支行	丰台区明春苑小区向南100米	100160	83700759
槐新支行	丰台区槐房西路316号院3号楼	100076	67991983
卢沟桥支行	丰台区丰台体育中心北路1号	100166	63804182

卢沟桥支行西府景园分理处	丰台区梅市口路15号	100166	83658152
卢沟桥支行大成里分理处	丰台区大成南里二区3号楼首层	100141	68185526
卢沟桥支行长兴路分理处	丰台区长辛店镇大灰厂14号	100074	83801067
卢沟桥支行中体花园分理处	丰台区长辛店镇桥西崔村二里15号	100072	83301097
卢沟桥支行望欣园分理处	丰台区小井新村商业楼9－50号	100161	63826598
卢沟桥支行丰益园分理处	丰台区丰管路1号院12楼底层	100071	83663839
卢沟桥支行莱户营分理处	丰台区三路居路88号院18号楼2号	100073	63357709
卢沟桥支行丽泽景园分理处	丰台区益泽路1号院2号楼	100071	63338188
卢沟桥支行晓月苑分理处	丰台区卢沟桥宛平小区17号楼	100165	83217492
卢沟桥支行丰体南路分理处	丰台区丰体南路3号丰体时代大厦首层	100166	83735770
小井支行	丰台区丰北路81号1层1－4号	100161	63814548
小屯支行	丰台区卢沟桥张仪村路125号院18号	100071	83695899
王佐支行	丰台区云岗南宫路3号	100074	83310529
长辛店支行	丰台区长辛店杜家坎南路甲6号	100072	63864195
马连道支行	西城区马连道南街1号院3号楼1层	100055	63342786
丽泽支行	西城区北京西站南路80号院6号楼1层101室	100073	63257536
宛平支行	丰台区卢沟桥晓月中路5号楼B1、B2	100165	83896722
右安门支行	丰台区右安门外大街56号2号楼底商	100069	83974596
银河新区支行	丰台区王佐镇西王佐27号首层	100074	83818506
张郭庄支行	丰台区长辛店张郭庄南路4号	100072	83881732
石景山支行	石景山区杨庄东路78号	100043	68877815
石景山支行古城分理处	石景山区古城西路甲8号	100043	68876053
石景山支行苹果园分理处	石景山区实兴大街5号	100041	68865258
石景山支行八大处分理处	石景山区八大处路28－甲1幢1层	100041	68848241
石景山支行融玉分理处	石景山区双峪路10－5号	100041	88993137

石景山支行阜石路分理处	石景山区石门路 318 号	100042	88902255
石景山支行七星园分理处	石景山区七星园小区向阳综合楼 1 层	100042	68626320
石景山支行黄楼分理处	石景山区永乐小区 62 栋楼前底商	100042	68654192
八角支行	石景山区八角南路 7 号	100043	68872063
西山支行	石景山区西黄新村西里 4 号楼 1 层 3 单元 103 室	100041	88701303
京原支行	石景山区玉泉路玉泉大厦 1 层	100039	88255285
海淀支行	海淀区苏州街 77 号	100089	82518896
海淀支行魏公村分理处	海淀区中关村南大街 24 号	100081	62189150
海淀支行正白旗分理处	海淀区农大南路 88 号万霖商厦 2 号 1 层	100193	62985098
海淀支行塔院分理处	海淀区花园路甲 2 号	100191	62057411
海淀支行八家分理处	海淀区八家嘉园配套商业 22－8 号	100083	62840987
海淀支行宝盛里分理处	海淀区宝盛里小区 2 号楼 3 门 3 段	100192	62992351
海淀支行紫竹桥分理处	海淀区增光路 35 号 1 层	100089	88589520
海淀支行北洼路分理处	海淀区岭南路 9 号	100048	68483370
海淀支行定慧寺分理处	海淀区阜成路 68 号	100142	88128347
海淀支行裕惠分理处	海淀区阜成路 73 号裕惠大厦 C 座	100142	68709121
海淀支行铁家坟分理处	海淀区金沟河路 10 号院 1 号楼	100143	68134142
海淀支行五路居分理处	海淀区西四环北路 136 号	100142	88468490
海淀支行海淀路分理处	海淀区海淀路 50 号	100080	62656778
海淀支行大有庄分理处	海淀区燕北园 334 楼 1 层西大厅	100091	62863513
海淀支行毛纺路分理处	海淀区毛纺路 8 号 1 层	100085	62916242
海淀支行双榆树分理处	海淀区科学院南路 31 号	100086	61934272
中关村支行	海淀区彩和坊路 10 号中关村瀚海国际大厦	100080	62680126
世纪城支行	海淀区蓝靛厂晴波园甲 5 号楼	100091	62881169
东升支行	海淀区清华东路甲 1 号	100083	62313172

志新路支行	海淀区志新路二里庄35号	100083	59862769
清河支行	海淀区西三旗花园三里76号1层	100085	62944698
玉渊潭支行	海淀区阜成路81号	100142	88152155
莲花路支行	丰台区莲花池西里10号1层西侧	100161	63957532
大钟寺支行	海淀区北三环西路甲18号中鼎大厦B座	100098	62124722
海淀新区支行	海淀区丰秀中路3号院14号楼	100094	62475676
海淀新区支行颐和分理处	海淀区西北旺镇颐和山庄云锦园1号	100094	62487914
海淀新区支行永丰路分理处	海淀区西北旺镇北京朗丽兹西山花园酒店管理有限公司首层底商	100094	62467639
海淀新区支行信息路分理处	海淀区上地信息路19－2号	100085	82783663
海淀新区支行清上园分理处	海淀区安宁庄东路7号	100085	82810346
海淀新区支行西二旗分理处	海淀区西北旺镇西二旗小区商服楼1层	100085	62843414
海淀新区支行马连洼分理处	海淀区马连洼梅园小区7号楼1层	100193	62810334
海淀新区支行唐家岭分理处	海淀区西北旺镇唐家岭新城	100094	82784065
海淀新区支行天秀分理处	海淀区天秀花园安和园2号楼	100193	62833873
海淀新区支行白水洼分理处	海淀区上庄镇白水洼村344号	102206	62471156
海淀新区支行前章村分理处	海淀区上庄镇前章村357号	100194	62471668
海淀新区支行环山分理处	海淀区温泉镇环山村78号	100095	62461733
海淀新区支行北分厂分理处	海淀区北清路3号	100194	62480014
海淀新区支行前沙涧分理处	海淀区苏家坨镇中心区A地块经济适用房A5地块配套公建2－1层	100194	62455940
海淀新区支行凤凰岭分理处	海淀区苏家坨镇聂各庄路18号	100194	62481665
上地支行	海淀区上地信息路7号	100085	82782008
西北旺支行	海淀区西北旺镇百旺新城A4地块6号综合办公楼	100094	82404108
上庄支行	海淀区上庄镇上庄路72号	100094	62472813

温泉支行	海淀区温泉镇温泉路 59 号	100095	62456151
苏家坨支行	海淀区苏家坨镇温阳路 18 号	100194	62456231
北安河支行	海淀区苏家坨镇北安河路 5 号	100095	62459721
四季青支行	海淀区板井路 81 号	100097	68854336
四季青支行京香分理处	海淀区京香花园 216 号	100093	62590649
四季青支行紫竹院分理处	海淀区车道沟 1 号	100089	68424642
四季青支行北坞分理处	海淀区北坞嘉园 A 地块配套公建 A13 号楼南侧	100195	88506709
四季青支行南辛庄分理处	海淀区北辛庄 352 号	100093	62591639
四季青支行四王府分理处	海淀区香山厢白旗乙 15 号	100093	62590279
四季青支行京粮广场分理处	海淀区田村路 43 号环京现代物流设施项目 A－1F－103 号	100049	88189834
四季青支行西山分理处	海淀区杏石路 48 号	100195	62590935
四季青支行香山分理处	海淀区香山北辛村甲 51 号	100093	62593402
四季青支行曙光花园分理处	海淀区彰化路 7 号楼 F101 号	100097	88877815
军博支行	海淀区会城门北口路东	100038	63442066
杏石路支行	海淀区杏石口路甲 29 号	100195	88471291
门头沟支行	门头沟区滨河路 115 号滨河大厦 1 层、12 层	102300	69820909
门头沟支行清水分理处	门头沟区清水镇上清水村上清水车站 50 米	102311	60855422
门头沟支行付家台分理处	门头沟区雁翅镇付家台中学对面	102305	61839764
门头沟支行何各庄分理处	门头沟区石门营新区六区 21 号楼 1 层 102 室	102308	69836344
门头沟支行潭柘寺分理处	门头沟区潭柘新区 5 号院 9 号楼 201 室、202 室	102308	60861567
门头沟支行军庄分理处	门头沟区军庄镇军庄村口南 100 米	102399	60811992
门头沟支行王平分理处	门头沟区王平镇王平大街 11 号	102301	61859457
门头沟支行妙峰山分理处	门头沟区妙峰山镇镇政府对面	102399	61881148
门头沟支行新桥分理处	门头沟区新桥大街 69 号	102300	69838944

门头沟支行梧桐苑分理处	门头沟区龙兴南二路8号院4号楼1层101号、102号	102308	60860930
斋堂支行	门头沟区斋堂镇斋堂大街43号	102309	69816714
永定支行	门头沟区永兴小区15号楼底商	102308	69809505
城龙支行	门头沟区门头沟路38号	102300	69828008
龙泉支行	门头沟区滨河路47号2幢	102300	69832079
昌平支行	昌平区昌平镇鼓楼南大街西侧	102200	69744185
昌平支行沙阳路分理处	昌平区沙河镇沙阳路11号	102266	61701262
昌平支行科技园分理处	昌平区白浮泉路10号	102200	80100819
昌平支行东关分理处	昌平区昌平镇南环东路22号	102200	69749147
昌平支行东海分理处	昌平区城关镇东关府学路建安里7号	102200	89731583
昌平支行桃洼分理处	昌平区南口镇后洼村南兴路中段北侧	102202	69771185
昌平支行流村分理处	昌平区流村镇北流村西科技园环岛西500米	102204	89771169
昌平支行龙水路分理处	昌平区城区镇龙水路38号院10号楼底商	102200	69749147
昌平支行大东流分理处	昌平区大东流村114号	102211	61711450
昌平支行下庄分理处	昌平区兴寿镇下庄村安泗路东侧拔丝厂北	102212	60761042
昌平支行西沙屯分理处	昌平区沙河镇西沙屯村西侧京昌路百葛桥东南	102206	80762266
昌平支行七里渠分理处	昌平区沙河镇豆各庄村10号	102206	69737514
昌平支行亭自庄分理处	昌平区马池口镇北小营村东628号	102202	80756436
昌平支行水南路分理处	昌平区昌平镇水屯村南燕龙商业大厦2号楼1层106室	102200	80105309
昌平支行长陵分理处	昌平区长陵镇政府南侧	102213	60761042
昌平支行西关分理处	昌平区城区镇西关路12号华尔森小区1号楼	102200	69708937
兴昌支行	昌平区昌平镇东环路中医院对面	102200	69744889
南口支行	昌平区南口镇东大街保温瓶厂南侧	102201	69771185

小汤山支行	昌平区小汤山镇地税所西院	102211	61781226
兴寿支行	昌平区兴寿镇兴寿村709号	102211	61726064
阳坊支行	昌平区阳坊镇南阳路大都饭店北侧	102205	69700458
沙河支行	昌平区沙河镇兆丰家园12-1号楼1层底商	102206	89700636
马池口支行	昌平区马池口镇马池口村新街347号	102200	60772425
崔村支行	昌平区崔村镇西崔村11号	102212	60721355
南邵支行	昌平区南环路南邵回迁小区11号、12号	102200	60732142
十三陵支行	昌平区十三陵镇胡庄	102200	89761489
北环支行	昌平区昌平镇北环路2号金兰大厦3单元地下1层C1号、C2号	102200	69709340
百善支行	昌平区百善镇政府西侧	102211	61739209
天通苑支行	昌平区东小口镇中滩村东镇政府后面	102218	84811204
天通苑支行立汤路分理处	昌平区立汤路186号甲5幢1-116号、1-117号	102218	84675196
天通苑支行回龙观西大街分理处	昌平区回龙观西大街16号院2号楼	102208	89777065
天通苑支行霍家营分理处	昌平区东小口镇旺龙花园底商	102208	69792040
龙禧支行	昌平区回龙观镇北店嘉园小区21号	102208	81722368
天通苑支行北清路分理处	昌平区北清路1号院珠江摩尔大厦5号楼5-3-107商铺	102206	69731627
天通苑支行龙华分理处	昌平区回龙观西三旗桥东2公里育新花园北门对面	102208	82914612
天通苑支行龙兴分理处	昌平区回龙观镇二拨子村南侧物业楼	102208	80794096
燕丹支行	昌平区北七家镇燕丹村7号派出所西	102209	61758224
天通苑支行平西府分理处	昌平区北七家镇平西府村王府街5号	102209	81780708
天通苑支行望都分理处	昌平区北七家镇望都家园小区正门东侧	102209	89751194
天通苑支行宏福分理处	昌平区北七家镇郑各庄村东8-1号	102209	81777908
天通苑支行科星西路分理处	昌平区良庄街4号楼05号	102208	69798920

回龙观支行	昌平区回龙观镇政府北100米	102208	62713086
北七家支行	昌平区北七家镇政府街八仙别墅北	102209	69751141
天通苑东区支行	昌平区东小口镇天通苑东苑东三区2号楼	102218	61765593
通州分行	通州区梨园北街63号、65号	101101	80881658
通州支行翠福园分理处	通州区安顺北里18号楼	101100	89576530
通州支行运河分理处	通州区乔庄路18号乔庄综合楼	101100	60555699
通州支行龙旺庄分理处	通州区永顺镇龙旺庄村49号	101100	89598154
通州支行西街分理处	通州区永顺镇永顺西街79号	101100	89532791
通州支行潞苑分理处	通州区永顺镇陈列馆路潞苑嘉园商业服务楼4号	101100	89597344
通州支行徐辛庄分理处	通州区宋庄镇徐辛庄村集贸市场东北	101118	89568866
通州支行富豪分理处	通州区宋庄镇富豪村中街西侧	101118	89551740
通州支行甘棠分理处	通州区潞城镇食品工业园区58号	101117	61521019
通州支行郎府分理处	通州区西集镇张各庄村西	101108	61556088
通州支行金三角分理处	通州区漷县镇金三角工贸城东北	101112	80566494
通州支行小务分理处	通州区永乐店镇小务村329号	101105	80551301
通州支行柴厂屯分理处	通州区永乐店镇柴厂屯村623号	101105	80511319
通州支行渠头分理处	通州区聚富苑民族产业发展基地聚富北路2号1幢	101127	80576330
通州支行于家务分理处	通州区于家务回族乡于家务村五街79号	101105	80533661
通州支行御苑分理处	通州区张家湾镇张湾村太玉园B区1090~1092号	101113	69571385
通州支行加州分理处	通州区颐瑞西里2号楼130号	101100	69557721
通州支行云景里分理处	通州区梨园镇云景东路车里坟村老年活动站1层	101100	60521201
通州支行瑞都景园分理处	通州区九棵树街131号	101101	60527469
通州支行玉带路分理处	通州区西营前街12号楼底商	101101	60530510
通州支行杜兴路分理处	通州区马驹桥镇大杜社村杜兴路西侧	101103	61585940
通州支行次渠分理处	通州区台湖镇次一村华馨园小区北侧	101111	69501790

永顺支行	通州区新华北街 31 号	101100	69546729
宋庄支行	通州区宋庄文化创意产业集聚区京榆旧路南公共服务平台 1 层、2 层	101118	89513038
潞城支行	通州区潞城镇政府东侧	101117	89581549
西集支行	通州区西集镇国防路 39 号	101108	61578600
漷县支行	通州区漷县镇漷兴一街北侧	101109	80586913
永乐店支行	通州区永乐店镇永乐大街 54 号	101105	69560337
张家湾支行	通州区张家湾镇光华路西侧	101113	69571387
台湖支行	通州区台湖北里 30 号楼 1 ~2 层 101 室	101116	61536918
晶城支行	通州区通胡大街 11 号 –2	101100	89526078
梨园支行	通州区梨园镇九棵树大街 17 号	101101	81513748
翠屏北里支行	通州区翠屏北里西区商 11 号、12 号	101100	81523761
马驹桥支行	通州区马驹桥镇兴华南街 245 号院 12 号楼 106 号、107 号	101102	60509375
光机电支行	通州区中关村科技园区通州园区光机电一体化产业基地政府路 8 号	101111	81500270
顺义支行	顺义区新顺南大街 15 号	101300	69443744
顺义支行建南分理处	顺义区石门街甲 6 号院 1 号楼 1 层 101 号	101300	69424280
顺义支行澜西园分理处	顺义区澜西园四区 6 号	101300	60496937
顺义支行港馨分理处	顺义区港馨家园 28 号楼 11 号、12 号	101300	89448143
顺义支行石园分理处	顺义区石园北区一居 68 –12 号	101300	81493815
顺义支行向阳分理处	顺义区佳和宜园 1 号楼 1 层 105 号	101300	59392042
顺义支行板桥分理处	顺义区赵全营镇牛板路板桥段 19 号	101300	60442203
顺义支行北石槽分理处	顺义区北石槽镇府前街 25 号	101300	60422565
顺义支行北务分理处	顺义区北务镇政府街 9 号	101300	61421931

顺义支行张镇分理处	顺义区张镇大街7号	101307	61480761
顺义支行顺平路分理处	顺义区南彩镇顺平路俸伯段87号	101300	89472668
顺义支行李遂分理处	顺义区李遂集贸市场商业楼A段13号	101313	89481679
顺义支行龙湾屯分理处	顺义区龙湾屯镇府前街9号	101306	60461321
顺义支行木林分理处	顺义区木林镇府前街55号	101309	60456237
顺义支行大孙各庄分理处	顺义区大孙各庄镇府前东街11号	101308	61432043
顺义支行张喜庄分理处	顺义区高丽营镇张喜庄村商业街中区38号	101303	69491585
顺义支行裕龙分理处	顺义区裕龙花园三区7号楼1层单元01室	101300	69421524
顺义支行东方苑分理处	顺义区安泰大街6号院1号楼1层103室	101318	69458603
顺义支行沿河分理处	顺义区李桥镇仁李路沿河段43号	101304	69486078
仁和支行	顺义区石园南区33号楼	101300	89448105
建新东街支行	顺义区建南东街2号	101300	69443034
平各庄支行	顺义区仁和镇平各庄村顺通路27号	101300	89492041
马坡支行	顺义区马坡地区西马坡村西	101300	69402009
赵全营支行	顺义区赵全营镇政府西300米	101300	60432619
杨镇支行	顺义区杨镇顺平路杨镇段53号	101309	61451286
南彩支行	顺义区南彩镇顺平路南彩段45号	101300	89469253
北小营支行	顺义区北小营府前街11号	101305	60483641
高丽营支行	顺义区高丽营镇顺沙路高丽营段7号	101303	69455929
光明街支行	顺义区光明北街9号	101300	69429097
空港支行	顺义区天竺镇府前街37号	101312	80467224
南法信支行	顺义区华英园9号	101300	69478100
李家桥支行	顺义区李桥中心街53号	101304	81473831
后沙峪支行	顺义区后沙峪镇双裕街15号	101318	80496703
机场南路支行	朝阳区首都机场南路3号	100621	64573633

牛栏山支行	顺义区牛栏山镇牛板路牛山段邮局东侧	101301	69411241
大兴支行	大兴区黄村东大街9号	102600	69255471
大兴支行东路分理处	大兴区旧宫镇北小红门路136－7号	100076	87963994
大兴支行宏福路分理处	大兴区西红门兴海家园日苑34号楼	100162	60243719
大兴支行临空分理处	大兴区礼贤镇小马坊村南拆迁指挥部大楼1层东侧	102604	89290899
大兴支行研垡分理处	大兴区魏善庄镇政府西500米	102611	89201977
大兴支行长子营分理处	大兴区长子营镇政府内	102615	80265756
大兴支行新建分理处	大兴区西红门镇经济技术产业区中鼎北路1号	100076	81285183
大兴支行兴城分理处	大兴区黄村西大街6号	102600	69247786
大兴支行芦城分理处	大兴区黄村镇芦城村泰城服装厂东侧	102612	61239438
大兴支行狼垡分理处	大兴区黄村镇狼垡二村亿发公司北侧	102613	61222047
大兴支行联港嘉园分理处	大兴区罗奇营路26号1层104室	102600	61251442
大兴支行康盛园分理处	大兴区康盛园兴盛街175号	102600	60207460
旧宫支行	大兴区旧宫镇旧宫东路90号	100076	87967249
西红门支行	大兴区西红门镇政府西侧1米	100162	60253045
北臧村支行	大兴区庆丰西路1号院17号楼104~105号	102609	61253449
庞各庄支行	大兴区庞各庄镇农行分理处南	102601	89287419
榆垡支行	大兴区榆垡镇卫生院东侧	102602	89213416
安定支行	大兴区安定镇农行分理处西侧	102607	80231261
青云店支行	大兴区青云店大东新村B区47号楼	102605	80281033
清澄支行	大兴区黄村镇清澄名苑南区31号楼政府综合服务大厅内	102600	81296809
采育支行	大兴区采育镇育林街2号院5号楼1~2层	102606	80271469
金星支行	大兴区西红门镇金星庄村黄亦路50号1层	100176	61285905
黄村支行	大兴区黄村镇兴华路216号	102600	69266642

孙村支行	大兴区海鑫北路15号院10号楼	102600	61267484
清源支行	大兴区兴丰大街二段146号	102600	69261797
经济技术开发区支行	北京经济技术开发区荣华南路10号院2号楼	100176	87531082
经济技术开发区支行东区分理处	大兴区亦庄镇小羊坊小康家园1号楼	100076	87396423
经济技术开发区支行凉水河分理处	大兴区亦庄镇泰和园一里一区13号商业楼1层西侧	100076	67889112
经济技术开发区支行贵园分理处	大兴区亦庄镇贵园小区南里北商服平房	100076	67876822
经济技术开发区支行天华园分理处	北京经济技术开发区康定街18号10号楼1层10号	100076	87856166
经济技术开发区支行南海家园分理处	北京经济技术开发区南海家园二里20号楼北侧商业房1层	100076	53582209
经济技术开发区支行太和分理处	北京经济技术开发区鹿海园五里1号楼1号底商	100076	69286036
经济技术开发区支行瀛祥路分理处	大兴区瀛海镇瀛海家园瀛坤路4号院1层E1－2室	100076	69289880
亦庄支行	大兴区亦庄镇政府内	100076	67881973
房山支行	房山区良乡长虹东路1号	102488	69367916
房山支行北关分理处	房山区城关镇北大街8号	102400	69310022
房山支行石楼分理处	房山区石楼镇石楼大街20号	102422	89300223
房山支行石化分理处	房山区城关农林路西侧	102400	69318327
房山支行周口店分理处	房山区周口店镇周口店村派出所对面	102405	69301448
房山支行坨里分理处	房山区青龙湖镇坨里村	102413	80373850
房山支行南召分理处	房山区琉璃河镇西南召村3区1号	102431	80399631
房山支行南窖分理处	房山区南窖乡政府院内	102418	60375701
房山支行史家营分理处	房山区史家营乡政府左侧	102461	60397806
房山支行佛子庄分理处	房山区佛子庄乡政府西侧	102417	60365953
房山支行大安山分理处	房山区大安山乡政府院内	102419	60373822
房山支行霞云岭分理处	房山区霞云岭乡政府院内	102421	60367334

房山支行葫芦垡分理处	房山区长阳镇葫芦垡村	102444	60352094
房山支行稻田分理处	房山区长阳镇天泰新景小区大门南侧 2 号	102442	80350663
房山支行碧桂园分理处	房山区长阳镇昊天北大街 38 号	102445	80392488
房山支行交道分理处	房山区窦店镇交道三街村	102434	80318027
房山支行十渡分理处	房山区十渡镇十渡大街 91 号	102411	61340742
房山支行蒲洼乡分理处	房山区蒲洼乡蒲洼大街 8 号	102477	61371645
房山支行大石窝分理处	房山区大石窝镇石窝大队东侧	102407	61323077
房山支行韩村河分理处	房山区韩村河镇西东村岳李路 29 号	102423	80389155
房山支行行宫分理处	房山区拱辰街道办事处行宫小区三里 10 号楼	102488	60326370
房山支行北潞园分理处	房山区西潞街道办事处北潞春家园 E7 号 -03	102488	89394469
房山支行苏庄建鑫园分理处	房山区西潞街道办事处苏庄建鑫园大街 19 号	102488	61355997
房山支行官道分理处	房山区良乡镇良官大街 58 号	102446	60331880
燕房支行	房山区城关镇南大街 16 号	102400	89337649
阎村支行	房山区阎村镇紫园路 115 号	102412	89319361
青龙湖支行	房山区青龙湖镇豆各庄村下四区 43 号	102447	60322343
琉璃河支行	房山区琉璃河镇东街 28 号	102403	89381453
河北镇支行	房山区河北镇李各庄村	102417	60377286
长阳支行	房山区辛瓜地路 12 号院 3 号楼	102401	80351572
窦店支行	房山区窦店镇窦店村	102433	69396668
张坊支行	房山区张坊镇张坊村中二区 61 号	102409	61339993
长沟支行	房山区长沟镇长沟大街 48 号	102407	61365265
西潞支行	房山区良乡西路东里甲 1 号西潞商业大厦 1 层	102488	89368086
良乡支行	房山区良乡中路 26 号	102401	69361014
平谷支行	平谷区平乐街 8 号院 1 幢等 4 幢	101200	89989578
平谷支行新平北路分理处	平谷区平谷镇府前街 1 号	101200	69974122

平谷支行兴谷分理处	平谷区平谷镇平翔路2号院4号楼1~2层4－15号	101200	69956936
平谷支行乐政务分理处	平谷区王辛庄镇乐政务乐园路24号	101209	61961892
平谷支行马昌营分理处	平谷区马昌营镇古槐路53号院	101214	61912495
平谷支行黄松峪分理处	平谷区金海湖镇黄松峪东街273号	101201	60971163
平谷支行靠山集分理处	平谷区金海湖镇靠山集大街4号院	101202	60983104
平谷支行山东庄分理处	平谷区山东庄镇西沥津西路85号	101211	60937373
平谷支行桥山路分理处	平谷区山东庄镇府前路10号院	101211	60937524
平谷支行熊耳寨分理处	平谷区熊儿寨乡熊儿寨东路12号	101207	61921066
平谷支行刘店分理处	平谷区刘家店镇银店大街13号	101206	61972002
平谷支行镇罗营分理处	平谷区镇罗营镇镇罗营东街15号院	101215	61969048
平谷支行双鹿分理处	平谷区平谷镇航宇北街6号	101200	89991774
平谷支行文化南街分理处	平谷区平谷镇文化南街7号	101200	69963716
平谷支行岳阳分理处	平谷区迎宾环岛东南角1号楼1层商铺－13号	101200	89995891
平谷支行乐园分理处	平谷区新平北路9号	101200	69921934
平谷支行世纪兴分理处	平谷区平谷镇新平北路57号楼	101200	89984948
东高村支行	平谷区东高村镇东高村兴业路6号院	101200	69900791
王辛庄支行	平谷区王辛庄镇齐各庄前街75号	101200	89980549
马坊支行	平谷区马坊镇西大街17号	101204	60996889
金海湖支行	平谷区金海湖镇韩庄北街160号院	101201	69995688
南独乐河支行	平谷区南独乐河镇同乐路128号	101212	60920732
大华山支行	平谷区大华山镇大华山大街136号院	101207	61947600
峪口支行	平谷区峪口镇峪口西大街2号院	101206	61904035
大兴庄支行	平谷区大兴庄镇大兴庄村东	101205	89931168
新开街支行	平谷区平谷镇林荫北街13号1层、2层东侧	101200	69975139
绿谷支行	平谷区光明西小区5号	101200	69961812

夏各庄支行	平谷区夏各庄镇安固村村东6号	101200	60913102
密云支行	密云区鼓楼南大街25号	101500	69045330
密云支行新农村分理处	密云区穆家峪镇新农村偏东	101500	89011014
密云支行新城子分理处	密云区新城子镇新城子村主街路东	101506	81022342
密云支行北庄分理处	密云区北庄镇北庄村委会对面	101503	81001707
密云支行双井分理处	密云区十里堡镇双井村双燕街2－1号	101500	89097786
密云支行西田各庄分理处	密云区西田各庄镇西田各庄村东南	101509	61018075
密云支行石城分理处	密云区石城镇南石城村	101513	61025583
密云支行大城子分理处	密云区大城子镇大城子村	101502	61071419
密云支行焦家务分理处	密云区巨各庄镇前焦家务村东	101501	61031145
密云支行东邵渠分理处	密云区东邵渠镇东邵渠村东侧	101501	61061419
密云支行古北口分理处	密云区古北口镇古北口村派出所东侧	101508	81051063
密云支行不老屯分理处	密云区不老屯镇政府东侧	101516	81091586
密云支行冯家峪分理处	密云区冯家峪镇冯家峪村40号	101515	81060073
密云支行康居分理处	密云区康居小区新兴公司楼1层	101500	69021948
密云支行滨阳西里分理处	密云区新中街世纪家园小区3号楼底商14－1～14－5号	101500	69046577
密云支行檀城分理处	密云区密云镇金地来大酒店1层	101500	69043006
密云支行西滨河分理处	密云区果园新里中区商业楼地上1层	101500	69063510
密云支行檀西路分理处	密云区檀西路135号院3号楼南段	101500	69049420
密云支行新东路分理处	密云区百世城街8#楼北段1层	101500	69057241
密云支行水源路分理处	密云区蓝河湾37号楼1层108号	101500	81081206
密云支行鼓楼分理处	密云区鼓楼北大街13号	101500	69043454
穆家峪支行	密云区穆家峪镇南穆家峪村南侧	101500	61051833
河南寨支行	密云区河南寨镇滨河工业开发区	101500	61086033

十里堡支行	密云区十里堡镇政府东侧	101500	89096276
溪翁庄支行	密云区溪翁庄镇溪翁庄村委会北楼	101512	69012347
巨各庄支行	密云区巨各庄镇巨各庄村南侧	101501	61030163
高岭支行	密云区高岭镇高岭村政府路东侧	101507	81081281
季庄支行	密云区果园西路21号	101500	89099803
檀州支行	密云区鼓楼东大街世豪大酒店对面	101500	69043475
太师屯支行	密云区太师屯镇永安街149号1~4层149-6号	101504	69032543
怀柔支行	怀柔区迎宾北路18号	101400	69626174
怀柔支行迎宾路分理处	怀柔区北大街14号	101400	57495972
怀柔支行幸福西街分理处	怀柔区北房镇北房村幸福西街17号	101400	61683546
怀柔支行凤翔分理处	怀柔区杨宋镇杨宋庄村兴杨路22号	101400	61678464
怀柔支行辛营分理处	北京市怀柔区渤海镇三渡河村33号	101405	57496010
怀柔支行两河分理处	怀柔区庙城镇高两河村西侧	101401	57495970
怀柔支行北宅分理处	怀柔区桥梓镇北宅村	101402	57496025
怀柔支行黄坎分理处	怀柔区九渡河镇黄坎村281号	101403	61691841
怀柔支行九渡河分理处	怀柔区九渡河镇九渡河村	101404	57496027
怀柔支行宝山寺分理处	怀柔区宝山镇宝山寺村	101411	60625654
怀柔支行喇叭沟门分理处	怀柔区喇叭沟门满族乡喇叭沟门村	101414	57496002
怀柔支行长哨营分理处	怀柔区长哨营满族乡长哨营村	101412	60621815
怀柔支行琉璃庙分理处	怀柔区琉璃庙镇琉璃庙村155号	101409	61618420
怀柔支行商业街分理处	怀柔区商业街14号	101400	69622364
怀柔支行东环路分理处	怀柔区东关一区19号	101400	69686595
怀柔支行金台园分理处	怀柔区金台园56号楼2单元101室、102室	101400	69685374
泉河支行	怀柔区迎宾北路32号	101400	69646145
杨宋支行	怀柔区杨宋镇凤翔科技开发区四园1号	101400	61679451

雁栖支行	怀柔区雁栖镇下庄村 435 号	101407	61641348
怀北支行	怀柔区怀北镇西庄村 317 号	101408	69662627
渤海支行	怀柔区渤海镇沙峪村 350 号	101405	61631741
庙城支行	怀柔区庙城镇庙城 293 号院 3 号楼	101401	60693356
桥梓支行	怀柔区桥梓镇桥梓村村北	101402	57496022
汤河口支行	怀柔区汤河口镇汤河口村 16 号	101411	89671054
富乐支行	怀柔区富乐大街乐红园小区 1 号楼	101400	89688706
青春路支行	怀柔区青春路 8 号	101400	69642910
延庆支行	延庆区东外大街 109 号	102100	69180438
延庆支行百莲路分理处	延庆区百莲路 12－16 号	102100	61116915
延庆支行城关分理处	延庆区延庆镇西街 2 号	102100	69185844
延庆支行四海分理处	延庆区四海镇四海村中心	102107	60187957
延庆支行刘斌堡分理处	延庆区刘斌堡乡刘斌堡村东	102104	60181356
延庆支行大庄科分理处	延庆区大庄科乡政府院内	102106	60189104
延庆支行珍珠泉分理处	延庆区珍珠泉乡珍珠泉村西社区办公楼 1 层	102107	60186604
延庆支行千家店分理处	延庆区千家店镇东店村 130 号	102108	60188498
延庆支行康庄分理处	延庆区康庄镇商业街 C 区 1 号、2 号	102101	61161215
延庆支行沈家营分理处	延庆区沈家营镇政府东侧	102100	61132755
延庆支行香营分理处	延庆区香营乡政府院内	102104	60161292
延庆支行大榆树分理处	延庆区大榆树镇大榆树村东	102100	61182033
延庆支行西二道河分理处	延庆区京张路口日上综合批发市场写字楼 7－10 号	102100	69149418
延庆支行井庄分理处	延庆区井庄镇政府南侧 200 米路东	102105	61192469
夏都支行	延庆区高塔路 62 号	102100	69141623
张山营支行	延庆区张山营镇张山营村南	102115	69111994
永宁支行	延庆区永宁镇北门口	102104	60171284

八达岭支行	延庆区八达岭镇政府院内	102102	69129421
旧县支行	延庆区旧县镇村北侧	102109	61152932
南菜园支行	延庆区延庆镇南菜园开发区 17 号	102100	69171149
西城支行	西城区复兴门外大街 4 号楼迤东 1～3 层	100045	68562978
鼓楼支行	西城区旧鼓楼外大街甲 1 号	100011	62358423－8008
陶然亭支行	西城区太平街 6 号 1～2 层	100044	59361658
北太平庄支行	西城区新街口外大街 12 号	100088	82083660
车公庄支行	海淀区首体南路 9 号主语家园 17 号楼	100048	68790575
宣武支行	西城区广安门南街 6 号广安大厦 1 层、4 层	100053	83531956
牛街支行	西城区牛街 20 号和 22 号	100053	83521113
阜外支行	西城区车公庄大街 9 号院 1 号楼商业 2 号	100044	88312399
东城支行	东城区北三环东路 37 号 A 座	100013	52979432
王府井支行	东城区东单北大街 3 号	100005	65229768
永外支行	东城区安乐林路 69 甲 69 号	100075	67213502
工体支行	东城区工体西路工体综合楼 1 层 2 段、2 层 2 段	100027	65515361
雍和宫支行	东城区安定门东大街 28 号 2 号楼 B1、B2 号	100007	64097201
崇文支行	东城区崇文门外大街 9 号正仁大厦 1 层、7 号东城区文化馆主楼	100062	67092273
建国门支行	朝阳区东三环中路 39 号建外 SOHO12 号楼 1200 商铺	100022	58696373
尚都支行	朝阳区东大桥路 8 号	100020	59003249
广渠门支行	东城区东花市南里东区 15 号楼 2－101 号	100062	87101003
天坛支行	东城区光明路 13 号 1 层	100061	67161243
东四十条支行	东城区东四十条甲 22 号	100007	52185015

中国邮政储蓄银行股份有限公司北京分行

机构名称	地　址	邮　编	电　话
东城区交道口东大街支行	东城区交道口东大街10号楼底商B	100007	64003719
东城区百荣支行	东城区永外大街101号	100077	83204772
东城区建内大街支行	东城区站西路2号	100001	65196657
东城区崇文支行	东城区崇文门外大街11号-7、11号-212	100078	67086252
西城区西四支行	西城区西四南大街16号	100034	66179752
西城区新街口支行	西城区西内大街32号	100035	66181633
西城区新华里支行	西城区新华里16号院2号楼商业02号	100044	88359239
西城区三里河支行	西城区月坛南街65号	100045	68539131
西城区永安路支行	西城区虎坊路21-7号、21-8号	100052	51251400
西城区西外大街支行	西城区西外大街德宝新园甲22号	100044	68352749
金融大街支行	西城区金融大街3号A座1~2层	100808	66555571
西城区支行	西城区阜成门北大街17号	100047	68334197
西城区南滨河路支行	西城区南滨河路27号	100055	51251400
西城区牛街支行	西城区牛街4号	100053	83555017
西城区广安门支行	西城区广安门外大街172号	100055	63279593
西城区真武庙支行	西城区真武庙路四条8号院4号楼	100045	68032808
朝阳区工体东路支行	朝阳区工人体育场东路甲2号1层101室	100027	85871416
朝阳区亚运村支行	朝阳区安慧里2区11号楼	100101	64938202
朝阳区常营支行	朝阳区朝阳北路万象新天家园426号楼1层C、D	100024	65431812
朝阳区三间房支行	朝阳区三间房223号	100024	65762454
朝阳区北苑支行	朝阳区朝来绿色家园赢秋苑18号楼底商	100012	84953875

朝阳区杨闸支行	朝阳区朝阳路8号杨闸环岛西南侧朗廷大厦底商	100024	85583351
朝阳区垡头支行	朝阳区垡头一区4号楼东	100023	67385807
朝阳区姚家园路支行	朝阳区姚家园路甲1号活力东方奥特莱斯购物广场首层	100123	51193713
朝阳区万科星园支行	朝阳区仰山路万科星园甲7号	100107	84921227
朝阳区农光里支行	朝阳区农光里102号楼	100021	67341867
朝阳区支行	朝阳区西大望路59号甲3号楼	100022	67753157
朝阳区广渠门外大街支行	朝阳区广渠门外大街甲28号院16号楼1层西侧A5	100022	67740806
朝阳区水碓子支行	朝阳区金台北街6号楼	100026	65005146
朝阳区大山子支行	朝阳区酒仙桥路13号	100015	64333112
朝阳区十里河支行	朝阳区东三环南路19号嘉多丽园A座京门综合楼1层底商	100122	87641653
东城区支行	朝阳区光华路50号	100600	65217055
朝阳区双井支行	朝阳区广渠东路48号楼	100022	67716753
朝阳区左家庄中街支行	朝阳区左家庄中街6号院9号楼1层111室、2层207室	100028	64628165
朝阳区南湖南路支行	朝阳区南湖南路15号院甲2号楼	100102	59724555
朝阳区广顺北大街支行	朝阳区广顺北大街19号1层	100102	84718103
朝阳区吉庆里支行	朝阳区吉庆里6号楼102号A部分	100020	85871417
朝阳区双龙南里支行	朝阳区双龙南里204号楼	100021	87321621
望京支行	朝阳区望京西园一区120号楼	100102	84718103
朝阳区花家地支行	朝阳区花家地北里1号楼	100102	64737340
朝阳区吕家营支行	朝阳区观筑庭园801号楼1层104室、2层204室	100122	87641653
丰台区科学城支行	丰台区帝京路5号	100070	63714433
丰台区大瓦窑支行	丰台区大瓦窑新村住宅楼A15物管楼底商	100166	63910500

丰台区大红门服装城支行	丰台区南苑路15号大红门服装商贸城4层	100068	87250655
丰台区右安南桥支行	丰台区北甲地路2号院	100068	86353008
丰台区丰台南路支行	丰台区风格与林苑甲9号楼1层102室	100070	83712880
丰台区长辛店支行	丰台区长辛店大街1号	100072	83876093
丰台区方庄支行	丰台区蒲方路22号	100078	67628469
丰台区莱户营支行	丰台区三路居路88号院18号楼1层106室	100073	83204657
丰台区公益西桥支行	丰台区角门18号枫竹苑二区1号楼1层底商	100068	67500829
丰台区丰台大街支行	丰台区西四环南路94号	100071	63816717
丰台区支行	丰台区西罗园1区15号楼	100077	87255517
丰台区云岗支行	丰台区云岗南里2号	100074	83310974
丰台区角门支行	丰台区马家堡路120号	100068	67528604
丰台区彩虹城支行	丰台区光彩路66号院5号楼1层103号	100079	87255517
丰台区开阳里支行	丰台区开阳里五区3号楼	100069	83559587
丰台区东高地支行	丰台区东高地斜街13号	100076	67994791
丰台区金融港支行	丰台区南四环西路188号16区21楼1层	100070	56097525
石景山区重兴园支行	石景山区重兴园甲1号	100040	68632039
石景山区新古城支行	石景山区古城南里2－3号楼	100043	68876125
石景山区鲁谷支行	石景山区鲁谷路39号	100040	88685282
石景山区金顶街支行	石景山区金顶街二区甲2栋	100041	88713029
石景山区支行	石景山区琅山苗圃南园子金辉苑小区C3配套服务楼底商	100041	52651257
海淀区晋元庄支行	海淀区建西苑晋元庄小区33号楼商业9号	100043	58971472
海淀区上地支行	海淀区农大南路1号院2号楼	100085	62668380
海淀区中关村南大街支行	海淀区中关村南大街甲27号	100081	82483432

海淀区紫竹院路支行	海淀区紫竹院路116号嘉豪国际中心B座、E座首层	100097	88569680
海淀区万寿寺支行	海淀区西三环北路25号	100089	88569680
海淀区文慧园西路支行	海淀区文慧园小区15~16号楼底商A段1层	100082	62235092
海淀区中关村西区支行	海淀区彩和坊路10号	100080	82483432
海淀区育新花园支行	海淀区西三旗东路育新花园小区	100096	82908575
海淀区清河镇支行	海淀区清河三街	100085	62929688
海淀区支行	海淀区圆明园西路骚子营小区内	100091	62875156
海淀区世纪城支行	海淀区世纪城小区烟树园1号楼	100097	88874740
海淀区太阳园支行	海淀区大钟寺东路9号	100098	82310721
海淀区学院路支行	海淀区成府路17号	100083	82373385
海淀区玲珑路支行	海淀区西四环北路160号1层二区105号	100039	88119067
海淀区永定路支行	海淀区永定路甲88号	100039	68285870
海淀区知春路支行	海淀区知春路1号	100083	82310721
海淀区北太平庄支行	海淀区马甸村1号	100088	62029544
海淀区上地信息产业开发区支行	海淀区上地信息产业开发区综合楼	100085	62976834
海淀区首体南路支行	海淀区首体南路9号主语家园17号楼底商9－12号	100048	68790664
中关村支行	海淀区海淀路87号	100080	62610262
海淀区魏公村支行	海淀区中关村南大街17号	100081	88578918
海淀区香山支行	海淀区北辛村55号	100093	82592744
海淀区会城门支行	海淀区北蜂窝1号	100038	63952700
海淀区万寿路支行	海淀区万寿路7号	100036	68214390
海淀区苏州街支行	海淀区厂洼2号楼	100089	68423230
海淀区德政路支行	海淀区西北旺德政路南百旺茉莉园底商	100094	82797470
门头沟区支行	门头沟区河滩路6号	102300	69842927

门头沟区滨河路支行	门头沟区滨河西区皓月园6号楼底商11－3号	102300	69828692
门头沟区永定支行	门头沟区永定镇冯村商业街10258号、1027号	102308	60804074
房山区良乡支行	房山区良乡昊天大街47号	102401	69351297
房山区农林路支行	房山区城关农林路燕宾鑫源商贸中心	102400	69323310
房山区城关支行	房山区兴房大街19号	102400	69314309
房山区长虹东路支行	房山区良乡地区鸿顺园商业1号楼1层	102488	69387298
房山区政通路支行	房山区拱辰街道政通路23号	102488	89352352
房山区窦店支行	房山区窦店镇山水汇豪苑66号1层底商	102433	80307698
房山区支行	房山区良乡镇良乡西路11号	102488	89358306
房山区迎风街支行	房山区燕山迎风街43号	102500	69347148
通州区马驹桥支行	通州区马驹桥镇兴华西大街南侧潼关三区底商	101102	60597058
通州区支行	通州区运河西大街174号	101100	81587584
通州区中仓支行	通州区中仓小区	101100	80882381
通州区通胡大街支行	通州区通胡大街25号院－1至－10号	101100	89537237
通州区永顺支行	通州区永顺西里46号楼	101100	81597149
通州区新华支行	通州区新华西街57号	101100	69554110
顺义区国门支行	顺义区李桥镇李天路南半壁店段11号	101300	61496917
顺义区双阳南区支行	顺义区双阳南区甲14号楼08～09室	101300	61459196
顺义区东兴路支行	顺义区绿港家园1区9号楼120号、125号、126号	101300	89403270
顺义区石园南区支行	顺义区石园南区花园路南侧新华书店1层底商	101300	89440898
顺义区支行	顺义区新顺南大街	101300	69424651
顺义区双裕街支行	顺义区后沙峪镇双裕街甲7号	101300	80479883
昌平区北七家支行	昌平区北七家镇定泗路北侧雅安商厦C号商业1层部分底商	102209	80126276
昌平区昌崔路支行	昌平区昌崔路201号大厦1层	102200	80107709

昌平区龙水路支行	昌平区畅春阁小区龙水路22号院1号楼1层101室	102200	60741046
昌平区回龙观西大街支行	昌平区回龙观西大街118号1幢	102208	59812456
昌平区龙锦苑支行	昌平区回龙观龙锦苑五区	102208	80757025
昌平区支行	昌平区政府街	102200	69746413
昌平区白浮泉路支行	昌平区白浮泉路26号院3号楼-1层-102室	102200	56914918
昌平区天通北苑支行	昌平区天通北苑二区甲11号楼1门	102218	81771247
昌平区东小口支行	昌平区中滩村6号院6号楼1层101室、102室	102218	64127938
昌平区黄平路支行	昌平区东小口镇上坡佳园黄平路202号院1号楼	102208	60788518
昌平区沙河支行	昌平区沙河镇	102206	69732648
大兴区埝坛支行	大兴区天河西路19号	102629	61252695
大兴区兴华路支行	大兴区黄村镇兴华路二段6号院	102627	60243749
大兴区支行	大兴区兴丰大街22号	102600	69243272
经济技术开发区支行	大兴区经济技术开发区隆庆街4号	100179	67880943
大兴区黄村西大街支行	大兴区黄村镇兴华大街中段27号	102600	89295357
怀柔区迎宾路支行	怀柔区滨湖小区1号	101400	60639501
怀柔区支行	怀柔区青春路18号	101400	69626806
平谷区紫贵支行	平谷区紫贵庄园13号楼1~2层	101200	89979702
平谷区乐园支行	平谷区平谷镇乐园西小区乙17号	101200	69982710
平谷区支行	平谷区旧城街16号	101200	69962700
密云区果园西路支行	密云区果园西路42号、44号	101500	69099490
密云区支行	密云区鼓楼东大街36号1号楼1层东大厅	101500	69042963
密云区密东广场支行	密云区鼓楼东大街19-8号	101500	61096063
密云区双燕街支行	密云区双燕街6号1幢	101500	61096063
延庆区支行	延庆区城关东门外大街79号	102100	69185122

（3）专营机构

机构名称	地　址	邮　编	电　话
北京银行股份有限公司信用卡中心	丰台区南四环西路188号17区15号楼	100070	63298870
中国工商银行股份有限公司牡丹卡中心	西城区金融大街5号甲5号	100031	66100105
中国银行股份有限公司银行卡中心	西城区宣武门内大街8号浩洋大厦5层	100031	83265165
中国光大银行股份有限公司信用卡中心	石景山区政达路6号院1号楼中惠熙元大厦	100043	56963879
中国民生银行股份有限公司信用卡中心	顺义区马坡地区顺安路68号	101300	63628888
中国民生银行股份有限公司信用卡中心北京第一分中心	朝阳区南磨房路37号华腾北搪商务大厦12楼	100022	53771822
中国民生银行股份有限公司信用卡中心北京第二分中心	海淀区西三环北路91号7号楼国图文化大厦1层A18室	100089	53102369
中国民生银行股份有限公司信用卡中心华北分中心	朝阳区惠新东街甲2号住总地产大厦2303号、2304号	100023	84747689
华夏银行股份有限公司信用卡中心	石景山区政达路6号院6号楼	100040	63698000
华夏银行股份有限公司信用卡中心北京分中心	西城区月坛北街26号恒华国际商务中心A座706室	100045	57512119－216
交通银行股份有限公司太平洋信用卡中心北京分中心	东城区和平里西街51号雍和宫壹中心B7～B9	100113	56676288
中信银行股份有限公司信用卡中心北京分中心	朝阳区夏家园半岛国际公寓11号楼底商06～07号	100028	58434111
北京银行股份有限公司资金运营中心	西城区金融大街丙17号北京银行大厦21层	100033	66225962
昆仑银行股份有限公司国际业务结算中心	西城区金融大街1号金亚光大厦B座1层	100033	89026268
中国工商银行股份有限公司票据营业部北京分部	西城区西单北大街129号9号楼3层、3号楼3层	100031	83361841

（4）外资银行

机构名称	地址	邮编	电话
德意志银行（中国）有限公司	朝阳区建国路81号德意志银行大厦28层	100025	59698888
摩根大通银行（中国）有限公司	西城区金融大街7号英蓝国际金融中心	100140	59318000
法国兴业银行（中国）有限公司	朝阳区新源南路8号院4号楼12层	100027	58513888
蒙特利尔银行（中国）有限公司	朝阳区建国路77号华贸中心3号写字楼27层	100025	85881671
友利银行（中国）有限公司	朝阳区望京东园四区13号楼A座、B座	100102	84123000
韩亚银行（中国）有限公司	朝阳区道家园18号楼7~11层	100025	66581111
新韩银行（中国）有限公司	朝阳区工体北路甲6号中宇大厦	100027	85290101
国民银行（中国）有限公司	朝阳区建国门外大街甲6号1幢19层	100022	56712800
瑞士银行（中国）有限公司	西城区金融大街7号英蓝国际金融中心	100140	58327000
德意志银行（中国）有限公司北京分行	朝阳区建国路81号德意志银行大厦26层	100025	59698899
摩根大通银行（中国）有限公司北京分行	西城区金融大街7号英蓝国际金融中心	100034	59318800
法国兴业银行（中国）有限公司北京分行	朝阳区新源南路8号院4号楼12层	100027	58513888
蒙特利尔银行（中国）有限公司北京分行	朝阳区建国路77号华贸中心3号写字楼27层	100025	85881688
友利银行（中国）有限公司北京分行	朝阳区东三环北路丙2号天元港中心A座1层	100020	84538880
韩亚银行（中国）有限公司北京分行	朝阳区霄云路38号现代汽车大厦1层101号、9层905号	100027	84581111
新韩银行（中国）有限公司北京分行	朝阳区工体北路甲6号中宇大厦首层	100027	85235555
国民银行（中国）有限公司北京分行	朝阳区建国门外大街甲6号1幢	100000	56712937
汇丰银行（中国）有限公司北京分行	朝阳区东三环中路5号财富金融中心	100005	59998888
渣打银行（中国）有限公司北京分行	朝阳区东三环中路1号1幢1单元	100020	85188838
东亚银行（中国）有限公司北京分行	朝阳区光华路5号院1号楼东亚银行大厦	100020	65891000

花旗银行（中国）有限公司北京分行	西城区武定侯大街6号卓著中心	100020	59376000
瑞穗银行（中国）有限公司北京分行	朝阳区东三环中路1号环球金融中心西楼	100020	65251888
三菱日联银行（中国）有限公司北京分行	朝阳区东三环北路5号北京发展大厦	100004	65908888
星展银行（中国）有限公司北京分行	朝阳区东三环中路5号楼	100140	58397500
恒生银行（中国）有限公司北京分行	朝阳区光华路1号嘉里中心写字楼南楼1816～1828单元	100027	85293601
大华银行（中国）有限公司北京分行	朝阳区景华南街5号远洋光华国际C栋	100025	65051863
三井住友银行（中国）有限公司北京分行	朝阳区光华路一号嘉里中心北楼16层、南楼16层	100020	59204600
南洋商业银行（中国）有限公司北京分行	朝阳区东三环北路霞光里18号佳程广场B座	100027	58390888
澳新银行（中国）有限公司北京分行	朝阳区建国路77号华贸中心3号写字楼32层	100004	65998188
法国巴黎银行（中国）有限公司北京分行	朝阳区建国门外大街1号国贸大厦20层	100004	65350851
华侨永亨银行（中国）有限公司北京分行	朝阳区建国路91号金地中心B座28层2809～2818单元	100004	59315188
中信银行国际（中国）有限公司北京分行	朝阳区东三环中路5号财富金融中心4层01～04单元	100020	85911161
企业银行（中国）有限公司北京分行	朝阳区工人体育场北路8号院1号楼12层	100027	85270585
盘谷银行（中国）有限公司北京分行	朝阳区建国门外大街甲12号新华保险大厦1层东区	100022	65690059
东方汇理银行（中国）有限公司北京分行	朝阳区东三环中路5号楼财富金融中心19层	100020	56514000
浦发硅谷银行有限公司北京分行	朝阳区建国门外大街1号（1期）16幢	100020	65350583
富邦华一银行有限公司北京分行	西城区金融大街35号国际企业大厦1层	100033	83329605
摩根士丹利国际银行（中国）有限公司北京分行	西城区太平桥大街18号丰融国际大厦11层	100032	83563019
奥地利奥合国际银行股份有限公司北京分行	朝阳区建国门外大街21号北京国际俱乐部200室	100020	65323388
加拿大皇家银行有限公司北京分行	西城区金融大街7号英蓝国际金融中心921室	100033	58399388

美国道富银行有限公司北京分行	朝阳区东三环中路1号环球金融中心东塔1501~1502单元	100033	66574501
美国北美信托银行有限公司北京分行	朝阳区建国门外大街2号银泰中心C座2106B	100022	85135300
美国银行有限公司北京分行	朝阳区建国门外大街1号院1号楼国贸大厦35层01~21室	100004	58358888
美国纽约梅隆银行有限公司北京分行	西城区金融大街7号英蓝国际金融中心7层729~730室	100033	88007500
德国商业银行股份有限公司北京分行	朝阳区建国门外大街2号北京银泰中心C座26层2602单元	100022	85676888
荷兰合作银行有限公司北京分行	朝阳区建国路乙118号京汇大厦10层	100020	56951000
韩国产业银行北京分行	朝阳区建国门外大街乙12号双子座大厦西塔27层	100022	65688858
澳大利亚西太平洋银行有限公司北京分行	朝阳区东三环中路1号1幢2单元14层1401内09单元	100020	85877339
澳大利亚澳洲联邦银行公众股份有限公司北京分行	朝阳区建国门外大街1号国贸大厦46层	100004	56803000
马来西亚马来亚银行有限公司北京分行	朝阳区建国门外大街1号国贸大厦32层	100004	85351855
西班牙桑坦德银行有限公司北京分行	朝阳区东三环中路1号环球金融中心办公楼西楼16层13~14号单元	100020	56511000
澳大利亚国民银行有限公司北京分行	朝阳区建国门外大街1号国贸写字楼1座23层01，29~32单元	100004	65359800
荷兰安智银行股份有限公司北京分行	朝阳区建国门外大街1号国贸中心A座23层07~12单元	100004	86434601
法国外贸银行股份有限公司北京分行	东城区东长安街1号东方广场东方经贸城东一办公楼12层2室、3室	100738	69000588
美国富国银行有限公司北京分行	西城区金融大街7号英蓝国际金融中心7层F721~F723单元	100033	59407888

（5）外资银行分支机构

大华银行（中国）有限公司

机构名称	地　址	邮　编	电　话
北京燕莎中心支行	朝阳区亮马桥路 50 号燕莎中心 1 号楼	100016	58792616

东亚银行（中国）有限公司

机构名称	地　址	邮　编	电　话
北京雅宝路支行	朝阳区朝外雅宝路 12 号 G02	100020	85636566
北京望京支行	朝阳区望京中环南路甲 2 号 1 层首层 4 号	100102	84720036
北京富华支行	东城区朝阳门北大街 8 号富华大厦 5－1 号	100027	65543110
北京中关村支行	海淀区科学南路 2 号院 1 号楼融科资讯中心 B 座 3 层 302 单元	100080	62682151
北京金融街支行	西城区武定侯街 2 号泰康国际大厦首层 106 单元	100004	59315060
北京经济技术开发区支行	北京经济技术开发区荣华南路 12 号兴基铂尔曼饭店首层 103 号	100176	67885198
北京首体支行	海淀区西直门外大街 168 号腾达大厦 23 层 2309B、2310 单元	100000	65543110

汇丰银行（中国）有限公司

机构名称	地　址	邮　编	电　话
北京京伦支行	朝阳区建国门外大街3号京伦饭店1层西侧W－2－6单元	100020	58669866
北京中关村支行	海淀区中关村南大街2号北京科技会展中心数码大厦A座1层	100086	62159288
北京燕莎中心支行	朝阳区亮马桥路50号凯宾斯基饭店	100016	84519500
北京英蓝国际金融中心支行	西城区金融大街7号英蓝国际金融中心首层	100140	66555288
北京丽都广场支行	朝阳区将台路6号丽都A2商业楼首层商场208室	100016	64338800
北京中关村西区支行	海淀区丹棱街3号中国电子大厦B座1层	100080	59997288
北京北辰支行	朝阳区北辰东路8号北辰时代大厦首层0101单元	100101	59997711
北京远大路支行	海淀区远大路1号金源燕莎商厦首层1002单元	100097	59997888
北京华贸支行	朝阳区建国路89号院13号楼L09单元商铺地下1层、地上1层	100025	59997268
北京翠微路支行	海淀区翠微路17号B楼底商	100036	59997968
北京光华路支行	朝阳区光华路丙12号数码01大厦1层102号商铺	100020	59997999
北京中粮广场支行	东城区建国门内大街8号中粮广场A座	100005	59998859
北京东直门支行	东城区东直门南大街3号楼国华投资大厦1层102单元	100007	59996589
北京清华科技园支行	海淀区中关村东路1号院9号楼搜狐网络大厦1层07A单元	100084	59996566
北京望京支行	朝阳区望京街8号院3号楼101A单元	100102	59996500

花旗银行（中国）有限公司

机构名称	地　址	邮　编	电　话
北京嘉里中心支行	朝阳区光华路1号嘉里中心办公楼	100000	65009988
北京华贸支行	朝阳区建国路79号北京华贸购物中心	100025	59379500
北京盈科中心支行	朝阳区工体北路甲2号盈科中心商场1层	100027	59272300

恒生银行（中国）有限公司

机构名称	地　址	邮　编	电　话
北京中关村支行	海淀区丹棱街3号中国电子大厦A座103室	100080	62500000
北京酒仙桥支行	朝阳区酒仙桥路18号1层159单元	100005	85293507
北京工体北路支行	东城区工体北路66号1号楼L105单元、L205单元	100007	85293726
北京嘉里中心支行	朝阳区光华路1号嘉里中心写字楼南楼1829～1830单元	100020	85293556
北京金融街支行	西城区太平桥大街18号1层107单元	100020	85293677

韩亚银行（中国）有限公司

机构名称	地　址	邮　编	电　话
北京中关村支行	海淀区海淀中街15号远中悦来15－15～15－17底商	100083	62666710
北京长安街支行	东城区建国门内大街18号恒基中心办公楼2座5层	100005	65183105
北京望京支行	朝阳区望京广顺北大街33号福码大厦1层101A	100102	64721111
北京顺义支行	顺义区站前街8号院1号楼101－2号	101300	61479711

南洋商业银行（中国）有限公司

机构名称	地　　址	邮　编	电　话
北京中关村支行	海淀区海淀北二街8号中关村SOHO大厦1层105号、106号	100080	59718565
北京东直门支行	东城区东中街29号商业南1层RB1J号	100027	64624200

瑞士银行（中国）有限公司

机构名称	地　　址	邮　编	电　话
北京华贸支行	朝阳区建国门外大街1号院1号楼国贸大厦A座32层	100025	59696048

新韩银行（中国）有限公司

机构名称	地　　址	邮　编	电　话
北京顺义支行	顺义区站前街3号顺鑫国际商务中心1层01号、2层01号	100005	60406008
北京望京支行	朝阳区望京西园429号楼1层103号	100102	64729866

星展银行（中国）有限公司

机构名称	地　　址	邮　编	电　话
北京金地中心支行	朝阳区建国路91号金地中心A座1层101单元	100022	85713303

北京燕莎中心支行	朝阳区亮马桥路50号1号楼S103室、C317室	100027	57529201
北京中关村支行	海淀区海淀东三街2号欧美汇大厦1层102单元	100080	57529290
北京将台支行	朝阳区酒仙桥路18号183单元	100016	57529336
北京金融大街支行	西城区金融大街7号英蓝国际金融中心F105～106室	100032	57529130
北京亚运村支行	朝阳区北辰东路8号25号楼1层102单元	100101	57529051
北京东方广场支行	东城区东长安街1号东方广场东方新天地商场首层SS03号店铺	100078	57529552

友利银行（中国）有限公司

机构名称	地　址	邮　编	电　话
北京望京支行	朝阳区阜荣街10号1层	100102	84718866
北京顺义支行	顺义区仓上街2号AMB大厦A区1层	101300	89452220
北京三元桥支行	朝阳区东三环北路丙2号天元港中心1层05号、2层09号	100027	84407177

渣打银行（中国）有限公司

机构名称	地　址	邮　编	电　话
北京燕莎中心支行	朝阳区亮马桥路50号1号楼1层S102B、S124号展厅	100016	64668803
北京中关村支行	海淀区海淀中街6号中关村金融中心B座首层	100080	62569990
北京华贸支行	朝阳区建国路81号华贸中心L122号单元	100025	59627888
北京东方广场支行	东城区东长安街1号东方广场东方经贸城中一办公楼	100006	58172888

北京亚运村支行	朝阳区慧忠里103楼洛克时代中心1层	100101	59113728
北京东直门支行	东城区东直门南大街1号北京来福士中心办公楼2层03单元	100007	59185986
北京金融街支行	西城区金融大街7号英蓝国际金融中心F107单元、F930单元	100033	59188966
北京永定门支行	东城区永定门西滨河路8号院7楼中海地产广场西塔2层01单元	100077	59182530
北京亦庄支行	北京经济技术开发区荣华中路10号亦城国际中心1幢裙房底商1层103号	100000	59188339
北京西城支行	西城区西直门外大街112号阳光大厦1层105号商铺、2层203－1单元	100022	59185718

（6）资产管理公司

机构名称	地　址	邮　编	电　话
中国华融资产管理股份有限公司北京市分公司	西城区阜成门内大街293号	100034	66511186
中国长城资产管理股份有限公司北京市分公司	朝阳区工体南路东2号	100020	65528676
中国东方资产管理股份有限公司北京市分公司	东城区崇文门外大街44号大康大厦1～4层	100062	87559933
中国信达资产管理股份有限公司北京市分公司	东城区北三环东路36号环球贸易中心E座17～18层	100013	59025026

（7）信托公司

机构名称	地　址	邮　编	电　话
中诚信托有限责任公司	东城区安定门外大街2号安贞大厦	100013	84267168

中信信托有限责任公司	朝阳区新源南路6号京城大厦9层	100004	84861376
中国对外经济贸易信托有限公司	西城区复兴门内大街28号凯晨世贸中心中座6层	100031	59569228
中粮信托有限责任公司	东城区建国门内大街8号中粮广场B座11层	100005	85005188
中国金谷国际信托有限责任公司	西城区金融大街33号通泰大厦C座10层	100140	88086686
华鑫国际信托有限公司	西城区宣武门内大街2号中国华电大厦B座11层	100031	83568201
英大国际信托有限责任公司	东城区建国门内大街乙18号院1号楼英大国际大厦	100005	51960235
中国民生信托有限公司	建国门内大街28号民生金融中心C座19层	100005	85259065
北京国际信托有限公司	朝阳区安立路30号院1号楼、2号楼	100012	59680888
国民信托有限公司	东城区西滨河路18号国民信托中心	100011	84268088
国投泰康信托有限公司	西城区阜成门北大街2号楼16～17层	100034	83321800
建信信托有限责任公司	西城区闹市口大街1号院长安兴融中心4号楼10层	100031	67596169

（8）金融租赁公司

机构名称	地　址	邮　编	电　话
建信金融租赁有限公司	西城区闹市口大街长安兴融中心1号院4号楼6层	100031	67594572
北银金融租赁有限公司	东城区东总布胡同58号天润财富中心	100031	66429099
中国外贸金融租赁有限公司	海淀区三里河路1号西苑饭店11号楼	100044	68321925

（9）汽车金融公司

机构名称	地　址	邮　编	电　话
丰田汽车金融（中国）有限公司	朝阳区东三环中路1号环球金融中心西楼7层	100020	57639933
梅赛德斯-奔驰汽车金融有限公司	朝阳区望京街8号院3号楼	100102	84173745

沃尔沃汽车金融（中国）有限公司	朝阳区景华南街5号远洋光华中心C座11层	100020	65982199
大众汽车金融（中国）有限公司	朝阳区望京阜荣街15号院3号楼	100102	65897100
东风标致雪铁龙汽车金融有限公司	朝阳区光华路7号汉威大厦东区9层	100004	65628000
宝马汽车金融（中国）有限公司	朝阳区东三环北路霞光里18号佳程广场B座22层	100027	84147013
北京现代汽车金融有限公司	朝阳区望京东园七区19号楼20~25层	100102	13581931296

（10）财务公司

机构名称	地　址	邮　编	电　话
大唐电信集团财务有限公司	海淀区学院路40号一区26号楼5层北区	100191	62303239
国电财务有限公司	西城区西直门外大街18号金贸大厦D座	100044	58687297
国药集团财务有限公司	海淀区知春路20号中国医药大厦7层	100088	82092605
西门子财务服务有限责任公司	朝阳区望京中环南路7号17幢2层133室、145室	100102	64767255
北京首都旅游集团财务有限公司	朝阳区广渠路38号北京一轻大厦9层	100022	87953508
中煤财务有限责任公司	朝阳区黄寺大街1号中煤大厦6层	100120	82277107
中国移动通信集团财务有限公司	西城区月坛南街1号院3号楼第19层、20层	100045	52601555
三峡财务有限责任公司	海淀区玉渊潭南路1号	100038	57081345
中海石油财务有限责任公司	东城区朝阳门北大街25号	100010	84528257
国投财务有限公司	西城区阜成门北大街2号楼18层	100034	83325119
国机财务有限责任公司	海淀区丹棱街3号	100080	13901110758
海航集团财务有限公司	朝阳区霄云路甲26号海航大厦写字楼22层	100125	56692555
京能集团财务有限公司	朝阳区永安东里16号国际大厦23层	100022	85218500
神华财务有限公司	西城区西直门外大街18号楼2层7单元201室、202室	100011	57336263

首都机场集团财务有限公司	顺义区首都机场四纬路9号B区3层66室	100621	64557408
亿利集团财务有限公司	朝阳区光华路15号院1号楼19层1903室	100031	57387389－39054
中核财务有限责任公司	西城区三里河南四巷1号	100045	13581995182
北京控股集团财务有限公司	朝阳区化工路59号院2号楼5层	100023	65879800
北京金隅财务有限公司	东城区北三环东路36号B座2102室	100013	59575678
中油财务有限责任公司	东城区东直门北大街9号A座	100007	62096996
中国石化财务有限责任公司	朝阳区朝阳门北大街22号石化大厦7层	100728	13801098221
中航工业集团财务有限责任公司	朝阳区东三环中路乙10号艾维克大厦18层	100022	15801533007
五矿集团财务有限责任公司	海淀区三里河路5号	100044	68495845
航天科工财务有限责任公司	海淀区紫竹院路116号嘉豪国际中心B座12层	100097	58930256
中节能财务有限公司	西城区平安里西大街26号新时代大厦	100034	83496161
中国铁路财务有限责任公司	海淀区北蜂窝路5号院1－1号楼	100038	51848722
北京汽车集团财务有限公司	丰台区汽车博物馆东路6号院4号楼G座17～19层	100160	83362336
兵工财务有限责任公司	东城区安定门外青年湖南街19号	100011	84114795
兵器装备财务有限责任公司	海淀区车道沟10号院3号科研办公楼5层	100089	18618381160
诚通财务有限责任公司	西城区复兴门内大街158号远洋大厦12层	100070	83278179
中国电子财务有限责任公司	海淀区中关村东路66号甲1号楼20～21层	100190	62672051
中国航空集团财务有限责任公司	朝阳区霄云路36号国航大厦18层01～03单元、26层	100027	84609999
中国航油集团财务有限公司	朝阳区安定路5号院3号楼21层01单元	100029	86497360
中国化工财务有限公司	海淀区北四环西路62号	100080	82677958
中铝财务有限责任公司	海淀区西直门北大街62号7层	100082	82298679
供销集团财务有限公司	西城区宣武门外大街甲1号C座7层	100052	59338361
中国黄金集团财务有限公司	东城区安定门外大街9号1层	100011	56353751

物美商业财务有限责任公司	海淀区西四环北路158号慧科大厦	100142	88192008
首钢集团财务有限公司	石景山区古城大街36号院1号楼	100000	88295319
中船重工财务有限责任公司	海淀区昆明湖南路72号中船重工科技研发大厦3层	100000	88010372
中信财务有限公司	朝阳区新源南路6号京城大厦低层栋B座2层	100004	59668264
保利财务有限责任公司	东城区朝阳门北大街1号新保利大厦8C	100010	84192372
北大方正集团财务有限公司	海淀区成府路298号928室	100871	82529801
华联财务有限责任公司	西城区金融大街33号通泰大厦B座428室	100033	88086592
通用技术集团财务有限责任公司	丰台区西三环中路90号通用技术大厦6层	100055	63348327
国家电投集团财务有限公司	西直门外大街18号金茂大厦C1座	100044	56625824
中国大唐集团财务有限责任公司	西城区菜市口大街1号13～14层	100053	83956810
中国华电集团财务公司	西城区宣武门内大街2号中国华电大厦B座10层	100031	83568000
中化工程集团财务有限公司	东城区东直门内大街2号化学工程大厦13层	100007	59765361
中铁财务有限责任公司	海淀区复兴路69号中国中铁大厦C座5层	100039	51952351
清华控股集团财务有限公司	海淀区中关村东路1号院8号楼清华科技园科技大厦A座10层	100084	82159898
中国核工业建设集团财务有限公司	西城区车公庄大街12号核建大厦	100037	88306225
中国电力财务有限公司	东城区建国门内大街乙18号院1号楼英大国际大厦	100005	63414216
中国华能财务有限责任公司	西城区复兴门南大街丙2号天银大厦C段西区7～8层	100031	63080850
航天科技财务有限责任公司	西城区平安里西大街31号	100035	66498800
中国电子科技财务有限公司	海淀区复兴路17号国海广场A座16层	100036	68589023
中国铁建财务有限责任公司	海淀区复兴路40号中国铁建大厦10层东	100855	52689072
中建财务有限责任公司	朝阳区安定路5号院3号楼30层01单元	100029	86496331
中冶集团财务有限公司	朝阳区曙光西里28号中冶大厦31层	100028	59869215

机构名称	地　址	邮　编	电　话
中国建材集团财务有限公司	海淀区复兴路 17 号国海广场 2 号楼 B 座 9 层	100102	68139266
中交财务有限公司	西城区德胜门外大街 83 号德胜国际中心 B 座 16 层	100088	82016177
北京金融街集团财务有限公司	西城区真武庙四条 8 号院 10 号楼 202 室	100045	68065876
中化集团财务有限责任公司	西城区复兴门内大街 28 号凯晨世贸中心中座 F3 层	100031	59569458
中粮财务有限责任公司	朝阳区朝阳门南大街 8 号中粮福临门大厦 19 层	100020	85006341
中国电建集团财务有限责任公司	海淀区西直门外大街 168 号腾达大厦 8 层	100044	58367900
新华联集团财务有限公司	通州区台湖镇政府大街新华联总部大厦 4 层	101116	80538426
北京粮食集团财务有限公司	西城区广安门大街 316 号京粮古船大厦 5 层	100053	83570638
联通集团财务有限公司	西城区金融大街 21 号中国联通大厦 A 座 10 层	100033	66258724
中车财务有限公司	丰台区芳城园一区 15 号楼附楼 1 ~5 层	100078	51897086
招商局集团财务有限公司	朝阳区安定路 5 号院 10 号楼 B 栋 15 层 1501 号	100082	52296332
中国航发集团财务有限公司	海淀区西三环北路甲 2 号 7 号楼 7 层	100081	68981833
国新集团财务有限责任公司	海淀区复兴路 12 号恩菲科技大厦 B 座 1 层	100038	83257400
中国电信集团财务有限公司	西城区西直门内大街 118 号冠华大厦 8 层	100035	56793200

（11）货币经纪公司

机构名称	地　址	邮　编	电　话
中诚宝捷思货币经纪有限公司	东城区崇文门外大街 8 号院 1 号楼 12 层西塔 1201 号、1202 号	100062	63195018

（12）消费金融公司

机构名称	地　址	邮　编	电　话
北银消费金融有限公司	海淀区中关村大街 22 号中科大厦 B 座	100080	60190750

中信消费金融有限公司	朝阳区建国门外大街19号国际大厦1号楼2层02～04A室	100600	65911008

（13）外国银行北京代表处

机构名称	地址	邮编	电话
德国巴登—符腾堡州银行北京代表处	朝阳区东方东路19号院5号楼	100004	65900166
德国中央合作银行股份有限公司北京代表处	朝阳区建国门外大街19号国际大厦22－1B室	100004	85261162
德国迈世勒银行股份公司北京代表处	朝阳区亮马桥路50号燕莎中心C502室	100125	64600458
意大利联合圣保罗银行股份有限公司北京代表处	朝阳区新源南路6号京城大厦2108室	100004	84862108
意大利西雅那银行股份有限公司北京代表处	朝阳区建国门外大街1号16幢16层04～05单元	100004	65053136
意大利裕信银行股份有限公司北京代表处	朝阳区建国门外大街19号国际大厦2604室	100004	65003716
法国工商银行有限公司北京代表处	朝阳区建国门内大街7号光华长安大厦1座310室	100005	65102167
法国标致雪铁龙融资银行有限公司北京代表处	朝阳区亮马桥路50号1号楼3层C310B单元	100020	59275981
俄罗斯工业通讯银行公众式股份公司北京代表处	朝阳区建国门外大街22号赛特大厦1308室	100004	85120068
俄罗斯外贸银行公众股份公司北京代表处	朝阳区建国门外大街19号国际大厦21BC室	100020	85262800
俄罗斯开发与对外经济银行（外经银行）国有公司北京代表处	朝阳区建国门外大街19号国际大厦20A室	100004	65928905
俄罗斯天然气工业银行股份公司北京代表处	朝阳区建国门外大街甲6号中环世贸中心C座1205室	100022	65630516
俄罗斯储蓄银行公开股份公司北京代表处	朝阳区亮马桥50号北京燕莎中心办公楼C305～306A室	100016	64627039
俄罗斯农业银行股份公司北京代表处	朝阳区建国门外大街22号赛特大厦809室	100004	65686880

白俄罗斯银行储蓄银行公开股份公司北京代表处	朝阳区东大桥路9号楼1单元3层301房间A13室	100022	59604290
瑞士苏黎世州银行北京代表处	朝阳区东三环北路38号3号楼6层705室	100125	64672539
瑞士信贷银行有限公司北京代表处	西城区金融大街甲9号金融街中心南楼11层1101B单元	100027	63916889
瑞典商业银行公共有限公司北京代表处	朝阳区麦子店街37号北京盛福大厦14层1410室	100004	65004310
瑞典北欧斯安银行有限公司北京代表处	朝阳区东三环北路8号亮马大厦1座603室	100004	65900913
西班牙对外银行有限公司北京代表处	东城区建国门内大街7号7层12号	100005	65170937
西班牙萨瓦德尔银行股份有限公司北京代表处	东城区东直门外大街46号天恒大厦8层805室	100027	84608366
西班牙巴塞罗那储蓄银行北京代表处	东城区建国门内大街7号光华长安大厦1座610～611室	100005	59111199
英国巴克莱银行有限公司北京代表处	东城区建国门北大街8号华润大厦2108室	100005	58165023
英国高盛国际银行无限责任公司北京代表处	西城区金融大街7号英蓝国际金融中心17层1731房间	100140	66273138
丹麦银行有限公司北京代表处	朝阳区东三环中路5号楼28层07－1单元	100020	18513730137
塞浦路斯银行公共有限公司北京代表处	朝阳区建国门外大街1号国贸写字楼1座10层06～08室	100004	65057723
巴基斯坦国民银行股份有限公司北京代表处	朝阳区新源南路2号昆仑饭店401室	100004	65903388－435
巴基斯坦哈比银行有限责任公司北京代表处	东城区东长安街1号东方广场东方经贸城西二办公楼12层12室	100738	85151500－104
巴基斯坦联合银行股份有限公司北京代表处	朝阳区建国路乙118号京汇大厦2110室	100022	65675560
巴基斯坦艾尔哈比银行有限公司北京代表处	朝阳区建国门外大街1号16幢11层18－03室	100033	57379677
巴基斯坦阿斯卡利银行股份有限公司北京代表处	朝阳区建国门外大街1号2期24层2401～23单元	100004	59298655

菲律宾首都银行及信托有限公司北京代表处	东城区建国门内大街18号恒基中心办公一楼1座1410室	100005	65183359
菲律宾金融银行股份有限公司北京代表处	朝阳区建国门外大街1号16幢24层09~10单元	100004	65053793
哈萨克斯坦人民储蓄银行股份公司北京代表处	朝阳区东四环中路41号嘉泰国际大厦A座2006室	100025	84532708
韩国输出入银行北京代表处	朝阳区大望京科技商务园区宏泰东街浦项中心A栋29层2901室	100102	64653371
韩国农协银行股份公司北京代表处	朝阳区阜东大街6号院3号楼26层2608室	100102	84783510
日本三菱日联信托银行股份有限公司北京代表处	朝阳区建国门外大街甲26号长富宫办公楼304室	100022	65139016
日本住友信托银行股份有限公司北京代表处	朝阳区建国门外大街甲26号长富宫办公楼7009室	100022	65139020
日本农林中央金库有限公司北京代表处	朝阳区建国门外大街甲26号长富宫办公楼601室	100022	65130858
泰国开泰银行（大众）有限公司北京代表处	朝阳区建国门外大街19号国际大厦22层C室	100004	65008333
泰国汇商银行大众有限公司北京代表处	朝阳区建国门外大街1号16幢15层02~03单元	100004	57372681
合作金库商业银行股份有限公司北京代表处	朝阳区建国门外大街甲24号东海中心507室	100005	65188175
中国信托商业银行股份有限公司北京代表处	朝阳区光华路甲8号和乔大厦B座111室	100026	65813700
伊朗德佳拉特银行北京代表处	朝阳区亮马桥路50号燕莎中心写字楼C208室	100125	84551116
蒙古国郭勒穆特银行有限公司北京代表处	朝阳区建国门外大街19号中信国际大厦1号楼第20层E号	100004	65033876
阿联酋国民银行股份有限公司北京代表处	朝阳区亮马桥路50号燕莎中心c519室	100125	64650056
喀麦隆非洲第一银行有限公司北京代表处	朝阳区光华路8号楼	100025	51149178
尼日利亚第一银行股份有限公司北京代表处	东城区建国门内大街8号中粮广场B座1431室	100005	65286820
尼日利亚詹尼斯银行股份有限公司北京代表处	朝阳区建国门外大街1号国贸大厦3期15层1559室	100004	57372661
加纳西非商业银行有限公司北京代表处	西城区武定侯街2号6层601~11室	100033	66290098

机构名称	地址	邮编	电话
加拿大帝国商业银行有限公司北京代表处	朝阳区建国门外大街1号国贸大厦B座56层03单元	100022	65667071-103
加拿大丰业银行有限公司北京代表处	东城区建国门北大街8号华润大厦503室	100005	85192050
美国国泰银行有限公司北京代表处	海淀区首都体育馆南路6号3号楼1155室	100004	65159115
美国华美银行股份有限公司北京代表处	东城区建国门内大街7号光华长安大厦6楼609室	100005	65101551
古巴国民银行北京代表处	朝阳区建国门外大街丙24号京泰大厦706和708室	100022	65156586
智利银行股份有限公司北京代表处	朝阳区建国门外大街乙12号双子座大厦西塔606室	100022	58794301
阿根廷国民银行北京代表处	朝阳区建国门外大街1号国贸写字楼2座7层719室	100004	65051661
巴基斯坦联盟银行有限公司北京代表处	朝阳区建国门外大街1号16号楼14层23室	100004	65350216
匈牙利储蓄商业银行公共有限公司北京代表处	朝阳区建国门外大街1号院16号楼23层2315室	100022	85098729
卢森堡国际银行有限责任公司北京代表处	海淀区科学院南路2号C座12层S1210室	100000	82697692

（14）外国非银行金融机构北京代表处

机构名称	地址	邮编	电话
美国万事达卡国际组织北京代表处	东城区建国门北大街8号华润大厦701~702室	100005	85199309
美国威士国际组织（亚太）有限公司北京代表处	朝阳区东三环中路5号财富金融中心48层	100020	85873018
日本国际信用卡公司北京代表处	朝阳区建国路乙118号京汇大厦2006室	100022	18519958680
中银信用卡（国际）有限公司北京代表处	朝阳区永安东里8号华彬国际大厦901B	100022	85288366
宝捷思资本市场（香港）有限公司北京代表处	海淀区科学院南路2号5层506室	100190	13911359079
英国路透集团交易服务有限公司北京代表处	东城区东长安街1号东方广场东一办公楼18层5-12室	100738	13810544648

韩国货币经纪株式会社北京代表处	朝阳区建国门外大街2号银泰写字楼C座1542号	100022	15801252538
西联金融服务公司北京代表处	朝阳区建国门外大街乙12号双子座大厦东塔22层2208A	100022	13811157273
英国银星速汇有限公司北京代表处	朝阳区新源里16号琨莎中心1座1003室	100027	13801386349
CMC Markets 英国公共有限公司北京代表处	东城区东方广场E2座1901室22单元	100738	13488721341
比利时欧洲清算银行有限公司北京代表处	西城区武定侯街6号卓著中心308室	100033	58543212
美国嘉盛集团北京代表处	朝阳区广顺南大街16号东煌大厦18－111室	100102	13911626168

3. 证券业机构

（1）证券公司

机构名称	地　　址	邮　编	电　话
中信建投证券股份有限公司	东城区朝内大街188号	100010	95587
北京高华证券有限责任公司	西城区金融大街7号英蓝国际金融中心18层	100034	4006508356
高盛高华证券有限责任公司	西城区金融大街7号英蓝国际金融中心18层	100034	66273358
中国银河证券股份有限责任公司	西城区金融大街35号国际企业大厦C座	100035	95551
中国民族证券有限责任公司	朝阳区北四环中路27号院5号楼北京盘古大观写字楼40～43层	100140	4008895618
信达证券股份有限公司	西城区闹市口大街9号院1号楼信达金融中心	100031	4008008899
瑞银证券有限责任公司	西城区金融大街7号英蓝国际金融中心15层	100034	4008878827
国都证券股份有限公司	东城区东直门南大街3号国华投资大厦9～10层	100007	4008188118
新时代证券股份有限公司	海淀区北三环西路99号西海国际中心1号楼15层	100086	4006989898
第一创业证券承销保荐有限责任公司	西城区武定侯街6号卓著中心10层	100033	63212001
东兴证券股份有限公司	西城区金融大街5号新盛大厦B座12～15层	100033	66555835

国开证券有限责任公司	西城区阜成门外大街29号1～9层	100007	88300111
华融证券股份有限公司	西城区金融大街8号A座3层、5层	100033	95390
民生证券股份有限公司	东城区建国门内大街28号民生金融中心A座16～18层	100005	400619－888
瑞信方正证券有限责任公司	西城区金融大街甲9号金融街中心南楼15层	100033	66538666
首创证券有限责任公司	西城区德胜门外大街115号	100088	4006200620
中德证券有限责任公司	朝阳区建国路81号华贸中心写字楼1座22层	100025	59026663
中国国际金融股份有限公司	朝阳区建国门外1号国贸大厦2座27层、28层	100022	65051166

（2）证券分公司

机构名称	地　　址	邮　编	电　话
爱建证券有限责任公司北京分公司	朝阳区北辰西路8号院2号楼	100101	85112998
安信证券股份有限公司北京分公司	西城区阜成门北大街2号楼15层	100033	83321000
渤海证券股份有限公司北京分公司	西城区西直门外大街甲143号C座第F2层M单元	100044	88016467
财达证券股份有限公司北京分公司	海淀区花园路2号院牡丹科技楼B座3层B305室	100191	62355536
川财证券有限责任公司北京分公司	西城区平安里西大街28号12层	100034	66495971
大同证券有限责任公司北京分公司	朝阳区光华东里8号院2号楼11层1101内1209室	100020	4007121212
德邦证券股份有限公司北京分公司	西城区西直门外大街1号楼15层17B1～B4	100044	85715271
第一创业证券股份有限公司北京分公司	西城区金融大街9号楼等2幢甲9号楼8层801C	100033	63197866
东北证券股份有限公司北京第二分公司	东城区南竹杆胡同2号1幢12层11209～11211室	100033	4006000686
东北证券股份有限公司北京分公司	西城区锦什坊街28号楼5层501室	100033	4006000686
东北证券股份有限公司北京中关村分公司	东城区安德路甲61号2号楼3层	100011	64522798
东莞证券股份有限公司北京分公司	海淀区万柳中路11号派顿大厦7层708室	100089	58473661

东吴证券股份有限公司北京分公司	西城区金融大街19号B1003室	100033	66573700
东亚前海证券有限责任公司北京分公司	东城区朝阳门北大街6号8层919室	100005	0755－21376918
方正证券股份有限公司北京证券资产管理分公司	西城区阜外大街34号	100037	95571
光大证券股份有限公司北京分公司	西城区月坛北街2号月坛大厦东配楼2层	100037	58452052
广发证券股份有限公司北京分公司	西城区月坛北街2号月坛大厦18层	100045	59136886
国海证券股份有限公司北京第二分公司	海淀区西直门外大街168号腾达大厦25层06室	100044	64283099
国海证券股份有限公司北京分公司	海淀区西直门外大街168号主楼15层1509室	100044	88576898
国金证券股份有限公司北京场外证券业务分公司	怀柔区杨宋镇和平路甲7号楼1至2层5单元101室	101400	95310
国联证券股份有限公司北京分公司	海淀区首体南路9号4楼1203室	100044	68798616
国融证券股份有限公司北京第二分公司	丰台区榴乡路88号院21号楼1层101室	100075	56762128
国融证券股份有限公司北京分公司	西城区闹市口大街1号院长安兴融中心4号楼11层	100020	95385
国盛证券有限责任公司北京分公司	西城区锦什坊街35号院1号楼302－2单元	100033	4008222111
国泰君安证券股份有限公司北京分公司	海淀区知春路7号致真大厦202室	100086	82311188
国信证券股份有限公司北京分公司	海淀区三里河路13号12层	100044	68330110
国元证券股份有限公司北京分公司	东城区东直门外大街46号1号楼1901～09室	100027	84608712
海通证券股份有限公司北京分公司	海淀区中关村南大街甲56号方圆大厦6层601室	100044	88027000
宏信证券有限责任公司北京分公司	大兴区庞各庄镇瓜乡路10号3号楼588室	100022	56715666
华安证券股份有限公司北京分公司	朝阳区东三环中路20号楼27层	100022	56683577
华宝证券有限责任公司北京分公司	朝阳区建国门外大街丙12号楼	100020	57610088
华创证券有限责任公司北京分公司	西城区锦什坊街26号楼4层401室	100033	59370955
华福证券有限责任公司北京分公司	朝阳区朝阳门北大街20号1～25层	100027	95547
华金证券股份有限公司北京分公司	东城区建国门内大街28号4幢6层	100005	85721588

华菁证券有限公司北京分公司	朝阳区工人体育场北路甲2号B栋16层	100027	021－60156777
华林证券股份有限公司北京分公司	西城区金融大街35号1幢1501～1502室	100033	88091560
华龙证券股份有限公司北京分公司	西城区金融大街33号B段6层603号	100033	88086251
华融证券股份有限公司北京分公司	西城区金融大街8号3层	100000	85556666
华泰证券股份有限公司北京分公司	西城区丰盛胡同28号楼15层1501室	100032	63211166
华鑫证券有限责任公司北京分公司	西城区阜成门外大街甲28号西楼10－01号	100037	88306678
华英证券有限责任公司北京分公司	朝阳区建国门外大街8号10层1002～1003单元	100020	58113000
汇丰前海证券有限责任公司北京分公司	朝阳区建国门外大街1号（1期）16幢35层21～25单元	100020	0755－88983292
江海证券有限公司北京分公司	朝阳区东三环南路58号2层202室	100022	58674977
金元证券股份有限公司北京分公司	海淀区花园东路11号泰兴大厦10层1001室	100088	62200539
九州证券股份有限公司北京分公司	西城区华远北街2号811室	100032	83988832
开源证券股份有限公司北京第二分公司	朝阳区建国门外大街8号楼16层1605单元	100022	85660036
开源证券股份有限公司北京第三分公司	丰台区榴乡路88号院18号楼6层601室	100075	83570866
开源证券股份有限公司北京分公司	西城区锦什坊街35号院1号楼2层201室	100033	58080588
联储证券有限责任公司北京分公司	东城区北三环东路36号环球贸易中心A座27楼	100013	56177899
联讯证券股份有限公司北京分公司	朝阳区天畅园6号楼1层	100107	64408846
南京证券股份有限公司北京分公司	朝阳区东三环南路19号院1号楼	100021	87820580
平安证券股份有限公司北京分公司	西城区金融大街23号平安大厦10层1009室	100032	66299501
山西证券股份有限公司北京分公司	海淀区高粱桥斜街13号院甲33号楼2层201室	100044	62235588－8810
申港证券股份有限公司北京分公司	海淀区首体南路9号4楼5层501室	100044	021－80229999
申万宏源证券承销保荐有限责任公司北京分公司	西城区太平桥大街19号B座5层5B	100034	88085893
申万宏源证券有限公司北京分公司	西城区金融大街20号B座6层	100032	67707998
申万宏源证券有限公司北京资产管理分公司	西城区太平桥大街19号2层201－1室	100033	66210166

世纪证券有限责任公司北京分公司	东城区东四十条68号3层312室	100007	84085516
首创证券有限责任公司北京分公司	朝阳区北辰东路8号8号楼2层212室	100101	4006200620
太平洋证券股份有限公司北京分公司	西城区北展北街5~17号（单号）2层9号	100044	88321608
天风证券股份有限公司北京证券承销分公司	西城区佟麟阁路36号1幢1201~1230室	100031	65534527
万和证券股份有限公司北京分公司	东城区东直门外大街48号1幢11层办公楼11H	100027	84367301
网信证券有限责任公司北京分公司	朝阳区建国门外大街8号楼23层2305A	100022	56372178
五矿证券有限公司北京分公司	海淀区首体南路9号4楼6层603室	100048	56176258
西部证券股份有限公司北京第二分公司	西城区月坛南街59号3层317室	100045	95582
西部证券股份有限公司北京第一分公司	西城区月坛南街59号1401－1室	100086	95582
西藏东方财富证券股份有限公司北京分公司	海淀区西直门北大街32号院2号楼13层1506室	100082	82206300
西南证券股份有限公司北京分公司	西城区北三环中路27号5层558室	100022	62015677
湘财证券股份有限公司北京承销与保荐分公司	西城区丰盛胡同28号楼9层901B区	100032	95531
湘财证券股份有限公司北京资产管理分公司	西城区丰盛胡同28号楼901室	100032	95351
新时代证券股份有限公司北京分公司	海淀区中关村东路66号1号楼21层2510室	100190	62672771
信达证券股份有限公司北京分公司	石景山区八角西街68号1层、2层	100043	68842015
兴业证券股份有限公司北京分公司	朝阳区朝外大街乙12号办公楼12层0－1509室	100033	66290221
长城国瑞证券有限公司北京分公司	西城区月坛北街2号月坛大厦A座C3	102601	68081252
长城证券股份有限公司北京分公司	大兴区庞各庄镇瓜乡路10号3号楼790室	100044	88365060
长江证券股份有限公司北京分公司	西城区金融大街33号B段15层	100033	95579
招商证券股份有限公司北京分公司	朝阳区建国路118号8层A1A2室、9层C2D1室、11层B1B2室	100022	65684890
浙江浙商证券资产管理有限公司北京分公司	西城区广安门外大街1号4层412室	100708	65546300
中国银河证券股份有限公司北京分公司	西城区太平桥大街111号5层	100033	58872713
中国中投证券有限责任公司北京分公司	西城区太平桥大街18号15层	100032	63222800
中航证券有限公司北京分公司	朝阳区慧忠路5号A座9层05单元	100101	4008895335

中山证券有限责任公司北京分公司	西城区车公庄大街乙1号	100044	68340828
中泰证券股份有限公司北京分公司	朝阳区新源南路8号院4号楼1301内08单元	100027	65080757
中天国富证券有限公司北京分公司	西城区金融大街9号楼等2幢9号楼1501－01单元	100033	4006080777
中信证券股份有限公司北京分公司	东城区建国门北大街5号4层401室	100005	65128320
中银国际证券股份有限公司北京分公司	西城区西单北大街110号7层	100032	83199693
中邮证券有限责任公司北京证券资产管理分公司	西城区西直门内大街56号生命人寿大厦9层	100088	68858165
中原证券股份有限公司北京分公司	西城区广安门外大街168号1幢8~9层1－907室	100055	83065880
江海证券北京第二分公司	朝阳区东三环南路甲52楼13层16A	100020	58674977
财通证券股份有限公司北京分公司	西城区宣武门外大街26号、28号、30号2幢13层28号B1509室	100052	62660105
湘财证券股份有限公司北京分公司	朝阳区芍药居北里逸零1号1幢6层703室	100029	84633610
财通证券资产管理有限公司北京分公司	西城区月坛北街26号写字楼6层609室	100045	62660168
华西证券股份有限公司北京分公司	海淀区紫竹院路31号4号楼2层	100097	95584
民生证券股份有限公司北京分公司	海淀区西北旺东路10号院东区1号楼3层305A	100094	69056276
中信建投证券股份有限公司北京鸿翼分公司	朝阳区安立路66号4号楼6层三段4－4号	100000	86451427
东北证券股份有限公司关于北京固定收益分公司	东城区南竹杆胡同2号1幢12层11211室	10010	63210854

（3）证券营业部

机构名称	地　　址	邮　编	电　话
爱建证券有限责任公司北京科学院南路证券营业部	海淀区中关村新科祥园甲3号楼2层01室	100080	61934401

安信证券股份有限公司北京北苑路证券营业部	朝阳区天溪园20号楼1层商业24号	100107	68616081
安信证券股份有限公司北京滨河路证券营业部	门头沟区滨河路115号滨河大厦1407室	102300	69828227
安信证券股份有限公司北京东升科技园证券营业部	海淀区西小口路66号中关村东升科技园北领地B－2号楼1层B102B－2室	100192	62928212
安信证券股份有限公司北京东四环中路证券营业部	朝阳区东四环中路82号2座2－1座01层101－2室	100025	68616035
安信证券股份有限公司北京阜成门证券营业部	西城区阜成门北大街2号楼7层701～703号	100034	83321499
安信证券股份有限公司北京阜荣街证券营业部	朝阳区望京园601号楼9层1009室	100102	84766301
安信证券股份有限公司北京复兴门外大街证券营业部	西城区复兴门外大街A2号1号楼11层	100045	68616000
安信证券股份有限公司北京火沙路证券营业部	顺义区后沙峪镇裕民大街3号院1幢1层1071室	101318	61438832
安信证券股份有限公司北京建国门外大街证券营业部	朝阳区建国门外大街乙24号1层N101室	100021	88893661
安信证券股份有限公司北京青塔西路证券营业部	丰台区青塔西路52号院10号楼1～2层2单元甲37室	100071	68616020
安信证券股份有限公司北京石佛营路证券营业部	朝阳区八里庄北里129号院10号楼115室	100025	85815155
安信证券股份有限公司北京万柳华府北街证券营业部	海淀区万柳华府龙园2号楼1层4单元S－11－8室	100089	82565282
安信证券股份有限公司北京西关二巷证券营业部	通州区新华南二街12号院2号楼1层	101100	80884810
安信证券股份有限公司北京西环路证券营业部	昌平区城北街道西环路16号1幢2层05室、06室	102200	60774588
安信证券股份有限公司北京霄云路证券营业部	朝阳区霞光里15号楼18层1单元2101室	100125	62923312
安信证券股份有限公司北京广安路证券营业部	丰台区广安路9号院5号楼4层412～415室	100071	68616035
安信证券股份有限公司北京兴华大街证券营业部	大兴区丽园路7号1～2层116室	100070	89293310

安信证券股份有限公司北京远大路证券营业部	海淀区远大路1号金源时代购物中心2期B区写字楼10G、10F	100097	88893680
安信证券股份有限公司北京政通路证券营业部	房山区拱辰街道政通路12号501室、502室	102401	88874666
安信证券股份有限公司北京中关村东路证券营业部	海淀区中关村南一条甲1号2号楼1层102室	100190	62561606
安信证券股份有限公司北京中关村南大街证券营业部	海淀区中关村南大街甲32号2幢中关村科技发展大厦B座2层	100081	62140234
北京高华证券有限责任公司北京金融大街证券营业部	西城区金融大街7号英蓝国际金融中心18层	100034	66273000
渤海证券股份有限公司北京大兴三中西巷证券营业部	大兴区黄村镇三中西巷9号底商	102600	69224995
渤海证券股份有限公司北京广顺北大街证券营业部	朝阳区广顺北大街33号院1号楼1单元705室、706室	100102	64776858
渤海证券股份有限公司北京慧忠里证券营业部	朝阳区北辰东路8号汇欣大厦1号楼1层A0101～A0103室	100101	64892168
渤海证券股份有限公司北京西外大街证券营业部	西城区西直门外大街甲143号2层东部201室	100044	88016458
财达证券股份有限公司北京花园路证券营业部	海淀区花园路2号牡丹科技楼3层B307	100083	62356660
财达证券股份有限公司北京首体南路证券营业部	海淀区首体南路20号国兴大厦D座1～2层	100044	88354677
财富证券有限责任公司北京德胜门外大街证券营业部	西城区德胜门外大街13号院1号楼305室	100037	68003001
财富证券有限责任公司北京市朝阳东三环中路证券营业部	朝阳区东三环中路39号建外SOHO7号楼3层SH－7302室	100020	85659245
财富证券有限责任公司北京中关村东路证券营业部	海淀区中关村东路89号3层301室	100080	62617176

财通证券股份有限公司北京北三环证券营业部	朝阳区安贞西里三区26楼9层906室	100025	85518655
长城证券股份有限公司北京滨河中路证券营业部	通州区江米店街2号院5号楼9层914室、915室、917室	101100	89528529
大通证券股份有限公司北京建国路证券营业部	朝阳区建国路86号院1号楼8层04室	100022	58207416
大同证券有限责任公司北京西四环中路证券营业部	海淀区西四环中路39－7号	100039	68155388
德邦证券股份有限公司北京朝阳北路证券营业部	朝阳区朝阳北路237号楼16层1903室、1905室	100020	65085758
第一创业证券股份有限公司北京海淀证券营业部	海淀区蓝靛厂东路2号院2号楼金源时代商务中心2号楼	100097	88866799
第一创业证券股份有限公司北京西直门外大街证券营业部	西城区西直门外大街110号1层102室	100000	51658785
第一创业证券股份有限公司北京新街口北大街证券营业部	西城区新街口北大街3号6层605室、606室	100035	51651688
第一创业证券股份有限公司北京中关村证券营业部	海淀区海淀大街32号1号楼3层	100080	67627499
东北证券股份有限公司北京朝外大街证券营业部	朝阳区朝外大街乙6号20层2303室、2305室	100020	68573809
东北证券股份有限公司北京三里河东路证券营业部	西城区三里河东路5号中商大厦4层	100045	68573809
东方证券股份有限公司北京安苑路证券营业部	朝阳区小关北里45号	100029	84896400－410
东方证券股份有限公司北京大郊亭南街证券营业部	朝阳区大郊亭南街5号院1号楼1层106室、2层2017室	100020	80456114
东方证券股份有限公司北京学院路证券营业部	海淀区学院路30号科大天工大厦B座12层	100083	62666848
东莞证券股份有限公司北京西城太平街证券营业部	西城区太平街8号院30号楼3层301－01室	100031	63166002

东莞证券股份有限公司北京兴华大街证券营业部	大兴区黄村镇富强路97号1~2层	100000	62699600
东海证券股份有限公司北京安苑北里证券营业部	朝阳区安苑北里25号楼长白山国际酒店内3层	100101	64993238
东海证券股份有限公司北京西三环北路证券营业部	海淀区西三环北路87号9层4-902~906室	100089	84892358
长城证券股份有限公司北京阜成门外大街证券营业部	西城区阜成门外大街甲28号西楼19层1909室	100037	68339069
东吴证券股份有限公司北京市陶然桥证券营业部	东城区永定门西滨河路8号院7楼10层1101室	102600	57724920
东吴证券股份有限公司北京宣武门证券营业部	西城区宣武门外大街6~18号（双号）	100052	63179388
东兴证券股份有限公司北京北四环中路证券营业部	海淀区北四环中路229号海泰大厦2层北	100083	82884280
东兴证券股份有限公司北京大望路证券营业部	朝阳区西大望路15号4号楼4层	100022	67771888
东兴证券股份有限公司北京复兴路证券营业部	海淀区复兴路65号首层103号	100036	88218659
东兴证券股份有限公司北京知春路证券营业部	海淀区知春路甲63号中国卫星通信大厦西座1层01单元	100088	66555335
方正证券股份有限公司北京安定门外大街证券营业部	东城区安定门外大街66号3栋101室	100011	84216177
方正证券股份有限公司北京阜外大街证券营业部	西城区阜外大街甲34号泰阳大厦	100037	68518581
方正证券股份有限公司北京回龙观西大街证券营业部	昌平区回龙观西大街16号院1号楼1层A105室	102208	57766997
方正证券股份有限公司北京玉带河东街证券营业部	通州区玉带河东街105号1~2层	101100	57965907

光大证券股份有限公司北京大兴证券营业部	大兴区金星西路19号及19号院2号楼101室	102600	53221978
光大证券股份有限公司北京东中街证券营业部	东城区东中街29号东环广场B座2层	100027	64182899
光大证券股份有限公司北京光华路证券营业部	朝阳区光华路4号院3号楼15层1506室、1507室	100020	58607128
光大证券股份有限公司北京广顺北大街证券营业部	朝阳区广顺北大街17号2层A13室	100102	64182898
光大证券股份有限公司北京金融大街证券营业部	西城区武定侯街2号、4号6层F2－1（B）601－2室	100026	66066895
光大证券股份有限公司北京丽泽路证券营业部	丰台区广安门外莱户营东街60号北京哈特商务酒店2层	100054	83067056
东吴证券股份有限公司北京安定路证券营业部	朝阳区安定路39号1幢5层506室、507室	100029	84117711
光大证券股份有限公司北京西直门证券营业部	西城区西直门外大街1号院2号楼8层8C12	100044	58302858
光大证券股份有限公司北京小营路证券营业部	朝阳区小营路25号楼1层、7层	100029	59046206
方正证券股份有限公司北京安慧东里证券营业部	朝阳区安慧东里36号4号楼	100101	68188538
方正证券股份有限公司北京丰台西局欣园证券营业部	丰台区西局欣园南区3号楼	100161	63856977
方正证券股份有限公司北京望京证券营业部	朝阳区望京街9号商业楼3层	100102	84484501
方正证券股份有限公司北京彩和坊路证券营业部	海淀区彩和坊路8号1层101室、102室	100080	62698099
方正证券股份有限公司北京佟麟阁路证券营业部	西城区佟麟阁路95号1号楼尚信大厦6层、7层	100031	66412303
光大证券股份有限公司北京月坛北街证券营业部	西城区月坛北街2号月坛大厦东配楼2层、3层、5层	100045	68081286
光大证券股份有限公司北京中关村大街证券营业部	海淀区海淀北二街10号2层201室	100080	82484426

光大证券股份有限公司北京四季青证券营业部	海淀区通汇路12号、14号、16号2层B区201～202A	100195	53517805
光大证券股份有限公司北京总部基地证券营业部	丰台区外环西路26号院5号楼－1至5层501内4层410室	100070	68081228
广发证券股份有限公司北京安立路证券营业部	朝阳区安立路68号3层D－375、D－376、D－378、D－379	100027	63281999
广发证券股份有限公司北京朝阳门证券营业部	东城区南竹杆胡同2号1幢10201～10202室	100007	85282382
广发证券股份有限公司北京阜成门南大街证券营业部	西城区阜成门南大街甲3号	100037	68022088
广发证券股份有限公司北京广安门内大街证券营业部	西城区广安门内大街316号6层	100053	63547165
广发证券股份有限公司北京建外大街证券营业部	朝阳区建国门外大街19号1号楼3－01室	100004	65155163
广发证券股份有限公司北京鲁谷路证券营业部	石景山区鲁谷路74号中国瑞达大厦F608～F609室	100040	68609562
广发证券股份有限公司北京中关村东路证券营业部	海淀区中关村东路8号东升大厦A座6层	100083	82527515
广州证券股份有限公司北京三里河东路证券营业部	西城区月坛南街49号2幢2层201～212室	100036	68546175
广州证券股份有限公司北京武定侯街证券营业部	西城区武定侯街2号、4号1层F2－1（B）105室	100032	95396
国都证券股份有限公司北京北三环中路证券营业部	西城区北三环中路6号3幢13层1306室	100029	64890703
国都证券股份有限公司北京朝阳路证券营业部	朝阳区八里庄西里97号97号楼1506号	100025	65505078
国都证券股份有限公司北京大望路证券营业部	朝阳区建国路93号院10号楼3层306室	100022	56409125
国都证券股份有限公司北京东中街证券营业部	东城区东中街40号1号楼1层06号－2	100027	65533737

国都证券股份有限公司北京阜外大街证券营业部	西城区阜成门外大街22号1幢3层301室	100037	68329055
国都证券股份有限公司北京九棵树街证券营业部	通州区翠景北里2号楼2层、九棵树街109号、113号、117号	101100	59392161
国都证券股份有限公司北京鲁谷路证券营业部	石景山区鲁谷路74号中国瑞达大厦10层F1008～F1010号	100040	68176013
国都证券股份有限公司北京门头沟滨河路证券营业部	门头沟区滨河霁月园8号楼滨河路153－15号1层	102300	69829800
国都证券股份有限公司北京三元西桥证券营业部	朝阳区曙光西里甲6号院9号楼2层	100025	59762885
国都证券股份有限公司北京西直门外大街证券营业部	西城区西直门外大街110号101室	100044	59812666
国都证券股份有限公司北京中关村南大街证券营业部	海淀区中关村南大街5号理工科技大厦303室	100081	68949680
国海证券股份有限公司北京和平街证券营业部	朝阳区和平街11区38号楼	100013	64283164
国海证券股份有限公司北京火沙路证券营业部	顺义区后沙峪镇裕民大街3号院1幢1层1080室	101300	61460370
国海证券股份有限公司北京新华西街证券营业部	通州区新华西街58号院2号楼24层2415室	101100	64283198
国海证券股份有限公司北京广安路证券营业部	丰台区广安路9号院3号楼4层411室	100161	67010765
国海证券股份有限公司北京中关村大街证券营业部	海淀区中关村大街11号9层955室	100190	95563
国金证券股份有限公司北京长椿街证券营业部	西城区长椿街3号2－101	100033	66215599
国金证券股份有限公司北京建国门内大街证券营业部	朝阳区建国门外大街甲6号1幢B座18层	100600	85050010
国开证券股份有限公司北京西四环北路证券营业部	海淀区西四环北路15号15号楼1层102号、103号	100083	88869917

国开证券股份有限公司北京中关村南大街证券营业部	海淀区中关村南大街6号中电信息大厦5层	100086	82168398
国开证券股份有限公司北京珠市口东大街证券营业部	东城区珠市口东大街14号2层	100050	67072528
国联证券股份有限公司北京朝阳门南大街证券营业部	东城区南竹杆胡同2号银河搜侯中心1层	100010	59576205
国联证券股份有限公司北京建材城西路证券营业部	昌平区建材城西路87号2号楼	100096	57391101
国联证券股份有限公司北京马家堡东路证券营业部	丰台区马家堡东路168号院6号楼1层21号商铺	100068	56158989
国联证券股份有限公司北京石景山路证券营业部	石景山区石景山路乙18号院2号楼12层1505～1509室	100040	88685951
国联证券股份有限公司北京首体南路证券营业部	海淀区首体南路9号4楼12层1202室	100048	63170199
国融证券股份有限公司北京北辰东路证券营业部	朝阳区北辰东路8号12号楼3层2号	100101	84981734
国融证券股份有限公司北京北京阜通东大街证券营业部	朝阳区阜通东大街1号院3号楼4层1单元	100102	58221808
国融证券股份有限公司北京东四环中路证券营业部	朝阳区东四环中路82号2－2座1层101室	100022	52088310－803
国融证券股份有限公司北京金融大街证券营业部	西城区金融大街33号6层C616室	100033	88017777
国融证券股份有限公司北京宣武门西大街证券营业部	西城区宣武门西大街甲129号11层1107～1110室	100031	66418320
国融证券股份有限公司北京中关村大街证券营业部	海淀区中关村大街甲59号文化大厦203	100086	82200303

国盛证券有限责任公司北京德胜门外大街证券营业部	西城区德胜门外大街83号德胜国际中心B座302室	100088	62631969
国盛证券有限责任公司北京乐园路证券营业部	大兴区乐园路4号院2号楼1单元301室	102600	80223383
国泰君安证券股份有限公司北京安贞门证券营业部	朝阳区安定路5号院9号楼1层105单元	100029	82263818
国泰君安证券股份有限公司北京朝内大街证券营业部	东城区南竹杆胡同2号银河搜候中心2层10203室	100010	50953121
国泰君安证券股份有限公司北京德外大街证券营业部	西城区德胜门外大街13号院1号楼109－A	100088	62034788
国泰君安证券股份有限公司北京方庄路证券营业部	丰台区方庄路1号	100078	67638335
国泰君安证券股份有限公司北京光华路证券营业部	朝阳区光华路1号商业写字楼01层03单元	100020	82263797
国泰君安证券股份有限公司北京怀柔府前街证券营业部	怀柔区府前街3号	101400	69680344
国泰君安证券股份有限公司北京建国路证券营业部	朝阳区建国路93号院5号楼119室	100022	50953118
国泰君安证券股份有限公司北京金融街证券营业部	西城区金融大街28号院盈泰商务中心2号楼	100140	59312793
国泰君安证券股份有限公司北京鲁谷路证券营业部	石景山区银河大街6号院1号楼1层南塔106～108室	100040	68659759
国泰君安证券股份有限公司北京苏州桥证券营业部	海淀区北三环西路99号院1号楼1层105A，106A	100086	82263808
国泰君安证券股份有限公司北京通州新华西街证券营业部	通州区新华西街60号院1号楼1层101室	101100	69542299

国泰君安证券股份有限公司北京望京阜通东大街证券营业部	朝阳区阜通东大街12号楼1层101内101A、105内105A	100102	95521
国泰君安证券股份有限公司北京亦庄宏达北路证券营业部	北京经济技术开发区宏达北路16号101室、518室	100176	51062201
国泰君安证券股份有限公司北京知春路证券营业部	海淀区知春路7号致真大厦B座1层105室、2层204室	100083	82311880
国泰君安证券股份有限公司北京中关村大街证券营业部	海淀区海淀北二街8号1层107室	100080	50953100
国信证券股份有限公司北京昌平西环路证券营业部	昌平区城北街道西环路29号楼4层29-4室	102299	95536
国信证券股份有限公司北京朝阳北路证券营业部	朝阳区朝阳北路199号摩码大厦0102号、0103号	100026	95536
国信证券股份有限公司北京丰台科技园证券营业部	丰台区马家堡西路15号1-1101室	100068	88315560
国信证券股份有限公司北京海淀苏州街证券营业部	海淀区成府路28号11层3-1107室	100083	82185635
国信证券股份有限公司北京朝阳门证券营业部	东城区南竹杆胡同2号1幢3层10329室	100010	88315570
国信证券股份有限公司北京石景山路证券营业部	石景山区古城南街9号院2号楼1~2层	100043	88315710
国信证券股份有限公司北京望京证券营业部	朝阳区阜通东大街1号院3号楼1层1112号01室	100102	88315572
国信证券股份有限公司北京通州北苑证券营业部	通州区北苑一路1号院2号楼1层2-8号、2-9号	101101	88315763
国信证券股份有限公司北京亚运村证券营业部	朝阳区慧忠北里309号楼2层223-1号、226-1号	100101	95536
国元证券股份有限公司北京东直门外大街证券营业部	东城区东直门外大街46号天恒大厦9层907~908室	100027	84608168

国元证券股份有限公司北京通州新华大街证券营业部	通州区新华西街59号2层8－1－9－A06－A28	101199	80885658
国元证券股份有限公司北京西坝河南路证券营业部	朝阳区西坝河南路1号4号楼8层805室、806室	100028	64402348
海通证券股份有限公司北京阜外大街证券营业部	西城区阜成门外大街2号A2010室	100037	88026896
海通证券股份有限公司北京工人体育场北路证券营业部	东城区工人体育场北路66号3层301单元	100028	64620913
海通证券股份有限公司北京光华路证券营业部	朝阳区光华路甲8号院1号楼3层3－302室	100026	65831381
海通证券股份有限公司北京亮马桥路证券营业部	朝阳区亮马桥路50号1号楼S109A	100125	65831388
海通证券股份有限公司北京密云鼓楼东大街证券营业部	密云区鼓楼东大街19号－7东侧门	101500	88027006
海通证券股份有限公司北京平谷金乡路证券营业部	平谷区金乡路1号1层、3层	101200	89999236
海通证券股份有限公司北京知春路证券营业部	海淀区知春路甲63号卫星大厦5层	100080	89081218
海通证券股份有限公司北京通州新华北路证券营业部	通州区观音庵南街4号院3号楼1～2层116号	101100	4008888001
海通证券股份有限公司北京中关村南大街证券营业部	海淀区中关村南大街甲56号	100044	88027676
恒泰证券股份有限公司北京北辰西路证券营业部	朝阳区北辰西路69号9～10层4单元1009号	100029	58872078
恒泰证券股份有限公司北京北辛庄路证券营业部	海淀区四季青镇北辛庄路北软双新科创园A座308房间	100093	62592609
恒泰证券股份有限公司北京广渠路证券营业部	朝阳区广渠路11号院1号楼3层301内A302室	100022	87774097

恒泰证券股份有限公司北京东三环中路证券营业部	朝阳区百子湾南二路76号院5号楼1层11A、2层11B	100022	87751481
恒泰证券股份有限公司北京东直门内北小街证券营业部	东城区东直门内北小街14号楼、18号楼101号、201号	100011	84128825
恒泰证券股份有限公司北京光华路证券营业部	朝阳区光华路8号30幢2层B207A房间	100025	59603202
恒泰证券股份有限公司北京广安路证券营业部	丰台区广安路9号院3号楼4层0414号、0415室	100055	63361221
恒泰证券股份有限公司北京广安门外大街证券营业部	西城区广安门外大街1号深圳大厦2层240号房间	100055	63429711
恒泰证券股份有限公司北京建材城西路证券营业部	昌平区回龙观镇建材城西路87号2号楼10层2单元1005室	100085	4001966188
恒泰证券股份有限公司北京建国门内大街证券营业部	东城区建国门内大街19号中纺大厦0510室	100005	65269938
恒泰证券股份有限公司北京金融大街第二证券营业部	西城区金融大街17号、甲17号、乙17号、丙17号17号楼10层1001室	100033	83270880
恒泰证券股份有限公司北京金融大街证券营业部	西城区金融大街33号C座5层507室	100041	56673868
恒泰证券股份有限公司北京榴乡路证券营业部	丰台区榴乡路88号院2号楼1层104室	100079	56762190
恒泰证券股份有限公司北京南湖南路证券营业部	朝阳区南湖南路16号院4号楼102室	100102	64738862
恒泰证券股份有限公司北京农展馆南路证券营业部	朝阳区农展馆南路13号8层903室	100125	84464105
恒泰证券股份有限公司北京上地三街证券营业部	海淀区上地信息产业基地三街3号楼1层3门102室	100085	57851503
恒泰证券股份有限公司北京万丰路证券营业部	丰台区万丰路316号万开中心A座2层A2－13单元	100161	83669825

恒泰证券股份有限公司北京新华大街证券营业部	通州区新华西街58号院3号楼23层2302室	101100	85772321
恒泰证券股份有限公司北京知春路证券营业部	海淀区知春路128号1号楼12层1293室	100080	62423585
红塔证券股份有限公司北京慧忠里证券营业部	朝阳区慧忠里103楼14层B座1402室	100101	84881879
红塔证券股份有限公司北京万泉庄路证券营业部	海淀区万泉庄路15号3层301-005室	100097	88464659
红塔证券股份有限公司北京兴怀大街证券营业部	怀柔区兴怀大街甲15号1层5-101室	101499	69642666
宏信证券有限责任公司北京朝阳门证券营业部	东城区朝阳门内大街8号2层208室	100000	59417641
宏信证券有限责任公司北京东三环中路证券营业部	朝阳区东三环中路39号院24号楼3层A-0308室	100022	85859675
宏信证券有限责任公司北京紫竹院路证券营业部	海淀区紫竹院路116号2层A座商业01-201室	100022	56088916
华安证券股份有限公司北京东三环中路证券营业部	朝阳区广渠路39号院2号楼3层1-2单元	100022	67765018
华安证券股份有限公司北京慧忠北里证券营业部	朝阳区安立路78、80号9层901内905室	100012	64849373
华安证券股份有限公司北京西直门证券营业部	西城区西直门南大街2号21层2门	100044	57734745
华安证券股份有限公司北京中关村大街证券营业部	海淀区中关村大街27号13层	100037	88820169
华宝证券有限责任公司北京建外大街证券营业部	朝阳区建国门外大街丙12号楼1层102单元	100020	57610088
华创证券有限责任公司北京东三环中路证券营业部	朝阳区东三环中路24号楼15层15内03单元	100061	50917318
华创证券有限责任公司北京万寿路证券营业部	海淀区复兴路21号1幢6层606室	100036	53553968

华创证券有限责任公司北京新兴桥证券营业部	海淀区复兴路21号1幢6层601~603室、8层801~802室	100036	59370977
华福证券有限责任公司北京北四环东路证券营业部	朝阳区安慧里四区16号楼1层101室、103室	100101	4008896326
华福证券有限责任公司北京方庄路证券营业部	丰台区方庄路5号2层201~205室	100078	4008896326
华福证券有限责任公司北京海淀南路证券营业部	海淀区海淀南路30号1层	100080	89926933
华福证券有限责任公司北京南湖南路证券营业部	朝阳区南湖南路15号院甲2号楼1~2层2-1-105号	100102	56923595
华福证券有限责任公司北京农大南路证券营业部	海淀区农大南路1号院2号楼7层办公B-719-1号	100084	62963605
华福证券有限责任公司北京石景山路证券营业部	石景山区城通街26号院4号楼5层503室、504室	100043	95547
华福证券有限责任公司北京西直门南大街证券营业部	西城区西直门南大街6号国二招宾馆东楼2~6号	100044	66016352
华金证券股份有限公司北京呼家楼证券营业部	朝阳区东三环北路38号院1号楼1层101内3室、9层1001内15室	100061	85879639
华金证券股份有限公司北京万柳中路证券营业部	海淀区万柳蜂鸟家园2号楼3层103室	100089	82871515
华林证券股份有限公司北京北三环东路证券营业部	朝阳区北三环东路28号易亨大厦2层	100013	64405985
华林证券股份有限公司北京荣京东街证券营业部	北京经济技术开发区荣京东街3号1幢3层2单元317室	100176	87227921
华林证券股份有限公司北京石景山路证券营业部	石景山区石景山路证券营业部乙18号院3号楼20层2209室	100000	88690750

华林证券股份有限公司北京双峪路证券营业部	门头沟区双峪路35号院1号20层2207室	102300	69868099
华林证券股份有限公司北京珠市口西大街证券营业部	西城区珠市口西大街120号1号楼5层0506～0509室	100050	59352028
华林证券股份有限公司北京新华西街证券营业部	通州区新华西街58号院1号楼1～2层140号	101199	60568891
华龙证券股份有限公司北京安外大街证券营业部	东城区安外大街191号	100101	64401588
华龙证券股份有限公司北京三元桥证券营业部	朝阳区静安东里12号院4号楼B110房间	100028	64686886
华融证券股份有限公司北京朝外大街证券营业部	朝阳区朝阳门外大街甲6号	100020	85619001
华融证券股份有限公司北京金融大街证券营业部	西城区金融大街8号楼1层	100033	58568052
华融证券股份有限公司北京太平桥路证券营业部	丰台区太平桥路华源四里2号楼2层22022～22023号	100073	63380688
华融证券股份有限公司北京文慧园证券营业部	海淀区文慧园北路9号今典花园9号楼1层北侧	100082	62440060
华融证券股份有限公司北京中关村证券营业部	海淀区丹棱街6号1幢1层101室	100080	53972235
华泰证券股份有限公司北京东三环北路证券营业部	朝阳区东三环北路27号楼1层102内01单元	100125	95597
华泰证券股份有限公司北京苏州街证券营业部	海淀区苏州街29号18号楼维亚大厦9层901～903室	100080	62526229
华泰证券股份有限公司北京西三环国际财经中心证券营业部	海淀区西三环北路87号4层403室	100048	68733705
华泰证券股份有限公司北京学院南路证券营业部	海淀区学院南路62号1层107室、3层309室	100082	68733903
华泰证券股份有限公司北京雍和宫证券营业部	东城区安定门东大街28号F座5层501室	100013	84273969

华泰证券股份有限公司北京月坛南街证券营业部	西城区月坛南街甲 12 号万丰怡和商务会馆 3 层	100045	68010996
华西证券股份有限公司北京广渠路证券营业部	朝阳区广渠路 28 号 223 号楼 1 层 L109 室	100124	56916465
华西证券股份有限公司北京马家堡东路证券营业部	丰台区马家堡东路 121 号院 2 号楼 1 层	100077	95584
华西证券股份有限公司北京彰化路证券营业部	海淀区彰化路 5 号楼 1 层	100000	4008888818
华西证券股份有限公司北京紫竹院路证券营业部	海淀区紫竹院路 31 号华澳中心嘉慧苑 2 层西侧	100089	68716366
华鑫证券有限责任公司北京菜市口大街证券营业部	西城区菜市口大街甲 2 号院 1 号楼 201 室	100052	88306959
华鑫证券有限责任公司北京平安大街证券营业部	西城区平安里西大街 31 号 1 层	100000	82830860
华鑫证券有限责任公司北京清河证券营业部	海淀区清河嘉园东区 1 号楼 1 层 107 室	100085	88306678
江海证券有限公司北京东三环南路证券营业部	朝阳区东三环南路 58 号富顿中心 A 座 2 层	100022	58674977
江海证券有限公司北京回龙观证券营业部	昌平区回龙观镇黄平路 19 号院 1 号楼 A 单元 609 室	100096	4006662288
江海证券有限公司北京慧忠里证券营业部	朝阳区慧忠里 103 楼 7 层 B 座 707 室	100101	58674977
江海证券有限公司北京团结湖证券营业部	朝阳区农展馆南路 13 号 5 层 603 室	100026	65915177
江海证券有限公司北京紫竹桥证券营业部	海淀区昌运宫 7 号楼南侧 2 层 1 号	100089	62695399
金元证券股份有限公司北京广渠门内大街证券营业部	东城区广渠门内大街 121 号 1 层 106 室	100062	67656001
金元证券股份有限公司北京花园东路证券营业部	海淀区花园东路 11 号泰兴大厦 10 层 1002 室	100191	57625868
开源证券股份有限公司北京西直门外大街证券营业部	西城区西直门外大街 18 号楼 8 层 6 单元 908 室	100044	88333633

开源证券股份有限公司北京振兴路证券营业部	昌平区科技园区振兴路28号绿创科技大厦6层B614室、615室	102200	60716667
联储证券有限责任公司北京建国路证券营业部	朝阳区建国路93号院9号楼5层6层办公内510室	100025	51078626
联储证券有限责任公司北京北三环东路证券营业部	朝阳区光熙门北里34号楼	100028	64789928
联讯证券股份有限公司北京北辰东路证券营业部	朝阳区北辰东路8号3号楼8层东区	100101	62279238
联讯证券股份有限公司北京北苑证券营业部	朝阳区天畅园6号楼1层	100011	64408900
联讯证券股份有限公司北京房山西路证券营业部	房山区良乡地区西潞东里甲1号楼2层	102488	61378408
联讯证券股份有限公司北京金融大街证券营业部	西城区阜成门内大街410号楼1单元1301室	100034	66235729
民生证券股份有限公司北京北蜂窝路证券营业部	海淀区北蜂窝路5号院1号写字楼2层	100038	63980641
民生证券股份有限公司北京菜市口大街证券营业部	西城区菜市口大街1号院2号楼3层305室	100053	83555905
民生证券股份有限公司北京东单北大街证券营业部	东城区东单北大街1号1号楼4层409室	100070	65258631
民生证券股份有限公司北京顺义府前东街证券营业部	顺义区府前东街2号1号楼顺建大厦8楼	101300	69465097
民生证券股份有限公司北京长虹桥证券营业部	朝阳区农展馆南路12号1号楼9层9001室	100125	85235706
南京证券股份有限公司北京东三环南路证券营业部	朝阳区东三环南路19号院1号楼	100021	64913500
南京证券股份有限公司北京南大街证券营业部	怀柔区南大街25号楼1层25－1室	100000	52412658
平安证券股份有限公司北京东花市证券营业部	东城区东花市北里西区23号B座	100062	67172171

平安证券股份有限公司北京望京证券营业部	朝阳区阜通东大街1号院3号楼7层1单元	110801	68878859
瑞银证券有限责任公司北京金融大街证券营业部	西城区金融大街7号英蓝国际金融中心15层	100140	58328320
山西证券股份有限公司北京建国门外大街证券营业部	朝阳区建国门外大街8号楼21层2103单元	110000	65020593
山西证券股份有限公司北京太平庄证券营业部	海淀区太平庄13号	100081	62235588
山西证券股份有限公司北京裕丰路证券营业部	顺义区空港街道裕丰路16号院8号楼1层103室	101300	58352192
上海华信证券有限责任公司北京证券营业部	西城区宣武门外大街6～12号（双号）、16号、18号6号楼15层1528室	100052	83150966
上海证券有限责任公司北京朝阳弘燕路证券营业部	朝阳区周庄山水文园5号楼1层底商06号	100112	67301168
上海证券有限责任公司北京和平里北街证券营业部	东城区和平里北街16号楼和平里大酒店1层	100007	84085505
上海证券有限责任公司北京万寿路证券营业部	海淀区万寿路翠微中里14楼	100036	68254012
申万宏源证券有限公司北京安定路证券营业部	朝阳区安定路39号	100029	64448210
申万宏源证券有限公司北京东四环中路证券营业部	朝阳区东四环中路56号楼2501内2503室	100025	82031568
申万宏源证券有限公司北京丰北路证券营业部	丰台区望园东里28号楼2层	100073	63898151
申万宏源证券有限公司北京金融大街证券营业部	西城区太平桥大街19号B座4层401室	100140	88085853
申万宏源证券有限公司北京劲松九区证券营业部	朝阳区劲松九区909号	100021	67736289
申万宏源证券有限公司北京紫竹院路证券营业部	海淀区紫竹院路116号3层A座商业01号	100089	88511326
世纪证券有限责任公司北京南礼士路证券营业部	西城区南礼士路66号1号楼2层205A室	100045	68085325

世纪证券有限责任公司北京平安大街证券营业部	东城区东四十条68号3层	100007	65869293
首创证券有限责任公司北京北辰东路证券营业部	朝阳区北辰东路8号Q座1层115号	100101	84976731
首创证券有限责任公司北京马甸证券营业部	西城区北三环中路23号楼1层1－1室	100088	4006200620
首创证券有限责任公司北京五道口证券营业部	海淀区五道口地区成府路蓝旗营1号楼东2层	100084	62793481
首创证券有限责任公司北京延庆东顺城街证券营业部	延庆区延庆镇东街2号南侧5层	102199	84976731
首创证券有限责任公司北京雍和宫证券营业部	东城区安定门东大街28号1号楼B单元507号	100013	84292611
首创证券有限责任公司北京长阳祥云街证券营业部	房山区长阳镇祥云街6号院2号楼2层202室	102442	59366063
太平洋证券股份有限公司北京西直门外大街证券营业部	西城区北展北街5～17号（单层）1层9～10号	100044	88329757
太平洋证券股份有限公司北京海淀大街证券营业部	海淀区彩和坊路11号18层1805室	100080	82602867
太平洋证券股份有限公司北京建国门内大街证券营业部	东城区建国门内大街7号光华长安大厦2座1120号	100000	65188606
太平洋证券股份有限公司北京金融大街证券营业部	西城区金融大街27号投资广场B1208室	100031	66080812
太平洋证券股份有限公司北京宣武门外大街证券营业部	西城区宣武门外大街6～12号（双号）、16号、18号6号楼15层1509室	100052	63101146
天风证券股份有限公司北京东三环北路证券营业部	朝阳区东三环北路17号8层806A室	100027	4008005000
天风证券股份有限公司北京菜市口大街证券营业部	西城区菜市口大街6号院1号楼1层103室	100052	83557110

天风证券股份有限公司北京莲花桥证券营业部	海淀区莲花池东路 39 号 6 层 602 室	100089	58816940
万和证券股份有限公司北京亦庄证券营业部	北京经济技术开发区天华北街 11 号院 2 号楼 8 层 807 室	100176	67902755
万联证券股份有限公司北京上地创业路证券营业部	海淀区上地创业路 17 号 1 号楼北侧 1 层	100031	66062626
网信证券有限责任公司北京上地农大南路证券营业部	海淀区农大南路 1 号院 5 号楼 5 层 505 室	100020	60607040
网信证券有限责任公司北京霄云路证券营业部	朝阳区霄云路 28 号院 2 号楼 1 层 108 室	100027	89929917
五矿证券有限公司北京广安门外大街证券营业部	西城区广安门外大街 168 号 1 幢 11 层 1－1209 室	100055	63367231
五矿证券有限公司北京将台路证券营业部	朝阳区将台路甲 2 号燕翔饭店内 2603 室	100016	64373949
西部证券股份有限公司北京德胜门外大街证券营业部	西城区德胜门外大街乙 10 号泰富大厦 4 层	100088	62013151
西部证券股份有限公司北京学院南路证券营业部	海淀区大柳树富海中心 2 号楼 3 层 301 室	100081	62120091
西藏东方财富证券股份有限公司北京朝内大街证券营业部	东城区东水井胡同 11 号楼 1 层 106 室	100010	58641970
西藏东方财富证券股份有限公司北京海淀大街证券营业部	海淀区彩和坊路 10 号 1 层 121 室、122 室	100082	95357
西藏东方财富证券股份有限公司北京航丰路证券营业部	丰台区航丰路 1 号院 1 号楼 1～2 层 101 内 1 层 103 室	100000	95357
西藏东方财富证券股份有限公司北京建国路证券营业部	朝阳区建国路 93 号院 12 楼 1205 号	100000	58208817
西藏东方财富证券股份有限公司北京金融大街证券营业部	西城区太平桥大街 8 号院 10 号楼 1～2 层	100031	59352829

西藏东方财富证券股份有限公司北京三元桥证券营业部	朝阳区曙光西里甲1号1层	100012	58220098
西藏东方财富证券股份有限公司北京陶然亭路证券营业部	西城区白纸坊东街2号院6号楼2层202室	100054	83537678
西藏东方财富证券股份有限公司北京望京北路证券营业部	朝阳区利泽中园208号1幢1层101内1104室	100102	53526041
西藏东方财富证券股份有限公司北京西三环北路证券营业部	海淀区西三环北路72号A座18层2103	100048	95357
西南证券股份有限公司北京北三环中路证券营业部	西城区北三环中路27号商房大厦4层416房间	100011	62015677
西南证券股份有限公司北京昌平证券营业部	昌平区城北街道中山口路31号	102200	69725243
西南证券股份有限公司北京东城证券营业部	东城区朝阳门北大街8号富华大厦A座11层0室	100010	69720922
西南证券股份有限公司北京房山证券营业部	房山区天星街1号院8号楼903~905室	102488	56216462
西南证券股份有限公司北京海淀证券营业部	海淀区西杉创意园四区2号楼西段1层108室	100195	59217930
西南证券股份有限公司北京平谷证券营业部	平谷区府前西街18号院2号楼2-1室	101200	69717491
西南证券股份有限公司北京西城证券营业部	西城区太平街6号5层E-602-1室	100050	63180369
湘财证券股份有限公司北京朝外大街证券营业部	朝阳区朝外大街10号A1区8层	100020	85638510
湘财证券股份有限公司北京建国门内大街证券营业部	东城区建国门内大街7号16层16层17室	100025	65586162
湘财证券股份有限公司北京首体南路证券营业部	海淀区首体南路9号5楼3层0301室	100089	82518073
湘财证券股份有限公司北京顺义站前街证券营业部	顺义区仁和镇站前街1号院1号楼6层	101300	81496902
新时代证券股份有限公司北京北三环西路证券营业部	海淀区北三环西路99号院1号楼2层201室	100086	83561157

新时代证券股份有限公司北京朝外大街证券营业部	朝阳区朝外大街怡景园北里3~5号楼1层B2	100027	83561141
新时代证券股份有限公司北京宣武门外大街证券营业部	西城区宣武门外大街26~30号（双号）2幢4层28号B408室	100052	88312579
新时代证券股份有限公司北京马家堡西路证券营业部	丰台区星河苑2号院22号楼3层	100067	67528236
新时代证券股份有限公司北京南礼士路证券营业部	西城区南礼士路3号海通大厦A座3~4层	100037	68025299
新时代证券股份有限公司北京天通苑证券营业部	昌平区东小口镇天通苑405号楼2层	102218	84819718
新时代证券股份有限公司北京新华北路证券营业部	通州区运河核心区IV-01地块绿地大厦1号楼9层901室	101100	80887484
新时代证券股份有限公司北京羊坊店路证券营业部	海淀区羊坊店路18号2幢4层401-026室	100049	63981660
新时代证券股份有限公司北京中关村东路证券营业部	海淀区中关村东路66号世纪科贸大厦B座	100190	62672766
信达证券股份有限公司北京北辰东路证券营业部	朝阳区北辰东路8号院1号楼12层1215~1217室	100100	85983698
信达证券股份有限公司北京朝阳路证券营业部	朝阳区朝阳路67号8号楼2层272室	100025	85786680
信达证券股份有限公司北京朝阳门证券营业部	东城区南竹杆胡同2号银河搜候中心50210室	100010	59576718
信达证券股份有限公司北京古城路证券营业部	石景山区八角西街68号	100043	68843741
信达证券股份有限公司北京海淀西街证券营业部	海淀区善缘街1号1层07室	100080	62416202
信达证券股份有限公司北京科丰桥证券营业部	丰台区南四环西路188号十五区17号楼1层101室	100070	68887451
信达证券股份有限公司北京前门证券营业部	东城区东交民巷28号红都商务会馆B座1~2层	100006	65285638

信达证券股份有限公司北京万寿路证券营业部	海淀区万寿路17号A座3层301~320室	100036	68252099
信达证券股份有限公司北京西单北大街证券营业部	西城区华远北街2号4层	100032	66127193
信达证券股份有限公司北京裕民路证券营业部	朝阳区裕民路12号元辰鑫国际酒店4层	100029	82253889
兴业证券股份有限公司北京朝阳公园路证券营业部	朝阳区朝阳公园路19号1幢12层10~11单元	100125	65397039
兴业证券股份有限公司北京建国门外大街证券营业部	海淀区西直门北大街32号院1号楼6层	100088	82000172
兴业证券股份有限公司北京通州新华西街证券营业部	通州区新华西街58号院2号楼28层2804室	101100	89500882
兴业证券股份有限公司北京北辰东路证券营业部	朝阳区北辰东路6号院1号楼1层102室	100029	85830020
兴业证券股份有限公司北京市西城区宣武门外大街证券营业部	西城区宣武门外大街26~30号（双号）2幢10层28号B1001室	100052	82000172
兴业证券股份有限公司北京太阳宫中路证券营业部	朝阳区太阳宫中路12号楼14层1402内1706室	100028	84299378
兴业证券股份有限公司北京西大望路证券营业部	朝阳区西大望路63号院7号楼1~2层107室、108室	100022	59544455
兴业证券股份有限公司北京中关村北二街证券营业部	海淀区海淀北二街8号1层105室	100080	82449626
银泰证券有限责任公司北京马甸路证券营业部	海淀区冠城园8号楼B座1层8－1室	100006	65287668
银泰证券有限责任公司北京南横东街证券营业部	西城区菜市口大街6号院2号楼1层102室	100052	4008505505
英大证券有限责任公司北京朝阳证券营业部	朝阳区呼家楼京广中心3层01室	100007	84002095
长城国瑞证券有限公司北京工体南路证券营业部	朝阳区朝外大街16号1幢7层703室	100020	50947395

长城国瑞证券有限公司北京远大路证券营业部	海淀区蓝靛厂东路2号院2号楼1单元A座17E	100097	88596635
长城国瑞证券有限公司北京月坛北街证券营业部	西城区月坛北街2号3层	100045	68086500
长城证券股份有限公司北京崇文门外大街证券营业部	东城区新怡家园甲3号楼11层1106B	100062	67089320
长城证券股份有限公司北京望京西路证券营业部	朝阳区望京西路甲50号1号楼7层1－09内703～706室	100102	64561190
长城证券股份有限公司北京小营路证券营业部	朝阳区北苑路86号院215号楼1层商业107号	100101	64964121
长城证券股份有限公司北京知春路证券营业部	海淀区知春路51号慎昌大厦2层201室	100086	82533229
长城证券股份有限公司北京中核路证券营业部	丰台区中核路一号3号楼2层201～203室	100070	83670069
长江证券股份有限公司北京百万庄大街证券营业部	西城区百万庄路22号1号楼2层	100037	68364388－118/128
长江证券股份有限公司北京北清路证券营业部	昌平区回龙观镇北清路1号院6号楼6－2－104室、6－2－105室	102206	80765318
长江证券股份有限公司北京鼓楼外大街证券营业部	朝阳区鼓楼外大街23号1层118房间	100102	82209680
长江证券股份有限公司北京广渠门内大街证券营业部	东城区广渠门内大街80号11层1102室、1103室、1105室	100062	95579
长江证券股份有限公司北京国贸证券营业部	朝阳区光华东里8号院2号楼21层2101内2316室、2318室	100000	95579
长江证券股份有限公司北京万柳东路证券营业部	海淀区长春桥路11号万柳亿城大厦2号楼9层01号	100089	58818698
长江证券股份有限公司北京望京西路证券营业部	朝阳区南湖西园甲205号楼1层08室	100000	52091558
长江证券股份有限公司北京新源里证券营业部	朝阳区新源里16号B座3A号	100027	84682235

长江证券股份有限公司北京中关村东路证券营业部	海淀区北四环西路 9 号 3 层 306 室、308 室	100190	62423429
招商证券股份有限公司北京安立路证券营业部	朝阳区安立路甲 56 号 2 层 3－8 室	100088	89444871
招商证券股份有限公司北京安外大街证券营业部	东城区安定门外大街 2 号 1 层东侧、4023 室	100013	64287707
招商证券股份有限公司北京北三环东路证券营业部	朝阳区西坝河东里 18 号 8 层 801～808 室	100028	84603492
招商证券股份有限公司北京北苑路证券营业部	朝阳区北苑路 28 号院 1 号楼 01 层 103 内 F1－203 号	100107	84920966
招商证券股份有限公司北京朝外大街证券营业部	朝阳区朝外大街 6 号 5 号楼 2 层 301 室、302 室	100088	51603108
招商证券股份有限公司北京朝阳公园路证券营业部	朝阳区朝阳公园路 19 号 1 幢 1 层 101 室	1001250	82137209
招商证券股份有限公司北京朝阳路八里庄证券营业部	朝阳区八里庄西里 100 号 3 层 301 室	100025	85790299
招商证券股份有限公司北京车公庄西路证券营业部	海淀区车公庄西路甲 19 号 83 号楼华通大厦 A 座 3 层东侧	100044	68488335
招商证券股份有限公司北京东三环北路证券营业部	朝阳区东三环北路 19 号楼 2 层 201 室	100020	65860272
招商证券股份有限公司北京东四十条证券营业部	东城区东四十条甲 22 号 1 号楼 3 层 03 室	100007	65951602
招商证券股份有限公司北京方庄路证券营业部	丰台区紫芳园四区 2 号楼 1 至 2 层 202 室	100078	87608097
招商证券股份有限公司北京光明路证券营业部	东城区光明路 11 号天玉大厦 501～502 室、601～602 室	100006	67356565
招商证券股份有限公司北京广渠路证券营业部	朝阳区广渠路 66 号院 22 号楼 1 层 101 内 105 室	100022	82498057

招商证券股份有限公司北京建国路证券营业部	朝阳区建国路118号8层	100022	88087086
招商证券股份有限公司北京金融大街证券营业部	西城区金融大街33号通泰大厦C座605～607室	100140	62073868
招商证券股份有限公司北京酒仙桥路证券营业部	朝阳区酒仙桥路乙21号3幢5层5E	100016	62073538
招商证券股份有限公司北京平安大街证券营业部	西城区平安里西大街28号楼01层101－02室	100032	95565
招商证券股份有限公司北京上地农大南路证券营业部	海淀区农大南路1号院2号楼5层办公B－522室	100084	62667620
招商证券股份有限公司北京顺义仓上街证券营业部	顺义区仓上街2号智能大厦B区1层	101300	89452551
招商证券股份有限公司北京通州新华西街证券营业部	通州区北苑一路1号院2号楼1层2－1室	101101	65684890
招商证券股份有限公司北京望京阜安西路证券营业部	朝阳区阜通东大街1号院6号楼2层2218室	100102	64715286
招商证券股份有限公司北京西翠路证券营业部	海淀区西翠路17号院24号楼1层103室	100036	68156829
招商证券股份有限公司北京西直门北大街证券营业部	海淀区西直门北大街60号首钢国际大厦6层	100088	82291140
招商证券股份有限公司北京颐和园路证券营业部	海淀区颐和园路1号北京资源燕园宾馆1～2层	100080	62641188
招商证券股份有限公司北京亦庄证券营业部	北京经济开发区荣华南路1号院2号楼1层101室	100176	65979590
招商证券股份有限公司北京远大路证券营业部	海淀区远大路39号1号楼418室	100000	65860272
招商证券股份有限公司北京知春东里证券营业部	海淀区知春东里12号楼	100086	82137708
招商证券股份有限公司北京中核路证券营业部	丰台区中核路3号院3号楼607室、608室	100070	82498058

浙商证券股份有限公司北京朝阳门北大街证券营业部	东城区朝阳门北大街8号富华大厦E座4层	100027	65546300
浙商证券股份有限公司北京广安门外大街证券营业部	西城区广安门外大街1号4层411室	100052	83555728
中国国际金融股份有限公司北京建国门外大街证券营业部	朝阳区建国门外大街甲6号A座、B座爱思开大厦1层4~6室	100022	85679888
中国国际金融股份有限公司北京科学院南路证券营业部	海淀区科学院南路2号院1号楼13层1309~1311单元	100000	82861086
中国国际金融股份有限公司北京亚运村证券营业部		100101	64830266－609
中国国际金融股份有限公司苏州工业园区证券营业部		100080	62698502
中国银河证券股份有限公司北京安贞门证券营业部	朝阳区安定路33号1－3内11层1102号	100120	62352717
中国银河证券股份有限公司北京菜市口大街证券营业部	西城区菜市口大街甲2号院2号楼1~2层	100054	63566500
中国银河证券股份有限公司北京朝阳路证券营业部	朝阳区八里庄西里100号3层305室	100025	64088613
中国银河证券股份有限公司北京朝阳门北大街证券营业部	朝阳区八里庄西里100号3层305室	100037	68362033
中国银河证券股份有限公司北京翠林路证券营业部	丰台区西铁营中路1号院1号楼万达广场写字楼15层1509室	100069	63582096
中国银河证券股份有限公司北京大望路证券营业部	朝阳区建国路88号7~10号楼1~2层	100022	58872641
中国银河证券股份有限公司北京东四环南路证券营业部	朝阳区十八里店乡周庄嘉园7号院16号楼底商11~12门	100020	58872711

中国银河证券股份有限公司北京方庄南路证券营业部	丰台区方庄南路2号103室	100078	57539008
中国银河证券股份有限公司北京丰科路证券营业部	丰台区六圈路2号院4号楼1~2层106室	100070	83626612
中国银河证券股份有限公司北京阜成路证券营业部	海淀区阜成路67号银都大厦1层、3~4层	100036	88411327
中国银河证券股份有限公司北京阜外大街证券营业部	西城区阜成门外大街甲9号国宾酒店1层GBC-6区域	100037	68292898
中国银河证券股份有限公司北京广安门证券营业部	西城区南滨河路27号7号楼4层405室	100055	58872653
中国银河证券股份有限公司北京后沙峪证券营业部	顺义区后沙峪镇裕庆路20号院9号楼107~108室	101318	80489800
中国银河证券股份有限公司北京呼家楼证券营业部	朝阳区呼家楼向军北里甲6号楼2层	100020	65912966
中国银河证券股份有限公司北京建国路证券营业部	朝阳区建国路126号1号楼1层大厅北侧	100078	65662092
中国银河证券股份有限公司北京金融街证券营业部	西城区金融大街33号6层C616室	100032	58872889
中国银河证券股份有限公司北京来广营证券营业部	朝阳区来广营西路5号院诚盈中心2号楼201单元	100102	84931277
中国银河证券股份有限公司北京立通路证券营业部	朝阳区锦芳路1号院15号楼1层15-3	100022	87101351
中国银河证券股份有限公司北京亮马桥路证券营业部	朝阳区亮马桥路42号院124号楼-2至16层101内11层1113室	100125	64748888
中国银河证券股份有限公司北京上地证券营业部	海淀区信息路甲28号4层D座04B-C	100085	62966811

中国银河证券股份有限公司北京太阳宫证券营业部	朝阳区夏家园11号楼2层9号商业	100013	64464775
中国银河证券股份有限公司北京陶然桥证券营业部	东城区马家堡路1号9层901～906室	100068	67578176
中国银河证券股份有限公司北京通州九棵树证券营业部	通州区九棵树街100号1～2层	101100	81599108
中国银河证券股份有限公司北京通州证券营业部	通州区新华南二街12号院2号楼1层2－6室	101100	60517520
中国银河证券股份有限公司北京望京证券营业部	朝阳区阜通东大街12号楼2层	100102	64748888
中国银河证券股份有限公司北京西三环南路证券营业部	丰台区西三环南路14号院1号楼201－1室	100073	63361296
中国银河证券股份有限公司北京兴华大街证券营业部	大兴区兴华大街19号院17号楼1层101室	102699	60256542
中国银河证券股份有限公司北京学清路证券营业部	海淀区学清路甲38号金码大酒店7层701～702室、712～718室	100083	82838908
中国银河证券股份有限公司北京学院南路证券营业部	海淀区学院南路34号2号楼1～3层	100082	62276491
中国银河证券股份有限公司北京亚运村证券营业部	朝阳区北辰东路8号院16号楼2层A203室	100101	64464763
中国银河证券股份有限公司北京颐和园路证券营业部	海淀区北四环西路65号13层1514室、1516室	100080	82169052
中国银河证券股份有限公司北京亦庄证券营业部	北京经济技术开发区荣华中路5号院1号楼1层103室	100176	58357979
中国银河证券股份有限公司北京雍和宫证券营业部	东城区和平里东街11号创新楼A座B1－A1号	100007	68731590

中国银河证券股份有限公司北京远大路证券营业部	海淀区蓝靛厂东路2号院2号楼A座2层1单元2B	100097	88890258
中国银河证券股份有限公司北京知春路证券营业部	海淀区知春路68号1号楼1层102－2室	100086	82102598
中国银河证券股份有限公司北京中关村大街证券营业部	海淀区中关村南大街甲18号院1－4号楼D座03－3D室	100081	62512318
中国银河证券股份有限公司北京珠市口大街证券营业部	东城区珠市口东大街2号1层110室	100062	87103627
中国中金财富证券有限公司北京北三环东路证券营业部	东城区北三环东路36号A座1～2层	100101	58257705
中国中金财富证券有限公司北京朝阳路证券营业部	朝阳区延静里中街3号2号楼300～316室	100025	65082922
中国中金财富证券有限公司北京阜成门外大街证券营业部	西城区阜成门外大街2号A1101室	100037	68019608
中国中金财富证券有限公司北京富丰路证券营业部	丰台区科技园富丰路4号A座1层04号	100070	83623790
中国中金财富证券有限公司北京花园路证券营业部	海淀区花园路1号1层107室	100016	64312866
中国中金财富证券有限公司北京丽泽路证券营业部	丰台区丽泽路5号3层301室	100073	63363666
中国中金财富证券有限公司北京顺义站前街证券营业部	顺义区仁和镇站前街3号院1号楼7层713室	101300	81460288
中国中金财富证券有限公司北京宋庄路证券营业部	丰台区宋庄路71号院1号楼11层、12层	100078	67642201
中国中金财富证券有限公司北京万寿路证券营业部	海淀区万寿路西街2号2号楼3层南段	100036	67642201

中国中金财富证券有限公司北京望京街证券营业部	朝阳区望京街9号商业楼02层211室	100040	88684886
中国中金财富证券有限公司北京中关村南大街证券营业部	海淀区中关村南大街乙12号院1号楼22层2601室	100081	82168126
中航证券有限公司北京东三环证券营业部	朝阳区曙光西里甲5号院22号楼1703B单元	100028	4008895335
中航证券有限公司北京慧忠路证券营业部	朝阳区慧忠路5号A座9层02单元、03单元	100012	84801300
中山证券有限责任公司北京方庄证券营业部	丰台区方庄芳城园一区10号楼10－59幢1层102室	100071	53257291
中山证券有限责任公司北京宣武门外大街证券营业部	西城区宣武门外大街6～12号（双号）、16号、18号6号楼320单元	100052	63109155
中泰证券股份有限公司北京安立路证券营业部	朝阳区慧忠里103楼1层103－2室	100101	84872166
中泰证券股份有限公司北京百万庄大街证券营业部	西城区百万庄大街16号1号楼1～2层	100040	66553309
中泰证券股份有限公司北京朝外大街证券营业部	朝阳区朝阳门外大街20号1幢联合大厦202室、310室	100020	65882608
中泰证券股份有限公司北京大望路证券营业部	朝阳区西大望路63号院8号楼	100022	62985995
中泰证券股份有限公司北京新源南路证券营业部	朝阳区新源南路8号院4号楼13层1301内04单元	100027	65083077
中泰证券股份有限公司北京光华路证券营业部	朝阳区建国门外大街1号院1号楼53层13～19单元	100004	56793100
中泰证券股份有限公司北京广渠路证券营业部	朝阳区广渠路36号院5号楼2层206室	100022	87728790
中泰证券股份有限公司北京国贸证券营业部	朝阳区东三环中路乙10号艾维克大厦首层北侧	100022	65158517
中泰证券股份有限公司北京苏州桥证券营业部	海淀区北三环西路99号1号楼2层203室、205室、206室	100086	82887698
中泰证券股份有限公司北京望京证券营业部	朝阳区望京东园四区6号楼3层303单元	100102	64789872

中泰证券股份有限公司北京学院南路证券营业部	海淀区学院南路62号中关村资本大厦308室	100044	83020177
中天证券股份有限公司北京北四环证券营业部	朝阳区将台乡驼房营路8号新华科技大厦1415室	100000	67607279
中天证券股份有限公司北京朝阳证券营业部	朝阳区百子湾西里403号楼2层206室	100124	57193918
中信建投证券股份有限公司北京安立路证券营业部	朝阳区安立路66号4号楼	100101	64906210
中信建投证券股份有限公司北京北辰西路证券营业部	朝阳区北土城西路7号1层6单元101室	100029	82994802
中信建投证券股份有限公司北京北三环东路证券营业部	朝阳区北三环东路28号1层101室	100013	89099066
中信建投证券股份有限公司北京北四环东路证券营业部	朝阳区惠新东街2号1层101内3号、5层501内D71号	100102	64304768
中信建投证券股份有限公司北京昌平昌崔路证券营业部	昌平区城北街道昌崔路203号楼	102200	89787158
中信建投证券股份有限公司北京常惠路证券营业部	朝阳区常惠路6号楼	100024	64172768
中信建投证券股份有限公司北京朝外大街证券营业部	朝阳区朝外大街乙12号办公楼29号商铺	100020	50866396
中信建投证券股份有限公司北京朝阳公园南路证券营业部	朝阳区朝阳公园南路10号院2号楼2－3室	100026	64176065
中信建投证券股份有限公司北京朝阳路证券营业部	朝阳区八里庄西里99号1层102室内102－1号	100025	85868091
中信建投证券股份有限公司北京大柳树路证券营业部	海淀区上园村3号交大科技大厦101－1室、203－3室	100044	62440568
中信建投证券股份有限公司北京大屯路证券营业部	朝阳区南沙滩66号院1号楼1层1－1－（1）室	100101	58739503

中信建投证券股份有限公司北京大兴金星西路证券营业部	大兴区金星西路6号院1号楼1层102室、8层801室	102600	60295066
中信建投证券股份有限公司北京丹棱街证券营业部	海淀区丹棱街18号1层108号、2层	100030	82666938
中信建投证券股份有限公司北京德胜门外大街证券营业部	西城区德胜门外大街11号18幢1层107－1室	100088	82281653
中信建投证券股份有限公司北京东三环中路证券营业部	朝阳区东三环中路9号	100020	85911109
中信建投证券股份有限公司北京东直门南大街证券营业部	东城区东直门南大街6号	100027	64172758
中信建投证券股份有限公司北京方庄路证券营业部	丰台区紫芳园四区1号楼202室	100078	87161717
中信建投证券股份有限公司北京丰台北路证券营业部	丰台区丰台北路18号院1号楼0102室	100166	63872797
中信建投证券股份有限公司北京丰台东路证券营业部	丰台区丰台东路58号院1号楼	100070	68451373
中信建投证券股份有限公司北京阜安西路证券营业部	朝阳区望京西园一区134号楼1层107房间－1号	100102	84766768
中信建投证券股份有限公司北京富丰路证券营业部	丰台区富丰路2号	100070	83739065
中信建投证券股份有限公司北京广渠路证券营业部	朝阳区广渠路28号223号楼1层01内L112室、L113室	100022	64172805
中信建投证券股份有限公司北京广渠门内大街证券营业部	东城区广渠门内大街35号1层111A、112A	100062	67187108
中信建投证券股份有限公司北京红军营南路证券营业部	朝阳区天溪园20号楼1层商业22号、2层商业45号	100107	56326111

中信建投证券股份有限公司北京厚金路证券营业部	朝阳区金蝉里22号院3号楼1层101室	100023	68759965
中信建投证券股份有限公司北京虎坊路证券营业部	西城区虎坊路17幢1~2层商业E06	100052	83559860
中信建投证券股份有限公司北京怀柔府前街证券营业部	怀柔区府前街3号	101499	60685098
中信建投证券股份有限公司北京回龙观西大街证券营业部	昌平区回龙观镇西大街85号	102208	57536727
中信建投证券股份有限公司北京金融大街证券营业部	西城区锦什坊街35号院1号楼11层1102－1单元	100033	66555976
中信建投证券股份有限公司北京酒仙桥路证券营业部	朝阳区酒仙桥路甲10号3号楼	100015	53805898
中信建投证券股份有限公司北京良乡拱辰南大街证券营业部	房山区拱辰南大街1号1层105室	102401	88980268
中信建投证券股份有限公司北京榴乡路证券营业部	丰台区榴乡路88号院22号楼1层103室、104室	100079	56762122
中信建投证券股份有限公司北京马家堡西路证券营业部	丰台区马家堡西路15号时代风帆大厦102号	100068	67578532
中信建投证券股份有限公司北京马连洼北路证券营业部	海淀区马连洼北路138号院1号楼1层102室	100193	62893193
中信建投证券股份有限公司北京南大红门路证券营业部	丰台区南大红门路15号梅源市场南段	100076	68759942
中信建投证券股份有限公司北京农大南路证券营业部	海淀区农大南路1号院2号楼商业A－01、商业A－02、办公A－206	100084	82349798
中信建投证券股份有限公司北京青年路证券营业部	朝阳区青年路29号院11号楼1层	100123	58777809

中信建投证券股份有限公司北京三里河路证券营业部	海淀区三里河路39号	100037	88381545
中信建投证券股份有限公司北京时代花园南路证券营业部	石景山区时代花园南路17号1层102室	100043	88980277
中信建投证券股份有限公司北京顺义站前街证券营业部	顺义区站前街1号院1号楼7层725室	101300	56326285
中信建投证券股份有限公司北京松榆南路证券营业部	朝阳区松榆西里11号楼1层11－2号	100021	67278196
中信建投证券股份有限公司北京太平桥路证券营业部	丰台区华源四里13号楼F09	100073	63259608
中信建投证券股份有限公司北京朝阳门内大街证券营业部	朝阳区太阳宫火星园8号楼205门	100028	84150996
中信建投证券股份有限公司北京通州通朝大街证券营业部	通州区翠屏西路10号1～2层	101121	50952289
中信建投证券股份有限公司北京望京中环南路证券营业部	朝阳区望京中环南路9号3号楼7层、2号楼1层	100102	64723010
中信建投证券股份有限公司北京西翠路证券营业部	海淀区西翠路17号院20号楼1层商铺9、商铺10	100036	68186626
中信建投证券股份有限公司北京宣武门外大街证券营业部	西城区宣武门外大街26号、28号、30号2幢A308、309室	100052	63175505
中信建投证券股份有限公司北京学院南路证券营业部	海淀区学院南路38号1层1－商业（1）	100081	56326033
中信建投证券股份有限公司北京燕山燕房路证券营业部	房山区燕山燕房路临99号	102500	81337869
中信建投证券股份有限公司北京亦庄荣华中路证券营业部	北京经济技术开发区荣华中路10号A座106室、2201室	100176	57780069

中信建投证券股份有限公司北京玉泉路证券营业部	石景山区玉泉路63号1层115室	100040	68628807
中信建投证券股份有限公司北京远大路证券营业部	海淀区蓝靛厂金源时代购物中心B区2#B座5G室	100097	88871811
中信建投证券股份有限公司北京云岗路证券营业部	丰台区王佐镇长青路87号宽2号商业楼西3号	100074	83378558
中信建投证券股份有限公司北京长阳昊天北大街证券营业部	房山区长阳镇昊天北大街48号加州水郡东区商业中心	102400	60306780
中信建投证券股份有限公司北京知春路证券营业部	海淀区知春路6号锦秋国际大厦1层B02单元	100015	82666371
中信建投证券股份有限公司北京中关村东路证券营业部	海淀区中关村东路66号2号楼商业8号	100190	82666909
中信建投证券股份有限公司北京中关村南大街证券营业部	海淀区中关村南大街1号北京友谊宾馆60911房间	100080	82666929
中信证券股份有限公司北京安外大街证券营业部	朝阳区安定门外大街1号	100011	84122033
中信证券股份有限公司北京北三环中路证券营业部	海淀区北三环中路43号五区73号楼	100088	82013236
中信证券股份有限公司北京北苑证券营业部	朝阳区天朗园C座1层商业内1－015号	100107	84840192
中信证券股份有限公司北京东三环中路证券营业部	朝阳区广渠路39号院2号楼7层01单元	100078	87645762
中信证券股份有限公司北京东直门证券营业部	东城区东直门外大街48号1幢4层04－商业－05号	100027	95548
中信证券股份有限公司北京复外大街证券营业部	西城区白云路1号	100045	63261166

中信证券股份有限公司北京国贸证券营业部	朝阳区建国路甲92号-4至24层504室	100020	85890121
中信证券股份有限公司北京呼家楼证券营业部	朝阳区光华路9号楼1层125室、2层226室	100020	57602571
中信证券股份有限公司北京建外大街证券营业部	朝阳区建国门外大街19号1号楼20层BCD室	100022	59400588
中信证券股份有限公司北京金融大街证券营业部	西城区金融大街35号1层107单元	100033	95548
中信证券股份有限公司北京京城大厦证券营业部	朝阳区新源南路6号1号楼2404室	100027	95548
中信证券股份有限公司北京三元桥证券营业部	朝阳区曙光西里甲5号院16号楼102单元	100028	84554110
中信证券股份有限公司北京首体南路证券营业部	海淀区首体南路9号4楼1至2层101室	100044	65648858
中信证券股份有限公司北京天通苑证券营业部	昌平区天通北苑一区甲4号楼102室	102218	80127369
中信证券股份有限公司北京万柳证券营业部	海淀区万柳中路11号1层105室	100089	82560732
中信证券股份有限公司北京望京证券营业部	朝阳区望京东园七区17号楼1层17-2室	100102	84785403
中信证券股份有限公司北京远大路证券营业部	海淀区远大路1号1层J-1042号	100097	95548
中信证券股份有限公司北京中关村大街证券营业部	海淀区丹棱街1号院1号楼102单元	100071	52217106
中信证券股份有限公司北京中关村东路证券营业部	海淀区中关村东路8号东升大厦AB座503B、807B	100083	95548
中信证券股份有限公司北京紫竹院路证券营业部	海淀区紫竹院路69号中国兵器大厦9层	100089	68965201
中信证券股份有限公司北京总部证券营业部	朝阳区亮马桥路48号院4号楼1层101内A1室	100026	60838721
中银国际证券股份有限公司北京北四环西路证券营业部	海淀区北四环西路9号1502室	100190	66229265
中银国际证券股份有限公司北京东三环北路证券营业部	朝阳区东三环北路8号6号楼01层101室	100026	4006208888

中银国际证券股份有限公司北京荣京东街证券营业部	北京经济技术开发区荣京东街3号1幢4层1单元409室	100176	67864100
中银国际证券股份有限公司北京通州九棵树证券营业部	通州区翠景北里21号楼20层2003室	101101	4006208888
中银国际证券股份有限公司北京宣外大街证券营业部	西城区宣武门外大街甲1号1层103室	100052	63109966
中邮证券有限责任公司北京宣武门东大街证券营业部	西城区宣武门东大街2号2幢1层东侧、2层东侧	100082	82291798
中原证券股份有限公司北京月坛北街证券营业部	西城区月坛北街2号月坛大厦北座主楼16层1601室、1602室	100045	83065730
中原证券股份有限公司北京酒仙桥路证券营业部	朝阳区酒仙桥路14号51号楼1层A158室	100016	58671108
华西证券股份有限公司北京望京东路证券营业部	朝阳区望京东园七区1号楼1～2层1－29号、1－30号	100102	64777260
财富证券有限责任公司北京宏泰东街证券营业部	朝阳区望京东园三区15号楼1层101室	100102	80456300
光大证券股份有限公司北京永安里证券营业部	朝阳区永安东里甲3号院1号楼5层0604室	100142	58793155
东方证券股份有限公司北京望京证券营业部	朝阳区望京西园丙410号楼1层410C－1（1）5号	100102	95503

（4）基金管理公司

机构名称	地　　址	邮　编	电　话
华夏基金管理有限公司	西城区月坛南街1号院7号楼11层	100045	4008186666
嘉实基金管理有限公司	东城区建国门北大街8号华润大厦8层	100005	4006008800
长盛基金管理有限公司	朝阳区安定路5号院3号楼中建财富国际中心3～5层	100088	4008882666

银华基金管理股份有限公司	东城区东长安街1号东方广场C2座10层	100738	4006783333
泰达宏利基金管理有限公司	朝阳区针织路23号中国人寿金融中心6层02~07单元	100033	4006988888
东方基金管理有限责任公司	西城区锦什坊街28号	100033	4006285888
工银瑞信基金管理有限公司	西城区金融大街5号新盛大厦A座	100033	4008119999
建信基金管理有限责任公司	西城区金融大街7号英蓝国际金融中心16层	100033	4008195533
华商基金管理有限公司	西城区平安里西大街28号楼19层	100035	4007008880
益民基金管理有限公司	西城区宣武门外大街10号庄胜广场中央办公楼南翼13A层	400011	4006508808
中邮创业基金管理股份有限公司	东城区和平里中街乙16号	100013	4008801618
方正富邦基金管理有限公司	西城区车公庄大街12号东侧8层	100037	4008180990
国金基金管理有限公司	海淀区西三环北路87号国际财经中心D座14层	100089	4000200018
英大基金管理有限公司	东城区东三环中路1号环球金融中心西塔22层	100020	4008905288
江信基金管理有限公司	海淀区北三环西路99号西海国际中心1号楼2001-A	100086	57380888
中加基金管理有限公司	西城区南纬路35号	100050	4000095526
中融基金管理有限公司	朝阳区望京东园四区2号中航资本大厦17楼	100016	56517000
国开泰富基金管理有限责任公司	西城区西直门南小街国英园9号楼	100010	59363299
中信建投基金管理有限公司	东城区朝内大街2号凯恒中心B座19层、17层	100010	4009108108
国寿安保基金管理有限公司	西城区金融大街28号11层、12层	100033	50850888
中金基金管理有限公司	朝阳区国贸大厦3期B座43层	100032	63211122
北信瑞丰基金管理有限公司	海淀区西三环北路100号光耀东方中心A座6层、25层	100048	68619400
九泰基金管理有限公司	朝阳区安立路30号仰山公园8号楼A栋101-120室、201-222室	100012	52601666

泓德基金管理有限公司	西城区德胜门外大街125号德胜尚城B座3层	100088	59850188
新沃基金管理有限公司	海淀区丹棱街3号中国电子大厦B座16层	100080	58290600
汇安基金管理有限责任公司	东城区东直门南大街5号中青旅大厦1301室	100007	65711600
先锋基金管理有限公司	海淀区北太平庄路18号城建大厦A座24层	100088	58239898
中航基金管理有限公司	朝阳区安立路78号、80号11层1101内1105室	100101	56793180
鹏扬基金管理有限公司	西城区复兴门外大街A2号中化大厦16层	100045	4009686688
格林基金管理有限公司	朝阳区东三环中路5号财富金融中心58层	100032	4001000501
南华基金管理有限公司	东城区东直门南大街甲3号居然大厦3层	100007	58965805
国融基金管理有限公司	海淀区西直门外大街168号腾达大厦2008室	100044	4008190098
惠升基金管理有限责任公司	西城区金融大街27号投资广场B座18层	100033	4000005588
华融基金管理有限公司	朝阳区朝阳门北大街18号中国人保寿险大厦	100020	4008989999

（5）基金子公司

机构名称	地　　址	邮　编	电　话
专户子公司			
华夏资本管理有限公司	西城区金融大街33号通泰大厦B座9层	100032	88066688
嘉实资本管理有限公司	东城区建国门北大街8号华润大厦2层	100005	65215588
工银瑞信投资管理有限公司	西城区金融大街5号新盛大厦A座6层	100033	4008119999
首誉光控资产管理有限公司	西城区平安里西大街28号中海国际中心601室	100034	83496800
银华资本管理（珠海横琴）有限公司	东城区东长安街1号东方广场C2座5层	100738	4006783333
国泓资产管理有限公司	西城区宣武门外大街10号庄胜广场中央办公楼南翼13A	100052	4006508808
北京千石创富资本管理有限公司	海淀区西三环北路87号国际财经中心D座14层	100089	4000200018
北京方正富邦创融资产管理有限公司	西城区车公庄大街12号西侧1幢8层	100032	4008180990

建信资本管理有限责任公司	西城区闹市口大街 1 号院长安兴融中心 2 号楼 5B	100034	4008195533
东方汇智资产管理有限公司	西城区金融街 23 号平安大厦 8 层 819 室	100033	4006285888
中融（北京）资产管理有限公司	朝阳区东风南路 3 号院中融信托北京园区 C 座 3 层	100005	85003210
长盛创富资产管理有限公司	海淀区北太平庄路 18 号城建大厦 A 座 20 层	100088	4008882666
北银丰业资产管理有限公司	西城区南纬路 35 号	100070	4000095526
北京国开泰富资产管理有限公司	东城区朝阳门北大街 7 号五矿广场 C 座 10 层	100010	59363299
国寿财富管理有限公司	西城区金融街 17 号中国人寿中心 17 层	100033	66221116
元达信资本管理（北京）有限公司	东城区朝内大街 2 号凯恒大厦 B 座 17 层	100010	59100288
上海北信瑞丰资产管理有限公司	海淀区首体南路 9 号主语国际 4 号楼 3 层	100048	4000617297
深圳英大资本管理有限公司	朝阳区东三环中路 1 号环球金融中心西塔 22 层 2201 室	100020	59112013
销售子公司			
嘉实财富管理有限公司	朝阳区建国路 91 号金地中心 A 座 6 层	100022	4000218850
上海国金理益财富基金销售有限公司	上海市浦东新区芳甸路 1088 号紫竹国际大厦 601 室	201204	021－60870952
九泰基金销售（北京）有限公司	朝阳区安立路 30 号仰山公园 8 号楼 A 栋 121 室、223 室	100107	4006280606
上海华夏财富投资管理有限公司	西城区金融大街 33 号通泰大厦 B 座 8 层	100033	88066632

（6）基金分公司

机构名称	地　址	邮　编	电　话
国泰基金管理有限公司北京分公司	西城区金融大街 7 号英蓝国际金融中心 808 室	100034	66553055
南方基金管理有限公司北京分公司	西城区武定侯街 6 号卓著中心 701 室	100140	66573399

华夏基金管理有限公司北京分公司	西城区金融大街33号通泰大厦B座8层	100033	4008186666
华安基金管理有限公司北京分公司	西城区金融大街7号英蓝国际金融中心522室	100033	57635999
博时基金管理有限公司北京分公司	东城区建国门内大街18号恒基中心1~23层	100005	65171166
鹏华基金管理有限公司北京分公司	西城金融大街甲九号金融街中心南楼502室	100033	88082426
嘉实基金管理有限公司北京分公司	东城区建国门内大街8号华润大厦8层	100008	4006008800
长盛基金管理有限公司北京分公司	朝阳区安定路5号院3号楼中建财富国际中心3~5层	100029	4008882666
大成基金管理有限公司北京分公司	西城区平安里西大街28号13层1601室	100034	88009300
富国基金管理有限公司北京分公司	西城区武定侯街6号卓著中心1900室	100033	59315278
银华基金管理有限公司北京分公司	东城区东长安街1号东方广场C2座10层	100738	4006783333
易方达基金管理有限公司北京分公司	西城区武定侯街2号泰康国际大厦18层	100033	4008818088
融通基金管理有限公司北京分公司	西城区丰汇园11号楼南翼515室、东翼502~507室	100033	66190999
国投瑞银基金管理有限公司北京分公司	西城区金融大街7号英蓝国际金融中心811~815室	100033	66555550
银河基金管理有限公司北京分公司	西城区月坛西街6号院3层	100045	56086900
泰达宏利基金管理有限公司北京分公司	西城区西直门外大街1号院3号楼18D13~15室	100044	66577730
金鹰基金管理有限公司北京分公司	西城区月坛南街1号月坛金融街中心7号楼1801~1803单元	100085	68086288
华宝兴业基金管理有限公司北京分公司	朝阳区建国门外大街乙12号双子座大厦西塔2503室	100020	58260666
摩根士丹利华鑫基金管理有限公司北京分公司	西城区太平桥大街18号丰融国际大厦1005室	100032	66155568
海富通基金管理有限公司北京分公司	西城区金融大街7号英蓝国际金融中心南楼621室	100140	59379001
长信基金管理有限公司北京分公司	西城区金融大街17号中国人寿中心6层604室	100140	68042292
天治基金管理有限公司北京分公司	西城区金融街19号富凯大厦B703A	100032	66578008

景顺长城基金管理有限公司北京分公司	西城区金融大街7号英蓝国际金融中心608～610室	100033	66555001
广发基金管理有限公司北京分公司	西城区金融大街9号楼11层1101单元	100033	68083113
申万菱信基金管理有限公司北京分公司	西城区金融大街19号富凯大厦B座1006室	100033	66574388
中海基金管理有限公司北京分公司	西城区复兴门内大街158号1号楼F211B	100031	66493582
光大保德信基金管理有限公司北京分公司	西城区武定侯街6号3层F2－1（A）301～300室	100020	66215307
上投摩根基金管理有限公司北京分公司	西城区金融街7号英蓝国际金融中心1925室	100033	4008894888
国海富兰克林基金管理有限公司北京分公司	西城区金融大街23号平安大厦10层1005室	100033	59315299
天弘基金管理有限公司北京分公司	西城区月坛北街2号月坛大厦A座20层	100140	83571789
华泰柏瑞基金管理有限公司北京分公司	西城区锦什坊街35号院1号楼2层208室	100032	66582808
新华基金管理有限公司北京分公司	海淀区西三环北路11号海通时代商务中心C1座	100089	68726666
汇添富基金管理有限管理股份有限公司北京分公司	西城区宣武门外大街甲1号环球财讯中心C座1403室、1404室	100052	021－28932768
交银施罗德基金管理有限公司北京分公司	西城区金融大街20号13层1311～1312室	100033	66584999
益民基金管理有限公司北京分公司	西城区宣武门外大街10号庄胜广场中央办公楼南翼13A层	100052	63101218
信达澳银基金管理有限公司北京分公司	西城区阜成门外大街22号外经贸大厦西座526室	100037	56652660
泰信基金管理有限公司北京分公司	西城区广成街4号院1号楼305室、306室	100032	66215978
中银基金管理有限公司北京分公司	西城区西单北大街110号西单汇大厦8层	100032	88000688
招商基金管理有限公司北京分公司	西城区月坛南街1号院3号楼21层	100032	0755－83196666
建信基金管理有限公司北京分公司	西城区金融大街7号英蓝国际金融中心1630室	100033	66228888
长城基金管理有限公司北京分公司	西城区金融大街7号英蓝国际金融中心F916室、F917室	100033	88091156
中欧基金管理有限公司北京分公司	东城区东方广场写字楼W3座1007室	100738	63082766
兴全基金管理有限公司北京分公司	西城区锦什坊街35号615室	100033	63211225

工银瑞信基金管理有限公司北京分公司	西城区金融大街5号新盛大厦A座	100033	66583239
安信基金管理有限公司北京分公司	西城区阜成门北大街2号国投金融大厦5层	100034	0755－82509999
东方基金管理有限公司北京分公司	西城区锦什坊街28号2层201室	100033	66295888
东海基金管理有限北京分公司	海淀区国际财经中心15楼	100048	88825682
前海开源基金管理有限管理有限公司北京分公司	东城区东长安街1号东方广场东一办公楼1801～1802室	100738	4001666998
财通基金管理有限公司北京分公司	西城区西单北大街131号908室	100032	4008209888
宝盈基金管理有限公司北京办事处	西城区金融大街17号中国人寿中心908室内	100032	68083668
国联安基金管理有限公司北京办事处	西城区金融大街28号盈泰中心2号楼10层	100033	59312803
国寿安保基金管理有限公司北京分公司	西城区金融大街28号11层、12层	100033	50850888
万家基金管理有限公司北京分公司	西城区丰盛胡同28号楼4层401～09单元	100032	59013764
泓德基金管理有限公司北京分公司	西城区德胜门外大街125号3层301B－1号	100088	4009100888
兴银基金管理有限责任公司北京分公司	朝阳区朝阳门北大街20号兴业银行大厦22层	100027	4000096326
新沃基金管理有限公司北京分公司	海淀区丹棱街3号中国电子大厦B座16层	100080	58290600
嘉合基金管理有限公司北京分公司	西城区复兴门内大街158号远洋大厦F102－2室	100031	021－6016900
农银汇理基金管理有限公司北京分公司	东城区建国门内大街乙18号院2号楼1117室	100005	4006895599
西部利得基金管理有限公司北京分公司	东城区长安街1号东方广场东方经贸城西二办公楼3层11室	100738	56300100
诺德基金管理有限公司北京分公司	海淀区中关村东路1号院3号楼7层708室	100084	4008880009
富荣基金管理有限公司北京分公司	西城区金融大街33号9层918单元	100033	4006855600
嘉实基金管理有限公司北京怀柔分公司	怀柔区梓镇八龙桥雅苑2号楼3层	101400	4006008800
兴业基金管理有限公司北京分公司	朝阳区朝阳门北大街20号兴业银行大厦25层	100020	89926967
国融基金管理有限公司北京分公司	海淀区西直门外大街168号腾达大厦2008室	100044	4008190098
鹏扬基金管理有限公司北京分公司	西城区复兴门外大街A2号1幢16层1601室	100045	68105888
浦银安盛基金管理有限公司北京分公司	西城区金融街太平桥丰融国际大厦16楼	100032	021－2321288

诺安基金管理有限公司北京分公司	朝阳区光华路甲14号1幢8层	100026	59027888
凯石基金管理有限公司北京办事处	西城区金融大街27号投资广场B座2101室	100033	
同泰基金管理有限公司北京办事处	西城区南礼士路66号建威大厦1号楼10层1010室	100045	4008301666
惠升基金管理有限责任公司北京分公司	西城区金融大街27号楼16层B－1808室	100033	4000005588
合煦智远基金管理有限公司北京分公司	东城区东直门南大街3号国华投资大厦17层1710室	100007	0755－21835858
汇安基金管理有限责任公司北京分公司	东城区东直门南大街5号中青旅大厦13层	100007	56711600
南华基金管理有限公司北京分公司	东城区东直门南大街甲3号3层	100007	
中科沃土基金管理有限公司北京分公司	海淀区中关村南大街2号2号楼6层B座701室	100036	
中融基金管理有限公司北京分公司	朝阳区东风南路3号院1号楼	100020	
九泰基金管理有限公司北京分公司	朝阳区安立路30号仰山公园8号楼A栋	100012	57383999

（7）基金管理公司理财中心

机构名称	地　址	邮　编	电　话
华夏基金管理有限公司北京海淀投资理财中心	海淀区中关村南大街11号光大国信大厦1层	100081	68458598
华夏基金管理有限公司北京朝阳投资理财中心	朝阳区东三环中路39号建外SOHOB座0104室	100022	67718453
华夏基金管理有限公司北京东中街投资理财中心	东城区东中街29号东环广场B座1层	100027	64185187
华夏基金管理有限公司北京科学院南路投资理财中心	海淀区中关村科学院南路新科祥园甲3号	100080	82523195
华夏基金管理有限公司北京崇文投资理财中心	东城区安化寺幸福家园1层	100062	67133687

机构名称	地址	邮编	电话
华夏基金管理有限公司北京西三环投资理财中心	海淀区西三环北路甲35号	100089	52723129
华夏基金管理有限公司北京世纪城投资理财中心	海淀区蓝靛厂时雨园甲2-4号	100089	88892837
华夏基金管理有限公司北京望京投资理财中心	朝阳区望京南湖东园122楼博泰国际商业广场1层F-36号	100102	64742505
华夏基金管理有限公司北京亚运村投资理财中心	朝阳区惠中里103号洛克时代中心1层	100101	84871039
华夏基金管理有限公司北京东四环投资理财中心	朝阳区八里庄西里100号1幢103号	100025	85869663
华夏基金管理有限公司北京朝外大街投资理财中心	朝阳区朝外大街6号新城国际6号楼101号	100020	65336597

（8）证券投资咨询公司

机构名称	地　　址	邮　编	电　话
北部资产经营股份有限公司	西城区广安门内大街338室811室	100053	18500178777
北京东方高圣投资顾问有限公司	门头沟区妙峰山镇水丁路1号院33号	100026	15011506785
北京首证投资顾问有限公司	丰台区榴乡路88号院10号楼4层	100079	53806050
北京天相财富管理顾问有限公司	西城区金融街19号B座701室	100010	66045898
北京指南针科技发展股份有限公司	昌平区北清路TBD云集中心2号楼A座	100020	82559988
北京中富金石咨询有限公司	朝阳区东大桥路8号1号楼15层1807室	100020	58701668
北京中和应泰财务顾问有限公司	西城区阜外大街甲28号京润大厦1102室	100037	62129358
北京中资北方投资顾问有限公司	朝阳区东四环中路82号2座2-1座01层101-02号	100022	18639102125

北京博星证券投资顾问有限公司	海淀区中关村大街南56号方圆大厦10层	100044	88029611
鼎信汇金（北京）投资管理有限公司	海淀区太月园3号楼5层521室	100088	82050520
北京海问咨询有限公司	朝阳区东大桥路8号1号楼15层1811室	100020	60842107
北京金美林投资顾问有限公司	朝阳区十里堡乙2号院5号楼5层505内F516室	100025	13811550137
北京和众汇富科技股份有限公司	海淀区上地三街9号A座A806室	100085	53347218
和讯信息科技有限公司	朝阳区朝外大街22号10层	100022	18612966161
天一星辰（北京）科技有限公司	昌平区北清路TBD云集中心3号楼	100020	59282978
北京股商证券投资咨询有限公司	海淀区燕西台嘉苑甲15号2层2060室	100093	64428161
北京中方信富投资管理咨询有限公司	朝阳区东三环北路甲19号嘉盛中心706室	100020	59671057

（9）期货公司

机构名称	地　址	邮　编	电　话
北京首创期货有限责任公司	西城区宣武门外大街甲1号3层	100052	4007009595
第一创业期货有限责任公司	西城区新街口北大街3号6层603室、604室	100035	4008881888
方正中期期货有限公司	石景山区金府路32号院3号楼5层512室	100026	95571
格林大华期货有限公司	朝阳区建国门外大街8号楼21层2102单元	100022	4006537777
冠通期货股份有限公司	朝阳区朝阳门外大街甲6号万通中心4座18层	100020	4006678656
国都期货有限公司	东城区东直门南大街3号国华投资大厦8层、10层	100007	4007007588
国元期货有限公司	东城区东直门外大街46号1号楼19层1901室	100027	4008888218
宏源期货有限公司	西城区太平桥大街19号4层4B	100033	4006008899
九州期货有限公司	海淀区西直门北大街甲43号1号楼1－26－1418号	100044	82211853
金鹏期货经纪有限公司	西城区复兴门内金融街投资广场B座9层	100033	66212370
首创京都期货有限公司	朝阳区北辰东路8号辰运大厦2层B区	100101	4000653019
民生期货有限公司	东城区建国门内大街28号民生金融中心D座7层	100005	85127555

银河期货有限公司	朝阳区朝外大街16号1幢13层1302单元	100020	4008867799
中天期货有限责任公司	丰台区方庄芳古园1区29号楼	100078	4007718181
英大期货有限公司	朝阳区呼家楼京广中心3层301室	100020	4000188688
中钢期货有限公司	海淀区海淀大街8号A座19层	100080	4007006700
中国国际期货股份有限公司	朝阳区建国门外光华路14号1幢609号、610号	100020	95162
中粮期货有限公司	东城区东直门南大街5号中青旅大厦	100007	4007060158
中衍期货有限公司	朝阳区东四环中路82号金长安大厦B座7层	100124	4006881117

（10）期货营业部

机构名称	地　址	邮　编	电　话
安粮期货股份有限公司北京营业部	丰台区汽车博物馆东路1号院3号楼9层1002室	100070	4006269988
宝城期货有限责任公司北京营业部	朝阳区望京西路甲50号1号楼7层1-09内701单元	100102	4006181199
北京首创期货有限责任公司北京北辰东路营业部	朝阳区北辰东路8号亚运村1号门	100101	4007009595
北京首创期货有限责任公司北京长虹桥营业部	朝阳区东三环北路19号楼15层1501内06室	100020	4007009595
倍特期货有限公司北京营业部	东城区南竹杆胡同2号1幢3层30301室	100013	4006661333
渤海期货股份有限公司北京营业部	朝阳区东三环北路甲2号京信大厦29层2925室	100020	4007700686
财达期货有限公司北京首体南路营业部	海淀区首体南路20号国兴大厦D座2层西侧	100044	4008171181
长城期货股份有限公司北京营业部	西城区南礼士路66号1号楼11层1113室	100045	4008877650
长江期货股份有限公司北京海淀区营业部	海淀区中关村南大街1号北京友谊宾馆20810室	100036	95579
长江期货股份有限公司北京建国门营业部	东城区建国门北大街8号华润大厦六层605B	100005	95579
大地期货有限公司北京分公司	海淀区西直门北大街32号院1号楼14层1703室	100048	4008840077

道通期货经纪有限公司北京蓝靛厂东路营业部	海淀区蓝靛厂东路2号院2号楼10层3单元C座10B-1室	100097	88596865
东方汇金期货有限公司北京分公司	东城区永定门西滨河路8号院7楼东塔4层	100077	4008756757
东海期货有限责任公司北京花园桥营业部	海淀区西三环北路72号院B座1810室	100089	95531
东吴期货有限公司北京营业部	西城区西直门外大街1号院2号楼17C4	100044	4006803993
东兴期货有限责任公司北京营业部	东城区安定门外大街2号第17层08号	100007	66553323
方正中期期货有限公司北京彩和坊路营业部	海淀区彩和坊路8号2层213室	100080	95571
方正中期期货有限公司北京朝阳营业部	朝阳区东三环北路38号院1号楼19层2201室	100020	95571
方正中期期货有限公司北京分公司	西城区展览馆路48号楼4层408室	100044	95571
方正中期期货有限公司北京望京营业部	朝阳区望京中环南路9号1号楼12层8~9号	100102	95571
格林大华期货有限公司北京分公司	朝阳区建国门外大街8号楼21层2102单元	100020	4007009898
冠通期货股份有限公司北京营业部	海淀区中关村南大街5号2区683号楼1801室	100086	4006678656
光大期货有限公司北京分公司	西城区月坛北街2号月坛大厦东配楼5层	100045	68084131
广发期货有限公司北京分公司	西城区宣武门外大街甲1号	100052	95105826
广发期货有限公司北京营业部	海淀区西三环北路89号10层B-04室	100089	95105826
广州期货股份有限公司北京分公司	西城区月坛南街59号5层	100045	4000206388
国金期货有限责任公司北京长椿街营业部	西城区长椿街3号3号楼1层	100053	66218298
国联期货股份有限公司北京营业部	朝阳区北三环东路28号易亨大厦1208室	100013	58773608
国泰君安期货有限公司北京分公司	朝阳区建国门外大街乙12号双子座大厦东塔7层06室	100022	95521
国泰君安期货有限公司北京三元桥营业部	朝阳区曙光西里甲5号院22号楼15层1501室、1502室	100028	95521
国投安信期货有限公司北京分公司	西城区广安门外南滨河路1号8~9层	100034	58747657
国信期货有限责任公司北京营业部	朝阳区北辰东路8号院16号楼8层804内A0804、A0805室	100101	84988801

海航期货股份有限公司北京营业部	朝阳区芍药居北里101号世奥国际中心A座1612室	100029	65974969
海通期货股份有限公司北京南礼士路营业部	西城区南礼士路66号院1号楼9层908室	100045	4008209133
海通期货股份有限公司华北分公司	西城区南礼士路66号1号楼9层907室	100045	4008209133
弘业期货股份有限公司北京分公司	东城区安定门外大街丁88号B座9层914~919室	100011	4008281288
弘业期货股份有限公司北京营业部	东城区安定门外大街丁88号9层	100011	4008281288
宏源期货有限公司北京分公司	海淀区西直门北大街甲43号1幢6层1-20-1室	100044	4006008899
宏源期货有限公司北京市东城区营业部	东城区东四十条68号3层316室	100044	4006008899
宏源期货有限公司北京西直门北大街营业部	海淀区西直门北大街甲43号1幢6层	100026	4006008899
华金期货有限公司北京分公司	朝阳区呼家楼京广中心3层02室、06室	100026	4009955889
华泰期货有限公司北京分公司	西城区丰盛胡同28号楼15层1501~11室	100013	4009955889
华泰期货有限公司北京西三环营业部	海淀区西三环北路87号7层4-702室	100048	4006280888
华泰期货有限公司北京营业部	东城区北三环东路36号1号楼	100013	4006280888
华闻期货有限公司北京分公司	东城区崇文门外大街8号院1号楼5层东塔501号	100062	84464135
华闻期货有限公司北京营业部	通州区新华西街58号2号楼27层2713号	100005	84464135
华西期货有限责任公司北京营业部	东城区建国门内大街18号办一1104室	100005	65174391
华信期货股份有限公司华北分公司	西城区德胜门外大街125号2层201B-A	100088	59321087
徽商期货有限责任公司北京分公司	东城区南竹杆胡同6号楼4层07室	100010	58641775
混沌天成期货股份有限公司北京分公司	丰台区广安路9号院3号楼1313号	100055	4001100166
建信期货有限责任公司北京营业部	西城区宣武门大街28号大成广场7门5层501室	100101	83125560
江海汇鑫期货有限公司北京营业部	海淀区西三环北路72号A座2906室	100020	51665806
金鹏期货经纪有限公司丰台营业部	丰台区汽车博物馆东路1号院4号楼北座902室	100070	83681815
金瑞期货股份有限公司北京营业部	西城区华远北街2号2层207室、222室	100032	84584588
金石期货有限公司北京营业部	东城区建国门内大街18号办三921单元	100005	4006108881

锦泰期货有限公司北京营业部	朝阳区日坛北路17号院1号楼9层907室、908室	100020	85653078
鲁证期货股份有限公司北京营业部	海淀区北三环西路99号院1号楼02层202室	100086	82194010
迈科期货股份有限公司北京营业部	东城区建国门内大街8号中粮广场B座10层1011室	100005	64082007
美尔雅期货有限公司北京朝外营业部	朝阳区朝阳门外大街甲6号万通中心10层3座1006室	100125	84463746
民生期货有限公司北京分公司	西城区裕民路18号5层502室	100029	82270085
南华期货股份有限公司北京分公司	西城区宣武门外大街26号、28号、30号2幢5层A502室	100052	57286025
南华期货股份有限公司北京营业部	西城区宣武门外大街26号、28号、30号2幢5层A501室	100052	57286026
宁证期货有限责任公司北京营业部	朝阳区东三环中路9号22层2204室	100022	65008658
前海期货有限公司北京分公司	东城区建国门内大街8号B座1211室	100005	4006869368
瑞达期货股份有限公司北京朝阳门营业部	东城区南竹杆胡同1号6层710室	100010	62155857
上海大陆期货有限公司北京营业部	西城区车公庄大街乙1号楼1层103号	100037	65180889
上海东方财富期货有限公司北京分公司	海淀区西直门北大街32号院2号楼13层1506B	100044	82206306
上海东证期货有限公司北京安苑路营业部	朝阳区小关北里45号世纪嘉园5号楼6层	100029	95503
上海东证期货有限公司北京朝阳门营业部	朝阳区朝外大街22号4层401~402室	100102	95503
上海中期期货股份有限公司北京营业部	丰台区广安路9号院2号楼911~913号	100055	63363879
申银万国期货有限公司北京劲松九区营业部	朝阳区劲松九区909楼4层	100021	67789206
神华期货有限公司北京营业部	海淀区苏州街18号院长远天地大厦4号楼3A01室	100080	82613962
晟鑫期货经纪有限公司北京营业部	昌平区东小口镇立汤路186甲4号楼11层1106室	100000	84608458
天风期货股份有限公司北京营业部	东城区南竹杆胡同1号9层1010室	100026	65189836
天富期货有限公司北京营业部	东城区安定门东大街28号1号楼C单元610号	100027	64178233
五矿经易期货有限公司北京分公司	海淀区首都体育馆南路6号3号楼12层1253室、1254室	100081	68331355

五矿经易期货有限公司北京广安路营业部	丰台区广安路9号院6号楼408室、409室	100055	64185322
西部期货有限公司北京分公司	东城区建国门内大街28号2幢2层202－1单元	100005	4006886896
新湖期货有限公司北京分公司	朝阳区朝阳门外大街20号1幢06层610室	100007	64001136
新纪元期货股份有限公司北京东四十条营业部	东城区东四十条68号平安发展大厦4层407室	100027	84261653
信达期货有限公司北京营业部	朝阳区和平街东土城路12号院3号楼1606室	100029	64101702
兴业期货有限公司北京分公司	朝阳区朝阳门北大街20号1至25层101内2503室	100020	69000897
兴证期货有限公司北京朝阳营业部	朝阳区朝外大街乙12号12层0－1509室	100102	56177898
兴证期货有限公司北京分公司	西城区武定侯街2号、4号10层F2－1（B）1001－6室	100044	59724357
一德期货有限公司北京北三环东路营业部	东城区北三环东路36号E栋7层02～03室	100013	88312828
银河期货有限公司北京朝外大街营业部	朝阳区朝外大街16号1幢11层1104单元	100102	68569786
银河期货有限公司北京分公司	朝阳区朝外大街16号1幢11层1105单元	100102	68569728
银河期货有限公司北京营业部	东城区广渠门内大街80号8层815号	100026	68569719
英大期货有限公司北京东三环中路营业部	朝阳区呼家楼京广中心6层605A室	100020	65978388
永安期货股份有限公司北京分公司	东城区金宝街58号6层	100005	65120691
云晨期货有限责任公司北京分公司	海淀区羊坊店路18号1幢5层533室、534室	100038	63942942
招金期货有限公司北京营业部	朝阳区光华路丙12号13层1604室	100600	65087306
招商期货有限公司北京西直门北大街营业部	海淀区西直门北大街60号首钢国际大厦5层0507～0508室	100082	82291683
浙江新世纪期货有限公司北京营业部	东城区南竹杆胡同2号1幢2层10212室	100011	59576281
浙商期货有限公司北京光华路营业部	朝阳区光华路甲14号1幢12层1203室	100020	65082206
中财期货有限公司北京海淀营业部	海淀区莲花苑5号楼11层	100044	63942832
中大期货有限公司北京营业部	东城区安定门外大街138号地坛大厦	100011	65060066
中电投先融期货股份有限公司北京营业部	朝阳区东四环中路82号3座06层706室	100124	023－63799068

中钢期货有限公司北京营业部	西城区广义街5号3－701室	100011	4007006700
中国国际期货股份有限公司北京中关村大街营业部	海淀区中关村大街27号6层609室、610室	100080	51905951
中辉期货有限公司北京分公司	朝阳区东三环中路39号院6号楼12层1503室	100022	4000066688
中金期货有限公司北京建外大街营业部	朝阳区建国门外大街1号2期7层21单元	100022	4006501763
中粮期货有限公司北京北辰东路营业部	朝阳区亚运村北辰东路8号15号楼H座25层2509室	100101	4007060158
中粮期货有限公司北京分公司	东城区东滨河路甲1号大象投资大厦4层	100007	4007060158
中融汇信期货有限公司北京分公司	朝阳区东三环北路甲19号楼10层1101室	100020	4006386586
中融汇信期货有限公司北京营业部	朝阳区北辰东路8号15号楼H座22层2203室	100101	4006386586
中投天琪期货有限公司北京营业部	朝阳区朝外大街18号1501B、1502A	100020	65880648
中信建投期货有限公司北京北三环西路营业部	海淀区中关村南大街6号9层912室	100086	4008877780
中信建投期货有限公司北京朝阳门北大街营业部	东城区朝阳门北大街6号首创大厦207室	100027	4008877780
中信建投期货有限公司北京国贸营业部	朝阳区光华路8号17幢1层A113房间	100600	4008877780
中信期货有限公司北京朝阳分公司	朝阳区亮马桥路48号院4号楼3层302室	100600	57762888
中信期货有限公司北京分公司	东城区广渠门内大街47号7层	100062	57762888

（11）外国证券类机构北京代表处

机构名称	地址	邮编	电话
日本野村证券株式会社北京代表处	朝阳区东三环北路5号北京发展大厦1212室	100020	58661888
日本大和证券株式会社北京代表处	朝阳区光华路1号商业写字楼3层301～302单元	100026	65006688
三菱日联证券控股股份有限公司北京代表处	朝阳区东三环北路5号北京发展大厦1018室	100020	65908770

瑞士信贷（香港）有限公司北京代表处	西城区金融大街甲9号1101单元	100033	88090988
高盛（中国）有限责任公司北京代表处	西城区金融大街7号英蓝国际金融中心17层	100034	66273261
美林国际有限公司北京代表处	朝阳区建国门外大街1号院1号楼35层3501～3503室	100020	58780200
花旗环球金融中国有限公司北京代表处	西城区武定侯街6号18层1801室、1802A-1室、1802B-1室	100033	59376609
摩根士丹利亚洲有限公司北京代表处	西城区太平桥大街18号丰融国际中心1座12层3B单元	100034	83563858
瑞银证券亚洲有限公司北京代表处	西城区金融大街7号英蓝国际金融中心1119室	100034	58327618
法国巴黎资本（亚洲）有限公司北京代表处	朝阳区建国门外大街1号院1号楼20层2021C室	100020	65353336
中银国际控股有限公司北京代表处	西城区西单北大街110号8层	100032	83262151
汇富金融服务有限公司北京代表处	朝阳区东三环中路7号财富中心写字楼A801	100022	65308792
香港上海汇丰银行有限公司（证券业务）北京代表处	朝阳区东三环中路5号财富金融中心16层1604室	100022	59998235
台湾元大证券股份有限公司北京代表处	东城区建国门内大街7号光华长安大厦2座1722室	100005	65101266
香港摩根大通证券（亚太）有限公司北京代表处	西城区金融大街7号英蓝国际金融中心20层	100034	59318888
德意志银行股份有限公司（证券业务）北京代表处	朝阳区建国路81号德意志银行大厦28层	100025	59698008
日本瑞穗证券股份有限公司北京代表处	朝阳区建国门外大街甲26号长富宫办公楼8011室	100020	65234779
香港第一上海融资有限公司北京代表处	东城区建国门内大街7号光华长安大厦1座507B	100005	65102588
蒙特利尔银行利时证券公司北京代表处	朝阳区建国路77号华贸中心3号写字楼27层	100022	85881700
日本三井住友信托银行股份有限公司（证券业务）北京代表处	朝阳区建国门外大街26号长富宫办公楼5层5011室	100020	65598556

韩国未来资产大宇有限公司北京代表处	朝阳区东三环北路2号2层01－12室内A018	100027	64136231
交银国际控股有限公司北京代表处	西城区平安里西大街28号10层	100035	88009788
美国科本资本市场公司北京代表处	朝阳区建国门外大街1号（1期）16幢12层26单元	100020	85098755
日本摩乃科斯证券股份有限公司北京代表处	朝阳区建国门外大街26号2号楼8007室	100022	65281955
台湾富邦综合证券股份有限公司北京代表处	朝阳区建国路81号华贸中心1座701C室	100022	59695800
韩国韩亚金融投资株式会社北京代表处	朝阳区景华南街5号远洋光华国际C1505	100020	85906388
香港致富证券有限公司北京代表处	朝阳区建国门外大街1号（1期）16幢6层608室	100020	66555862
京华山一国际（香港）有限公司北京代表处	东城区建国门内大街18号办公楼1座1101室	100005	65182871
韩国三星证券公司北京代表处	朝阳区建国路乙118号京汇大厦910单元	100022	65221855
美国富瑞金融集团北京代表处	朝阳区建国门外大街1号（1期）写字楼14层98室	100004	57379013
德国商业银行股份有限公司（证券业务）北京代表处	朝阳区建国门外大街乙－12号双子座大厦东塔2507室	100022	65673233
日本盛华日兴证券株式会社北京代表处	朝阳区建国路79号4层4办公2T01内03A号	100022	85606888

（12）外国资产管理类机构北京代表处

机构名称	地　址	邮　编	电　话
宏富投资管理有限公司北京代表处	朝阳区光华路7号汉威大厦A座11A16室	100004	85261820
邓普顿国际股份有限公司北京代表处	朝阳区建国路79号26层26办公T201内02室	100022	88091365
信安环球投资有限公司北京代表处	朝阳区建国门外大街1号16幢4层414B、415室	100004	64637989
法国东方汇理基金管理公司北京代表处	西城区武定侯街6号卓著中心11层F2－1（A）1101内1202Q室	100033	65244933
香港摩根资产管理（亚太）有限公司北京代表处	西城区金融大街7号英蓝国际金融中心19层1926单元	100034	59318486

威灵顿管理香港有限公司北京代表处	西城区武定侯街6号卓著中心19层1906室	100033	66227600
富达基金（香港）有限公司北京代表处	西城区金融大街7号英蓝国际金融中心9层F905A	100034	66553282
法国法盛投资管理公司北京代表处	朝阳区工体北路甲6号中宇大厦2001室	100027	59752825
新加坡摩根士丹利投资管理公司北京代表处	西城区太平桥大街18号12层8B室	100035	83563893
美国桥水投资公司北京代表处	朝阳区建外大街1号国贸大厦47层4701室	100004	57061666
领航投资香港有限公司北京代表处	西城区金融大街甲9号楼10层1001～06室	100033	85880130
加拿大迈凯希金融公司北京代表处	东城区建国门内大街8号B座5层522室	100005	65263996

4. 保险业机构

（1）中资保险公司

机构名称	地　址	邮　编	电　话
中国出口信用保险公司第一营业部	西城区丰盛胡同22号丰铭国际大厦A座9层	100032	66580439
中国出口信用保险公司第二营业部	西城区丰盛胡同22号丰铭国际大厦A座9层	100032	66582391
中国出口信用保险公司第三营业部	西城区丰盛胡同22号丰铭国际大厦A座8层	100032	66582583
中国人民财产保险股份有限公司北京市分公司	东城区朝阳门北大街17号	100010	58195885
中国大地财产保险股份有限公司北京分公司	西城区骡马市大街18号楼	100052	82277975
中华联合财产保险股份有限公司北京分公司	东城区安外西滨河路18号首府大厦3号楼	100011	64519985
中国太平洋财产保险股份有限公司北京分公司	西城区复兴门内大街158号远洋大厦F6层	100031	66414787
中国平安财产保险股份有限公司北京分公司	西城区金融大街23号平安大厦15层	100140	59700010
天安财产保险股份有限公司北京分公司	海淀区羊坊店路18号1幢10层1003～1013室	100036	68423636
华安财产保险股份有限公司北京分公司	丰台区广安路9号院国投财富广场5号楼17层	100089	88829888

永安财产保险股份有限公司北京分公司	朝阳区十里堡北里甲34号1号楼	100022	65733606
太平财产保险有限公司北京分公司	西城区骡马市大街16号广安中心9层	100032	83253260
亚太财产保险有限公司北京分公司	东城区永定门西滨河路8号院7楼6层701－01单元	100038	82299969
中银保险有限公司北京分公司	东城区朝阳门内大街2号凯恒中心E座7层701～705单元	100010	85290888
永诚财产保险股份有限公司北京分公司	海淀区知春路甲48号1号楼25A、25B、26A	100062	58721599
安华农业保险股份有限公司北京分公司	朝阳区管庄周家井1号世通国际大厦B座11层06～09单元	100102	15810189797
阳光财产保险股份有限公司北京分公司	通州区永顺镇商通大道1号院2号楼4层401室、402室	101121	60558371
都邦财产保险股份有限公司北京分公司	海淀区玉渊潭南路晾果厂6号都邦大厦9层	100027	68097828
渤海财产保险股份有限公司北京分公司	丰台区汽车博物馆西路8号院3号楼	100077	82294377
华农财产保险股份有限公司北京市分公司	丰台区航丰路1号院4号楼3至17层301内9层1009室	100070	83634130
中国人寿财产保险股份有限公司北京市分公司	朝阳区朝外大街16号	100020	85253888
安诚财产保险股份有限公司北京分公司	东城区白桥大街22号北京工商联大厦2层	100062	59095559
长安责任保险股份有限公司北京市分公司	丰台区丰台北路18号院1号楼2层0203～0207室	100073	13901169622
英大泰和财产保险股份有限公司北京分公司	西城区西单北大街111号西单国际大厦9层	100022	51967360
紫金财产保险股份有限公司北京分公司	丰台区南四环西路186号二区1号楼2层01～08室	100039	18632118118
浙商财产保险股份有限公司北京分公司	东城区东花市南里东区8号楼4层402室	100062	87101409
国任财产保险股份有限公司北京分公司	丰台区六里桥1号11层	100082	63885118

华泰财产保险有限公司北京分公司	西城区德胜门外大街 125 号 101B、401B ~ 601B	100088	59375999
富德财产保险股份有限公司北京分公司	海淀区西直门北大街 56 号富德生命人寿大厦 8 层	100082	58978228
长江财产保险股份有限公司北京分公司	西城区西直门外大街 18 号金贸大厦 C2 座 12 层	100044	58687360
泰山财产保险股份有限公司北京分公司	丰台区丰台北路 18 号院 1 号楼 5 层 0511 ~ 0512 室	100000	13801015988
珠峰财产保险股份有限公司北京分公司	门头沟区双峪路 35 号院 2 号楼 9 层	102300	83367372
建信财产保险有限公司北京分公司	西城区闹市口大街 1 号院长安兴融中心 4 号楼 1 层 A 号	100031	56086661
黄河财产保险股份有限公司北京分公司	东城区崇文门外大街 8 号院 1 号楼 2 层东塔 203 室、204 室	100062	57329737
大家财产保险有限责任公司北京分公司	朝阳区东三环中路 55 号 8 层 801 室	100020	59601843
中邮人寿保险股份有限公司北京分公司	西城区阜成门北大街 19 号	100037	68303868
中国人民人寿保险股份有限公司北京市分公司	海淀区首体南路 38 号创景大厦 6 层北区、北配楼 1 层	100089	50826600
光大永明人寿保险有限公司北京分公司	海淀区马连洼北路 138 号院 1 号楼 6 层 623 ~ 625 室	100085	62980499
信泰人寿保险股份有限公司北京分公司	昌平区城北街道政府街西路 2 号 6 层 601 ~ 613 室	102200	80118269
中国太平洋人寿保险股份有限公司北京分公司	朝阳区朝外西街 3 号 1 幢 5 层	100026	65030343
新华养老保险股份有限公司北京分公司	大兴区丽园路 9 号 11 层 1101 ~ 1103 室	102600	81282900
中融人寿保险股份有限公司北京分公司	东城区东安门大街 55 号 426 房间	100010	64023692
新华人寿保险股份有限公司北京分公司	丰台区南四环西路 186 号二区 3 号楼 3 层 01 ~ 06 室	100160	57327532

中华联合人寿保险股份有限公司北京分公司	怀柔区府前西街1号院1号楼10层	101400	59472536
昆仑健康保险股份有限公司北京分公司	朝阳区管庄周家井大院内世通大厦B座10层1001号、1002号	100176	67876907
君康人寿保险股份有限公司北京分公司	密云区密云镇新南路21号2~4层	101500	89086312
幸福人寿保险股份有限公司北京分公司	平谷区保安街61号	101200	89987180
复星联合健康保险股份有限公司北京分公司	石景山区苹果园西小街19号院1号楼11层01~07室	100043	52880125
大家人寿保险股份有限公司北京分公司	顺义区马坡镇复兴四街3号院4号楼3层305室	101300	56490059
大家养老保险股份有限公司北京分公司	通州区九棵树东路386号京贸新干线大厦2层	101100	60552991
和谐健康保险股份有限公司北京分公司	西城区西直门外大街110号13楼1301室	100044	59454434
太平人寿保险有限公司北京分公司	延庆区妫水北街64号5层F503商铺	102100	60168368
阳光人寿保险股份有限公司北京分公司	丰台区西三环南路14号院2号楼9层	100073	59128896
合众人寿保险股份有限公司北京分公司	朝阳区朝外大街22号5层第507号	100020	85237272－8809
中国人民健康保险股份有限公司北京分公司	东城区崇文门外大街8号院1号楼9层西塔903－11号	100062	59235577
英大泰和人寿保险股份有限公司北京分公司	西城区广安门外大街168号1幢7层1－809室	100031	59128403
华夏人寿保险股份有限公司北京分公司	顺义区站前街8号院1号楼7层	101300	59128475
太平养老保险股份有限公司北京分公司	房山区拱辰街道西潞南大街5号同方大厦5层F515~521室	102488	69351722
国华人寿保险股份有限公司北京分公司	丰台区西三环南路14号院2号楼1层0101室	100073	59128100
泰康人寿保险有限责任公司北京分公司	西城区广安门外大街168号1幢13层2－1606C	100032	13611078199
泰康养老保险股份有限公司北京分公司	海淀区万寿路西街2号6层620~625室	100089	18511929813
建信人寿保险股份有限公司北京分公司	通州区广聚街15号3号楼	101149	18500340655

爱心人寿保险股份有限公司北京分公司	西城区复兴门内大街158号F6层东区	100031	83955101
中国平安人寿保险股份有限公司北京分公司	西城区西外大街新兴东巷甲15号3号楼	100044	83954466
北京人寿保险股份有限公司北京分公司	东城区北京站东街8号信通大厦B座	100005	83955399
长城人寿保险股份有限公司北京分公司	朝阳区安贞里二区1号楼	100029	83954508
富德生命人寿保险股份有限公司北京分公司	朝阳区广和南里二条16号院3号楼	100021	83954118
平安养老保险股份有限公司北京分公司	海淀区复兴路甲23号城乡华懋13层	100036	83954041
中国人寿养老保险股份有限公司北京市分公司	海淀区中关村南大街甲10号银海大厦5层	100081	83954408
百年人寿保险股份有限公司北京分公司	朝阳区工人体育场北路13号院1号楼4层4－02室	100027	83954111
中国人寿保险股份有限公司北京市分公司	朝阳区朝外大街16号1号楼23～32层	102627	83954201
利安人寿保险股份有限公司北京分公司	通州区新华南路64号3层	101199	83954608
珠江人寿保险股份有限公司北京分公司	顺义区顺义仓上街2号AMB大厦	101300	83954017
农银人寿保险股份有限公司北京分公司	密云区新中街42号	101500	83954251
民生人寿保险股份有限公司北京分公司	昌平区昌平镇西环路29号29－1号	102299	83954190
弘康人寿保险股份有限公司	朝阳区北辰东路8号院1号楼2层	100020	85660911－8010
信美人寿相互保险社	房山区天星街1号院8号楼11层1105～1109室	102488	60343840
天安人寿保险股份有限公司	朝阳区东三环中路1号北京环球金融中心办公室东楼	100020	65549462

（2）中资保险公司分支机构

中国人民财产保险股份有限公司北京市分公司

机构名称	地址	邮编	电话
分公司营业部	东城区朝阳门北大街17号	100010	58195983
商务中心区营业部	朝阳区东三环北路19号中青大厦707~708室	100020	65013939
朝阳营业部	朝阳区晨光家园306号楼5层	100025	84485283
海淀营业部	海淀区黄庄中关村大厦1层106~109室	100080	62460529
劲松营业部	朝阳区华威里10号楼2层201室	100021	58615145
金融街营业部	西城区宣武门西大街甲129号金隅大厦901室	100031	66410024
中关村营业部	海淀区学院南路乙68号5层、6层	100081	62151606
大兴国际机场营业部	大兴区榆垡镇中国联通榆垡分局营业厅南侧	102602	89291128
空港营业部	顺义区天竺镇府前一街32号	101312	64588029
天通苑营业部	昌平区北七家镇天通苑东苑三区2号楼29门	102218	80141601
海淀支公司	海淀区阜成路81号	100142	88130258
海淀支公司上地营业部	海淀区上地东里4区1号楼	100080	62187752
海淀支公司会城门营业部	海淀区北蜂窝甲4号	100080	63262413
大型商业风险营业部	东城区朝阳门北大街17号506室	100010	58195331
集团客户营业部	通州区京洲园411号楼商6号	101121	58195393
涉外业务营业部	朝阳区安定路39号1幢305室	100029	64440311
特殊风险营业部	朝阳区驼房营西里甲3号楼	100016	84982988
电子商务营业部	密云区经济开发区云西一街16号12层	101500	87771792
国际业务营业部	朝阳区工人体育场北路13号院1号楼19层	100027	56122418

责任险营业部	西城区教场口9号院2－2号	100120	82067568
重点客户营业部	东城区朝阳门北大街17号5层	100010	58195922
重要客户营业部	东城区朝阳门北大街17号5层	100010	58195630
个人信用贷款保证保险营业部	朝阳区新源西里中街12号4层403室	100027	64688652
平谷支公司	平谷区城关镇府前西街16号	101200	69962201
平谷支公司平谷镇营业部	平谷区南独乐河镇同乐路29号	101200	69962201
平谷支公司大华山营销服务部	平谷区大华山镇大华山大街229号	101200	69962201
平谷支公司南独乐河营销服务部	平谷区南独乐河镇人民政府西侧平房	101212	89982294
平谷支公司夏各庄营销服务部	平谷区夏各庄镇夏各庄村商业楼东1号	101213	60950950
平谷支公司峪口营销服务部	平谷区峪口镇峪口村峪阳路21－19号	101206	69962201
石景山支公司	石景山区时代花园南路17号	100043	88980531
昌平支公司	昌平区城区镇北环路21号	102200	69723366
昌平支公司沙河营业部	昌平区巩华镇巩华城大街76号	102206	69731408
昌平支公司回龙观营业部	昌平区回龙观镇龙腾苑六区41号楼41－3号	102208	60779624
昌平支公司南口营销服务部	昌平区南口镇道北中区综合服务楼1层711号	102202	80100994
朝阳支公司	朝阳区霄云里4号	100125	84485276
大兴支公司	大兴区黄村兴政街26号	102600	69244765
大兴支公司采育营销服务部	大兴区青云店镇政府南500米四村西路中山公司院内	102602	58195108
东城支公司	东城区王家园胡同16号阳光国际大厦主楼2～5层	100027	65548700
房山支公司	房山区良乡政通路6号	102488	89366688
房山支公司房山营销服务部	房山区阎村镇炒米店村北京周路南60米	102401	69310831
丰台支公司	丰台镇东大街11号	100071	63812311
丰台支公司长辛店营销服务部	丰台区太子峪路2号	100071	63867868
丰台支公司方庄营业部	丰台区南三环中路18号	100071	87659558

丰台支公司科学城营销服务部	丰台区中核路3号院3号楼10层	100070	63707963
门头沟支公司	门头沟区新桥大街18号	102300	69843284
门头沟支公司永定营销服务部	门头沟区永定镇冯村商业街1021号	102300	69843284
密云支公司	密云区密云镇鼓楼南大街41号	101500	69041586
密云支公司太师屯营销服务部	密云区太师屯镇永安街149号1~3层149-13号	101505	69032201
密云支公司溪翁庄营销服务部	密云区溪翁庄密溪路6号楼8号楼0120号、0220号	101512	69012365
通州支公司	通州区玉带河大街4号	101100	60560501
通州支公司张家湾营销服务部	通州区张家湾镇光华路9号	101104	61505061
通州支公司漷县营销服务部	通州区漷县镇长陵营A商14号、AB座721室	101109	80520528
通州支公司台湖营销服务部	通州区台湖镇次渠大街19号商6号	101116	60560501
宣武支公司	西城区菜市口南大街平原里20号楼	100054	83526226
燕山支公司	房山区燕山迎风街21号	102500	69341187
直属支公司	西城区西直门南大街2号	100035	66002737
中关村科技支公司	海淀区学院南路乙68号	100081	82102741
西城支公司	西城区德外大街73号	100088	62370120
顺义支公司	顺义区新顺南大街西侧	101300	69466005
顺义支公司杨镇营销服务部	顺义区杨镇地区沙子营村村委会南	102200	58195108
怀柔支公司	怀柔区青春路21号	101400	69648438
怀柔支公司杨宋营销服务部	怀柔区杨宋镇凤翔科技开发区和平路甲1号楼6单元101室	101400	60680987
怀柔支公司桥梓营销服务部	怀柔区桥梓镇前桥梓村590号	101400	69676099
延庆支公司	延庆县延庆镇妫水北街70号	102100	69144641
延庆支公司康庄营销服务部	延庆县康庄镇兴隆商业街174号	102101	61168991
延庆支公司永宁营销服务部	延庆县永宁镇永宁大街40号	102104	60177690

崇文支公司	东城区左安门内大街5号	100061	67199886
经济技术开发区支公司	北京经济技术开发区同济中路2号303单元	100176	67883277
九五五一八营销服务部	朝阳区广渠路66号百环家园19号楼1层	100010	58195630
电子商务营销服务部	朝阳区广渠路66号百环家园19号楼1层	100010	58195630
宣武支公司广安门营业部	西城区菜市口南大街平原里20号楼	100010	58195630
百子湾营销服务部	朝阳区百子湾东里227号楼1层103室	100010	58195630
东二环营销服务部	东城区朝阳门北大街17号首层	100010	58195630

中国太平洋财产保险股份有限公司北京分公司

机构名称	地　址	邮　编	电　话
东城支公司	东城区白桥大街15号10层	100062	83507185
西城支公司	西城区展览馆路3号院	100037	83507305
海淀支公司	海淀区西三环北路91号7号楼4层D01室	100089	83507978
丰台支公司	西城区广外大街87号	100055	83507317
朝阳支公司	朝阳区左家庄路2号4幢3层	100027	83507506
通州支公司	通州区富河园4号楼1层4－107室	101199	83507831
昌平支公司	昌平区高科技园区创新路6号	102200	83507709
顺义支公司	顺义区南法信地区府前街56号院1号楼9层2－913～924室	101300	83507636
经济技术开发区支公司	北京经济技术开发区宏达北路16号1号楼2层201室	100176	83507090
石景山支公司	石景山区玉泉路63号1层111室	100040	83507693
平谷支公司	平谷区迎宾环岛东南角1号楼1层商铺－8号	101200	69966096
大兴支公司	大兴区春和路39号院3号楼10层21112室	102600	83507079

分公司营业部	东城区建国门南大街7号C座905室、1009室	100005	83506200
房山区营销服务部	房山区翠枫路7号院7号楼6层601室、602室	102488	83506087
航港营销服务部	顺义区南法信镇机场北街8号院2幢航港办公楼南楼122号	101300	69450355－610
蓝龙家园营销服务部	门头沟区蓝龙家园6号楼2层E区	102399	83507677
第一营销服务部	通州区北皇木厂街2号院3号楼17层1721室	101199	83507808
回龙观营销服务部	昌平区昌平路380号院1号楼1至2层7单元103室	100096	18612864368
第二营销服务部	西城区复兴门内大街158号F101号	100031	83506802

中国平安财产保险股份有限公司北京分公司

机构名称	地　　址	邮　编	电　话
第一营业部	西城区金融大街23号15层南侧	100033	57997062
第二营业部	朝阳区光华路5号院2号楼	100020	59710226
朝阳支公司	朝阳区光华路5号院2号楼14层1701单元	100020	57997093
丰台支公司	丰台区育仁南路3号院3号楼1层	100160	63758165
房山支公司	怀柔区府前街3号楼3－2号	102401	89363579
怀柔支公司	怀柔区府前街3号楼3－2号	101499	69682585
通州支公司	通州区杨庄南里66号楼01号、07号	101121	60533652
大兴支公司	大兴区春和路39号院3号楼3单元	102600	59731929
顺义支公司	顺义区南法信镇华英园9号楼1031～1034室	101300	89429126
昌平支公司	昌平区城南街道龙水路28号楼－1至2层	102299	57859106
平谷支公司	平谷区平谷镇东方国际公寓2号楼1～2层商业5号	101299	56916564

机构名称	地址	邮编	电话
密云支公司	密云区银河花园37号6单元、7单元	101599	82128675
延庆支公司	延庆区延庆镇恒安小区28号楼1~2层4单元	102199	59700308
门头沟支公司	门头沟区滨河路127号	102399	69832096
石景山支公司	石景山区石景山路20号第11层	100040	88605280

华泰财产保险有限公司北京分公司

机构名称	地　址	邮　编	电　话
西城支公司	西城区德胜门外大街125号301B1	100088	59375588
通州支公司	通州区砖厂南里47号楼4层409室	101100	81573903
顺义支公司	顺义区仁和镇石园南区33号楼8层4单元806室	101300	89441566
房山支公司	房山区篱笆园南路10号院9号楼1层109室	102488	59375590
大兴支公司	大兴区金苑路3号1幢4层D53A	102627	69244880
复兴门营业部	西城区金融大街35号1幢17层1710单元	100033	59371988

太平财产保险有限公司北京分公司

机构名称	地　址	邮　编	电　话
朝阳支公司	朝阳区东三环北路甲2号8号楼-3内22层22B5至22B12室	100027	83157370
丰台支公司	丰台区南四环西路188号十五区12号楼2层	100070	83670899
海淀支公司	海淀区马连洼北路8号B座4层409~411室	100085	88893759
通州支公司	通州区新华西街58号院3号楼7层718~720室	101199	81556790
石景山支公司	石景山区城通街26号院14层1407~1409室	100043	63310893

中华联合财产保险股份有限公司北京分公司

机构名称	地　址	邮　编	电　话
崇文支公司	东城区永生巷4号棠颂楼206室	100061	67100878
西城支公司	西城区莲花池东路106号2单元901室	100055	63952008
东城支公司	东城区安外西滨河路18号首府大厦3号楼202室	100011	63344473
石景山支公司	石景山区时代花园南路17号茂华大厦601~602室	100043	68888002
房山支公司	房山区拱辰街道政通路23号B座501~503室	102488	89354988
昌平支公司	昌平区科技园区振兴路36号首科凯奇基地2号楼301~310号	102299	69749500
顺义支公司	顺义区金蝶软件园A座801室	101399	69461367
通州支公司	通州区梨园镇梨园村商业楼	101100	60549180
怀柔支公司	怀柔区富乐小区北里25号正楼	101400	69632691
大兴支公司	大兴区枣园路19号1幢803室	102600	61219197
经济技术开发区支公司	北京经济技术开发区地盛西路6号BDA国际广场M楼4层	100176	50980618
密云支公司	密云区新南路甲52号院1号楼1层	101500	89036981
平谷支公司	平谷区文化南街9号9－6底商	101200	89987899
延庆支公司	延庆区东外大街28号	102100	69149901

永安财产保险股份有限公司北京分公司

机构名称	地　址	邮　编	电　话
朝阳北路营销服务部	朝阳区朝阳北路 145 号红领巾公园南门西侧办公楼 2 层 210～211 室	100061	65733688
朝阳支公司	朝阳区十里堡北里甲 34 号 1 号楼 2 层 128 房间	100025	65733667
密云支公司	密云区百合园 7 号楼 1 层 7－3 室	101500	61098469

天安财产保险股份有限公司北京分公司

机构名称	地　址	邮　编	电　话
海淀支公司	海淀区羊坊店路 18 号 1 幢 10 层 1001 室	100038	88574613
通州营销服务部	通州区北皇木厂街 1 号院 1 号楼 14 层 1403 室	101149	88574505
朝阳营销服务部	朝阳区望京中环南路甲 2 号 21 层 B2307	100102	88574738
顺义营销服务部	顺义区南法信大街 118 号院 1 号楼 4 层 1401 号	101300	88574720
平谷营销服务部	平谷区平谷镇谷丰东路 12－9 号南 11 层	101200	18518885179
房山营销服务部	房山区拱辰街道西潞南大街 5 号 1 幢 2 层 201 室	102488	88574736

中国大地财产保险股份有限公司北京分公司

机构名称	地　址	邮　编	电　话
第一营销服务部	东城区广渠门内大街 121 号楼 701～706 室	100062	82277924
丰台支公司	丰台区西三环南路 14 号院 1 号楼 1219～1224 室	100073	82277922
朝阳支公司	朝阳区朝外大街 26 号楼 B0701 室	100020	82277905

机构名称	地址	邮编	电话
顺义支公司	顺义区南法信大街118号院天博中心C座901室	101300	69450846
大兴支公司	大兴区清澄名苑北区27号楼2－511室	102699	69264580
平谷支公司	平谷区平谷镇新平东路140号	101200	61993266
房山支公司	房山区拱辰街道政通路12号1号楼2层205室	102408	60305871
通州支公司	通州区张家湾镇土桥村北京新建房地产开发有限公司13幢128号	101100	80873600

华安财产保险股份有限公司北京分公司

机构名称	地址	邮编	电话
房山支公司	房山区城关街道农林路1号1层003房间	102400	69316041
朝阳支公司	朝阳区东三环南路19号院1号楼－2至15层101内13层1311号	100021	87651952
昌平支公司	昌平区回龙观镇科协家园住宅小区29号楼B座1层2单元0102室	102208	82945885
丰台支公司	丰台区丰体南路3号丰体时代大厦C座2层202号	100071	83818821
通州支公司	通州区观音庵北街3号院1号楼10层2单元1008室	101101	89530520

亚太财产保险有限公司北京分公司

机构名称	地址	邮编	电话
东城支公司	东城区永定门西滨河路8号院7楼6层7－01～03单元	100082	82299999
平谷支公司	平谷区平谷镇东鹿角村平三路临1号北院3层306室	101200	89988225

永诚财产保险股份有限公司北京分公司

机构名称	地　址	邮　编	电　话
海淀营销服务部	海淀区知春路甲48号1号楼26A房间	100142	13811195578
昌平营销服务部	昌平区西环路16号豪恒大厦4层	102200	89783620
西城支公司	西城区半步桥街48号5层508房间	100031	13581873829

安华农业保险股份有限公司北京分公司

机构名称	地　址	邮　编	电　话
大兴支公司	大兴区富强路2号1层102室	102600	64393093
分公司营业部	朝阳区管庄周家井大院内世通大厦B座11层1105号	100102	64393218
房山营销服务部	房山区良乡拱辰南大街42号楼1层至2层08号	100102	64393007
通州营销服务部	通州区潞通大街188号-1层04号	101100	80854850
怀柔支公司	怀柔区开放路48号甲楼1层13号	101400	60685911
昌平营销服务部	昌平区昌崔路198号院10号楼2层210室	102200	64393098
平谷营销服务部	平谷区平谷镇新平南路211号楼211-2号	101204	89979005
顺义支公司	顺义区府前街56号院1号楼8层1-813室	101399	69441698
延庆营销服务部	延庆区康安小区30#-03商业楼	102100	69148706
密云支公司	密云区东菜园环岛东北侧长城大厦商务楼3层331室	101500	69070966

阳光财产保险股份有限公司北京分公司

机构名称	地址	邮编	电话
北京经济技术开发区营销服务部	北京经济技术开发区荣京东街3号1幢3层2单元328房间	100176	67881920
东城营销服务部	东城区安德路甲61号2号楼1层A-101室	100011	84129868
昌平营销服务部	昌平区鼓楼北街5-1至5-20号楼1~2层5~6号	102200	69746061
丰台营销服务部	丰台区西四环南路72号27楼13层1301室、1313房间	100071	51039406
房山营销服务部	房山区良乡嘉瑞通小区3号楼3-4号、3-5号	102401	69351831
通州营销服务部	通州区云景南大街33号1层	101100	81571169
顺义营销服务部	顺义区站前街8号院2号楼101内101-4号	101300	69440345
大兴营销服务部	大兴区观音寺南里海北路1号楼1-17室	102699	69243065
平谷营销服务部	平谷区平谷镇西环南路5号5幢2层	101200	69976002
延庆营销服务部	延庆区延庆镇石河营建材城综合楼南大2号	102100	69187890
海淀支公司	海淀区北蜂窝中路15号	100038	13701263353
怀柔支公司	怀柔区金台园2号	101400	61625606
朝阳支公司	海淀区晾果厂6号9层908室	100022	56406700

渤海财产保险股份有限公司北京分公司

机构名称	地址	邮编	电话
昌平营销服务部	昌平区城南街道南郝庄北京世涛基业房地产开发有限公司2幢203号	102200	69715836

朝阳营销服务部	朝阳区松榆南路54号旌凯写字楼B区18号，C区22号、26号	100000	87325700
大兴支公司	大兴区林校路67号4号楼1层4－3号	102699	18600567868
平谷支公司	平谷区平谷镇新平北路51号楼51－9号	100077	82292277
顺义支公司	顺义区顺通路34号商业西侧房	110300	81492122

都邦财产保险股份有限公司北京分公司

机构名称	地　址	邮　编	电　话
海淀支公司	海淀区晾果厂6号9层908室	100027	68097908

华农财产保险股份有限公司北京市分公司

机构名称	地　址	邮　编	电　话
通州营销服务部	通州工业开发区光华路16号北京方和正圆综合楼A栋521号	101100	58720450
顺义营销服务部	顺义区宏城花园12号楼1层5单元102室	101100	89418290
昌平营销服务部	昌平区昌平镇振兴路28号	102200	80113236
平谷营销服务部	平谷区迎宾街1号院17号楼11层2单元1103号	101200	51327238
房山支公司	房山区拱辰街道政通路12号1号楼第5层512室、514室	102488	60342185

中国人寿财产保险股份有限公司北京市分公司

机构名称	地　　址	邮　编	电　话
东城支公司	东城区鼓楼外大街27号万网大厦4层	100120	84130362
西城支公司	西城区金城坊街15－101号	100054	63365157
石景山支公司	石景山区时代花园南路17号9层906室	100120	84130362
宣武支公司	西城区半步桥街48号1层1101房间	100054	63362328
朝阳支公司	朝阳区静安东里12号院2号楼1层C128室	100028	64823368
丰台支公司	丰台区南四环西路128号院4号楼2012室、2013室、2015室	100078	67680198
海淀支公司	通州区云景北里52号楼1215室	100083	82885253
房山支公司	房山区良乡西潞北大街26号	102400	89369695
通州支公司	通州区运河园路9号院3号楼1层102室	100101	81572211
怀柔支公司	怀柔区开放东路13号院4号楼2层03号	101400	13701379986
顺义支公司	顺义区双兴北区33号楼1层	101300	69427867
大兴支公司	大兴区南湖路4号院3幢1层	100000	85253888

长安责任保险股份有限公司北京市分公司

机构名称	地　　址	邮　编	电　话
朝阳营销服务部	朝阳区北苑东路19号院5号楼26层2611室	100102	13051275391
丰台支公司	西城区西站南路80号院6号楼1层101－9～12室	100070	13911348911
通州支公司	通州区玉带河东街153号1～2层	100082	13701273186

英大泰和财产保险股份有限公司北京分公司

机构名称	地　址	邮　编	电　话
大兴支公司	大兴区乐园路 4 号院 3 号楼 8 层 905 室	102600	57387181
海淀支公司	海淀区畅茜园兰德华庭 7 号楼	100143	52047002
通州支公司	通州区八里桥南街 89 号	101199	52047599
顺义支公司	顺义区站前北街 4 号院 2 幢	101321	51967588
昌平支公司	昌平区北环路 2 号	102299	51967588
怀柔支公司	怀柔区青春路乙 64 号楼 1 层 102 室	101400	51967588
朝阳支公司	朝阳区和平街东土城路 12 号院 3 号楼 16 层 01 室	100020	64218618
亦庄营销服务部	北京经济技术开发区永昌北路 13 号 1 幢 5 层北侧	100176	51967588
平谷营销服务部	平谷区平谷镇林荫南街 9 号楼 9－64 号	101200	69955722

紫金财产保险股份有限公司北京分公司

机构名称	地　址	邮　编	电　话
海淀支公司	海淀区复兴路 65 号电信实业大厦 2 层	100036	88612831
平谷支公司	平谷区迎宾街 1 号院 26 幢 2 层 2－24 号	101200	83930601

浙商财产保险股份有限公司北京分公司

机构名称	地　址	邮　编	电　话
东城营销服务部	东城区东花市南里东区 8 号楼 4 层 402 室	100000	18611021202

国任财产保险股份有限公司北京分公司

机构名称	地　址	邮　编	电　话
丰台支公司	丰台区六里桥1号1102室	100161	63885116
顺义支公司	顺义区南法信镇顺畅大道1号R－304B室	101399	63885013
昌平支公司	昌平区西关路20号4号楼15层4－1816室	102200	58072866

富德财产保险股份有限公司北京分公司

机构名称	地　址	邮　编	电　话
平谷支公司	平谷区平谷镇光明西小区7号楼1层7－5号	101200	58978244
海淀支公司	海淀区西直门北大街52～56号（双号）8层	100102	84164186

珠峰财产保险股份有限公司北京分公司

机构名称	地　址	邮　编	电　话
朝阳支公司	朝阳区化工路59号院1号楼1～14层01内3层B－307室	100023	83367372
丰台支公司	丰台区广安路9号院4号楼15层1511室	100073	63509771
通州支公司	通州区群芳中三街111号、119号	101100	83367372

易安财产保险股份有限公司

机构名称	地　址	邮　编	电　话
北京营业部	海淀区西土城路1号院1号楼泰富酒店写字楼5层	100191	53916197

中国人寿保险股份有限公司北京市分公司

机构名称	地　址	邮　编	电　话
阜成门支公司	西城区阜外大街3号东润时代大厦303室	100037	68001517
西直门营销区部	西城区后广平胡同36号	100035	
中关村支公司	海淀区知春路128号泛亚大厦302号	100086	62573189
海淀营销区部	海淀区知春路20号中国医药大厦北门105～111室	100088	82800104
东区营销区部	东城区东中街32号	100027	85991510
朝阳支公司	朝阳区朝外市场街20号11～13层	100020	65880125
金台路同城柜面	朝阳区金台北街7号	100026	65022591
石景山支公司	石景山区石景山路3号玉泉大厦4层东侧401～409室	100049	88255400
北纬路同城柜面	西城区北纬路1号	100050	63166366
丰台支公司	丰台区王佐长青路87号院2号楼	100074	83319230
房山支公司	房山区良乡西潞北大街26号	102488	89350157
门头沟支公司	门头沟区滨河路64号	102300	69866670
密云支公司	密云区滨河路22号	101500	69024089
平谷支公司	平谷区金谷园21号楼16号	101200	69984204
顺义支公司	顺义区府前东街2号	101300	69466735

通州支公司	通州区玉带河东街248号	101100	80883969
昌平支公司	昌平区创新路5号	102200	69445704
怀柔支公司	怀柔区商业街2号	101400	69648171
延庆支公司	延庆区东外大街62号	102100	69172770
大兴支公司	大兴区兴业大街3段26号	102600	69295431
第一营销区部	朝阳区东三环北路19号中青大厦3层	100027	
第三营销区部	西城区天桥南大街1号天桥艺术大厦B座306～308室	100050	63026749
第五营销区部	海淀中关村大街32号和盛大厦16层	100080	88820494
第一收展区部	朝阳区金台北街7号	100020	59646606
第二收展区部	海淀区马甸东路17号金澳国际写字楼2层	100088	62057899
第三收展区部	西城区北纬路1号	100020	66511656
东城收展区部	朝阳区朝外大街22号泛利大厦7层	100020	
西城收展区部	西城区白纸坊东路经济日报社综合楼A座201室、105室	100054	80456649
海淀收展区部	海淀区三里河路39号迈行大厦2006室	100037	
城区支公司	朝阳区朝外大街16号中国人寿大厦24层	100020	66031298
大客户业务部	朝阳区朝外大街16号中国人寿大厦24层	100020	63171097
开发区支公司	朝阳区朝外大街16号中国人寿大厦24层	100020	85639895
中介新渠道业务部	朝阳区朝外大街16号中国人寿大厦24层	100020	85728813
西城支公司	西城区新街口北大街3号新街高和大厦504号、505号	100035	66133774
海淀支公司	西城区新街口北大街3号新街高和大厦504号、505号	100035	66122816
金台路同城柜面	朝阳区金台北街7号	100020	65022591

知春路同城柜面	海淀区知春路 20 号	100088	62056697
人寿大厦同城柜面	朝阳区朝外大街 16 号中国人寿大厦 2 层	100020	85251466
金融街同城柜面	西城区金融街 12 号中国人寿广场 B 座首层	100032	66575129
石景山同城柜面	石景山区鲁谷东街 18 号 1 层	100040	88255820

中国太平洋人寿保险股份有限公司北京分公司

机构名称	地　址	邮　编	电　话
东城支公司	东城区北京站东街 8 号信通大厦 B 座 5 层 509～510 室	100010	83955353
海淀支公司	海淀区复兴路甲 23 号城乡华懋 13 层	100036	83954041
朝阳支公司	朝阳区安贞里二区 1 号楼	100029	83954508
通州支公司	通州区新华南路 64 号 3 层	101100	83954608
顺义支公司	顺义区仓上街 2 号 AMB 大厦 4 层 401～408 室、5 层、10 层	101300	83954017
昌平支公司	昌平区昌平镇西环路 29－1 号 5 层	102200	83954188
中关村支公司	海淀区中关村南大街甲 10 号银海大厦 5 层	100081	83954408
大兴支公司	大兴区金星西路 6 号院 1 号楼 12 层 1201 室、1203 单元	102600	83954201
密云支公司	密云区新中街 42 号	101500	83954251
国贸支公司	朝阳区广和南里二条 16 号院 3 号楼	100021	83954118
西城支公司	西城区西直门外大街新兴东巷甲 15 号 3 号楼	100044	83954466
安定门营销服务部	东城区安定门外东河沿乙 5 号楼	100010	83954336
劲松营销服务部	朝阳区广和南里二条 16 号院 3 号楼 2 层 205～207 室	100021	83955998

通州北苑营销服务部	通州区新华东街116号1、9幢4层	101199	83954633
回龙观营销服务部	昌平区黄平路19号院1号楼B单元7~9层	100096	83955588
银河支公司	朝阳区工人体育场北路13号院1号楼4层4-02室	100027	83954111

中国平安人寿保险股份有限公司北京分公司

机构名称	地　址	邮　编	电　话
朝阳区永安营销服务部	朝阳区建华南路6号院1号楼	100022	65126776
朝阳光熙门营销服务部	朝阳区西坝河西里23号4幢3层、4层	100028	56316873
东城雍和宫营销服务部	东城区藏经馆路11号	100007	64078251
通州恒通营销服务部	通州区九棵树东路107号	101100	81589210
通州西海子营销服务部	通州区九棵树东路117号	101000	18519160202
国峰营销服务部	朝阳区常惠路6号楼4单元	100024	53956882
平谷迎宾街营销服务部	平谷区迎宾街1号院5号楼3~6层	101200	61993911
顺义龙府营销服务部	顺义区站前北街78号1号	101300	69439079
海淀北太平庄营销服务部	海淀区北太平庄路2号7号楼德恒商务会馆A座2~5层	100088	82023825
丰台莲花池营销服务部	丰台区西站南广场驻京办1号楼1层A108号	100055	63498511
海淀甘家口营销服务部	海淀区三里河路17号甘家口大厦13层	100089	88392193
大兴区兴政营销服务部	大兴区黄村镇兴政大街南区政府对面	102600	61217950
朝阳国贸营销服务部	朝阳区东三环中路16号3层	100028	51672514
丰台科丰桥营销服务部	丰台区航丰路1号院4号楼	100070	83659811
延庆板泉路营销服务部	延庆区延庆镇东外大街26号4层	102100	69173765
昌平永安营销服务部	昌平区西环路16号3层、1层06室	102200	89747087
昌平天通苑营销服务部	昌平区东小口镇天通北苑北一区甲5号楼	102218	61750579

良乡翠枫路营销服务部	房山区翠枫路7号院5号楼4～10层、2号楼1层102室、103室	102412	56177666 56177677
房山良乡营销服务部	房山区良乡拱辰北大街3号1号楼	102488	89366764
密云鑫盛营销服务部	密云区新南路86号院1号楼	101500	61092062
怀柔梅苑营销服务部	怀柔区青春路梅苑小区8号楼2门、3门	101400	69686296
西铁营营销服务部	丰台区西铁营中路1号院1号楼	100069	83500096
酒仙桥营销服务部	朝阳区酒仙桥路6号院6号楼1～18层101内3～5层	100015	64310885
海淀区杏石口营销服务部	海淀区杏石口路80号益园文化创意产业基地A区1号楼4层401号	100195	59730665
海淀苏州桥营销服务部	海淀区小南庄路怡秀园甲1号楼3层、4层	100009	56316505
西城西单营销服务部	西城区背阴胡同甲35号3幢2～5层	100032	66189140
朝阳柳芳营销服务部	朝阳区和平街东土城路12号院3号楼5层	100020	84241790
朝阳亮马桥营销服务部	朝阳区新源南路3号	100027	59761266
东城东四营销服务部	东城区前炒面胡同33号16号楼6层、7层	100010	52901501
大兴区康庄路营销服务部	大兴区康庄路52号院14号楼	102600	69200452
丰台开阳桥营销服务部	丰台区开阳路1号院瀚海花园大厦2层03号、8～10层	100067	15350738633
东城建国门营销服务部	东城区建国门南大街5号金龙大厦4号楼	101000	18519160202
古城营销服务部	石景山区城兴街255号院1号楼	100043	15810236266
石景山玉泉路营销服务部	石景山区石景山路3号玉泉大厦2层、3层西侧	100049	88252600

新华人寿保险股份有限公司北京分公司

机构名称	地址	邮编	电话
海淀支公司	海淀区莲花苑5号楼6层601~609室（单号）	100036	62078307
朝阳支公司	朝阳区东三环北路东方东路9号B幢5层	100026	64663992
西城支公司	西城区西直门外大街112号3层307室	100044	68330061
东城支公司	东城区崇外大街新怡家园甲3号楼7层	100062	67087329
丰台支公司	丰台区莲花池西里11号4号楼3层301室	100161	63942573
石景山支公司	石景山区城兴街255号院1号楼7层701－1~701－2室	100040	68684601
大兴支公司	大兴区工业开发区金苑路3号金融大厦2层B－01室	102628	60213165
房山支公司	房山区拱辰街道西潞南大街5号3层	102401	69381192
通州支公司	通州区云景东路1号3层	101121	59782722
顺义支公司	顺义区仓上街2号智能大厦B区9层	101320	69424945
西城区新外大街营销服务部	西城区黄寺大街甲23号院1号楼1层101－01~05室	100011	62076856
平谷支公司	平谷区府前西街2号渔阳大厦	101299	69970193
密云区鼓楼营销服务部	密云区果园新里北区综合楼东侧1层	101599	69068746
昌平支公司	昌平区城南街道龙水路22号院1号楼11层1101室	102299	80107796
丰台南苑营销服务部	丰台区和义东里三区九号楼1层、3层	100076	67942808
怀柔营销服务部	怀柔区迎宾北路1号2幢201~205室	101499	69643245
延庆营销服务部	延庆区延庆镇高塔街58号绿韵广场5层502室	102199	69141001
东四十条营销服务部	东城区东四十条68号2层202室	100007	84189456

冠城营业部	西城区北三环中路 23 号楼	100009	62078307
德外营业部	西城区黄寺大街甲 23 号院 1 号楼 2 层	100011	62078307
和平里支公司	朝阳区东土城路 14 号 7 层 01～11 室、10 层 09～11 室	100013	85271846
潘家园营销服务部	朝阳区松榆北路 7 号院 11 号楼 2 层	100021	67498965
莲花桥营销服务部	海淀区莲花苑 5 号楼 2 层东侧房间	100036	83141721
保福寺营业部	海淀区中关村东路 18 号 1 号楼 3 层	100190	52725052
回龙观营销服务部	昌平区回龙观镇西大街 118 号 1 幢 1 层 101 内 A103 室	100096	59812412
公益桥营业部	丰台区芳群园四区 21 号楼 2 层东段 201 室	100078	67647096

泰康人寿保险有限责任公司北京分公司

机构名称	地　址	邮　编	电　话
朝阳广渠路支公司	朝阳区东三环南路 98 号 1 幢 6 层	100022	13521055872
窦店支公司	房山区窦店镇窦店村京南嘉园小区 4 号商务楼	102433	69390236
朝阳百子湾营销服务部	朝阳区广渠路 11 号院 1 号楼 9 层	100024	18516833693
海淀知春路营销服务部	海淀区知春路甲 48 号 2 号楼 23 层 23C 室	100020	58732598
石景山第一营销服务部	石景山区金府路 32 号院 3 号楼 514 室	101512	69181004
顺义第一营销服务部	顺义区站前街 8 号院 1 号楼 7 层 715 室、717 室	101399	59627207
燕山营业部	房山区燕山迎风南路甲 6 号楼	102500	15098577896
天通苑营销服务部	昌平区东小口镇天通苑一区 98 楼 16 单元	100031	66428866
西城第一营销服务部	西城区西直门外大街 1 号院 1 号楼第 13 层	100035	66008603
东城朝阳门营销服务部	东城区东水井胡同 5 号楼 12 层	100010	15011210786
西城第二支公司	西城区西直门外大街 1 号院 1 号楼 7 层	100053	13801319556

房山支公司	房山区良乡西潞南大街8号3层南侧	102488	15098577896
平谷支公司	平谷区平谷镇新开街23号房屋2层、3层	101200	69985771
延庆支公司	延庆区妫水北街百佳商厦对面县工会西楼3层	102100	69181024
门头沟支公司	门头沟区滨河霁月园8号滨河路153－16号	102399	15600389456
昌平支公司	昌平区城南街道龙水路22号院1号楼15层1501室	102299	69724975
大兴支公司	大兴区金苑路3号金融大厦B21室	102628	69236910
顺义支公司	顺义区站前东街商业楼2号楼	101300	69460252
丰台支公司	丰台区西三环南路14号院1号楼1105～1107室	100079	13902100397
海淀支公司	海淀区知春路甲48号1号楼7A	100086	58732598
海淀第二支公司	海淀区莲花池东路39号8层803、804室	100040	68650067
东城支公司	东城区东水井胡同北京INN2号楼7层710室、712室	100027	65019937
长安支公司	东城区崇文门外大街8号院1号楼东座3层302～306室	100005	65184611
西城支公司	西城区高粱桥路6号西环广场A座3层、8层、11层、12层	100041	58341319
东城第一支公司	东城区崇文门外大街8号院1号楼4层东塔403室、405室	100031	67182537
怀柔支公司	怀柔区南大街18号8层	101400	69087911
电话销售中心	东城区崇文门外大街8号院1号楼4层东塔404室	100005	65181007
通州支公司	通州区通惠南路6号8号楼4层1－2室、10号楼3层9室	101199	13911173398
大孙各庄营销服务部	顺义区大孙各庄镇府前街7号	101308	13611211515
密云支公司	密云区鼓楼东大街山水大厦1～2层	101599	69236910
城关营销服务部	房山区城关街道农林路1号1层05号	102499	15098577896

太平人寿保险有限公司北京分公司

机构名称	地　址	邮　编	电　话
海淀支公司	海淀区西直门北大街52号北栋0101号3~7层	100082	86401516
东城支公司	东城区朝阳门北大街6号5层	100027	86401716
良乡支公司	房山区拱辰街道政通路12号1号楼	102488	86401614
大兴支公司	大兴区乐园路4号院3号楼10层	102600	86401619
通州支公司	通州区通惠南路6号8号楼3层1~4号室	101100	86401585
平谷支公司	平谷区迎宾街1号院9号楼7~10层	101200	69984767
昌平支公司	昌平区水库路G5号配套公建楼4层	102200	86401639
顺义营销服务部	顺义区仁和地区府前东街2号1号楼8层	101300	86401573
密云营销服务部	密云区新南路92号楼1层92-3号、92-4号	101500	86401560

民生人寿保险股份有限公司北京分公司

机构名称	地　址	邮　编	电　话
朝阳支公司	朝阳区汤立路201号院5号楼1层E-101室	100012	59206361
怀柔支公司	怀柔区金台园甲56号房屋5层	101400	69698459
朝阳营销服务部	朝阳区东三环北路38号民生大厦5层	100026	59206571
望京营销服务部	朝阳区望京东花园六区610号漤1层101室	100102	59206614
通州营销服务部	通州区新华西街58号院3号楼1211室	101199	80886736
百子湾营销服务部	朝阳区百子湾东里226号楼108室	100124	59206131
平谷营销服务部	平谷区平谷镇新平北路51号4层	101200	69986013
房山营销服务部	房山区天星街1号院14号楼2层207室	102488	69363879

机构名称	地址	邮编	电话
顺义营销服务部	顺义区仁和镇站前街8号院1号楼801室、803室、805室	101300	69427824
密云营销服务部	密云区新京承路长城环岛西南侧华冠大厦4层407~416室	101500	69080173

光大永明人寿保险有限公司北京分公司

机构名称	地　　址	邮　编	电　话
宏海营销服务部	朝阳区朝外大街22号5层第507号	100020	85237272－8809
西城营销服务部	西城区广安门外大街168号1幢7层1－809室	100031	59128403
顺义营销服务部	顺义区站前街8号院1号楼7层	101300	59128475
丰台第二营销服务部	丰台区西三环南路14号院2号楼1层0101室	100073	59128100
良乡营销服务部	房山区拱辰街道西潞南大街5号同方大厦5层	102488	69351722

富德生命人寿保险股份有限公司北京分公司

机构名称	地　　址	邮　编	电　话
房山支公司	房山区翠枫路8号院2号楼8层、9层	102488	58978369
房山长阳营销服务部	房山区天星街1号院9号楼3层	102401	58978368
门头沟支公司	门头沟区双峪路35号院1号6层613室	102300	58978320
大兴营销服务部	大兴区金星西路5号及5号院2号楼16层1单元	102627	58978094
通州营销服务部	通州区云景北里53号楼18层	101121	58978325
东城营销服务部	东城区王家园胡同10号2层217室	100027	58978092
密云营销服务部	密云区康居南区综合楼2层201~204室	101500	58978432

机构名称	地　址	邮　编	电　话
海淀支公司	海淀区西直门北大街52号、54号、56号11层南栋	100082	58978310
延庆营销服务部	延庆区延庆镇妫水北街5号院6号楼4层401~403室	102100	58978331

平安养老保险股份有限公司北京分公司

机构名称	地　址	邮　编	电　话
西城支公司	西城区金融大街23号平安大厦8层809~810室	100033	59731012

合众人寿保险股份有限公司北京分公司

机构名称	地　址	邮　编	电　话
朝阳门营销服务部	朝阳区朝外大街乙12号办公楼17层	100020	58790250
东城营销服务部	东城区东水井胡同11号楼4层5A11室	100010	58797789
海淀营销服务部	海淀区杏石口路9号一幢1层101室	100093	59949999
昌平营销服务部	昌平区北七家镇天通北苑三区34号-1至2层3单元102-1室	102218	60740679
顺义营销服务部	顺义区新顺南大街8号院2幢5层2单元506室	101300	69440460
平谷营销服务部	平谷区兴谷经济开发区谷丰东路30号院2号楼5层	101200	89981176
通州营销服务部	通州区新华西街60号院4号楼9层905室	101100	81512309
大兴营销服务部	大兴区丽园路7号8层802室	102600	69261418
房山营销服务部	房山区拱辰街道西潞南大街5号1幢4层402室	102401	69388550
合众人寿保险股份有限公司北京电话销售中心	海淀区苑花苑5号楼3层	100089	68778935

中国人民健康保险股份有限公司北京分公司

机构名称	地址	邮编	电话
朝阳支公司	朝阳区安华里五区21号楼泰利明苑A座3层3302内312房间	100006	53346771
通州支公司	通州区运河西大街15号1~2层	101199	80882833
平谷支公司	平谷区府前西街17号1幢	101299	89999303
密云营业部	密云区鼓楼南大街41号	101599	15321291299
怀柔营销服务部	怀柔区青春路21号402室、411室	101499	59867887
第五营销服务部	顺义区仁和镇新顺南大街8号院2幢3单元401室	101399	81493374
房山营销服务部	房山区天星街1号院14号楼9层	102445	89352953

华夏人寿保险股份有限公司北京分公司

机构名称	地址	邮编	电话
华夏人寿保险股份有限公司北京电话销售中心	朝阳区高碑店乡西店村1069号1号楼	100124	85725510
通州营销服务部	通州区临河里1号楼1单元1004~1017室	101101	81523230
平谷营销服务部	平谷区迎宾街9号楼3层、5~6层	101200	56866851
海淀营销服务部	海淀区今夕园甲1号3段	100097	88860697
朝阳营销服务部	朝阳区北苑路176号	100020	84837541

信泰人寿保险股份有限公司北京分公司

机构名称	地　址	邮　编	电　话
西城营销服务部	西城区广安门外大街168号1幢13层2－1606C	100032	13718028173
海淀营销服务部	海淀区万寿路西街2号6层620～625室	100089	13718028173
通州营销服务部	通州区广聚街15号3号楼	101149	13718028173

长城人寿保险股份有限公司北京分公司

机构名称	地　址	邮　编	电　话
良乡营销服务部	房山区拱辰大街47号拱辰大厦6层	102488	59238900

昆仑健康保险股份有限公司北京分公司

机构名称	地　址	邮　编	电　话
第二营销服务部	朝阳区建华南路6号院2号楼301－2房间	100022	59719600

和谐健康保险股份有限公司北京分公司

机构名称	地　址	邮　编	电　话
朝阳支公司	朝阳区东三环中路55号楼5层605室	100022	59229426

中国人民人寿保险股份有限公司北京市分公司

机构名称	地　　址	邮　编	电　话
海淀支公司	海淀区马连洼北路138号院1号楼6层623~625室	100085	62980499
昌平支公司	昌平区城北街道政府街西路2号6层601~613室	102200	80118269
朝阳支公司	朝阳区朝外西街3号1幢5层	100026	65030343
大兴区营销服务部	大兴区丽园路9号11层1101~1103室	102600	81282900
东城支公司	东城区东安门大街55号426房间	100010	64023692
房山支公司	房山区天星街1号院8号楼11层1105~1109室	102488	60343840
丰台支公司	丰台区南四环西路186号二区3号楼3层01~06室	100160	57327532
怀柔支公司	怀柔区府前西街1号院1号楼10层	101400	59472536
双桥支公司	朝阳区管庄周家井大院内世通大厦B座10层1001~1002号	100176	67876907
密云支公司	密云区密云镇新南路21号2~4层	101500	89086312
平谷支公司	平谷区保安街61号	101200	89987180
石景山支公司	石景山区苹果园西小街19号院1号楼11层01~07房间	100043	52880125
顺义区营销服务部	顺义区马坡镇复兴四街3号院4号楼3层305室	101300	56490059
通州支公司	通州区九棵树东路386号京贸新干线大厦2层	101100	60552991
西城支公司	西城区西直门外大街110号13楼1301室	100044	59454434
延庆区营销服务部	延庆区妫水北街64号五层F503商铺	102100	60168368

英大泰和人寿保险股份有限公司北京分公司

机构名称	地　址	邮　编	电　话
西城第一营销服务部	西城区宣武门外大街26号、28号、30号2幢7层A703室	100052	58684193
西城第二营销服务部	西城区宣武门外大街26号、28号、30号2幢7层A701室	100052	58684120

幸福人寿保险股份有限公司北京分公司

机构名称	地　址	邮　编	电　话
第一营销服务部	东城区珠市口东大街13号1层102室	100050	67094608
丰台支公司	丰台区角门18号枫竹苑二区1号楼11层1107室	100068	67094509

阳光人寿保险股份有限公司北京分公司

机构名称	地　址	邮　编	电　话
朝阳营销服务部	朝阳区广渠路11号院1号楼8层（07）801内A803室、A805室	100124	13651186000
顺义支公司	顺义区南法信镇东港鑫座西楼404室、408室	101316	13311587789
东城支公司	东城区永定门西滨河路8号院7号楼东塔3层301内05～06单元	100077	65268111
石景山支公司	石景山区石景山路22号万商大厦1210～1212房间	100043	13811815741

百年人寿保险股份有限公司北京分公司

机构名称	地　址	邮　编	电　话
东城营业部	东城区东直门南大街 11 号中汇广场 A 座 16 层 1607～1608 室	100007	59344367

太平养老保险股份有限公司北京分公司

机构名称	地　址	邮　编	电　话
太平养老保险股份有限公司中关村支公司	海淀区学院路 30 号科大天工大厦 B 座 05～07 室	100083	59579179

大家人寿保险股份有限公司北京分公司

机构名称	地　址	邮　编	电　话
朝阳支公司	朝阳区青年路 27 号院 2 号楼 2 层 208 室	100025	56610046

北京人寿保险股份有限公司北京分公司

机构名称	地　址	邮　编	电　话
朝阳支公司	朝阳区安定路 35 号 10 层 01～08 内 1009 号、1019 号	100029	15010370789
海淀支公司	海淀区大柳树富海中心 2 号楼 11 层 1108－1	100081	18737712599

天安人寿保险股份有限公司

机构名称	地　址	邮　编	电　话
东城营业部	东城区安定门东大街28号2号楼	100007	64550986

渤海人寿保险股份有限公司

机构名称	地　址	邮　编	电　话
北京朝阳支公司	朝阳区海南航空大厦A座8层、9层	100020	57784743

（3）外资保险公司

机构名称	地　址	邮　编	电　话
史带财产保险股份有限公司北京分公司	朝阳区永安东里16号CBD国际大厦17层09～10单元	100005	50868399
美亚财产保险有限公司北京分公司	朝阳区建国路79号华贸中心2号写字楼10层05～06号	100004	59692888
东京海上日动火灾保险（中国）有限公司北京分公司	朝阳区新源南路3号平安国际金融中心A座23层01单元	100022	84442567
瑞再企商保险有限公司北京分公司	朝阳区建国门外大街乙12号双子座大厦东塔25层01单元	100044	59096188
三井住友海上火灾保险（中国）有限公司北京分公司	朝阳区东三环北路5号北京发展大厦1601室	100004	85598000
三星财产保险（中国）有限公司北京分公司	建国路118号招商局大厦25层2506～2507A、2508B～2509A	100022	65685828

日本财产保险（中国）有限公司北京分公司	朝阳区东三环北路5号北京发展大厦416室	100020	59817500
利宝保险有限公司北京分公司	朝阳区广渠路18号院1号楼12层1203~1208室	100025	59100788
安盛天平财产保险股份有限公司北京分公司	东城区东直门外大街46号10层08A、08B1室	100027	84608888
国泰财产保险有限责任公司北京分公司	北京经济技术开发区荣华中路8号院4号楼1002室	100052	59336888
劳合社保险（中国）有限公司北京分公司	朝阳区建国门外大街1号院16号楼49层	100004	85264801
苏黎世财产保险（中国）有限公司北京分公司	朝阳区曙光西里甲5号院21号楼凤凰置地广场F座写字楼6层603C、607C	100028	84547828
安达保险有限公司北京分公司	朝阳区建国门外大街1号（2期）20层01单元	100020	5646188
中航安盟财产保险有限公司北京分公司	朝阳区望京东园四区2号中航资本大厦34层	100022	13911904194
安联财产保险（中国）有限公司北京分公司	北京经济技术开发区荣华南路2号院3号楼16~17层	100020	85400990
中意财产保险有限公司北京分公司	朝阳区农展馆南路12号1号楼17层	100026	59601843
太保安联健康保险股份有限公司北京分公司	东城区东长安街1号东方广场东方经贸城中一办公楼5层1室、11室	100005	58045315
恒安标准人寿保险有限公司北京分公司	东城区崇文门外大街8号院1号楼9层西塔902-1号、902-2号	100062	59235577
交银康联人寿保险有限公司北京市分公司	朝阳区金台西路2号41幢2层	100026	59867888
中信保诚人寿保险有限公司北京分公司	朝阳区安华里五区21号楼泰利明苑A座3层3302内312室	100006	53346771
汇丰人寿保险有限公司北京分公司	通州区运河西大街15号1~2层	101199	80882833
陆家嘴国泰人寿保险有限责任公司北京分公司	平谷区府前西街17号1幢	101299	89999303
复星保德信人寿保险有限公司北京分公司	密云区鼓楼南大街41号107室、119室、219~220室	101599	15321291299
中宏人寿保险有限公司北京分公司	怀柔区青春路21号402室、411室	101499	59867887

友邦保险有限公司北京分公司	顺义区仁和镇新顺南大街8号院2幢3单元401室	101399	81493374
中美联泰大都会人寿保险有限公司北京分公司	房山区天星街1号院14号楼9层1016室、1019~1020室	102445	89352953
招商信诺人寿保险有限公司北京分公司	朝阳区安慧北里逸园1号楼	100101	50838948
同方全球人寿保险有限公司北京分公司	东城区王府井大街138号新东安广场第3座10层1001~1027号	100006	85181888
北大方正人寿保险有限公司北京分公司	东城区王府井大街138号新东安办公楼第3座7~8层	100006	85111958
鼎诚人寿保险有限责任公司	朝阳区太阳宫中路16号院1号楼6层601室、606~608室	100028	50948080
平安健康保险股份有限公司北京分公司	东城区王府井东街8号7层702室、12层1202D~1202G室	100006	56500606
中德安联人寿保险有限公司北京分公司	昌平区城北街道政府街西路2号405~408室	102299	53967666
长生人寿保险有限公司北京分公司	平谷区迎宾街1号院5号楼8层801号	101299	50980788
中荷人寿保险有限公司北京分公司	通州区运河核心区Ⅳ-07地块绿地大厦1号楼3层	101100	53778700
瑞泰人寿保险有限公司	大兴区金苑路3号1幢4层D36号	102628	50948766
中银三星人寿保险有限公司北京分公司	密云区檀西路135号院3号楼1~2层103室、104室	101599	57058200
中意人寿保险有限公司北京分公司	顺义区府前东街2号1号楼7层701~706室、7层会议室	101399	50961460
华泰人寿保险股份有限公司北京分公司	朝阳区建国门外大街8号楼11层1102单元	100022	59860000
工银安盛人寿保险有限公司北京分公司	东城区白桥大街15号6层	100062	59620678
中法人寿保险有限责任公司北京分公司	朝阳区朝阳北路237号楼	100020	56300700
中英人寿保险有限公司北京分公司	丰台区西三环南路14号院1号楼2003~2005室、2011室	100070	56300800

（4）外资保险公司分支机构

安盛天平财产保险股份有限公司北京分公司

机构名称	地　址	邮　编	电　话
东城营销服务部	东城区幸福大街甲39号1号楼6层611室	100062	84608888
第一支公司	东城区东直门外大街46号26层2603室	100000	57453291
怀柔支公司	怀柔区于家园南街6号院2号楼3号	100000	60686636

国泰财产保险有限责任公司北京分公司

机构名称	地　址	邮　编	电　话
海淀支公司	海淀区西郊半壁店59号1886室	100143	59336888

利宝保险有限公司北京分公司

机构名称	地　址	邮　编	电　话
昌平营销服务部	昌平区昌崔路198号院2号楼4层402室	102200	89783382
房山营销服务部	房山区城关街道农林路1号3－E05	102488	59100753
通州支公司	通州区群芳二园2号楼3号商业	101121	13311560100８

北大方正人寿保险有限公司北京分公司

机构名称	地　址	邮　编	电　话
朝阳支公司	朝阳区东三环南路19号院1号楼－2至15层101内	100122	67699969

恒安标准人寿保险有限公司北京分公司

机构名称	地　址	邮　编	电　话
第一营销服务部	东城区崇文门外大街8号院1号楼9层西塔903－11号	100062	59235577

中信保诚人寿保险有限公司北京分公司

机构名称	地　址	邮　编	电　话
新东安营销服务部	东城区王府井大街138号新东安办公楼第3座7～8层	100006	85111958
朝阳营销服务部	朝阳区太阳宫中路16号院1号楼6层	100028	50948080
东城营销服务部	东城区王府井东街8号	100006	56500606
昌平营销服务部	昌平区城北街道政府街西路2号405～408室	102299	53967666
平谷营销服务部	平谷区迎宾街1号院5号楼8层801号	101299	50980788
通州营销服务部	通州区运河核心区Ⅳ－07地块绿地大厦1号楼3层	101100	53778700
大兴营销服务部	大兴区金苑路3号1幢4层D36室	102628	50948766

密云营销服务部	密云区檀西路 135 号院 3 号楼 1~2 层 103~104 室	101599	57058200
顺义营销服务部	顺义区府前东街 2 号 1 号楼 7 层 701~706 室	101399	50961460

友邦保险有限公司北京分公司

机构名称	地　址	邮　编	电　话
朝阳第一营销服务部	朝阳区东三环北路甲 26 号楼 2201~2208 室、2501~2503 室	100125	65912577
东城第二营销服务部	东城区东总布胡同 58 号 2 层 202 单元	100005	65219988
东城第三营销服务部	东城区东总布胡同 58 号 4 层 401 单元	100005	65219988
昌平营销服务部	昌平区回龙观西大街 16 号院 1 号楼 3 层 D308 室、D316 室	100085	89777271
通州营销服务部	通州区梨园地区梨园村轻轨南侧 1 号楼 1 号	101101	60557383
朝阳光华路营销服务部	朝阳区建国路 116 号 2 层、3 层 101 室	100022	85171584
海淀中关村营销服务部	海淀区知春路 106 号 10 层 1004~1006 号	100086	62571097

中美联泰大都会人寿保险有限公司北京分公司

机构名称	地　址	邮　编	电　话
中美联泰大都会人寿保险有限公司北京第一电话销售中心	朝阳区管庄周家井大院内世通大厦 B 座 6~7 层	100024	85180966-86310
中美联泰大都会人寿保险有限公司北京第二电话销售中心	朝阳区管庄周家井大院内世通大厦 B 座 4~5 层	100024	85180966-86310
东三环中路营销服务部	朝阳区东三环中路 20 号 A 座 16~17 层	100022	85180966-86310
东三环中路第二营销服务部	朝阳区东三环中路 24 号 B 座 16 层	100022	85180966-86310

同方全球人寿保险有限公司北京分公司

机构名称	地　址	邮　编	电　话
朝外大街营销服务部	朝阳区工人体育场北路甲2号A座12层	100027	58164868
通州营销服务部	通州区新华西街58号院23层2301～2304室	101100	58164868

中荷人寿保险有限公司北京分公司

机构名称	地　址	邮　编	电　话
东方广场营销服务部	东城区东方广场东方经贸城口二办公楼701～702室	100738	85182686
第二营销服务部	石景山区石景山路54号院5层501～510室	100043	65216688

中银三星人寿保险有限公司北京分公司

机构名称	地　址	邮　编	电　话
朝阳第一营销服务部	朝阳区霄云路36号1幢18层1803A－07室、9层901室	100027	84493180

中意人寿保险有限公司北京分公司

机构名称	地　址	邮　编	电　话
大成营销服务部	怀柔区商业街3号1栋401	101499	53313599

机构名称	地址	邮编	电话
国贸营销服务部	朝阳区建国门外大街乙12号双子座大厦东塔9层01~06单元	100022	58190080
东恒营销服务部	东城区东四北大街265号5层502室	100027	59303039
通州营销服务部	通州区翠景北里1号楼2103室	101121	58190092
海淀营销服务部	海淀区中关村大街27号11层	100080	59303049

华泰人寿保险股份有限公司北京分公司

机构名称	地　　址	邮　编	电　话
西城营销服务部	西城区德胜门外大街125号201B	100088	59375522
东城营销服务部	西城区德胜门外大街125号301B	100088	59375522
北太平庄营销服务部	西城区德胜门外大街125号401B－8	100088	59375522

工银安盛人寿保险有限公司北京分公司

机构名称	地　　址	邮　编	电　话
国贸营销服务部	东城区东四十条24号12层R部分	100007	84057168

中英人寿保险有限公司北京分公司

机构名称	地　　址	邮　编	电　话
朝阳区营销服务部	朝阳区永安东里16号8层812室	100022	85672888
中英人寿保险有限公司北京电话销售中心	朝阳区西大望路3号院2号楼1~4层HS09－1内2层、2层HS09－2	100022	85672888
中英人寿保险有限公司北京朝阳电话销售中心	朝阳区西大望路3号院2号楼1层HS09－1	100022	85672888

鼎诚人寿保险有限责任公司

机构名称	地　址	邮　编	电　话
朝阳支公司	朝阳区建国门外大街乙12号双子座大厦东塔8层	100022	59216666

复星保德信人寿保险有限公司

机构名称	地　址	邮　编	电　话
北京丰台支公司	丰台区西三环南路14号院1号楼	100070	56300800
昌平营销服务部	昌平区科技园区振兴路28号绿创科技大厦	102200	56300811

（5）保险代理公司

机构名称	地　址	邮　编	电　话
安惠国际保险代理（北京）有限公司	东城区东四十条甲22号1号楼A710室	100007	4006786070
安途保险代理（北京）有限公司	西城区德胜门外大街36号楼5层2单元512室	100088	82086115
安心致远保险代理有限责任公司	石景山区石景山路31号院盛景国际广场3号楼718室	100043	67713603
保通时空（北京）保险代理有限公司	海淀区紫竹院路116号嘉豪国际中心D座606室	100024	58931833
保之家宏大保险销售股份有限公司	北京经济技术开发区荣华中路8号院4号楼10层1102室	100176	0431－88592807
北京爱车易行保险代理有限公司	东城区安定门外大街138号5层A座507室	100007	64174035
北京爱马社保险代理有限公司	房山区良乡长虹西路翠柳东街1号－2556	102488	56192574
北京安邦保险代理有限责任公司	西城区六铺炕街1号1层	100120	82032385

北京安平保险代理有限公司	朝阳区芍药居北里101号1幢26层2座3005室	100035	66126609
北京佰阳保险代理有限公司	朝阳区曙光西里甲1号16层A－1903室	100080	56200171
北京宝力诚保险代理有限责任公司	朝阳区安慧北里安园10号楼H座202室	100044	51667471
北京保佳保险销售有限责任公司	东城区北三环东路36号1号楼A座5层506室	100033	58565868
北京北盛联合保险代理有限责任公司	朝阳区高碑店乡半壁店村惠河南街1008B号6层6045室	100080	65884700
北京斌凝祥融保险代理有限公司	东城区广渠门内大街41号12层41－（12）03室	100024	83117976
北京博瑞和铭保险代理有限公司	朝阳区阜通东大街10号楼5层503室	100029	67332018
北京财富之舟保险代理有限公司	大兴区中关村科技园区大兴生物医药产业基地天华大街5号院13号楼5层507室	102600	60297165
北京财鑫保险代理有限公司	大兴区盛坊路4号1幢	100028	64475227
北京辰洋保险代理有限公司	海淀区北洼路西里19号A503室	100089	80793268
北京诚成保险代理有限公司	朝阳区东大桥路8号院1号楼11层1217室	100020	58701778
北京诚信保险代理有限公司	朝阳区东三环南路甲52号楼5层6C	100083	51660599
北京诚信通保险代理有限公司	平谷区贾各庄村东南街甲6号	101200	89997999
北京德信保险代理有限公司	朝阳区安慧里四区16号化工大厦916室	101200	84885211
北京丰裕保险代理有限公司	东城区藏经馆胡同17号1幢2层A208室	100022	65544788
北京富邦保险代理有限公司	东城区胜古中路1号20号楼2层218室	100723	15801057070
北京高晟财富保险代理股份有限公司	朝阳区朝外大街甲6号4座23层2301内2305室	100070	58170806
北京格林保险代理有限公司	西城区马连道南街6号院1号楼9层916－3号	101200	62366843
北京广安保险代理有限责任公司	平谷区平谷镇谷丰东路8号	101200	69988080
北京国恒保险代理有限公司	东城区建国门内大街18号办一22层04室	100078	65181028
北京国济保险代理有限公司	西城区北三环中路甲29号院2号楼华尊大厦B座1501室	100029	62356665
北京国民保险代理有限公司	西城区半步桥街48号1幢512室	100016	62538000

北京国人保险代理有限公司	朝阳区建国门外大街丙24号楼18层2103室	100010	65666680
北京国泰保险代理有限公司	朝阳区建国路乙118号9层	100029	64169996
北京海商保险代理有限公司	东城区北京站东街8号B座6层607-2室	100044	65568680
北京恒荣汇彬保险代理股份有限公司	朝阳区光华路7号19层19B10单元	100022	57264419
北京恒泰保险代理有限公司	朝阳区秀水街1号建国门外外交公寓7-1-14号	100027	85794040
北京恒信保险代理有限公司	怀柔区怀北镇西庄村308号	100010	84929744
北京红枫鑫保险代理有限公司	朝阳区建国路91号院9号楼18层1808室	100079	67376379
北京宏安信保险代理有限公司	朝阳区向军南里二巷5号7号楼3层7302室	100200	82600499-801
北京宏利保险代理有限公司	朝阳区建国门外大街1号（1期）16幢14层59室	100122	65350177
北京华诚保险代理有限公司	海淀区北三环西路32号恒润国际大厦809室	100010	82624648
北京华创明德保险代理有限公司	朝阳区高碑店乡半壁店村惠河南街1008号B座4层4011室	100083	56280923
北京华谊保险销售股份有限公司	石景山区政达路6号院4号楼12层1221室	100086	58771030
北京环宇康泰保险代理有限公司	丰台区丰管路22号院12栋107号	100022	63339582
北京汇通金隆保险代理有限公司	石景山区苹果园路28号院2号楼7层704室	100010	51625028
北京汇祥保险代理有限公司	朝阳区晨光家园306号楼9层901内9007室	100022	68211690
北京惠诺康达保险代理有限公司	房山区城关街道顾八路1区1号-R668室	100089	58917195
北京吉顺佳保险代理有限公司	朝阳区建国路93号院4号楼16层1905室	100062	51661563
北京佳盛保险代理有限公司	昌平区科技园区何营路8号院6号楼5层502室	100073	60748979
北京交广保险代理有限公司	朝阳区柳芳南里甲5号1幢1~2内5层503号	100010	84515731
北京金鼎涛保险代理有限公司	朝阳区酒仙桥东路9号院2号楼101-9	102200	88840744
北京金斧子水星保险代理有限责任公司	朝阳区广渠路66号院22号楼10层1001内1001A	100024	88576885
北京金汉保险代理有限公司	西城区新兴东巷15号10号楼2层212室	100025	68359251
北京金宏保险代理有限责任公司	石景山区香山南路105号院4号楼4层402-5号	100026	67029688

北京金瑞卓森汽车保险代理有限公司	朝阳区利泽东园306号	100027	64392288
北京金石保险代理有限公司	朝阳区亚运村北小营欧陆经典北区C座8层0902室	100076	84850879
北京金宇四越保险代理有限责任公司	昌平区城北街道五街西环路78号1～2层商6号底商	100055	60741812
北京京安保险代理有限公司	西城区西直门南小街国英1号425－1室	100102	58561057
北京京安恒信保险代理有限公司	丰台区纪家庙8号22号楼158室	100101	83554701
北京京广保险代理有限公司	朝阳区石佛营西里12号楼B座2层01室	102208	85715028
北京京恒福保险代理有限公司	海淀区清华东路16号3号楼501－1室	102200	62186351
北京京铁保险代理有限公司	丰台区莲花池东路120－1号北京西站西附楼5301室	100035	51935012
北京精诚信联保险销售有限公司	海淀区中关村大街27号17层1706室	100053	67195677
北京精欣保险代理有限公司	朝阳区望京东园523号楼4层10509室	100020	64721858
北京开诚保险代理有限公司	丰台区丰科路6号院5号楼6层611室	100083	63861768
北京开元保险代理有限公司	朝阳区来广营西路18号－8	100055	82551322
北京康硕保险代理有限公司	丰台区南苑北里二区6号楼5层506室	100062	59273405
北京康泰保险代理有限公司	朝阳区北苑路18号院3号楼3层316室	100071	58042817
北京可为保险代理有限公司	平谷区府前街2号渔阳大厦4层405室	100089	64475477
北京乐百家保险代理有限公司	大兴区西红门镇宏业路9号院5号楼12层1209室	102600	83724926
北京乐荐保易品保险代理有限公司	朝阳区光华路8号17幢3层A312室	100022	85718581
北京乐融保险代理有限公司	顺义区北小营镇小胡营村1号院3号楼2层212室	100074	62349650
北京立康保险代理有限公司	朝阳区百子湾西里435号楼3层301内361室	100028	59456934
北京利信保险代理有限公司	丰台区凤凰嘴街2号院2号楼9层	100044	64097126
北京美安保险销售有限公司	朝阳区将台路6号丽都饭店510室	100071	64646393
北京美日保险代理有限公司	密云区经济开发区康宝路10－3号	101500	65387031

北京名阳保险代理有限公司	西城区广安门外大街305号二区9号楼9层1003室	101149	65155189
北京铭信保险代理有限公司	西城区黄寺大街24号院19号楼B420	100088	82081236
北京品今保险销售有限公司	朝阳区工人体育场北路甲2号A栋7层717A	100062	51299166
北京平和保险代理有限公司	海淀区高梁桥斜街59号院1号楼14层1401A	100033	68028260
北京钱袋网保险代理有限责任公司	朝阳区利泽中园208号3幢3层301内3303室	100037	82800993
北京乾安保险销售有限公司	海淀区海淀南路30号B座3层303室	100055	88438561
北京仁怡保险代理有限公司	东城区中剪子巷17号329A室	100088	84012608
北京瑞安鸿泰保险代理有限公司	怀柔区杨宋镇凤瑞一园1号院和平路甲8号1层14单元101室	100055	61665978
北京瑞宝寿康保险代理有限公司	朝阳区酒仙桥中路26号院2号楼4层501室	100007	84896216
北京瑞金恒邦保险销售服务股份有限公司	朝阳区东三环南路19号院1号楼	100022	68029246
北京睿峰都保险代理有限责任公司	房山区城关街道顾八路1区1号-W18室	100029	89358985
北京润昌保险代理有限公司	平谷区迎宾街1号院26幢2层2-26室	100022	57417232
北京赛保通保险代理有限公司	东城区广渠门内大街16号906室	100022	67186899
北京赛福特保险代理有限公司	朝阳区北苑路170号院3号楼12层1单元1503室	100097	64827061
北京胜易保险代理有限公司	东城区永定门内东街中里9-17号楼3030房间	100062	67018888
北京世纪隆盛保险代理有限公司	海淀区板井路69号世纪金源国际公寓东区10H	100101	88460345
北京市金诚华夏保险代理有限公司	丰台区科技园区3A地块工商联科技大厦09B04～09B06号	100020	63743368
北京市神舟保险代理有限公司	海淀区花园东路30号花园饭店5号楼2层5212室	100010	82358474
北京市玉林保险代理有限责任公司	房山区房山兴房大街50号院2号楼7门	102488	69312808
北京双诚保险代理有限公司	东城区东花市南里东区8号楼1单元615室	100070	87758893
北京泰铭保险代理有限责任公司	西城区莲花池东路甲5号院1号楼11层2单元1104室	100033	51289200
北京泰洋保险代理有限公司	朝阳区东三环北路甲19号楼25层2909室	100020	65531761

北京天地保险代理有限公司	海淀区中关村北二条13号6幢4层400号	100022	82671691
北京天岳保险代理有限公司	怀柔区青春路21号404室	101400	58773792
北京万家保险代理有限公司	海淀区阜成路115号北京印象1号楼205房间	100012	88128735
北京网信保险销售有限公司	朝阳区霄云路28号院2号楼903	100020	0515－83067768
北京祥龙博瑞保险代理有限公司	房山区良乡凯旋大街建设路18号－E802	100086	64650148
北京新月保险代理有限责任公司	昌平区科技园区永安路26号	100088	80119100
北京信安保险代理有限公司	朝阳区北辰西路69号3单元512号	100061	58772233
北京信达路通保险代理有限公司	丰台区万丰路317号	100071	86639611
北京信泰保险代理有限公司	海淀区昌运宫4号豪柏公寓B1－701号	100039	88420460
北京阳光干线保险代理有限公司	海淀区祁家豁子甲2号建德商务楼117室	102200	62369090
北京耀莱汽车保险代理有限公司	朝阳区幸福二村40号楼－1至4层40－1内3层307室	100029	84389713
北京银华同邦保险代理有限公司	西城区宣武门西大街28号大成广场9门1917～1920室	100024	83139918
北京永通保险代理有限公司	平谷区山东庄镇府前路9号	101200	89982282
北京钰城保险代理有限责任公司	东城区和平里中街甲27号2幢甲608室	100035	88027726
北京远安保险代理有限公司	石景山区八角东街65号院主楼北座2号楼19层1904室	100027	68838391
北京运通国瑞保险代理有限公司	密云区经济开发区兴盛南路8号院1号楼110室、116室	101500	89226555
北京长久汽车保险销售有限公司	顺义区北京空港物流基地物流园八街1号2层B2－005房屋	101300	65732999
北京致用保险代理有限公司	西城区广安门外南滨河路甲25号0507室	100026	63462331
北京中金同安保险代理有限公司	海淀区海淀中街16号14层5单元1408室	100052	88591798
北京中联信保险销售服务有限公司	朝阳区望京中环南路9号1号楼10层6号	101200	85235948

北京中天嘉华保险代理有限公司	石景山区八大处高科技园区内6－C号地3号楼4层409室	100043	58276940
北京中逸保险代理有限公司	海淀区北三环西路48号1号楼A座12B	100027	51627409
北京众合四海保险代理有限公司	朝阳区安华里二区13号楼101室	101500	59221533
北京众恒保险代理有限责任公司	大兴区黄村镇车站北里51号楼1层102室	102600	69208553
北京资本动力保险代理有限公司	朝阳区东三环中路12号1号楼1401室	100027	87710095
大童保险销售服务有限公司	房山区阎富路69号院46号楼	100086	85902288
鼎鼎保险代理有限公司	朝阳区曙光西里甲6号院1号楼	100071	53656837
鼎泽保险代理有限公司	丰台区西三环南路59号518室	100072	63829393
泛海在线保险代理有限公司	朝阳区慈云寺1号院3号楼1层、2层	100025	85259987
方德保险代理有限公司	东直门外大街46号12层02室	100080	56320543
富德保险销售有限公司	海淀区西直门北大街52号、54号、56号10层南栋0101～1006室	100071	87809700
国福家庭保险销售服务有限责任公司	西城区莲花池东路106号2单元705室	100045	66290713
航联保险销售有限公司	东城区南竹杆胡同2号楼1幢12层11202室	100044	58157000
和谐保险销售有限公司	朝阳区建国门外大街6号11层1102内103室	100082	85257278
华夏在线保险代理服务有限公司	丰台区凤凰嘴街2号院2号楼1层至18层101室	100007	65280291
汇康保险销售（北京）有限公司	通州区新华西街58号院3号楼9层906室	100052	0431－88756541
汇银林泰（北京）保险代理有限公司	海淀区北三环西路99号院3号楼8层909室	100020	82553362
嘉信保险代理有限公司	朝阳区高碑店乡半壁店村惠河南街1069号卓明大厦2层202室	100043	84012449
嘉泽保险代理有限公司	朝阳区成寿寺路134号院3号楼17层	100071	88808009
康宏碧升保险代理有限公司	朝阳区广渠路17号院1号楼－3至14层101内4层409室	100010	58085688
康盛（北京）保险销售有限公司	平谷区林荫北街13号信息大厦1207室、1208室	101200	58614829

乐信保险代理有限公司	东城区金鱼池中街2号院11号楼1~2层11~21室	100044	53323657
利星行宝汇汽车保险代理（北京）有限公司	朝阳区广顺南大街8号院3号楼3层301内G01内1~2单元	101299	84778000
纳捷奥保险代理（北京）有限公司	海淀区北蜂窝路2号中盛大厦13~14层1306-1室	100102	51666898
全天候保险代理股份有限公司	顺义区仁和镇顺通路25号5幢511-2室	103000	69421005
融汇保险销售有限公司	朝阳区建国路甲92号-4至24层内14层1409~1410室	100024	85660977
盛世合众保险销售有限公司	海淀区杏石口路9号1幢2层201室	100195	59949002
盛唐融信保险代理（北京）有限公司	西城区新街口北大街3号4层L409~L412室	100086	82200366
盛源兴保险代理（北京）有限责任公司	平谷区兴谷经济开发区洵河西路45号-125室	101200	56866615
世捷开元保险代理有限公司	石景山区八大处高科技园区西井路3号3号楼8737室	100043	57273371
太阳联创保险代理（北京）有限公司	朝阳区朝外雅宝路12号7层708室	100027	87925664
泰瑞保险代理有限责任公司	朝阳区望京中环南路甲2号17层B1903室	100050	84721125
天安佰盈保险销售有限公司	海淀区复兴路甲23号8层8-20室、8-21室	100054	56138448
天勤保险代理（北京）有限公司	朝阳区东三环南路17号B座9层9E	100078	87665917
天圆地方（北京）保险代理有限公司	朝阳区酒仙桥北路甲10号院301号楼102单元5层504室	100020	65818246
五星在线保险销售有限公司	海淀区北三环西路99号院1号楼5层601-2室	100043	50949658
新宝宇业（北京）保险代理有限公司	朝阳区朝阳门外大街19号楼7层723B室	100071	57142288
阳光保险代理有限公司	西城区阜成门外大街1号16层1643B室	100022	83988722
阳光一家家庭综合保险销售服务有限公司	朝阳区朝阳门外大街20号1幢联合大厦15层1506室、1507室	100027	58289877
阳光之音保险销售服务有限公司	通州区东果园18号楼3层308室	100070	81593211
洋坤（北京）保险代理有限公司	怀柔区怀北镇西庄村308号	101200	82026960

机构名称	地址	邮编	电话
一诺至善（北京）保险代理有限公司	朝阳区东三环中路 39 号院 23 号楼 9 层 1006 室	100043	58241666
壹心国盛保险代理（北京）有限公司	朝阳区朝外大街乙 6 号 8 层 0933 室	100010	67713603
宜信博诚保险销售服务（北京）股份有限公司	朝阳区建国路 88 号院 9 号楼 13 层 1610 号	100020	57951600
英硕伦斯保险代理（北京）有限责任公司	西城区裕中西里 42 号楼 303 室、304 室	100088	67759836
中安风尚（北京）保险代理有限公司	海淀区东北旺西路 8 号院 34 号楼 2 层 202 号	100085	53380539
中驰保险代理（北京）有限公司	东城区建国门内大街 18 号办一 22 层 2212 室	100041	67089666
中国人寿保险销售有限责任公司	海淀区海淀北二街 6 号 7 层	100086	66190303
中佳保险代理有限公司	西城区南滨河路 27 号院 7 号楼 307 室	100055	63453588
中京国际保险销售（北京）有限公司	平谷区南岔子街 1 号 1～3 层 1～4 号	101200	69982586
中利保险销售有限公司	朝阳区吉庆里 14 号楼地上部分 507 室	100124	59694588

（6）保险经纪公司

机构名称	地　　址	邮　编	电　话
爱心保险经纪有限公司	门头沟区石龙经济开发区永安路 20 号 3 号楼 A－3895 室	102300	62200812
安行保险经纪（北京）有限公司	西城区三里河一区 5 号院 7 号楼群房 5－3 号 3 层 301 室	100045	65387011
安瑞保险经纪（北京）有限公司	东城区朝阳门南小街 2 号楼 3 层 303 室	100022	25463858
安润国际保险经纪（北京）有限公司	西城区阜成门外大街 2 号 6 层 637 室	100037	68060129
安世联合保险经纪有限公司	朝阳区姚家园南路 1 号 7 号楼 A 区 502 室	100131	85385566
北京安华保险经纪有限公司	门头沟区双峪路 35 号院 2 号 16 层 1831 室	102300	58790790
北京安康保险经纪有限公司	朝阳区西坝河西里 28 号 B205 室	100028	64477610
北京安理保险经纪有限公司	朝阳区酒仙桥东路 9 号院 1 号楼 5 层 503 室	100028	53602932

北京安鹏保险经纪有限责任公司	朝阳区阜通东大街10号楼15层1501室	101300	64985566
北京安鑫保保险经纪有限公司	海淀区首都体育馆南路6号3幢12层1261室	100025	68492616
北京鞍汇联保险经纪有限公司	朝阳区永安东里16号CBD国际大厦18层08单元	100022	58695890
北京奥创保险经纪有限公司	朝阳区三丰北里1号楼10层1012室	100107	84938008
北京百川保险经纪有限公司	朝阳区南湖东园122楼7层北区806-2室	100055	63319211
北京大树保险经纪有限责任公司	海淀区北清路中关村壹号D1座11层1108室	100012	56710999-813
北京大唐泰信保险经纪有限公司	西城区菜市口大街1号10层1001~1003室	100052	83956356
北京鼎立保险经纪有限责任公司	朝阳区东三环中路乙10号第14层08号	100086	88851866
北京鼎盛保险经纪有限责任公司	朝阳区酒仙桥路甲10号3号楼15层17层1701~18室	100125	65065338
北京东方保险经纪有限公司	朝阳区朝阳路67号9号楼2单元803室	100021	85789048
北京东方华信保险经纪有限公司	西城区高井胡同16号北京惠福园宾馆203室	100107	68366080
北京方和万金保险经纪有限公司	海淀区北小马厂6号906室	100038	63345039
北京丰融保险经纪有限公司	西城区西直门外大街18号楼7层1单元805-2室	100027	84476292
北京富诚保险经纪有限公司	东城区广渠门南小街3号1单元1002室	100061	67169146
北京富利保险经纪有限公司	朝阳区建国门外大街19号1号楼26层A室	100028	84477169
北京共信赢保险经纪有限公司	朝阳区亮马桥路39号1号楼6层A602室	100125	84534522
北京光华保险经纪有限公司	朝阳区静安里26号楼901内903室	100028	65301358
北京广发保险经纪有限公司	朝阳区东三环北路38号院3号楼13层1608室	101500	69472620
北京国腾众保保险经纪有限公司	通州区安顺二街1号	101149	52858652
北京国中保险经纪有限公司	朝阳区建国门外大街18号D702号	100022	65691466
北京海力保险经纪有限公司	丰台区航丰路1号院3号楼3至17层301内15层1807室	100071	56127490
北京恒丰保险经纪有限公司	东城区和平里东街11号2号楼3层3-B4号	100034	88891941
北京华川恒健保险经纪有限公司	海淀区永泰庄北路9号永泰绿色生态园V6号院	100027	51582188

北京华融保险经纪有限公司	西城区阜成门外大街 11 号国宾大厦 808 室	100033	68002925
北京华夏保险经纪有限公司	海淀区中关村大街 11 号 6 层六层办公 652A	100043	63426880
北京华育保险经纪有限公司	丰台区南方庄 89 号 2 号楼 3 层 3012 室	100102	65545008
北京环球保险经纪有限公司	西城区金融大街 23 号 16 层 1601 室	100035	59731326
北京惠保保险经纪有限公司	北京经济技术开发区同济南路 19 号 2 号楼 4 层 B 区	100176	57063999
北京慧驾保险经纪有限公司	西城区南滨河路 27 号 7 号楼 12 层 1217 室	100055	58220292
北京慧金保险经纪有限公司	西城区茶马街 8 号院 3 号楼 14 层 1411 室	100032	68141238
北京吉泰保险经纪有限公司	海淀区紫竹院路 81 号院 3 号楼北方地产大厦 6 层 609 室	100085	88580566
北京江山保险经纪有限公司	朝阳区霄云路 28 号院 2 号楼 9 层 901－2 室	100125	0411－28786351
北京金甲保险经纪有限公司	西城区西直门内南小街国英园 1 号楼 707 室	100035	58561769
北京金永泰保险经纪有限责任公司	海淀区西八里庄北里 56 号院西钓鱼台庄园 3 号楼 4 门 401 室	100142	88122415
北京京泰安保险经纪有限公司	海淀区羊坊店路 18 号 1 幢 6 层 613 室	100025	68177335
北京康信保险经纪有限公司	朝阳区工人体育场北路 8 号院 1 号楼 13 层 01－1606 室	100028	85861166
北京联合保险经纪有限公司	朝阳区静安里 26 号楼 5 层	100048	64680488
北京木易保险经纪有限责任公司	西城区西直门外大街 18 号楼 18 层 1 单元 2139 室	100035	52963666
北京农信保险经纪有限公司	海淀区中关村大街 27 号 17 层 1705 室	100086	62698801
北京普华盛世保险经纪有限公司	朝阳区酒仙桥路 14 号 53 号楼 7 层 706 室	100071	57126871
北京乾泰保险经纪有限公司	西城区平原里小区 20 号楼 413 室	100032	63180208
北京仁信智合保险经纪有限公司	丰台区南四环西路 128 号院 3 号楼 1816 室	100071	83609322
北京容海保险经纪有限公司	西城区半步桥街 48 号 1 幢 3 层 343 室	100054	83550850
北京瑞和保险经纪有限公司	朝阳区建国门外大街 6 号 11 层 1102 内 105 室	100101	85257153

北京润得保险经纪有限公司	朝阳区望京园601号楼6层706室	100024	84785509
北京润盛保险经纪有限公司	朝阳区东方东路8号	100038	64681372
北京赛福哈博保险经纪有限公司	海淀区玲珑路9号院西区8号楼11层1单元1002	100086	63378585
北京盛安国际保险经纪有限公司	海淀区中关村东路18号1号楼11层A－1201室	100086	82600498－801
北京盛唐保险经纪有限公司	朝阳区工人体育场东路甲2号7层701室02号	100010	56145295
北京泰丰保险经纪有限公司	东城区东水井胡同11号楼3层3C02室	100143	67281839
北京腾诺保险经纪有限公司	海淀区北四环西路66号5层6C－016C－02号	100044	66020021
北京天道保险经纪有限责任公司	朝阳区朝阳门外大街19号楼7层722B室	100029	51502735
北京天时国际保险经纪有限公司	海淀区中关村南大街甲18号院1－4号楼C座07办公01	100142	88578257
北京微服保险经纪有限公司	朝阳区望京东园四区11号楼30层3003室	100022	58205660
北京物融保险经纪有限公司	西城区阜成门外大街甲9号国宾酒店9层902室	100037	68008302
北京小米保险经纪有限公司	海淀区清河朱房路临66号E栋1单元	100055	51401796
北京协荣保险经纪有限公司	西城区广安门外大街168号1幢7层2－810室	100029	83126679
北京新城保险经纪有限公司	朝阳区北土城西路7号国恒基业大厦D座804室	100062	51663231
北京新域保险经纪有限公司	东城区崇文门外大街11号9层908室	100044	67092376
北京信德保险经纪有限公司	海淀区玲珑9号院西区7号楼11层1单元1016－1室	100048	68436261
北京信康诚保险经纪有限责任公司	东城区桃园东里20号2层2082室	100124	59113559
北京信诺保险经纪有限公司	朝阳区望京园401号楼34层3917室	100033	029－88344163
北京银河时空保险经纪有限责任公司	东城区广渠门内大街41号12层41（12）02室	100083	82525388
北京永诚保险经纪有限公司	海淀区中关村南大街2号科技会展中心数码银座803室	100027	80812570
北京远安保险经纪有限公司	朝阳区东三环中路39号院18号楼13层1602室	100121	82231008
北京指南针保险经纪有限公司	昌平区北七家镇七北路42号院2号楼1单元301室	100089	82559883

北京中兵保险经纪有限公司	海淀区紫竹院路 81 号院 3 号楼北方地产大厦 15 层 1502～1503 室	100080	68966743
北京中金保险经纪有限公司	东城区和平里东街 11 号 7 号 1－B6 号	100097	88400426
北京中联新能保险经纪有限公司	北京经济技术开发区荣华南路 15 号院 7 号楼 9 层 901 室	100176	59361219
北京中瑞惠银国际保险经纪股份有限公司	朝阳区东三环南路甲 52 号顺迈金钻大厦 15 层 18C	100022	87729970
北京中天保险经纪有限公司	西城区闹市口大街 1 号院 2 号楼长安兴融中心 6C	100061	59799818
北京中卫保险经纪有限公司	朝阳区北辰东路 8 号院 16 号楼 8 层 801 内 A0808、A0809 室	100031	85285599
北京中兴保险经纪有限公司	西城区宣武门外大街 6～12 号（双号）、16 号、18 号 6 号楼 9 层 919 室	100054	87874667
博维保险经纪有限公司	朝阳区农展馆南路 13 号 3 层 307 室	100053	68567166
诚合保险经纪有限公司	海淀区复兴路 40 号中国铁建大厦 8 层	100010	52689665
达信（中国）保险经纪有限公司	朝阳区光华路 1 号北京嘉里中心北楼 15 层 1506 室	100855	65334080
大特保险经纪有限公司	朝阳区望京园 601 号楼 25 层 2910 室	100044	80698111
德圣保险经纪有限公司	朝阳区南磨房路 37 号 7 层 701 室	100025	53325541
鼎昊（北京）国际保险经纪有限公司	丰台区南四环西路 188 号十区 8 号楼 4 层	100071	63703398
鼎力（北京）保险经纪有限公司	东城区崇文门外大街 3 号 10 层南办 1001 室	100070	67178090
方胜磐石保险经纪有限公司	朝阳区西大望路 15 号 4 号楼 16 层 1601 室	101100	67771270
关爱保险经纪有限公司	朝阳区建国门外大街 22 号 1 幢第 21 层 2101 室	100028	65158589
国安国际保险经纪股份有限公司	东城区黄寺大街甲 6 号天龙饭店 5 层	100022	64257976
国电保险经纪（北京）有限公司	西城区西直门外大街 18 号楼 4 层 7 单元 501 室	100044	58682591
国家电投集团保险经纪有限公司	西城区西直门外大街 18 号楼 10 层 3 单元 1101 室	100044	56625687
国联（北京）保险经纪有限公司	朝阳区北苑路 170 号 5 号楼 1203 室	100053	63202640
国泰路安保险经纪（北京）有限公司	大兴区经济开发区金辅路甲 2 号 1 幢 1 层 B102 室	102600	63585718

国投保险经纪有限公司	西城区阜成门北大街2号楼3层	100034	88006481
哈保保险经纪（北京）有限公司	朝阳区建国路93号院10号楼601室	100022	58203824
海峡联合保险经纪（北京）有限责任公司	丰台区南四环西路186号四区2号楼6层22～23室	100097	88878991
海亚（北京）国际保险经纪有限公司	朝阳区安慧北里小区秀园15号楼4层	100010	64912569
航联保险经纪有限公司	东城区东直门南大街5号中青旅大厦9层	100007	58157000
和德（北京）保险经纪有限公司	东城区夕照寺街14号4号楼6层601室	100027	84464608
宏达通泰保险经纪（北京）有限公司	海淀区车公庄西路甲19号华通大厦8层828室	100048	51662261
华富保险经纪有限公司	西城区金融大街35号1122室	100107	88092087
华旅（北京）保险经纪有限公司	海淀区西四环北路158号慧科大厦东区8A	100033	88592081
华泰保险经纪有限公司	西城区金融大街11号中国再保险大厦14层	100142	66576588
华夏信达保险经纪（北京）有限公司	海淀区中关村南大街31号神舟科技大厦288室	100027	57458353
华信保险经纪有限公司	西城区宣武门内大街2号西楼办公1119～1124室	100033	83568356
佳达保险经纪（北京）有限公司	东城区东长安街1号东方广场东方经贸城东三办公楼1109室	100006	65334100
嘉实保险经纪（北京）有限公司	朝阳区建国路91号院8号楼5层506室	100079	65215143
江泰保险经纪股份有限公司	门头沟区莲石湖西路98号院9号楼1～12层101室	102300	62202788
金诚国际保险经纪有限公司	海淀区西三环北路91号7号楼3层C02号	100033	52961111
金丰（北京）保险经纪有限公司	海淀区北太平庄路18号4层B408室、B409室	100043	88689990
金桔保险经纪（北京）有限公司	朝阳区望京东园四区11号楼13层1301－03室	100028	64705638
金联安保险经纪（北京）有限公司	昌平区东小口镇立汤路186号甲1号楼10层1001室	100085	58608292
金晟保险经纪有限公司	朝阳区安定路10号中国有色大厦北楼2层	100089	64421991
京新国际保险经纪（北京）有限公司	海淀区建材城中路27号8幢2层206号	100020	64200617
九州联合（北京）保险经纪有限公司	海淀区北三环西路甲30号2层217室	100034	68473708

玖行保险经纪有限公司	朝阳区来广营西路5号院诚盈中心1号楼5层501单元	100028	0432－63373239
开源（北京）国际保险经纪有限公司	西城区西直门外大街18号楼4层1单元538室	100021	66123935
康瑞保险经纪有限公司	朝阳区望京东园四区2号中航资本大厦15层1502室	101300	63391028
昆仑保险经纪股份有限公司	西城区金融大街1号楼A座1102室	100070	87571701
鲲鹏保险经纪（北京）有限公司	西城区阜外月坛北小街13号中船宾馆8219室	100031	58221917
黎明保险经纪有限公司	石景山区古城南街9号院6号楼5层515室	100043	57126871
联华国际保险经纪（北京）有限公司	西城区金融大街23号10层1012室	100020	59731672
领航国际保险经纪有限公司	东城区北京站东街8号信通大厦B座6层607－1室	100020	58362067
麦芬保险经纪有限公司	朝阳区东三环北路17号10层1016室	100028	85643600
民生保险经纪有限公司	东城区建国门内大街28号1幢13层1501－1单元	100004	85259865
明亚保险经纪股份有限公司	朝阳区朝外大街22号泛利大厦5层501～502室	100070	85658565
全景保险经纪（北京）有限责任公司	朝阳区建国路88号9号楼17层2003室	100097	64373510
融超保险经纪有限公司	西城区阜外大街2号万通新世界广场A座1705号	100038	87615005
瑞信保险经纪有限公司	海淀区中关村大街27号11层1101室	100031	84832950
赛诺保险经纪（北京）有限公司	昌平区昌平镇商业街66号1号楼2层229室	100085	88479880
三角洲保险经纪有限责任公司	朝阳区建国路88号9号楼7层803室	100028	62124086
三峡保险经纪有限责任公司	海淀区玉渊潭南路1号B座三峡大厦3层	100039	57081394
世纪保险经纪股份有限公司	西城区宣武门外大街26～30号（双号）2幢08层A806～A809室	100021	88086600
天丰保险经纪有限公司	门头沟区莲石湖西路98号院7号楼603室	102300	85797999
天和保险经纪有限公司	朝阳区永安东里甲3号院1号楼10层1107内1107C、1107D号	100083	82275811

通联保险经纪有限公司	丰台区靛厂路汉唐国际大厦3层	100044	63713236
微医（北京）保险经纪有限公司	海淀区北四环西路52号15层1506房间	100044	51721189
文津国际保险经纪有限公司	丰台区南四环西路186号三区1号楼4层06室	100738	57177268
五矿保险经纪（北京）有限责任公司	海淀区三里河路5号五矿大厦B座410室	100022	88821652
五洲（北京）保险经纪有限公司	东城区东长安街1号，东方广场东二座1704－5A	100088	85188766
新航保险经纪（北京）有限公司	朝阳区建国路88号7号楼710室	100125	85808907
新时代保险经纪有限公司	海淀区花园路7号	100027	84979909
兴民保险经纪有限公司	石景山区金府路32号院3号楼7层718室	100033	56809591
扬子江保险经纪有限公司	顺义区天竺镇府右街6号	101300	57583450
阳光三泰保险经纪有限公司	朝阳区朝阳门外大街20号1幢9层902室	100043	59497070
宜安（北京）保险经纪有限公司	通州区新华西街58号院2号楼9层922室	100052	84476603
银河保险经纪（北京）有限责任公司	西城区金融大街35号国际企业大厦C座12层	100088	66568300
银建保险经纪有限公司	石景山区苹果园路28号院2号楼15层1501室	100043	
银泰（北京）保险经纪有限公司	海淀区高梁桥斜街59号院1号楼10层1012－02室	100080	82149698
英大长安保险经纪有限公司	西城区南横东街8号都城大厦12层	100022	63411499
永达理保险经纪有限公司	朝阳区阜通东大街18号2层2207～2210室	100044	87419188
宇泰保险经纪（北京）有限公司	朝阳区建国路93号院4号楼16层1903室	101149	65675665
远通（北京）保险经纪有限公司	海淀区羊坊店路18号2幢6层605室	100044	52720502
悦保保险经纪有限公司	丰台区广安路9号院1号楼16层1601室	100054	85839251
中安联合保险经纪股份有限公司	海淀区高梁桥斜街28号7号楼503室	100022	52412269
中车汇融保险经纪有限公司	丰台区汽车博物馆东路1号院1号楼8层901室	100071	53119066
中船保险经纪有限责任公司	海淀区中关村南大街乙56号方圆大厦12层02室	100007	88695063
中富保险经纪有限公司	东城区灯市口大街50号1号楼5层517室	100070	60250099
中化保险经纪（北京）有限责任公司	西城区三里河东路30号院1号楼2层	100081	59568326

中汇国际保险经纪股份有限公司	朝阳区永安东里16号18层06单元	100080	58691896
中建英大保险经纪有限公司	朝阳区安定路5号院3号楼30层02单元	100022	86498142
中捷保险经纪股份有限公司	石景山区实兴大街30号院7号楼9层904室	100043	56251376
中军保险经纪（北京）有限公司	朝阳区三丰北里1号楼11层1108室	100195	64466561
中铝保险经纪（北京）股份有限公司	海淀区西直门北大街62号9层	100044	82298566
中民瀚丞保险经纪有限公司	西城区新街口外大街8号1幢5层531号	100044	68563212
中盛国际保险经纪有限责任公司	东城区安定门东大街28号雍和大厦A座11层	100007	50950900
中盛融安国际保险经纪有限公司	海淀区大柳树路富海中心3号楼富海国际港1501室	100010	62138771－813
中石化保险经纪有限公司	朝阳区朝阳门北大街22号1幢19层1911室	100022	59969232
中泰国际保险经纪（北京）有限公司	海淀区海淀大街8号中钢大厦7层716室、717室	100086	62686563
中体保险经纪有限公司	东城区天坛东路50号国家体育总局训练局院内	100007	67162121
中铁保险经纪有限责任公司	西城区西绒线胡同28号天安国汇14层1410室	100034	59739002
中铁汇达保险经纪有限公司	海淀区西四环北路15号1层106室、107室	100036	88436399
中植保险经纪有限公司	朝阳区高碑店乡半壁店村惠河南街1102号C座3层3020室	100044	85141893
重汽集团保险经纪有限公司	丰台区开阳路1号瀚海花园大厦1702室	100071	83557702

（7）保险公估公司

机构名称	地　址	邮　编	电　话
北京安诚保险公估有限公司	怀柔区怀北镇西庄村308号	101400	84924025
北京邦业保险公估有限公司	朝阳区东三环中路55号楼6层703室	100085	59229633
北京保程保险公估有限公司	朝阳区五里桥二街1号院1号楼12层1214室	100085	87203581
北京北极星保险公估有限公司	平谷区贾各庄村东南街甲6号	101200	89989800

北京大陆保险公估有限公司	西城区车公庄大街6号3号楼468室	100044	85753960
北京德仁保险公估有限公司	朝阳区北苑路170号2号楼2－1603号	100085	68665830
北京俄杰斯特保险公估有限公司	丰台区丰台科学城恒富中街2号院1号楼3188室	100071	52229880
北京格林保险公估有限公司	西城区金融大街27号20层B段20层B2005室	100033	65282322
北京国信行保险公估有限公司	丰台区花乡南三环西路万柳桥西北侧商业及行政办公综合楼1－1615室	100079	87565219
北京合信保险公估有限公司	丰台区政馨园一区2号楼7层711室	100071	13681182658
北京和泰保险公估有限公司	海淀区复兴路乙59号巨星大厦108室	100085	62669764
北京华大保险公估有限公司	东城区夕照寺街14号4号楼6层610室	101300	65210966
北京华泰保险公估有限公司	西城区金融大街11号中国再保险大厦8层0803室	100033	66577488
北京汇明保险公估有限公司	丰台区丰管路16号9号楼5016室	100071	63870331
北京佳实德保险公估有限责任公司	海淀区复兴路40号中国铁建大厦5层东侧	100048	52689663
北京嘉诺保险公估有限公司	朝阳区农展馆南路13号3层307室	100044	68567166
北京金正保险公估有限公司	海淀区西三环北路91号7号楼3层C02－1号房间	100022	52961111
北京君恒保险公估有限责任公司	东城区东花市北里东区1号楼3段7层	100070	67164581
北京龙江保险公估有限公司	朝阳区酒仙桥乙21号朝阳佳丽饭店内2层B105室	100020	56709233
北京平信保险公估有限公司	丰台区航丰路1号院2号楼10层1017号	101300	52802888
北京普惠保险公估有限责任公司	朝阳区南磨房路37号16层1810室	100191	59600111
北京全天候保险公估有限公司	顺义区仁和镇顺通路6号	101300	69421005
北京仁济和保险公估有限责任公司	海淀区学院路7号8层809室	100055	66130459
北京日月星保险公估有限公司	通州区景盛北一街甲12号院3号楼3层327室	100071	57040716
北京首证保险公估有限公司	西城区德胜门内西顺城街46号东101室	100080	66562573
北京天恒保险公估有限公司	丰台区葆台北路6号一区3号楼1～3层07室	100044	53687782
北京通宝行保险公估有限公司	石景山区政达路2号3层1单元3－07室	100043	57612388
北京心海保险公估有限公司	西城区半步桥街48号1幢516室	100023	64200617

北京誉心保险公估有限责任公司	西城区珠市口西大街120号1号楼2层0217室	100022	13376395818
北京正汇保险公估有限公司	朝阳区东三环中路39号建外SOHO15号楼802室	100071	58691896
北京中达信保险公估有限公司	丰台区东货场路38号11栋212室	100085	68424435
北京中禾嘉信保险公估有限公司	大兴区金星路18号8幢217A室	102600	89941589
北京中明保险公估有限公司	石景山区政达路2号5层1单元5－08室	100079	85606140
北京中咨保险公估有限公司	海淀区上地信息路1号1－1幢A栋3层C区	101300	82826669
北京众达诚保险公估有限公司	大兴区兴华大街三段55号3层303室	102600	57113608
北京众信保险公估有限公司	丰台区科技园富丰路4号5层5A0401室	100022	65567988
北京卓信保险公估有限公司	丰台区玉泉营111号西边10幢306室	100075	68323322
博弈中立保险公估（北京）有限公司	海淀区安宁北路昌平路临847－2号	100029	82609910
鼎信农业保险公估（北京）有限公司	通州区宋庄镇综合行政服务大厅后院303室	101300	88312537
方圆国际保险公估（北京）有限公司	朝阳区樱花园28号楼樱花集中办公区0279室	100048	58235080
嘉福（北京）保险公估有限公司	朝阳区朝外大街10号A1区14层1410单元	100089	58693424
竞胜保险公估有限公司	西城区金融大街1号楼1202－2室	100071	87571701
平衡国际保险公估（北京）有限责任公司	海淀区蓝靛厂东路2号院2号楼5E－3室	100101	52786011
仁祥保险公估（北京）有限公司	海淀区车公庄西路乙19号华通大厦B座3层308室	100054	88019368
盛华（北京）保险公估有限公司	北京经济技术开发区荣华南路16号1幢B座3B07室	100176	59767679
中瑞国际保险公估（北京）有限公司	朝阳区安慧里二区12号楼院2幢226－2室	100101	84832952
中至和保险公估（北京）有限公司	大兴区龙发大街1号院3号楼2单元305室	100031	60219266

（8）外国保险公司北京代表处

机构名称	地　　址	邮　编	电　话
嬴国斯达保险公司北京代表处	朝阳区亮马桥路42号光明公寓8号楼8407室	100016	64685852
俄罗斯天然气工业保险股份公司北京代表处	朝阳区建外大街甲12号15层1588室	100022	85233050
德国通用再保险公司北京代表处	东城区东长安街1号东方广场经贸城东三办公楼11层5室	100738	85186535
德国安顾集团股份公司驻中国总代表处	朝阳区建国门外大街2号北京银泰中心写字楼C座2801室	100022	65667675
安联保险集团北京代表处	朝阳区亮马桥路50号燕莎中心写字楼C211室	100125	64638052
全球人寿保险国际公司北京代表处	朝阳区亮马桥路50号北京燕莎中心1号楼C809室	100125	85151248
英国耆卫公共有限公司北京代表处	朝阳区广渠路23号院1号楼2803室	100124	65057686
英国保柏金融公众有限公司北京代表处	朝阳区亮马桥路甲40号二十一世纪大厦A302室	100125	58541720
科法斯信用保险公司北京代表处	建国门外大街1号国贸写字楼1座1202室	100004	65057092
法国国家人寿保险公司北京代表处	朝阳区建国门外大街永安东里8号1712室	100022	85288185
法国安盟甘寿险公司北京代表处	朝阳区望京东园四区2号中航资本大厦32层3216室	100102	85086280
法国安盟相互保险公司北京代表处	东城区建国门内大街7号光华长安大厦2座1022室	100005	65102170
法国巴黎财产保险有限公司北京代表处	朝阳区建国门外大街1号国贸大厦A座2024室	100004	85910181
法国安盛公司北京代表处	东城区东方广场东一办公楼905室	100738	66555983
忠利保险有限公司北京代表处	朝阳区建国门外大街乙12号双子座大厦东塔7层03室	100022	65673958
西班牙曼福再保险公司北京代表处	朝阳区工人体育场北路甲6号18层1809室	100027	59752558

葡萄牙忠诚保险有限公司北京代表处	朝阳区朝阳北路237号楼4层506室	100020	65398591
加拿大枫信金融控股责任有限公司北京代表处	朝阳区建国门外大街2号银泰中心写字楼15层1527室	100022	65637920
加拿大永明人寿保险公司北京代表处	朝阳区金桐西路10号远洋光华AB座10层A01室	100020	85906500
加拿大人寿保险公司北京代表处	东城区建国门内大街8号中粮广场B座1223室	100004	65264005
美国柏柯莱保险集团公司北京代表处	东城区东长安街1号东方广场写字楼东三座1905室	100738	85189688
RGA美国再保险公司北京代表处	东城区东长安街1号东方广场东方经贸城西一办公楼15层4室	100738	85182528
美国奥德赛再保险公司北京代表处	西城区武定侯街6号卓著中心301A	100033	66182171
美国北美洲保险公司北京代表处	西城区金融大街35号528室	100033	88091175
美国国际集团北京代表处	朝阳区建国路79号10层10办公2T01内05A室	100033	59692981
美国大都会人寿保险公司北京代表处	东城区东长安街1号东方广场东2座12层	100738	85189790
美国信安人寿保险公司北京代表处	朝阳区建国门外大街1号（1期）16幢4层16单元	100004	64628820
美国法特瑞互助保险公司北京代表处	朝阳区建国路77号24层2401内2425～2426房间	100025	85880198
美国信诺保险公司北京代表处	朝阳区建国路79号华贸中心写字楼2座1708室	100022	85809055
美国怡安保险（集团）公司北京代表处	朝阳区建国门外大街甲6号SK大厦1205室	100022	65630671
美国联合健康保险公司北京代表处	朝阳区新源南路3号平安国际金融中心B座17层17－01室	100027	58291721
美国保德信保险公司北京代表处	西城区金融大街甲9号金融街中心南楼10层1001－15室	100033	66025229
百慕大博纳再保险有限责任公司北京代表处	东城区东长安街1号东方广场C1－1211室	100738	85185780
百慕大格林控股有限公司北京代表处	西城区太平桥大街96号中海财富中心A507室	100032	83064926
中国太平保险控股有限公司北京代表处	西城区骡马市大街16号太平金融中心	100082	63588757

中银集团人寿保险有限公司北京代表处	东城区朝阳门内大街2号B座706A室	100010	66533316
香港友邦保险控股有限公司驻中国总代表处	东城区东总布胡同58号天润财富中心3层302单元	100058	65219988－12082
中国人寿保险股份有限公司（台湾）北京代表处	西城区闹市口大街1号院3号楼619室	100032	58528115
台湾三商美邦人寿保险股份有限公司北京代表处	朝阳区光华路丙12号数码01大厦26层2601－1室	100022	65013057
台湾人寿保险股份有限公司北京代表处	朝阳区朝外大街26号13层B1606室	100031	85655937
国泰人寿保险股份有限公司北京代表处	朝阳区东大桥路9号侨福芳草地大厦B座602室	100020	83913425
富邦产物保险股份有限公司北京代表处	朝阳区建国路81号华贸中心1号写字楼701A	100025	59695476
新光人寿保险股份有限公司北京代表处	东城区建国门内大街7号2座1822室	100005	65102101
富邦人寿保险股份有限公司北京代表处	朝阳区建国路81号华贸中心1号写字楼701B	100025	59695383
新加坡大东方人寿保险有限公司北京代表处	朝阳区建国路99号中服大厦9层901室	100020	65838727
韩国韩华生命保险有限公司北京代表处	朝阳区东三环北路38号院1号楼23层2701内15室、17室	100020	65837920
教保生命保险株式会社北京代表处	朝阳区霄云路36号国航大厦2109室	100027	65058658
韩国首尔保证保险株式会社北京代表处	朝阳区东三环北路8号亮马河大厦1座1208室	100004	65900288
韩国贸易保险公社北京代表处	朝阳区望京东园四区13号楼A座29层2902室	100102	64106437
现代海上火灾保险有限公司北京代表处	朝阳区霄云路38号现代汽车大厦518室	100027	84539071
韩国DB损害保险公司北京代表处	朝阳区霄云路36号国航大厦A座1011室	100027	84475427
大韩再保险公司北京代表处	朝阳区建国路118号招商局大厦10层A2室	100022	65906276
三星火灾海上保险公司北京代表处	朝阳区建国路118号招商局大厦25层05室	100022	65668100－6213
日本爱和谊日生同和保险公司驻中国总代表处	朝阳区东三环北路5号北京发展大厦1607室	100004	65058960
日本三井住友海上火灾保险公司北京代表处	朝阳区东三环北路5号北京发展大厦1608室	100004	65908500

日本住友生命保险公司北京代表处	朝阳区东三环北路5号北京发展大厦1幢7层719室	100004	65616120
日本明治安田生命保险公司北京代表处	朝阳区建外大街26号长富宫办公楼6003室	100022	65139815
日本东京海上日动火灾保险株式会社北京代表处	朝阳区建国门外大街甲6号爱思开大厦1105室	110022	65630180
日本生命保险公司北京代表处	朝阳区建国门外大街26号长富宫办公楼4007室	100022	65139240
日本第一生命控股股份有限公司北京代表处	朝阳区建外大街26号长富宫办公楼8005室	100022	65139031
安保集团北京代表处	东城区建国门内大街7号光华长安大厦2座1726室	100005	65102125
澳大利亚康联保险集团北京代表处	朝阳区建国门外大街1号国贸大厦1座2908室	100004	65055023
香港领航海上保险顾问有限公司北京代表处	朝阳区光华路1号嘉里中心北楼11层30室	100020	65997927
其士保险有限公司北京代表处	西城区万明园3号楼415室	100037	68578689
法国教育健康相互保险公司北京代表处	朝阳区朝外大街6号万通中心D座26层2622室	100000	13911999012
英国保诚保险有限公司北京代表处	东城区东长安街1号东方广场W1座610室	100738	85183098
韩国兴国生命保险株式会社北京代表处	朝阳区霄云路36号1号楼国航大厦611室	100027	84475411
美国展维住房抵押贷款保险公司北京代表处	朝阳区光华路1号嘉里中心北座11层	100020	65999159

5. 其他

（1）小额贷款公司

机构名称	地　址	邮　编	电　话
北京农投东方小额贷款有限公司	东城区王家园胡同10号金泰商之苑600室	100010	13910309938
北京京融小额贷款股份有限公司	东城区王家园胡同10号215房间	100061	17310231246
北京崇信农投小额贷款股份有限公司	东城区崇文门外大街11号308室、310室	100060	13801027229

北京金瑞通小额贷款有限责任公司	东城区西花市南里东区16号楼1层商业03号	100062	13804729148
北京润泽小额贷款股份有限公司	东城区朝阳门内大街298号826室	100010	13911734068
北京鑫华小额贷款有限公司	东城区海运仓一号瀚海海运仓大厦709号	100000	18611639368
北京祥云小额贷款有限责任公司	东城区安定门外安德里北街湖景苑1号楼B座903室	100000	13811188944
北京文创小额贷款股份有限公司	东城区安定门东大街28号2号楼207室	100000	13803541888
北京居然之家小额贷款有限责任公司	东城区东直门南大街甲3号居然大厦20层2008室	100007	13581519700
北京市国旭小额贷款有限公司	西城区车公庄大街9号院2号楼2门401室	100032	13911103915
北京金正融通小额贷款有限公司	西城区西砖胡同2号院7号楼3层	100052	13651321339
北京江川小额贷款有限公司	西城区阜成门外大街22号1幢901-1室	100037	13801051481
北京邦信小额贷款股份有限公司	西城区阜成门内大街410号	100033	18511559676
北京聚亿达小额贷款股份有限公司	西城区榆树馆胡同4号	100044	18600002257
北京德盛行小额贷款有限公司	西城区西直门外大街18号楼1单元735室	100045	15003395588
北京市文化科技小额贷款股份有限公司	西城区车公庄大街4号北礼士路甲129号	100044	17053056789
北京华远小额贷款有限公司	西城区北展北街17号楼901室	100044	18610987862
北京恒源小额贷款有限公司	朝阳区望京北路9号1幢C402A	100102	13910885741
北京富安小额贷款有限公司	朝阳区东三环北路甲2号京信大厦232室	100027	13601038960
北京市中金小额贷款股份有限公司	朝阳区广顺北大街16号院2号楼909室	100102	13801077731
北京农投金阳小额贷款股份有限公司	朝阳区裕民路12号元辰鑫国际酒店505层	100020	13911942359
北京商络小额贷款有限责任公司	朝阳区东三环中路39号院17号楼25~26层2901室	100029	15816893662
北京凤凰小额贷款股份有限公司	朝阳区霞光里15号楼18层1单元2108室	100027	13910270998
北京朝汇通小额贷款股份有限公司	朝阳区劲松南路1号1幢6层1-6内621室	100021	13801027226
北京泛华小额贷款有限公司	朝阳区向军南里2巷甲5号20层2001室	100027	18513762909
北京市森福普惠小额贷款有限责任公司	朝阳区东三环北路甲19号楼9层1006内A057室	100101	13911920906

北京国融富安小额贷款有限公司	朝阳区朝阳公园南路1号2幢231室	100020	13311515541
北京鑫锐小额贷款有限公司	朝阳区东四环中路82号金长安大厦2座2－1座2单元906室	100124	13810966476
北京华夏汇通小额贷款有限公司	朝阳区东三环中路55号楼8层903室	100000	13651363772
北京诺安小额贷款有限责任公司	朝阳区光华路甲14号1幢1201内1502室	100000	13261931441
北京金钊源小额贷款有限公司	朝阳区潘家园南里甲21号临106号	100000	18001316375
北京市中关村小额贷款股份有限公司	海淀区西四环北路160号二区922~940室	100080	13901293797
北京诚兴小额贷款股份有限公司	海淀区丹棱街1号院1号楼1903室	100080	13901034299
北京鑫泰小额贷款股份公司	海淀区北四环西路66号2003室	100080	13501222600
北京亚联财小额贷款有限公司	海淀区中关村南大街2号B座13层1602D	100190	18588492041
北京乾元联合小额贷款有限公司	海淀区彩和坊路11号华一控股大厦1602B、1603室	100080	13701265185
北京京投信业小额贷款股份有限公司	海淀区长春桥路5号北京北纬四十度大酒店1层	100089	13801051481
北京市古今小额贷款股份有限公司	海淀区龙翔路甲1号601室、602室	100191	13901394990
北京世欣仁达小额贷款股份有限公司	海淀区丹棱街6号523室	100080	13910922422
北京吉信小额贷款股份有限公司	海淀区海淀大街38号1层10号、2层10号	100080	18611885918
北京玺鑫小额贷款有限公司	海淀区知春路1号学院国际大厦1117室	100000	13167512215
北京京汇小额贷款有限公司	海淀区苏州街20号院银丰大厦2号楼4层	100080	18610589657
北京农信小额贷款有限公司	海淀区中关村大街27号1701室	100081	13867911961
北京拉卡拉小额贷款有限责任公司	海淀区永丰产业基地中关村壹号Ⅱ－22地块D区D1楼1101~1103室	100080	13602598881
北京中技科融小额贷款有限公司	海淀区北四环西路67号中关村国际创新大厦908室	100089	13901024956
北京美通小额贷款有限公司	海淀区西四环北路158号11层	100195	13910091787
北京沱泉小额贷款有限公司	海淀区清河嘉园东区甲1号楼1207室	100085	13810576712
北京先花小额贷款有限公司	海淀区北四环西路65号1006室、1008室	100097	18513038236

北京丰花小额贷款有限公司	丰台区花乡黄土岗甲1号	100160	13901166807
北京农投丰融小额贷款股份有限公司	丰台区汽车博物馆东路1号院3号楼2211室	100070	13910051903
北京鑫福海小额贷款有限公司	丰台区南苑路15号大红门服装城写字楼4层	100076	13901040918
北京金鹏丽行小额贷款股份有限公司	丰台区文体路58号	100073	13501301126
北京乾元汇通小额贷款有限公司	丰台区丰管路50号	100071	13901126086
北京国典永泰小额贷款股份有限公司	丰台区华源一里太平桥路17号4075室	100073	13901328557
北京丽泽创投小额贷款有限公司	丰台区益泽路1号院2号楼2层	100071	13801037778
北京金鼎盛小额贷款股份有限公司	丰台区海鹰路1号院1号楼302室	100000	13801045182
北京财富小额贷款有限公司	丰台区西四环南路8－1号1幢702－1号	100070	18612563727
北京石金小额贷款股份有限公司	石景山区体育场南路2号828室	100040	13901014691
北京金陵小额贷款有限公司	石景山区八大处路49号院6号楼802号	100040	13901238461
北京铭鑫小额贷款有限公司	石景山区石景山路31号盛景国际广场3号楼1020室	100140	13701272939
北京市盛丰小额贷款有限责任公司	石景山区石景山路31号盛景国际广场3号楼701室	100043	13948522656
北京银建小额贷款股份有限公司	石景山区石府路甲2号1幢5层101室	100042	13370189866
北京农投京西小额贷款股份有限公司	门头沟区滨河大厦1315室	102399	13810021481
北京华资小额贷款有限公司	门头沟区双峪路35号院2号18层2027室	102300	13699148997
北京世欣瑞达小额贷款有限公司	门头沟区斋堂镇政府南楼607室	102300	18910971103
北京广联达小额贷款有限公司	门头沟区永安路20号石龙高科大厦3号楼211－1室	10000	17611638206
北京大方小额贷款有限公司	房山区良乡长虹西路翠柳东街1号	102488	18622456208
北京龙盛源小额贷款有限公司	房山区良乡长虹东路2号	102488	13051424532
北京中金福小额贷款有限责任公司	房山区良乡长虹西路73号1楼101室	102488	13901220858
北京泽惠小额贷款有限责任公司	房山区燕房路临99号	102599	13601062780

北京润兴源小额贷款有限公司	房山区良乡西路 26 号 2 号楼 1101 室	102401	13910929893
北京睿财小额贷款有限责任公司	房山区瑞雪春堂三里 1 号楼 1－1 室	100000	13718162833
北京德信润鑫小额贷款有限公司	房山区拱辰街道政通路 12 号 1 号楼 818 室	100000	13901197187
北京紫阳福源小额贷款有限公司	房山区窦店镇山水汇豪苑 62 号	100000	15901211585
北京圣鑫元小额贷款有限公司	房山区窦店镇窦店村五区 167 号	102402	18618381826
北京聚宝小额贷款有限公司	房山区西潞街道长虹西路 73 号 1 幢 2 层	102488	18515532808
北京昌融小额贷款有限公司	房山区阎富路 66 号院 2 号楼 301 室	102445	13931130100
北京世欣利达小额贷款有限公司	房山区阎富路 69 号院 43 号楼 101 室	102425	13801095675
北京国能小额贷款股份公司	顺义区赵全营镇兆丰产业基地东盈路 19 号	101300	13488860970
北京市旺泰小额贷款有限责任公司	顺义区赵全营镇兆丰产业基地东盈路 19 号 3 幢 216～218 室	101300	13810156903
北京世欣顺达小额贷款有限公司	顺义区大孙各庄镇府前街 10 号	101308	13901125510
北京农投顺通小额贷款股份有限公司	顺义区牛栏山镇腾仁路 22 号 3 幢 206 室	101301	13901012523
北京庄子顺兴小额贷款有限公司	顺义区站前街 3 号院 1 号楼 608 室	101399	13911796962
北京市农投首诚小额贷款股份有限公司	通州区梨园路 120 号	101101	13811736979
北京澳美小额贷款有限公司	通州区京洲园 402 号楼 40 号	101121	15901154790
北京银泰小额贷款有限公司	通州区云景南大街 22 号	101121	13801265775
北京聚隆源小额贷款有限公司	通州区运河西大街 21 号 9 号楼 2 号	101101	13911087070
北京中融小额贷款有限公司	通州区宋庄镇草寺村村委会西南角 200 米 205 室	101119	18611325211
北京德信隆小额贷款有限公司	通州区翠景北里 1 号楼 1707 室	101121	13611061590
北京世欣通达小额贷款有限公司	通州区徐辛庄村 402 号 1 幢 201 室	101119	13911603583
北京兴宏小额贷款有限公司	大兴区首邑上城小区吉星德亿底商 210 号	102600	13701376801
北京市兴融小额贷款股份有限公司	大兴区兴华大街（二段）3 号院 1 号楼 8 层 908 室	102611	13701377910
北京兴瑞小额贷款有限公司	大兴区黄村镇兴丰大街三段 118 号	102611	13621128976
北京亦庄国际小额贷款有限公司	北京经济技术开发区景园北街 2 号 52 栋 709 室	100176	15510157925

北京金泰小额贷款有限公司	大兴区东大路53号院2号楼103室	102600	13911067638
北京葵瑞奔克小额贷款股份有限公司	北京经济技术开发区荣华南路19号中铁十九局1111室	100176	18510503333
北京汇富小额贷款股份有限公司	大兴区庞各庄镇龙景湾乙区139号205室	102601	18611312333
北京世欣智达小额贷款有限公司	大兴区黄村镇兴丰大街62号2幢201室	100000	13381080535
北京农投小额贷款有限公司	大兴区青云店镇民营科技园敬业路1号3幢302室	102401	13311599217
北京菜篮子小额贷款股份有限公司	大兴区黄村镇海鑫路8号	100000	13611111333
北京金典小额贷款股份有限公司	昌平区龙水路22号院28－6号	102299	13651266777
北京资丰小额贷款股份有限公司	昌平区龙水路26号	102299	13426418856
北京金通小额贷款股份有限公司	昌平区东小口镇天通东苑一区402号楼107室	102218	13601286495
北京润丰元大小额贷款有限公司	昌平区生命园路4号院1号楼3单元1108室	100000	17749686966
北京信达凯丰小额贷款有限公司	昌平区安福苑小区22号楼1号	102299	15801652285
北京泰一小额贷款有限责任公司	昌平区回龙观镇北清路1号院7号楼2单元215室	102202	15801681961
北京农投谷成小额贷款股份有限公司	平谷区金谷园小区21号楼商铺－9号	101299	13801277027
北京庄子天运小额贷款有限公司	平谷区紫贵庄园8号楼03～05号	101299	13601330899
北京华清融鑫小额贷款有限责任公司	平谷区平谷镇新开街26－9号	100000	18811638843
北京万合小额贷款有限公司	平谷区府前西街2号楼渔阳大厦705室	101200	13901399451
北京宝骥骉骊小额贷款有限责任公司	平谷区黄松峪乡塔洼村杨家台38号	101214	13511005008
北京银晏金通小额贷款有限公司	平谷区马昌营镇南定福东路180号院4号楼4－1～3室	101214	13910195278
北京宏昌小额贷款有限公司	平谷区峪口镇西营村南大街80号	101206	13701382578
北京和融通小额贷款有限公司	平谷区马坊镇陆港大街51号院1号楼平谷园物流基地联检业务楼5号501室	101204	18901083337
北京鑫璟铭小额贷款有限公司	平谷区迎宾街1号院26幢1层2－12室	101299	13601390699
北京泉兆通小额贷款有限公司	平谷区迎宾环岛东南角1号楼1层商铺－4号	100055	13811671316

北京市利源小额贷款股份有限公司	怀柔区富乐北大街 1 号乐红园小区 1 号楼	101400	13811081798
北京世欣腾达小额贷款有限公司	怀柔区九渡河镇黄坎村 735 号 03 栋 01 室	100000	13001214130
北京汇民小额贷款有限公司	怀柔区雁栖经济开发区雁栖大街 31 号 2 幢 1 层	100000	18511070999
北京农投国汇小额贷款股份有限公司	密云区沿湖小区综合楼 2 层 E 段	101599	13911998895
北京惠丰融金小额贷款有限公司	密云区花园小区 1－23 号	101599	13810932162
北京中金城开小额贷款有限公司	密云区花园小区 1－23 号	101599	13810932735
北京城融小额贷款有限公司	密云区鼓楼东大街 27 号 2 号 1 层	101599	13911290996
北京首融小额贷款有限公司	密云区鼓楼东大街 27 号 2 号 2 层	101599	13911290996
北京贝壳小额贷款有限公司	密云区新南路 43 号 1 号楼长城大厦 302 室、306 室	101500	13311596791
北京千熹江山小额贷款有限公司	密云区东菜园小区 2 号楼 7 单元 101 室	101500	13910266637
北京农投庆融小额贷款股份有限公司	延庆区人民商场 5 层	102199	13901203141
北京长江小额贷款有限公司	延庆区百泉街 10 号 10 幢 118 室	102199	13911703766
北京科泰金荣小额贷款有限责任公司	延庆区百泉路 10 号 C 栋 117 室	102199	18501032680
北京耀盛小额贷款有限公司	延庆区延庆经济开发区百泉街 10 号 C 座 119 室	102199	18321536593
北京中联联合小额贷款有限公司	延庆区延庆经济开发区百泉街 10 号 C 座 116 室	102199	18321536593

（2）融资担保机构

机构名称	地　　址	邮　编	电　话
保福融资担保有限公司	海淀区中关村东路 66 号世纪科贸大厦 B 座	100190	13901015063
北京安家世行融资担保有限公司	东城区东四十条 68 号平安发展大厦西区 303 室	100007	18618418691
北京宝越融资担保有限公司	西城区广安门外大街 168 号 1 幢 12 层 1－1503 室	100055	13911393291
重庆进出口融资担保有限公司北京分公司	朝阳区东四环中路 56 号楼 12 层 1201 内 1209 室	100025	13910774788
北京晨光昌盛融资担保有限公司	昌平区科技园区超前路 9 号 502 室	102200	69746845－163
北京诚信佳融资担保有限公司	丰台区万丰路 58 号 01 室	100071	83815636

北京鼎信创伟融资担保有限公司	怀柔区雁栖经济开发区雁栖路33号1幢	101400	69667070
北京谷诚融资担保有限公司	平谷区平谷镇旧城街27号	101200	69981267
北京光彩融资担保有限公司	顺义区大东路6号121－130平房	101300	69448596
北京国华文科融资担保有限公司	东城区隆福寺街95号32幢7层C02－1室	100010	13810703472
北京海大富林融资担保有限公司	朝阳区光华路8号和乔大厦B座502室	100026	13311279936
北京海淀科技企业融资担保有限公司	海淀彩和坊路6号13层1528号	100080	13811568715
北京厚泽融资担保有限公司	朝阳区惠新里240号2号楼109A室	100029	64997588
北京华夏兴业融资担保有限公司	西城区新街口外大街甲18号4层	100088	13121491578
北京怀信融资担保有限公司	怀柔区府前东街九号院8号楼南侧1~2层	101400	18500033790
北京金正光彩融资担保有限公司	西城区西砖胡同2号院7号楼311~312室	100053	83517512
北京久恒融资担保有限公司	房山区阎村镇阎富路1号17号楼204室	102412	13681256650
北京联合开元融资担保有限公司	西城区西直门外大街18号楼1单元712室	100033	18801126890
北京石创同盛融资担保有限公司	石景山区石景山路31号院盛景国际广场3号楼1218室	100043	18910019909
北京市农业融资担保有限公司	大兴区西红门镇寿保庄鸿坤金融谷1号楼201－44室	100037	52326803
北京市文化科技融资担保有限公司	东城区航星园1号	100013	84259212
北京市住房贷款担保中心	海淀区北四环西路56号辉煌时代大厦7~8层	100080	62695036
北京首创融资担保有限公司	西城区闹市口大街1号长安兴融中心4号楼3层	100031	58528771
北京首担融资担保有限公司	海淀区彩和坊路8号512室	100080	59453537
北京新颐华信融资担保有限公司	西城区小石桥胡同3号地下1层13号	100032	13911284594
北京鑫顺融资担保有限公司	顺义区大东路6号	101300	69446959
北京兴展融达融资担保有限公司	大兴区永华路1号院2~4号101室	102600	13810801283
北京燕鸿融资担保有限责任公司	房山区良乡西路26号2层	102488	69389986－8060
北京亦庄国际融资担保有限公司	北京经济技术开发区景园北街2号52幢801－5室	100176	87846582

北京银达信融资担保有限责任公司	昌平区沙河镇沙阳路	102206	60678780
北京元沣融资担保有限责任公司	朝阳区东三环中路7号4号楼3层0301室	100020	13522197500
北京云政金融控股有限公司	密云区东源路10巷	101500	69061711
北京中保国信融资担保有限公司	东城区滨河路1号807室	100026	13701099202
北京中关村科技融资担保有限公司	海淀区西三环北路甲2号院7号楼4层	100081	13810939753
北京中技知识产权融资担保有限公司	海淀区北四环西路67号1201室	100080	13691276802
北京中科智融资担保有限公司	朝阳区建国路91号金地中心B座19层	100022	85959329
北京中联华水融资担保有限公司	丰台区玉泉营111号西边14幢2层1011室	100070	15810281028
北京中融信融资担保有限公司	朝阳区朝外大街乙12号13层1608~1610室	100020	15011204845
北京中天财智融资担保有限公司	朝阳区阜通东大街1号院3号楼2单元120905室	100020	13880008724
北京中小企业信用再担保有限公司	西城区平安里西大街28号楼17层	100034	64008580－6115
北京资和信融资担保有限公司	平谷区兴谷工业开发区6区67号	100032	66212195
国家农业信贷担保联盟有限责任公司	海淀区万泉庄路21号	100089	53936925
和协海峡融资担保有限公司	朝阳区西坝河南路1号4号楼2203室	100028	13702051755
黑龙江省鑫正投资担保集团有限公司北京融资担保分公司	海淀区北洼路甲28号－1至10层	100089	13621063065
金达融资担保有限责任公司	东城区草原胡同76号1号楼401室	100007	64097398
民生融资担保有限公司	东城区建国门内大街28号2幢13层1501－05单元	100005	13810533728
平安普惠融资担保有限公司北京融资担保分公司	西城区德胜门外大街13号院1号楼1006室	221100	13552752207
仕达融资担保有限公司	东城区隆福寺街95号北京东四福苑宾馆3层8305室	100010	13901117169
朔天通淼融资担保有限公司	朝阳区西坝河西里28号英特公寓B座208室	100028	64476233
速融融资担保有限公司	丰台区丽泽路18号院1号楼801－17室	100073	18901328680
兴融融资担保有限公司	海淀区西直门北大街32号院2号楼803室	100082	13811818077

机构名称	地址	邮编	电话
中国华海融资担保有限公司	朝阳区东三环北路霞光里18号佳程广场B座15层A单元	100027	84400672
中国投融资担保股份有限公司	海淀区西三环北路100号金玉大厦9层	100048	88822703
中合中小企业融资担保股份有限公司	西城区平安里西大街28号楼中海国际中心21层	100034	56508610
中鸿基融资担保有限公司	朝阳区三间房南里7号7幢120室	100000	18612251543
中吉财富融资担保有限公司	东城区南竹杆胡同6号楼11室	100036	15210902759
中际钰贷融资担保有限公司	朝阳区北苑东路19号5号楼712室	100089	13621225718
中金兴业融资担保有限公司	海淀区西三环北路87号1－601室	100021	18610713095
中铁融资担保有限公司	西城区华远街11号	100032	51895061
中通瑞丰融资担保有限公司	顺义区顺通路38号106室	100000	18600608194
中投国泰融资担保有限公司	房山区琉璃河镇房窑路14号104室	100086	64035136
重庆三峡融资担保集团股份有限公司北京分公司	西城区宣武门西大街甲129号1801房	100031	66422916

（3）交易机构

机构名称	地址	邮编	电话
北京产权交易所有限公司	西城区金融大街甲17号	100033	66295523
北京金融资产交易所有限公司	西城区金融大街乙17号楼	100033	57896641
北京环境交易所有限公司	西城区月坛南街1号院1号楼5－401室	100032	66295537
中国林业产权交易所有限公司	西城区黄寺大街23号北广大厦	100011	62030197
中国水权交易所股份有限公司	西城区南线阁街10号716～719室	100032	63204735
北京电力交易中心有限公司	西城区西长安街86号	100031	66597762
首都电力交易中心有限公司	西城区前门西大街41号	100031	63127299
冀北电力交易中心有限公司	西城区枣林前街32号	100053	56583495

北京全国棉花交易市场有限责任公司	西城区宣武门外大街甲1号13层	100020	59338641
中国技术交易所有限公司	海淀区北四环西路66号1620~1621室	100080	62679598
北京软件和信息服务交易所有限公司	海淀区中关村大街32号新中发5层	100052	61136010
京津冀协同票据交易中心股份有限公司	海淀区西四环北路9号鑫泰大厦	110000	58251900
华融中关村不良资产交易中心股份有限公司	海淀区学院南路62号中关村资本大厦1210室	100081	57780600
北京华商储备商品交易所有限责任公司	海淀区紫竹院路116号嘉豪国际中心A座16层	100097	58931220
北京农村产权交易所有限公司	东城区朝阳门北大街6号首创大厦604室	100020	65237388 - 175
北京农副产品交易所有限责任公司	东城区朝阳门北大街6号605室	100006	65237388
北京国际浆纸交易中心有限公司	朝阳区广渠路39号院1号楼	100022	67043080
北京红木交易中心有限公司	朝阳区建国路27号	100020	85778895
北京东方雍和国际版权交易中心有限公司	东城区安定门东大街28号雍和大厦2号楼1~2层	100007	64097700
北京文化产权交易中心	东城区大江胡同113号113-2至113-6号	100051	50851007
北京新传德国际版权交易中心有限公司	朝阳区团结湖南里16号团结湖公园南门西侧	100020	65974890
北京邮票交易中心有限责任公司	朝阳区胜古中路2号院7号楼B座301室	100161	57539418 - 824
北京金马甲产权网络交易有限公司	丰台区南四环西路186号汉威国际广场4区2号楼3层	100031	83954972
北京国际酒类交易所有限公司	海淀区玉泉路2号	100143	88289800
中国工艺艺术品交易所有限公司	西城区复兴门内大街49号民族文化宫西配楼	100050	56189890
汉唐艺术品交易所有限公司	东城区东中街58号美惠大厦	100027	85728622
北京石油交易所股份有限公司	房山区城关农林路1号	100032	83957000
北京大宗商品交易所有限公司	朝阳区望京东路6号3幢3层	100025	85922907
北京铁矿石交易中心股份有限公司	石景山区石景山路31号院盛景国际广场3号楼2001室	100043	57712888
北京国际矿业权交易所有限公司	通州区运河核心区Ⅳ-10地块F3其他类多功能用地项目7号办公及商业楼办公6层606室	100032	56717013

北京茶业交易中心责任有限公司	西城区阜成门外大街31号	100033	52693273

（4）典当行

机构名称	地　　址	邮　编	电　话
北京运通典当有限公司	东城区东四十条68号1层101号	100007	64185091
北京昊融兴业典当行有限公司	东城区法华寺街136号红桥天雅珠宝市场1层A西－09号	100061	65235350
北京福中达典当有限公司	东城区朝阳门内大街288号院1号楼1~2层108室	100010	87188097
北京市华夏典当行有限责任公司	东城区东城门外大街11号新成文化大厦A座201室	100062	67037781
北京宝恒典当有限责任公司	东城区景泰西里东区1号楼1层B16室	100075	87816818
北京民生典当有限责任公司	东城区建国门内大街28号4幢102室、202室	100005	65527272
北京嘉义典当有限责任公司	东城区工人体育场北路66号－1层8109号、8107号	100027	65529196
北京金柜典当有限公司	东城区珠市口东大街2号底商	100062	58528609
北京中合典当有限责任公司	东城区永定门西滨河路8号院5楼1~2层5－15室	100077	87923669－807
北京同祥典当有限公司	东城区北门仓胡同6号楼6－6室	100007	84074880
北京如家典当有限公司	东城区张自忠路10号1层1－1008甲	100006	13901145009
北京融达典当有限责任公司	东城区珠市口东大街4号1层1－6室	100062	13901353886
北京市恒生源典当行有限公司	东城区广渠门内大街86号4号楼1层106室	100061	87555335
北京博泰典当有限公司	东城区交道口南大街140号都市新明基宾馆1层	100007	64058972
北京通银典当有限公司	东城区北京站东街10号3号楼3109室	100005	13601112388
北京兴源典当行有限公司	东城区安定路20号	100029	64421617
北京泰富亨通典当行有限公司	东城区永定门内东街中里9－17号	100050	13810260800

北京融合汇通典当有限公司	东城区西花市南里东区 16 号楼 1 层商业 02 号	100062	67182039
北京汇金典当有限公司	东城区广渠门内大街 86 号 4 号楼 101 号	100061	13701169688
北京富贵典当行有限公司	东城区红星胡同甲 14 号	100005	65250077
北京东方鼎业典当行有限公司	东城区朝阳门南小街 18 号楼 1 层 18－3 室	100027	13501202322
北京恒盛通典当有限责任公司	东城区东城门东大街 8 号楼 6 门 1 层	100023	67165525
北京融百佳典当有限公司	东城区绿景馨园东区 12 号楼 106 室	100061	1087190975
北京顺德发典当有限责任公司	东花市南里一区 1 号楼 5 单元 110 室	100076	13910792228
北京华诚典当有限责任公司	东城区朝阳门内大街 8 号 1 层 116 室	100013	57929308
北京汇德典当有限责任公司	东城区东四北大街 488 号 1 号楼 1～2 层	100011	13811380066
北京广信典当行有限公司	东城区珠市口东大街 2 号 2－5 号	100062	67020069
北京鼎丰典当有限责任公司	东城区新怡家园 5 号楼 4 单元 01 商业 07 号	100062	59450949
北京隆德典当有限公司	东城区安定门东大街 28 号 1 号楼配套 118 号、218 号	100070	64091160－803
北京鑫汇融泰典当有限责任公司	东城区东四十二条 2 号东直门南小街 121 号	100007	13611182238
北京瑞益丰典当行有限公司	东城区国瑞城东区 1 号楼 1～2 层 113 室	100062	18636070678
北京鑫敏恒永平典当有限公司	东城区新怡家园 5 号楼 3 单元 01 商业 05 号	100062	67085502
北京晟源典当行有限责任公司	东城区东兴隆街 58 号 807 室	100078	13847779892
北京东方艺宝典当有限公司	东城区交道口东大街 10 号楼	100007	65281128
北京汇融典当有限公司	东城区西革新里 110 号院 4 号楼	100000	13501187159
北京德荣典当有限责任公司	东城区广渠门内大街 88 号 3 号楼 102 号	100062	13911001751
北京中泰万和典当有限责任公司	东城区东四北大街 265 号 1 层 102 号	100010	13910208254
北京信达典当有限公司	东城区东直门内大街 12 号楼 12－2 室	100007	65081605
卓世恒立（北京）典当有限公司	东城区东四北大街 272 号	100007	85900951
北京恒金典当有限公司	东城区西花市南里东区 16 号楼 1 层商业 03 号	100062	13683237709
北京龙禹典当有限公司	东城区东兴隆街新怡家园 8 楼 1 层 0105 室	100062	18911798999

宏伟典当有限公司	东城区东四十条88号1幢1~2层	100007	13901333333
北京金艺桥典当有限公司	东城区珠市口东大街11号1层112–3室	100062	15311993191
北京钰融典当有限公司	东城区南竹杆胡同2号1幢1层10137室	100010	66178676
北京资和信典当行有限公司	西城区珠市口西大街120号太丰惠中大厦1层	100055	66212195
北京三海房屋典当有限公司	西城区鼓楼西大街112号	100009	88518888
北京市金保典当行有限责任公司	西城区华远北街1号楼	100032	66119006
北京市阜昌典当行有限责任公司	西城区北礼士路大街149号楼	100037	68325082
北京市银达典当有限责任公司	西城区北礼士路100号1层南侧	100037	13976088878
北京裕兴隆典当有限责任公司	西城区南滨河路27号7号楼1712室	100053	83118052
北京金石典当有限责任公司	西城区南华里10–5号	100052	51251188
北京市金禧典当有限责任公司	西城区西直门外大街18号楼1单元231室	100037	68586196
北京瑞源亨典当有限责任公司	西城区老墙根街107号院3号楼1层	100052	66019962
北京迪升典当有限责任公司	西城区广宁伯街2号金泽大厦东区3层	100033	13701358787
北京天地恒泰典当有限公司	西城区茶马街8号院2号楼20009号	100055	63383391
鸿基（北京）典当有限公司	西城区小绒线胡同23号、25号	100011	13910956166
北京国典典当有限责任公司	西城区新街口西里二区1号楼8号底商	100035	82220426
北京中金投典当行有限公司	西城区西单北大街98号	100055	13520017000
北京中欣典当有限公司	西城区莲花河北街11号院2号楼1单元106室	100032	67023566
北京京盛典当行有限公司	西城区西直门内大街24号1层	100011	82233288
北京聚祥通典当行有限责任公司	西城区新街口外大街28号–05号	100035	82055559
北京宝源典当行有限责任公司	西城区德胜门内大街245号	100035	65088488
北京德惠典当有限责任公司	西城区太平街6号1层101室	100050	59362099
北京厚德典当有限责任公司	西城区菜市口大街甲2号院1号楼107室	100052	63587011
北京荣宝斋典当有限责任公司	西城区琉璃厂西街19号	100052	13901013399
北京金城典当有限责任公司	西城区莲花河胡同2号院1号楼底商	100055	63466868

北京益泰丰典当行有限公司	西城门外大街富卓大厦 A301 室	100052	63037833
北京金洲典当有限公司	西城区马连道路 80 号欧园小区 2 号楼 1 层东 5 门面房	100055	87687911
北京中强典当行有限公司	西城区展览馆路 3 号	100121	68338489
北京金源瑞丰典当有限公司	西城区马连道路 15 号院 4 号楼 1 层 D3 室	100055	52690688
北京中赢典当有限公司	西城区西直门南大街 2 号 0129 室、0130 室	100035	13910003280
北京融通天下典当有限公司	西城区广宁伯街 2 号金泽大厦 905 ~907 室	100032	61990088
北京鑫谊典当行有限责任公司	西城区西直门南小街 133 号楼 107 室	100035	18901181818
北京古兴行典当有限公司	西城区天桥市场斜街 37 号	100050	83136171
北京鼎通源典当有限公司	西城区马连道路 14 号	100055	13671110733
北京荣盛泰典当有限责任公司	西城区粉房琉璃街 162 –3 号 1 层	100035	13932209877
北京中融通典当有限责任公司	西城区菜市口大街甲 2 号院 2 号楼 106 室	100055	83495153
北京华远典当有限公司	西城区新街口南大街 131 号	100032	68037025
北京信成典当有限公司	西城区南纬路 38 号院 3 号楼 110 室、210 室	100050	18611546111
北京天安天地典当行有限公司	西城区西绒线胡同 28 号楼 101 室	100031	66010888
北京金元典当有限公司	西城区菜市口大街甲 2 号院 3 号楼 1 ~2 层 102 室	100000	13901020226
国瑞典当（北京）有限公司	西城区陶然亭路 2 号 8 号楼 104 室	100050	13901389757
北京必达典当有限公司	西城区太平桥大街 98 号院 4 幢 3 门 102 室	100032	13969090971
北京宝瑞通典当行有限责任公司	朝阳区西坝河北里 50 号	100028	13801384073
北京华盛典当有限公司	朝阳区吉庆里 6 号楼佳汇中心 B 座 105 号	100020	65519966
北京泰信典当有限公司	朝阳区西坝河西里 28 号英特公寓 1 – 商业（A05）	100028	87665929
北京天成典当有限责任公司	朝阳区西大望路 3 号北区写字楼 1507 号	100022	13311512203
北京乾通典当有限公司	朝阳区广顺北大街 17 号	100102	62006676
邦得（北京）典当行有限公司	朝阳区北辰西路 69 号 4 单元 216 号	100013	84661658
北京普临典当有限责任公司	朝阳区广渠路九龙山家园 1 号楼 1 层 A6 号	100022	67739901

北京佳信典当有限责任公司	朝阳区小武基村甲8号2号院1层	100022	87751233
北京安泰典当行有限公司	朝阳区水碓北里2号楼	100026	85966220
北京国通典当行有限公司	朝阳区大屯里小区六塔1号A段	100102	13701358608
北京汇福源典当行有限公司	朝阳区东柏街10号院4号楼1层03室	100022	52001904
北京懋天隆典当行有限公司	朝阳区安立路甲54号南座1单元	100102	13241866723
北京万泰典当行有限责任公司	朝阳区左三区7号楼院	100021	13501259650
北京达成典当行有限公司	朝阳区青年路7号院3号楼1层30101室	100025	56888913
北京晋祥源典当有限公司	朝阳区青年路西里5号院16号楼03号	101100	13501381148
北京汇金源典当有限公司	朝阳区雅成二里18号楼203室、205室	101100	15010137865
北京鑫都城典当有限责任公司	朝阳区劲松二区229号	100026	59043516
北京阜瑞通源典当有限责任公司	朝阳区亚运村慧忠里417号楼1层417－3室	100101	64988819
北京元亨典当有限公司	朝阳区朝阳北路107号院34号楼106室	100123	13801087826
北京五丰典当有限公司	朝阳区建华南路19号楼1层	100022	13601396652
北京国合典当有限责任公司	朝阳区望京中环南路9号望京大厦B座首层6015室	100102	13501125221
北京睿诚典当有限责任公司	朝阳区南湖南路16号院4号楼1～2层115室	100102	85306919
北京宝典典当行有限公司	朝阳区广顺南大街21号	100102	64775559
北京国华典当有限公司	朝阳区德外北沙滩大屯路甲1号1509室	100101	18301453920
北京鑫坤典当行有限责任公司	朝阳区广渠路28号223号楼朝阳合生财富广场L412室	100124	56469855
北京鑫瑞通典当行有限公司	朝阳区世纪东方嘉园201楼4单元117室	100023	13911162018
北京融金典当有限责任公司	朝阳区西坝河西里28号1号楼B201～202室	100028	13366609039
北京融诚典当有限公司	朝阳区望京园三区302号楼102室	100222	13911154042
北京永利典当有限责任公司	朝阳区香宾路66－1号1幢1层	100012	84999113
北京德升祥典当有限公司	朝阳区望京南湖中园107号楼	100102	13901387757

北京蟹岛典当有限公司	朝阳区蟹岛路1号院4幢	100018	13466549208
北京德润典当有限责任公司	朝阳区东柏街10号院4号楼1层13室	100022	13311575808
北京宝通典当有限责任公司	朝阳区阜通东大街1号院6号楼1层2101室	100621	13901038186
北京新徽商联盟典当有限公司	朝阳区新东路8号院3号楼1-021室	100080	52039430
太森典当（北京）有限责任公司	朝阳区潘家园华威里28号北京河南大厦108室	100000	85910256
北京万通典当行有限公司	朝阳区望京园602号楼128室	100102	15810519877
北京中闽金通典当行有限公司	朝阳区世纪东方嘉园104号楼1单元06号	100023	13910050053
长城典当行（北京）有限公司	朝阳区劲松六区甲602号楼1~2层内1层	100097	15340777777
北京旺泰鼎成典当行有限公司	朝阳区小营北路11号院1号楼401内11室	100124	65996102
北京亿宏达典当行有限公司	朝阳区酒仙桥将台路商业街5号	100016	13693360171
北京万达典当行有限责任公司	朝阳区建国路93号院19号楼112室	100022	15901000013
北京天雅汇典当行有限责任公司	朝阳区华威南路6号楼天雅古玩城1层第168号	100021	15901072207
大融（北京）典当有限责任公司	朝阳区南磨房路16号院1号楼102室	100124	17701203322
汇丰（北京）典当有限公司	朝阳区百子湾东里414号楼102室	100124	13901111191
北京隆盛通典当行有限公司	朝阳区广渠路36号院6号楼-1至1层内1层28室	100022	87263833
北京鑫业典当有限公司	朝阳区百子湾西里403号楼103室	100124	13260168216
北京瑞展鸿图典当有限公司	朝阳区小亮马桥西路6号院8幢-1层7-14室	100020	18610639352
北京京泰宝德通典当有限公司	朝阳区南湖南路11号院1号楼201室	100102	13601110296
北京天行典当行有限公司	朝阳区亮马桥路27号亮马国际珠宝古玩城1层103D号	100016	13811019438
北京裕昌典当有限公司	丰台区木樨园西路南果园3-2号首层底商	100075	87285132
北京金正源通典当有限责任公司	丰台区汽车博物馆东路1号院2号楼116室	100071	63941088
中兆源（北京）典当有限公司	丰台区丰管路16号9号楼B2-1017号1层	100071	13701238119
北京金马典当有限责任公司	丰台区西三环南路乙6号1层A02号	100071	63038080

北京市金祥典当行有限公司	丰台区梅市口路15号3号楼	100071	83658747
北京盛鑫隆典当有限责任公司	丰台区角门北路8号院1号楼105-5室	100070	13366686666
北京永业汇通典当行有限公司	丰台区成寿寺路1号楼103室	100075	67600078
北京富邦典当有限公司	丰台区三路居路88号院18号楼101室	100070	63838999
北京宏利典当有限公司	丰台区丰北路甲79号2幢606室	100070	15530516520
北京世宣泰典当有限公司	丰台区南四环西路188二区9号楼	100070	51189849
北京金鼎典当有限公司	丰台区南三环中路66号1层04室	100075	87875757
北京永盛典当有限责任公司	丰台区紫芳园四区2号楼119室	100164	88028889
北京福鑫聚源典当有限责任公司	丰台区马家堡东路71号立业大厦5006号	100073	13501238191
北京祥荣典当行有限公司	丰台区星河苑1号院4号楼	100068	13301365939
北京金泰恒宇典当有限公司	丰台区南四环西路188号十五区5号楼1层	100070	15611868686
北京汇银典当有限公司	丰台区南三环西路28号院中林置业大厦B座2106室	100062	13910207891
北京丰宝成典当有限公司	丰台区万柳西园8号楼1层03号	100070	65660011
北京惠顺祥典当有限公司	丰台区航丰路1号院4号楼3~17层301内11层1206室	101400	13513133098
北京冠京富邦典当有限公司	丰台区马家堡东路168号院21号楼1层18室	100068	13901098917
北京高德典当有限公司	丰台区南三环西路28号1层A区001号	100067	18601086039
北京宝鑫通典当有限公司	丰台区丰桥路七号院8号楼（A段）1层20-1室	100070	15639071155
北京德信通典当有限责任公司	丰台区西四环南路17号	100070	17326800700
北京润东典当有限公司	丰台区东管头村1号	100071	13701078586
北京宝易德典当有限公司	丰台区紫芳园四区2号楼107室	100078	87657712
北京鑫融兆业典当有限责任公司	丰台区汽车博物馆东路6号院4号楼1层3单元101号	100067	13911639831
北京鼎恒典当行有限公司	丰台区小屯路9号1栋A8号	100040	13910578988

北京京蔚典当有限公司	丰台区榴乡路88号院21号楼3层301室、302室	100078	13331302999
北京广昌和典当行有限公司	丰台区成寿寺中路18号7号楼103室	100079	13691215616
鼎万通典当行（北京）有限责任公司	丰台区马家堡东路168号院21号楼1~2层16室	100068	13302118635
北京茂昌典当行有限公司	丰台区西局西路58号院1-12号1层3号	100073	13910390655
北京裕诚典当有限公司	丰台区丰科路6号院4号楼	100070	18610901772
北京宏源典当有限公司	丰台区丰北路81号B座3305室	100071	18701129129
北京金砖典当有限公司	丰台区丰北路甲45号楼112室	100071	13331103766
北京市金寿典当有限责任公司	石景山区杨庄路70号院1号楼103号	100043	68874116
北京都市典当有限责任公司	石景山区银创家园南区D座5单元101号	100043	13521866976
北京中天典当有限公司	石景山区杨庄东路126号	100043	68882265
北京瑞鑫达典当有限责任公司	石景山区玉泉西里二区1号楼1层商业02号	100043	68683661
北京国融典当有限责任公司	石景山区香山南路168号院36号	100040	13911815979
北京永大典当有限公司	石景山区古城西路7号楼底商	100041	88794751
北京万嘉信诚典当有限责任公司	石景山区时代花园南路23号院1号楼-1至1层103室	100043	13911124859
北京铭锋典当有限责任公司	石景山区时代花园南路28号院1号楼102室	100043	88980183
北京中保典当有限公司	石景山区杨庄东街59号204室	100043	13501123597
北京金泽通宝典当行有限公司	石景山区阜石路166号1号楼317室	100043	88909900
北京鼎瑞典当有限责任公司	石景山区八角东街东侧石景山游乐园塞纳左岸风情街25~30号	100043	13911735268
北京中京典当有限公司	石景山区时代花园东街8号院3号楼115室	100043	13801020536
北京融惠典当有限公司	石景山区西黄新村西里4号楼3单元101室	100144	68809098
北京宝盛源典当有限公司	石景山区体育场西街20号院2号楼108室	100043	84447806
北京泰德典当有限公司	石景山区政达路6号院6号楼103室	100043	15510734888
北京祥瑞通典当有限公司	石景山区金顶北路20号院9栋103室	100041	13904117972

北京华金典当行有限责任公司	海淀区中关村南大街2号A座7层815室	100089	51626770
北京华隆典当有限责任公司	海淀区中关村南大街1号友谊宾馆61518室	100081	62193098
北京天润典当有限公司	海淀区复兴路47号天行建商务大厦2602室	100036	51922181
北京市金福典当有限责任公司	海淀区西四环北路69号楼1层	100036	62173010
万高（北京）国际典当有限公司	海淀区蓝靛厂时雨园	100088	88892226
北京嘉德典当有限公司	海淀区西四环中路39号	101100	68236662
北京善藏典当有限公司	海淀区紫竹院路29号北京香格里拉饭店2－2幢6A20室	100089	13581782193
北京中海典当有限公司	海淀区中关村南大街32号A座1层	100081	13910831227
北京宝盛典当有限公司	海淀区海淀南路36号1层0105室、0106室	100091	82116666
北京万国典当有限公司	海淀区羊坊店茂林居11号	100038	82666883
北京亨融典当有限公司	海淀区蓝靛厂翠叠园11号楼底商1－2室、3室	100036	88895860
北京晋昌典当有限公司	海淀区西翠路17号院18号楼1单元商铺2室	100036	13011889688
北京中都天成典当有限公司	海淀区长春桥路11号亿城大厦4号C座楼裙房1109室	100089	13910271858
北京鼎盛典当有限责任公司	海淀区中关村新科祥园5号楼1层01～03号	100080	88866600
北京安泰典当有限责任公司	海淀区马连洼竹园33号楼102室	100094	13709830750
北京海汇典当有限公司	海淀区北四环西路66号1F－06号	100080	62684516
北京天平典当有限公司	海淀区昆明湖南路9号南区7号楼1层101室	100195	88683388
北京乾源典当有限公司	海淀区普惠南里十四号羊坊店中心学区办公楼1楼	100036	13811664407
北京宝瑞麟典当有限公司	海淀区海淀中街16号1单元103室	100080	62680052
北京保福典当有限公司	海淀区西三环北路72号院世纪经贸大厦A座1F号	100037	68486198
北京融金信通典当有限公司	海淀区清河嘉园1幢103号	100085	13901047000
北京国瑞泰典当有限公司	海淀区彰化路138号院1号楼110室	100081	13811324687
北京大成典当有限公司	海淀区双榆树小区邮局南侧4号楼1层南侧	100086	62698900

北京九鼎典当有限责任公司	海淀区彩和坊西小街1号1幢1－108室	100080	13911883360
北京金誉金通典当有限公司	海淀区知春路108号3号楼1门101－2室	100085	15611480892
北京金路汇达典当有限公司	海淀区远大园六区沿街商场	100195	52964444
北京国鑫典当有限公司	海淀区龙翔路19号院2号楼西侧第6间商铺	100080	13366067777
北京德亿丰典当有限公司	海淀区上庄馨瑞家园2号楼1单元101号	102206	13717713713
北京元享利通典当行有限公司	海淀区马连洼竹园32号楼108室	100083	13901103933
北京融金通典当有限公司	海淀区温泉镇白家疃东路临12号2号楼1层2101室	100083	82687649
北京天才典当有限公司	海淀区暂安处1号A区1层	100083	18911181818
北京汇融利通典当行有限公司	海淀区安宁华庭一区15号楼F－01号	100085	13801127487
北京厚元达典当行有限责任公司	海淀区德胜门西大街15号9号楼1层B3区9－101室	100022	13601323273
北京泰昌典当有限责任公司	海淀区宝盛里芳清园1号楼商业02－12号	100192	56325939
北京亿隆源典当行有限公司	海淀区彰化路3号楼1层3－3室	100183	18034907555
北京金澳典当有限公司	海淀区学院南路15号院10号楼103室	100181	13811188944
北京财宏典当有限公司	海淀区复兴路2号平房2号	100038	63460152
北京融昌典当有限公司	海淀区西三旗建材城中路1号甲7号楼	100000	13331039335
北京大昌典当有限公司	海淀区清河嘉园东区4号楼105室	100000	13901257161
北京银丰祥典当有限公司	海淀区交大东路36号楼	100000	62201152
北京大德三和典当行有限公司	海淀区彩和坊路8号1层121室、112室	100080	82600694
一苇（北京）典当有限公司	海淀区五孔桥35号院66号平房	100143	13811831268
北京首善典当行有限公司	海淀区四季青路8号165室	100195	18612936337
九一典当（北京）有限公司	海淀区马甸东路19号104室	100088	13910259191
合安典当行（北京）有限责任公司	海淀区冷泉林语山庄三区23号楼－1至1层102室	100095	13501290461
北京华瓴典当行有限公司	海淀区高梁桥斜街59号院1号楼916室	100044	13911875180

北京颐众典当有限公司	海淀区西直门北大街41号天兆家园南部103号	100044	13910171787
北京顺通典当有限责任公司	顺义区站前街商业楼2号楼102室	101300	81498416
北京汇鑫兴业典当行有限责任公司	顺义区怡馨家园5号楼5-31室	101300	89441188
北京鼎成典当行有限公司	顺义区赵全营镇联庄村村南路2号	101322	13301367883
北京顺融典当有限责任公司	顺义区双兴南区22号楼1单元102号	101300	13801120136
北京恒通典当有限公司	顺义区仓上小区37号楼4单元502室	100200	58221063
恒富通（北京）典当有限公司	顺义区天竺地区府前一街32号新迅商务106室	101312	64582954
北京市润成典当有限责任公司	顺义区马坡镇白马路顺成大街29号	101300	69401962
北京轶海通达典当行有限公司	顺义区马坡镇A703号楼107室	101300	13701144116
北京易弘典当有限公司	顺义区新顺南大街8号院2幢3单元705室	101300	13701093595
北京华融恒清典当有限公司	顺义区怡馨家园13号楼105室	101300	13801393214
北京乾利行典当有限责任公司	顺义区石园北区41号楼5单元101室	101300	69461188
北京市榕汇通典当有限责任公司	顺义区怡馨家园37号楼37-10室	101300	89465888
北京市融兴典当行有限责任公司	顺义区望泉家园12号楼1单元商业19号	101300	60403648
北京盛昌典当行有限责任公司	顺义区仁和镇仓上小区37号楼3单元08室	101300	81487866
北京通赢典当有限公司	顺义区前景路2号院7号楼109室	101300	69458808
北京世欣和泰典当行有限公司	顺义区大孙各庄镇府前街10号	101308	13301327505
北京融邦荣典当有限公司	顺义区站前北街西侧	101300	13801135766
北京桉楹典当有限公司	顺义区天竺镇府前二街1号1幢	101312	64549821
北京众信之元典当有限公司	顺义区石园北区甲7楼6单元102室	101300	13621128030
北京通德典当有限公司	通州区玉带河东街171号	101101	60567607
北京市天鸿典当有限公司	通州区通惠北路1号	101101	60511119
北京昌隆典当有限公司	通州区榆景东路5号院43号楼101室	100037	68725681
北京燎原典当有限责任公司	通州区通胡大街78号	101101	13911218938
北京和信典当有限公司	通州区玉带河东街2号	101101	52100088-0

北京国泰典当有限公司	通州区玉带河东街 163 号	101101	60560200
北京京东天雨典当有限责任公司	通州区云景南大街 181 号 1 层	101100	60521448
北京京东天诚典当有限公司	通州区翠屏里 18 号楼	101100	80818618
北京金通达典当有限公司	通州区怡乐中街怡乐园三区 3 号楼 1 层商 346 号、348 号	101100	58017353
北京三鑫典当有限公司	通州区京洲园 411 号楼 5 号底商	101101	60545173
北京中侨典当行有限公司	通州区云景南大街 137 号	101101	80880585
北京信和典当行有限公司	通州区翠屏西路 82 号	101101	13699148997
北京诚顺通典当有限责任公司	通州区玉带河东街 91 号	101101	81513333
北京鑫宏典当有限责任公司	通州区潞苑南大街 137 号 2 层	101100	81517715
北京恒美通典当行有限公司	通州区玉带河东街 109 号	101100	13801372500
北京易典通典当有限公司	通州区怡乐中街 350 号	101100	18610189919
北京恒森典当行有限公司	通州区翠屏北里（西区）商 8 号 1～2 层	101100	17688888613
北京聚缘四方典当有限公司	通州区云景东路 419 号 1～2 层	101100	60521902
北京汇融诚典当有限公司	通州区北苑南路 44 号 1 号楼 1 层商 3 号	101100	13901332001
北京泰桦昌典当有限责任公司	通州区玉带河东街 107 号 1 层	101100	13811816718
北京金润泰泽典当有限公司	通州区群芳南街 117 号	100000	13911004135
北京源祥达典当行有限责任公司	通州区滨河中路 239 号等 10 幢	100000	52113442
北京宏和信典当有限公司	通州区云景南大街 183 号	100000	13911166985
北京笑石典当有限公司	通州区潞苑东路 40 号院 30 号楼	101101	13466368366
北京友联典当有限公司	通州区玉带河东街 121 号	101100	13821662696
北京天祥典当有限责任公司	大兴区黄村镇富强路 127 号	102600	69251234
北京大通典当有限公司	大兴区芳源里 7 号楼 101 室	100076	67999882
北京昌盛典当行有限公司	大兴区黄村镇双高路 1 层 183 室	102601	68345008
北京嘉融典当有限公司	大兴区富强路 157 号商铺	102600	13910175965

北京润龙典当行有限公司	北京经济技术开发区富园东里一区会所	100176	58025126
北京超强典当有限公司	大兴区黄村镇兴华北路（二段）78 号院 -80 号	102600	13901298518
北京市欧宇达典当有限责任公司	大兴区黄村镇滨河西里兴丰大街二段 72 号	102600	69256555
北京宝元通典当有限公司	大兴区香留园双高路 161 号	102600	13366272796
北京鼎融典当有限公司	大兴区康和园 163 号 1 层 163 -6 号	102600	18800008929
北京乾元鑫盛典当有限责任公司	大兴区黄村镇三中西巷 15 号院 2 号楼	102600	13911285677
北京天成铭典当行有限公司	大兴区兴华北路（二段）78 号院 5 ~20 号 1 ~2 层 20 号	102600	69296068
北京郁金典当有限公司	北京经济技术开发区文化园西路 8 号院 30 号楼 109 室	100176	13051276488
北京宝利通典当有限公司	大兴区兴华大街 2 段 3 号院波普中心 3 号楼 123 号	102600	69203745
华瑞清恒（北京）典当有限公司	大兴区开泰东里 17 号楼 1 ~3 层 108 室	100176	18911696789
北京瑞博泰典当有限公司	大兴区黄村镇永华南里 13 号楼 1 层 06 室	102600	81299515
北京鑫海融通典当有限责任公司	大兴区黄村镇观音寺南里海北路 1 号楼 1 -4 室	102600	13366761100
北京厚融典当有限公司	北京经济技术开发区天华园一里四区 10 号楼 -1 至 2 层 1106 室	102600	13311331651
北京齐融典当有限责任公司	大兴区兴丰大街（一段）18 号院 1 号楼 131 号	102600	13911907320
北京宝隆春典当有限责任公司	大兴区富强路 76 号	102600	69246958
北京亿瑞祥典当有限责任公司	大兴区黄村西大街 72 号 1 ~2 层	102600	69253997
北京天阳鑫辰典当有限责任公司	大兴区枣园巷 3 号院中建港湾嘉园 9 号楼 108 室	102600	13699130316
北京平安典当有限公司	大兴区旧宫镇清逸西园 1 号楼 6 号底商	100176	87962677
北京融祥典当有限公司	大兴区黄村镇富强路 115 号	102617	69231109
北京京信典当有限公司	北京经济技术开发区荣华中路 8 号院 6 号楼 102 室	102600	13911521405
北京恒泰典当有限公司	大兴区黄村镇富强路 123 号 1 ~2 层	102600	13910620951

金顺祥（北京）典当有限公司	北京经济技术开发区文化园西路6号院16号楼2层101-1室	100176	13910269929
北京天诚祥典当行有限责任公司	房山区良乡政通路8号	102488	81380633
北京鑫融通润典当有限责任公司	房山区城关街道北市村企业街1号	102400	89329201
北京恒丰典当有限责任公司	房山区拱辰街道月华大街1号	102400	18634925656
北京玖尚典当有限责任公司	房山区月华大街3号	102488	18032109999
北京聚汇通典当有限责任公司	房山区长阳镇碧桂园35号楼101室	102400	89338162
北京豪泰典当有限责任公司	房山区良乡地区苏庄三里7号楼3-102室	102488	13701298222
北京宝裕通典当有限公司	房山区良乡地区月华大街8-B号楼101室	102488	13801339850
北京汇邦典当有限公司	房山区良乡长虹西路71号1层	102488	18600900333
北京安邦典当有限公司	房山区良乡拱辰南大街42号楼A座16单元1201室	100076	13801062833
北京德信润鑫典当有限公司	房山区拱辰街道政通路12号1号楼131室	102488	13911720178
北京瑞邦典当有限公司	房山区长阳镇碧波园15号楼3-102室	102401	80331622
北京紫阳福源典当有限公司	房山区窦店镇京南嘉园37号楼104室	102433	56849802
北京友邦典当有限公司	房山区拱辰南大街6号1幢1F-017室	102488	69375181
北京宝鼎典当有限责任公司	门头沟区增产路23号院综合楼1层	102300	58790790-801
北京万融典当有限责任公司	门头沟区滨河路121号	102300	69849926
北京益融典当行有限公司	门头沟区滨河承泽苑11号、13号承泽苑6号楼底商	102300	13901060447
北京龙泰典当有限责任公司	门头沟区滨河霁月园8号楼153-12号	102300	13910822975
北京市融诚通达典当有限公司	门头沟区永兴小区13号楼底商	102300	15901096688
北京凯康典当有限公司	门头沟区滨河临镜苑1号商业楼1-1号	102300	13910513185
北京兴融通典当有限公司	门头沟区滨河路47号阳光绿苑1号楼105室	102300	15210870533
北京世欣和顺典当行有限公司	门头沟区潭柘寺镇鲁家滩大街42号	102300	85306425

北京汇信保财典当有限责任公司	昌平区西环路29号－2	102200	69707877
北京汇祥通典当行有限责任公司	昌平区东小口镇中滩村东	102218	84826666
北京首发兴业典当有限责任公司	昌平区东环路雅馨佳园9号楼2号底商	102200	89700179
北京鸿鑫典当行有限责任公司	昌平区东小口镇立汤路186甲3号楼516室、618室	102218	13901020883
北京善长典当有限责任公司	昌平区回龙观西大街118号1幢B座B105单元	100096	89787558
北京泰福德典当有限责任公司	昌平区鼓楼北街5－1至5－20号楼5－1号	102200	13911934150
北京硕祥通典当行有限责任公司	昌平区西三旗环岛北侧新龙大厦C座1层A号	102218	84814621
北京安诚仪典当有限责任公司	昌平科技园区白浮泉路甲12－9号	102200	13811219899
北京金源盛昌典当行有限公司	昌平区东小口镇天通东苑一区403号楼107室	100062	13601286495
北京天循典当有限责任公司	昌平区回龙观西大街9号院17号楼1层17－3室	102208	60789370
北京海天汇力典当行有限公司	昌平区龙水路28号楼028－8室	102200	69745050
北京东方圆通典当有限公司	昌平区东小口镇天通苑小区501号楼2单元1层、2层	102200	13311315600
北京盛亨典当有限责任公司	昌平区回龙观西大街85号2层260～261号	102200	57536702
北京润鑫融通典当有限公司	昌平区北七家镇天通苑东苑三区46号楼－1至1层	102218	60740808
北京裕济达典当有限公司	昌平区回龙观西大街35号院2号楼102室、103室	102208	18510414188
北京玺致典当行有限公司	昌平区府学路29号1－06号	102200	13811031838
北京瑞丰典当有限公司	平谷区平谷镇新开街25号	101200	13301024009
北京海泰典当有限公司	平谷区平谷镇府前街20－4号	101200	69988335
北京广惠济典当有限责任公司	平谷区平谷镇府前西街7号1层7－7号	101200	85911660
北京郭氏双赢典当有限责任公司	平谷区平谷镇府前街36号楼1－4号	101200	13701071152
北京和顺嘉诚典当有限公司	平谷区平谷镇平谷南街39号楼39－15号	101200	13911025262
北京中金恒信典当有限公司	平谷区新平北路36号	101200	13611368503
北京中财广角典当有限公司	平谷区平谷镇金乡嘉园3号楼3幢3－14号	101200	65866811

北京中利金海典当有限公司	平谷区平谷镇府前西街7号楼7－1号	101200	13911177029
北京通达典当有限公司	平谷区鼎基公寓3号楼3－2号	101200	89994666
北京和泰典当有限公司	平谷区平谷镇金乡居民西小区甲30号楼1层	101200	13911909481
北京中贸融生典当有限责任公司	怀柔区滨湖南街8号楼4单元101室	101400	69687559
北京银通行典当有限公司	怀柔区迎宾中路36号	101400	69696007
北京汇通龙典当行有限公司	怀柔区金台园57号楼10－102室	101400	65047208
北京宝隆典当有限责任公司	怀柔区青春路61号院商业1号楼8号	101400	13051766666
北京天华融泰典当有限责任公司	怀柔区金台园44号楼4－102室	101400	58565808
北京康凯典当有限公司	怀柔区青春路61号院2号楼15号	101400	61689090
北京瑞德丰典当行有限公司	怀柔区青春路26号1幢1号	101400	17701372387
北京金禄典当有限责任公司	密云区东大街信远大厦4号	101500	69070019
北京鑫丰典当有限责任公司	密云区密云镇车站路3号	101500	51071933
北京朗润通典当有限公司	密云区长安街商业街1号楼	101500	13911786886
北京中宝泰典当有限责任公司	密云区新南路42号	101500	13381281977
北京金盛源典当有限公司	密云区密西花园小区48号楼1层48－8室	101500	13811068177
融鑫（北京）典当行有限公司	密云区滨河路12号院8号楼8－12室	101500	13911635556
北京新坤元典当行有限公司	密云区新中街73号	101500	13910535018
北京德聚鑫典当行有限责任公司	密云区世纪家园16号楼108号	101500	18601296002
北京银基恒宇典当有限公司	密云区密云镇车站路12号商业楼34号	101500	13651187258
众祥典当（北京）有限公司	密云区新南路72号楼15号	101500	13321127990
北京赢创典当有限公司	密云区二环路新中街西商业楼02号1层	101500	13911877776
北京国玉典当有限责任公司	密云区西门外大街11－16号	101500	13311366453
中商融通典当（北京）有限公司	密云区长安商业街3号楼2号	101500	13701060033
北京太平洋典当有限公司	密云区新中街181号513室	101500	13716267088
北京同利典当有限责任公司	延庆区新兴小区51号楼北甲17号	102199	69189099

北京银嘉宝通典当有限公司	延庆区延庆镇南菜园二区 51 号楼 2 单元 201 室	102100	61118301
北京信邦典当有限公司	延庆新兴小区 51 号甲 11 号	102100	51053073
北京凯禹源典当有限公司	延庆区高塔街 58 号绿韵广场 F－13 号	102100	58562979
北京银丰典当有限公司	延庆区延庆镇小营村东 1－13 号	102100	13901062045
北京立慧立德典当有限公司	延庆区湖北西路 23 号 23－5 号、23－6 号	102100	13601065068
北京泰达兴业典当有限责任公司	延庆区延庆镇妫水南街 35 号院 35 号楼 102 室	102100	13901049001
北京融福通盛典当有限公司	延庆区延庆镇高塔小区 14 号楼 202 底商	102100	13901374582
北京富利华典当有限公司	延庆区东外大街 22 号	102100	81193670
北京华奕典当行有限公司	延庆区延庆镇北关村 270 号前排	102100	13911159208
北京长江典当有限责任公司	延庆区延庆镇川北小区甲 25 号楼－10 号	102100	13911703766

（5）支付机构

机构名称	地　　址	邮　编	电　话
资和信电子支付有限公司	海淀区东北旺北京中关村软件园孵化器 1 号楼 B 座 1109 室、1110 室	100193	88665528
开联通支付服务有限公司	海淀区马甸东路 17 号 6 层 706 室	100088	84783057
易宝支付有限公司	石景山区实兴大街 30 号院 3 号楼 2 层 D－0435 室	100144	59013985
北京钱袋宝支付技术有限公司	海淀区羊坊店路 18 号 2 幢 1224－1 室	100080	82961015
北京数字王府井科技有限公司	东城区东四十条 68 号西区 5 层	100007	84183980
北京银联商务有限公司	海淀区车公庄西路乙 19 号华通大厦 B 座 10 层	100048	88019861
裕福支付有限公司	朝阳区光华路 30 号楼迤北 1 层 3 号内 101 室	100025	65305555
网银在线（北京）科技有限公司	海淀区北三环西路甲 18 号中鼎大厦 A 座 719 室	100086	89187911
拉卡拉支付股份有限公司	海淀区丹棱街 6 号 1 幢 6 层 606 室	100080	56710999
联动优势电子商务有限公司	西城区新街口外大街 28 号 B 座 510 室	100088	58351122

天翼电子商务有限公司	昌平区未来科技城南区中国电信集团公司院内	100022	58520458
联通支付有限公司	西城区金融大街35号901室、902室	100033	66505686
国付宝信息科技有限公司	顺义区南法信镇顺畅大道1号B－041室	101300	60195866
北京海科融通支付服务股份有限公司	海淀区人大北路33号院1号楼大行基业大厦17层北侧	100089	82685056
易智付科技（北京）有限公司	海淀区知春路113号0706室	100086	82652626
中金支付有限公司	西城区平原里小区20号楼	100052	83519761
安易联融电子商务有限公司	朝阳区朝外大街乙12号21层0－2412内2412D	100032	59716386
北京爱农驿站科技服务有限公司	西城区西直门外大街1号院2号楼20层22C13	100012	59716386
北京首采联合电子商务有限责任公司	朝阳区雅宝路10号801室	100020	85635806
北京中欣银宝通支付服务有限公司	东城区珠市口东大街14号308室	100050	67077777
北京市政交通一卡通有限公司	海淀区知春路63号中国卫星通信大厦B座15～19层	100032	88087735
北京雅酷时空信息交换技术有限公司	海淀区海淀中街16号6单元1010室	100080	51657126－8601
北京中投科信电子商务有限责任公司	西城区北三环中路29号院3号楼8层909室	100873	56809274
北京一九付支付科技有限公司	海淀区东北旺西路8号院35号楼522室	100084	57386896
北京数码视讯软件技术发展有限公司	顺义区文化营村北3幢007号平房	101399	82346139
汇元银通（北京）在线支付技术有限公司	海淀区海淀北二街8号1601室、1602室、1605室	100089	82684945
随行付支付有限公司	海淀区阜成路67号1704室	100142	52823977
北京恒信通电信服务有限公司	海淀区蓝靛厂金源时代购物中心B区2号B座1006－B室	100091	64090016
北京和融通支付科技有限公司	海淀区中关村南大街乙12号院1号楼2305室	100086	62353131
商银信支付服务有限责任公司	西城区平安里西大街26号楼等3幢28号楼401－01室	100034	83496600
北京市银博盛世电子商务有限公司	丰台区南四环西路186号四区11号楼7层01室	100045	58565009

北京银通支付有限公司	西城区西直门外大街1号院3号楼22D8	100032	66510188
北京华瑞富达科技有限公司	东城区崇文门外大街11号705室	100037	59793377
北京高汇通商业管理有限公司	朝阳区酒仙桥路20号408号	100025	56890222－915
银信联（北京）商务服务有限公司	朝阳区建国路印刷二厂1号楼621室	100022	85893580
北京广聚福支付有限公司	朝阳区东大桥路8号SOHO尚都2楼2－2703号	100020	58697787
北京商银科技有限公司	海淀区花园路甲13号院7号楼1106－1室	100080	82488399
国旅（北京）信息科技有限公司	东城区东单北大街1号楼721室	100005	65228522－614
北京亚科技术开发有限责任公司	顺义区后沙峪镇裕民大街7号	101318	64513317
百联优力（北京）投资有限公司	朝阳区东大桥路8号尚都国际中心A座1609室	100020	51661203
银盈通支付有限公司	朝阳区霄云路26号鹏润大厦A座1601室	100052	63133083
北京全顺通商贸有限公司	海淀区苏州街3号703室	100080	84885140
中信恒达支付有限公司	东城区崇文门外大街16号1幢1503室	100062	87555559
北京百付宝科技有限公司	海淀区上地十街10号百度大厦B座5层	100085	59928888
北京繁星山谷信息技术有限公司	海淀区丰台区丰台镇南开西里23号楼404号	100070	51709888
北京新浪支付科技有限公司	海淀区东北旺西路中关村软件园二期N－1、N－2地块新浪总部科研楼519室	100080	021－61640680
邦付宝支付科技有限公司	朝阳区东三环中路55号楼5层601室	100022	65811894
北京理房通支付科技有限公司	海淀区东北旺西路8号院4号楼145号	100193	59329689
北京畅捷通支付技术有限公司	海淀区北清路68号20号楼D2003室	100094	62434206

（6）征信机构

机构名称	地址	邮编	电话
百融云创科技股份有限公司	石景山区石景山区实兴大街30号院5号楼5层76号	100043	62508065
金电联行（北京）信息技术有限公司	东城区金宝街67号S302C	100020	58693750
天创信用服务有限公司	昌平区未来科技城定泗路237号都市绿洲120室	102200	59017300
中数智汇科技股份有限公司	海淀区学院南路62号中关村资本大厦505室	100081	83020108
考拉征信服务有限公司	海淀区北清路中关村壹号D1座705室	100094	56710999
益博睿征信（北京）有限公司	朝阳区酒仙桥路20号601～503号房	100016	59267818
元素征信有限责任公司	海淀区北坞村路23号北坞创新园北区5号楼107～110室	100195	82602272
北京宜信致诚信用管理有限公司	朝阳区西大望路1号2号楼16层1908室	100026	59644742
东方金诚信用管理（北京）有限公司	西城区西直门南大街2号14层	100088	53771957
信和汇诚信用管理（北京）有限公司	朝阳区东三环中路39号建外SOHO23号楼B－1001室内01号	100022	59725684
北京国富泰信用管理有限公司	北京经济技术开发区荣华中路11号2层	100176	67800100
国诚信征信有限公司	西城区木樨地北里甲11号楼1幢408室	100038	63358908
北京宸信征信有限公司	海淀区中关村北二条13号46幢104房间	100190	62135800
绿盾征信（北京）有限公司	西城区阜成门外大街2号1幢706室	100011	56228425
北京恒诚千里征信有限公司	朝阳区光华路7号19B8	100020	85550012
华财征信（北京）有限公司	海淀区西直门北大街甲43号1号楼12层1－24－1202号	100044	68177808
律城信核（北京）信用管理有限公司	海淀区上地东路1号院1号楼201室	100085	56291732

北京信构信用管理有限公司	丰台区郭公庄中街20号院3号楼1209B	100070	84109826
中大信信用管理有限公司	海淀区中关村甲3号2-A#商业楼7层819室	100086	82146640
北京国石天韵征信有限公司	石景山区实兴大街30号院5号楼4层97号	100041	52490293
东方安卓（北京）征信有限公司	丰台区南四环西路188号15区2号楼303室	100068	67668577
企乐汇征信有限公司	石景山区晋元庄路23号15幢9号	100022	65818123
北京联信征信咨询有限责任公司	东城区王家园胡同10号100B	100027	64466458
北京海智金诚信用管理有限公司	东城区后永康胡同17号12号楼	100007	64012900
北京和融通征信服务有限公司	海淀区中关村大街28-1号9层	100086	62353131
中品质协（北京）质量信用评估中心有限公司	东城区王府井大街99号	100006	65234700
中企评协企业征信中心（北京）有限公司	海淀区紫竹院南路17号中企联招待所118室	100048	68464519
北京联源智信征信服务有限公司	海淀区杏石口路甲18号1幢4层西部4008号	100195	62621616
中诚信源征信有限公司	门头沟区石龙经济开发区永安路20号1号楼4单元1202室	102308	88512210
国民征信（北京）有限公司	朝阳区百子园4号楼3层A单元306室	100083	59447848
北京邦银汇通征信有限公司	朝阳区工人体育场北路8号院2号楼14层03-1701室	100027	85256668
北京冠捷时速信用管理有限责任公司	海淀区北三环西路25号2号楼106室	100098	68575707
全联征信有限公司	海淀区海淀大街2号9层913室	100080	62630322
北京百誉信征信有限公司	海淀区上地十街10号1幢1层CE区	100085	20681460
爱信诺征信有限公司	海淀区紫竹院路嘉豪国际中心B座	100097	88048016
北京金堤征信服务有限公司	海淀区知春路63号中国卫星通信大厦B座23层	100086	82607132
中电联（北京）征信有限公司	西城区朗琴国际A座29层	100055	63253687

（7）信用评级机构

机构名称	地　址	邮　编	电　话
大公国际资信评估有限公司	朝阳区霄云路26号鹏润大厦A座29层	100125	51087768
中诚信国际信用评级有限责任公司	东城区南竹杆胡同2号1幢60101室	100010	66428877
联合资信评估有限公司	朝阳区建国门外大街2号院2号楼PICC大厦17层	100022	85679696
东方金诚国际信用评估有限公司	朝阳区朝外西街3号兆泰国际中心C座12层	100600	62299849
中债资信评估有限责任公司	西城区金融大街28号院盈泰中心2号楼5~8层	100032	88090000
中国诚信信用管理股份有限公司	东城区朝阳门内大街南竹杆胡同2号银河SOHO6号楼	100010	66428855
长城金桥金融咨询有限公司	西城区月坛北街2号月坛大厦B8号	100045	68083498
中国诚信信用管理股份有限公司北京分公司	东城区朝阳门内大街南竹竿胡同2号银河SOHO6号楼	100010	66428877
君维诚信用评估有限公司	海淀区苏州街49号盈智大厦301室	100080	82622979
北京银建资信评估事务所	西城区广安门南滨河路7号南楼406室	100055	63401197
北京中贸远大信用管理有限公司	东城区安外大街东后巷28号4号楼305~306室	100710	64260918
北京中北联信用评估有限公司	海淀区北清路中关村壹号D1栋12层	100094	56170999－1143
安融信用评级有限公司	西城区金融街丰汇时代大厦东翼805室	100032	68516580
标普信用评级（中国）有限公司	朝阳区东三环中路5号	100020	65692723
联合信用评价有限公司	朝阳区安慧里四区15号楼五矿大厦801室	100101	64912118

（8）协会、商会、学会、工会

机构名称	地　址	邮　编	电　话
北京市银行业协会	海淀区车公庄西路乙19号华通大厦B座北塔8层	100048	88088015
北京证券业协会	西城区金融大街35号国际企业大厦C座17层	100033	66568614
北京保险行业协会	朝阳区安定路35号安华发展大厦908室	100029	65859115
北京保险中介行业协会	西城区西直门成铭大厦B2座18H	100035	66008027
北京金融街商会	西城区金融大街33号通泰大厦B座616室	100032	66574347
北京期货商会	海淀区紫竹院路31号华澳中心嘉慧苑1216室	100089	52722016
北京市金融学会	西城区月坛南街79号	100045	68559272
北京保险学会	朝阳区安贞西里四区23号楼深房大厦4层4D	100029	65859115
北京市城市金融学会	西城区复兴门南大街2号天银大厦B座402室	100031	66410055－4509
北京市钱币学会	西城区月坛南街79号2001室	100045	68559317
中国金融工会北京工作委员会	西城区金融大街20号交通银行大厦B座1301室	100033	58391721
北京市金融工会	通州区运河东大街56号院7号楼	101160	55564820

（9）个人本外币兑换特许业务机构

机构名称	地　址	电　话
北京联合货币兑换股份有限公司	顺义区北京首都国际机场3号航站楼A4E10号	13146782033
艾西益商务服务（北京）有限公司	朝阳区北辰西路69号楼1单元2502号	13718668236
北京悠联货币汇兑有限公司	朝阳区和平街东土城路12号院2号楼405室	13426077327
北京中汇通兑投资管理有限公司	朝阳区日坛北路17号2号楼1519室	18576687470
北京渤海通汇投资咨询有限公司	西城区复兴门外大街A2号1幢大堂G04室	13701113553

北京优汇商务服务有限公司	朝阳区建国路99号909室	13811624029
首科汇济融科技（北京）有限公司	朝阳区安翔北里甲11号院1号楼B1007室	13910267232
通济隆外币兑换（中国）有限公司北京首都机场第四兑换店	顺义区首都机场2号航站楼2层E024号	13811586995
天津渤海通汇货币兑换有限公司北京分公司	朝阳区酒仙桥路6号院7号楼1～19层101内19层1908室	15010248634
上海汇元通商务服务有限公司北京秀一分公司	朝阳区秀水东街8号1层C6－001号	17718398800
上海易兑货币兑换有限公司北京分公司	海淀区花园路2号28号楼206号	13601028020
宇鑫（厦门）货币兑换股份有限公司北京第一分公司	西城区德胜门内西顺城街46号3幢102室	18500351526
上海携程金融信息服务有限公司北京分公司	大兴区北京大兴国际机场航站楼S－AL01－013号	13621191987

（二）机构简介

中国银行股份有限公司北京通州分行

中国银行股份有限公司北京通州分行于 2019 年 11 月 7 日获准由中国银行股份有限公司北京通州支行升格更名开业，营运资金为 4 700 万元，共有员工 272 人。

经营范围：吸收公众存款；发放短期、中期和长期贷款；办理国内外结算；办理票据承兑与贴现；代理发行、代理兑付、承销政府债券；代理发行金融债券；买卖、代理买卖外汇；结汇、售汇；从事银行卡业务；提供信用证服务及担保；代理收付款项及代理保险业务；提供保管箱服务；总行在中国银保监会批准的业务范围内授权的业务。

2019 年末，中国银行股份有限公司北京通州分行资产总额为 237. 63 亿元，负债总额为 234. 65 亿元，所有者权益合计 2. 98 亿元。全年累计实现净利润 2. 51 亿元。

负责人：牛军

地址：北京市通州区车站路 44 号

邮编：101100

电话：010 – 80506514

传真：010 – 80506532

（黄婕）

交通银行股份有限公司北京通州分行

交通银行股份有限公司北京通州分行于 2019 年 3 月 1 日获准由交通银行股份有限公司北京通州支行升格更名开业，营运资金为 2 700 万元，共有员工 87 人。

经营范围：吸收公众存款；发放短期、中期和长期贷款；办理国内外结算；办理票据承兑与贴现；发行金融债券；代理发行、代理兑付、承销政府债券；买卖政府债券、金融债券；从事同业拆借；代理买卖外汇；经营结汇、售汇业务；从事银行卡业务；提供信用证服务及担保；代理收付款项及代理保险业务；提供保管箱服务；总行在中国银保监会批准的业务范围内授权的业务。

2019 年末，交通银行股份有限公司北京通州分行资产总额为 236. 86 亿元，负债总额为 235. 61 亿元，所有者权益合计 1. 25 亿元。全年累计实现净利润 1. 25 亿元。

负责人：肖霆

地址：北京市通州区九棵树街 1 层 187 号、191 号、195 号，2 层 185 号、189 号、193 号

邮编：101100

电话：010 – 81511871

传真：010 – 81511871

（黄婕）

中信消费金融有限公司

中信消费金融有限公司于 2019 年 6 月获准开业，注册资本金为 3 亿元，由中国中信有限公司、中信信托有限责任公司、金蝶软件（中国）有限公司三家股东共同出资，持股比例分别为 35.1%、34.9%、30%。

经营范围：发放个人消费贷款；接受股东境内子公司及境内股东的存款；向境内金融机构借款；经批准发行金融债券；境内同业拆借；与消费金融相关的咨询、代理业务；代理销售与消费贷款相关的保险产品；固定收益类证券投资业务。

机构设置：综合管理部、消费金融事业部、信息科技部、运营管理部、计划财务部、法律合规部、审计部、风险管理部，共有员工 83 人。

负责人：皇甫文忠

地址：北京市朝阳区建国门外大街 19 号国际大厦 1 号楼 2 层 02/03/04A 室。

邮编：100600

电话：010－65911008

（田丽星）

黄河财产保险股份有限公司北京分公司

黄河财产保险股份有限公司北京分公司于 2018 年 9 月 18 日获批筹建，2019 年 1 月 4 日正式开业。

经营范围：机动车辆保险；企业/家庭财产保险及工程保险（特殊风险除外）；责任保险；船舶/货运保险；农业保险；信用保证保险；短期健康/意外伤害保险；经中国银保监会批准的其他业务。

机构设置：总经理室、综合办公室/人力资源部、财务会计部、信息技术部、车辆保险部/理赔管理部/客服管理部、非车保险部、销售管理部/重点客户部，共有员工 48 人。

负责人：段远翔

地址：北京市东城区崇文门外大街 8 号院 1 号楼 2 层东塔 203 室、204 室

邮编：100062

电话：010－57329733

传真：010－57329722

（苗伟）

中意财产保险有限公司北京分公司

中意财产保险有限公司北京分公司于 2019 年 4 月 1 日获批筹建，5 月 16 日正式开业。

经营范围：财产损失保险、责任保险（包括机动车交通事故责任强制保险）、信用保险、保证保险等财产保险业务；短期健康保险、意外伤害保险；上述业务的再保险业务。

机构设置：总经理室、石油业务部、商险业务部、个险业务部、核保运营部、理赔客服部、财务管理部、合规风控部、人事行政部，共有员工 53 人。

公司负责人：戴玉青

地址：北京市朝阳区农展馆南路 12 号通广大厦 1 号楼 17 层 1701 室

邮编：100125

电话：010－59601700

传真：010－59601760

（苗伟）

华融基金管理有限公司

华融基金管理有限公司（以下简称华融基金）于2019年3月1日完成工商登记注册，取得营业执照；10月18日取得中国证监会核发的《经营证券期货业务许可证》，正式开展业务。

华融基金为证券投资基金管理公司，注册资本为2亿元，华融证券股份有限公司为100%全资股东，冷慧卿任法定代表人、董事长，注册地为河北省保定市雄县雄州路452号万博大厦7层。

经营范围：公开募集证券投资基金管理、基金销售和中国证监会许可的其他业务。

机构设置：权益投资部、固定收益部、市场部、研究部、交易部、营销支持部、合规风控部/监察稽核部、基金运营部、信息技术部、董事会办公室/人力资源部、综合管理部和财务部；共有在职员工41人，其中，正式员工36人，外包员工5人。

2019年末，华融基金总资产为203 258 326.27元，总负债为3 873 409.72元，所有者权益为199 384 916.55元；实现营业收入3 456 030.64元，营业支出4 071 114.22元，实现利润－615 083.45元。

地址：北京市朝阳区朝阳门北大街18号人保寿险大厦11层

邮编：100020

电话：010－59315626

传真：010－59315600

（梅思佳）

惠升基金管理有限责任公司

惠升基金管理有限责任公司（以下简称惠升基金）于2018年7月4日经中国证监会批准设立，注册资本为1.2亿元，9月28日正式成立，2019年4月26日取得《经营证券期货业务许可证》。

经营范围：公开募集证券投资基金管理、基金销售、特定客户资产管理和中国证监会许可的其他业务。

机构设置：投资管理部、专户投资部、研究管理部、交易管理部、市场营销部、基金运作部、信息技术部、监察稽核部、综合管理部，北京分公司和上海分公司，共有员工30人。

2019年末，惠升基金共发行2只开放式基金和1只专户理财产品，公募基金规模为40亿元。

总经理：张金锋

地址：北京市西城区金融大街27号投资广场B座18层

邮编：100033

客服电话：400－000－5588

传真：010－86329180

（刘晓龙）

宏源期货有限公司
北京分公司

宏源期货有限公司北京分公司于2018年12月开始筹建，2019年8月15日正式成立，共有员工38人。截至2019年末，实现营业收入115.71万元，客户日均权益为5.7亿元。

经营范围：商品期货经纪、金融期货经纪。

地址：北京市海淀区西直门北大街甲43号金运大厦B座6层

邮编：100044

电话：010－82291805

传真：010－82290800

华闻期货有限公司北京分公司

华闻期货有限公司北京分公司于2019年5月开始筹建，8月22日正式成立，负责人为陈辉（2020年4月9日变更为崔哲），共有员工14人。

经营范围：商品期货经纪、金融期货经纪。

2019年末，华闻期货有限公司北京分公司期末权益为3 512.15万元，营业收入为10.75万元，营业支出为159.46万元，净利润为－148.71万元。

地址：北京市东城区崇文门外大街8号院1号楼5层东塔501号

邮编：100062

电话：010－87108751

传真：010－87109351

中融汇信期货有限公司北京分公司

中融汇信期货有限公司北京分公司于2019年7月24日开始筹建，11月18日成立，12月10日正式开业，共有员工4人。

经营范围：商品期货经纪、金融期货经纪。

负责人：闫擎一

地址：北京市朝阳区东三环北路甲19号楼10层1101室

邮编：100020

电话：010－50960060

宁证期货有限责任公司北京营业部

宁证期货有限责任公司北京营业部于2018年8月29日开始筹建，2019年2月18日正式开业，负责人为张中华，同年10月17日负责人变更为徐昕，共有员工3人。

经营范围：商品期货经纪、金融期货经纪。

2019年末，宁证期货有限责任公司北京营业部实现营业收入9 986.04万元，实现营业利润318.21万元。

地址：北京市朝阳区东三环中路9号22（19）层2204室

邮编：100020

电话：010－65008685

中信建投期货有限公司北京国贸营业部

中信建投期货有限公司北京国贸营业部于2019年3月28日决议筹备，8月5日完成工商设立登记，8月12日正式开业。

经营范围：商品及金融等期货经纪业务。

机构设置：设有财务岗、开户岗、交易岗、技术岗与市场营销岗，共有员工（含负责人）7人。

地址：北京市朝阳区光华路8号和乔大厦A座

邮编：100026

电话：010－85951101

兴证期货有限公司北京朝阳营业部

兴证期货有限公司北京朝阳营业部于2019年7月9日决议筹建，11月11日正式开业。

经营范围：商品期货经纪、金融期货经纪等。

机构设置：开户岗、财务岗、合规反洗钱岗及市场营销岗，共有员工（含负责人）3人。

负责人：顾水华

地址：北京市朝阳区朝外大街乙12号12层O－1509室

邮编：100021

电话：010－56177899

方正中期期货有限公司北京望京营业部

方正中期期货有限公司北京望京营业部于2019年6月24日决议筹建，11月15日正式开业，公司性质为其他有限责任公司分公司，共有员工5人（包括总经理）。

经营范围：商品期货经纪、金融期货经纪。

负责人：郑汉良

地址：北京市朝阳区望京中环南路9号1号楼12层8～9号

邮编：100102

电话：010－62681567

方正中期期货有限公司北京朝阳营业部

方正中期期货有限公司北京朝阳营业部于2019年6月10日决议筹建，12月4日正式开业，公司性质为其他有限责任公司分公司，共有员工20人。

经营范围：商品期货经纪、金融期货经纪。

负责人：邵卡

地址：北京市朝阳区东三环北路38号院1号楼19层2201室

邮编：100026

电话：010－85881205

（三）协会、商会、学会、工会活动简介

北京证券业协会

组织机构与负责人

理事长：朱云来

秘书长：周雷

常务副秘书长：许慧

副秘书长：丛小路

会员单位

2019年末，共有会员单位695家。其中，证券公司18家，基金管理公司32家，证券分公司95家，证券营业部533家，投资咨询公司17家。

联系方式

地址：北京市西城区金融大街35号国际企业大厦C座17层

邮编：100033
电话：010－66568614
传真：010－66568583
网址：http：//www. sabbj. org
电子邮箱：bjzq@163. com

重要活动

一、协会换届筹备工作

5月，北京证券业协会（以下简称协会）召开第四届第九次常务理事会，审议通过了2018年度各项工作报告。9月，协会启动换届筹备工作，向会员单位征询反馈任职意向。10～12月，召开协会第四届第十次常务理事会、第四届第四次监事会、第四届第三次理事会，及换届选举委员会第一至第五次会议，审议通过了一系列协会换届议案及11项管理制度，并上报中国证券业监督管理委员北京监管局（以下简称北京证监局）、北京市社会团体管理办公室（以下简称北京市社团办）。

二、开展投资者教育活动

协会协助北京证监局联合上海证券交易所举办“科创板投教行”全国首场主题巡讲活动；协助组织会员单位开展防范非法集资宣传月活动，共发放4 000份宣传海报、4 000册投资者教育宣传品；协助开展第二届“股东来了”投资者权益知识竞赛；协助组织会员单位参加第三届“我与宪法”微视频征集活动，并将征集的6家会员单位推荐的10个微视频及作品推荐表报送北京证监局；协助组织经营机构开展“2019年世界投资者周”活动，共发放4 000份投教宣传手册、2 400张宣传海报；协助北京证监局开展“明规则、识风险、理性投资乙亥年之走近科创板”投资者教育专项活动，向会员单位及投资者教育基地发放5 280本宣传手册，组织部分证券公司的科创板投资者约60人，分别参访了中信建投证券投资者教育基地和中国铁路通信信号股份有限公司；根据中国证券业协会安排，协助在北京地区开展主题为“认清本质，远离场外配资与非法证券活动”的“打非”宣传月活动，向会员单位发放800张宣传海报。

三、认真完成考试巡考工作

2019年，协会与中国证券业协会、中国证券基金投资业协会签署2019年证券、基金业从业人员资格考试巡考合作协议，累计完成证券和基金从业资格考试的巡考工作16.09万科次。其中，完成中国证券业协会交办的6次证券从业资格考试统考、2次注册国际投资分析师（CIIA）考试、3次香港证券从业人员资格考试和2次内地证券市场基本法律法规考试，共计13.57万科次；完成中国证券基金投资业协会交办的2次基金从业人员资格考试，合计2.52万科次。

四、妥善处理纠纷调解案件

2019年，协会收到中国证监会投资者服务热线“12386”转办投诉工单124件，受理118件，办结116件，达成和解75件；收到中国证券业协会纠纷调解中心转办的证券纠纷调解申请60件，受理60件，办结57件，达成和解45件，和解金额合计191.26万元；收到中证中小投资者服务中心转办的纠纷调解案件188件，受理114件，办结111件，调解成功80件，和解金额合计34.3万元；收到北京证监局转办及自律协调部自行受理的证券纠纷调解案件14件，办结13件，和解金额15.7万元。

五、开展行业研讨交流活动

2019年，协会组织“庆三八”专题活动，举办北京证券基金人力资源（HR）

经理人联席会暨金融人才战略高级研讨会，参加中国证券业协会、中国证券投资基金业协会组织的科创板系列培训班、地方协会证券纠纷调解与投资者教育工作交流会等行业研讨会及业务培训，参加北京期货商会京举办的“第十二届中国期货高管年会”，组织摄影沙龙会员及摄影爱好者参加中国金融摄影家协会举办的3期摄影大讲堂活动。

六、会员服务工作

2019年，协会对信息管理系统进行优化，完成第六期基础架构和流程设计框架的开发；通过网站下发北京证监局监管通知25件；按月向会员单位发布证券分支机构经营数据分析月报。联合中国证券业协会组织北京地区证券经营机构财富管理实战培训，举办证券营销团队管理培训等，全年接受面授培训的从业人员近750多人次。优化线上培训平台，录制完成5学时培训课件，指导各会员单位报名及开展培训学习，来自北京地区的169家证券经营机构共10 683人参加了后续职业培训，其中10 666人完成了培训任务。完成4期会刊的组稿、编辑、制作、出版、投送等工作，总印量1万册。制作2018年度协会工作简报，投送给会员单位。向中国证券业协会和中国人民银行营业管理部投送宣传稿件和图片。

（王永刚）

北京保险行业协会

组织机构与负责人

会长：陈志强

副会长：郭少军（中国人民财产保险股份有限公司北京市分公司总经理）

武　博（中国太平洋财产保险股份有限公司北京分公司总经理）

关耀勇（华泰财产保险有限公司北京分公司总经理）

刘光辉（中国人寿财产保险股份有限公司北京市分公司总经理）

张文亮（中国人寿保险股份有限公司北京市分公司总经理）

于　赟（中国太平洋人寿保险股份有限公司北京分公司总经理）

徐敏彬（中国平安人寿保险股份有限公司北京分公司总经理）

苑超军（新华人寿保险股份有限公司北京分公司总经理）

何承周（泰康人寿保险有限责任公司北京分公司总经理）

王　平（太平人寿保险有限公司北京分公司总经理）

监事长：王　兵（中国平安财产保险股份有限公司北京分公司总经理）

秘书长：陆秀萍

副秘书长：李枫

会员单位

2019年末，共有会员单位124家。其中，财产保险公司56家，人身保险公司67家，专业性公司1家。

联系方式

地址：北京市朝阳区安定路35号安华发展大厦9层908室

邮编：100029

电话：010－65859115

网址：http：//www. biabii. org. cn

电子邮箱：biabiibgs@126. com

重要活动

1月31日，北京保险行业协会（以下简称协会）秘书处组织全体干部职工学习中国银行保险监督管理委员会北京监管局（以下简称北京银保监局）2019年党风廉政建设暨纪检监察工作会议精神。

2 月，协会对 2018 年度北京地区车险理赔测评指标、北京地区商业健康保险服务评价指标进行通报。

3 月 1 日，即日起，协会按季度开展车险业务及经营指标监测工作，及时掌握各保险公司车险运营情况，维护车险市场健康发展。

3 月 6 日，朝阳区人民法院金融审判庭李增辉庭长一行到协会访问，就新形势下如何创新开展保险合同纠纷诉调对接工作进行交流。

3 月 11－15 日，协会和北京秉正银行业消费者权益保护促进中心联合组织多家银行、保险机构在紫竹院公园开展为期一周的消费者权益保护宣教活动，向社会公众普及金融知识。

3 月 13 日，协会召开第九届监事会第二次会议。会议听取了 2018 年度协会工作报告、财务报告及 2019 年度财务预算报告，并审议通过了第九届监事会监事变更等相关事项。

3 月 21 日，协会召开行业销售从业人员警示信息管理工作会，就进一步提升信息报送数量、质量等工作进行研讨。

3 月 25 日，协会组织北京地区经营农险的 7 家财产保险公司召开北京农险承保电子化专项工作启动会。

3 月 28 日，协会组织召开行业“两语”及回访问题件管理工作研讨会，就销售及回访用语、问题件管理办法实施情况与问题进行研讨交流。

3 月 29 日，2018 北京青年报“财星榜”揭晓，协会荣获“2018 年度金牌责任担当奖”。

4 月 17 日，协会组织调解专业委员会成员、行业优秀调解员代表赴北京互联网法院参观，近距离感受智慧法庭的便捷和高效。

5 月 10 日，北京地区全面启动政策性农业保险承保全流程电子化改革试点工作，为农户提供投保、保单查阅、保单下载等在线服务。

6 月 10 日，北京政策性农业保险承保电子化系统上线首月电子投保率达 94%，系统运行平稳，实现了经营农业的 13 个行政区及种植业、林木业、养殖业全面覆盖。

5 月 23 日，协会召开第九届会员大会暨理事会第二次会议。会上，陈志强会长作了 2018 年度协会工作报告，陆秀萍秘书长作了 2018 年度财务收支情况和 2019 年度财务预算情况报告，审议了《北京保险行业协会章程（修订草案）》《北京保险行业协会会费管理办法》以及其他相关重要事项。

5 月起，协会组织行业百余家会员单位以“携手共筑·同防共治”为主题，开展防范非法集资专题宣传教育活动。

6 月 13 日，协会对 2018 年度北京地区人身险销售品质关键指标工作进行披露，辖区内 63 家人身保险公司参评。

6 月 17－19 日，协会工作人员分别赴西城区人民法院金融街法庭和海淀区人民法院，就保险合同纠纷诉调对接工作进行座谈，并在调解模式、案件类型、建立机制和合作形式方面达成共识。

6 月 25 日，协会与北京保险学会秘书处党支部联合开展“不忘初心、牢记使命”主题教育集中学习。

7 月 12 日，协会与北京市银行业协会联合举办首都银行业保险业声誉风险管理专题讲座，北京银保监局、各银行机构和保险公司的新闻发言人、品牌宣传合规等相关人员共计270余人参加。

7月，协会组织保险公司在意外健康险、车险和农业保险领域开展“护航2019”专项工作。

8月23日，协会组织会员公司保险实务专家赴朝阳区人民法院民三庭，与30余位法官就保险实务进行学习交流，共同推进诉调对接工作开展。

协会组织行业正式启动北京市住宅工程质量潜在缺陷保险（IDI）研究工作。

8月26日，协会保险合同纠纷调解委员会编辑完成《北京保险合同纠纷典型案例汇编》。

9月17日，协会向社会发布“北京保险业2018年度服务社会经济民生案例”。所选案例覆盖保险服务国际盛会、参与社会管理、护航“一带一路”、服务航空航天、服务“三农”等多个领域。

9月18日，协会与东城区人民法院签订诉调对接合作协议，构建完善诉调对接工作机制。东城区人民法院驻北京银保监局诉调对接工作站当天也正式揭牌。

9月23日，协会在西城区人民法院金融街法庭诉调对接调解室成功调解一起人身意外保险合同理赔纠纷，双方当事人分别向诉调对接调解室赠送了锦旗和感谢信。

9月，协会依托宣传教育专业委员会，组织百余家保险公司开展“金融知识进万家”金融宣传服务月活动，提出“十百千万”计划，即十个保险案例、百场现场活动、千条宣传信息、万家京城百姓。

10月21日，协会与到访的新疆保险行业协会交流北京地区反保险欺诈相关工作。

10月30日，协会组织45家会员公司召开保险合同纠纷诉调对接暨投诉处理工作会议。

11月4日，协会联合北京市银行业协会共同组织开展“银保杯”书法绘画摄影展，共收到书画作品300余件。

12月6日，协会通过官网就北京地区59家人身险会员公司2018年经营评价指标向社会公众进行披露。

12月16日，北京保险行业协会召开北京地区交通事故“互碰快赔”新闻发布会，北京银保监局、北京市公安局公安交通管理局、保险公司高级管理人员以及在京20余家新闻媒体的记者参加了会议。12月18日起，北京地区交通事故“互碰快赔”机制正式推出，实现了事故双方“不相约、不同时、不同地”的定损理赔服务。

2019年，协会新增单位会员3家，分别是汇友财产相互保险社、北京人寿保险股份有限公司北京分公司、渤海人寿保险股份有限公司北京朝阳支公司。

（贾利）

北京保险中介行业协会

组织机构与负责人

会长：李永奇（航联保险经纪有限公司董事长）

副会长：于利民（华泰保险经纪有限公司董事长）

黄伟坚（北京联合保险经纪有限公司董事长）

胡永庆（华信保险经纪有限公司董事长、总经理）

郭　枫（国家电投集团保险经纪有

限公司执行董事、总经理）

张一立（英大长安保险经纪有限公司副总经理）

李　铭（达信（中国）保险经纪有限公司执行董事、总经理）

张国臣（昆仑保险经纪股份有限公司董事、总经理）

李小宁（国电保险经纪（北京）有限公司总经理）

卢永堂（诚合保险经纪有限公司董事长）

李晓婧（大童保险销售服务有限公司执行副总裁）

张亚兰（中佳保险代理有限公司董事长）

刘国浩（北京国信行保险公估有限公司董事长、总经理）

监事长：张志安（江泰保险经纪股份有限公司副总裁）

秘书长：陶立新（专职）

会员公司

2019 年末，共有会员单位 321 家。其中，保险代理公司 133 家，保险经纪公司 161 家，保险公估公司 27 家。

联系方式

地址：西城区西直门成铭大厦 B2 座 18H

邮编：100035

电话：010－66008027/010－66008028

传真：010－66113349

网址：http：www. bjbxzjxh. org. cn

电子邮箱：bjbiia@126. com

重要活动

1 月 1 日，北京保险中介行业协会（以下简称协会）向在京保险专业中介机构发出《关于进一步做好在京保险专业中介机构外部审计报告及监管费报告单报送工作的通知》。

1 月 23 日，协会召开第三届第五次理事会。协会会长李永奇，监事长张志安，副会长于利民、张国臣、黄伟坚、李铭、郭枫、李晓婧、刘国浩，秘书长陶立新，以及常务理事、理事单位共 110 人参加了会议。大会审议通过了协会 2018 年工作总结和 2019 年工作计划、2018 年财务收支和 2019 年财务预算，听取了陶立新秘书长关于协会换届工作情况的汇报、《协会会费标准和管理办法（修订草案）》的说明，及担任第三届理事会秘书长的工作述职。

2 月 19 日，协会签订北京信用协会“会员单位诚信承诺书”。

2 月 22 日，京津冀保险中介行业联席会在河北省石家庄市召开。协会秘书长陶立新，河北保险中介行业协会会长贾正祥、秘书长刘亚斌，天津保险行业协会副秘书长王政参加了会议。会议通报了三地协会合作项目推进情况，通过了《京津冀保险中介行业驻雄安新区联络处实施方案》，研究了下一步工作的思路和工作计划。

3 月 12 日，协会秘书长陶立新和在京 20 多家专业中介机构的负责人，参加了中国银保监会中介部召开的保险中介机构分类监管研讨会。会议对中国银保监会发布的《保险专业中介机构分类监管暂行办法》进行了解读和研讨。

3 月 13 日，协会召开换届领导小组（扩大）会议。协会会长李永奇，副会长黄伟坚、李铭、张国臣、刘国浩，副会长代表王超升、秦晓珊、商云翔，秘书长陶立新参加了会议。会议听取了陶立新秘书长对换届工作进展情况的汇报，通过了协会章程修改的相关内容，确定了会员换届大会议程，确认了大会总监票人、监票人和计票人建议人选等事项。

3 月 25 日，协会召开第四届会员大会暨第四届理事会第一次会议、第四届监事会第一次会议。北京市社团办副主任高学东、北京市地方金融监督管理局党组成员副局长李妍、北京银保监局中介处处长李斌、北京保险行业协会秘书长陆秀萍、协会 232 家会员单位的代表参加了会议。第四届会员大会审议通过了第三届理事会工作报告、第三届理事会财务报告、第三届监事会工作报告、《协会章程（修订草案)》及《会费标准和管理办法（修订草案)》修改说明；以投票的方式，选举产生了协会第四届理事会理事、第四届监事会监事；表决通过了协会《章程（修订草案)》《会费标准和管理办法（修订草案)》。第四届理事会第一次会议，以投票的方式，选举李永奇为第四届理事会会长，吕阳、黄伟坚、于利民、胡永庆、郭枫、张国臣、李铭、李小宁、李晓婧、刘国浩、张亚兰、卢永堂为第四届理事会副会长，陶立新为第四届理事会秘书长。第四届监事会第一次会议，以投票的方式，选举张志安为第四届监事会监事长。在各项议程结束后，大会推荐并通过协会第三届理事会名誉会长陈建国继续担任协会第四届理事会名誉会长，通过了《北京保险中介行业协会第四届会员大会暨第四届理事会第一次会议决议》。

4 月 11 日，协会向中国人民银行营业部报送《北京保险中介行业协会 2018 年大事记》。

4 月 18 日，协会在江泰保险经纪股份有限公司会议室召开第四届第一次会长办公会。协会会长李永奇，监事长张志安，副会长吕阳、胡永庆、李小宁、张亚兰、刘国浩，副会长代表秦晓珊、郭永健、金大荣、刘显虎、商云翔、苏凤翔，秘书长陶立新参加了会议。会议审议通过了协会会长、监事长、副会长的职责和分工建议，协会专业委员会机构设置及主任人选名单，协会秘书处部门设置方案，《北京保险中介行业协会重大事项报告制度》《北京保险中介行业协会捐赠使用制度》；通报了协会上半年工作开展情况；研究了秘书处提出的“薪酬改革动议”和“组建保险兼职讲师团的建议”，讨论了参与北京市扶贫攻坚工作的方式和方法。

5 月 7 – 9 日，协会接待了安徽省保险中介行业协会访京考察团。双方交流工作后，考察团一行到昆仑保险经纪股份有限公司、大童保险销售服务有限公司、中佳保险代理有限公司进行考察，并走访了中国人寿保险集团总公司。

5 月 15 日，协会与对外经济贸易大学保险学院签订战略合作办学协议。

5 月 21 日，协会召开推进雄安新区保险创新服务中心建设研讨会。协会秘书长陶立新，河北省保险中介行业协会会长贾正祥、秘书长刘亚斌参加了会议，并邀请劳合社大中华区北京分公司总经理陈松林、大童保险销售服务有限公司董事长蒋铭为雄安新区保险创新服务中心建设提出意见和建议。

5 月 28 日，协会与北京保险行业协会、对外经济贸易大学培训部共同研究保险中介行业从业人员继续教育工作。协会秘书长陶立新、北京保险行业学会秘书长陆秀萍、对外经济贸易大学培训部主任刘亚西参加了会议。

5 月 29 – 31 日，协会秘书长陶立新、办公室主任左玉荣、常务理事李庆生参加澳门保险中介行业协会第二届理事会就职典礼，并与香港保险中介行业协会进行交流。

6月11日，协会举办北京保险中介监管政策培训会，278家在京保险专业中介法人机构的320名负责人参加了培训。北京银保监局中介处副处长李斌以“保险中介监管案例及监管政策解读”为题作了专题培训，北京银保监局副巡视员陆玉华总结了2018年北京保险中介监管工作，分析了当前保险中介市场形势，提出了下一步监管思路和工作重点。

6月28日，京津冀保险中介行业工作联席会在天津市保险行业协会会议室召开。天津市保险行业协会常务副会长兼秘书长张志怀、副秘书长王政，河北省保险中介行业协会会长贾正祥、秘书长刘亚斌，协会秘书长陶立新参加了会议。会议通报了雄安新区保险创新服务中心推进情况，通过了《关于设立雄安新区保险创新服务中心实施方案（草案）》和《雄安保险创新服务中心章程（征求意见稿）》。

7月5日，协会与北京格伦国际教育科技有限公司签订招生咨询服务协议书。

7月11日，协会举办第二期北京保险中介监管政策培训会，135家在京保险专业中介法人机构和81家异地法人省级分支机构的226名负责人参加了培训。北京银保监局中介处副处长李斌以“保险中介监管案例及监管政策解读”为题作了专题培训，广发银行北京宣武门支行行长曹跃宣讲了《保险专业中介机构特色金融服务方案》。

7月16日，协会与众安学院联合举办“科技赋能保险中介机构转型升级”研讨会，在京保险专业中介机构总经理及互联网运营部门负责人共计260人参加了研讨会。会议邀请专家学者分别以“保险科技赋能中介新视野”“传统保险经代公司的互联网化转型”“大数据赋能保险中介营销转型”“基因检测重塑保险服务新生态”“保险生态场景下金融技术服务与创新”为题，作了主题分享。

7月25－26日，协会召开第四届第一次常务理事会，协会副会长吕阳、张国臣、郭枫、张亚兰、刘国浩，常务理事杨洲、王光伟、赵春来、李军航、张大维、张建平、李庆生、张津肇、郭正阳、赵楠、史纪晓，秘书长陶立新，以及会长、副会长、常务理事单位的代表47人参加了会议。会议审议了郭枫副会长所作的协会上半年工作总结和下半年工作计划，吕阳副会长对协会第四届理事会会长、监事长、副会长职责和分工情况及协会专业委员会机构和各专业委员会主任名单作的说明，陶立新秘书长对协会秘书处部门设置及负责人聘任情况和协会组建保险兼职讲师团决定的通报；讨论了行业开展扶贫攻坚活动的具体形式，并向协会15家新任常务理事单位授牌。会后，全体与会人员参观了西柏坡红色教育基地和习近平总书记曾担任中共河北省正定县委书记的联系点——塔元庄村。

7月30日，协会向会长、常务理事、理事单位发出《关于申报协会保险兼职讲师的通知》。12月30日，协会发布《关于聘任蒋铭等25人为保险兼职讲师的通知》。

8月20日，协会向会员单位发布《关于颁发2018年北京市诚信创建企业证书的决定》。协会26家新申报企业、24家复审企业获得“北京市诚信创建企业”称号。

8月29日，协会举办保险中介信息

化建设技术服务培训会，在京保险专业中介机构相关负责人210人参加了培训。北京众信易保科技有限公司副总裁陈爽以“保险专业中介的数据管理与智能运营”为题、中融慧金信息科技有限公司总经理毕生以“科技创新、慧金赋能”为题进行了授课。

9月4日，协会秘书长陶立新、办公室主任左玉荣参加了在北京大数据研究院举办的保险业智能创新联合实验室成果发布会暨揭牌仪式。会上发布了实验室首期成果以及实验室二期研究方向和应用，陶立新受聘为实验室保险专家委员会顾问。

9月6日，协会通过北京市民政局2018年度检查，年检结论定为合格。

9月10日，协会与北京市地方金融监督管理局联合举办保险服务首都经济社会发展培训会，190家在京保险专业中介机构的负责人及财务、合规部门人员264人参加了会议。北京市地方金融监督管理局机关党委副书记李爱军以“守初心，担使命，推动北京金融高质量发展”为题讲授了党课，首都经济贸易大学税务学院副教授陈远燕以“深化增值税改革最新政策和小规模纳税人优惠政策解读”为题，解读了深化增值税改革最新政策。协会向获得2018年北京市诚信创建企业的50家会员单位颁发了证书。

10月8日，协会与北京企业评价协会签订“2019年北京市诚信企业创建活动项目协议书”。

10月11日，协会在大童保险销售服务有限公司会议室召开第四届第二次会长办公会。协会会长李永奇，监事长张志安，副会长吕阳、于利民、黄伟坚、胡永庆、张国臣、李铭、张亚兰、刘国浩，副会长郭枫代表周昆燕、李小宁代表彭蓬、李晓婧代表曹璞、卢永堂代表苏凤祥，秘书长陶立新参加了会议。会议审议通过了《秘书处薪酬工资及考核方案》，对秘书处人员编制、薪酬与会费总量控制比例、秘书处薪酬和财务制度执行情况的专项审计制度等作出了明确规定，并提出要加强对秘书处负责人的考核力度，进一步提高秘书处工作人员的专业化水平和服务会员的能力。

10月12日，协会秘书长陶立新、办公室主任左玉荣参加大童保险销售服务有限公司帮扶项目竣工揭牌仪式，并参观了河北省保定市博野县南陶墟村扶贫励志暖心超市。

10月24－25日，协会主办的“全国保险中介行业第一届联席会”在京召开。北京、上海等20个省份以及香港特别行政区、澳门特别行政区的13家保险中介行业协会和9家保险行业协会中介部的会长、秘书长及部门负责人共计35人参加了会议。会上，中国银保监会中介部副巡视员施强、中南财经政法大学教授刘冬姣分别以“对当前保险中介监管工作的几点认识和思考”“我国保险中介发展的几点思考”为题进行了发言，北京众信易保科技有限公司、中融慧金信息科技有限公司分享了“科技赋能服务保险中介行业系统”；会议通过了“全国保险中介行业组织联席会倡议书”。会后，全体与会人员参观了江泰保险经纪股份有限公司自主开发的“大救星—全球救援指挥中心”和“优投网—跨境投资服务平台”，及中国革命教育基地——双清别墅。

10月29日，协会向会员单位发出《关于组织开展2019年北京市企业诚信创建活动的通知》。

11 月 28 日，协会举办北京保险中介监管政策培训会，北京地区 334 家保险专业代理、保险经纪、保险公估法人中介机构，异地法人省级分支机构的 402 名企业负责人参加了培训。北京银保监局中介处于涛副处长就《北京银保监局关于规范银行与金融科技公司合作类业务及互联网保险业务的通知》等文件进行了解读。

12 月 3 日，北京银保监局财会处赵蕾处长、童颜、张珂对协会“开展‘小金库’专项治理”工作进行了现场检查。

12 月 4 日，京津冀保险中介行业联席会在雄安新区美泉世界温泉假日酒店召开。协会秘书长陶立新，河北省保险中介行业协会会长贾正祥、秘书长刘亚斌，天津市保险行业协会副秘书长王政参加了会议。会议听取了河北省保险中介行业协会对雄安保险创新服务中心项目进展情况的介绍，及对该中心章程及实施细则的解读，并就加强三地保险中介机构在培训和交流等方面的工作提出了意见和建议。会后，与会代表参观了雄安新区管理委员会和国网雄安金融科技集团有限公司。

12 月 13 日，协会对申报 2019 年“北京市诚信创建企业”的 73 家保险专业中介机构进行了初审公示。17 日，协会召开诚信创建企业申报单位初评会，并将行业诚信创建活动汇总材料报送北京市企业评价协会。

12 月 27 日，协会召开第四届第三次会长办公会。协会会长李永奇，副会长黄伟坚、李铭、张国臣、张一立、刘国浩，副会长于利民代表崔寄语、李小宁代表江铼、卢永堂代表苏凤祥，秘书长陶立新参加了会议。会议审议了协会 2019 年工作总结和 2020 年工作计划、2019 年财务收支和 2020 年财务预算，通过了部分副会长和常务理事变更事项，听取了秘书处对协会 2019 年参加北京市企业诚信创建活动情况的汇报，传达了北京银保监局“小金库”专项治理工作小组对协会近三年财务工作的反馈意见，陶立新秘书长对 2019 年的工作进行了述职。

12 月 30 日，经北京市财政局、国家税务总局北京市税务局公告，协会取得北京市 2019 年度（第三批）非营利组织免税资格。

（左玉荣）

北京金融街商会

组织机构与负责人

理事长：陈耀先

常务副理事长：牛明奇（北京金融街投资（集团）有限公司董事长）

秘书长：沈宏昌（北京金融街投资（集团）有限公司董事会秘书）

会员单位

2019 年末，共有会员单位 267 家。

联系方式

地址：北京市西城区金融大街 33 号通泰大厦 B 座 616 室

邮编：100032

电话：010－66574347

传真：010－66574389

网址：http：//www. bfscc. com

电子邮箱：bfscc@ 163. com

重要活动

一、强化党建引领，凝聚奋进力量

2019 年，北京金融街商会（以下简称商会）举办“金融街庆祝 70 周年图片展”、国庆诗会、“我与天安门有个约会”图片展、新时代国防建设科普讲座、“讲述习近平总书记用典的艺术”文化讲座等庆祝新中国成立70周年活动。

二、搭建业务交流平台，服务金融对外开放

全年组织6场业务活动，特别邀请“金融市长”黄奇帆、著名经济学家樊纲走进金融街，从国内经济形势和全球化、经贸摩擦与中国发展的不同角度作了主旨演讲和互动交流。

借助北语金融街平台，配合西城区人民政府外事办公室启动第二期金融街核心区外语标识核查工作，举办第二届金融街外语风采汇演。

三、夯实务实服务体系，共建和谐宜居之都

2019年，商会医疗共同体平台上的8家医院挂号10 021人次，心理咨询“一对一”服务52人次。组织教育大讲堂，惠泽学前教学、润泽学校咨询会、少儿培训等活动，并举办“金融街杯”桥牌联谊赛、乒乓球邀请赛、摄影大赛等10场文体活动。举办6场青年联谊线下活动，吸引290人次参与，20余对成功牵手；130余家机构入驻“全诚热恋”网站，638位青年实现线上交流，单身微信群321人实时互动。

四、开展公益慈善活动，树立金融街社会责任形象

2019年，金融街慈善基金会收到捐赠款380万元，支出捐赠款599万元。

五、传播金融街好声音，提升金融街社会影响力

2019年，商会在北京电视台、新华社等主流媒体刊发原创报道109篇，多家网站予以转载；出版《金融街》月报，让不同受众了解商会服务以及最新动态。

（史瑞）

北京期货商会

组织机构与负责人

会长：王化栋（宏源期货有限公司董事长、党委书记）

副会长：许丹良（方正中期期货有限公司总经理）

王永茂（格林大华期货有限公司总经理）

杨　青（银河期货有限公司总经理）

王　可（中国国际期货股份有限公司执行总裁）

唐启军（南华期货股份有限公司党委副书记，副总经理）

席　立（专职）

秘书长：席　立（兼）

监事长：王　庆（中粮期货有限公司总经理）

联系方式

地址：北京市海淀区紫竹院路31号华澳中心嘉慧苑1216室

邮编：100089

电话：010－52722016

传真：010－52722016－601

网址：http：//www. bjqh. org

重要活动

1月19日，北京期货商会（以下简称商会）举办北京地区的期货市场营销高级人员研修班，来自大连商品交易所相关负责人和北京地区的期货营销人员，共计160人参加了研修。

1月21日，商会联合郑州商品交易所举办北京地区棉花期权培训，邀请交易所及棉花市场专家介绍、讲解棉花期权业务，为会员服务棉企及产业链提供帮助，会员单位业务骨干共计约160人参加了

培训。

1月25日，商会党支部召开党员大会，选举产生了新一任党支部书记，讨论并确定了党支部2019年工作计划，学习了《中国共产党支部工作条例（试行）》和习近平系列重要讲话。会后组织参观了“伟大的变革——庆祝改革开放40周年大型展览”。

3月13日，商会组织会员单位开展对河北省蔚县的精准扶贫工作。共组织扶贫资金99.2万元，其中“双基”公益帮扶项目共44.7万元，消费扶贫共54.5万元，并组织编写扶贫专刊。

3月29日，商会联合中央民族大学举办高校期货人才培育班，并配备专业的管理团队和精良的师资队伍，制定80课时的“理论＋实践”课程，让学生全面了解期货及衍生品市场，通过实践环节助力北京高校毕业生就业，向会员提供优秀储备人才。

5月9日，商会举办北京地区期货机构反洗钱培训，邀请中国人民银行营管部反洗钱处领导授课，并组织了专题讨论，来自北京地区期货机构首席风险官、反洗钱专员等共计约140人参加了培训。

5月26－27日，商会组织风险管理子公司负责人赴陕西省秦安县进行专项交流考察活动。

9月5－6日，商会联合郑州商品交易所举办北京地区分支机构负责人培训，北京证监局、郑州商品交易所相关领导专家及北京地区115名期货机构负责人参加了培训。

9月7－8日，由银河期货有限公司主办，商会承办的篮球比赛在京举行，共有18支期货机构球队的207名运动员参赛。

10月18日，商会主办第十二届中国期货高管年会。中国证监会期货监管部、北京证监局、中国期货业协会、国内4家期货交易所、中国期货市场监控中心等监管部门的领导莅临并讲话，来自全国48家期货公司的51位董事长、总经理以及北京地区期货公司高级管理团队、分支机构负责人共200人参会。年会针对期货公司发展中的难题和今后发展“头脑风暴”，着力探讨了在金融供给侧改革背景下期货公司如何更好地服务实体经济，成为期货市场“交流的平台、沟通的桥梁、思想的智库”。

（何鑫）

北京市金融学会

组织机构与负责人

会　长：杨伟中（中国人民银行营业管理部党委书记、主任）

监事长：王建红（中国工商银行股份有限公司北京市分行党委委员、副行长）

秘书长：余　剑（中国人民银行营业管理部货币信贷管理处处长）

会员单位

2019年末，共有团体会员单位62家。

联系方式

办公地点：中国人民银行营业管理部

地址：北京市西城区月坛南街79号

邮编：100045

电话：010－68559272

重要活动

4月，北京市金融学会（以下简称学会）召开第九届第三次会员大会，选举中国人民银行营业管理部杨伟中主任为新任会长，对理事会成员进行了改选，并邀请清华大学国家金融研究院院长、国际货币基金组织前副总裁、中国人民银行前副行长朱民博士，发表题为“改革、开放和智能化迎接经济三大结构性巨变的挑战”的主旨演讲。

11月，由北京市社会科学界联合会、北京市哲学社会科学规划办公室主办，学会承办的“新中国成立70周年：首都经济高质量发展”学术研讨会在京举行。研讨会以“首都经济高质量发展”为主题，探讨了如何以金融支持制造业高质量发展为抓手，探索金融服务首都实体经济和金融供给侧结构性改革发展的“北京方案”，推进首都经济实现高质量发展。

12月，学会组织完成了2019年度科研项目的申报、评比工作。本次科研项目申报，学会共收到11个单位提交的28份申报材料。依据《北京市金融学会科研项目申报评分办法》，初步评选出学会2019年度科研项目拟入选成果。

（宋晓源）

北京保险学会

组织机构与负责人

会　长：陈志强

副会长：郭少军（中国人民财产保险股份有限公司北京市分公司总经理）

武　博（中国太平洋财产保险股份有限公司北京分公司总经理）

刘光辉（中国人寿财产保险股份有限公司北京市分公司总经理）

张文亮（中国人寿保险股份有限公司北京市分公司总经理）

徐敏彬（中国平安人寿保险股份有限公司北京分公司总经理）

何承周（泰康人寿保险有限责任公司北京分公司总经理）

陶存文（中央财经大学保险学院保险市场研究中心主任）

孙　健（对外经济贸易大学保险学院院长）

王雅婷（首都经济贸易大学金融学院副院长）

王绪瑾（北京工商大学经济学院保险研究中心主任）

监事长：王　兵（中国平安财产保险股份有限公司北京分公司总经理）

秘书长：陆秀萍

副秘书长：李 枫

会员单位

2019年末，学会共有会员单位131家。其中，财产保险公司53家，人身保险公司65家，其他机构13家。

联系方式

地址：北京市朝阳区安贞西里四区23号楼深房大厦4层4D

邮编：100029

电话：010－65859115

网址：http：//www. biabii. org. cn

电子邮箱：biabiibgs@126. com

重要活动

3月13日，北京保险学会（以下简称学会）召开第九届监事会第二次会议。会议听取了学会2018年度工作报告、财务报告及2019年度财务预算报告，审议通过了第九届监事会监事变更等相关事项。

3月20日，学会召开《北京保险市场发展报告2019》编写工作会议，对报告大纲、编写要点、人员分工、进度要求、注意事项等具体细节进行了讨论。8月21～22日，学会召开学术专业委员会工作会议暨《北京保险市场发展报告

2019》审议座谈会，就报告审议稿进行了座谈和讨论。10 月，学会完成《北京保险市场发展报告 2019》编写印制工作，并寄发至各会员公司及相关单位。

4 月 18 日，学会与北京工商大学联合编写的《北京健康保险市场分析报告 2019》启动会在京召开。学术专业委员会主任、北京工商大学经济学院保险系副主任徐徐，学会工作部主任张宏、人身险部副主任赵鹏等课题组成员参加了会议。参会人员就报告大纲和工作方案进行了研讨，并结合市场发展实际情况提出了意见和建议。该课题于 12 月完成。

4 月 19 日，学会召开“互联网保险发展趋势研究”课题座谈会，就当前互联网保险业务经营现状、开展模式等进行研讨。

4 月，学会完成《北京地区会员单位 2018 年度活动概览》编辑印制工作，并寄发给各会员公司及相关单位。

5 月 8 日，《北京保险》期刊电子版在学会网站“学术专刊”子栏目增加在线下载阅读功能，为会员公司提供更加便捷的服务。

5 月 23 日，学会召开第九届会员大会暨理事会第二次会议。陈志强会长作 2018 年度学会工作报告，陆秀萍秘书长作 2018 年度财务收支情况和 2019 年度财务预算情况报告，会议审议了《北京保险学会章程（修订草案）》及其他相关重要事项。

5 月 29 日，学会召开“车险全流程信息化实务研究”课题座谈会。会议回顾了近年来行业车险全流程信息化改革的主要工作与成就，并围绕车险承保、投保环节进行了讨论。12 月 4 日，课题组成员就该课题，结合行业信息化发展实际进行座谈，对相关章节提出意见和建议。

6 月 10 日，学会编辑完成《北京保险年鉴》（2019 年）。

6 月 25 日，学会与北京保险行业协会秘书处党支部开展“不忘初心、牢记使命”主题教育集中学习活动。

6 月 26 日，学会组织工作人员赴泰康养老社区“燕园”进行实地调研，关注养老保险发展，了解医养结合模式。

7 月 9 日，学会召开《北京保险》杂志特约编辑座谈会，就杂志改版情况进行探讨，与会人员分享了本公司重要企划宣传活动情况，会议还向各位特约编辑发放了聘书。

10 月 21 日，学会召开行业数据填报工作研讨会，了解会员公司需求，并就数据填报工作流程、行业数据共享机制、数据口径指标释义等内容展开讨论。

10 月 25 日，学会组织部分保险公司专家走进北京小学广外分校，为 200 余名师生上了一堂金融保险知识趣味公开课——“保险伴我一生”，帮助学生掌握保险基本常识，树立安全意识。

12 月 4 日，学会召开《北京车险全流程信息化实务研究》审议座谈会，课题组成员结合行业信息化发展实际，对相关章节提出建议和意见。

2019 年，学会与对外经济贸易大学保险学院联合推出保险行业人员在职教育提升计划，并完成了春秋季两期的招生报名工作。

2019 年，学会新增单位会员 2 家，分别是北京人寿保险股份有限公司北京分公司、渤海人寿保险股份有限公司北京朝阳支公司。

（贾利）

北京市城市金融学会

组织机构与负责人

会　长：施　刚（中国工商银行股份有限公司区域总监、北京市分行行长）

副会长：汪晓芳（中国工商银行股份有限公司北京市分行副行长）

监事长：赵树厂（中国工商银行股份有限公司北京市分行纪委书记）

秘书长：张淑丽（中国工商银行股份有限公司北京市分行管理信息部总经理）

下设机构

北京市城市金融学会青年经济理论研究分会。

联系方式

地址：北京市西城区复兴门南大街2号天银大厦B座402室

邮编：100031

电话：010－66410055－4508

传真：010－66411721

电子邮箱：zuchsh@ bj. icbc. com. cn

重要活动

1－6月，北京市城市金融学会（以下简称学会）组织开展2018年度调研课题成果评定。评委对193篇入围成果进行初评、复评和终评，最终评出获奖成果60篇、活动组织奖12个。

2月15日，学会研究制订学会年度工作计划。

2－6月，学会经会计师事务所审计、北京市民政局系统填报、业务主管单位审核等，完成2018年度年检工作。

3－11月，学会认领并完成中国城市金融学会2019年重点课题任务5项，中标“企业客户过度融资状况分析与限额管理研究”课题。

4月24日，学会组织相关理事单位报送《工行2018年度环境信息报告》材料。

6月14日，学会组织部分会员单位以征信为主题，开展金融知识普及活动。活动以500余家工商银行营业网点为主阵地，并走进企事业单位、学校、社区，参与员工达2 000余人次，覆盖客户5万余人次。

6月17日，学会组织部分理事单位开展“同业竞争新态势及其对策”研究，并将研究成果以书面形式报送中国工商银行城市金融研究所。

7－11月，学会开展2019年度课题研究活动，共确定36个选题方向，累计收到各理事单位报送的研究成果262篇。

10月28日，学会通过北京市民政局执法检查。

11月20日，学会组织部分理事单位开展“中美贸易摩擦影响”研究，并将研究成果以书面形式报送中国工商银行城市金融研究所。

12月26日，学会召开第七届会员大会。会议审议通过了第六届理事会工作报告和财务报告、第六届监事会工作报告、修改后的学会章程，选举产生了新一届理事会、常务理事会、监事会。同时，召开第七届第一次理事会，选举产生了会长、副会长、秘书长等；召开第七届第一次监事会，选举产生了监事长。

12月30日，制作一期“宏观资讯及同业信息汇编”，并发送中国城市金融学会各团体会员进行交流分享。

12月31日，学会组织部分理事单位梳理研究工作及研究产品基本情况，并反馈中国工商银行城市金融研究所。

2019年，学会组织2期“学会讲堂”，

邀请中国工商银行城市金融研究所有关专家分别以“关于当前中国经济金融形势的几个重点问题”“同业竞争形势分析”为题进行授课。

2019 年，学会组织理事单位参加中国工商银行举办的 2 期“创新沙龙”（视频），主题分别为“2018 年重点课题成果展示”“普惠金融创新与发展”。

（祖春生）

北京市钱币学会

组织机构与负责人

会　长：姜再勇（中国人民银行机关事务局局长）

监事长：温　桦（北京市支付清算协会秘书长）

秘书长：李　杰（中国人民银行营业管理部后勤服务中心处长）

会员单位

2019 年末，共有个人会员 1 300 人，团体会员 32 个。

联系方式

办公地点：中国人民银行营业管理部办公楼 2001 室

地址：北京市西城区月坛南街 79 号

邮编：100045

电话：010－68559317

传真：010－88655100

电子邮箱：zhidongli@ sina. com

重要活动

一、持续开展钱币宣传和交流活动

1 月，北京市钱币学会（以下简称学会）联合北京古代钱币展览馆举办“钱币的盛装”世界现代纪念币制作工艺展，共展出学会会员、外币收藏家张绍龙先生藏品百余件。

5－8 月，为配合“丝路币语——丝路古国钱币文化展”，学会举办了 4 期丝路货币专题讲座，主题分别为“丝绸之路上的方孔钱：兼论五铢、开元通宝的国际货币属性”“五铢与德拉克马的相遇——论汉佉二体钱的文化价值”“大唐盛世贸易传奇昭武九姓粟特商人”“蒙古西征丝路复兴大元帝国八思巴文”。

6－10 月，为配合第二届“一带一路”国际合作高峰论坛的召开，学会与北京市文物局、北京市古代钱币展览馆、北京博物馆协会联合主办了“丝路币语——丝路古国钱币文化展”，共展出包括塞琉古亚历山大金币、西汉“白金三品”、胡人俑、犍陀罗佛头等文物 603 件（套）。

10 月，学会举办“从 2019 年版人民币新工艺看印钞造币工艺的发展前景”专题讲座。

11 月，学会聘请浙江省博物馆研究馆员、金银货币专家李小萍主讲“再现京城临安经济繁荣的南宋金银货币”，受到钱币爱好者的欢迎。

2019 年，学会联合北京古代钱币展览馆组织举办钱币专题讲座 12 期，内容涉及中国货币史、钱币铸造工艺、民俗钱币、革命根据地货币及人民币等方面，共 600 余人参加。

二、参加反假人民币和 2019 年新版人民币发行宣传活动

学会积极参加人民银行组织的反假人民币和 2019 年新版人民币发行宣传活动。派人参加反假人民币宣传月活动，走进社区为群众讲解人民币知识；举办“从 2019 年版人民币新工艺看印钞造币工艺的发展前景”专题讲座；参加与中国工商银行北京市分行、北京农商银行等商业

银行的联学共建活动，组织参观北京钱币陈列室，讲解货币发展史；参加“助力冬奥 京冀联合反假货币宣传活动”。

三、开展货币史研究，完成北京钱庄研究课题

2019 年，学会申报并承担了中国货币史研究课题“北京地区明代银锭研究”。课题内容包括中国历代白银使用情况的演变、北京地区白银货币出土情况、北京地区馆藏银锭和民间收藏银锭的数据统计和分析等。学会联合首都博物馆、北京文物研究所等单位以及学会部分钱币专家组成课题组，并得到中国钱币博物馆、国家博物馆、浙江省博物馆专家的支持和帮助。课题于 12 月完成并上报中国人民银行货币金银局。

四、北京钱币陈列室接待工作

学会负责中国人民银行营业管理部钱币展室的日常接待工作，全年共接待人民银行系统、各商业银行等单位参观 24 批，共计 800 人次。

五、学会内部管理

2019 年，学会共接受北京市社团办年检、人民银行审计、人民银行巡视组检查及人民银行营业管理部内审处审计等检查 4 次，学会结合审计检查结论，建立健全若干管理制度。9 月，学会完成了办公室迁址工作。

（李志东）

中国金融工会北京工作委员会

组织机构与负责人

主　任：倪卫东

办公室副主任：熊玮

兼职副主任：王建红（中国工商银行股份有限公司北京市分行党委委员、副行长）

王希迎（中国农业银行股份有限公司北京市分行党委委员、副行长、工会主席）

周　顺（中国信达资产股份有限公司北京市分公司副总经理、工会主任）

胡　洁（太平人寿保险有限公司北京分公司副总经理、工会主席）

史利国（北京市金融工会主席）

会员单位

2019 年末，共有会员单位 37 家，会员 9 万余人。

联系方式

地址：北京市西城区金融大街 20 号交通银行大厦 B 座 1301 室

邮编：100033

电话：010 - 58391721

传真：010 - 58391880

邮箱：bj_ jrgh@ 163. com

重要活动

1 - 2 月，开展“两节送温暖”活动，拨款 26. 9 万元帮扶 143 名病困职工，到网点、职工家中实地慰问 57 名职工；赴中国人寿保险股份有限公司公司北京市大兴支公司开展“新春送福”笔会活动，看望慰问基层职工 60 余人。

2 - 5 月，开展 2019 年北京金融系统评先创优活动。共评选出“北京金融五一劳动奖状”等年度先进单位 29 个、“北京金融五一劳动奖章”等年度先进个人 36 名，推荐 4 名职工、3 个集体参加全国（金融）评先创优，并受到表彰。

3 - 6 月，开展女职工关爱专项工作。向特困女职工发放帮扶金，并调拨专款，支持农业发展银行北京市分行、中国建设银行北京市分行、交通银行北京市分行等 11 家单位建设“母婴关爱室”，支持北京

中关村银行、太平人寿保险有限公司北京分公司建设“女职工关爱室”。

3－12月，开展心理关爱和健康关爱活动，为8家基层单位一线职工提供主题沙龙、团队辅导等心理辅导活动，辖内20余家单位近200人参加了健康关爱讲座。

4月，召开2019年度工会工作会议并举办工会干部培训，相关领导及各会员单位工会负责人、工会业务骨干、女工干部70余人参加了会议。会议通报了2018年主要工作情况及2019年工作安排，围绕工会重点、热点、难点业务领域进行了交流讨论，并邀请专家、教授分别以“中国工会十七大精神”“心理压力疏导”为主题进行授课。

参加中国金融工会举办的新媒体主题创意大赛，并获得二等奖及优秀组织奖。

6－8月，选拔并带领优秀队员分别赴南京市、成都市、哈尔滨市参加全国金融智力运动会。

6－12月，组织开展北京金融系统集体协商工作。引入集体协商指导员机制，聘请一名集体协商指导员，做好答疑解惑、政策辅导工作；规范修订合同条款，组织座谈交流，筹备集体合同及工资专项集体合同续签会议；组织签订北京银行业集体合同、北京银行业2019年度工资专项集体合同，将保险福利、人文关怀、女职工保护、行务公开、劳动争议等内容纳入协商范围，惠及辖内16家银行、9万名职工。研究探索保险行业集体协商的可行性和可操作性，初步制定推进北京保险业集体协商工作原则及实施步骤。

8－11月，组织辖内金融职工参加为期2个月的全国健步走网络公开赛，并为优胜者准备奖品。

9月，中秋节、国庆节前夕，组织开展赴基层一线走访慰问3名劳动模范。

10月，开展北京金融职工庆祝新中国成立70周年合唱比赛，12家会员单位组队参加了比赛。

11月，举办单身青年联谊活动，首都金融机构近100名单身青年参加活动。

2019年，共支持4家会员单位基层工会建设“职工之家”，拨付专项资金用于改善基层职工工作、就餐环境或增添职工康体设施。

（杨香玉）

北京市金融工会

组织机构与负责人

主　席：史利国

副主席：张　瑜

副主席：张幼林（北京市地方金融监督管理局副局长）

副主席：倪卫东（中国金融工会北京工作委员会主任）

副主席：鞠万春

副主席：李　娟（北京银行北京分行行长助理）

会员单位

2019年末，共有会员单位58家，会员129 054人。其中，中央在京工会组织16家，市属工会组织24家，外埠在京工会组织（单位）18家。

联系方式

地址：北京市通州区运河东大街56号院7号楼

邮编：101160

电话：010－55564820

邮箱：jrgh@ bjzgh. org

重要活动

1－3 月，北京市金融工会开展劳动模范慰问活动并为退休劳动模范办理 2019 年公园年票。

3 月 19 日，北京市金融工会组织召开第二届第四次常委会会议和第二届第四次委员（扩大）会议。会议审议通过北京市金融工会 2018 年度工作报告，部署了 2019 年北京市金融系统工作任务；补选张瑜为北京市金融工会第二届委员会副主席，王兆华不再担任北京市金融工会副主席。

3－4 月，北京市金融工会组织开展“全国五一劳动奖章”“首都劳动奖章”“首都劳动奖状”“北京市工人先锋号”推荐评选工作。推荐中国人寿保险股份有限公司北京市密云支公司高秋菊为“全国五一劳动奖章”获得者，推荐 2019 年“首都劳动奖章”获得者 8 名、“首都劳动奖状”获奖集体 1 个、“北京市工人先锋号”获奖集体 4 个。

4－10 月，北京市金融工会参加国庆“第四分指”工作；指导基层工会配合开展企业各项迎接新中国成立 70 周年活动；组织北京市国有资产经营有限责任公司、北京国有资本经营管理中心等单位完成国庆群众游行、国庆晚会群众联欢及中国国家博物馆巨幅屏幕设计、制作及播放的服务等任务。

4－12 月，北京市金融工会开展“暖心驿站”“心灵驿站”建设工作，共新建金融系统“暖心驿站”483 个、“心灵驿站”19 家。

6 月 24－26 日，北京市金融工会对金融工会干部进行集中培训，学习中国工会第十七次全国代表大会和北京市工会第十四次代表大会精神，深入解读国内经济形势，讲解工会基层组织建设、民主管理制度、经费规范化使用等业务知识，基层单位 60 余名工会干部参加了培训。

7－8 月，北京市金融工会开展北京市金融系统“职工创新工作室”创建活动。经过材料申报、实地调研、综合评审等程序，授予中国工商银行北京市分行傅文博攻关达人工作室、中国建设银行北京市分行“5G＋智能银行”创新工作室、中国光大银行北京分行启航技能创新工作室、中国民生银行北京分行融智创新工作室为北京市金融系统“职工创新工作室”称号。

7－10 月，由北京市金融工会联合北京市地方金融监督管理局、中国金融工会北京工作委员会主办，北京市理财规划师协会承办，北京市银行业协会、北京证券业协会、北京保险行业协会、北京期货商会、首都金融服务商会协助举办了 2019 年第七届北京市职业技能大赛理财规划师比赛。全市 26 家金融企业、3 462 名选手和 20 个单位团队，分别参加了初赛、复赛、半决赛和总决赛。10 月 19 日，完成赛事，评选出个人金牌、银牌、铜牌等十佳理财规划师，20 名优秀理财规划师，70 名理财管理能手，5 名最佳人气理财师和团队金牌、银牌、铜牌等 10 个优秀理财师团队，4 个最佳人才贡献奖，15 个优秀组织奖等奖项。

7－12 月，北京市金融工会联合中国金融工会北京工作委员会、北京市银行业协会组织开展 2019 年度北京银行业集体协商工作。12 月 11 日，召开北京银行业 2019 年度集体合同及工资专项合同签字仪式暨北京金融系统企业集体协商推进工作会议。会议总结通报了 2019 年度北京银行业集体协商工作情况，安排部署下一阶段工作；工会职工方和企业行政方代表正式签订北京银行业集体合同、北京银行业2019年度工资专项集体合同。

8月3日，北京市金融工会联合北京市工业（国防）工会举办“爱在七夕”第二届“金”生有缘单身青年联谊活动，共有140余名单身职工参加了活动。

8－10月，北京市金融工会聘请专业机构对基层工会2018年度经费预算执行和财务收支情况进行了审计。

11月，太平人寿保险有限公司北京分公司工会、格林大华期货有限公司工会加入北京市金融工会，新发展工会会员1 054人。

11－12月，北京市金融工会开展北京市金融系统2019年度“二模一优”评选工作，共评选出“先进职工之家”22家、“先进职工小家”24家、“优秀工会工作者”33名，并对评选出的先进单位和优秀个人给予通报表彰，发放奖励。

（李宗烨）

（四）2019年度北京市金融系统先进集体、先进个人名录[①]

“全国金融五一巾帼标兵岗”获得集体

（中国金融工会全国委员会　金工发〔2020〕3号　2020年3月5日）

工商银行北京市分行新街口支行营业室
中信银行北京分行世纪城支行
民生银行北京万柳支行
中国人寿保险公司北京市分公司北纬路客户服务中心

“全国金融五一巾帼标兵”获得者

（中国金融工会全国委员会　金工发〔2020〕3号　2020年3月5日）

冯　京　中国银行北京西城支行行长
孙月莲　农业银行北京珠江骏景支行内勤行长
王　俏　光大银行北京花园路支行行长
文　竹　招商银行信用卡中心部门级总经理
周一红　中国银河证券股份有限公司投行委副主任

① 本名录收录的是2019年度北京市辖内获得先进称号的机构名称和人员姓名等信息。名录由各相关机构提供，本编辑部未做改动。

“北京金融五一劳动奖状”获得集体

（中国金融工会北京工作委员会　京金工发〔2020〕1 号　2020 年 1 月 21 日）

工商银行北京方庄支行
中信银行北京分行
人民财产保险公司北京市崇文支公司

“北京金融五一劳动奖章”获得者

（中国金融工会北京工作委员会　京金工发〔2020〕1 号　2020 年 1 月 21 日）

白　宁　农业银行北京市分行信用管理部总经理
张　庚　交通银行北京通州分行副行长
何迪璇　招商银行北京分行公司金融部员工
丁　雅　人保寿险北京市分公司个险保全业务主管

“北京金融先锋号”获得集体

（中国金融工会北京工作委员会　京金工发〔2020〕1 号　2020 年 1 月 21 日）

农业银行北京西城支行个人金融部
交通银行北京西区支行公司业务团队
光大银行北京西直门支行
太平人寿保险北京分公司保费部
信达证券公司资产保全工作组
北京银保监局财险处

“北京金融模范职工之家”获得集体

（中国金融工会北京工作委员会　京金工发〔2020〕1 号　2020 年 1 月 21 日）

交通银行北京中关村园区支行工会
太平人寿保险北京分公司工会
北京银保监局人事处

“北京金融道德模范（学习创新）”获得集体

（中国金融工会北京工作委员会　京金工发〔2020〕1 号　2020 年 1 月 21 日）

国家开发银行北京市分行评审处

中国银行北京市分行出纳管理部
民生银行北京分行科技部
北京银保监局外资处

“北京金融道德模范（学习创新）”获得者

（中国金融工会北京工作委员会　京金工发〔2020〕1 号　2020 年 1 月 21 日）

敬李娜　招商银行北京分行同业客户部同业客户经理
汪宇聪　北京银保监局法规处

“北京金融道德模范（敬业奉献）”获得集体

（中国金融工会北京工作委员会　京金工发〔2020〕1 号　2020 年 1 月 21 日）

建设银行北京长安支行营业部
人保寿险北京市分公司运营管理部团险核保团队
北京银保监局纪委办公室

“北京金融道德模范（敬业奉献）”获得者

（中国金融工会北京工作委员会　京金工发〔2020〕1 号　2020 年 1 月 21 日）

杨　玲　进出口银行北京分行营业部主任
孔祥哲　北京银保监局办公室

“北京金融道德模范（助人爱亲）”获得者

（中国金融工会北京工作委员会　京金工发〔2020〕1 号　2020 年 1 月 21 日）

李　征　信达资产北京市分公司业务九处副处长
彭琨成　北京银保监局银行检查二处

“北京金融系统先进工会组织”获得集体

（中国金融工会北京工作委员会　京金工发〔2020〕1 号　2020 年 1 月 21 日）

光大银行北京海淀支行工会小组
招商银行北京长安街支行工会
人民财产保险北京市西城支公司工会委员会

“北京金融优秀工会工作者”获得者

（中国金融工会北京工作委员会　京金工发〔2020〕1 号　2020 年 1 月 21 日）

刘　慧　建设银行北京宣武支行工会主席
解治宇　光大银行北京分行运营管理部区域运营总经理、工会文体委员
肖　丹　人寿财险北京市分公司办公室工会干事
刘红梅　大地财险北京分公司客服运营部总助、女工委主任
杨香玉　北京银保监局金融工会办公室

“北京金融优秀工会积极分子”获得者

（中国金融工会北京工作委员会　京金工发〔2020〕1 号　2020 年 1 月 21 日）

张军梅　农业银行北京怀柔支行综合管理部副经理、工会副主席
杨　斌　建设银行北京市分行个人金融部副总经理、足球队队长
高　扬　民生银行北京分行机构金融二部副总经理、足球协会会长
董项菲　中国人寿北京市开发区支公司销售支持部经理、城区团险工会小组长、支公司党支部组织委员
汪汐涌　北京中关村银行羽毛球协会会长

（以上先进名录由中国金融工会北京工作委员会提供）

“全国五一劳动奖章”获得者

总工发〔2019〕14 号

高秋菊　中国人寿保险股份有限公司北京市分公司密云支公司

“首都劳动奖状”获得集体

京工发〔2019〕6 号

华夏银行股份有限公司北京分行

“首都劳动奖章”获得者

京工发〔2019〕6 号

万玉霞　民生期货有限公司
崔满红　北京银行股份有限公司北京分行京南管理部
孙　彬　华夏基金管理有限公司

郝　佳　上海浦东发展银行股份有限公司北京分行投资银行部
李　钧　中国人寿保险股份有限公司北京市分公司
李　东　新华人寿保险股份有限公司北京分公司
陈　丽　北京市国有资产经营有限责任公司诚和敬公司
张　娟　中国银行股份有限公司北京崇文支行营业部

“北京市工人先锋号”获得集体

京工发〔2019〕6 号

中信银行股份有限公司总行营业部①
新时代证券股份有限公司财务部
中国建设银行股份有限公司北京市分行投资银行业务部
北京农商银行股份有限公司昌平支行营业部

“北京市金融系统先进职工之家”获得集体

京金工发〔2019〕9 号

中国银行股份有限公司北京市分行机关工会委员会
中国建设银行股份有限公司北京市分行营业部工会委员会
中信银行股份有限公司北京分行工会委员会
中国光大银行股份有限公司北京分行营业部工会委员会
招商银行股份有限公司北京分行建国路支行工会委员会
中国民生银行股份有限公司北京分行工会委员会
中国邮政储蓄银行股份有限公司北京门头沟区支行工会委员会
中国邮政储蓄银行股份有限公司北京西城区支行工会委员会
中国人民财产保险股份有限公司北京市朝阳支公司工会委员会
中国人民财产保险股份有限公司北京市房山支公司工会委员会
中国平安财产保险股份有限公司北京市门头沟支公司工会委员会
北京银行股份有限公司建国支行工会委员会
北京银行股份有限公司平谷管辖行工会委员会
民生期货有限公司工会委员会
新华人寿保险股份有限公司云南分公司工会委员会
华泰财产保险有限公司工会委员会
广发银行股份有限公司北京分行工会委员会
平安银行股份有限公司北京分行工会委员会

① 中信银行股份有限公司总行营业部于 2019 年 5 月 16 日更名为中信银行股份有限公司北京分行。

兴业银行股份有限公司北京分行工会委员会
厦门国际银行股份有限公司北京分行营业部工会委员会
杭州银行股份有限公司北京分行工会委员会
大连银行股份有限公司北京分行工会委员会

“北京市金融系统先进职工小家”获得集体

京金工发〔2019〕9 号

中国工商银行股份有限公司北京海淀西区曙光支行工会小组
中国工商银行股份有限公司北京望京科技园网点支行工会小组
中国银行股份有限公司崇文支行营业部工会小组
中国建设银行股份有限公司北京沙河支行工会小组
中国建设银行股份有限公司北京八角北里支行工会小组
交通银行股份有限公司北京天通苑支行工会小组
交通银行股份有限公司北京永定路支行工会小组
中信银行股份有限公司北京分行零售银行部工会小组
中国光大银行股份有限公司北京工体路支行工会小组
招商银行股份有限公司北京分行零售信贷部工会小组
民生银行股份有限公司中关村分行工会小组
北京农商银行股份有限公司后沙峪支行工会小组
北京农商银行股份有限公司朝阳支行工会小组
华夏银行股份有限公司北京丰台科技园支行工会小组
华夏银行股份有限公司北京石景山支行工会小组
新华人寿保险股份有限公司北京分公司工会委员会
华泰财产保险有限公司北京分公司工会委员会
渤海银行股份有限公司北京经济开发区支行工会小组
平安银行股份有限公司跨境投融资业务部工会小组
兴业银行股份有限公司北京通州支行工会小组
厦门国际银行股份有限公司北京丰台支行工会小组
大连银行股份有限公司北京丰台支行工会小组
中国平安财产保险股份有限公司北京市密云支公司工会小组
太平人寿保险有限公司北京分公司良乡支公司工会小组

“北京市金融系统优秀工会工作者”获得者

京金工发〔2019〕9 号

李建国　中国工商银行股份有限公司北京丰台支行工会干部

宋　丽　中国银行股份有限公司北京分行营业部副总经理、女工工委副主席
安吉高娃　中国银行股份有限公司北京中关村支行工会干部
刘　杰　交通银行股份有限公司北京西区支行副行长、工会主席
文　华　交通银行股份有限公司北京天通苑支行工会干部
郐一波　中信银行股份有限公司北京分行工会委员
何　汛　中国光大银行股份有限公司北京丰台支行行长、工会委员
张文武　中国光大银行股份有限公司北京分行计划财务部总经理、分行工会财务委员
范　斯　招商银行股份有限公司北京分行人力资源部工会干部
周　峥　招商银行股份有限公司北京分行亚运村支行工会干部
田　颖　中国民生银行股份有限公司北京分行金融街支行行长、工会主席
凌　云　中国民生银行股份有限公司北京分行工会干部
刘　瑾　中国邮政储蓄银行股份有限公司北京分行望京支行副行长、工会主席
田海波　中国人民财产保险股份有限公司北京市宣武支公司副总经理、工会主席
赵雪梅　中国人民财产保险股份有限公司北京市顺义支公司副总经理、工会主席
钱　瑜　北京银行股份有限公司工会干部
赵江然　北京农商银行股份有限公司平谷支行副行长、工会主席
甘　甜　华夏银行股份有限公司总行工会干部
韩　洁　华夏银行股份有限公司北京分行党群办副主任、工会干部
李晓健　民生证券股份有限公司工会干部
常　琛　民生期货有限公司工会干部
郝　戎　新华人寿保险股份有限公司新华世纪电子商务有限公司工会委员
巩　婧　华泰保险集团股份有限公司工会干部
韩英辉　渤海银行股份有限公司北京经济技术开发区支行副行长、工会小组组长
朱光哲　广发银行股份有限公司北京分行党群工作部总经理、工会副主席
何　峰　平安银行股份有限公司北京分行办公室总经理、工会组织委员
黄　林　兴业银行股份有限公司北京分行人事监察部副总经理、工会副主席
李萍艳　兴业银行股份有限公司北京分行工会干部
赵　方　厦门国际银行股份有限公司北京分行工会干部
任忠华　杭州银行股份有限公司北京分行副行长、工会主席
徐庆华　大连银行股份有限公司北京分行人力资源部总经理、工会主席
马筱晨　中国平安财产保险股份有限公司北京分公司工会干部
佟　蕾　太平人寿保险有限公司北京分公司良乡支公司工会小组长

（以上先进名录由北京市金融工会提供）

“全国巾帼建功标兵”获得者

（中国人民银行工会综合财务部　银工委综〔2020〕6 号　2020 年 4 月 3 日）

张晶晶　中国银联股份有限公司北京分公司机构服务部员工

“全国金融先锋号”获得集体

（中国人民银行工会综合财务部　银工委综〔2020〕6 号　2020 年 4 月 3 日）

人民银行营业管理部货币信贷管理处

中国人民银行工会工作先进集体

（中国人民银行办公厅　银办发〔2019〕228 号　2019 年 12 月 31 日）

中国人民银行营业管理部工会办公室

中国人民银行工会工作先进工作者

（中国人民银行办公厅　银办发〔2019〕228 号　2019 年 12 月 31 日）

蒋素梅　中国人民银行营业管理部工会办公室

中国人民银行青年工作先进工作者

（中国人民银行办公厅　银办发〔2019〕228 号　2019 年 12 月 31 日）

袁　江　中国人民银行营业管理部团委

中国人民银行优秀共青团员

（共青团中国人民银行委员会银团发〔2020〕10 号 2020 年 4 月 30 日）

李赫楠　总行营业管理部办公室

中国人民银行优秀共青团干部

（共青团中国人民银行委员会银团发〔2020〕10 号 2020 年 4 月 30 日）

李文姣　总行营业管理部清算中心团支部书记

中国人民银行五四红旗团支部（总支）

（共青团中国人民银行委员会　银团发〔2020〕10 号　2020 年 4 月 30 日）

总行营业管理部金融稳定处团支部